I0140936

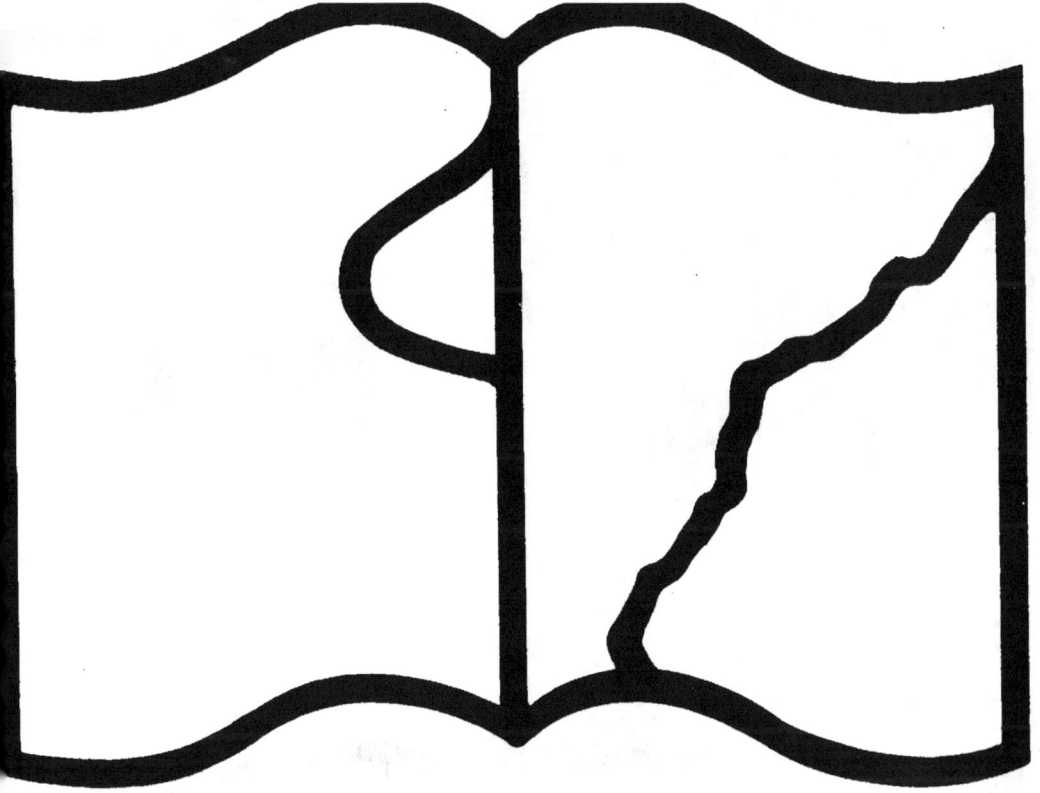

Texte détérioré — reliure défectueuse

NF Z 43-120-11

Contraste insuffisant

NF Z 43-120-14

f 18

LA FEMME DE PAILLASSE

PAR

XAVIER DE MONTÉPIN

Nous ne sommes pas heureux, depuis quelque temps. (Page 3.)

PREMIÈRE PARTIE

LA COMTESSE DE KÉROUAL

I

L'AUBERGE DU CHEVREUIL D'ARGENT

— Marie-Jeanne?
— Voilà, bourgeoise.
— Es-tu descendue à la cave, ma fille?
— Oui, bourgeoise, et j'ai monté du vin, comme vous me l'aviez dit. Les deux paniers sont là, dans le bas de l'armoire.

1re LIVRAISON.

— Que fait ce paresseux de Jean-Louis?
— Il est à l'écurie; il vanne l'avoine pour les chevaux des rouliers et pour le bidet de ces pauvres diables qui sont arrivés dans une mauvaise carriole dont le charron ne donnerait pas trois écus.
— Ah! oui, les faiseurs de tours... les saltimbanques!... Si l'auberge du *Chevreuil d'argent* n'avait que des pratiques comme celles-là, je crois, Marie-Jeanne, que nous ne ferions pas fortune.
— Ah! bourgeoise, vous en pouvez jurer hardiment.

— Mais ils ont l'air de braves gens tout de même, la femme surtout.

— Et puis leur petite fille est jolie comme un cœur. C'est-il dommage d'habiter un amour d'enfant comme ça à des métiers pareils ! Pas vrai ? bourgeoise ?

— M'est avis que tu as raison, Marie-Jeanne, mais c'est leur affaire et non point la nôtre. Où en est le souper ?

— Il va bien, le souper. Encore quelques tours de broche et le gigot sera cuit à point, et le dindon aussi. Quant au ragoût de veau aux petits oignons, à l'étuvée de carpes et au civet de lièvre, flairez-moi ça, bourgeoise. Ça embaume !

— Débarrasse la table, et mets le couvert pour les rouliers et les saltimbanques.

— Ça sera fait dans l'instant.

— As-tu préparé tout dans la petite salle pour le souper de M. le docteur ?

— Oui, bourgeoise.

— Tu n'as pas oublié la bouteille de vin de la Moselle de 1835 ?

— Je l'ai montée avec les autres.

— Ce digne M. Perrin, il faut le soigner ! Un si bon jeune homme ! un vrai savant ! Il a fait ses études à Paris, rien que cela ! Avons-nous assez de chance que le vieux Gérardmer se soit laissé mourir, lui qui était toujours bougon, pestant, jurant, tempêtant et refusant de se déranger sitôt qu'il tombait de la neige ou du verglas, et que le docteur Perrin soit venu le remplacer ! En voilà un qui ne regardera point à ses pas, qui n'aura nulle crainte de fatiguer son bidet, et qui ne s'inquiétera ni du vent ni de l'orage quand il s'agira d'aller visiter un malade dans la montagne. Avec ça, toujours gracieux, toujours souriant, et pas plus faiseur d'embarras que rien du tout. Et de l'esprit donc, de l'esprit ! Il cause avec moi tous les soirs, pendant plus d'une heure, et je te réponds qu'il y prend plaisir.

— Dame ! la bourgeoise, ça n'est pas étonnant, vous causez si bien !

— Et ce garçon, le digne jeune homme, et un peu gourmand (je ne dis pas ça pour le lui reprocher ; ah ! grand Dieu, bien au contraire !) Je ne désespère point de le décider à prendre pension chez nous, au moins pour le dîner, et ça rapporterait honneur et profit à l'auberge du Chevreuil d'argent ; sans compter que, si quelqu'un de la maisonnée tombait malade, le docteur nous donnerait des consultations gratis.

— C'est ça qui serait avantageux, la bourgeoise ! s'écria Marie-Jeanne.

— Mais pour le décider à rester chez nous, poursuivit l'aubergiste, il faut le prendre par son faible, lui cuisiner de bons petits plats et lui réserver les vieilles bouteilles de derrière les fagots, et nous le ferons, je m'en charge. Coupe, là, dans la soupière, Marie-Jeanne. Voilà sept heures qui sonnent au coucou. Le docteur ne tardera plus guère à venir ; il ne faut pas le faire attendre.

Les paroles qui précèdent venaient d'être échangées entre dame Monique Clerget et Marie-Jeanne, sa servante, dans la salle basse de l'unique auberge du petit village de Rixviller, dans les Vosges, à six lieues d'Épinal.

Dame Clerget, robuste femme d'une cinquantaine d'années, bien conservée, veuve d'un époux qu'elle avait, de son vivant, conduit à la baguette, mais rendu fort heureux nonobstant, dirigeait avec intelligence et succès l'hôtellerie du Chevreuil d'argent.

A plusieurs lieues à la ronde on vantait la distinction de sa cuisine et l'excellence de son vin de la Moselle, à la fois sec et pétillant.

Dame Clerget ne se souvenait point d'avoir jamais été coquette, mais elle conservait le respect de sa personne et le manifestait par une propreté rigoureuse, bien rassurante pour ceux qui se disputaient les mets accommodés par elle ou exécutés sous sa surveillance. Elle avait la main leste, l'œil vif, la langue bien pendue, et vivait en bonne intelligence avec son garçon d'auberge, Jean-Louis, et sa servante, Marie-Jeanne, brave et belle fille, blanche et grasse, et d'un blond éminemment le roux ; en résumé, fort agréable échantillon d'un type qui se rapprochait beaucoup de celui de la villageoise alsacienne.

Notre récit commence avec le mois de mai de l'année 1847.

Au dehors, la nuit allait succéder au crépuscule, mais une nuit sereine et que des myriades d'étoiles étincelant au firmament rendaient transparente et lumineuse.

Un feu vif pétillait dans la haute cheminée de la vaste pièce servant à la fois de cuisine et de salle à manger à l'auberge du Chevreuil d'argent. Devant ce brasier tournait la broche amplement garnie. Un peu plus loin deux ou trois casseroles, placées sur un fourneau, répandaient de bonnes odeurs.

De grands dressoirs en chêne et en noyer, que le temps avait revêtus d'une chaude teinte sombre et d'un brillant vernis, s'appuyaient contre les murailles ; de beaux plats d'étain luisant, des assiettes de faïence à coqs, étalaient sur les rayons leurs reflets métalliques et leurs pittoresques coloriages.

Entre ces meubles et de hautes armoires pleines de linge se voyaient, attachées au papier de tenture par de grands clous à têtes quadrangulaires, ces naïves images d'Épinal, violemment enluminées et que les collectionneurs ne peuvent plus qu'à grand'peine se procurer aujourd'hui : la légende du Juif-Errant, Damon et Pythias, les Quatre Fils Aymon, etc., etc.

Au plafond à petites poutrelles pendaient des jambons fumés, des andouilles, des saucissons et d'énormes quartiers de lard.

Dans l'un des angles de la salle basse se voyait le classique coucou des Vosges, à double sonnerie, avec ses deux poids et son balancier.

Une lampe de cuivre, sans verre, posée sur la table, combattait de son mieux l'obscurité, conjointement avec les vives clartés du foyer.

Sept heures sonnèrent.

Trois ou quatre rouliers en blouse, coiffés de chapeaux à larges ailes et la pipe aux dents, firent irruption dans la salle, saluèrent madame Clerget et demandèrent à grands cris leur souper que Marie-Jeanne s'empressa de leur servir.

Ils venaient de s'attabler depuis quelques instants et jouaient des mâchoires et des gobelets avec une satisfaction visible, quand de nouveaux personnages entrèrent à leur tour, mais d'une façon silencieuse, timide et quelque sorte.

Ces nouveaux venus (que nous avons entendu nommer les saltimbanques) étaient trois, le père, la mère et une petite fille.

Le père, homme de trente-cinq ans environ, semblait en avoir au moins cinquante (une chevelure épaisse et crépue, mêlée çà et là de mèches blanches, couronnait son front bas que traversait de part en part un sillon qui prenait naissance entre les deux sourcils. Un collier de barbe grisonnante entourait ses joues creuses, pâles et déjà ridées. Il avait le nez long et crochu, les yeux d'un bleu clair, très-couverts par les paupières, et dont le regard vague et indécis exprimait l'inquiétude et l'humilité.

Cet homme avait dû être très-fort, il était encore peut-être, mais sa haute taille se voûtait sous le poids écrasant des fatigues quotidiennes, des privations et des soucis.

Son costume, composé d'un mauvais paletot jadis brun, d'un gilet rayé et d'une culotte grise que de longues guêtres venaient rejoindre au-dessus du genou, ne décelait en rien sa profession.

La femme pouvait avoir vingt-six ans. La fatigue, les souffrances, les atteintes dévastatrices de la misère, avaient glissé par elle sans altérer son beau visage.

Les contours purs, les lignes vigoureuses de son profil bronzé, offraient de frappantes ressemblances avec certaines médailles romaines. A tort ou à raison, cette femme paraissait avoir dans les veines le sang riche et magnifique des Transtévérines.

Sa chevelure fauve, épaisse et longue, formait sur sa tête une torsade dont les dents aiguës d'un mauvais peigne de corne ne pouvaient qu'à grand'peine contenir les ondes révoltées.

Les yeux très-grands, d'un bleu sombre et presque noir, exprimaient à la fois la bonté la plus tendre et la plus indomptable énergie. Il en était de même de la bouche, aux lèvres charnues et d'un rouge vif.

Une robe d'indienne, tout usée, chargée de reprises et dont un nombre infini de lavages avait rendu la couleur indécise, laissait deviner des formes irréprochables.

A cet ensemble, presque parfait, manquait une seule chose, la distinction.

La jeune femme dont nous venons d'esquisser le portrait était belle assurément, mais d'une beauté toute populaire.

La petite fille à laquelle elle donnait la main, ressemblait au contraire beaucoup plus à l'enfant d'une duchesse qu'à la fille d'une saltimbanque. Figurez-vous un adorable chérubin de trois ans à peine, un amour de *bébé* blanc et blond, pétri de neige et de feuilles de roses. Une merveille, un petit chef-d'œuvre.

Ce *baby*, qui certes eût fait la joie et l'orgueil d'une pairesse d'Angleterre, semblait insouciant et joyeux comme le sont toujours, grâce au ciel, les enfants qui se sentent aimés.

— Ah! ah! vous voilà, vous autres, dit madame Clerget d'une grosse voix joviale, vous arrivez bien, dépêchez-vous de vous mettre à table, le souper va *froidir*.

Le saltimbanque et sa compagne tournèrent les yeux, avec une convoitise manifeste, vers les plats étalés devant les rouliers, et dont les parfums pénétrants devaient exercer des séductions irrésistibles sur des estomacs affamés, puis ils échangèrent un regard, et la jeune femme se dirigea lentement du côté de la maîtresse de l'auberge.

Monique Clerget, les deux poings sur les hanches, la regardait venir et lui souriait d'un air de bonne humeur.

La jeune femme s'arrêta, baissa les yeux, une rougeur vive colora ses joues roses, et elle dit d'une voix presque tremblante :

— Madame, nous ne nous mettrons pas à table avec ces braves gens...

— Tiens! tiens! tiens! s'écria l'aubergiste stupéfaite, vous ne vous mettrez pas à table! et à cause donc?

— Parce que ce repas n'est point fait pour nous.

— Pourrait-on savoir pourquoi, sans vous commander?

— Mon Dieu, madame, je vais vous le dire. Nous ne sommes pas heureux depuis quelque temps, le métier ne va pas du tout, notre pitre est tombé malade en route et il nous a fallu le laisser dans un hôpital, ce qui nous empêche de faire la parade pour attirer le monde... enfin, notre bourse est à peu près vide.

Madame Clerget fit un mouvement, à la nature duquel la jeune femme se méprit, car elle se hâta d'ajouter :

— Mais nous avons beau être pauvres, nous ne demandons rien à personne et nous ne prenons que ce qu'il nous est possible de payer. Il nous reste un écu de cinq francs, nous voulons en dépenser ici la moitié, y compris la nourriture de notre bidet. Cinquante sous! ah! nous savons bien que ce n'est pas grand'chose et qu'il vaudrait mieux pour vous que des pratiques de notre espèce ne viennent point embarrasser votre auberge, mais nous n'avons vu aucun autre endroit plus modeste dans le village, c'est pour cela que nous sommes entrés chez vous. Excusez-nous donc, madame, et donnez-nous du pain, du fromage et un peu de vin, si toutefois cela est possible sans que notre note dépasse la moitié de l'écu qui nous reste.

Madame Clerget tira vivement son mouchoir de la poche de son tablier, elle commença par se moucher avec un bruit de trompette, puis elle essuya une grosse larme qui roulait sur sa joue.

II

LE DOCTEUR PERRIN

La jeune femme regardait avec étonnement madame Clerget dont elle ne s'expliquait pas l'émotion, et qui, moitié pleurant, moitié riant, s'écria tout à coup :

— Vous moquez-vous du monde, la petite mère, et croyez-vous par hasard qu'à l'auberge du *Chevreuil d'argent* on laisse de braves gens manquer de quelque chose quand ils ont par hasard la bourse un peu légère? D'abord, je vous en préviens, ce n'est point mon système! je n'ai jamais eu l'habitude d'être *regardante*, et vous comprenez bien que je ne commencerai pas à mon âge! Mettez-vous donc à table, dépêchez-vous pour rattraper le temps perdu, et mangez de bon appétit. Pour vos cinquante sous vous

serez nourris comme des princes... et j'y gagnerai encore quelque chose!...

— C'est vrai, madame, répondit la saltimbanque avec émotion, vous y gagnerez la bénédiction de Dieu et la conscience d'avoir fait une bonne action...

— Une bonne action à bon marché, alors! reprit vivement madame Clerget, tout est pour rien dans ce pays-ci, et, comme la maison est à moi, je n'ai pas de frais de loyer. Vous devez être fatigués, ajouta la digne femme en prenant la petite fille dans ses bras et en couvrant de gros baisers ses joues fermes et roses, je vais vous faire préparer une chambre avec deux bons lits, et je vous réponds que ce joli chérubin-là dormira comme un charme.

— Je ne sais en vérité, madame, de quelle façon vous remercier d'une bonté si grande...

— Ne me remerciez pas du tout, ce sera beaucoup plus tôt fait, interrompit madame Clerget, d'ailleurs il me semble que, puisque je tiens une auberge, c'est pour loger les gens. Ah! vous serez bien couchés, une paillasse, deux matelas et un lit de plume! Vous m'en direz des nouvelles!...

— Malheureusement, madame, nous ne pouvons pas accepter votre hospitalité pour cette nuit...

— Pourquoi donc ça?

— Il faut que nous nous remettions en route tout de suite après le souper.

— Ah! bah!

— C'est demain la foire de Remiremont, nous espérons y gagner un peu d'argent et nous voulons nous y trouver de bonne heure.

— Mais, d'ici à Remiremont il n'y a que six lieues, ne vous suffirait-il pas de partir au point du jour?

— Notre pauvre bidet va si lentement que nous arriverions trop tard, les meilleures places seraient prises sur le champ de foire.

— Et vous ferez voyager comme ça toute la nuit cette chère petite fille, ce doux trésor du bon Dieu?

— La pauvre enfant a tout à fait l'habitude de passer les nuits dans la carriole. Elle dort sur mes genoux aussi bien que dans un lit, et se réveille fraîche et joyeuse.

— Alors, puisqu'il le faut absolument, je n'insiste plus. Agissez pour le mieux; mais d'abord mettez-vous à table et tâchez de faire un bon repas.

A ce moment la grosse Marie-Jeanne, qui depuis un instant avait disparu, se précipita dans la salle basse en s'écriant :

— Madame, madame, voici M. le docteur! J'entends son cheval sur la route; il doit être au tournant, vers la mairie; il marche au grand trot; dans deux minutes, il arrivera.

Monique Clerget cessa tout aussitôt de s'occuper des saltimbanques.

— Vite, ma fille, répondit-elle, appelle Jean-Louis pour qu'il conduise à l'écurie le cheval de M. le docteur.

— Oui, bourgeoise.

— Allume les bougies et porte-les dans la petite salle.

— Bourgeoise, j'y cours.

— Non, ce n'est pas la peine, je vais les allumer moi-même. Mets la poêle sur le feu pour la friture, et vite, et vite, haut la patte! Dépêchons, dépêchons!

— Oui, bourgeoise, répondait toujours Marie-Jeanne quelque peu ahurie par les ordres multiples et simultanés de sa maîtresse.

Tandis que ceci se passait dans la salle, le bruit cadencé du trot d'un cheval s'était rapproché de plus en plus; le cavalier s'arrêta devant l'auberge, appela lui-même Jean-Louis, remit sa monture en ses mains et entra.

Ce nouveau venu, que nous savons déjà s'appeler le docteur Perrin, était un jeune homme de vingt-cinq à vingt-six ans, de taille moyenne, d'une figure agréable et intelligente, soigneusement rasé, à l'exception de deux petits favoris en côtelettes, et vêtu de noir de la tête aux pieds, sauf la classique cravate blanche faisant partie intégrante du costume de tout médecin, comme de tout avocat qui se respecte.

Il portait des gants noirs et tenait de la main droite une

cravache à pomme d'argent. De légers éperons d'acier résonnaient à ses talons de bottes.

Monique Clerget se dirigea vivement vers lui, le débarrassa presque de force de sa cravache et de son chapeau, en lui disant avec une volubilité extraordinaire :

— Bonsoir, monsieur le docteur. Avez-vous couru beaucoup, monsieur le docteur? êtes-vous bien fatigué, monsieur le docteur? avez-vous grand appétit, monsieur le docteur? avez-vous froid, monsieur le docteur?

— Grand merci de votre intérêt, ma digne hôtesse, répondit le jeune homme en souriant et en se dirigeant du côté de la haute cheminée. J'ai couru beaucoup, je ne suis pas fatigué, je meurs de faim et je vois ce beau feu avec grand plaisir, car la soirée est diablement fraîche.

— Chauffez-vous donc, monsieur le docteur, reprit madame Clerget en plaçant une chaise à côté du foyer. Avant cinq minutes, vous serez servi, et je vous ai cuisiné un petit souper; oh! mais, un petit souper!... Vous verrez tout à l'heure si je ne vous dis que ça!

En effet, avant que les cinq minutes fussent écoulées, le médecin s'attablait dans la pièce voisine de la grande salle et réservée pour les hôtes de sérieuse importance, tels que le juge de paix du canton et le notaire de la ville voisine. Cette pièce jouissait dans le pays d'une réputation méritée de splendeur, grâce à son papier de tenture représentant des épisodes de la prise d'Alger, et glacé d'un éclatant vernis que, tous les deux ans, le vitrier du bourg le plus proche venait renouveler avec un soin religieux.

Une table carrée, recouverte d'une nappe bien blanche et éclairée par deux bougies, offrait un aspect réjouissant avec sa soupière fumante, ses assiettes de faïence peinte et ses deux bouteilles, dont l'une, au col allongé et aux flancs étroits, contenait le vin de la Moselle de 1835.

Le médecin s'assit et commença son repas avec une vivacité qui dénotait le plus vigoureux appétit; mais cet appétit, si vivace qu'il fût d'ailleurs, devait trouver amplement à se satisfaire, car au potage succéda un plat de ris de veau accommodés aux queues d'écrevisses, puis une friture de petites truites, puis un civet de lièvre, puis un dindonneau rôti accompagné d'une salade, et enfin un gâteau de prunes conservées, d'une physionomie tout à fait engageante.

Cet excellent souper, arrosé de vieux vin du Jura couleur de rubis, et de vin de la Moselle couleur d'ambre aurait rendu la vie à un moribond. Il colora d'un incarnat léger les joues du docteur qui se portait à merveille, et dont la physionomie animée et souriante exprimait une satisfaction gastronomique vive et complète.

Quand il eut achevé son dessert, composé d'un fromage du pays, de raisins secs et de confitures, Mme Clerget plaça devant lui une tasse de café bouillant, un flacon d'eau-de-vie et une assiette pleine de cigares de contrebande, puis elle se posa en point d'interrogation et son attitude signifiait de la façon la plus claire :

— Eh bien ! monsieur le docteur, êtes-vous content, et trouvez-vous qu'on ait soin de vous à l'auberge du Chevreuil d'argent?

Le jeune homme comprit à merveille cette muette interrogation, et, tout en mélangeant l'eau-de-vie à son café, dans une proportion savante, il répondit :

— Admirable ! chère madame Clerget, admirable ! Je ne vous dirai pas que vous vous êtes surpassée, car c'est impossible ; mais vous avez été digne de vous-même, et c'est sans contredit le plus bel éloge qu'il soit possible à un connaisseur de vous adresser.

Le visage de la maîtresse de l'auberge s'illumina d'une satisfaction orgueilleuse.

Le jeune homme reprit :

— Maintenant, ma digne hôtesse, si vous êtes libre, comme je l'espère, et si vous avez quelques instants à me consacrer, causons. Vous savez quel vif plaisir je prends à nos petits entretiens du soir. Si je ne vous questionnais point après mon repas, et si je ne vous entendais me répondre, il me semble qu'il manquerait quelque chose à mon dessert et que ma digestion ne se ferait pas bien.

Ces paroles si flatteuses portèrent au plus haut point la jubilation de Mme Clerget, qui s'écria :

— Ah ! monsieur le docteur, quand bien même j'aurais

des affaires de grande conséquence, je quitterais tout pour me mettre à vos ordres ; mais je n'en ai pas et je suis heureuse du grand honneur que vous voulez bien me faire.

Et l'aubergiste, prenant une chaise, s'assit de l'autre côté de la table, en face du médecin qui tira de sa poche un petit carnet et l'ouvrit à une page où se trouvaient écrits au crayon un grand nombre de noms.

Avant de reproduire l'entretien de Mme Clerget et du docteur Perrin, expliquons brièvement la situation de ce dernier.

Louis-Désiré Perrin appartenait à une famille de fermiers aisés du département de la Haute-Saône, qui touche à celui des Vosges. Ses parents, ambitieux pour lui et voulant faire de leur fils autre chose qu'un simple paysan cultivateur, l'avaient mis au collège de Vesoul, et, une fois ses études terminées d'une façon brillante, lui avaient enjoint de bien réfléchir et de se prononcer entre deux carrières également honorables : le barreau et la médecine.

Louis Perrin ne se sentait aucune vocation pour les luttes oratoires du tribunal civil et de la cour d'assises. Il décida qu'il suivrait les cours de la faculté de médecine, et partit pour Paris où, après quatre années d'un travail assidu, il conquit le titre de docteur.

La grande ville lui plaisait ; il essaya de s'y créer une clientèle ; mais l'expérience lui prouva bien vite que, malgré tous ses efforts et ses talents réels, il n'y parviendrait point et traînerait dans l'obscurité et dans la gêne une existence qui pourrait, ailleurs, être mieux employée.

Il eut le bon esprit de ne pas s'obstiner dans ce combat contre l'indifférence publique, où les plus forts sont vaincus lorsque certaines relations, des hasards inespérés, ou l'influence d'une heureuse étoile, ne viennent point les servir. Il abandonna Paris sans murmure, sinon sans regret, et il revint dans sa famille, prêt à saisir aux cheveux la première occasion de se caser qui se présenterait à lui.

Cette occasion ne se fit point attendre.

Un oncle, fixé dans les Vosges, écrivit un beau jour que le docteur Gérardmer, vieux médecin célibataire, très-bourru, mais fort estimé, venait de mourir au village de Rixviller, laissant disponible une clientèle qui lui rapportait, bon an, mal an, une dizaine de mille francs et qu'il était facile d'augmenter en déployant du zèle et de l'activité. Seulement il ne fallait pas perdre un instant, car, du jour au lendemain, d'une heure à l'autre pour ainsi dire, la place pourrait être prise.

Louis Perrin se mit en route le jour même. Il arriva à Rixviller, loua la maison occupée par son prédécesseur, et, tandis qu'on opérait dans cette maison les réparations qu'il jugeait indispensables, il s'installa à l'auberge du Chevreuil d'argent et il acheta un cheval pour ses tournées.

Dans les campagnes, aussi bien qu'à Paris, il est indispensable de se faire connaître ; mais les moyens d'arriver à ce but ne sont pas les mêmes, tant s'en faut.

A Paris, les réclames, les articles de journaux, les travaux scientifiques adressés à un monde spécial, ou tout au moins quelques recommandations puissantes, peuvent conduire l'inconnu d'hier à la notoriété de demain.

En province, surtout lorsque le lieu de l'action est éloigné d'une grande ville, il est indispensable pour un jeune médecin de se présenter lui-même, de dire: Me voilà ! et de faire en quelque sorte ses offres de service.

Ces inévitables débuts avaient quelque chose de blessant pour l'amour-propre de Louis Perrin ; mais que faire, contre la nécessité, sinon se soumettre ? Il se soumit et résolut d'aller successivement se montrer chez tous les notables habitants du pays, dans un rayon de trois ou quatre lieues.

Cette résolution prise, il reconnut avec joie que son hôtesse, Mme Monique Clerget, allait devenir pour lui un auxiliaire d'une utilité prodigieuse, et que la Providence elle-même s'était donné la peine de prendre par la main pour le mettre en rapport avec cette propriétaire honorable de l'auberge du Chevreuil d'argent.

La digne veuve était un vivant almanach des vingt-cinq mille adresses, bien autrement curieux et intéressant à feuilleter que celui de M. Didot, car, à la nomenclature aride des noms, des domiciles et des professions, elle joignait une infinité de renseignements inappréciables au double point de vue de la variété et de l'exactitude.

En effet, Mme Clerget, habitant dès sa plus tendre enfance le pays où elle était née et qu'elle n'avait jamais quitté, cu-

Périne, éperdue, se débattait... (Page 8.)

rieuse comme une vraie fille d'Ève et douée d'une admirable mémoire, connaissait toutes les familles, petites et grandes, à dix lieues à la ronde ; sa position d'aubergiste la mettait à même d'entendre raconter beaucoup ; elle questionnait volontiers ; elle n'oubliait jamais rien, et de tout cela résultait un prodigieux répertoire de faits, d'anecdotes, de détails, sur les situations, les fortunes, les caractères.

Louis Perrin, dès qu'il eut causé pendant cinq minutes avec son hôtesse (et cela arriva le jour même de son installation à Rixviller), se dit qu'il avait sous la main un trésor à exploiter, et, grâce au ciel, Mme Clerget ne demandait pas mieux que de se prêter à cette exploitation.

En conséquence chaque soir, après son repas, il passait une heure à solliciter et à obtenir de la veuve des indications qu'il mettait à profit le lendemain ; et, grâce à ces utiles causeries, au lieu de s'en aller au hasard frapper à la porte d'inconnus qu'il aurait risqué le plus souvent de s'aliéner par d'involontaires maladresses, il consultait ses notes avant d'aborder chaque maison, et se voyait favorablement accueilli presque partout, grâce à sa connaissance préalable, superficielle mais suffisante des mœurs, des habitudes, des antécédents, des tenants et des aboutissants de chacun.

De là ces entretiens du soir, auxquels la veuve prenait un plaisir immense et le jeune docteur un vif intérêt.

Ajoutons que Louis Perrin, au moment où commence ce récit, était à Rixviller depuis dix jours environ, et rejoignons nos deux personnages dans la petite salle de l'auberge du Chevreuil d'argent.

III

RENSEIGNEMENTS.

Le jeune médecin dégusta lentement quelques gorgées de café additionné d'eau-de-vie, et alluma un cigare. Puis, comme il gardait le silence en jetant au plafond des bouffées de fumée blanche, Monique Clerget entama l'entretien en ces termes :

— Et votre maison, monsieur le docteur, ça avance-t-il ? Les ouvriers vont-ils rondement à la besogne ?

— Je ne suis pas mécontent ; répondit Louis Perrin. Ce matin, quand je me suis mis en route, ils avaient achevé les peintures et commençaient à poser les papiers. Dans quatre ou cinq jours ils auront fini, et mon père, alors, m'enverra des meubles qui sont tout prêts.

— Si bien que, vers le milieu de la semaine prochaine, vous vous installerez ?

— Je le pense.

— Il vous faudra une servante, monsieur le docteur, vous ne pouvez pas vous en passer. Vous êtes-vous déjà occupé d'en trouver une ?

— Ma foi, non.

— Si j'osais me permettre de vous donner un bon conseil...

La veuve Clerget s'interrompit.

— Eh bien! demanda Louis Perrin, pourquoi vous arrê-
tez-vous? Achevez donc.

— Eh bien! monsieur le docteur, je vous dirais : N'en
prenez pas une trop jeune.

— Et, la raison?

— Dame, vous comprenez, ici comme ailleurs il y a des
jaloux, des méchantes langues! on ne peut point empêcher
la rivière de couler, n'est-ce pas? On tiendrait des propos...
on chuchotterait... les suppositions iraient leur train .. Vous
êtes garçon... et joli garçon, vous flatter... bref, ça
vous ferait du tort dans le pays... Croyez-moi...

— Merci du conseil! répliqua le médecin qui se mit à
rire, il est bon, il est excellent, et je le suivrai d'autant plus
volontiers que je ne me sens aucune velléité de prendre à
mon service une jeune fille. Je compte même vous prier,
madame Clerget, vous qui êtes pour moi si gracieuse et si
obligeante, de me procurer une domestique. De votre main,
je l'accepterai les yeux fermés.

Monique devint rayonnante, comme si les feux du soleil
couchant illuminaient son visage.

— Ah! monsieur le docteur, s'écria-t-elle, votre confiance
sera bien placée! Je vous donnerai Magui Clément dont je
réponds autant que de moi-même! Une fille de quarante
ans, ni belle ni laide, propre comme un sou, et aussi forte
qu'un schlitter de la montagne. Elle tiendra tout en ordre
chez vous, elle pansera votre cheval mieux qu'un homme;
elle mettra le vin en bouteilles... enfin, c'est un trésor... —
seulement...

— Ah! il y a un : seulement! fit le médecin en souriant.

— Mon Dieu, oui.

— Lequel? Voyons.

— Elle n'est pas très-habile en cuisine, et, si on lui
demande autre chose que de faire griller des côtelettes ou
de sauter une omelette, la chère créature ne pourra point
s'en tirer.

— Eh bien! mais, l'omelette et les côtelettes, c'est tout ce
fait suffisant pour déjeuner, ce me semble.

— Sans doute, mais le dîner?

— Ne nous occupons pas du dîner, ma bonne madame
Clerget, car j'ai l'intention de vous demander de me conserver comme pensionnaire. Quand on a goûté les chefs-d'œuvre d'un cordon bleu tel que vous, on n'y renonce pas
volontiers. Est-ce entendu?

Nous savons déjà qu'en disant ce qui précède, le jeune
médecin allait au-devant de la plus caressée des ambitions
de son hôtesse.

Aussi madame Clerget s'écria, triomphante :

— Si c'est convenu! si je le crois bien! et je vous en
cuisinerai des petits plats, dont vous vous lécherez les
doigts jusqu'aux coudes! Sainte Vierge! comme je vais
vous soigner! On m'a justement proposé hier une barrique
d'un certain vin du Rhin qui n'a pas son pareil. Je l'enverrai chercher dès demain! tout est convenu! tout est arrangé!
Magui Clément entre chez vous, vous lui donnerez cent
vingt francs de gages, et elle sera heureuse comme une
reine.

Puis, faisant faire à la conversation un brusque crochet,
la veuve demanda sans transition :

— A propos, monsieur le docteur, êtes-vous content?
Avez-vous vu beaucoup de monde aujourd'hui?

— Je suis allé dans une vingtaine de maisons.

— Peut-on savoir lesquelles?

Louis Perrin prit son carnet et lut les noms à haute
voix.

— Et, reprit Monique, vous avez été bien reçu partout,
j'en suis sûre.

— A merveille, tous ces braves gens m'ont promis que,
le cas échéant, ils ne s'adresseraient à aucun autre médecin
qu'à moi.

— Ça ne pouvait pas manquer! un docteur comme vous,
reçu par l'Académie de Paris! On n'a pas l'habitude d'en
voir beaucoup de pareils dans nos pays! Avant un an, c'est
moi qui vous le dis, vous aurez des pratiques à n'en savoir
que faire, c'est certain, aussi vrai que je suis une brave
femme! et vous gagnerez des mille et des cent! et vous ferez fortune!

— J'en accepte l'augure, répliqua Louis Perrin avec un
sourire. Puissiez-vous être bon prophète.

— Vous verrez! vous verrez! Mais vous avez encore un
grand nombre de familles à visiter.

— Oui, pas mal.

— Où irez-vous demain, sans indiscrétion?

Le jeune homme consulta de nouveau son carnet.

— Je compte commencer, dit-il, par madame la comtesse
de Kéroual.

— Au château de Rochetaille, à une petite lieue ci acunc
d'ici, fit la veuve Clerget.

— Et, reprit Louis Perrin, je pense que si vous savez
quelque chose de particulier sur madame de Kéroual, vous
serez assez obligeante pour me l'apprendre.

— Ah! monsieur le docteur, tout ce que je sais est à votre
disposition. D'ailleurs, il n'y a que du bien à dire à l'endroit de madame la comtesse. C'est une brave dame, une
très-brave dame, un cœur d'or, et tout un chacun la comble
de bénédictions dans les alentours de son château, car elle
répand ses bienfaits comme le bon Dieu, des deux mains et
sans compter.

— Madame de Kéroual possède une grande fortune, sans
doute?

— On n'en sait pas au juste le chiffre ; mais ça doit aller
pour le moins dans les soixante à soixante-dix mille francs
de rente.

— Son mari, M. le comte de Kéroual, habite-t-il avec
elle?

— Hélas! la pauvre chère dame est veuve depuis deux
ans. Il ne lui reste, de son mariage, qu'une petite fille de
trois ans, belle comme un ange.

— La comtesse est jeune encore, sans doute?

— Oh! c'est tout au plus si elle a trente ans.

— Et jolie?

— Mignonne tout à fait et bien avenante de visage, quoique un peu trop pâlotte depuis son veuvage. Ça se comprend... l'effet du chagrin. Faut croire qu'elle aimait son
mari comme ça se doit, la chère dame. Sans compter que
M. le comte était un homme superbe, et s'il avait quarante
ans, c'est le bout du monde.

— La famille de Kéroual est-elle originaire de ce
pays?

— Non. Je me suis laissé dire que feu M. le comte était
de la Bretagne. Le château de Rochetaille et les terres qui
en dépendent, et qui ne sont pas de grande conséquence,
viennent à madame de la succession d'un oncle. Le comte et
la comtesse ne passaient guère à Rochetaille que deux ou
trois mois d'automne, et, le reste du temps, ils habitaient
Paris; mais depuis que madame est veuve, elle ne va plus
à Paris du tout et elle reste à la campagne hiver comme
été.

— Savez-vous bien, ma bonne madame Clerget, que voilà
une conduite digne d'Artémise.

— Artémise... répéta l'aubergiste. C'est bien possible,
monsieur le docteur, et ça doit être vrai, puisque vous le
dites ; mais je ne connais pas cette personne.

— Madame de Kéroual reçoit-elle beaucoup de monde?
reprit le médecin.

— Du vivant de M. le comte, le château était en tout
temps plein d'amis et de connaissances qui venaient de bien
loin. C'étaient des jours des dîners où rien ne manquait, car on n'épargnait point l'argent, et le cuisinier de
Rochetaille avait servi à Paris chez un ministre. Un habile
homme, monsieur le docteur (pas le ministre, le cuisinier); il aimait à s'instruire dans son art, quoiqu'il en sût
plus long que pas un, et un jour qu'il avait déjeuné ici par
hasard en revenant je ne sais d'où, il m'a demandé la recette
de mes œufs brouillés aux queues d'écrevisses; tant il avait
trouvé ce plat bon et bien fait. Vous voyez qu'il s'y connaissait. Bref, on vivait en fêtes au château : les chevaux, les
chiens, les grandes chasses! la musique ronflait! on
dansait à s'en décrocher les jambes! Ah! c'était le bon
temps!

— Et aujourd'hui?

— Aujourd'hui, madame la comtesse a cessé presque
tout son train, renvoyé le cuisinier, congédié les trois quarts
des valets, vendu les chiens, supprimé les chevaux, à l'exception de trois ou quatre. Ah! elle doit faire de fameuses
économies, la chère dame.

— Ainsi, elle ne reçoit plus?

— Plus personne, à l'exception d'un parent à elle, un
cousin, le baron de Stény, qui vient de temps en temps
passer quelques jours au château. Il y a des gens qui pré-

tendent que M. le baron cherche à consoler madame la comtesse, et qu'il pourrait bien l'épouser un jour ou l'autre. Est-ce la vérité, ou est-ce un mensonge? Vous comprenez bien, monsieur le docteur, que je n'en sais pas le premier mot.

— Mais, ce M. de Stréay, vous le connaissez?

— Quand il est au château, je le vois passer à cheval quelquefois, car madame la comtesse a gardé un cheval de selle tout exprès pour lui.

— Quel homme est-ce?

— Oh! un joli homme! Quelque chose de bien, impossible de dire le contraire, et toujours mis mieux qu'un prince. Il a des petites moustaches noires aussi fines que de la soie et tournées en crochets comme des accroche-cœurs. Il porte sur l'œil un carré de verre attaché à un ruban. Il a l'air plus hardi et plus insolent qu'un page de cour. Avec tout ça, il ne me plaît pas beaucoup, à moi. Beau garçon, oui, mais mauvaise figure.

— M. de Stréay est-il en ce moment à Rochetaille?

— Je ne crois pas. Le jardinier, Jérôme Pichard, est venu boire un coup ici il y a trois jours, et il n'en a rien dit. Mais voici déjà quelque temps qu'on n'a vu M. le baron, et certainement il ne tardera guère à arriver.

— Madame de Kéroual avait-elle un médecin attitré dans le pays?

— Oui, le docteur Gérardmer, votre prédécesseur; mais, quoique madame la comtesse ne paraisse pas bien vigoureuse, elle n'est jamais malade.

En ce moment, l'entretien fut brusquement interrompu par la grosse servante Marie-Jeanne, qui fit irruption dans la petite salle.

— Eh bien! ma fille, qu'est-ce que c'est? s'écria madame Clerget. Le feu est-il à la maison?

— Oh! que nenni, bourgeoise. Ça ne serait point à souhaiter, répondit Marie-Jeanne avec un rire énorme.

— Enfin, voyons, tu veux quelque chose?

— Moi, bourgeoise, rien du tout. Mais c'est les rouliers qui demandent de l'eau-de-vie et les faiseurs de tours qui veulent compter avec vous avant de s'en aller.

— C'est bon, c'est bon, j'y vais, fit Monique en se levant. Excusez-moi, monsieur le docteur, si je vous quitte pour un moment; mais dans des états comme le mien, voyez-vous, on n'est jamais libre.

Et la veuve suivit Marie-Jeanne dans la grande salle.

Le saltimbanque et sa femme avaient achevé leur repas. Ils étaient assis près du feu, sous le manteau de la haute cheminée, et la jeune femme tenait sur ses genoux et appuyait contre sa poitrine sa fille endormie.

— Comme ça, décidément, vous partez, mes braves gens? leur dit Monique. Si l'offre d'un bon lit peut vous décider à passer la nuit ici, acceptez; ne vous gênez pas, vous me ferez plaisir.

— Cela nous est impossible, madame, je vous le répète, répondit la jeune femme; mais nous sommes bien touchés de toutes vos bontés, et Jean, mon mari, a voulu vous en témoigner lui-même sa reconnaissance avant d'aller atteler le bidet à la carriole.

Le saltimbanque s'était levé; il murmura quelques paroles de gratitude que madame Clerget se hâta d'interrompre en lui demandant:

— Qu'est-ce qu'il y a donc dans cette gourde que vous portez là en sautoir?

— Il n'y a que de l'eau, répondit-il.

— Mauvais breuvage quand les nuits sont fraîches! s'écria la veuve.

Et, faisant signe à Marie-Jeanne d'apporter une bouteille d'eau-de-vie, elle prit la gourde du saltimbanque, jeta l'eau qu'elle contenait et la remplaça par de l'alcool.

Une expression de vive inquiétude se peignit sur le visage de la jeune femme, tandis qu'une joie presque bestiale illuminait les traits fortement accentués du mari. Il remercia de son mieux et se hâta de sortir pour aller atteler la carriole.

Alors le saltimbanque tendit une pièce de cinq francs à madame Clerget en balbutiant:

— Je ne vous dirai pas de vous payer, madame, car nous vous devons assurément beaucoup plus que vous n'allez recevoir de nous; mais j'acquitte le prix modeste dont votre charité veut bien se contenter.

— C'est bon, c'est bon, murmura la veuve en fouillant dans sa vaste poche d'où s'échappa un bruit de mitraille; car cette poche, véritable capharnaüm, contenait des trousseaux de clefs, des aiguilles à tricoter, des pièces d'argent petites et grosses, et deux ou trois poignées de monnaie de billon. Voilà vos cinquante sous, continua-t-elle en donnant cette somme à la jeune femme.

Puis, mettant dans la main de la petite fille presque endormie la pièce de cinq francs qu'elle venait de recevoir, elle ajouta:

— Tiens, cher trésor, voici pour t'acheter demain des bonbons à la foire de Remiremont.

Et madame Clerget, afin d'éviter les remerciements de la jeune mère, feignit de se croire appelée dans la pièce voisine et quitta précipitamment la grande salle.

La saltimbanque, attendrie, se dirigea vers la cour de l'auberge en se disant à elle-même:

— Allons, il y a encore de bonnes âmes sur la terre.

La cour du *Chevreuil d'argent* était carrée et assez vaste, comme toutes celles des hôtelleries de province. Les écuries occupaient l'un des côtés; de l'autre se trouvait un hangar servant de remise. La porte charretière donnant sur la rue du village, et recouverte d'un chaperon de tuiles, faisait face à la maison.

Une lanterne à vitres protégées par un grillage, suspendue dans l'écurie, permettait de voir le saltimbanque en train de placer un harnais poudreux sur la maigre échine d'une haridelle indescriptible.

Tout en s'occupant de cette besogne, il chantait à tue-tête la chanson de maître Adam:

Si quelque jour, étant ivre,
La mort arrêtait mes pas,
Je ne voudrais pas revivre
Après un si beau trépas.

Il s'interrompit pendant une seconde pour donner une vigoureuse accolade à la gourde suspendue à son côté et remplie par les soins de Monique Clerget, et il continua d'une voix de plus en plus joyeuse et retentissante:

Je m'en irais dans l'Averne,
Faire enivrer Alecton,
Et bâtir une taverne
Dans le manoir de Pluton.

— Ah! le malheureux, le malheureux, balbutia la jeune femme avec un découragement profond, il ne se corrigera jamais!

Elle traversa la cour, s'approcha de la porte de l'écurie, et d'un ton suppliant, elle dit:

— Au nom du ciel, Jean, ne bois plus, donne-moi cette gourde!

— Tiens! tiens! tiens! s'écria le saltimbanque avec un gros rire, tu veux la gourde, et pourquoi donc?

— Parce que tu es ivre déjà, et que, si tu continues, tu ne seras plus capable, tout à l'heure, de conduire la carriole; songe que la nuit est noire, que nous sommes dans un pays de montagnes et que tu peux exposer ta femme et ta fille aux plus grands dangers.

— Périne, ma tendre moitié, répliqua l'ivrogne, sois paisible! Rien n'éclaircit la vue comme une goutte de bonne eau-de-vie, et celle-là est excellente. Hue, bidet! Allons, *Coq-en-Pâte*, détale, mon fils!

IV

PÉRINE

L'infortuné quadrupède que le saltimbanque appelait *Coq-en-Pâte*, par antiphrase sans doute, car il était habituellement soumis pour toute nourriture au régime de l'herbe poudreuse et rare croissant sur les talus des fossés le long des routes, offrait aux regards attristés le spécimen d'une maigreur indescriptible. Ses os tranchants semblaient prêts à percer sa peau de toutes parts, et lui donnaient l'apparence d'une préparation d'anatomie bien plus que d'un animal vivant.

— Hue, bidet! répéta le saltimbanque; et la pauvre bête qu'il tirait par la bride sortit de l'écurie clopin-clopant, secouant d'une façon mélancolique le grelot fêlé suspendu à son cou, et se dirigea vers le véhicule auquel elle allait être attelée.

Ce véhicule était une longue charrette à deux roues, démantelée; des cerceaux recouverts d'une grosse toile lui faisaient une sorte de capote grâce à laquelle on pouvait braver, tant bien que mal, le soleil et la pluie.

Cette carriole, qui sonnait la ferraille, et paraissait devoir se disloquer au moindre mouvement, contenait la malle aux costumes, les ustensiles de ménage, les piquets et les rideaux de coutil nécessaires pour dresser la baraque au milieu des champs de foire, et enfin le tableau traditionnel sur lequel un pinceau naïf, mais violemment coloriste, avait peint la femme phénomène, du poids de trois cents kilos, l'alcide forain soulevant un canon avec sa mâchoire ou à bras tendu, le veau à deux têtes, et le *grrrrrand* serpent de mer, excentricités merveilleuses, bien capables de faire naître et de pousser à son paroxysme la curiosité des populations, mais qui n'existaient plus guère, hélas! que sur la toile, la femme phénomène ayant depuis six mois quitté nos saltimbanques pour s'attacher à la fortune d'une entreprise rivale, et le veau à deux têtes ayant succombé, dans la fleur de son âge, à une pleuro-pneumonie aiguë, malgré les soins les plus paternels.

Restaient donc le grand serpent de mer, figuré tant bien que mal par une peau de serpent boa empaillée, et l'alcide forain, dans la personne de Jean Rosier lui-même, qui continuait à soulever, avec de prodigieux déploiements de force musculaire, un canon de bois blanc auquel une couche de peinture bronzée donnait une formidable apparence.

Jean Rosier, chantant toujours, *Coq-en-pâte* entre les brancards, attacha tant bien que mal les cordes qui servaient de traits, fit monter dans la carriole sa femme et sa petite fille, monta lui-même, agita son fouet et sortit de la cour en accrochant la borne, tandis que Monique Clerget, debout sur le seuil de l'auberge, criait aux saltimbanques :

— Bon voyage et bonne chance, mes braves gens!

Le piteux équipage s'éloigna cahin-caha, au pas inégal du bidet, secouant le falot attaché à l'une des ridelles et dont la clarté pâle traçait sur la route blanche un cercle faiblement lumineux.

Jean Rosier continuait à chanter tout du haut de sa tête :

Si je meurs, que l'on m'enterre
Dans la cave où est le vin...

Mais sa voix s'affaiblit peu à peu et finit par se perdre dans l'éloignement.

Ce n'était point un mauvais drôle que Jean Rosier, le saltimbanque, c'était même un honnête homme, dans ce sens que pour rien au monde il n'aurait pris le bien d'autrui, et qu'il aimait tendrement sa femme et sa fille; seulement il avait un défaut qui paralysait toutes ses bonnes qualités, c'était une tendance irrésistible à l'ivrognerie.

Le vin et l'eau-de-vie exerçaient sur lui des fascinations contre lesquelles il n'essayait même pas de lutter, sachant à merveille qu'il serait vaincu dans la lutte, et considérant en définitive sa défaite comme un grand bonheur.

Or, il arrivait à Jean Rosier ce qui n'advient que trop fréquemment parmi les ivrognes, c'est-à-dire qu'il ne savait ni ne pouvait porter la boisson.

A peine avait-il bu une bouteille de vin ou quelques gorgées d'alcool, qu'une ivresse rapide, presque instantanée, s'emparait de lui, et se manifestait tantôt par les transports d'une gaieté sans cause, tantôt par une humeur sombre et farouche, et par une brutalité quasi bestiale, qui n'épargnait personne, pas même sa femme, pas même sa fille.

De là venaient l'inquiétude et la terreur de Périne, lorsqu'elle voyait la maîtresse de l'auberge du *Chevreuil d'argent* remplir la gourde du saltimbanque.

Le reste du temps, c'est-à-dire quand il n'avait pas eu la fatale occasion de boire, Jean Rosier était l'homme du monde le plus doux et le plus facile; il se laissait mener

par sa femme à laquelle il reconnaissait sur lui une très-grande supériorité morale et intellectuelle, et il lui obéissait passivement sans discuter ses volontés et souvent même sans chercher à les comprendre.

Périne, enfant abandonnée, trouvée un beau matin sur une grande route, sur un tas de pierres, à l'entrée d'un village, avait été recueillie et adoptée par une sorte de bohémienne qui comptait la faire mendier un jour pour son compte, et qui, en attendant, la nourrissait fort mal et la battait fort bien.

Périne atteignait à peine sa sixième année lorsque son étrange bienfaitrice mourut.

Elle pleura cette mégère qui lui faisait payer si durement une si maigre hospitalité, et, pour la seconde fois depuis sa naissance, elle se trouva sur la grande route, sans asile et sans pain, obligée pour vivre de solliciter la charité publique.

Si jeune que fût Périne, elle avait une sorte de fierté native qui lui rendait odieuse cette mendicité, accueillie d'ailleurs presque partout par des rebuffades humiliantes et brutales.

Une troupe de saltimbanques vint à passer dans le pays.

La petite fille était mignonne, et jolie, et ne dépendait de personne; le chef de la bande pensa qu'elle pourrait rendre de petits services immédiats et qu'elle deviendrait par la suite une très-utile acquisition.

En conséquence, il lui proposa de l'emmener, et Périne accepta cette offre avec une joie qui tenait du délire.

Nous n'avons point à raconter ici l'existence de l'enfant devenue jeune fille; disons seulement que Périne, malgré sa fraîche beauté qui se faisait chaque jour plus rayonnante, et qui lui attirait ce qu'on est convenu d'appeler des propositions brillantes, resta aussi complètement honnête que la fille la plus chaste, élevée sous les yeux et sous la surveillance de la meilleure des mères.

Les déclarations passionnées des jeunes gens, les offres dorées des vieux et riches libertins, ne firent naître dans l'esprit et dans le cœur de Périne ni ambition ni émotion, et ne lui causèrent que dégoût infini et humiliation profonde. Elle aurait donné tout au monde pour s'y pouvoir soustraire, mais, le moyen? Et qui donc, je vous prie, serait assez naïf pour accepter comme chose sérieuse et respectable la vertu d'une saltimbanque?

Dans la troupe dont Périne faisait partie, brillait au premier rang un *Alcide* du nom de Jean Rosier. Il devint éperdument amoureux de la jeune fille, sans oser le lui dire, car cet hercule aux biceps puissants était d'une nature timide et concentrée.

Il semblait peu probable que Jean Rosier dût être jamais payé de retour. Ce fut cependant ce qui arriva, grâce à une circonstance toute fortuite.

Un soir d'été, les saltimbanques venaient de donner une représentation de leurs exercices dans un gros bourg du midi de la France.

Périne, accablée par la chaleur du jour et ne réfléchissant point au péril qu'elle pouvait courir, avait quitté la baraque pour s'aller promener toute seule au clair de la lune, au bord d'un ruisseau qui traversait le bourg.

La nuit était radieuse; une brise fraîche et parfumée passait sur la terre et faisait frissonner les branches des saules avec un doux murmure. Les étoiles se miraient dans l'eau tremblotante, comme des lucioles tombées du ciel.

Au milieu de ce calme, de cette fraîcheur, Périne se sentait vivre, et, sans y penser, elle s'était éloignée beaucoup, lorsqu'elle se trouva tout à coup en face d'une bande de cinq ou six mauvais drôles qui la reconnurent, l'entourèrent et commencèrent à l'accabler de leurs brutales galanteries.

Un tel péril prouvait clairement que bientôt les jeunes misérables ne reculeraient point devant les plus odieuses violences. Périne éperdue se débattait, appelait à l'aide, mais presque sans espoir, car l'endroit était désert et l'heure avancée.

Elle se jurait à elle-même de résister, cependant, de résister jusqu'à la mort, et, elle se tenait bravement parole, quand soudain un homme bondit sur les assaillants avec un cri de colère, les renversa dans son impétueux élan, comme les épis mûrs coupés par le faucheur, jeta deux d'entre eux au milieu du ruisseau, foula les autres sous ses pieds

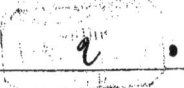

Périne saisit le brancard et fit appel à toutes ses forces. (Page 11.)

et les laissa tout meurtris, disloqués, presque sans connaissance.

Il saisit ensuite et souleva Périne, qui n'avait plus de force maintenant que le péril était passé, et il l'emporta dans ses bras, comme une mère emporte son enfant endormi.

Ce sauveur, arrivé si fort à propos, ne se trouvait là, hâtons-nous de le dire, ni par miracle, ni par hasard.

C'était Jean Rosier, qui, depuis le moment où la jeune fille avait quitté la baraque des saltimbanques, la suivait à distance, assez loin pour qu'elle ne s'aperçut point de cette surveillance occulte, assez près pour qu'il lui fût possible de venir à son aide en cas de besoin.

On vient d'avoir la preuve que la précaution était bonne.

— Mon ami, balbutia Périne, lorsque l'écrasante émotion qui l'anéantissait se fut un peu dissipée, je vous dois plus que la vie. Comment me sera-t-il jamais possible de vous témoigner ma reconnaissance!

— Ah! mam'selle Périne, répondit Jean, si vous vouliez, ça vous serait bien aisé.

— Et, demanda la jeune fille, non sans étonnement, de quelle façon?

Jean Rosier eut un gros rire, pour cacher l'immense embarras qui s'emparait de lui. Comme tous les gens très-timides, il était capable d'agir avec résolution dans certains cas extrêmes, dans certaines occasions décisives, et celle qui se présentait en ce moment était de ce nombre.

En conséquence, il brûla ses vaisseaux et répondit :

2º LIVRAISON.

— En permettant, mam'selle Périne, que je devienne votre mari.

— Mon mari! répéta la jeune fille stupéfaite. Vous voulez être mon mari?... Vous?... Jean Rosier?

— Oui, mam'selle Périne, quoique je sache bien que je ne mérite point un si grand honneur, et qu'une personne comme vous n'est certainement pas faite pour moi.

— Mais, demanda Périne, vous m'aimez donc?

— Si je vous aime! s'écria Jean Rosier; puis il ajouta, en prenant une physionomie effarée :

— Est-ce que vous ne vous en étiez jamais aperçue?

— Jamais.

Périne disait vrai. La pauvre enfant ne possédait pas un seul grain de coquetterie, et Jean Rosier s'était si bien effacé et si constamment tenu dans l'ombre, que rien au monde n'avait pu faire deviner son violent amour à celle qui en était l'objet.

— J'avais cru... j'avais espéré... reprit l'alcide en balbutiant. Ah! c'est bien vrai que je n'osais vous parler de rien. Mais il me semblait qu'il y a des choses qu'on comprend sans qu'on les dise, surtout quand le cœur peut y correspondre. Faut croire que je m'étais trompé, et que ce n'est pas toujours comme ça, puisque vous n'avez rien vu, rien deviné.

Périne baissait la tête et gardait le silence.

Jean Rosier continua d'une voix entrecoupée et dans laquelle on sentait des larmes :

— Il ne faut pas m'en vouloir pour ça, mam'selle... ce

n'est point ma faute si je suis tombé amoureux de vous...
c'était plus fort que moi. Mais ça ne m'arrivera plus... plus
jamais. Ce que j'ai fait pour vous tout à l'heure, ça sera le
plus grand bonheur de ma vie, voyez-vous. Jusqu'à mon
dernier jour je me souviendrai qu'il y aura eu un moment
où je vous ai été bon à quelque chose. Ce souvenir-là me
consolera de tout.... même de ce que vous n'avez point d'a-
mitié pour moi.

— Que dites-vous! s'écria vivement Périne. Point d'amitié pour vous! Me prenez-vous donc pour une ingrate?
Depuis longtemps je vous connaissais comme un bon et
brave garçon, et vous venez de me prouver tout à l'heure
que vous étiez un homme d'un grand courage! Ne doutez
donc pas de moi, Jean Rosier, car j'ai de l'amitié pour vous,
et beaucoup....

— Comment? bien vrai? s'écria l'alcide qui sentait son
cœur déborder, mais qui n'en pouvait croire ses oreilles.

— Foi d'honnête fille!

— Ce n'est pas la reconnaissance qui vous fait me parler
comme ça?

— Non, car ce que je viens de vous dire, je vous l'ai dit
dans toute la sincérité de mon âme.

— Mais, reprit Jean Rosier haletant, ce que vous avez
pour moi dans l'âme, c'est l'amitié d'une sœur pour son
frère, n'est-ce pas? Ça ne pourra jamais devenir l'attachement d'une femme pour son mari? »

Périne hésita pendant un instant, et sous les blanches
clartés de la lune on put voir une rougeur ardente envahir
son visage.

« Pourquoi? répondit-elle enfin. Si vous étiez mon mari,
vous auriez le droit et le devoir de veiller sur moi et de
me défendre comme vous l'avez fait tout à l'heure, et personne, vous connaissant, n'oserait m'insulter! Dans la profession que j'exerce, une femme qui veut rester honnête
doit avoir un mari bon et brave... et j'aurais beau chercher
longtemps, je crois que je n'en pourrais trouver un plus
brave et meilleur que vous.

— Mais alors, s'écria Jean Rosier, chez qui la joie la plus
délirante remplaça sans transition la plus navrante angoisse,
mais alors, mam'selle Périne, vous m'acceptez donc pour
mari?

— Eh oui! certainement, mon ami, je vous accepte, et je
vous promets que je ne vous repentirez jamais de m'avoir
pris pour femme. »

Il est des ivresses du cœur qui peuvent se comprendre,
mais que la plume est impuissante à décrire. Jean Rosier
éprouvait une de celles-là.

Quinze jours après l'entretien que nous venons de reproduire, Périne était, devant Dieu et devant les hommes, la
femme de l'alcide.

Les commencements de cette union furent heureux. La
passion de l'ivrognerie n'était pas encore devenue pour Jean
Rosier une de ces maîtresses impérieuses auxquelles on
sacrifie tout. Le mari de Périne, absorbé dans la lune de
miel de son amour, avait renoncé d'une façon à peu près
complète au culte de la jolie bouteille. Il ne pensait qu'à
sa jeune femme et faisait pour elle et pour lui les rêves
les plus ambitieux; il se voyait à la tête d'une troupe de
saltimbanques dont elle serait la reine, parcourant la
France, faisant même quelques excursions à l'étranger,
précédé sur tous les champs de foire par une renommée
légitime, et conquérant la fortune, ou du moins l'aisance,
à la force des biceps et de la mâchoire.

Jean Rosier possédait quelques économies. Il les employa
à acquérir une charrette hors d'âge et un vieux cheval
(le prédécesseur de *Coq-en-Pâte*, le mal nommé); il se
procura deux ou trois *phénomènes* d'occasion, il engagea
un pitre et deux musiciens faméliques, et, abandonnant
avec Périne la troupe dont ils avaient fait partie jusqu'alors,
ils résolurent de voler de leurs propres ailes et de courir
les aventures pour leur propre compte.

Nous ne nous ferons point l'historien du roman comique
comique de ces pauvres diables pour qui la chance ne se
montra pas un seul instant favorable. Dès leurs premiers
pas dans la carrière indépendante des *artistes en foire*, la
gêne, leur compagne de route, ne pas dire plus, continua leur compagne fidèle.

C'est tout au plus si, à force de travail, ils parvenaient
à vivre à peu près et à entretenir tant bien que mal leur
personnel.

Jean Rosier, tombant du haut de ses rêves brillants dans

cette glaciale réalité, manqua complètement de philosophie,
et prouva que s'il avait la force d'un hercule pour soulever
des canons à bras tendus ou des futailles avec ses dents,
il était plus faible qu'une femme en face de la désillusion.

Il prit le chagrin à cœur, et, ainsi que cela arrive trop
souvent dans certaines classes, il se remit à boire pour se
consoler.

Le remède était pire que le mal, et son infaillible résultat
ne se fit guère attendre, c'est-à-dire qu'à la gêne dont nous
avons parlé succéda bien vite une misère d'autant plus
profonde que, sur ces entrefaites, Périne mit au monde
une jolie petite fille, dont la naissance amena quelques
dépenses indispensables. L'enfant reçut le nom de Georgette.

Deux ou trois ans se passèrent. Les musiciens n'étant
plus payés avaient gagné leur pays; le pitre seul, soit insouciance, soit attachement, était resté fidèle à la fortune, ou
plutôt à l'infortune de ses patrons. Le vieux cheval épuisé
par l'âge et par les jeûnes trop fréquents, était mort un
beau matin sur la route, et Coq-en-Pâte, qui ne valait guère
mieux que lui, l'avait remplacé.

Georgette grandissait et devenait jolie comme un ange.
Périne restait belle et se roidissait courageusement contre
le malheur. Jean Rosier continuait à boire chaque fois
qu'il en trouvait l'occasion, et s'abrutissait de plus en plus.

Telle était la situation des pauvres saltimbanques au
moment où nous venons de faire leur connaissance à
l'auberge du *Chevreuil d'argent*, et nous avons entendu
Périne dire à Monique Clerget qu'ils n'avaient même pas
conservé leur pitre que la maladie retenait dans un hôpital.

V

Rejoignons nos personnages que nous avons laissés
suivant lentement la route qui conduit de Rixviller à
Remiremont.

Jean Rosier, assis sur le devant de la carriole et faisant
claquer son fouet, égrenait d'une voix chevrotante l'interminable chapelet de ses refrains bachiques. C'est à peine
s'il s'interrompait de temps à autre pour crier :

— Hue, bidet! Allons, Coq-en-Pâte, du train, mon fils!

Et la mèche du fouet, corollaire inséparable de ces paroles,
cinglait la maigre échine et la roide encolure de la haridelle.

Hâtons-nous d'ajouter que Coq-en-Pâte secouait les
oreilles, se tortillait dans les brancards, mais ne faisait
point un pas plus vite que l'autre.

Périne, assise ou plutôt à demi couchée sur une botte
de paille, et serrant contre sa poitrine la petite Georgette
assoupie, se sentait très-inquiète de voir les guides entre
les mains de Jean que son état d'ivresse rendait incapable
de diriger le cheval et d'éviter un mauvais pas, s'il se
présentait.

Or, essayer de les lui prendre ou de les obtenir de lui,
c'était à coup sûr provoquer une scène violente, et, au
lieu d'éviter le danger, le rendre plus immédiat.

Peu à peu, cependant, la jeune femme se rassura ou du
moins ses inquiétudes diminuèrent. La nuit n'était point
obscure, nous le savons; la route large et bien entre-
tenue, se déroulait sur un plan doucement incliné et semblait monter à l'infini entre deux rangées de grands arbres.

Périne se démontra à elle-même que le péril n'existait
pas, et qu'en un chemin si facile le bidet n'avait besoin que
de son instinct pour se diriger.

Ses inquiétudes se trouvant à peu près dissipées, elle ne
résista plus que mollement à la somnolence qui s'emparait
d'elle. Les mouvements de la charrette la berçaient. Ses
épaules s'appuyèrent à la botte de paille qui leur servait
de dossier; un brouillard s'étendit devant ses yeux; elle
n'entendit plus que comme à travers une muraille la chanson monotone de son mari; enfin ses paupières s'abaissèrent et elle s'endormit.

Jean Rosier ne tarda point à suivre cet exemple. Les

notes qui s'échappaient de son gosier devinrent plus lentes et plus sourdes, et finirent par s'éteindre tout à fait; sa tête se balança d'une épaule à l'autre; il essaya encore de lutter cependant, il eut la volonté et la force de porter à ses lèvres le goulot de sa gourde et de lui donner une longue accolade.

Ceci l'acheva. Les guides et le fouet s'échappèrent en même temps de ses mains, et il succomba à un sommeil bien autrement profond que celui de sa femme.

Le bidet chétif, livré complétement à lui-même, faisait acte de courage et de bon vouloir; il gravissait, avec lenteur, il est vrai, mais avec persistance, la route de plus en plus escarpée qui reliait à l'un des plateaux de la chaîne des Vosges la vallée verte et profonde où le village de Rixviller se trouvait assis.

Au moment où, après une marche de deux heures, la carriole atteignait ce plateau avec ses voyageurs endormis, l'horloge d'un clocher voisin sonnait onze heures, et l'on entendait distinctement les vibrations du métal dans le grand silence de la nuit.

Il est bien vraisemblable que la pérégrination nocturne de nos personnages aurait continué à s'accomplir sans accident, si le bizarre équipage ne fût arrivé à un endroit où la route se trouvait en réparation.

Les ouvriers avaient entassé des cailloux au milieu de la chaussée, et une lanterne placée sur ces cailloux signalait la présence de l'obstacle.

Le bidet ne s'y trompa point et prouva son intelligence en tournant à gauche au lieu d'aller se heurter contre les cailloux; malheureusement il décrivit une ellipse trop prolongée; la crête d'un talus s'éboula sous l'une des roues, et la carriole, perdant l'équilibre, roula dans un fossé profond, où elle se brisa complétement avec un grand bruit de ferraille.

Ce fut un moment terrible. Périne, réveillée comme par un coup de foudre, fut saisie d'une épouvante indicible en se sentant prise sous les plis détendus de la toile qui servait de capote à la voiture, et en entendant les cris aigus poussés par sa fille. La petite Georgette n'avait d'ailleurs aucun mal et la frayeur seule lui arrachait ces clameurs désespérées.

Bientôt rassurée à l'endroit de son enfant, Périne s'inquiéta de son mari.

Le saltimbanque ne donnait aucun signe de vie. On ne l'entendait point se plaindre.

Périne supposa qu'il avait été lancé au loin dans la chute, et elle l'appela.

Un long et douloureux soupir fut la seule réponse qu'elle obtint. Ce soupir s'exhalait tout près d'elle. Il était évident que Jean Rosier gisait, comme sa femme et sa fille, parmi les débris de la carriole, et le soupir qu'il venait de pousser dénotait une douleur aiguë.

— Jean, reprit Périne, où es-tu?

— Je suis là, répondit le saltimbanque d'une voix très-faible.

— Souffres-tu?

— Horriblement...

— Es-tu blessé?

— Oui.

— Est-ce que c'est grave?

— J'en ai peur.

— Où est ta blessure?

— Au-dessus du genou... J'ai la jambe prise sous le brancard... impossible de la dégager. Le cheval, qui s'est tué, je crois, car il ne bouge pas, pèse de tout son poids sur l'avant-train... D'ailleurs, au moindre mouvement, mes douleurs deviennent si aiguës que le cœur me manque tout à fait.

— Patience et courage, mon homme, je vais à ton aide.

— Dépêche-toi donc, murmura Jean Rosier, d'une voix de plus en plus faible, dépêche-toi... car il me semble que je vais mourir.

Si incommode et si difficile que fût sa position, Périne trouva cependant moyen de glisser sa main dans sa poche; elle en tira un couteau qu'elle ouvrit, et, avec ce couteau, elle fendit la toile qui l'emprisonnait dans ses plis.

Aussitôt libre et après avoir assis sur le revers ga-

zonné du talus la petite Georgette dont les larmes coulaient toujours, mais qui ne criait plus, elle s'occupa de son mari.

Jean Rosier avait bien véritablement la jambe engagée sous la limonière. Le cheval, en tombant, s'était brisé l'épine dorsale (cause de mort foudroyante); il pesait de tout son poids sur le brancard, par conséquent sur le membre blessé, et la douleur devait être effroyable.

Le saltimbanque, complétement déprisé par cette souffrance, faisait preuve d'un grand courage. Il serrait les dents et laissait à peine échapper de seconde en seconde un gémissement presque indistinct, ou plutôt une sorte de râle.

« Mon Dieu! mon Dieu! comment donc faire? s'écria Périne après s'être rendu compte de la situation, autant que les ténèbres le lui permettaient.

— Ne peux-tu me dégager en soulevant un peu la carriole? demanda le saltimbanque.

— Je vais essayer.

Périne saisit le brancard; elle se roidit; elle fit un appel à toute son énergie, à toutes ses forces, mais sans résultat.

« C'est trop lourd, murmura-t-elle avec un immense découragement, je ne peux pas... je ne peux pas.

— Parce que le poids du cheval te gêne, répondit Jean, mais coupe les courroies qui l'attachent au brancard, et l'impossible deviendra facile.

La jeune femme se hâta de suivre les indications de son mari, et, après avoir tranché avec son couteau les cordes et les cuirs des harnais, elle s'aperçut avec joie que le brancard cédait légèrement.

Sans perdre une seconde, elle prit son mari par les épaules et l'attira lentement à elle. Aucune résistance ne se fit sentir. Le corps obéit d'une façon passive à la traction opérée sur lui. Déjà Périne commençait à croire que Jean Rosier n'avait reçu dans la chute aucune blessure vraiment sérieuse.

Elle se trompait.

Au moment où le membre, si longtemps engagé, se trouva libre enfin, le saltimbanque poussa un cri sourd, se tordit comme dans une convulsion suprême, et retomba sans connaissance.

Alors une terreur folle s'empara de Périne.

Elle ne se dit point que la douleur physique, parvenue à un certain degré d'acuité, amène à sa suite l'évanouissement; elle se persuada que son mari était mort, et, s'agenouillant à côté de lui, elle se mit à sangloter avec une indicible amertume, ne faisant trêve à ses gémissements et à ses lamentations que pour appeler au secours d'une voix désespérée.

Mais il était onze heures du soir; le lieu était isolé, la route déserte, et les appels de la pauvre femme restaient sans réponse.

Georgette ne comprenait rien à ce qui se passait, mais, en voyant la bruyante douleur de sa mère, elle s'était remise à pousser des cris aigus.

Tout à coup Périne tressaillit et se demanda si elle était le jouet d'un rêve, d'une illusion.

L'une de ses mains, placée sur la poitrine de son mari, venait de constater un mouvement léger et de ce corps qu'elle croyait privé de vie.

En même temps Jean Rosier, qui commençait à reprendre ses sens, demanda d'une voix très-faible :

— Pourquoi pleures-tu?

Le cri de joie que poussa Périne en entendant parler son mari, fut une réponse éloquente à cette question. Jean Rosier la comprit, car il poursuivit aussitôt :

— Tu me croyais mort, n'est-ce pas?

— Oui... c'est vrai... balbutia la jeune femme, tu ne parlais plus, tu ne respirais plus, et ton corps était devenu tout roide.

— Je m'étais évanoui comme une femmelette! s'écria le saltimbanque. Et, tonnerre, il y avait de quoi! une barre de fer rouge traversant ma chair m'aurait pas fait tant de mal!

— Mon Dieu... mon Dieu... reprit Périne avec une inquiétude renaissante, qu'as-tu donc?

— J'ai ce qui pouvait m'arriver de pis, puisque je ne me tuais pas sur le coup, répliqua le saltimbanque.

— Tu me fais frissonner! Qu'est-ce donc?

— La cuisse cassée au-dessus du genou.

Périne poussa un cri d'angoisse.

— La cuisse cassée ! répéta-t-elle.

— Mon Dieu, oui... ni plus ni moins.

— Mais, on peut en mourir.

— Parfaitement bien, surtout quand la fracture n'est pas soignée tout de suite.

— Que faire ? que faire ?

— Il n'y a pas deux partis à prendre. Si nous restons là en face l'un de l'autre, nous ne nous en tirerons jamais, et mon affaire est claire comme le jour. Va donc au plus prochain village, et tâche de trouver des âmes charitables, des gens de bonne volonté, qui veuillent bien prendre soin de moi et me venir chercher ici.

— T'abandonner ! te laisser seul !

— Bah ! ce ne sera pas pour longtemps.

— Je n'en aurai jamais le courage.

— Aimes-tu mieux, faute de secours, me voir crever dans ce fossé comme un chien !

Jean Rosier s'interrompit, et deux ou trois jurons s'échappèrent de ses lèvres.

— Ah ! que je souffre ! cria-t-il ensuite, les damnés ne souffrent pas tant dans l'enfer ! Va vite, Périne, ne perds pas une minute, pas une seconde, car je deviendrais fou, s'il me fallait endurer longtemps ces tortures.

— Oui, oui, j'y vais... répondit la jeune femme dont la tête s'égarait, patience et courage, Jean ! espère ! Je laisse Georgette à côté de toi, et je vais t'amener du secours. Dans un instant je reviendrai, je te le promets, et je ne serai pas seule.

Tout en disant ce qui précède, Périne avait gravi rapidement le talus, du haut duquel nous avons vu dégringoler la carriole.

Une fois sur la route, par conséquent sur le plateau, elle s'orienta de son mieux et, au lieu de retourner en arrière, dans la direction de Rixviller, elle se mit à marcher rapidement en avant.

Son inspiration était bonne, car à peine avait-elle parcouru un espace de deux ou trois cents pas, qu'elle se trouva à l'extrémité d'une muraille couronnée de grands arbres, qui sans aucun doute devait servir de clôture au parc d'une habitation.

Périne continua, et elle atteignit bientôt une grille d'apparence aristocratique, derrière laquelle une double ligne de grands marronniers indiquaient une avenue et formaient une voûte épaisse de branchages.

A l'extrémité de cette voûte (sorte de grandiose tunnel végétal), les clartés tombant des étoiles permettaient d'entrevoir en partie la façade blanche d'un bâtiment percé de fenêtres nombreuses.

Une lueur assez vive brillait derrière les vitres de l'une de ces fenêtres, et semblait annoncer qu'une personne au moins veillait encore dans l'habitation.

Périne se dit aussitôt qu'il lui fallait à tout prix attirer l'attention de cette personne. Mais de quelle façon s'y prendre ?

Elle essaya d'ouvrir la grille ; une lourde serrure la fermait solidement, il lui fut impossible même de l'ébranler.

Enfin elle découvrit une chaîne de fer pendant le long de l'un des pilastres. Elle la saisit et l'agita de toutes ses forces ; une cloche résonna dans le lointain et les aboiements d'un chien répondirent à ce bruit qui troublait le silence de la nuit.

— On doit m'entendre... on va venir ! pensa Périne en continuant à secouer la chaîne et à mettre la cloche en branle.

Effectivement, au bout de quelques minutes, les aboiements du chien se rapprochèrent et les sonorités d'un pas lourd retentirent sous la voûte de verdure de l'avenue.

Alors la forme rustique d'un jardinier sommairement vêtu surgit confusément dans l'obscurité.

De la main droite ce jardinier tenait un fusil double, plus grand que lui, et de la gauche il maintenait, non sans peine, à l'aide d'une corde passée dans son collier, un énorme chien de berger.

Arrivé à dix ou quinze pas de la grille, l'homme s'arrêta, et, d'une voix mal assurée, il formula cette manière de sommation :

— Je fais à savoir au malfaiteur nocturne qui se permet de jeter la perturbation dans les alentours en carillonnant à une heure indue à la grille du parc, que s'il est animé des intentions les plus innocentes, il ait à en justifier présentement. Faute de quoi je lui déclare que je vais faire feu sur lui de mon fusil, qui est à deux coups, et qu'ensuite je lâcherai le chien, qui est très-méchant. Une fois, deux fois, trois fois, répondez ! qui que vous êtes ?

VI

— Je suis une femme, s'écria Périne, une pauvre femme bien malheureuse.

Rassuré par cette déclaration, et surtout par l'organe évidemment féminin de son interlocutrice, l'homme au fusil double se rapprocha de la grille et regarda à travers les barreaux.

— Une femme, répéta-t-il après un instant d'examen, une personne du sexe. C'est, ma foi, vrai.

Puis, changeant de ton, il ajouta :

— Mais ce n'est point une raison pour se permettre de carillonner au milieu de la nuit et d'importuner les gens dans leur premier sommeil ? Au fait, qu'est-ce que vous voulez ? Qu'est-ce que vous demandez ?

— Du secours, balbutia Périne.

— Pour qui ?

— Pour mon mari... Notre carriole a versé, tout près d'ici, et il s'est cassé la jambe en tombant.

— Ah ! diable ! et où est-il, à l'heure qu'il est ?

— Dans le fossé, sur le lieu de l'accident.

— Quand vous est-il arrivé, cet accident ?

— Il y a une demi-heure tout au plus.

— D'où veniez-vous ?

— Du village de Rixviller où nous avons soupé.

— Où alliez-vous ?

— A la foire de Remiremont.

— C'est bien la vérité, tout cela ?

— Si c'est la vérité !... Ah ! monsieur, je vous le jure sur la vie de ma chère petite fille, de ma Georgette, que j'ai laissée auprès de son père.

L'homme au fusil double se tourna du côté de l'habitation qu'on entrevoyait dans le lointain, sous le tunnel de l'avenue.

— Madame la comtesse n'est pas encore couchée, dit-il ensuite, on voit de la lumière dans sa chambre. Je vais la prévenir de ce qui se passe, et ensuite, si elle le permet, je reviendrai avec des domestiques, nous ouvrirons la grille et nous porterons au château votre mari.

— Ah ! mon Dieu ! s'écria Périne, encore des retards !

— Dame ! vous comprenez, je ne puis prendre sur moi...

— Mais si votre maîtresse allait ne pas consentir...

— Oh ! quant à ce qui est de ça, aucun danger. Madame la comtesse est bonne comme le bon pain, et quand il s'agit de venir en aide à une créature qui souffre, elle ne sait pas ce que c'est que de dire nenni.

— Allez donc, alors, au nom du ciel, allez vite !

— Ne vous impatientez point, je reviens. Avant dix petites minutes, vous me reverrez.

Et l'homme au fusil double, tournant sur ses talons, s'éloigna dans la direction du château, emmenant avec lui son chien de berger qui continuait à gronder et à montrer les dents.

Nous n'entreprendrons point de décrire les angoisses qui torturèrent Périne quand elle se vit seule de nouveau. L'attente et l'incertitude peuvent compter parmi les plus cruelles entre toutes les souffrances, et la malheureuse femme se répétait en frissonnant :

— S'il allait ne pas revenir !...

Grâce au ciel, ce pressentiment funeste ne devait pas se réaliser. Avant que les dix minutes se fussent écoulées, les clartés de plusieurs lanternes brillèrent dans l'avenue, se rapprochèrent rapidement et le premier interlocuteur de

Périne reparut, débarrassé de son chien et accompagné de deux valets.

Ceux-ci portaient un brancard improvisé sur lequel on avait placé un matelas.

La grille fut ouverte, et les trois hommes, guidés par Périne, se dirigèrent vers l'endroit où Georgette sanglotait à côté de son père, près du cheval mort et de la carriole brisée.

En voyant que l'accident avait eu lieu vis-à-vis le tas de cailloux placé au milieu de la grande route, l'homme au fusil double, qui sans aucun doute nourrissait certaines prétentions au titre de beau parleur, s'écria :

— Saperlipopette! je l'avais pourtant dit au cantonnier, à ce tantôt, qu'il serait cause de quoq' malheur en encombrant comme ça le chemin, nuitamment, avec sa pierraille. Il n'a point voulu m'écouter et voilà que le malheur est arrivé tout justement comme je l'avais dit. C'est bien fait!

Personne ne remarqua cette étrange conclusion, et les domestiques étendirent sur le brancard, non sans précautions infinies, le saltimbanque qui souffrait mort et passion à chaque mouvement, et qui mordait son mouchoir de poche pour ne pas crier.

Chargés de ce fardeau, les valets gravirent, non sans peine, le talus, et reprirent le chemin de l'habitation.

Périne, le visage inondé de larmes, et tenant par la main la petite Georgette, les suivit.

Le cortège venait de s'engager sous la sombre verdure de l'avenue lorsque Jean Rosier, étouffant de son mieux un juron que lui arrachait la douleur, demanda brusquement :

— Arriverons-nous bientôt?... De par tous les diables, je souffre trop!

— Un peu de patience, mon brave, nous y sommes dans l'instant, répondit le beau parleur auquel nous donnerons désormais son vrai nom de Jérôme Pichard.

Disons tout de suite que Jérôme Pichard était devenu jardinier, dans son âge mûr, après avoir rempli, durant les années de sa première jeunesse, les honorables fonctions de petit clerc chez le principal huissier du canton; mais le jeune saute-ruisseau, mordant médiocrement aux assignations et aux saisies et ne rentrant à l'étude que le soir quand il était chargé le matin de porter à domicile un papier timbré, son patron l'avait mis à la porte en le gratifiant d'un de ces coups de pied, gaillardement appliqués, qui faisaient jadis le succès des pantomimes des Funambules.

— Où me portez-vous? reprit Jean Rosier.

— Au château de Rochetaille, répliqua Jérôme, chez madame la comtesse de Kéroual, une dame qui n'a point sa pareille pour ce qui est de la bonté, générosité, charité, et autres vertus généralement quelconques, apanage du beau sexe auquel nous devons nos mères et nos épouses, et je vous garantis, mon brave, que vous pouvez vous vanter d'avoir une fière chance de vous être démoli comme ça la patte tout près du château, car vous y serez soigné comme un roi.

Le saltimbanque poussa un soupir. Si consolante que fût la perspective offerte par Jérôme, elle ne parvenait point cependant à lui faire oublier les tortures qu'il endurait.

Le petit cortège avait parcouru l'avenue dans toute sa longueur et il atteignait une allée circulaire, contournant un gazon de forme elliptique, pour aller aboutir au péristyle du château.

Ce château, dont la construction remontait à la fin du dernier siècle, était une demeure élégante et gracieuse, mais sans importance, et méritait plutôt le titre de pavillon coquet que celui d'habitation seigneuriale.

Un perron de pierre blanche, à double rampe, placé au point central de la façade, juste en face de l'avenue et garanti du soleil et de la pluie par une marquise que soutenaient de frêles colonnettes, donnait accès dans les appartements du rez-de-chaussée.

— Voilà madame la comtesse, dit à demi-voix Jérôme à Périne en lui poussant le coude; elle est descendue de sa chambre, elle vous attend, elle veut vous recevoir elle-même. Hein! quelle brave dame!

Périne leva machinalement les yeux, et, à la lueur d'une lampe placée dans le vestibule, elle vit une forme blanche, svelte et gracieuse, debout sur la plus haute marche du perron.

Cette forme, ou plutôt cette femme, descendit lentement les degrés, fit quelques pas au-devant des nouveaux venus, et l'expression d'une pitié profonde se peignit sur son visage à l'aspect du blessé, pâle comme s'il n'avait pas une goutte de sang dans les veines, et les traits décomposés par la douleur.

Ensuite elle tourna ses grands yeux vers Périne et vers la petite Georgette, et une larme coula sur sa joue.

— Ce pauvre homme est votre mari? demanda-t-elle d'une voix émue.

— Oui, madame, répondit Périne.

— Il souffre beaucoup?

— Horriblement, madame.

— Oh! oui, murmura le saltimbanque, horriblement... je souffre à mourir.

— Rassurez-vous, reprit la comtesse, on ne meurt point d'une fracture, si grave et si douloureuse qu'elle soit d'ailleurs, et les soins les plus assidus vous seront prodigués. Nous vous guérirons, monsieur, je vous le promets, et nous ferons en sorte que votre rétablissement soit prompt.

Périne saisit la main de la jeune femme et la porta vivement à ses lèvres en balbutiant :

— Oh! madame, vous êtes bonne; soyez bénie!

La comtesse de Kéroual retira doucement sa main.

— Ne me remerciez pas, dit-elle; ce que je fais, ce que je veux faire est bien naturel. Qui donc ne s'estimerait heureux de soulager de tout son pouvoir une si grande infortune?

Puis, se penchant vers Georgette dont elle couvrit les joues de baisers, elle ajouta :

— Cette belle enfant est à vous?

— Oui, madame.

— Moi aussi, j'ai une fille, une fille de l'âge de la vôtre. Vous la verrez demain. Mais ce n'est pas à ces petits anges qu'il faut songer cette nuit, c'est à celui qui souffre.

Madame de Kéroual se tourna vers les valets.

— Portez le blessé dans la chambre bleue, leur dit-elle, le lit est tout préparé pour le recevoir. Le cabinet qui touche à cette chambre est grand, madame et sa fille y coucheront.

— Oh! madame, interrompit Périne, ne songez pas à moi. Je veillerai près de mon mari.

— Vous ne pouvez veiller toujours; il faudra ménager vos forces, vous en aurez besoin. J'exige donc que vous vous reposiez cette nuit.

Les valets gravirent les marches du perron et se dirigèrent vers la chambre bleue.

Madame de Kéroual les suivit, et, aussitôt qu'ils eurent placé Jean Rosier sur le lit, vous lui arracher, malgré toutes leurs précautions, des imprécations sourdes et des plaintes étouffées, elle demanda à l'un de ces hommes :

— Savez-vous, Pierre, si le successeur du docteur Géradmer, le nouveau médecin qu'on attend à Rixviller, est arrivé?

— Je ne sais pas, madame la comtesse, répondit le valet de chambre.

— Mais je sais, moi! s'écria triomphalement Jérôme Pichard; il est arrivé depuis plus d'une quinzaine; il s'appelle le docteur Perrin; sa famille a du bien dans la Haute-Saône, du côté de Vesoul; il a étudié à Paris; c'est un habile homme, à ce qu'on prétend.

— Et, reprit la jeune femme, vous, Jérôme, qui êtes si bien renseigné, savez-vous aussi où il demeure?

— Certainement, madame la comtesse. Je suis la gazette du pays, moi, sauf le respect que je dois à madame la comtesse. Le docteur Perrin loge à l'auberge du Chevreuil d'argent, chez la veuve Monique Clerget (une brave femme), en attendant que les ouvriers aient fini d'arranger pour lui l'ancienne maison du docteur Gérardmer.

— Vous entendez, Pierre, reprit madame de Kéroual; vous allez seller deux chevaux, vous monterez l'un, vous conduirez l'autre en main, vous galoperez jusqu'à Rixviller et vous ramènerez avec vous le nouveau médecin, en le prévenant qu'il s'agit de réduire une fracture, afin qu'il se munisse de tous les instruments qui lui peuvent être nécessaires. Ne perdez pas une minute et ne ménagez point les chevaux. Il faut que dans une heure et demie vous soyez de retour.

— Madame la comtesse peut être tranquille, reprit le valet de chambre. Dick et Dolly sont de bonnes bêtes ; nous irons comme le vent.

Il sortit de la chambre, et, au bout de cinq minutes, on entendit retentir, sous les grands arbres de l'avenue, le galop impétueux de deux chevaux.

— Patience et courage ! murmura madame de Kéroual en s'approchant du blessé ; le docteur a besoin de se créer une clientèle dans le pays, il ne se fera pas attendre, et, Dieu aidant, tout ira bien.

Jean Rosier ne répondit que par un long soupir.

— Le docteur, sans doute, aura besoin de bandes, reprit la comtesse en s'adressant à Périne et en allumant des bougies : si vous le voulez, madame, nous allons en préparer ensemble. Il y a deux lits dans ce cabinet, ajouta-t-elle en ouvrant une porte. Pendant que je vais aller chercher du linge, couchez votre chère petite fille ; la pauvre enfant tombe de fatigue, et, à son âge, rien ne saurait remplacer le sommeil.

Puis madame de Kéroual, prenant un flambeau sur la cheminée, sortit de la chambre sans attendre la réponse de Périne.

Cette dernière joignit les mains et murmura des lèvres et du cœur cette fervente action de grâces :

— Seigneur, mon Dieu, au milieu de mon infortune votre bonté me gardait une consolation : vous m'avez amenée dans la maison d'un ange !

VII

OU LE MÉDECIN SE MET EN ROUTE.

Il était minuit et demi au moment où Pierre, le valet de la comtesse de Kéroual, après avoir parcouru au galop la longue rue étroite de Rixviller, arrêta ses chevaux fumants devant la grande porte de l'auberge du *Chevreuil d'argent.*

A minuit et demi, dans une hôtellerie de village, tout le monde dort d'un profond sommeil, et le domestique eut grand'peine à se faire entendre malgré ses appels réitérés.

Enfin, une fenêtre s'ouvrit au premier étage. Monique Clerget apparut dans un costume qui, sans les ténèbres, aurait paru fort indiscret, et elle demanda d'un ton maussade :

— Jour de Dieu ! qu'est-ce que vous avez donc à vous égosiller comme ça ? Le feu est-il à la maison ?

— Madame Clerget, répondit le nouveau venu, si je crie, c'est pour qu'on m'entende. Vous me connaissez bien, je suis Pierre, le valet de chambre du château de Rochetaille.

— Oui, oui, mon garçon, je vous reconnais à la voix, répliqua l'aubergiste subitement radoucie. Qu'est-ce qu'il y a pour votre service ?

— C'est chez vous, n'est-il pas vrai ? madame Clerget, que loge le nouveau médecin du pays.

— Le docteur Perrin ? Ah ! je le crois bien, que c'est chez moi.

— Y est-il présentement, s'il vous plaît ?

— Et où serait-il, le digne homme ? je vous le demande, sinon dans son lit à dormir d'un bon sommeil.

— Il faut le réveiller bien vite.

— Le réveiller, grand Dieu ! Pourquoi faire ?

— Pour qu'il m'accompagne au château sans perdre une minute. J'ai amené un cheval tout exprès pour lui.

Monique Clerget fit un mouvement brusque.

— Au château ! répéta-t-elle avec une réelle inquiétude. Est-il donc arrivé quelque malheur ? Madame la comtesse serait-elle malade ?

— Il n'est rien arrivé à madame, elle se porte bien, et ce n'est pas pour elle que je viens chercher le médecin.

— Pour qui, alors ?

— Madame Clerget, interrompit le valet de chambre, si nous passons notre temps, vous à me questionner, moi à vous répondre, le docteur ne sera pas prévenu et nous ne repartirons jamais. Or, au train dont je suis venu, vous devez bien penser que la chose est pressante.

— C'est juste, mon garçon. Attendez un moment, je vais prévenir M. Perrin.

Monique disparut de la fenêtre et courut frapper à tour de bras à la porte du jeune médecin, en criant du haut de sa tête :

— Éveillez-vous, monsieur le docteur, éveillez-vous, vite, vite, vite ! Il y a dans la rue un domestique du château de Rochetaille qui vient vous chercher de la part de madame la comtesse de Kéroual.

Comme tous les médecins dignes de ce nom, le docteur Perrin avait le réveil facile et rentrait en possession de toute sa présence d'esprit au moment précis où il ouvrait les yeux.

— C'est bien, ma chère hôtesse, répondit-il en sautant à bas de son lit ; je serai prêt dans un instant. Donnez l'ordre, je vous prie, de seller mon bidet.

— Inutile, monsieur le docteur, le valet de chambre a amené du château un cheval qui va comme le vent.

Et, sans dialoguer plus longtemps avec le médecin, Monique Clerget courut passer un jupon et mettre une camisole. Elle descendit ensuite, alluma une chandelle dans la salle basse, remplit d'eau-de-vie un verre de dimension raisonnable, ouvrit la porte de l'auberge et s'approcha du valet de chambre, dont les chevaux fumants grattaient le sol.

— Ne vous impatientez pas, monsieur Pierre, lui dit-elle, le docteur s'habille, il va venir tout de suite. Vous boirez bien une petite goutte ; c'est de la vieille eau-de-vie, il n'y a rien de meilleur contre le brouillard de la nuit.

— Ça n'est pas de refus, madame Clerget, répliqua le valet.

Il vida le verre, fit claquer sa langue et s'écria :

— Fameux, votre cognac !

— Je vous en verserai tout à l'heure une autre goutte, mais d'abord, dites-moi, qui donc avez-vous de malade au château ?

— Je suis, ma foi, bien en peine de vous répondre.

— Comment ça ?

— Il s'agit d'un particulier qui s'est cassé la cuisse et que je ne connais ni d'Ève ni d'Adam. Mais, j'y songe, vous devez le connaître, vous, puisqu'il venait de passer à Rixviller, et que sans doute il avait soupé dans votre auberge.

— Quel figure a-t-il, ce particulier ?

Le valet de chambre décrivit de son mieux Jean Rosier, et il ajouta :

— Le pauvre diable voyageait dans une mauvaise carriole avec sa femme et sa petite fille, la carriole a roulé dans un fossé. L'homme s'est tué, l'homme s'est disloqué, la femme et l'enfant n'ont point de mal.

— Ah ! certainement, je les connais, les pauvres gens ! s'écria Monique Clerget ; un ménage de saltimbanques, de faiseurs de tours, ils allaient à la foire de Remiremont. En voilà qui n'ont pas de chance, par exemple ! il ne leur manquait plus que cela. Heureusement encore que madame la comtesse, qui est bonne comme le bon Dieu lui-même, les a recueillis dans son château.

— Et je vous réponds que l'homme sera soigné mieux qu'un prince, répliqua le valet de chambre.

— Je n'en doute pas, et j'en suis bien aise, car ce sont des gens qui méritent qu'on leur porte intérêt à ce que j'imagine, surtout à cause de la femme et de l'enfant. Mais dites-moi donc, monsieur Pierre, il y a bien longtemps qu'on n'a vu madame la comtesse passer par ici dans sa voiture.

— Madame ne sort presque plus.

— Elle n'est pas malade, cependant ?

— Mon Dieu, non... du moins elle ne se plaint jamais. Mais elle me paraît un peu triste, elle ne quitte guère le salon que pour promener mademoiselle Marthe dans le parc.

— Madame est seule au château ?

— Mon Dieu, oui, toute seule !

— Vient-il des visites, au moins ?

— Pas souvent.

— C'est une existence qui n'est pas gaie, savez-vous, monsieur Pierre...

— Ah! madame Clerget, ne m'en parlez pas. Nous autres domestiques, il y a des jours où nous périssons d'ennui de ne voir jamais personne. Ah! du vivant de M. le comte, quelle différence! On s'amusait au château dans ce temps-là... tandis qu'aujourd'hui... Tenez, la vérité vraie, c'est que, n'était l'attache que je porte à madame, qui est une maîtresse comme on n'en voit guère, je chercherais une autre condition. Ça me serait égal d'être moins bien payé, pourvu que la maison soit moins triste. Enfin, heureusement encore que M. le baron de Strény vient de temps en temps passer quelques jours à Rochetaille. Il met dans le château un peu de vie et de mouvement.

— Et doit-il bientôt venir, M. le baron?

— J'ai entendu dire qu'on l'attendait dans le courant du mois prochain, et même je vous réponds, madame Clerget, qu'à sa place ce n'est pas moi qui quitterais Paris pour venir m'enfermer, ne fût-ce que pendant une semaine, dans ce pays de hiboux, au fond des Vosges. Surtout un homme comme M. le baron, qui est ce qu'on appelle un viveur. Enfin, il est dévoué à Mᵐᵉ la comtesse, et ça se comprend bien puisque c'est son parent.

— Et l'aimez-vous beaucoup, vous, M. le baron?

— Ma foi, pas trop. Quoique'il soit un vrai bel homme, sa figure ne me revient qu'à moitié, mais j'entrerais bien chez lui tout de même s'il voulait me prendre, parce qu'il m'emmènerait à Paris et que je me figure qu'on doit s'amuser à son service.

Cette conversation entre la maîtresse d'auberge et le valet de chambre fut interrompue par l'arrivée du docteur Perrin, vêtu avec une correction rigoureuse, malgré la promptitude qu'il avait mise à sa toilette.

Rien en lui ne sentait le médecin de campagne (il est vrai qu'il l'était depuis bien peu de temps), et ses vêtements noirs, mais de la coupe la plus élégante, lui donnaient tout à fait l'apparence d'un jeune homme du meilleur monde.

— Je suis prêt, nous pouvons partir, dit-il au domestique.

— Monsieur le docteur, répliqua ce dernier, Mᵐᵉ la comtesse m'a bien recommandé de vous avertir qu'il s'agissait d'une jambe cassée, afin que vous puissiez prendre vos précautions avant de partir.

— Y a-t-il une petite pharmacie au château de Rochetaille? demanda le jeune médecin.

— Oui, monsieur le docteur, des drogues de beaucoup d'espèces, avec des étiquettes, dans une grande boîte carrée. Mᵐᵉ la comtesse s'y connaît très-bien, et, sur l'ordonnance du médecin, elle distribue aux pauvres des hameaux voisins ce dont ils ont besoin pour guérir.

— Alors, j'ai tout ce qu'il me faut, répliqua M. Perrin en route et hâtons-nous. Chemin faisant, vous me raconterez comment l'accident est arrivé.

Le jeune médecin se mit en selle, il souhaita une bonne fin de nuit à Monique Clerget, lui rendit la main à son cheval qui partit comme l'éclair dans la direction du château de Rochetaille.

Le valet de chambre de la comtesse suivit du même train.

VIII

AU CHÂTEAU

Précédons le docteur au château et franchissons le seuil de la pièce où Mᵐᵉ de Kéroual avait fait transporter le blessé.

Cette pièce, dite la *chambre bleue* à cause de la couleur de ses tentures et de l'étoffe qui garnissait les meubles, était située au rez-de-chaussée et de dimensions assez vastes.

Au moment où nous venons d'y pénétrer, les clartés d'une lampe posée sur une petite table ronde l'éclairaient faiblement et laissaient des ténèbres à peine transparentes dans les angles.

Jean Rosier, étendu tout habillé sur le lit, semblait endormi, du moins il avait les yeux fermés, mais les involontaires crispations de son visage, livide comme un masque de cire vierge, et de grosses gouttes de sueur coulant sur son front, témoignaient d'une veille douloureuse et remplie d'angoisses.

Au milieu de la chambre, Périne et Mᵐᵉ de Kéroual, assises en face l'une de l'autre, de chaque côté de la petite table, taillaient des bandes dans un grand morceau de toile blanche.

La lumière de la lampe, tombant en plein sur les traits de la jeune veuve, va nous permettre de tracer d'elle un croquis rapide.

Nous avons entendu Monique Clerget, l'aubergiste du *Chevreuil d'argent*, dire au docteur Perrin que la comtesse avait trente ans à peine.

Nous ajouterons qu'elle semblait en avoir tout au plus vingt-cinq, et qu'il était impossible de voir un visage, sinon plus régulièrement beau, du moins plus doux et plus sympathique.

Mᵐᵉ de Kéroual réalisait le type accompli de la blonde aux yeux bleus; l'opulence de sa chevelure était incomparable, ainsi que l'exquise et délicate pâleur de son teint et la profondeur infinie de ses prunelles mélancoliques.

Cette expression de mélancolie se retrouvait dans les traits de la comtesse, dans son attitude, dans ses fréquentes distractions, et même dans son sourire.

Beaucoup de gens attribuaient cette tristesse continuelle au chagrin persistant que causait à la comtesse la mort d'un mari qu'elle adorait. Ceux qui croyaient cela avaient raison en apparence, mais peut-être se trompaient-ils en réalité.

Mᵐᵉ de Kéroual était de taille moyenne, admirablement bien faite, et gracieuse jusque dans ses moindres mouvements. Elle avait brillé jadis parmi les étoiles aristocratiques de l'élégance parisienne. Maintenant qu'elle vivait à la campagne, dans une retraite presque absolue, ses ajustements se recommandaient par une complète simplicité que rehaussait un goût inimitable.

Veuve depuis deux ans, Mᵐᵉ de Kéroual ne portait plus le grand deuil, mais elle n'avait point repris les étoffes de couleurs vives. En ce moment elle portait une robe de taffetas, à larges rayures blanches et noires. Une ceinture noire, à boucle de filigrane d'argent, serrait sa taille fine et souple. Son admirable chevelure, négligemment tordue derrière sa tête, n'avait d'autre ornement qu'une étroite fanchon de jeune de dentelle.

Rien ne se pouvait imaginer de plus complet que le contraste de ces deux femmes, jeunes et belles l'une et l'autre, assises à cette table sous les feux de la lampe qui mettaient vigoureusement en relief leurs beautés si différentes.

Mᵐᵉ de Kéroual offrait aux regards la fleur exquise et délicate de la grâce et de la distinction patriciennes. Tout en elle décelait la race, depuis sa main longue et fine, jusqu'à son pied étroit et cambré.

Périne, au contraire, était l'incarnation de la beauté plébéienne, forte et vaillante, ayant son charme aussi mais d'une autre nature, et devant produire sur les âmes plus sensuelles que délicates une impression violente et profonde.

La femme du monde et la femme du peuple se livraient d'une façon presque silencieuse au travail qui les réunissait dans une pensée commune. Périne avait raconté sommairement à la comtesse la catastrophe dont Jean Rosier était devenu la victime, en se gardant bien d'ajouter que l'ivresse du saltimbanque, amenant le sommeil à sa suite, avait été la première cause de cette catastrophe.

Après ce court récit le silence s'était établi et ne se rompait plus qu'à de longs intervalles.

Périne s'absorbait dans son chagrin, et la comtesse, croyant Jean Rosier endormi, craignait de le réveiller en parlant, même à voix basse.

Georgette dormait dans la pièce voisine, et le bruit de sa respiration douce et calme arrivait jusqu'à Mᵐᵉ de Kéroual qui se mettait alors à rêver à sa propre fille, à sa petite Marthe adorée.

Tout à coup le bruit du galop de deux chevaux retentit dans l'avenue et se rapprocha avec une extrême rapidité.

Périne avait tressailli. La comtesse se leva.

— Voici mon domestique qui revient, dit-elle, il ramène sans doute le médecin.

— Dieu le veuille ! murmura Périne, oui, Dieu le veuille, car, avec les soins du médecin, le soulagement sera prompt sans doute, et le danger disparaîtra.

Les chevaux venaient d'atteindre l'allée circulaire qui contournait la pelouse ; ils la parcoururent en quelques élans et s'arrêtèrent au bas du perron où Jérôme Pichard attendait avec une lanterne.

Mme de Kéroual s'approcha de la fenêtre et regarda au dehors, puis, se tournant vers Périne, elle dit :

— Bonne nouvelle, madame, mon domestique n'est pas seul, et la personne qui l'accompagne ne peut être que le docteur. Dans quelques minutes, j'en suis sûre, vous serez tranquillisée complétement à l'égard de votre mari. »

La femme de Jean Rosier allait répondre lorsque la porte de la chambre bleue s'ouvrit et M. Perrin se montra sur le seuil, accompagné de Jérôme Pichard qui dit, en lui désignant la jeune veuve :

— Voilà Mme la comtesse.

Le médecin s'inclina respectueusement, et, tout en s'inclinant, il pensait :

— Monique Cierget n'en avait pas dit assez. Elle est plus que jolie, cette jeune femme, elle est charmante !

Puis, tout haut, il ajouta :

— Vous m'avez fait l'honneur de m'envoyer chercher, madame la comtesse. Je me rends à vos ordres avec empressement.

Mme de Kéroual, habituée de longue date aux soixante-dix ans, à la trogne rouge, à la perruque grise, à la vieille redingote verte et aux longues guêtres grises du docteur Gérardmer, ne put se défendre d'un vif mouvement de surprise en voyant devant elle un homme jeune, élégant et de bonne mine. Cette surprise alla presque jusqu'à l'incrédulité.

— Eh ! quoi, monsieur, fit-elle, sans revenir à cacher son étonnement, c'est vous qui êtes le docteur...

Elle s'interrompit.

— Le docteur Louis Perrin, madame, acheva le jeune homme, en ayant quelque peine à ne pas sourire de la stupeur naïve que causait sa présence. Je suis arrivé à Rixviller depuis une quinzaine de jours ; je remplace un homme savant et estimable, auquel vous aviez bien voulu, madame la comtesse, accorder votre confiance. Si l'on n'était venu, cette nuit, me chercher de votre part, j'aurais eu l'honneur de me présenter demain au château pour vous offrir mes respects d'abord, et pour vous demander ensuite de vouloir bien me continuer la confiance que mon prédécesseur avait su mériter.

— Il s'exprime à merveille, ce jeune homme, et vraiment il a bonne façon, se dit tout bas madame de Kéroual.

Puis, elle répondit :

— Vous voyez, monsieur le docteur, que j'avais prévenu vos désirs avant même de vous connaître. »

Louis Perrin s'inclina de nouveau.

— Si le valet de chambre qui m'a servi de guide ne s'est point trompé, fit-il ensuite, il s'agit d'une fracture.

— Oui, monsieur le docteur, et d'une fracture qui, malheureusement, je le crains, est d'une fâcheuse gravité.

— Où est le blessé?

Madame de Kéroual allait désigner le lit sur lequel reposait Jean Rosier, mais ce dernier ne lui en laissa pas le temps; il fit un mouvement comme pour se soulever et il s'écria :

— Je suis ici, monsieur le docteur, et je vous attendais avec bien de l'impatience, car il me semble que toutes les aiguilles de la terre, rougies au feu, m'entrent dans la chair, et que la moelle de mes os s'en va goutte à goutte.

— Nous allons faire en sorte de vous soulager, monsieur, répliqua Louis Perrin, et j'espère bien que nous y réussirons.

Il se tourna vers madame de Kéroual, et il demanda :

— Auriez-vous par hasard une glacière au château, madame la comtesse?

— Oui, docteur, j'en ai une.

— Voilà qui se trouve à merveille et va nous être d'un grand secours. Soyez assez bonne, je vous en prie, pour me faire apporter de la glace et quelques planchettes de bois mince qui me seront indispensables.

Jérôme Picard, curieux à l'excès, se trouvait dans la chambre.

— Vous avez entendu, Jérôme, lui dit la comtesse, allez, et hâtez-vous.

Le jardinier sortit.

— Je possède une petite pharmacie de campagne, reprit la jeune femme. Je vais la faire apporter ici.

— J'allais vous le demander. J'oserai vous prier ensuite de vouloir bien vous éloigner pour un peu de temps, ainsi que madame. (Le médecin désignait Périne.) Car je vais commencer par déshabiller le blessé.

— Je reste, moi, murmura Périne, je suis sa femme.

— Je vais attendre là, dans cette pièce, répondit la comtesse en désignant la chambre où dormait Georgette. Si vous avez besoin de moi, monsieur le docteur, ou de quelque chose qu'il soit en mon pouvoir de vous procurer, frappez à cette porte.

Elle se rapprocha de Périne, lui prit les mains et les serra affectueusement, en ajoutant :

— Courage et bon espoir. Soyez forte! tout ira bien, j'en ai le pressentiment. Je ne sais pourquoi, mais ce médecin, malgré sa jeunesse, m'inspire à première vue la plus grande confiance.

— Et à moi aussi, balbutia Périne. Soyez donc sans inquiétude, madame, je n'aurai pas d'inutile faiblesse. N'ai-je pas d'ailleurs une preuve que Dieu ne nous abandonnera point? Il nous protège visiblement, puisqu'il nous a conduits ici !

Madame de Kéroual se retira dans le cabinet dont elle referma la porte sur elle.

Jérôme Picard reparut avec des planchettes et un grand seau rempli de glace. Pierre, le valet de chambre, apporta la petite pharmacie. Une pile de bandes, préparées par la comtesse et Périne, attendait sur la table; le docteur tira sa trousse de la poche de côté de sa redingote. Il enleva les guêtres et la chaussure. il fendit dans toute sa longueur la culotte de Jean Losier, et il commença cette opération délicate et difficile qu'on nomme la réduction d'une fracture.

Nous ne ferons point assister nos lecteurs aux détails de cette opération qui fut terminée en moins d'une heure. Des éclisses habilement ajustées maintenaient la cuisse dans un état d'immobilité absolue. Des gouttes d'eau glacée tombant une à une sur le bandage entretenaient une fraîcheur salutaire et prévenaient le danger d'une inflammation.

Jean Rosier éprouvait un immense soulagement, et ne se lassait point de répéter qu'il lui semblait se trouver au paradis.

Périne, complétement rassurée, prodiguait tout à la fois à Dieu et au jeune médecin les expressions de sa reconnaissance.

Louis Perrin se dirigea vers le cabinet où madame de Kéroual veillait à côté de la petite Georgette endormie; il frappa doucement à la porte, en disant :

— Si madame la comtesse veut revenir; c'est tout à fait fini.

La jeune veuve rentra aussitôt.

— Eh bien! docteur, demanda-t-elle, êtes-vous content?

— On ne peut plus, madame la comtesse. La fracture était simple... aucune complication ne s'est présentée. L'opération a marché comme sur des roulettes. Un étudiant de première année s'en serait tiré.

— Ah! docteur, fit madame de Kéroual en souriant, vous êtes modeste.

— Non, madame, je suis sincère, voilà tout. Bref, dans un mois ou cinq semaines, la guérison sera complète, je l'affirme... et je crois pouvoir ajouter que le blessé ne boitera pas.

— Ah! monsieur le docteur, s'écria Périne en saisissant avec une irrésistible effusion les deux mains du jeune homme, soyez béni pour cette heureuse nouvelle!

— Docteur, dit à son tour madame de Kéroual, je suis heureuse que vos débuts au château de Rochetaillée, dont vous êtes désormais le médecin en titre, soient couronnés d'un si complet succès.

Typ. Crété fils à Corbeil, rue de Paris, 4*

Pansé par le docteur Perrin, Jean Rosier éprouva un grand soulagement. (Page 17.)

— Et moi aussi, madame la comtesse, j'en suis bien heureux, répliqua Louis Perrin. Seulement, je vous le répète, il ne faudrait pas vous exagérer mon mérite. Ma bonne étoile et celle de notre blessé avaient réduit mon rôle, en tout ceci, à fort peu de chose. Maintenant, voici mon ordonnance, elle est très-simple. La chose dont le malade, en ce moment, a le plus grand besoin, c'est de calme et de repos. Or, le soulagement qu'il éprouve amènera sans aucun doute le sommeil à sa suite. Laissons-le donc dormir, et allons en faire autant... je reviendrai demain visiter l'appareil.

— Demain? répéta madame de Kéroual. Songez-vous à retourner cette nuit à Rixviller?

— Certainement, madame la comtesse, et je vais me mettre en route sur-le-champ. La nuit est belle, la route est bonne, et la distance est d'une lieue et demie, tout au plus. J'irai le mieux du monde à pied, et je ferai le trajet en une petite heure.

— Je n'approuve pas du tout ce projet, répliqua la jeune veuve, et j'ai donné l'ordre déjà de vous préparer une chambre. On va vous y conduire. Demain matin, vous examinerez l'appareil, vous déjeunerez au château, et mon cocher vous ramènera en voiture à Rixviller.

— Mais, madame la comtesse...

— Oh! point de mais, interrompit Léonie en riant. Un amour-propre, exagéré peut-être, me fait croire que j'ai fort bien arrangé les choses. Ne détruisez pas cette illusion. D'ailleurs, un médecin doit être l'esclave de ses malades.

3ᵉ LIVRAISON.

Après avoir formulé cet axiome un peu paradoxal, la comtesse ajouta :

— Pierre, conduisez à sa chambre M. le docteur, et veillez à ce qu'il ne manque de rien.

Louis Perrin s'inclina.

— Madame la comtesse, fit-il ensuite, j'obéis.

Et, tout en suivant le domestique, il se disait tout bas :

— En vérité, cette jeune femme est adorable !

IX

GEORGETTE ET MARTHE

Les prévisions du médecin se réalisèrent. A peine Jean Rosier se trouva-t-il seul dans la chambre bleue, et tout bruit eut-il cessé de se faire autour de lui, qu'il s'endormit d'un calme et profond sommeil pour ne se réveiller que bien longtemps après le lever du soleil.

Périne avait résolu de passer la nuit auprès de son mari, mais madame de Kéroual lui ayant fait comprendre que ce serait une inutile fatigue, elle s'était décidée à partager le cabinet où couchait Georgette, et après tant de fatigue et d'angoisses le sommeil ne s'était point fait attendre, mais un sommeil agité, fiévreux, peuplé de mauvais rêves et de sombres images.

Il n'avait fallu à la comtesse qu'un coup d'œil jeté sur les quasi-haillons de Périne et de Georgette pour lui faire comprendre combien les hôtes accueillis par sa charité se trouvaient dans une profonde misère.

Le résultat de cette découverte fut que la saltimbanque en ouvrant les yeux vit sur une chaise, au pied de son lit, des vêtements d'une grande simplicité, mais presque neufs et parfaitement propres, pour elle-même, et un frais et charmant costume pour Georgette.

En présence de cette charité si ingénieuse, de cette attention si délicate et si touchante, Périne sentit un attendrissement profond s'emparer de tout son être; des larmes abondantes inondèrent ses joues, et que cette fois ce n'était pas le chagrin qui les faisait couler.

Elle s'empressa de quitter son lit, et après être allée s'assurer dans la chambre voisine que le visage de son mari n'exprimait aucune souffrance, et que son paisible sommeil semblait devoir se prolonger encore, elle se livra aux détails minutieux d'une toilette inaccoutumée, avec cette coquetterie toute féminine dont elle semblait avoir oublié depuis longtemps les secrets.

Une haute glace surmontait le marbre de la cheminée, et sur ce marbre avaient été placés, par les ordres de la comtesse, des peignes, des brosses, des savons, etc.

Périne accorda des soins particuliers à son admirable chevelure d'un brun fauve, naturellement ondée, et si épaisse qu'elle n'en pouvait qu'à grand'peine rassembler dans ses mains la prodigue splendeur. Elle la divisa en plusieurs longues et lourdes nattes qui tombaient jusqu'à ses reins, et avec ces nattes, tordues autour de sa tête comme un casque aux reflets moirés, elle se fit une coiffure pittoresque et charmante, un peu bohémienne peut-être, mais qui certes aurait arraché des cris d'admiration à un peintre ou à un sculpteur.

Elle revêtit ensuite, avec un sentiment de bien-être inexprimable, le linge blanc et les vêtements apprêtés pour elle, et qui dessinaient les irréprochables contours de sa taille et de son buste, comme si la main d'une habile couturière les avait taillés à son intention.

Ceci fait, et comme Georgette venait d'ouvrir enfin les yeux et regardait avec étonnement les tentures de cette chambre inconnue, si différentes des affreux galetas d'auberges borgnes dans lesquels elle avait l'habitude de se réveiller, Périne s'occupa de procéder à la toilette de l'enfant avec les mêmes soins qu'elle venait d'apporter à la sienne.

Et Dieu sait quel délire s'empara du cœur de la mère en voyant devenir plus adorable encore, sous ce costume frais et printanier, l'adorable baby dont nous avons tracé un croquis rapide dans l'un des premiers chapitres de ce livre.

Le cabinet où Périne et Georgette venaient de passer la nuit avait deux issues, l'une sur la chambre bleue, l'autre sur un couloir qui desservait une partie du rez-de-chaussée de la maison.

On frappa doucement à cette dernière porte.

Périne courut ouvrir et se trouva face à face avec la comtesse de Kéroual.

— Oh! madame, balbutia-t-elle, j'attendais avec impatience le moment où il me serait permis de vous remercier. Mais ce que mon cœur sent profondément, ma bouche ne sait pas le dire... les mots me manquent pour vous exprimer ma reconnaissance profonde... infinie...

— Chut! chut! interrompit la comtesse en souriant, pas un mot de plus à ce sujet, si vous ne voulez me désobliger. J'ai fait mon devoir, voilà tout; et c'est moi qui suis bien heureuse d'avoir pu venir en aide à un bon et brave cœur comme le vôtre.

Madame de Kéroual, en disant ce qui précède, leva les yeux sur Périne et s'arrêta comme éblouie. Quelques heures de sommeil, une coiffure soignée, des vêtements propres, avaient suffi pour opérer une si complète métamorphose que c'est à peine si elle reconnaissait la jeune femme.

— Ah! fit-elle avec une admiration naïve à laquelle il lui fût impossible d'imposer silence! ah! que vous êtes belle!

Périne devint pourpre; elle baissa la tête, et prit machinalement Georgette dans ses bras comme pour la présenter à la comtesse.

— Toi aussi, madame, tu es bien belle! s'écria la petite

fille à laquelle les paroles de madame de Kéroual n'avaient point échappé; embrasse-moi.

— Cette chère enfant est aussi gracieuse que jolie, reprit la comtesse. Ma fille à moi, ma petite Marthe, sait depuis ce matin qu'elle aura ce matin, pour ses jeux, une compagne de son âge, et elle est presque folle de joie.

— Tu as une petite fille, madame, demanda Georgette qui, accoutumée à vivre pour ainsi dire en public, et à voir presque sans cesse beaucoup de monde autour d'elle, ne brillait point par la timidité.

— Oui, mon cœur, répondit la comtesse.

— Pas plus grande que moi?

— Juste de la même taille.

— Et je jouerai avec elle?

— Certainement.

— Et elle a des joujoux?

— En quantité.

— Et elle me les prêtera?

— Cela ne fait pas l'ombre d'un doute.

— Et ce sera bientôt?

— Dans un instant.

Georgette se mit à s'agiter dans les bras de sa mère en frappant ses deux mains l'une contre l'autre et en s'écriant:

— Quel bonheur! quel bonheur! et que je suis contente!

— Maintenant, demanda la comtesse, parlons de choses vraiment sérieuses. Comment va notre blessé?

— Aussi bien que possible, du moins je l'espère. Je suis entrée dans sa chambre il y a quelques instants, il dormait encore et son sommeil était paisible.

— Voilà qui me paraît d'un favorable augure, et j'espère que le docteur va nous confirmer ces heureux pronostics.

Cet espoir fut réalisé.

Louis Perrin descendait en ce moment. Il déclara que la situation de Jean Rosier était exceptionnellement satisfaisante, et qu'elle dépassait ses prévisions de la veille. Aucun symptôme d'inflammation ne se manifestait; la fièvre ne venait pas; la guérison marcherait à pas de géant.

Tandis que le docteur formulait ces oracles rassurants, on entendait une voix enfantine crier dans la cour, sous les fenêtres de la chambre où tous nos personnages se trouvaient réunis:

— Maman! maman! où es-tu donc? Maman, je te cherche! Maman, réponds-moi! Tu m'as promis une petite fille pour jouer avec moi. Donne-la-moi, maman, donne-la-moi!

Le moment était venu de réunir les deux enfants.

Madame de Kéroual prit Georgette par la main, sortit avec elle de la chambre du blessé, et, la conduisant sur le perron, fit un signe à Marthe qui, voyant que ses appels restaient sans résultats, s'était mise à gambader en poursuivant un papillon.

L'enfant accourut, ivre de joie, avec des bonds extravagants de jeune gazelle.

— Marthe, lui dit la comtesse en mettant sa main mignonne dans la main de Georgette, voici la petite fille que j'ai promis de te donner. Mais souviens-toi que si tu n'es point pour elle douce et bonne, si tu ne partages pas tes joujoux avec elle, en lui laissant choisir ceux qu'elle aimera le mieux, si, enfin, tu ne la rends pas complètement heureuse, je te la reprendrai tout de suite et je ne te la rendrai plus.

— Sois tranquille, maman, répondit Marthe avec l'accent le plus convaincu, elle sera très, très-heureuse avec moi, tu verras; et elle m'aimera bien, j'en suis sûre, car je l'aime déjà de tout mon cœur.

Et la fille de la comtesse embrassa fort tendrement l'enfant des saltimbanques, dont le frais visage rayonnait.

Puis, sans transition, elle lui demanda:

— Comment t'appelles-tu?

— Georgette; et toi?

— Je m'appelle Marthe; viens jouer, Georgette.

Georgette ne demandait pas mieux. Les deux enfants, se tenant toujours par la main, descendirent en courant les marches du perron et se mirent à tourbillonner sur le tapis vert de la pelouse comme deux chevreaux en délire.

Nous avons crayonné le portrait de Georgette; esquissons, en deux traits, celui de Marthe.

L'enfant aristocratique du comte de Kéroual pouvait lutter de beauté avec la fille de Jean Rosier, et s'il eût été question de décerner un prix de grâce, il est bien vraisemblable qu'elle l'aurait remporté ; mais sa beauté plus frêle était moins vivace que celle de Georgette.

Marthe ne ressemblait que vaguement à la comtesse. Elle tenait surtout de son père mort deux années auparavant, et dont elle ne pouvait se souvenir. Elle avait ses cheveux noirs abondants, ses grands yeux d'un vert profond et changeant comme celui de l'Océan ; elle avait son teint d'une pâleur mate et transparente, ses formes grêles et élégantes, sa nature nerveuse et impressionnable.

Madame de Kéroual ne pouvait la regarder sans qu'il lui semblât voir son mari lui-même se dresser devant elle, tant l'enfant offrait une fidèle et frappante réduction des traits du père ; et parfois (surtout aux époques où le baron Gontran de Strény était au château de Rochetaille) elle détournait les yeux avec une expression d'angoisse inexplicable, mais qui ressemblait presque à de la terreur ou à du remords.

Cette terreur, ce remords, si véritablement ils existaient, n'avaient point de cause apparente, et les plus habiles fureteurs auraient tenté vainement de leur en trouver une, car personne n'ignorait que la comtesse, aussi longtemps que le comte avait vécu, s'était montrée pour lui la meilleure, la plus aimante, la plus fidèle, la plus irréprochable des femmes.

Mais sans doute nous aurons plus tard le mot de cette énigme bizarre.

X

LES DEUX MÈRES.

Deux semaines s'étaient écoulées depuis l'accident auquel nos lecteurs ont assisté, et les prédictions du docteur Perrin avaient reçu de point en point leur accomplissement, c'est-à-dire que l'état du blessé devenait chaque jour plus satisfaisant, et que l'époque de la guérison complète paraissait devoir être plus prochaine encore qu'on n'aurait osé l'espérer.

La journée était magnifique.

Un doux et radieux soleil de printemps criblait de ses flèches d'or les plus grands arbres du parc.

Madame de Kéroual, assise sur un banc rustique, dans une salle de verdure formée par des chênes séculaires, travaillait à un ouvrage en broderie.

Périne, placée près d'elle sur une chaise basse en bois noueux, tricotait un petit vêtement de laine blanche destiné sans doute à sa fille.

Marthe et Georgette jouaient non loin de leurs mères avec un joyeux entrain, avec une animation presque fiévreuse.

La comtesse interrompait de temps en temps son travail ; elle regardait les deux enfants ; elle leur souriait tendrement, mais son sourire n'était point exempt de cette nuance de mélancolie dont nous avons déjà parlé. Tout à coup elle rompit le silence.

— Périne ? dit-elle.

— Madame la comtesse ?

— Regardez, je vous prie.

— Quoi donc ?

— Nos enfants ?

Périne tourna vivement la tête du côté des deux petites filles qui formaient en ce moment un groupe adorable.

La blonde Georgette avait tressé une couronne de lierre et de fleurs sauvages, et elle plaçait cette couronne sur la tête brune de Marthe qui l'interrompait pour l'embrasser.

Rien ne se pouvait imaginer de plus délicieusement frais et joli que ce gracieux tableau de genre avec son cadre de gazons et de feuillages.

— Comme elles s'aiment, les chères petites ! murmura Périne.

— Quelqu'un qui voudrait leur persuader qu'elles étaient, il y a quinze jours, complètement étrangères l'une à l'autre aurait, je crois, beaucoup de peine à y parvenir, ajouta la comtesse.

Périne ne releva point ces paroles auxquelles succéda un nouveau silence de quelques minutes qui fut, cette fois encore, rompu par madame de Kéroual.

— En vérité, fit-elle, je m'épouvante pour ces pauvres enfants de l'heure de la séparation.

— Et moi aussi, madame la comtesse, murmura Périne ; en les voyant si heureuses ensemble, je pense sans cesse qu'il faudra bientôt qu'elles se quittent pour ne se rencontrer jamais, ou du moins pour ne plus se reconnaître.

— Qui sait? murmura Léonie.

— Je le sais, moi, répliqua fermement Périne, car je sais qu'il existe un abîme entre la fille des saltimbanques et la fille de la comtesse de Kéroual, et si le hasard, dans quelques années, plaçait de nouveau en présence l'une de l'autre ces deux enfants devenues jeunes filles, vous seriez la première, madame la comtesse, à défendre le rapprochement que vous autorisez aujourd'hui.

Madame de Kéroual sentit bien sans doute que dans son fier bon sens Périne avait raison, car elle ne répondit pas.

Au bout d'une seconde la saltimbanque continua, mais beaucoup plus bas et comme se parlant à elle-même :

— Oui, l'avenir est ainsi. Mais en attendant, et jusqu'au jour où l'oubli sera venu dans ces deux pauvres cœurs, que de larmes et quels déchirements !

— Vous avez raison, murmura la comtesse, et ces chers petits anges feront bien jeunes l'apprentissage de la douleur.

Puis elle ajouta, sans transition :

— Vous devez être contente, Périne ; votre mari va de mieux en mieux ; les progrès de sa guérison dépassent les prévisions de M. Perrin.

— Oui, madame, j'en suis bien heureuse, répondit la jeune femme, et c'est grâce à vous, grâce aux soins si charitables, si persévérants, si affectueux, que Jean a reçus dans votre maison.

— Le docteur est-il venu ce matin?

— Il est venu, madame.

— Qu'a-t-il dit?

— Que dans trois semaines, au plus tard, mon mari serait sur pied et pourrait se servir de sa jambe comme avant l'accident.

— Périne ?

— Madame la comtesse ?

— Voulez-vous être franche avec moi ?

— Franche avec madame la comtesse ? J'aurai bien peu de mérite à l'être, car je le suis toujours, et avec tout le monde. Je ne me souviens pas d'avoir jamais menti. Quelle est la chose que madame la comtesse veut me demander ?

— Celle-ci : Après quelques semaines de la vie uniforme et monotone que vous menez ici, n'éprouverez-vous point une joie involontaire peut-être, mais profonde, à reprendre l'existence mouvementée, aventureuse et pittoresque, dont vous avez l'habitude ?

— Non, non, oh ! cent fois non ! s'écria Périne avec une si impétueuse énergie que les deux enfants, surpris au milieu de leurs jeux, s'arrêtèrent pour la regarder avec étonnement.

— Eh quoi ! demanda la comtesse un peu surprise, le genre de vie nomade et au jour le jour que vous menez depuis si longtemps, n'est-il donc pas devenu pour vous un impérieux besoin? une seconde nature en quelque sorte?

Périne secoua tristement la tête.

— Cette vie dont vous parlez, madame la comtesse, répondit-elle, je ne me souviens pas de l'avoir jamais aimée.

— En vérité, mais pourquoi donc, alors...

Léonie s'interrompit.

— Pourquoi suis-je devenue femme d'un saltimbanque et saltimbanque moi-même ? acheva Périne. Eh ! madame, cet état, ce n'est pas moi qui l'ai choisi.

— Par qui vous a-t-il été imposé?

— Par le hasard, par les circonstances.

— Puis-je les connaître?

— C'est mon histoire que me demande madame la comtesse ?

— Ne voulez-vous pas me la raconter?

— Oh ! si, de tout mon cœur. Elle est bien simple, d'ailleurs, et sera bien courte.

Périne fit alors à madame de Kéroual le récit que nous avons mis précédemment sous les yeux de nos lecteurs.

— Cette existence bruyante et misérable, dit-elle en achevant, je la détestais déjà, lorsque je n'en connaissais pas d'autres ; jugez, madame, de la répulsion, du dégoût, presque de l'horreur qu'elle doit m'inspirer aujourd'hui. Je ne parle pas seulement des privations, des soucis, des fatigues, des jours sans pain et des nuits sans sommeil, ceci ne serait rien, la créature humaine doit savoir porter son fardeau, si lourd qu'il soit, sans faiblir et sans murmurer ; mais il est une chose, plus précieuse cent fois que l'or, une chose que rien n'égale, que rien ne remplace et qu'il faut garder à tout prix, c'est l'estime de soi-même et l'estime des autres. Eh bien ! ce trésor, je ne l'ai pas ! Dans ces burlesques exhibitions, dans ces parades de tréteaux, une femme compromet sa dignité, je dirai presque qu'elle perd sa pudeur. Je suis honnête, grâce à Dieu, je n'ai jamais rien fait de mal, j'aime mon mari, j'aime mon enfant, eh bien ! quand le public s'amasse autour de moi et qu'il écoute mes lazzis ; ses rires sont des rires insultants, je le sens bien, et dans la foule qui m'entoure, il n'est pas un homme, pas un, qui ne se croie le droit de me mépriser ! et cependant, madame, ma conscience me dit que je ne mérite pas ce mépris.

— Pauvre femme, pauvre femme, murmura madame de Kéroual, dont les yeux se remplissaient de larmes ; oui, vous avez raison, vous devez beaucoup souffrir en effet.

— Et si encore je souffrais pour moi seule, poursuivit Périne, mais non, et des douleurs bien autrement cuisantes me sont réservées dans l'avenir ! Voici que mon enfant grandit, ma fille chérie, dont l'âme blanche n'a pas une souillure, dont la pensée n'a pas une tache, et cet ange immaculé, je vais le jeter fatalement au milieu des hasards de l'horrible vie qui est la nôtre. Quelles paroles frapperont ces oreilles si chastes ? Quelles lumières maudites et précoces éclaireront cette innocence au milieu des bas-fonds impurs où nous appelle notre métier ? Georgette sera belle. On le lui dira, et en quels termes ? Qui donc songerait à se gêner avec la fille d'une saltimbanque ? Elle sera pauvre. On lui fera des offres infâmes comme celles qui si souvent sont venues me faire rougir. Qu'arrivera-t-il alors ? je n'ose pas y penser. Qui sait si Dieu protégera mon enfant comme il a daigné me protéger ? Qui sait s'il lui donnera la force de résister aux tentations qui viendront l'assaillir ? qui sait si ma surveillance maternelle ne sera pas un jour en défaut ? Voir Georgette perdue, avilie ! Ah ! le ciel me préserve d'un tel malheur ! Vous êtes mère comme moi, madame la comtesse, vous devez me comprendre. Plutôt que de voir mon enfant flétrie, j'aimerais mieux la voir morte.

Madame de Kéroual prit les deux mains de Périne et les serra affectueusement dans les siennes.

— Oh ! oui, dit-elle, je vous comprends, et ce que vous pensez, je le pense.

— Eh bien ! madame, croyez-vous encore que je puisse regretter cet enfer dont vous m'aviez sortie et dans lequel il va falloir rentrer ?

La comtesse ne répondit pas, et un long silence succéda aux dernières paroles de la Périne.

Insouciantes comme on l'est à leur âge, les deux petites filles continuaient à jouer.

Madame de Kéroual avait laissé tomber sa broderie sur ses genoux, et ses grands yeux pensifs se tournaient vers le ciel dont on voyait des échappées bleues à travers le feuillage des arbres. A coup sûr, en ce moment, la jeune veuve s'isolait du monde extérieur d'une façon complète, et vivait au sein de sa pensée.

Périne la regardait à la dérobée avec une sorte de vague inquiétude ; il lui semblait pressentir que quelque chose de solennel et de décisif se préparait, quelque chose qui la concernait.

Mais quoi ? elle ne pouvait le deviner.

Un temps assez long se passa ainsi, puis la comtesse redescendit enfin des sphères élevées où planait son esprit.

— Périne, dit-elle d'une voix lente et grave, d'aujourd'hui seulement je vous connais bien ; j'avais déjà pour vous de l'affection, de la sympathie, mais maintenant que vous m'avez dévoilé votre âme, je fais plus que vous aimer, je vous estime et je vous respecte.

— Oh ! madame, madame, balbutia Périne toute confuse en cachant dans ses mains son visage empourpré ; à moi votre respect, à moi !...

La comtesse reprit sans lui laisser le temps de poursuivre :

— Après vous avoir écoutée, je me suis recueillie, je me suis consultée, vous l'avez vu, n'est-ce pas ? je suppliais Dieu de m'envoyer sa lumière, je lui demandais de m'indiquer la route à suivre, et je crois qu'il m'a répondu.

Périne commençait à comprendre, mais elle n'osait se livrer tout entière à ses espérances, elle avait peur de tomber de trop haut. En proie à une émotion inouïe, elle attendait :

— Ce que d'autres appellent le hasard, je le nomme, moi, la Providence, continua madame de Kéroual ; le ciel lui-même avait décidé qu'un accident viendrait frapper votre mari près de cette maison dont l'hospitalité devait vous être offerte. Assez longtemps vous avez souffert, ma main était choisie pour changer votre destinée.

— Changer ma destinée ! balbutia Périne, que veut dire madame la comtesse ? Je la supplie de s'expliquer.

— Je vais le faire à l'instant, répondit la jeune veuve. Ce métier de saltimbanque, dont vous avez horreur pour vous-même, et surtout pour votre chère enfant, il dépend de vous de lui dire à jamais adieu !

Périne joignit les mains ; une flamme passa dans son regard ; ses lèvres s'entr'ouvrirent. Cependant elle resta muette, mais avec quelle brûlante éloquence son beau visage interrogeait !

— Enfin, continua la comtesse, si vous le voulez, vous ne me quitterez plus ! le voulez-vous ?

— Si je le veux ? s'écria Périne qui sentait son âme se fondre et son cœur déborder. Ah ! madame, madame, ai-je bien entendu ? Ai-je bien compris ? Est-il possible que ce soit à moi que vous demandiez si je le veux ?

— Je ne doute pas de votre consentement, je l'avoue, fit la comtesse en souriant.

— Ne plus vous quitter jamais ! rester auprès de vous toujours ! reprit avec exaltation la femme de Jean Rosier, quel rêve ! quel beau rêve !

— Il peut devenir une réalité. Cela dépend de vous.

— Pour cela, madame la comtesse, que faut-il faire ?

— Accepter mes propositions.

— Oh ! madame, quelles qu'elles soient, d'avance, sans les connaître, je les accepte ! Je les accepte avec une joie profonde, avec une reconnaissance sans bornes.

— Pour vous prononcer ainsi, reprit madame de Kéroual en souriant de nouveau, attendez du moins que vous sachiez...

Et comme elle vit que Périne allait l'interrompre, elle ajouta vivement :

— Non ! laissez-moi parler, vous répondrez ensuite. Voici l'idée qui m'est venue. Je suis la plus mauvaise maîtresse de maison qu'il y ait au monde. On ne m'a point habituée, dès ma jeunesse, à m'occuper de ces mille détails qui font que l'économie règne dans un intérieur, sans y supprimer l'abondance. Mes domestiques sont honnêtes, je le crois fermement, mais ils ne se sentent guère surveillés, et ils agissent en conséquence. Comprenez-moi bien. Je ne les accuse pas d'indélicatesse, car, encore une fois, je réponds d'eux, mais il y a désordre, et, par conséquent, gaspillage. Le chiffre des dépenses de ma maison pourrait être beaucoup plus restreint qu'il ne l'est avec un train modeste comme celui que je mène. Or, j'ai une fille, il me faut penser à elle, à son avenir ! Je dois, par tous les moyens qui sont en mon pouvoir, augmenter la fortune qu'elle possédera plus tard. Je ne veux pas que le désordre dont je viens de vous parler continue, mais je le sens bien que, toute seule, je suis impuissante contre les habitudes prises, et c'est sur vous que je compte pour arriver au résultat que j'ambitionne.

— Sur moi, madame ? répéta Périne avec étonnement.

— Oui.

— En quoi donc puis-je vous être utile ?

— En exerçant à ma place cette surveillance dont je me reconnais incapable, en vous mettant à la tête de ma maison avec le titre et les fonctions de femme de confiance. Oh ! soyez sans inquiétude, ajouta la comtesse en voyant un mouvement de Périne, votre amour-propre n'aura pas à souffrir. Il n'y a rien, dans ce que je vous propose, qui ressemble à la domesticité.

— Ah ! madame, répliqua vivement la femme de Jean Rosier, vous vous méprenez sur mes sentiments ! la domesticité, avec une maîtresse telle que vous, me semblerait

Depuis l'aube jusqu'au soir, Jean Rozier parcourait les bois. (Page 22.)

mille fois préférable à la triste indépendance dont je jouissais. Mais je me demande comment j'ai pu mériter cette confiance que vous daignez me témoigner.

— La confiance ne peut se commander et ne s'explique pas. La mienne est instinctive, et je suis sûre qu'elle est bien placée. Je vous confierais ma fortune. Je ferais plus encore, je vous confierais mon enfant.

Périne, pour toute réponse, se laissa tomber à genoux devant la comtesse, et saisit ses deux mains qu'elle couvrit de baisers et de larmes.

— Ainsi c'est convenu? demanda madame de Kéroual, vous acceptez?

— Autant vaudrait demander au condamné s'il accepte sa grâce! mais, madame la comtesse, ne craignez-vous pas...

— Quoi donc?

— Que vos domestiques, qui connaissent ma situation misérable, et n'ignorent pas l'état méprisé que j'exerçais il y a quelques jours encore, ne se blessent et ne s'irritent de l'autorité que vous voulez me donner sur eux, et ne refusent de s'y soumettre?

— S'il est des choses pour lesquelles je suis faible, répliqua la comtesse, je sais être ferme, inflexible même, quand il le faut, et j'exige, chez tous ceux qui me sont soumis, le respect absolu de ma volonté! Mes domestiques reconnaîtront l'autorité dont je vous investis, et vous obéiront comme à moi-même, ou bien ils cesseront de m'appartenir. Ceci, d'ailleurs, n'est pas à craindre, soyez-en persuadée. Ces braves gens me sont dévoués absolument, et par le fait

seul qu'ils vous verront jouir de ma confiance entière, ils jugeront que vous en êtes digne! Voici donc une première objection victorieusement levée. Vous en reste-t-il d'autres à me soumettre?

— Une seule, madame la comtesse, mais bien importante.

— Laquelle?

— Celle-ci : Mon mari? je ne puis songer à me séparer de lui. Sans moi, que deviendrait-il?

— A Dieu ne plaise, répliqua la comtesse en souriant, à Dieu ne plaise que la pensée me soit venue d'éloigner l'un de l'autre ceux qui sont unis par des liens qu'on ne doit point rompre! Votre mari ne vous quittera pas, il restera ici, au château.

— A quel titre? J'ai grand peur que le pauvre cher homme ne soit tout à fait incapable de rendre le moindre service à madame la comtesse.

— Il m'en rendra cependant et de très-réels s'il veut accepter des fonctions qui lui laisseront une liberté à peu près complète : celles de garde-chasse. Il sera simplement astreint à surveiller mes bois, qui ne sont pas bien grands, et à faire, le matin et le soir, une ronde dans le parc. Le costume n'est pas une livrée, et ne pourra, par conséquent, froisser son amour-propre. L'homme le plus fier et le plus susceptible porterait, sans répugnance aucune, la veste de chasse et les guêtres longues. Eh bien! Périne, que répondez-vous à cela?

— Je réponds, madame la comtesse, que vous êtes notre Providence, et que mon mari, quand je vais lui porter ces nouvelles si bonnes et surtout si inespérées, se trouvera le plus heureux des hommes.

— Il acceptera donc?

— S'il acceptera? Demandez-moi plutôt, madame la comtesse, s'il ne deviendra pas fou de joie? Lorsque nous cheminions dans notre carriole, le long des routes, il ne pouvait voir passer un chasseur, son fusil sur l'épaule et son chien devant lui, sans pousser de gros soupirs. La chasse, c'est sa passion! il est très-adroit d'ailleurs, et il entretiendra la maison de gibier.

— Tout est donc pour le mieux! s'écria madame de Kéroual. Voilà une affaire arrangée, et il ne nous reste plus à nous occuper que de Georgette. La chère petite restera la compagne et l'amie de ma fille. Je prendrai, dans trois ou quatre ans, une gouvernante qui les élèvera sous mes yeux, toutes les deux, de la même manière, et, quand Marthe se mariera, je donnerai une dot à Georgette et je lui chercherai un bon mari.

Périne aurait voulu répondre, mais elle ne trouva pas de paroles et, d'ailleurs, l'émotion la suffoquait. De grosses larmes de joie coulaient sur ses joues. Tout à coup elle se leva. Elle se dirigea d'un pas rapide vers les deux enfants, qui continuaient à jouer sans se douter de l'importance des paroles échangées si près d'eux et des résolutions prises pour leur avenir.

Elle saisit Georgette, la souleva, la pressa sur son cœur en l'embrassant avec frénésie, et l'apportant aux genoux de madame de Kéroual, qui n'était guère moins émue qu'elle-même, elle balbutia :

— Le jour où vous aurez besoin que je meure pour vous, madame la comtesse, pour vous ou pour votre fille, ce jour-là, sur la vie de mon enfant que voici, je vous jure que je serai prête !

— J'accepte votre promesse! répondit madame de Kéroual dont le doux et beau visage était inondé de larmes comme celui de Périne. Ce serment que vous venez de faire, vous le tiendrez, j'en suis sûre et j'y compte, à l'heure où Marthe aurait besoin de vous!

XI

PRÉPARATIFS.

Quelques semaines s'étaient écoulées depuis l'entretien que nous venons de mettre sous les yeux de nos lecteurs.

Les intentions de la comtesse avaient reçu un commencement d'exécution.

Périne, présentée aux domestiques comme investie de la confiance entière et des pleins pouvoirs de madame de Kéroual, remplissait au château de Rochetaille les fonctions de femme de charge.

Les valets, hâtons-nous de le dire, s'étaient révoltés d'abord, in petto, contre l'autorité donnée sur eux à une personne qu'ils ne considéraient pas même comme leur égale, et ils avaient résolu d'opposer à cette autorité une muette et sournoise résistance; mais Périne, tout en entreprenant la réforme des abus signalés par la comtesse, fit preuve d'un tact si grand, déploya tant de douceur et de bienveillance, se montra si humble, évita si bien de faire ostensiblement acte de domination, que dans la valetaille lui pardonna bien vite une supériorité qu'elle semblait oublier elle-même, et accepta comme un pouvoir légitime celui dont elle se targuait si peu.

Une seule personne, poussée par une jalousie absurde, s'obstina dans une résistance irraisonnée. Ce fut la femme de chambre de madame de Kéroual.

La pauvre créature, douée d'une intelligence un peu plus que médiocre, se persuada que Périne avait capté, à son détriment, la confiance de la comtesse, et qu'à elle, Justine Landry, à elle seule, auraient dû revenir les hautes fonctions de femme de charge.

En vertu de raisonnements de ce genre, Justine Landry se regarda comme dépossédée, tranchons le mot, comme spoliée; elle ne négligea aucune occasion de le faire sentir

à Périne, et le fit d'une façon si inconvenante, si brutale, si persistante, que la comtesse s'en aperçut et, malgré les supplications de Périne, qui demandait grâce pour son ennemie, mit à la porte Justine Landry.

Le jour même du départ de cette dernière, la femme de Jean Rosier témoignait à madame de Kéroual ses vifs regrets de ce qui venait de se passer.

— Ne regrettez rien, lui répondit la comtesse. Cette créature, en vous manquant, me manquait à moi-même. Je ne pouvais tolérer ses insolences et je suis ravie de ne plus la voir.

— Mais enfin, répliqua Périne, voilà madame la comtesse dans l'embarras à cause de moi.

— Embarras fort peu grave, je vous assure. Le service de Justine Landry n'avait rien de précieux. Il me sera facile de remplacer cette fille.

— Madame la comtesse consent-elle à m'accorder une grâce?

— Sans aucun doute. Que désirez-vous, Périne?

— Que madame la comtesse veuille bien ne pas reprendre de femme de chambre et m'autorise à remplir les fonctions que Justine Landry remplissait auprès d'elle.

Madame de Kéroual fit un geste de surprise.

— Quoi? s'écria-t-elle, vous voulez...

— Il n'est rien que je désire davantage.

— Songez-y donc, le service de femme de chambre est très-assujettissant.

— Tant mieux, car il me procurera plus souvent l'occasion d'être auprès de madame la comtesse.

— Songez aussi que je n'ai personne à qui je puisse confier, à votre défaut, la surveillance de la maison.

— Si madame la comtesse y consent, je garderai cette surveillance, et je serai tout à la fois femme de charge et femme de chambre.

Périne levant ainsi tous les obstacles, il n'y avait qu'un parti à prendre, celui d'accepter, et c'est ce que fit madame de Kéroual.

Quant à Jean Rosier, aussitôt qu'il fut guéri complètement et que le docteur Perrin eut déclaré qu'il pouvait entreprendre les plus longues courses sans risque pour sa jambe, il revêtit avec transport la culotte de velours à côtes, les gros souliers, les longues guêtres de cuir et la veste de drap vert à boutons armoriés, et il remplit avec un zèle et une assiduité dignes des plus grands éloges les fonctions de garde-chasse assermenté de la comtesse de Kéroual.

Le brave homme se sentait tellement heureux qu'il avait renoncé à la boisson, complètement et presque sans peine.

Quoique le vin et l'eau-de-vie fussent pour ainsi dire à sa discrétion, il ne s'était pas grisé une seule fois depuis son arrivée au château de Rochetaille.

De l'aube jusqu'au soir il parcourait les bois, ne manquant guère de rapporter de ses longues battues quelque lièvre ou deux ou trois perdreaux.

Bien souvent même il se levait au milieu de la nuit, afin de faire une ronde supplémentaire dans le parc. Il avait, on un mot, le fanatisme de son service.

La comtesse de Kéroual sentait grandir de jour en jour la confiance et l'affection que lui inspirait Périne.

Marthe et Georgette devenaient de plus en plus inséparables.

Deux ou trois mois s'écoulèrent dans un calme profond; le bonheur semblait régner au château de Rochetaille et rien n'annonçait que le ciel pur et radieux dût se couvrir bientôt de nuages sombres.

Un matin le facteur rural, qui ne manquait jamais de passer entre neuf et dix heures en faisant sa tournée, apporta plusieurs lettres pour madame de Kéroual. L'une d'elles était timbrée de Paris. Un large cachet de cire rouge armorié fermait son enveloppe épaisse.

Périne se trouvait dans la chambre de la comtesse au moment où ces lettres lui furent remises.

Madame de Kéroual les prit d'abord avec indifférence, mais, en reconnaissant l'écriture tracée sur l'enveloppe aristocratique que nous venons de décrire, une exclamation s'échappa de ses lèvres et une ardente rougeur colora son visage habituellement d'une pâleur mate et à peine rosée.

D'une main fiévreuse elle rompit le cachet; ses regards

dévorèrent avidement le contenu de la lettre ; quand elle eut achevé cette rapide lecture, elle la recommença, et l'expression de la joie la plus vive rayonna dans ses yeux.

— Madame la comtesse reçoit une bonne nouvelle ? demanda la femme de Jean Rosier avec cette familiarité respectueuse à laquelle Léonie de Kéroual l'avait habituée.

— Une excellente nouvelle, en effet, répondit la jeune femme en souriant. Mon cousin Gontran m'écrit qu'il arrive aujourd'hui.

— M. le baron de Strény ? fit Périne, qui connaissait ce nom pour l'avoir entendu prononcer plus d'une fois par les domestiques du château.

— Lui-même. Il a dù partir hier au soir par la malle-poste ; il sera ici à quatre heures de l'après-midi.

— M. le baron vient de Paris ?

— Oui, et sa lettre me donne l'espoir qu'il passera dans notre solitude la plus grande partie de l'automne.

Ceci fut dit avec une expression de tendresse profonde qui n'échappa point à Périne.

— Si madame la comtesse veut bien m'indiquer l'appartement qu'elle destine à M. le baron, reprit-elle, je vais m'occuper d'y tout mettre en ordre.

— Venez, répliqua madame de Kéroual, je veux partager cette tâche avec vous.

La comtesse conduisit Périne à un délicieux petit appartement, situé à l'extrémité de la galerie qui desservait le premier étage du château. La femme de Jean Rosier n'avait jamais franchi le seuil de cet appartement dont Léonie conservait la clef, et qui se composait d'un salon grand comme un boudoir, d'une chambre à coucher et d'un cabinet de toilette.

Périne fut frappée de l'extrème fraîcheur et de l'exquise coquetterie de ces trois pièces qui ressemblaient beaucoup plus au sanctuaire intime d'une femme à la mode qu'au logis destiné à recevoir un homme.

Les murailles et les plafonds tendus de toile perse, les meubles arrondis et capitonnés, les parquets recouverts d'un tapis de haute lisse, touffu comme un gazon, donnaient à cet intérieur un aspect d'élégance raffinée et toute féminine.

L'appartement de madame de Kéroual était loin d'offrir cet aspect de mollesse voluptueuse.

Périne en ressentit quelque étonnement, mais elle n'eut garde de manifester son impression.

La comtesse voulut ouvrir elle-même les rideaux, les fenêtres et les persiennes ; le soleil, en inondant de lumière les gerbes de roses, de camélias, de volubilis, peintes sur les tentures et éparses sur le fond blanc des tapis, sembla se jouer dans un parterre en plein épanouissement.

Madame de Kéroual alors s'occupa des plus petits détails, faisant la guerre au moindre atome de poussière, et ne laissant pour ainsi dire aucune besogne à Périne.

Lorsque tout se trouva en ordre (et Dieu sait si cet ordre fut complet et irréprochable), Léonie désigna les grandes potiches du Japon et les cornets de Chine, dans lesquels les meubles de marqueterie et concourant à l'ornementation générale.

— Maintenant, dit-elle, descendons au jardin et cueillons des fleurs pour remplir ces vases. Je veux qu'il y ait des fleurs partout, surtout des roses, beaucoup de roses, le baron les adore.

Au bout d'une heure, la moisson odorante était faite, et l'appartement, paré comme une chapelle un jour de grande fête, n'attendait plus que son hôte ; mais madame de Kéroual avait oublié de déjeuner, et, quand Périne lui en fit l'observation, elle répliqua :

— Je n'ai pas faim.

— Madame la comtesse serait-elle souffrante ? demanda Périne avec inquiétude.

— Jamais je ne me suis mieux portée.

— Madame la comtesse ferait bien de manger quelque chose, si peu que ce soit, d'autant plus que mademoiselle Marthe attend madame depuis longtemps pour se mettre à table.

— Vous avez raison ; cette chère Marthe, je ne pensais plus à elle.

Ne plus penser à son enfant, elle, la meilleure des mères ! Que se passait-il donc ce jour-là dans l'esprit de Léonie, ou plutôt dans son cœur ?

Madame de Kéroual alla chercher Marthe et se mit à table ;

mais il lui fut impossible de goûter aux mets placés devant elle. Une agitation bizarre, une gaîté fébrile la dominaient absolument ; elle parlait sans raison, elle riait sans motif, et toute son attitude était si bizarre que l'enfant finit par le remarquer.

— Petite mère, lui demanda-t-elle, qu'est-ce que tu as donc, tu n'es pas comme tous les jours ?

Léonie attira sa fille dans ses bras, la pressa sur son cœur avec un transport inouï et lui dit en la couvrant de baisers :

— Cher trésor, tu vas être bien contente.

— Pourquoi donc ça, petite mère ?

— Parce que tu verras aujourd'hui ton bon ami.

L'enfant prit un air étonné.

— Mon bon ami ? répéta-t-elle avec un accent interrogatif.

— Oui.

— Qui est-ce donc, mon bon ami ?

— Tu sais bien, c'est ton cousin... ton cousin Gontran.

— Ah !

Et, après avoir murmuré ce monosyllabe, Martha fit une moue très-prononcée.

— Est-ce que tu ne te souviens pas de Gontran ? demanda vivement madame de Kéroual.

— Oh ! si, répondit l'enfant, oh ! si, je m'en souviens.

— Est-ce que tu n'es pas contente qu'il arrive ? reprit la comtesse.

— Pas beaucoup.

— Tu ne l'aimes donc plus ?

— Non.

— Et depuis quand ? s'écria Léonie avec étonnement.

— Depuis toujours.

— Tu te trompes, chère fille ; tu l'aimais autrefois... tu l'aimais beaucoup.

Martha secoua négativement la tête.

— Mais pourquoi ? reprit la comtesse.

— Je ne sais pas.

— Est-ce qu'il t'a fait du chagrin la dernière fois qu'il est venu ?

— Non.

— Enfin, as-tu quelque chose à lui reprocher ?

— Rien.

— Mais alors, encore une fois, pourquoi ne pas l'aimer ?

Avec cette naïve obstination des enfants qui éprouvent un sentiment, mais sont incapables de se rendre compte des motifs qui le leur font éprouver, Martha répéta comme la première fois :

— Je ne sais pas.

— Mais c'est mal, cela, c'est très-mal ! s'écria la comtesse d'un ton presque sévère ; c'est de l'ingratitude, et Dieu ne protège pas les enfants ingrats. Ton cousin Gontran a pour toi la plus vive tendresse, il faut l'aimer, il le faut absolument. S'il en était autrement, tu me ferais beaucoup de peine et le bon Dieu ne te bénirait plus...

Martha, au lieu de répondre, cacha son visage dans le sein maternel et se mit à pleurer avec amertume.

Alors, madame de Kéroual s'efforça de la calmer en la couvrant de caresses et en lui prodiguant les paroles les plus douces ; mais elle eut beaucoup de peine à y parvenir : l'enfant, oppressée par un étrange et mystérieux chagrin, continuait à sangloter, et son pauvre petit cœur palpitant ne se dégonflait pas.

Enfin, après une longue crise, les baisers de Léonie triomphèrent de cette douleur sans cause appréciable. Les larmes cessèrent de couler, les yeux reprirent leur éclat, les lèvres leur sourire, et Marthe, consolée ou plutôt oublieuse, s'échappa des bras de sa mère pour aller rejoindre Georgette qui l'attendait sur la pelouse.

Ce fut alors au tour de la comtesse, restée seule, de devenir rêveuse et triste ; car, en voyant couler les pleurs de sa fille, toute sa gaîté avait disparu.

— Mon Dieu ! murmura-t-elle presque avec effroi, mon Dieu ! quel terrible instinct de divination avez-vous donc mis au cœur des enfants ? Quelle voix venue d'en haut dit à cette frêle intelligence que je songe à donner la place de son père à celui qui vient aujourd'hui et qu'elle ne veut pas aimer ? Ces larmes de ma fille chérie sont-elles donc, ô mon Dieu ! un avertissement que vous m'envoyez ? L'effroi de mon enfant doit-il me faire comprendre que l'hôte si impatiemment attendu n'apportera pas le bonheur à mon foyer? mon cœur n'est-il trompé? Suis-je aveugle? Est-ce l'abîme qui m'attire? Le Gontran d'aujourd'hui est-il resté le Gontran d'autrefois? Oh! si cela était! Mais, non, c'est impossible! L'homme à qui j'ai donné mon âme a commis bien des fautes, mais il les a courageusement rachetées! Au milieu des erreurs de sa jeunesse, aucune voix ne s'est jamais élevée pour lui reprocher d'être fourbe et menteur. Et, d'ailleurs, reculer, le puis-je? Hésiter, même, ne m'est pas permis. Ma destin e est désormais écrite; il faut que je marche en avant.

Léonie attacha sur sa tête un chapeau de paille, elle quitta le château et s'enfonça dans la plus sombre des allées du parc, où, pendant plus de deux heures, elle abandonna son esprit à une foule de réflexions de la nature de celles que nous venons de mettre sous les yeux de nos lecteurs.

Il est bien rare que l'on ne parvienne pas à se convaincre soi-même, quand on éprouve l'impérieux besoin d'être convaincu. La nature est ainsi faite.

La comtesse de Kéroual ne fit point exception à la règle générale; le résultat de ses méditations finit par être rassurant. Elle se démontra d'une façon lumineuse que les larmes de Marthe ne signifiaient rien; qu'il serait absurde d'attacher la plus légère importance et de vouloir tirer le moindre pronostic du chagrin sans cause d'une enfant; que son cœur ne se trompait pas, et qu'enfin tout était pour le mieux dans le meilleur des mondes.

Aussi quand Léonie, s'apercevant qu'il ne lui restait plus que deux heures avant l'arrivée du baron Gontran de Strény, songea qu'il était grandement temps de s'occuper de sa toilette, quitta le parc et se dirigea vers le château, son charmant visage était redevenu radieux et ses grands yeux brillaient de leur plus vif éclat.

XII

L'ARRIVÉE.

Au moment où madame de Kéroual allait atteindre l'escalier à double rampe conduisant aux appartements du rez-de-chaussée, elle vit, à l'une des extrémités de la pelouse, Périne assise sous une tonnelle de verdure et surveillant les jeux de Marthe et de Georgette.

Elle lui fit signe de venir la rejoindre.

— Les enfants peuvent rester seuls, lui dit-elle, et puisque vous avez absolument voulu remplir auprès de moi les fonctions de femme de chambre, j'ai besoin de vos services pour m'habiller.

Périne suivit la comtesse. Cette dernière était vêtue, comme de coutume, avec une élégante simplicité, mais, pour recevoir le baron Gontran de Strény, cette toilette lui semblait insuffisante.

Veuve depuis un peu plus de deux ans, Léonie ne portait plus le grand deuil, mais elle n'avait pas encore repris, jusqu'à ce jour, les vêtements de couleurs claires et voyantes, nous l'avons dit.

Elle fit choix d'une jupe de soie, d'un gris perle très-pâle, à rayures blanches et violettes; elle mit un corsage de mousseline blanche, ruché et bouillonné, dont la demi-transparence laissait deviner les rondeurs satinées de ses épaules et de ses beaux bras. Elle disposa son admirable chevelure blonde avec un soin inaccoutumé, et ses longues boucles encadrèrent délicieusement l'ovale de son doux visage auquel les émotions qu'elle éprouvait depuis le matin donnaient une coloration inaccoutumée.

Ceci fait, elle se regarda de la tête aux pieds dans une grande glace et il lui fut impossible de ne pas s'avouer à elle-même qu'elle était merveilleusement belle et jolie.

Assurément Périne ne pouvait passer pour flatteuse, et nous la savons incapable d'articuler un seul mot qui ne fût l'expression exacte de sa pensée.

Elle s'écria naïvement, involontairement en quelque sorte, ne faisant que répéter tout haut ce qu'elle se disait tout bas :

— On ne donnerait pas vingt ans à madame la comtesse!

— Bien vrai? demanda Léonie en se tournant vers elle et en lui souriant.

— Madame la comtesse a des yeux pour interroger son miroir, il doit lui répondre que je suis franche. Un miroir n'est jamais menteur.

— Sans doute, et cependant combien de femmes l'interrogent et ne savent pas, ou plutôt ne veulent pas comprendre sa réponse. Enfin, je me plais à croire le mien, car il me dit comme vous que je suis toujours jeune.

Puis, après un instant de silence, madame de Kéroual reprit :

— Je n'ai pas été, grâce à Dieu, bien coquette; je le suis aujourd'hui moins que jamais, et cependant je me sens heureuse, je l'avoue, à la pensée que je puis paraître belle encore : il est si triste de vieillir... Et elle ajouta tout bas : Quand on aime et quand on est aimé.

Périne s'était approchée de la fenêtre et regardait Marthe et Georgette qui se bombardaient joyeusement avec des fleurs dont elles venaient de remplir leurs petits tabliers.

— Si madame la comtesse n'a plus besoin de moi, dit-elle, je vais aller rejoindre les enfants.

— Tout à l'heure, répliqua Léonie, rien ne presse; les enfants peuvent à merveille se passer de vous; vous les rejoindrez dans quelques minutes.

Évidemment la jeune femme avait une communication à faire à sa femme de confiance; évidemment aussi cette communication était embarrassante et madame de Kéroual ne savait comment s'y prendre pour l'aborder.

— Périne, murmura-t-elle enfin non sans une hésitation manifeste, avant une heure M. le baron de Strény arrivera au château...

La comtesse s'interrompit et Périne eut le temps de répondre :

— Tout est prêt pour le recevoir.

— Le baron de Strény est mon cousin, mon unique parent, reprit Léonie; il m'est absolument dévoué, je puis le dire avec conviction, car il me prouve son dévouement mieux que par des paroles. Vous voyez qu'il n'hésite pas à quitter Paris où il est recherché, fêté, où il mène l'existence la plus animée et la plus brillante, pour venir visiter une pauvre recluse comme moi dans la solitude de ce château perdu.

— Je ne vois pas qu'il y ait un bien grand mérite à profiter de la gracieuse hospitalité de madame la comtesse, dans ce pays qui est magnifique, interrompit Périne.

— Vous vous trompez, ma chère enfant, répliqua vivement la comtesse, ou plutôt vous parlez d'une chose qu'il vous est impossible d'apprécier. Il y a du mérite, croyez-le bien, il y en a beaucoup, lorsqu'on est un homme du monde comme mon cousin, à abandonner le théâtre de ses succès et à rompre avec toutes ses habitudes pour se plier aux miennes qui doivent lui paraître bien monotones et bien incolores. Je suis profondément reconnaissante d'un tel sacrifice, et je veux que M. de Strény soit accueilli par tout le monde ici comme un hôte dont la présence est chère et précieuse. Mon désir et mon ordre sont que ceux qui m'entourent considèrent mon cousin comme étant le maître au château autant que moi-même. Faites donc en sorte de lui plaire, ma bonne Périne, car je serais au désespoir s'il allait ne point partager l'affection que vous m'inspirez.

— Madame la comtesse peut être tranquille, répondit la femme de Jean Rosier, mon mari et moi nous ferons tout ce qui dépendra de nous pour conquérir les bonnes grâces du parent de madame.

— Et vous y parviendrez facilement, je n'en doute pas, poursuivit Léonie. Gontran saura vous apprécier; il est si intelligent et il est si bon.

Après un silence de quelques secondes, la jeune veuve, toute rougissante et baissant les yeux, murmure :

— Vous comprendrez quelle importance j'attache à la recommandation que je viens de vous faire, quand je vous aurai dit que si je me décide à quitter le nom de comtesse de Kéroual, ce sera pour prendre celui de baronne de Strény.

Ces paroles portèrent la lumière dans l'esprit de Périne. Elle s'expliqua aussitôt le trouble et l'émotion de sa maîtresse : elle ne s'étonna plus des soins minutieux auxquels elle se livrait depuis le matin pour préparer à M. de Strény un appartement digne de lui; elle comprit enfin que Léonie aimait son cousin, et comme la comtesse était à ses yeux un de ces êtres parfaits qui ne peuvent faillir et de qui tout est

Quel est ce vieux monsieur qui entre avec une jeune dame ? (Page 28.)

bien, elle ne songea même point à s'étonner de cet amour venu si vite après le veuvage.

— En vous parlant d'un projet d'union qui se réalisera peut-être plus tard, ajouta vivement madame de Kéroual, je viens de vous donner une grande preuve de confiance; il est inutile, n'est-ce pas, de vous recommander le secret le plus absolu ?

— Ah ! s'écria Périne, j'espère que madame la comtesse ne me fait point l'injure de douter de ma discrétion !

— Non, certes, car, si j'en doutais, j'aurais gardé le silence.

Ces mots terminèrent l'entretien; Périne rejoignit les enfants; Léonie quitta son appartement et gagna le parc après avoir ordonné à deux domestiques d'aller attendre auprès de la grille le passage de la malle-poste, afin de transporter au château les bagages du baron de Strény.

Quelques minutes avant quatre heures, les grelots d'un attelage lancé au galop, les claquements du fouet d'un postillon et la fanfare classique de la petite trompette d'un conducteur, se firent entendre sur la grande route, puis la rapide voiture de l'administration des postes apparut dans un tourbillon de poussière et s'arrêta devant la grille.

La portière s'ouvrit; le baron Gontran de Strény, en toilette de voyage irréprochable, sauta légèrement sur la route, et voyant auprès de la grille Léonie, pâle d'émotion, il courut à elle, lui serra les mains et l'embrassa sur les deux joues en s'écriant :

— Ah ! chère cousine, chère cousine, que je suis heureux de vous voir !

4ᵉ LIVRAISON.

En apparence, il n'y avait rien là de plus que l'affectueuse et cordiale étreinte d'un parent, et cependant la comtesse devint pourpre au moment où les lèvres de Gontran effleurèrent son visage, et son cœur se mit à battre avec une impétuosité si grande qu'il lui sembla qu'il allait briser sa poitrine.

M. de Strény lui saisit le bras, et, sans s'occuper de ses bagages que le conducteur déchargeait, il l'entraîna sous la voûte de verdure et lui fit prendre une allée latérale si touffue qu'elle en était sombre.

La jeune femme suivit passivement l'impulsion de son cousin, elle n'avait plus ni force ni volonté, sa pensée elle-même se noyait dans une sorte d'ivresse intérieure plus facile à comprendre qu'à définir.

Aussitôt qu'ils se trouvèrent tous les deux hors de vue, Gontran la saisit dans ses bras et l'appuya contre son cœur avec une impétuosité passionnée, en murmurant à son oreille :

— Léonie, Léonie, vous m'aimez toujours, n'est-ce pas?

— Si je vous aime! balbutia la comtesse, il me demande si je l'aime?

— Eh bien, oui, c'est vrai, j'ai tort, répliqua le baron, vous m'aimez, je le sais, je le sens, j'en suis sûr. Mais je suis si heureux de vous l'entendre dire! C'est pour cela, pour cela seulement que je vous le demande. Dites-le moi donc, Léonie, oh ! dites-moi que vous m'aimé !

— Je vous aime, je vous aime, je vous aime, et je vous aimerai toujours, fit la jeune femme d'une voix mourante; et vous, Gontran, m'aimez-vous encore ?

— Plus que jamais, s'écria le baron, plus que jamais et plus que tout. Ce n'est pas de l'amour que j'éprouve, Léonie, c'est du délire. Je mentirais en disant que je t'aime, car je t'adore!

Le duo d'amour ainsi commencé se continua jusqu'au château. Léonie, enivrée, se suspendait au bras de Gontran, elle écoutait sa voix doucement émue qui charmait ses oreilles comme la plus harmonieuse, la plus céleste des musiques, il lui semblait marcher dans un rêve, et tout bas elle se demandait si la terre était le paradis.

Le baron Gontran de Strény, hâtons-nous de le dire, passait à bon droit dans le monde de Paris pour l'un des hommes les plus séduisants qu'il fût possible de rencontrer.

Âgé de trente-deux ans environ, au moment où commence ce récit, grand et mince, il réunissait une figure charmante à une tournure tout à la fois cavalière et distinguée.

Une chevelure brune, naturellement bouclée et qu'il portait courte, couronnait son front haut, d'une blancheur de marbre, où se lisaient la résolution et l'intelligence.

De longs cils de velours, qu'aurait enviés une femme, prêtaient à ses grands yeux d'un bleu sombre quelque chose d'oriental et de voluptueux. Sa bouche, admirablement dessinée, servait d'écrin vermeil à des dents admirables. Ses moustaches, presque blondes, longues et effilées, donnaient du caractère à son visage d'une beauté peut-être trop féminine.

Deux choses seulement, non pas sans cesse, mais de temps à autre, venaient déparer cette figure digne de la statuaire antique, c'étaient le regard et le sourire.

Le regard manquait de franchise ; il exprimait à de certains moments l'astuce et la duplicité. Le sourire, tantôt ironique et tantôt sensuel, était parfois presque cruel.

Somme toute, le baron de Strény ressemblait vaguement aux portraits que le dernier siècle nous a légués du fameux révolutionnaire Saint-Just.

La main de Gontran était exquise, longue et mince, avec des doigts effilés et des ongles roses, une véritable main de fils de croisés (et il en avait le plus grand soin) ; le pied, d'une forme toute patricienne, disait le gentilhomme au premier coup d'œil.

Gontran savait depuis longtemps à quoi s'en tenir relativement à ses avantages extérieurs ; mais il avait sur lui-même assez d'empire pour cacher admirablement la fatuité qu'ils lui inspiraient.

Le culte qu'il professait à l'endroit de sa propre personne ne l'empêchait point d'affecter une complète ignorance de ses perfections. Tant de modestie, jointe à tant de beauté, devait être une séduction de plus, se disait-il, et il ne se trompait pas.

Nous ne parlerons point avec détail de son élégance ; il nous suffira d'affirmer que Gontran était au nombre de ces quelques jeunes gens qui ne suivent pas la mode, mais qui la devancent, et dont les arrêts font loi en matière de toilette, comme jadis ceux de Brummel et du comte d'Orsay.

XIII

GONTRAN

Le baron de Strény doit jouer dans cette histoire un rôle capital ; il nous faut donc, avant de continuer notre récit, mettre rapidement sous les yeux de nos lecteurs le passé de ce personnage.

Gontran appartenait à une excellente famille ; il était, du côté de sa mère, cousin issu de germain de la comtesse de Kéroual.

Pendant toute son enfance et sa première jeunesse, il fut gâté outre mesure par son père qu'éblouissaient l'esprit naturel et les brillantes qualités physiques de ce fils unique. Un homme sage et prudent se serait effrayé de la prodigieuse précocité du jeune Gontran, mais le vieux baron était faible, et, bien loin de prendre l'alarme, il ne songeait qu'à s'extasier.

Doué d'une facilité prodigieuse et d'une intelligence

hors ligne, Gontran, élève externe du collège Charlemagne remportait, presque sans travail, tous les prix.

Le baron, pour le récompenser, allait au-devant de ses désirs, lui prodiguait l'argent, et ne s'inquiétait point de la manière dont il le dépenserait et des habitudes insensées qu'il lui ferait prendre.

À seize ans, le collégien avait deux chevaux à lui dans l'écurie de son père, et, chaque soir, en été, on le voyait monter la grande avenue des Champs-Élysées, fièrement en selle sur sa jument pur sang, ou conduisant avec un aplomb d'enfer, du haut des coussins de son dog-kart, un grand stepper irlandais qui trottait à la hauteur du poitrail. Les jours de congé, il ne manquait jamais de se rendre aux courses.

Certes, en principe, nous ne voyons aucun mal à cela, et les élégants plaisirs du sport ne sont point de ceux, croyons-nous, que l'on doive raisonnablement critiquer.

Mais (car dans presque toutes les choses de ce bas monde il y a un mais), voici où était le danger.

Alors, comme aujourd'hui (quoiqu'en infiniment moins grand nombre), les jolies pécheresses parisiennes choisissaient les Champs-Élysées, le Bois de Boulogne et les champs de courses pour y étaler leurs toilettes sur le reps ou le maroquin de leurs huit-ressorts et de leurs victorias.

Or, ces filles d'Ève, généralement fantaisistes, ne tardèrent point à remarquer ce charmant gamin, qui, gracieusement penché à l'anglaise sur l'encolure de son jack, le chapeau sur l'oreille, une rose à sa boutonnière, le lorgnon dans l'œil, et suivi à distance par un groom microscopique, leur lançait en passant des regards chargés d'étincelles dont la moindre aurait suffi pour faire sauter une mine.

En échange de ces regards, Gontran reçut des sourires dont le sens n'offrait rien d'énigmatique. Il eut des rendez-vous ; il hanta Mabille et le Ranelagh. Bref, l'argent que lui prodiguait son père servit à solder l'addition d'une multitude de fins petits soupers, à la *Maison d'or* et au *Café anglais.*

Ces dangereuses fréquentations enlevèrent au jeune homme, ou plutôt à l'enfant, cette délicate fraîcheur morale qui est à l'âme ce que le duvet est à la pêche. À peine avait-il dix-huit ans, et déjà, devenu matérialiste et sceptique, il ne croyait plus à rien de ce qui est sacré ; il niait effrontément la vertu des femmes, il *blaguait* l'amour, il ne reconnaissait comme sérieuses que deux choses : l'or et le plaisir.

Ce qui ne l'empêchait pas de conserver la voix la plus douce, les manières les plus patriciennes, et des yeux de page amoureux dans un visage de jeune fille.

Gontran venait d'atteindre sa majorité lorsque son père mourut, le laissant maître absolu d'une fortune d'un million.

Certes, avec cinquante mille livres de rentes, le jeune homme aurait pu mener une existence large et brillante, en régularisant le présent et en sauvegardant l'avenir, mais il aurait fallu pour cela ne point se trouver en butte à une foule d'entraînements, auxquels, nous devons le dire, il n'essaya même pas de résister.

Les femmes et les chevaux, les soupers et le jeu s'emparèrent de lui tout entier.

Pendant cinq ans le baron de Strény éblouit Paris par l'éclat de ses splendeurs. On citait la beauté de ses attelages, l'excentricité de ses habitudes, le luxe effronté de ses maîtresses. On colportait ses mots spirituels ; on en faisait passer sous son nom un grand nombre qu'il n'avait pas dits ; on copiait sa façon de s'habiller, de parler, de marcher, de tenir son stick et de porter son lorgnon ; on imprimait les menus des prodigieux dîners qu'il offrait à ses amies et à ses amies dans son joli hôtel de la rue Saint-Lazare ; un petit journal, *le Corsaire,* qui jouissait d'une grande vogue à cette époque, s'était fait le moniteur de ses aventures et de ses duels, car Gontran, très-fort à l'épée et au pistolet, se battait avec la plus extrême facilité et la plus gracieuse insouciance.

Plus tard, nous prenons sur nous d'affirmer qu'il eût été le héros de toutes les chroniques ; mais la chronique, dans ce temps-là, n'avait pas encore pris les fabuleux développements qui font d'elle aujourd'hui la reine du journalisme ; elle n'était guère représentée que par Eugène Guinot, au *Siècle,* et, dans un autre journal, par certain Italien qui, après avoir été à ses débuts professeur de musique et de chant, avait fini par devenir, la plume à la main, passé maître en fait de *chantage*.

Or, Eugène Guinot et l'Italien en question ne laissaient guère s'écouler une semaine sans entretenir leurs lecteurs des faits et gestes de Gontran.

Cette vie à grandes guides dura cinq ans. Au bout de ce temps il ne restait rien du million; il restait même un peu moins que rien, car les fournisseurs, mal payés depuis quelques mois, et flairant la ruine comme les rats, dit-on, flairent la dernière heure du navire qui va sombrer, commençaient à montrer les dents et à envoyer le papier timbré. L'hôtel, hypothéqué jusque dans ses fondations, n'appartenait plus qu'en apparence au baron de Strény.

A ce moment Gontran pouvait dire encore : *Tout est perdu fors l'honneur.*

Il avait fait d'immenses folies, mais les folies perdent un avenir et ne flétrissent point un nom.

Il lui restait trois partis honorables à prendre : vendre ses chevaux, ses voitures, ses meubles, ses bijoux, payer toutes ses dettes, solliciter une place et se mettre à travailler courageusement pour vivre, ou bien s'engager comme simple soldat et s'en aller gagner en Afrique une épaulette et un morceau de ruban rouge, ou enfin, prendre un pistolet et se faire sauter la cervelle.

Mais Gontran n'avait ni le courage de la pauvreté, ni celui du travail. Quant au suicide, il y songea pendant quelques minutes, mais il se dit :

— Pourquoi mourir? la vie est bonne! Amis, maîtresses et fournisseurs m'ont exploité pendant cinq ans, à mon tour de prendre une revanche! J'étais dupe et je vais cesser de l'être.

Et il le fit comme il le disait.

Or, ce que Gontran appelait : *cesser d'être dupe*, c'était, ou à peu près, devenir fripon.

Il continua donc à vivre, sinon splendidement comme par le passé, du moins en conservant les apparences de la fortune et en mettant en œuvre, pour soutenir ce luxe d'emprunt, les mille et une ressources dont l'emploi constitue, dans la vie et dans le monde de Paris, le chevalier d'industrie de bonne compagnie.

Il emprunta de toutes mains et ne rendit jamais; il acheta pour revendre; il faillit vingt fois aller échouer sur les bancs de la police correctionnelle, mais il avait de belles paroles, il savait mettre en jeu, avec une habileté si grande, les promesses fallacieuses et les espoirs menteurs, qu'il trouva toujours moyen de détourner l'orage; il joua surtout, il joua sans cesse, et avec un bonheur tellement soutenu qu'on ne tarda guère, dans les cercles dont il faisait partie et dans les salons du demi-monde (le mot n'existait pas encore), à s'étonner d'une heureuse chance à tel point persistante.

De l'étonnement au soupçon il n'y avait qu'un pas, et ce pas fut bientôt franchi. On observa, et l'observation donna la triste certitude que le jeune homme devait sa veine merveilleuse à son adresse et non point au hasard.

Cette découverte avait été faite dans un cercle composé de gens de bonne compagnie qui ne voulaient pas de scandale.

L'un d'eux, le comte de B..., autorisé par sa grande situation, prit à part Gontran de Strény, lui fit comprendre avec la plus exquise politesse qu'à l'avenir il ne trouverait plus au cercle de partenaires ni d'adversaires, et termina en l'engageant à donner sa démission, unique moyen d'éviter une exclusion humiliante.

Gontran, se voyant découvert, aurait dû baisser la tête, se taire et disparaître! Il manqua de tact et comme, après tout, les preuves matérielles contre lui faisaient défaut, il essaya de payer d'audace.

Il parla haut; il se dit insulté, et prétendant rendre responsable de l'injure qu'il recevait l'honorable gentleman qui venait de se faire l'interprète de l'opinion générale, il lui demanda une réparation par les armes.

Le comte de B..., voyant sa démarche si mal appréciée, tourna le dos au baron et s'en alla en haussant les épaules.

— Tout n'est pas fini, monsieur le comte! s'écria Gontran hors de lui-même, vous entendrez parler de moi!

— Comme il vous plaira, monsieur le baron, répondit le comte de B...

Gontran courut à un autre cercle, dont il faisait également partie, trouva deux très-jeunes gens, fort désireux de se *poser* en se mêlant à une affaire d'honneur, ne fût-ce que comme témoins, et il les envoya à M. de B...

Les deux jeunes gens revinrent tout penauds.

Ils rapportaient une consultation rédigée et signée par vingt des membres du cercle les plus considérables. Tous déclaraient que le comte de B... ne devait pas se battre avec le baron de Strény, lequel, à partir de ce jour, était rayé de la liste des sociétaires.

Ils ajoutaient que si le baron de Strény les y contraignait par quelque provocation publique adressée soit au comte de B..., soit à quelque autre de ses collègues, ils se verraient contraints de publier dans les journaux leur délibération, à laquelle ils joindraient, dans ce cas, un rapide exposé des motifs qui dictaient leur conduite.

Ceci était un coup de foudre.

A une pareille pièce, signée de pareils noms, il n'y avait rien à répondre.

Gontran le comprit, mais trop tard! Toute cette affaire, que dans l'origine il ne tenait qu'à lui d'étouffer, allait faire un bruit effroyable! Il se vit à tout jamais perdu, et il eut un moment de désespoir.

Mais la nature de notre personnage était une de celles sur qui tout glisse, même la honte. Il se dit qu'à Paris, la ville du bruit, du mouvement, de la fièvre, on vit trop vite pour avoir le temps de se souvenir; que le scandale d'aujourd'hui efface celui d'hier, et qu'on oublie dès le lendemain ceux qui cessent de rester en vue.

En conséquence, il résolut de disparaître pendant quelques mois.

Ce que nous venons de raconter se passait au commencement de l'hiver. Gontran fit ses malles et, sans prendre congé de personne, partit pour Londres.

Il connaissait en Angleterre un certain nombre de gens de *high-life*, avec lesquels il avait été en relations intimes à Paris à l'époque de sa splendeur. Il ne mettait point en doute qu'il ne dût être bien reçu par ces gentlemen, qui ne pouvaient connaître sa ruine, ni surtout la fâcheuse aventure dont il venait d'être le héros.

Il ne se trompait pas. L'hospitalité anglaise ne lui manqua point. De chaleureuses amitiés l'accueillirent, les portes des clubs les plus aristocratiques s'ouvrirent devant lui et il séduisit tout le monde par le charme de son esprit et la grâce de ses manières. Disons en passant qu'en sa qualité d'ex-homme de cheval, de sportman émérite, il parlait l'anglais comme le français, d'une façon parfaitement pure et presque sans accent.

Gontran ne tarda guère à passer pour un beau joueur. Il perdit d'assez fortes sommes avec une exquise désinvolture, sans que le sourire s'effaçât un seul instant de ses lèvres.

Instruit par l'expérience, il avait compris qu'il fallait commencer par se faire plaindre, et qu'un bonheur trop soutenu amènerait infailliblement des soupçons, à Londres comme à Paris.

Bref, il conduisit si bien sa barque que tout le monde applaudit de grand cœur lorsque enfin la chance tourna, et quand la fortune cessa de se montrer hostile à cet aimable gentleman, il supportait si galamment la déveine.

Gontran passa huit mois à Londres, vivant d'une façon brillante et fructueuse, et sans doute son séjour se serait indéfiniment prolongé, s'il n'avait, un certain soir, commis la maladresse de laisser tomber de sa manche, au milieu d'un cercle, un fort joli paquet de cartes biseautées.

Il n'attendit pas qu'on lui demandât des explications dont, malgré toute son adresse, il se serait difficilement tiré à son honneur.

Il regagna son hôtel, reboucla ses malles, paya sa note, envoya chercher une voiture, et, sans perdre une minute, se fit conduire au chemin de fer et monta dans un wagon qui le mit en quelques heures à Brighton.

Brighton ne devait d'ailleurs être pour lui qu'une étape. Il avait envie de revoir la France; la nostalgie de Paris s'emparait de lui.

Il abandonna sans regret sur la plage anglaise les blondes et vaporeuses ladies et les babys blancs et roses; il alla s'embarquer à Southampton, et son cœur que galvanisaient seulement d'habitude le bruit des pièces d'or et le froufrou des billets de banque, battit d'une émotion sincère quand, à travers la brume du matin, les falaises normandes se dessinèrent à l'horizon, couronnées par le vieux château de Dieppe.

XIV

GONTRAN. (Suite.)

— Il est impossible, matériellement impossible, se dit Gontran, que je ne rencontre point sur la plage, ou au Casino, quelques-unes de mes connaissances du monde aristocratique ou du monde des viveurs. J'irai hardiment au premier que le hasard mettra sur mon chemin, et, à l'accueil qui me sera fait, je jugerai quelle est ma situation dans l'opinion publique.

En conséquence, Gontran alla s'installer à l'*Hôtel royal*, s'habilla avec son élégance habituelle, déjeuna, alluma un cigare et prit le chemin de cette plage magnifique où se trouve l'établissement des bains de mer.

A peine se promenait-il depuis cinq minutes, qu'il se vit en face d'un groupe de trois ou quatre jeunes gens à la mode, en compagnie desquels il avait cent fois galopé dans les allées du bois de Boulogne, et soupé au *Café anglais* et à *la Maison d'or*.

Il se dirigea vers ces jeunes gens, les deux mains étendues et le sourire aux lèvres, mais non sans une violente trépidation intérieure, car, en somme, rien ne lui prouvait que ces compagnons d'une autre époque n'allaient point lui tourner le dos.

L'événement le rassura bien vite.

Toutes les mains serrèrent les siennes avec empressement et toutes les voix s'écrièrent :

— Comment, c'est vous!

— Ce cher baron!

— Il y a des siècles qu'on ne vous a vu!

— Où diable étiez-vous, baron?

— Savez-vous qu'on était tenté de vous croire chartreux ou marié!

— Mais enfin nous vous retrouvons, et, puisque vous êtes à Dieppe, j'espère bien que nous allons vous y garder. On s'amuse ici, cher ami, je vous assure! Demandez à ces messieurs; ils vous affirmeront comme moi qu'on s'amuse même beaucoup.

Cet accueil cordial fit éprouver à Gontran une sensation délicieuse, un immense soulagement; il lui sembla qu'on enlevait de ses épaules un poids écrasant.

En effet, il devenait pour lui clair comme le jour que sa mésaventure de l'année précédente avait fait peu de bruit, ou, tout au moins, que cette fâcheuse histoire était complètement oubliée, sauf peut-être de ceux qui s'y étaient trouvés mêlés d'une façon immédiate, et ceux-là, il n'était pas bien difficile de les éviter.

Aux questions que lui adressait, Gontran répondit qu'appelé brusquement en Angleterre pour y recueillir un héritage considérable provenant d'un parent éloigné qu'il connaissait à peine, il avait été reçu d'une façon si courtoise dans les salons aristocratiques, qu'il s'était décidé à passer plusieurs mois à Londres.

— Et, ma foi, je vous avoue, mes bons amis, ajouta-t-il en riant, que cet héritage inattendu de soixante mille livres de rentes arrivait fort à propos, car j'avais notablement ébréché ma fortune, et, s'il me restait quatre ou cinq cent mille faranes, c'est tout le bout du monde.

Or, en disant ce qui précède, Gontran faisait un coup de maître; il était bien sûr que le bruit de son héritage prétendu allait se répandre avec la rapidité de l'étincelle électrique, et qu'à son retour à Paris il recueillerait les bénéfices de cette considération qui s'attache à l'homme dont la richesse grandit, or, cette considération, pour Gontran, c'était le crédit.

Bref, à partir de ce moment, il vit la vie en beau, et l'avenir s'offrit à ses regards paré des plus riantes couleurs.

Gontran était depuis trois jours à Dieppe, et déjà il songeait à prendre le chemin de fer et à regagner Paris, seul théâtre vraiment digne d'un homme tel que lui, lorsqu'une jeune fille attira son attention.

Cette jeune fille, blonde, délicate, d'une beauté pleine de charme et de distinction, se promenait lentement sur la plage, offrant l'appui de son bras, avec une sollicitude touchante, à un vieillard de fort grande mine qui portait à sa boutonnière la croix de Saint-Louis.

Gontran regarda ce groupe avec la plus grande attention; le délicieux visage de la jeune fille ne lui rappelait absolument rien, mais il se croyait sûr de ne pas voir en ce moment le vieillard pour la première fois.

Ces traits vénérables, qu'encadrait une chevelure d'une blancheur argentée, lui apparaissaient vaguement au fond de la pénombre de ses plus lointains souvenirs. Sans doute autrefois, dans son enfance, le hasard l'avait mis en présence de ce personnage; mais où? à quelle époque? dans quelles circonstances? Voilà ce qu'il se demandait vainement; sa mémoire interrogée ne lui répondait pas.

Curieux d'avoir le mot de l'énigme, le baron de Strény ne perdit point de vue le vieillard et la jeune fille pendant leur promenade, qui fut longue; et, lorsqu'ils quittèrent la plage et se dirigèrent vers la ville, il les suivit jusqu'à la porte de l'hôtel *Victoria* où ils demeuraient.

A peine avaient-ils disparu sous la voûte de la porte cochère qu'il en franchit le seuil à son tour, et que, mettant une pièce de cent sous dans la main du premier garçon dont il fit la rencontre, il lui demanda :

— Quel est ce monsieur qui vient de rentrer avec une jeune dame?

— Un vieux monsieur qui a des cheveux blancs et un ruban rouge? fit le garçon.

— Oui.

— C'est un noble, très-riche, dont le château est à une quinzaine de lieues d'ici, et qui vient, tous les ans, passer chez nous un mois ou six semaines avec *sa demoiselle*.

— Enfin, comment s'appelle-t-il?

— M. le comte d'Antiville.

Gontran fit un geste de surprise et eut quelque peine à réprimer un éclat de rire qui montait à ses lèvres.

— Ah! pardieu, se dit-il à lui-même, voilà qui est bizarre! Je ne me trompais pas en croyant que ce bon vieillard ne m'était pas inconnu. Je l'ai vu chez mon père, il y a vingt ou vingt-cinq ans. C'est mon oncle. Peste! j'ai là une jolie cousine et qui doit être un fort beau parti. Le comte possède un million, tout au moins. Il y a peut-être là, pour moi, une magnifique affaire. Voyons donc un peu... voyons donc.

Gontran tira de sa poche son portefeuille, y prit une carte qu'il tendit au garçon d'hôtel en lui disant :

— Mon ami, portez ceci à M. le comte d'Antiville et demandez-lui s'il veut bien me faire l'honneur de me recevoir.

Au bout de deux minutes, Gontran était introduit dans l'appartement de M. d'Antiville, et l'octogénaire lui tendait la main en souriant et lui disait :

— En vérité, monsieur mon neveu, il faut que le hasard nous rapproche sur la côte normande pour que vous daigniez vous souvenir que vous avez un oncle.

Puis, s'adressant à la jeune fille, le vieillard ajouta :

— Léonie, je te présente ton cousin, le baron Gontran de Strény, un très-charmant Parisien, comme tu peux le voir, mais si fort oublieux des liens du sang que j'offre de parier qu'il ne se doutait pas seulement de ton existence.

Et la conversation s'engagea.

Cette rencontre et cette visite modifièrent absolument les projets du baron. Il ne songea plus à quitter Dieppe. Le lendemain, il se dit : « Le hasard m'offre une occasion unique de conquérir une belle fortune et de me refaire une position sérieuse et inattaquable; si je n'en profitais pas, je serais un niais. Mais j'en profiterai. J'épouserai les beaux yeux de ma cousine et les beaux yeux de sa cassette. Ces gens sont de bonnes gens, tout simples et faciles à prendre. Avant quinze jours, je veux qu'ils m'adorent. »

En conséquence, Gontran se fit l'assidu compagnon du comte d'Antiville. Il lui offrit son bras pour les promenades sur la plage; il se procura une voiture confortable et de bons chevaux qu'il conduisit lui-même quand Léonie manifesta le désir de faire des excursions dans les environs de Dieppe; enfin, il se rendit nécessaire et même indispensable. La haute opinion qu'il avait de sa personne lui donnait la conviction que pour plaire à la jeune fille il lui suffirait de s'en donner la peine. Donc, ce qui lui importait surtout, c'était de faire la conquête du vieillard.

Il y parvint d'une façon si complète que M. d'Antiville, enchanté de lui et ne soupçonnant rien de ses antécédents déplorables, l'engagea fort, au moment où il quittait les bains de mer avec sa fille, à les accompagner au château qu'il habitait toute l'année à douze lieues de Dieppe.

Gontran accepta avec un ravissement facile à comprendre, et se persuada qu'à partir de ce moment il avait bataille gagnée et ville conquise. La campagne et la solitude allaient, croyait-il, lui devenir de puissants auxiliaires. Il ne demandait que quinze jours pour inspirer à Léonie une passion violente, et le vieux comte serait trop heureux de lui donner la main de sa fille.

Le baron ne se trompait d'ailleurs qu'à moitié.

Le cœur de Léonie était libre; il se laissa fort naïvement entraîner vers ce beau et séduisant gentilhomme avec lequel des liens de parenté légitimaient une familiarité douce. Ce ne fut point d'abord une passion, mais un chaste et naissant amour qui s'ignorait lui-même.

Gontran ne négligea rien pour aviver la flamme et pour ouvrir discrètement les yeux de l'ingénue. Un roué tel que lui ne pouvait manquer de réussir dans cette entreprise, et il réussit en effet si parfaitement que M. d'Antiville finit par remarquer la rougeur de sa fille lorsque Gontran lui offrait son bras, et la rêveuse mélancolie qui s'emparait d'elle quand par hasard son cousin s'absentait pendant quelques heures.

Le vieillard comprit alors qu'il avait fait une imprudence qui pouvait compromettre gravement le repos de sa fille, et il mit Gontran en demeure de s'expliquer sans retard.

Le baron n'attendait pas autre chose; il déclara son amour, jura que cet amour ne finirait qu'avec sa vie et conclut en demandant la main de sa cousine.

Le comte d'Antiville, séduit par son neveu, était bien tenté de répondre : oui, séance tenante. Il n'avait pas besoin de se renseigner sur la naissance du jeune homme et sur ses alliances; et, d'un autre côté, l'esprit et les manières de Gontran étaient irréprochables et devaient satisfaire les plus difficiles. Pourquoi donc hésiter?

Le vieillard eut cependant la force de résister à son entraînement. Il réfléchit qu'il ne savait rien de positif sur la situation de fortune de son neveu, non plus que sur son passé et sur la considération morale dont il jouissait à Paris.

En conséquence, il écrivit deux lettres, l'une au notaire de la famille de Strény (depuis longtemps il le connaissait), l'autre à l'un de ses vieux amis dont le fils était vice-président de l'un des clubs les plus aristocratiques de Paris.

Les deux réponses arrivèrent le même jour.

La première, celle du notaire, affirmait que M. de Strény ne possédait pour toute fortune que quelques dettes oubliées sur le pavé de la grande ville.

La seconde racontait, sans commentaires, la façon dont Gontran avait été expulsé de son cercle et les motifs de cette expulsion.

Ces tristes nouvelles furent pour M. d'Antiville un coup de foudre. Il aurait peut-être accepté pour gendre un gentilhomme ruiné, ruiné même par sa propre faute, mais un gentilhomme dégradé par une tache infamante, jamais. Plutôt que de consentir à un tel mariage, le comte aurait brisé mille fois le cœur de sa fille.

Une heure après Gontran recevait un congé, donné avec toutes les formes possibles et enveloppé de tous les ménagements imaginables, mais si positifs néanmoins que le jeune homme comprit bien que ce refus était sans appel, aussi longtemps, du moins, que vivrait M. d'Antiville; mais le digne comte dépassait sa soixante-dixième année et n'avait point une de ses natures vigoureuses qui vont jusqu'à cent ans.

En conséquence, et pour se réserver l'avenir (avenir qui, selon toute probabilité, devait être extrêmement prochain), Gontran fit à sa cousine des adieux déchirants; il se prétendit calomnié; il parla de mourir (car, hélas! que lui restait-il désormais à faire dans la vie?); enfin il jura d'aimer toujours, d'aimer jusqu'à son dernier souffle, et il n'eut aucune peine à obtenir de Léonie un serment semblable, accompagné d'une boucle de cheveux et d'un baiser, le premier, le seul.

Aussi Gontran se disait-il avec une conviction profonde, en montant dans la voiture qui le conduisait à la plus prochaine station du chemin de fer :

— Si ma bonne étoile permet qu'une apoplexie foudroyante enlève mon cher oncle d'ici à un an, il est lumineux comme le soleil que j'épouserai ma cousine.

L'apoplexie si vivement convoitée par M. de Strény vint en effet, mais un peu trop tard.

Avant de mourir, le comte d'Antiville avait eu le temps de marier sa fille à un loyal et bon gentilhomme qui se nommait le comte de Kéroual, et nous devons ajouter qu'il n'avait pas eu à vaincre une résistance bien forte de Léonie.

La jeune fille, éclairée par la réflexion, s'était avoué elle-même qu'elle ne pouvait pas estimer Gontran, et que, lorsque l'estime est absente, l'amour conduit dans les abîmes et non plus aux sommets.

En apprenant le mariage de sa cousine, le baron murmura :

— Allons, la fortune m'échappe! décidément mon étoile est voilée! Oh! Léonie, Léonie, vous aviez promis, cependant, vous aviez juré!...

Puis il fredonna sur un vieil air mélancolique ce refrain d'une vieille chanson :

> Boucle de cheveux et serment,
> Autant en emporte le vent.

Et, ceci fait, il ne pensa plus à mademoiselle d'Antiville, devenue la comtesse de Kéroual.

Quelques années se passèrent.

Le comte de Kéroual avait réalisé la fortune de sa femme en vendant la terre et le château d'Antiville, et en plaçant les capitaux résultant de cette vente chez un banquier en qui il avait toute confiance.

Le jeune ménage passait ses hivers à Paris, et Gontran le rencontrait parfois dans le monde, où Léonie obtenait des succès d'élégance et de beauté.

Dans ces occasions (assez rares du reste), le baron de Strény, en parfait comédien qu'il était, savait donner à son visage une expression de tristesse profonde, la tristesse de l'homme qui porte en son sein le chagrin incurable qui le tuera.

Il saluait mélancoliquement sa cousine, sans lui adresser jamais un mot, puis il se tenait à l'écart, silencieux et sombre, dans l'une de ces attitudes *fatales* que les drames et les romans de cette époque mettaient à la mode.

Léonie ne pouvait arrêter sur lui son regard sans éprouver un frisson involontaire, tout le sang de ses veines affluait à son cœur; elle se disait avec cette crédulité naïve à laquelle les femmes supérieures n'échappent pas plus que les autres.

— Il m'aime toujours, il m'aime plus que jamais! Combien il doit souffrir!... en mourra peut-être.

Et la pauvre enfant, quoique profondément attachée à son mari et à ses devoirs, éprouvait un vague remords d'avoir oublié ses promesses et trahi ses serments en obéissant à la volonté suprême de son père.

Excepté dans ces occurrences où il attachait sur son visage un masque de mélancolie, Gontran était toujours et plus que jamais un homme de plaisir.

Comment et par quelles ressources pouvait-il suffire aux dépenses de sa vie brûlante? C'est un mystère auquel nous ne nous chargerons pas d'initier nos lecteurs; il nous faudrait, pour être compris, effleurer des matières trop délicates.

Nous nous contenterons de rappeler qu'en tout temps il a existé, et qu'il existe encore à Paris, nombre de beaux jeunes gens, cités entre tous pour le luxe de leurs logis, le grand style de leurs écuries, la désinvolture avec laquelle ils tiennent et perdent des bancos de cinq cents louis, et à qui cependant leurs plus intimes amis ne connaissent ni un arpent de bien au soleil ni un coupon de rente sur l'État.

Gontran se trouvait exactement dans cette situation; il menait un train suffisant, jouait beaucoup, perdait souvent et payait ses dettes de jeu dans les vingt-quatre heures.

De temps à autre il jetait son dévolu sur quelque riche héritière ou sur quelque veuve jouissant d'une ample fortune, et cherchait à se marier. Tout allait bien jusqu'à l'heure des renseignements, mais, aussitôt qu'une lumière fâcheuse se faisait sur le passé, tout changeait de face et les projets matrimoniaux étaient impitoyablement rompus.

Tandis que ces choses se passaient à Paris, la comtesse de Kéroual mettait au monde sa petite Marthe au château de Rochetaille. Puis, bien peu de temps après la naissance de cette enfant, un immense malheur fondait sur elle à l'improviste : le comte de Kéroual, plein de jeunesse, de force et de santé, succombait en quelques jours aux atteintes d'une violente maladie inflammatoire.

Léonie le pleura sincèrement, et sa douleur fut presque aussi vive que si elle avait éprouvé pour lui un sentiment plus vif qu'une calme et respectueuse affection.

Bien vite, d'ailleurs, elle se vit distraite de cette douleur si légitime et si naturelle.

Gontran de Strény, en sa qualité de parent, ne pouvait manquer de recevoir une lettre de faire part de la mort du comte.

Lorsqu'il eut brisé le cachet de la double feuille qu'entourait un large filet noir, un éblouissement passa devant ses yeux et un tremblement nerveux agita tout son corps.

— Allons, se dit-il, cette fois ma destinée ne dépend plus que de moi. J'ai toutes les cartes dans les mains et je défie le diable de venir les brouiller. Léonie est libre, je serai riche.

Et, sans perdre une heure, il écrivit à la jeune veuve une longue lettre, un chef-d'œuvre, dans laquelle, sans faire la moindre allusion à cet amour qu'elle devait croire plus vivant que jamais, il demandait la permission de lui porter ses consolations au milieu d'une douleur que les liens du sang l'autorisaient à partager avec elle.

Cette lettre, extrêmement touchante et dans laquelle on croyait sentir un souffle d'émotion vraie, remua chez Léonie les plus mystérieuses fibres du cœur. Il lui sembla que l'action de Gontran, offrant de pleurer avec elle l'homme par qui il avait été dépossédé du bonheur rêvé, était une action héroïque. Elle ne se sentit plus seule au monde, et se réjouit de savoir qu'il existait une âme vraiment grande, et que les nœuds d'une étroite sympathie attachaient cette âme à la sienne.

En conséquence, elle répondit à Gontran, et sa réponse ne renferma que ce mot unique : VENEZ!

Le surlendemain, M. de Strény descendait de la malle-poste à la grille du parc, et, après s'être composé un visage de circonstance, il saisit la main que Léonie lui tendait, il la porta vivement à ses lèvres et la jeune femme sentit tomber une larme sur cette main. Or, personne n'ignore combien une larme versée à propos fait faire de chemin dans les choses d'amour.

Assurément Léonie, revêtue depuis quelques jours à peine du deuil rigoureux des veuves, était à mille lieues de s'avouer qu'elle aimait Gontran plus qu'à l'époque où elle pouvait le regarder comme son fiancé, mais le moment était proche où il lui serait impossible de conserver la moindre illusion à cet égard.

Le lendemain, arriva l'heure des confidences.

Gontran ne sachant pas au juste jusqu'où étaient allées les révélations faites jadis à son oncle par ses correspondants parisiens, et par son oncle à Léonie, jugea prudent de parer à tout en engageant volontairement sa barque dans les récifs d'une confession générale.

On devine que cette confession fut arrangée avec une adresse, avec une entente de l'ensemble et du détail, qu'un romancier, maître en son métier, n'aurait point désavouées.

Gontran fit naviguer son récit avec une dextérité incomparable parmi les écueils les plus dangereux ; il ne déguisa point ses torts, de manière à se conserver les mérites de la sincérité et du repentir, mais il sut leur donner une couleur romanesque presque séduisante, et sans plaider les circonstances atténuantes, il eut l'air de les faire ressortir des incidents mêmes de sa narration.

Si bien qu'après avoir écouté Gontran Léonie s'avoua à elle-même que la franchise de son cousin rachetait ses fautes, que le repentir effaçait tout, et que d'ailleurs le baron de Strény, fort jeune encore à l'époque où ces erreurs avaient été commises, n'était devenu coupable que par suite de certains entraînements auxquels les gens les plus rigides et les plus timorés n'auraient peut-être pas mieux résisté que lui.

Bref, non-seulement il reconquit d'emblée le terrain qu'il avait perdu jadis, mais peut-être même devint-il, grâce aux otages de son passé, plus intéressant aux yeux de madame de Kéroual que s'il n'avait jamais failli, et, de la meilleure foi du monde, elle se demanda comment son père, le comte d'Antiville, avait pu, pour de si pardonnables peccadilles, repousser l'alliance d'un gentilhomme à ce point accompli.

On voit que les affaires de Gontran prenaient dès ce début une tournure favorable, mais qu'il avait les meilleures raisons pour croire qu'un succès final et complet ne se ferait pas attendre.

XV

GONTRAN ET LÉONIE.

Gontran savait à merveille que madame de Kéroual, si vivement qu'elle fût entraînée vers lui, avait trop le respect des convenances pour consentir à devenir sa femme avant un laps de deux années révolues, tout au moins.

Or, pendant ce long intervalle, des obstacles nouveaux pouvaient naître. Qui sait si la réflexion n'éclairerait pas la jeune veuve? Qui sait si des délations nouvelles ne lui viendraient point révéler des faits qu'elle devait ignorer?

Gontran ne voulut point en courir les chances. Il résolut de rendre le mariage nécessaire en se donnant sur la comtesse des droits imprescriptibles.

L'entreprise était malaisée, car Léonie offrait le type accompli de la chasteté la plus absolue ; mais en fait de séduction, pour notre héros, l'impossible n'existait pas. Il environna la comtesse de tant de pièges habilement tendus, que la pauvre femme, aveuglée, fascinée, sentit ses forces épuisées après une longue résistance, et succomba presque à son insu.

Quand son ivresse d'un instant se fut dissipée, quand s'évapora le nuage qui couvrait ses yeux, elle s'était donné un maître. Elle eut maître!

En se réveillant maîtresse du baron de Strény, Léonie eut un mouvement de honte, de remords et presque de désespoir. Toutes les délicates pudeurs de son âme étaient froissées, flétries; elle ne se reconnaissait plus; elle se faisait horreur à elle-même.

Cette sorte de crise, cet état violent de la femme qui se débat entre la vertu d'hier et la faute d'aujourd'hui, furent, d'ailleurs, de courte durée.

Léonie fit à son tour l'essai de l'infernale logique inventée par le diable à l'usage des filles d'Ève.

Elle se dit qu'après tout son erreur avait pour excuses un amour sans bornes, une absolue confiance en l'homme qui la lui avait fait commettre, et que par conséquent plus cet amour et plus cette confiance grandiraient et plus sa faute deviendrait excusable. C'était un premier pas ; elle en fit un second, et elle arriva assez rapidement à se demander de bonne foi si elle était coupable d'avoir cédé à celui qui, en devenant son mari, deviendrait en même temps le second père et le protecteur légal et légitime de son enfant.

C'est ici que cette funeste logique, dont nous parlions il n'y a qu'un instant, joua son rôle. Léonie, voulant à toute force atténuer sa faute à ses propres yeux et se convaincre de plus en plus de la justesse des raisonnements qu'on vient de lire, résolut de redoubler d'amour et de confiance, puisque sa justification était là et non point ailleurs.

En conséquence, pour se bien prouver que son amour était absolu, elle céda de nouveau parce qu'elle avait cédé une première fois, et, afin de se démontrer irrécusablement que sa confiance n'avait pas de bornes, elle prévit le cas de sa mort possible, et elle remit à Gontran un testament, tout entier de sa main, par lequel elle lui confiait l'administration de sa fortune en la nommant tuteur de sa fille.

Gontran eut l'adresse de se faire beaucoup prier pour accepter le dépôt de ce testament; mais les instances de Léonie devinrent si pressantes, qu'il parut ne pas vouloir la désoler par un refus, et qu'il céda en frémissant de joie.

C'était beaucoup déjà; ce n'était pas encore assez. Le

baron de Strény appartenait à la catégorie de ces hommes habiles dont la prétention est de tout prévoir et de ne rien abandonner au hasard.

Il voulut tenir dans ses armes contre la comtesse. Il lui écrivit des lettres où la passion chantait sur le rhythme le plus échevelé; et Léonie, tremblant de se voir accusée par lui de froideur et d'indifférence, se mit au diapason de ce lyrisme et répondit d'une façon non moins brûlante et non moins significative. Gontran étiqueta et numérota ces réponses et les enferma dans un portefeuille à triples serrures, comme pièces précieuses qu'il fallait conserver avec le plus grand soin.

Voilà où en étaient les choses au moment où nous avons vu le baron de Strény descendre de la malle-poste e devan la grille du parc, et où nous l'avons présenté à nos lecteurs

Gontran et Léonie, en quittant l'allée sombre dans laquelle ils s'étaient engagés, débouchèrent sur la pelouse qui s'étendait devant le château.

— Où donc est notre chère Marthe? demanda le baron qui feignait de ressentir un attachement profond pour la petite fille. Pourquoi ne vient-elle pas m'embrasser? Est-ce qu'elle ne m'aime plus?

— Ah! mon ami, répliqua vivement la comtesse, vous n'en croyez pas un mot! Vous avez toujours été pour elle d'une bonté touchante, et ma fille ne peut être ingrate.

En ce moment, madame de Kéroual vit Périne et les deux enfants à une fenêtre du rez-de-chaussée.

Elle fit un signe, et la femme de Jean Rosier, quittant le château, se dirigea de son côté en tenant Marthe par la main.

L'enfant obéissante approchait sans résistance, mais avec une timidité qui ressemblait presque à de la frayeur.

Gontran la prit dans ses bras et l'embrassa à vingt reprises en murmurant à son oreille ces tendres paroles que les pères savent dire aux enfants; mais, tout en paraissant ne s'occuper que de Marthe, son attention se fixait en réalité sur Périne.

Quand cette dernière se fut éloignée avec la petite fille, il dit à la comtesse:

— Il me semble que cette personne n'était point à votre service lors de ma dernière visite, et que je la vois aujourd'hui pour la première fois?

— Vous ne vous trompez pas.

— Qui donc est-elle?

— La femme de mon nouveau garde-chasse, une bonne et digne créature, très intéressante, en qui j'ai la plus grande confiance.

— Quelles sont ses fonctions auprès de vous?

— Oh! elle cumule, et ses fonctions sont nombreuses. Elle est ma femme de charge, ma femme de chambre, et, en outre, elle s'occupe beaucoup de Marthe qu'elle aime comme sa propre fille. Périne est un trésor dans cette maison, un véritable trésor.

— Quel enthousiasme! s'écria Gontran en souriant.

— Ce n'est pas de l'enthousiasme, c'est de la reconnaissance, car je sens bien que si Périne venait à me manquer maintenant, il me serait impossible de la remplacer.

— Eh bien! ma chère Léonie, reprit le baron, puisque ce trésor vous est si précieux, prenez garde qu'on ne vous l'enlève.

— Et pourquoi me l'enlèverait-on?

— N'avez-vous donc pas remarqué que votre femme de confiance est d'une beauté surprenante, et que son visage pâle et brun rayonne comme celui d'une madone de Vélasquez ou de Murillo?

— Je l'ai remarqué parfaitement; mais je suis bien tranquille. Périne est encore plus honnête qu'elle n'est belle, ce qui n'est pas peu dire. Elle a pour son mari et pour son enfant une inébranlable affection; et, d'ailleurs, ajouta la comtesse avec un sourire, nous vivons dans un pays où la vertu des femmes est rarement en péril, car les séducteurs n'y sont point communs.

— J'ajouterai foi tant qu'il me plaira aux mérites de votre Périne, reprit Gontran; mais croyez-moi, chère Léonie, ne la conduisez pas à Paris.

En ce moment, le valet de chambre vint s'informer de l'heure à laquelle il fallait servir le dîner.

Madame de Kéroual interrogea du regard M. de Strény.

— Oh! répondit celui-ci, quand vous voudrez, et le

plus tôt sera le mieux. J'ai une faim de voyageur. Je vais aller pendant cinq minutes dans mon appartement, où sans doute on a porté mes bagages, j'y réparerai le désordre de ma toilette et je viendrai vous offrir mon bras, ma chère cousine, pour vous conduire à la salle à manger.

— Allez, je vous attends ici.

Le dîner fut exquis; la soirée passa rapidement, et M. de Strény, quelque peu fatigué d'avoir fait cent vingt lieues en malle-poste, sollicita, vers dix heures, la permission de se retirer.

— Eh bien! demanda madame de Kéroual à Périne, lorsqu'elle fut seule avec cette dernière dans sa chambre à coucher, que pensez-vous de mon cousin?

Un extrême embarras se peignit sur le visage expressif de la jeune femme.

— Mon Dieu! madame, répondit-elle, je ne me permettrai pas d'exprimer une opinion sur M. le baron.

— Pour quelle raison?

— Le respect... balbutia Périne.

— Il ne s'agit point ici de respect, mais de franchise, puisque je vous prie de vous expliquer. Comment trouvezvous M. de Strény?

— Eh bien! madame, je le trouve très beau... je le trouve presque trop beau pour un homme.

— Peut-être avez-vous raison, répliqua Léonie avec une satisfaction évidente; mais enfin ce défaut, si c'en est un, est des plus excusables. Être trop beau, cela se pardonne.

Après un instant de silence, madame de Kéroual ajouta: Et ne vous semble-t-il pas aussi que ce beau visage exprime la bonté?

— Sans doute, madame; mais...

— Ah! il y a un mais... Voyons un peu... Lequel!

— Je n'aime pas le regard...

— Pourquoi?

— Je n'en sais rien. Madame la comtesse m'en demande trop long. Je dis mon impression, mais il me serait impossible d'expliquer pourquoi cette impression existe.

Madame de Kéroual cessa d'interroger.

— A quoi bon prolonger l'entretien, se demanda-t-elle, puisque Périne, incapable d'apprécier à tous les points de vue un homme aussi inattaquable que le baron, se permettait de trouver des taches au soleil?

Deux mois s'écoulèrent avec une rapidité féerique.

La vie passait comme dans un songe enchanteur.

Léonie se sentait heureuse, complètement heureuse; le présent était si beau qu'il dépassait ses espérances, et l'avenir lui apparaissait à travers un prisme couleur de rose.

Jamais Gontran ne s'était montré si tendre, si prodigue de ces douces paroles qui, murmurées tout bas à l'oreille d'une femme, font battre son cœur et mettent dans son âme un brûlant délire.

Les projets matrimoniaux du baron et de la comtesse n'étaient plus un mystère pour personne; les domestiques regardaient Gontran comme leur maître futur, et s'en réjouissaient, car, pensaient-ils, aussitôt après le mariage, le château de Rochetaille allait redevenir comme autrefois un lieu de plaisir où les fêtes succéderaient aux fêtes.

Léonie et M. de Strény ne se quittaient pour ainsi dire pas; chaque jour, quand le temps était beau, ils sortaient ensemble, soit à cheval, soit en voiture, et faisaient dans les environs de longues excursions.

Marthe avait daigné se laisser séduire par une collection de jouets merveilleux que le baron avait rapportés de Paris tout exprès pour elle. Sans doute elle n'éprouvait point à son endroit une sympathie bien vive, mais elle le voyait maintenant sans déplaisir.

N'avait-elle pas tout ce qui constitue, à cet âge, le parfait bonheur? D'abord Georgette, la compagne de ses jeux; puis un régiment de polichinelles articulés et de pantins disloqués comme des clowns; et enfin Périne, c'est-à-dire l'incarnation de la tendresse et du dévouement dans ce qu'ils ont de plus délicat, de plus complet, de plus maternel.

Madame de Kéroual avait fait dresser dans la chambre de Périne deux petits lits jumeaux pour Marthe et Georgette; elle ne voyait plus sa fille qu'aux heures des repas, et, de temps en temps, le matin, pendant quelques minutes.

Parfois la femme de Jean Rosier embrassait Marthe avec une émotion attendrie, en murmurant tout bas :

— Pauvre enfant, pauvre chère enfant, tu ne sais pas que cet homme est en train de te voler le cœur de ta mère !

Somme toute, sauf les inquiétudes de Périne, la paix et le bonheur régnaient, au moins en apparence, au château de Rochetaille. Tout le monde y semblait heureux. Le baromètre était au beau fixe ; rien n'annonçait que le mauvais temps fût proche, et, de quelque côté que le regard se tournât pour interroger l'horizon, il n'entrevoyait nulle part les effrayants symptômes précurseurs de l'orage.

Et qui sait si ce bonheur apparent n'allait pas se changer en un bonheur réel ? Qui sait si Gontran de Strény, marié à une femme belle de visage et de cœur, devenu maître d'une grande fortune et instruit par les rudes leçons de sa trop longue jeunesse, ne se déciderait point enfin à rompre courageusement avec les mauvais instincts de sa nature et les déplorables habitudes de toute sa vie, et si l'influence bénie d'une compagne adorable ne le métamorphoserait pas ?

De tels miracles sont rares, nous le savons bien, mais enfin nous en pourrions citer des exemples.

XVI

UNE LETTRE.

Octobre finissait. L'automne était d'une beauté merveilleuse et d'une douceur exceptionnelle. Le soleil radieux brillait chaque jour dans un ciel presque sans nuage et dorait les vieux arbres du parc.

Un matin, trois quarts d'heure tout au plus avant l'heure du déjeuner, le facteur rural apporta pour Gontran une lettre timbrée de Paris et qui lui fut immédiatement montée dans sa chambre.

Quand la cloche sonna et quand le baron descendit à la salle à manger, il était plus pâle que de coutume, et, malgré son empire sur lui-même, il ne pouvait empêcher son visage d'exprimer une préoccupation profonde, une vive inquiétude.

Cette expression inaccoutumée n'échappa point à madame de Kéroual.

— Mon Dieu, Gontran, s'écria-t-elle, qu'avez-vous ?

— Moi, chère cousine ? absolument rien, répondit-il.

— Bien vrai ?

— N'en doutez pas. Que pourrais-je avoir ? je vous le demande.

— Je ne sais. Peut-être avez-vous reçu ce matin des nouvelles qui vous contrarient.

— En aucune façon, je vous assure.

— Cependant vous êtes pâle et vous semblez soucieux. A vous voir, j'aurais juré que quelque chose vous préoccupait vivement.

— Eh bien ! chère cousine, fit Gontran en appelant sur ses lèvres un peu forcé, vous vous seriez trompée, voilà tout. Je n'ai ni préoccupation, ni soucis, ni chagrins, et je n'en puis avoir d'aucune sorte, seulement j'ai mal dormi cette nuit, et de mon insomnie résulte ce matin un peu de migraine qui sera passée ce soir. J'aurais voulu ne point vous inquiéter pour si peu de chose. Mais il est impossible de rien vous cacher.

— Et ce n'est que de la migraine ? demanda Léonie à demi rassurée.

— Pas autre chose.

— Cela ne peut avoir aucune suite fâcheuse ?

— Aucune.

— Souffrez-vous beaucoup ?

— Infiniment moins qu'il y a deux heures. Je me sens encore la tête lourde et je mangerai peu. Mais une ou deux tasses de thé dissiperont ce nuage.

Le baron de Strény mentait à madame de Kéroual.

Sa préoccupation était réelle ; elle avait une cause très-sérieuse, et nous allons connaître cette cause en lisant la lettre arrivée pour Gontran une heure auparavant.

Cette lettre, écrite par son plus intime ami, le confident de toutes ses actions et de presque toutes ses pensées, était ainsi conçue :

« Paris, le 26 octobre 1847.

« Cher baron,

« J'ai reçu votre billet de la semaine dernière, et je vous félicite de l'heureuse tournure que prennent vos affaires au château de Rochetaille.

« Vous me dites que votre mariage, résolu depuis longtemps en principe, ne tardera plus guère maintenant à s'accomplir, et que vous vous trouverez à la tête d'une magnifique fortune dont votre femme, très-éprise de vous, vous abandonnera, sans contrôle et sans restriction, le maniement et la jouissance.

« Personne ne sera plus heureux que moi le jour où un double oui solennel, prononcé devant l'écharpe de M. le maire, vous aura créé de nouveau une situation digne de vous. Mais, croyez-en les conseils de mon amitié dévouée, cher baron, hâtez ce jour de tout votre pouvoir. Il n'y a d'irrévocables que les faits accomplis. Jusqu'à la dernière minute un obstacle peut surgir à l'improviste entre la coupe et les lèvres, et, véritablement, si ce mariage venait à manquer, je vous vois aux prises avec de tels embarras, que malgré l'ingéniosité de votre esprit, fertile en ressources, vous auriez toutes les peines du monde à vous en tirer.

« Car, hélas ! il faut bien que je vous l'avoue, si vos affaires sont en bon chemin là-bas, elles sont ici dans la situation la plus déplorable, et, depuis que vous avez abandonné Paris, vos créanciers, dont votre présence n'entrave plus les noirs projets, se remuent, agissent, et font beaucoup de mauvaise besogne, complètement inutile dans leurs intérêts, mais effroyablement pernicieuse au point de vue des vôtres.

« D'abord, vos meubles sont saisis ; mais ceci n'est qu'un détail de minime importance. Comme vous avez un bail de six ans, et que vous devez sagement quatre termes au propriétaire, il se passera du temps avant que les créanciers puissent exécuter le jugement et procéder au récolement et à la vente. D'ailleurs, avec les soixante mille livres de rentes dont vous aurez bientôt la libre jouissance, que vous importe ce mobilier de célibataire ! C'est une question de tapissier.

« Voici qui est beaucoup plus grave.

« Michel Nodier, l'escompteur de la rue Chérubini, a pris jugement contradictoire pour les six mille francs de lettres de change ; il a obtenu la contrainte par corps, malgré tous les efforts de votre avoué ; son dossier est parfaitement en règle ; la signification du commandement a été faite à votre domicile, et, si vous veniez à Paris, vous seriez à Clichy avant vingt-quatre heures.

« Je suis allé moi-même chez Michel Nodier. Je l'ai supplié d'interrompre les poursuites, en lui affirmant que vous étiez sur le point de contracter en province un riche mariage, et que, le surlendemain de la cérémonie nuptiale, il serait payé. Le loup-cervier m'a répondu que vingt fois vous vous étiez moqué de lui ; qu'il voulait avoir sa revanche, et qu'il l'aurait.

« — Cependant, a-t-il ajouté, faites-moi connaître le nom de la personne qui doit avoir l'honneur de devenir baronne de Strény, et, après informations prises, s'il m'est démontré que la fortune est réelle, ample et solide, et qu'on ne me prend plus pour dupe, j'accorderai un délai. Sinon... non.

« Comme bien vous pensez, j'ai refusé. Alors mon drôle s'est mis en colère et il a juré ses grands dieux que, dût-il dépenser mille écus de son argent, il vous découvrirait au fond de la province, si bien caché que vous croyiez être, et vous ferait arrêter, ou qu'il y perdrait son nom.

« Cette menace m'inquiète, prenez garde ! Michel Nodier est homme à le faire comme il le dit. Ces gens d'argent connaissent tout l'univers, et si, par un beau matin, les recors de la ville voisine allaient arriver au château de Rochetaille, voyez-vous d'ici quel scandale !

« Avisez donc, cher baron ! Avisez, et mariez-vous vite. C'est là qu'est le port.

« Autre chose, et je ne sais pas s'il faut s'en inquiéter ou s'en réjouir.

« Vous m'avez prié de passer, rue de la Victoire, chez Olympe Silas, votre folle maîtresse, et de lui donner de votre part un billet de mille francs, en lui disant que vous étiez toujours et plus que jamais en Angleterre, et que l'époque de votre retour était incertaine.

Eh ! eh ! pour un joli garçon, c'est un joli garçon ! (Page 36.)

« J'ai cherché vainement à m'acquitter de ma commission. Olympe Silas est sortie, il y a deux jours, sans dire où elle allait, en laissant à la concierge, comme de coutume, la clef de son appartement, car elle n'est pas riche depuis votre départ, la pauvre fille, et, faute des domestiques qu'elle n'a plus, c'est la portière qui fait son ménage. Depuis ce moment, elle n'a pas reparu.

« Lui est-il arrivé malheur? C'est peu probable. Les journaux auraient annoncé, dès le lendemain, qu'une jolie fille aussi connue qu'Olympe Silas venait d'être écrasée par un omnibus, ou tuée par la chute d'un tuyau de cheminée.

« S'est-elle fait enlever par un Russe ou par un Anglais? Je le souhaiterais de tout mon cœur, car, s'il en était ainsi, vous seriez tout naturellement débarrassé d'une maîtresse superlativement gênante. Mais ne nous berçons pas d'un fol espoir ! Olympe Silas s'est prise pour vous d'une passion si romanesque, si volcanique, si transcendante, si jalouse et, tranchons le mot, si absurde, que la chère enfant, qui passait à bon droit avant de vous connaître pour la plus fantaisiste des petites dames, aimerait mieux maintenant se jeter du haut d'un pont dans la Seine que de vous faire la plus légère infidélité.

« Où diable la vertu va-t-elle se nicher?

« Bref, je vous le répète, Olympe a disparu.

« Quel chemin a-t-elle pris?

« Je n'en sais rien et je n'essaye même pas de le deviner.

« Son départ cache-t-il un danger pour vous?

« Je l'ignore.

« Si elle savait où vous êtes, elle vous courrait après;

5e LIVRAISON.

ceci, pour moi, ne fait pas l'ombre d'un doute. Mais il y a quinze jours, lorsque je suis allé la voir pour la dernière fois, elle vous croyait parfaitement bien en Angleterre et ne parlait rien moins que de passer la Manche pour vous retrouver à Londres. J'ai eu toutes les peines du monde à l'en dissuader, en lui disant que vous étiez sans cesse en route et qu'il lui serait impossible de vous rejoindre.

« Où aurait-elle appris votre véritable adresse? Je crois être à peu près seul à la connaître, et vous pouvez tenir pour certain que, si une indiscrétion a été commise, ce n'est pas par moi.

« Dans tous les cas, cher baron, veillez et soyez sur vos gardes, même contre un péril imaginaire, car, à tout prendre, l'invasion de messieurs les recors au château de Ruchetaille serait encore mille fois préférable à la soudaine arrivée de mademoiselle Olympe Silas, venant réclamer à madame la comtesse de Kéroual le baron Gontran de Strény, son amant.

« Brr! Je ne suis pas autrement timide, eh bien, la seule pensée de cette situation ultra-dramatique me fait passer un petit frisson dans les cheveux.

« Miséricorde ! quel écroulement !

« Par bonheur, c'est impossible.

« Encore une fois, veillez! (Au risque de vous sembler rabâcheur, je ne me lasserai pas de vous le répéter.) Hâtez la conclusion de votre mariage, et, le jour où vous aurez besoin que j'arrive pour être l'un de vos témoins, faites-moi signe, et le soir même j'escalade la malle-poste, en emportant dans une valise réglementaire habit noir, cravate blanche et gants paille.

« Donc, cher baron, comptez sur moi, recevez de loin ma plus cordiale poignée de main, et croyez-moi, comme toujours, votre ami bien sincère.

« Vicomte GEORGES DE G... »

Peut-être cette lettre ne semblera-t-elle pas à nos lecteurs aussi effrayante qu'elle le parut à Gontran ; peut-être se diront-ils qu'il y avait bien des chances pour que ni les recors de Michel Nodier, l'usurier, ni mademoiselle Olympe Silas, la maîtresse jalouse, ne vinssent à bout de découvrir M. de Strény au fond des Vosges, dans un château dont les cartes de géographie les plus détaillées ne font même pas mention.

Eh bien, c'est justement ce vague, cette incertitude qui rendaient pour le baron la situation mille fois plus alarmante qu'elle ne l'aurait été sans cela.

Beaucoup de gens ont du courage, et même de l'audace, pour braver en plein soleil un péril attendu. Bien peu (et nous disons parmi les plus braves) peuvent affronter sans pâlir l'embuscade qui se cache au milieu des ténèbres. On aime à savoir d'où viendront les balles. L'Indien qui rampe dans la nuit est plus effrayant que le soldat qui marche au grand jour.

A partir de la réception de la lettre que nous venons de reproduire, Gontran n'allait plus avoir un instant de calme et de sécurité. Le moindre bruit le ferait tressaillir, il lui semblerait sans cesse que la bande des huissiers et des recors envahissait le château, et lui parlait ce langage pittoresque et vigoureusement épicé que les petites dames adressent à leurs rivales sous les ombrages de Mabille ou dans les couloirs de l'Opéra, pendant les nuits de bal masqué.

Gontran songea bien un instant à s'éloigner de Rochetaille pendant quelques jours, à passer la frontière dont il était extrêmement voisin, et à faire une bourrasque en pays allemand.

Mais à quoi bon ?

Il réfléchit bien vite que le scandale, s'il devait avoir lieu, éclaterait parfaitement en son absence, et qu'en lâchant pied il ne ferait que retarder le mariage, qu'il devait au contraire presser de tout son pouvoir, puisqu'une fois marié il était sauvé.

Bref, le résultat de ses réflexions fut celui-ci :

— Il faut qu'avant quinze jours Léonie soit ma femme.

XVII

SUR LA BANQUETTE

La diligence qui faisait le service de Vesoul à Épinal, à l'époque où se passaient les faits que nous racontons, et qui se trouvait en correspondance avec les messageries royales et l'entreprise Laffite et Caillard, était une lourde machine peinte en jaune, et composée d'un coupé, d'un intérieur et d'une banquette.

L'intérieur et le coupé pouvaient contenir neuf personnes. Il y avait en outre deux places de banquette à côté du conducteur.

La veille du jour où nous avons vu Gontran recevoir la lettre de son ami le vicomte de G..., vers les neuf heures du matin, au moment où la voiture des messageries royales venant de Paris s'arrêtait à Vesoul devant le bureau des messageries, pour relayer, un voyageur descendit du coupé et donna l'ordre de décharger sa valise et de la porter au bureau de la diligence d'Épinal.

Ce voyageur avait l'apparence d'un jeune homme de seize à dix-sept ans tout au plus. Une forêt de cheveux bruns magnifiques, naturellement bouclés et qu'il portait longs, encadrait son visage, complètement imberbe et d'une pâleur mate et transparente. Aucun duvet, même le plus léger, n'estompait le contour de sa lèvre supérieure, dont la teinte rouge était si vive qu'on aurait pu la croire rehaussée de carmin.

Le costume de ce voyageur consistait en une jaquette de velours noir qui ne dessinait point la taille et descendait jusqu'au genou sur un pantalon gris perle très-large, de forme dite : à la hussarde, et s'ajustant sur de petites bottines vernies qui recouvraient un pied d'enfant.

Le col de la chemise, rabattu, et serré par une étroite cravate ou plutôt par un ruban de soie noire, laissait à découvert un cou d'une forme charmante et d'une éclatante blancheur.

Une casquette de velours noir, assez semblable à celles des étudiants allemands, se posait de côté, d'une façon très-crâne. Sa visière basse couvrait presque entièrement le front, et jetait sur les yeux une ombre transparente.

Tel que nous venons de le décrire, ce voyageur aurait eu l'air d'un enfant si son charmant visage n'eût offert les indices d'une fermeté et d'une décision tout à fait incompatibles avec la première jeunesse.

La bouche était dédaigneuse, le sourire spirituel et moqueur, le regard presque dur. La voix enfin, quoique d'une douceur extrême et en quelque sorte musicale, prenait des intonations impérieuses.

Ce singulier adolescent tenait de sa main droite, finement gantée de peau de Suède, une mignonne cravache à pommeau de vermeil.

Sa main gauche jouait avec un petit lorgnon d'écaille, suspendu à son cou par un fil de soie.

De temps en temps il ajustait ce lorgnon dans l'arcade sourcillère de son œil droit, où il le fixait par une légère contraction des muscles de la joue. Sa physionomie prenait alors une expression de suprême impertinence.

Quand il se trouva sur le trottoir de la grande rue, suivant un commissionnaire qui portait sa valise au bureau de la voiture d'Épinal, tout le monde se retourna pour le voir passer, les hommes avec curiosité, les femmes avec admiration.

— Drôle de petit jeune homme! dit près de lui un bourgeois naïf.

Le jeune voyageur s'arrêta brusquement, fit siffler sa cravache, et lança un si foudroyant regard au bourgeois stupéfait, que ce dernier, pressentant une provocation imminente, tourna sur ses talons, hâta le pas et disparut à l'angle de la rue la plus proche, en pliant les épaules.

On arriva.

— Monsieur, demanda le voyageur au buraliste, avez-vous une place pour Épinal ?

— J'en ai deux, monsieur... sur la banquette, à côté du conducteur.

— J'en prends une. Dans combien de temps part la voiture ?

— Dans une heure. Vous avez juste le temps de déjeuner. L'hôtel de la Cigogne est en face. Quel nom faut-il inscrire sur la feuille ?

— Écrivez LÉON RANDAL, répondit sans hésitation le voyageur.

— Venant d'où ?

— De Paris.

— Profession ?

— Étudiant en droit. Est-ce tout ?

— Tout absolument.

— Bonjour, alors... je vais déjeuner.

Et le jeune homme sortit du bureau.

Une heure après, trois chevaux, attelés au véhicule dont nous avons tracé le croquis, secouaient leurs grelots devant le bureau de la Vosgienne (ainsi s'appelait la diligence de Vesoul à Épinal), et le conducteur, sa feuille à la main, faisait l'appel des voyageurs.

— Présent! répondit notre personnage quand le nom de Léon Randal fut prononcé, et, saisissant la courroie de cuir qui pendait à la hauteur du siège du postillon, il se hissa légèrement sur la banquette, presque sans toucher les marchepieds.

Le conducteur, espèce de Falstaff à gros ventre et à rouge trogne, escalada tant bien que mal, à son tour, les hauteurs de l'impériale.

— Hue! cria le postillon, et l'attelage partit à un trot rapide, qui devait singulièrement se ralentir aussitôt que la diligence serait sortie de la ville.

Le conducteur exhiba triomphalement une de ces énormes pipes en porcelaine dont le voisinage de l'Alsace rend l'usag extrêmement commun dans une partie de la Franche-Comté, il la bourra de tabac caporal, et il se disposait à l'allumer, quand jetant un regard sur son compagnon de banquette, il le trouva si frêle, si mignon, si délicat, qu'il fut pris d'une sorte de scrupule inusité, et qu'il lui demanda, en soulevant à demi sa casquette de drap bleu, soutachée d'argent :

— L'odeur de la pipe ne vous incommode pas, mon jeune monsieur ?

— M'incommoder ; s'écria Léon Randal, par exemple ! Tel que vous me voyez, je l'adore, j'en use moi-même.

— Ah bah ! Vous fumez ?

— Comme un homme.

— A votre âge !

— Quel âge me donnez-vous donc ?

— Dame ! je ne sais pas au juste... quinze ou seize ans, tout au plus.

— J'en ai dix-neuf.

— Eh bien ! parole d'honneur, vous ne les paraissez pas.

— C'est possible, répondit Léon Randal avec insouciance, en faisant le geste de friser sa moustache absente.

Il tira de sa poche un petit sac de velours vert, brodé de soie et d'or, et un cahier de papier de riz, et, prenant dans le sac une ou deux pincées de tabac turc, il se mit à rouler un *papelito* avec toute l'adresse d'un bachelier de Salamanque ou d'un muletier de Ségovie.

— Un peu de feu, s'il vous plaît, mon brave ? dit-il ensuite au conducteur qui lui tendit sa pipe embrasée, et le vit avec une admiration profonde avaler sa fumée et la rendre tantôt par une narine, tantôt par l'autre.

— Peut-être bien que vous êtes voyageur du commerce pour les vins fins et les eaux-de-vie ? demanda le conducteur pour renouer la conversation.

— Non, mon brave.

— C'est cependant une partie bien distinguée, et tous ces messieurs les voyageurs sont aimables et rigoleurs comme pas un ! Quand j'ai la chance d'en avoir un sur ma banquette, je sais d'avance que nous allons rire. Et vous, mon jeune monsieur, peut-on vous demander, sans vous commander, qu'est-ce que vous faites ?

— Je suis étudiant.

— En médecine ?

— Non, en droit.

— C'est-à-dire que vous étudiez pour devenir avocat ou juge ?

— Juste.

— Ah ! certainement, c'est aussi un bel état. Mais j'aimerais mieux voyager pour les vins fins et les cognacs. On a plus d'agrément.

— Cela dépend des goûts.

— Bien entendu. Mais les alcools, à moi, c'est mon faible... Et vous venez de loin, comme ça ?

— De Paris.

— Je m'en doutais. Les Parisiens de Paris, ça se reconnaît tout de suite.

— Merci.

— Il n'y a pas de quoi. Et vous allez jusqu'à Épinal ?

— Je n'en sais rien.

Le conducteur fixa sur Léon Randal ses gros yeux étonnés.

— Vous n'en savez rien ! répéta-t-il.

— Non.

— Comment ça ! Il faudra bien que vous descendiez quelque part, pas vrai ?

— Oui, mais je descendrai plus tôt ou plus tard, selon le renseignement que vous allez me donner.

— Tout à vos ordres, mon jeune monsieur.

— Y a-t-il longtemps que vous êtes conducteur sur cette route ?

— Plus de quinze ans.

— Alors vous devez connaître, dans leurs moindres détails, les pays qui bordent la route ?

— Ah ! je vous en réponds ! Il n'y a pas un hameau, pas un clocher, pas une ferme dans tout le rayon que ma vue embrasse depuis cette banquette, dont je ne puisse vous dire les noms.

— Puisqu'il en est ainsi, vous connaissez le château de Rochetaille ?

— Parbleu, je le crois bien. La voiture passe devant ; il est au bout d'une avenue superbe, je vous le ferai voir.

— A qui appartient-il ?

— A madame la comtesse de Kéroual.

— Mariée ou veuve ?

— Veuve depuis bien près de trois ans. Je me rappelle, comme si c'était hier, que j'ai arrêté mes chevaux sur la route, pour laisser traverser le convoi de défunt M. le comte qu'on menait au cimetière.

— Mais alors, dit vivement Léon Randal, elle ne doit plus être jeune, cette comtesse ?

— Eh bien ! c'est là ce qui vous trompe. Je ne pourrais pas dire au juste son âge, mais je la vois quelquefois à la grille de son parc, avec ses grands vêtements noirs, et elle est belle comme une sainte Vierge.

Léon Randal fronça le sourcil. Son charmant visage prit une incroyable expression de dureté, et, d'un geste brusque, il jeta la cigarette à peine entamée qu'il fumait.

Hâtons-nous d'ajouter que cette pantomime expressive passa complètement inaperçue du conducteur.

— Et, reprit le jeune voyageur au bout d'un instant, quel est le village le plus proche ?

— C'est un gros bourg qui s'appelle Rixviller ?

— A quelle distance ?

— A une petite lieue et demie. Six jolis kilomètres.

— Il doit y avoir une auberge, à Rixviller ?

— Ah ! fichtre oui, il y en a une, et elle est assez connue, encore ! C'est la renommée du pays ! l'*auberge du Chevreuil-d'argent*, tenue par la veuve Monique Clerget ! Et comme elle cuisine, la digne femme ! On vient de bien loin chez elle (de plus de quatre lieues, je vous assure), tout exprès pour manger de sa *meurette*[1] de carpes et perches, et de sa friture de petites truites. Sans compter qu'elle a dans sa cave un certain joli vin de Moselle.

Et le conducteur, désespérant sans doute de célébrer dignement les mérites du certain joli vin de Moselle, leva béatement ses gros yeux vers le ciel et fit claquer sa langue à plusieurs reprises.

— De l'endroit où nous sommes, reprit Léon Randal, le château de Rochetaille se trouve-t-il avant ou après le village de Rixviller ?

— Il est de notre côté, et nous le verrons au passage, une petite heure avant d'arriver au village.

— N'oubliez pas de me prévenir quand nous approcherons.

— Je vous le promets, mais nous avons encore un fier ruban de queue à dévider d'ici là. Nous ne serons pas à Rochetaille avant quatre heures du soir. Vous avez peut-être l'intention de vous arrêter au château ?

— Non, mais je quitterai la voiture à Rixviller.

— Et vous descendrez au *Chevreuil d'argent* ?

— Oui, puisque c'est la meilleure auberge.

— La meilleure et la seule. Ah ! vous y serez joliment traité, d'autant que je vais vous recommander personnellement à Monique Clerget, et ce n'est pas d'hier que je la connais, la brave femme. Voilà plus de quatre ans qu'elle me verse mon petit verre, trois fois par semaine.

Un sourire moqueur vint aux lèvres de Léon Randal tandis qu'il répondit avec l'apparence de la plus complète bonne foi :

— Recommandé par vous, je puis être tranquille !

Et le jeune Parisien, pour qui la conversation de son compagnon devenait fatigante, maintenant qu'il avait appris ce qu'il voulait savoir, s'accota de son mieux contre la capote de gros cuir qu'un long usage avait rendu luisant, ferma les yeux, fit semblant de dormir d'abord, et, bercé par le bruit monotone des grelots et par les balancements de la voiture, finit par s'endormir réellement.

Vers quatre heures de l'après-midi, une main qui se posait sur son bras le réveilla brusquement et le conducteur lui dit avec un rire énorme :

— Si vous voulez voir le château de Rochetaille, il n'est que temps d'ouvrir les yeux, mon jeune monsieur, car nous y voici.

— A droite, ou à gauche ?

— De votre côté.

Léon Randal se pencha vivement, de manière à ce que

_____

1. *Meurette*, nom franc-comtois de la matelotte.

tout le haut de son corps se trouvât en dehors de la capote, et il vit la grille massive derrière laquelle s'étendait l'avenue conduisant au château.

Il lui sembla même entrevoir vaguement, sous la voûte épaisse de verdure, les plis d'une étoffe sombre et la blancheur d'un visage de femme; mais la voiture passa si vite que le temps lui manqua pour acquérir une certitude à cet égard. D'ailleurs, la distance trop grande ne lui aurait point permis de distinguer les traits de cette femme, si véritablement ce qu'il avait cru voir existait.

Il se laissa retomber à sa place et ne prononça plus une parole jusqu'au moment où la diligence s'engagea, au galop de ses trois chevaux, dans la rue en pente de Rixviller, et s'arrêta devant l'auberge du *Chevreuil d'argent*.

— Ohé! dame Monique, cria le conducteur à l'aubergiste, notre ancienne connaissance, que le bruit des grelots et les claquements du fouet avaient attiré devant sa porte, c'est deux petits verres de votre plus vieux cognac que vous allez me verser aujourd'hui, car je vous amène un voyageur.

Tout en parlant, il saisissait à deux mains la courroie qui gémissait sous l'énorme poids de son corps, et se laissait glisser jusqu'au sol.

— Un voyageur? répéta Monique Clerget. Et d'où vient-il, ce voyageur?

— De Paris, rien que ça. Il étudie pour être avocat, et veut manger de vos fritures.

Puis le conducteur jovial ajouta, en baissant la voix et en passant un de ses bras autour de la taille carrée de la veuve :

— Et prenez garde à votre cœur, dame Monique, c'est moi qui vous le dis! Il pourrait bien vous l'enflammer, ce voyageur-là, car il est bigrement joli garçon, et il a des yeux à la perdition des âmes!

— Pas de danger, père Bastien! répondit l'aubergiste en riant, à mon âge on ne craint plus rien! on est assurée contre l'incendie!

Tandis que s'échangeaient ces paroles, Léon Randal, à son tour, descendait de la banquette, la cigarette aux lèvres et le lorgnon dans l'œil.

XVIII

LÉON RANDAL

— Eh! eh! murmura Monique Clerget en voyant le jeune voyageur s'avancer vers elle, il s'y connaît, le père Bastien! Pour un joli garçon, voilà un joli garçon! Seulement je le trouve un peu trop mignon.

— Ma bonne dame, demanda Léon Randal à la veuve, c'est vous, je suppose, qui êtes l'aubergiste de céans!

— Pour vous servir, mon jeune monsieur, répondit Monique avec une belle révérence.

— Pouvez-vous me loger?

— Toutes les chambres du *Chevreuil d'argent* sont à votre disposition.

— Une me suffira. Pourvu qu'elle soit propre, c'est tout ce qu'il me faut.

— Je vais vous donner la chambre bleue, au premier, sur la rue. C'est la plus reluisante.

— Va pour la chambre bleue! Je passerai probablement quelques jours ici, peut-être même quelques semaines; je prendrai mes repas chez vous et je vous préviens que j'aime à bien vivre.

— Soyez paisible, mon jeune monsieur; vous n'aurez jamais mangé de meilleure cuisine que la mienne.

— A merveille. Faites-moi conduire à ma chambre et songez à mon dîner; je meurs de faim. Dans combien de temps pourrai-je me mettre à table?

— Mangerez-vous seul? demanda Monique Clerget, au lieu de répondre à la dernière question de Léon Randal.

— Est-ce que vous avez une table d'hôte?

— Non; mais j'ai un pensionnaire, le docteur Loui Perrin, le médecin du pays. C'est un monsieur très-aimable

il a étudié à Paris comme vous, et je vous certifie qu'il se connaît en petits plats, celui-là. Si vous voulez, je vous ferai manger avec lui; ça vous distraira toujours un peu. Quand on est tout seul, on s'ennuie.

— Est-ce que votre docteur Louis Perrin, ce monsieur très-aimable qui a étudié à Paris, possède une clientèle considérable dans les environs?

— Ne m'en parlez pas, c'est tout au plus s'il peut y suffire. Autant de malades, autant de pratiques; on vient le chercher de plus de six lieues. Il a été obligé d'acheter un second bidet pour faire ses tournées.

— Et ce docteur si occupé est-il le médecin du château de Rochetaille?

— Certainement. Madame la comtesse l'a fait appeler, pas plus tard qu'il y a deux jours, pour mam'zelle Marthe qui a un gros rhume.

— Allons, répliqua Léon Randal, je vois que, décidément, votre docteur est un homme de mérite, et je prendrai volontiers mes repas avec lui, si toutefois il veut bien me permettre.

— Lui. Il ne demandera pas mieux, j'en réponds; il aime assez causer et je parie que la fine bouteille de vin de Moselle lui semblera meilleure en votre compagnie.

— Dans ce cas, c'est convenu.

— Vous dînerez à six heures précises.

Monique Clerget appela Marie-Jeanne, elle lui donna l'ordre de conduire le voyageur à la chambre bleue, et elle courut à ses fourneaux, car, devant satisfaire deux connaisseurs au lieu d'un seul, elle éprouvait le désir légitime de se surpasser.

Le père Bastien, conducteur de la *Vosgienne*, était reparti depuis longtemps avec sa voiture, après avoir absorbé ses deux petits verres.

A six heures précises, l'aubergiste frappait à la porte de Léon Randal, qui vint lui ouvrir.

— Mon jeune monsieur, lui dit-elle, si vous voulez descendre, votre dîner est servi.

— Est-ce que le docteur Perrin est arrivé?

— Non; mais ne songez pas à l'attendre. Vous comprenez qu'il y a des jours où les malades le retiennent plus longtemps qu'il ne faudrait, le cher homme; il ne rentre qu'à onze heures du soir.

Léon Randal descendit et fit largement honneur au dîner; puis, quand le dessert fut servi et que Monique Clerget se présenta pour quêter un tribut de compliments, il le lui octroya sans marchander, et il ajouta :

— Vous aviez raison tantôt, ma digne hôtesse; il est fort triste de manger de si bonnes choses sans prononcer une parole. J'ai comme une indigestion de silence. Donc, si vous n'avez rien de mieux à faire, tenez-moi compagnie pendant quelques instants, et taillons une bavette.

Tailler une bavette!

Monique Clerget ne demandait pas mieux. (Nos lecteurs connaissent son faible.) Elle s'assit donc sans se faire prier et elle entama l'entretien en ces termes :

— Mais comment que ça se fait, sans vous commander, mon cher jeune monsieur, que venant de Paris, où vous étudiez pour être juge, vous vous soyez arrêté dans notre pays et vous soyez descendu tout justement dans mon auberge? car, enfin, vous me faites l'effet de ne connaître, par ici, âme qui vive.

— Voilà ce qui vous trompe, ma digne hôtesse, interrompit Léon Randal en riant. J'ai, dans les environs, un ami très-intime.

— Ah bah! s'écria l'aubergiste; et peut-on, sans indiscrétion vous demander comment il se nomme, votre intime.

— Parfaitement! D'autant plus que vous le connaissez sans doute, au moins de nom.

— Jurez-en hardiment, allez! Je connais tout un chacun à plus de six lieues à la ronde. Eh bien! votre ami...

— Il s'appelle le baron de Strény.

— Le baron de Strény, répéta Monique Clerget; je crois bien, que je le connais! quel bel homme! Ah! on le voit assez souvent passer par ici, à cheval, ou bien en calèche, avec madame la comtesse.

Léon Randal fronça le sourcil, ses narines se dilatèrent, un double éclair jaillit de ses grands yeux sous le réseau de ses longs cils.

Savez-vous qu'elle est encore joliment bonne, cette bête-là ! (Page 39.)

Monique Clerget n'accorda pas la moindre attention à ces symptômes orageux, et continua :

— Mais, j'y pense, puisque vous êtes l'intime de M. le baron, comment ça se fait-il donc que vous soyez venu jusqu'ici au lieu de descendre de la Vosgienne au château de Rochetaille, puisqu'il y demeure?

— Cela vous étonne? demanda en souriant le jeune homme redevenu parfaitement calme.

— Dame!

— C'est cependant la chose du monde la plus simple. N'ayant pas l'honneur d'être connu de madame la comtesse, je ne pouvais me permettre de me présenter chez elle.

— Pourquoi donc ça?

— Je viens de vous le dire. Madame de Kéroual ne me connaît pas.

— Qu'est-ce ça fait? Vous êtes l'intime de M. le baron qui est son intime, et vous savez le proverbe : « Les amis de nos amis sont nos amis. »

— Le proverbe n'est pas toujours vrai.

— Enfin, ça vous regarde. Mais alors vous ne verrez pas M. le baron, si vous ne voulez pas aller au château?

— Ce n'est point une raison. Rien n'empêchera M. le baron de venir ici.

— Sait-il que vous êtes dans mon auberge?

— Pas encore; mais il le saura demain.

— En voilà une surprise pour lui! Va-t-il être content!

Une nouvelle contraction des sourcils de Léon Randal indiqua clairement qu'il était moins convaincu que madame Clerget de la vive satisfaction du baron; mais il ne dit pas un seul mot qui pût trahir sa pensée à cet égard.

L'aubergiste reprit :

— Enfin, le plus clair de tout cela pour moi, mon jeune monsieur, c'est que je vois bien que je ne vous garderai pas longtemps. M. le baron viendra vous voir demain ou après-demain, j'imagine, et il vous emmènera à Rochetaille...

Un sourire, qui n'était point exempt d'amertume, vint aux lèvres de Léon Randal.

— Ah! par exemple! répliqua-t-il, je vous affirme le contraire ! Je ne mettrai jamais les pieds au château de madame de Kéroual!...

— On dirait que vous avez quelque chose contre madame la comtesse... murmura Monique Clerget, étonnée de la vivacité avec laquelle venaient d'être prononcées ces paroles.

— Moi?... Eh! mon Dieu! que pourrais-je avoir?... Je vous répète que je ne connais pas cette dame... J'ai même entendu prononcer son nom aujourd'hui pour la première fois...

— A la bonne heure... Eh bien, quand vous la connaîtrez, vous ferez comme tout le monde, vous l'aimerez!...

— Ah! ah! elle est donc très-aimée dans le pays?

— C'est-à-dire qu'on l'adore, et je vous prie de croire qu'il y a de quoi : une si brave dame ! si bonne! si charitable! riche comme un banquier! belle comme une madone! et, avec tout cela, pas plus fière que vous ou moi... Ah! le pauvre défunt M. le comte de Kéroual était un homme heureux... et je paierais volontiers une grosse somme que M. de baron ne le sera pas moins que lui...

Léon Randal fit un soubresaut si brusque qu'il ébranla la table, et que le contenu de sa demi-tasse se répandit presque entièrement sur la nappe.

— Hein?... quoi?... que dites-vous?... s'écria-t-il. Le baron de Strény heureux comme l'était, avant lui, le comte de Kéroual! A quel titre le serait-il?

Madame Clerget regarda son interlocuteur avec un étonnement profond.

— Ah çà, mais... demanda-t-elle ensuite, vous ne savez donc rien?

— Rien!... répondit le jeune homme, non, rien!... absolument rien!...

— C'est étonnant tout de même que vous, l'intime de M. le baron, vous ignoriez encore ce que tout un chacun connaît à l'heure qu'il est? Il y a donc bien longtemps que vous n'avez vu votre ami?

— Oui, il y a longtemps. Mais, si je l'avais vu, que m'aurait-il appris?

— Eh! pardine, la grande nouvelle... son mariage avec madame la comtesse.

Léon Randal devint pâle comme un mort.

— Le baron de Strény se marie! balbutia-t-il, il épouse la comtesse de Kéroual!

— Certainement. Ah! on ne parle que de cela jusqu'à Épinal, et même plus loin. Les bans ne sont pas encore publiés, mais c'est tout comme. La cérémonie ne tardera guère, vous pouvez m'en croire; et, si vous êtes encore ici, vous danserez peut-être à la noce.

XIX

VISITE A ROCHETAILLE

Monique Clerget s'interrompit brusquement.

— Ah çà! mais... ah çà! mais s'écria-t-elle en regardant le jeune voyageur qui semblait chanceler sur son siège, qu'est-ce que vous avez donc, mon cher monsieur, on croirait que vous allez vous trouver mal?...

— Ne vous inquiétez pas, je vous en prie, répondit Léon Randal en faisant sur lui-même un effort héroïque, je suis sujet à ces défaillances, elles ne durent que peu d'instants.

— Avez-vous besoin de quelque chose? Voulez-vous boire un verre d'eau fraîche? reprit la digne aubergiste, ou bien un petit verre de véritable liqueur de la grande Chartreuse? elle est souveraine, à ce qu'on prétend.

— Non... merci... j'ai ce qu'il me faut.

Et le voyageur, tirant de la poche de côté de son pantalon large un flacon de cristal de roche, monté en or et renfermant des sels anglais de la plus grande puissance, l'approcha de ses narines et en aspira les émanations à plusieurs reprises.

L'effet ne se fit point attendre. Au bout d'une ou deux minutes le visage du jeune homme avait repris sa coloration habituelle; ses regards, un instant voilés, brillaient d'un vif éclat, et même un sourire se jouait sur ses lèvres; mais ce sourire avait une expression amère plutôt que joyeuse.

— Allons! allons! fit Monique Clerget rassurée, je vois que ça va mieux. Est-ce que ça vous prend souvent, ces choses-là?

— Oui, malheureusement... trop souvent.

— D'où ça vient-il?

— Du cœur.

— Comment ça se guérit-il, cette maladie-là?

— De la manière la plus simple.

— De la manière la plus simple... en supprimant le cœur.

— Supprimer le cœur! répéta Monique Clerget, vous gaussez-vous de moi? Est-ce que, sans cœur, on pourrait vivre?

— Parfaitement bien, et, la preuve, c'est qu'en ce moment, moi qui vous parle, je suis en train de supprimer le mien, et j'ai l'espoir et la certitude que ce résultat heureux ne se fera plus longtemps attendre. Mais reprenons notre entretien. Vous m'avez appris tout à l'heure une heureuse nouvelle, qui me remplit de joie, car tout ce qui touche au baron de Strény m'intéresse plus que je ne saurais dire, et son mariage doit être pour lui un très grand bonheur.

— Ah! vous en pouvez jurer hardiment! Ce n'est pas souvent, je crois, qu'on trouve tant de choses réunies chez une seule femme, car elle a tout, madame la comtesse, tout absolument! Elle est belle comme un ange, bonne comme une sainte, et riche, avec cela, comme si on avait besoin d'argent quand on a tant de vertus et tant de beauté.

— Et, demanda Léon Randal, sans doute mon ami intime, le baron de Strény est très passionnément épris de madame la comtesse de Kéroual?

— Vous comprenez bien qu'il ne m'a point mis dans ses confidences, je crois, qu'on l'aubergiste en riant d'un gros rire. Mais il serait trop difficile s'il n'en était pas amoureux. Pour ma part, je gagerais bien qu'il l'est. Quand il passe, à cheval ou en voiture, avec madame la comtesse, faut voir comme il se penche vers elle, et comme il lui parle d'un air si tendre que ça donnerait envie de se remarier, si on avait l'âge...

Léon Randal en savait assez long, sans doute, au sujet du prochain mariage de Gontran de Strény, car il rompit brusquement l'entretien en disant à Monique Clerget:

— J'ai l'habitude de faire chaque jour une promenade à cheval... pourrais-je me procurer demain, dans ce village, une monture quelconque?

— Quant à ce qui est de ça, répondit l'aubergiste, vous ne trouverez rien ici de bien bon pour un monsieur comme vous. Mais j'ai dans l'écurie Sabretache qui est tout à votre disposition.

— Qu'est-ce que c'est que Sabretache? demanda le jeune homme en souriant.

— C'est une vieille jument de réforme qui a servi dans les hussards. Je l'ai achetée cent vingt-cinq francs, il y a cinq ans, pour l'atteler à la carriole et me conduire à Épinal quand j'y ai à faire. Elle est un peu poussive, la pauvre bête, mais elle trotte encore tout de même. Je vous conseille de vous en arranger, car vous ne verrez dans le village que des chevaux de charrue.

— Va donc pour Sabretache! Avez-vous une selle et une bride, au moins?

— Oui, oui, nous avons tout ce qu'il faut.

— Eh bien! demain j'enfourcherai la hussarde et nous irons faire un tour ensemble, l'un portant l'autre. Bonsoir, ma chère hôtesse. Je regagne ma chambre.

Léon Randal alluma une cigarette, prit un chandelier de cuivre et monta dans la chambre bleue où l'attendait un lit excellent.

Il fit tourner deux fois la clef dans la serrure, poussa les doubles verrous de la porte, et, tout en se déshabillant, il murmura:

— Ah! tu te maries, Gontran de Strény, et tu te proposes sans doute de m'envoyer après ta noce une lettre de faire part! Ami Gontran, tu comptes sans moi, et ton mariage n'est pas encore fait!

Puis il se coucha et éteignit la lumière, mais il ne s'endormit point sans peine car pendant bien des heures on aurait pu l'entendre se tourner et se retourner dans son lit.

Ce soir-là le docteur Louis Perrin rentra très tard. Le lendemain matin, appelé à trois lieues de Rixviller pour un cas grave, il partit au point du jour, et, par conséquent, ne déjeuna point avec Léon Randal.

Ce dernier, avant de quitter sa chambre, avait tiré de sa valise un buvard de chagrin vert, amplement garni de petit papier à lettres, glacé et parfumé, et de mignonnes enveloppes.

Il écrivit quelques lignes, traça sur une enveloppe le nom du baron de Strény, et mit cette enveloppe dans le portefeuille qui ne quittait jamais la poche gauche de sa jaquette de velours noir.

Vers midi, Léon Randal, ganté de frais, tenant de la main droite sa cravache et faisant sonner les éperons d'acier ajustés aux talons de ses bottines, enfourchait dans la cour de l'auberge Sabretache, la pacifique jument poussive, un peu surprise de sentir un cavalier sur son dos, vouée qu'elle était, depuis tant d'années, à l'humble condition de cheval de carriole.

Cependant, lorsque les mollettes des éperons s'approchèrent de ses flancs, et lorsqu'elle entendit la cravache siffler à ses oreilles, elle se souvint de son ancien métier, elle secoua son mors quasi gaillardement, prit des airs coquets, s'encapuchonna quelque peu, fit même une tentative, non suivie de résultat, pour pointer, et partit enfin à un trot qui remplit d'étonnement et d'admiration Monique Clerget. Marie-Jeanne et Jean-Claude, debout tous les trois sur le seuil de la porte charretière.

— Savez-vous, s'écria Monique, savez-vous qu'elle est encore joliment bonne, cette bête-là !

— Si elle est bonne ! ah ! je le crois bien, la bourgeoise ! répondit Jean-Claude avec conviction, elle vaut cinquante francs comme un liard !

Léon Randal, éperonnant *Sabretache* pour la maintenir à cette brillante allure qui la faisait estimer à si haut prix par Jean-Claude, s'engageait dans l'interminable montée qui conduisait, depuis le village de Rixviller, au plateau sur lequel était situé le château de Rochetaille.

En une heure et quart le jeune homme franchit la distance qui séparait le bourg du château.

A cinquante ou soixante pas de la grille du parc un bouquet d'arbres assez touffu s'élevait sur la lisière d'un champ.

Léon Randal mit pied à terre, conduisit *Sabretache* dans ce massif, l'attacha à une branche et revint auprès de la grille.

Au moment où il allait l'atteindre, un homme en sortait, coiffé d'un large chapeau de paille et portant une bêche sur l'épaule.

C'était Jérôme Pichard, le jardinier beau parleur que nous avons entendu répondre à Périne Rosier lorsqu'elle était venue demander du secours dans la nuit de l'accident.

Nous savons déjà que Léon Randal portait un costume d'une élégante originalité, et que sa tournure était cavalière, aussi Jérôme Pichard le salua-t-il jusqu'à terre.

— Mon ami, lui demanda le jeune homme, cette propriété n'est-elle pas le château de Rochetaille?

— Oui, monsieur, répliqua Jérôme.

Et il se hâta d'ajouter :

— Le château de Rochetaille, appartenant à madame la comtesse de Kéroual de qui j'ai l'avantage d'être le jardinier en chef et le serviteur de confiance, dont je m'acquitte avec soin, zèle, exactitude et mutuelle satisfaction, j'ose le dire...

— Voilà une avenue magnifique, reprit Léon Randal.

— Tels que vous les voyez, monsieur, ces arbres-là ont cent cinquante ans, et c'est un âge pour des marronniers.

— Le parc me semble admirablement entretenu...

— L'étant par moi-même, fit Jérôme se rengorgeant, il ne saurait être que bien distingué, et il l'est, monsieur, j'ose m'en piquer.

— Je suis fort amateur de jardins, continua Léon Randal; il me serait particulièrement agréable de visiter celui-ci pendant quelques instants, si toutefois vous vouliez bien, vous, monsieur, qui êtes le jardinier en chef et l'homme de confiance, m'en accorder l'autorisation.

Jérôme se gratta la tête et parut hésiter.

— Monsieur m'honore, murmura-t-il enfin non sans embarras, ce serait avec bien du plaisir... mais...

Une phrase ainsi commencée ne pouvait aboutir qu'à un refus. Léon Randal l'interrompit net en mettant une pièce de cinq francs dans la main du jardinier en disant :

— Vous comprenez, mon brave, que je suis un homme du monde, un homme discret, et que je n'admettrais même pas la pensée de me rendre importun. Expliquez-moi donc de quel côté je puis promener mon admiration pendant dix minutes, tandis que vous irez boire à ma santé cette bagatelle, et, soyez sans inquiétude, je n'abuserai pas de la permission.

Jérôme regarda la pièce de cinq francs d'un air attendri, et la glissa dans sa poche avec recueillement.

— Oh! murmura-t-il ensuite, il n'y avait pas besoin de ça, on voit bien tout de suite à qui l'on parle. Entrez, monsieur, vous pouvez faire un petit tour. M. le baron est à la chasse, madame la comtesse, quand elle est seule, ne va guère plus loin que les bosquets qui sont près du château, autour de la pelouse. Vous ne rencontrerez personne et je vous attends ici pour refermer là grille derrière quand vous serez sorti.

— Grand merci, fit Léon Randal en entrant dans le parc, et en se disant tout bas : « Gontran est absent, si je pouvais voir la comtesse ! »

Le meilleur et sans doute l'unique moyen d'arriver à ce résultat était de se diriger du côté de ces massifs, voisins du château, où pas madame de Kéroual ne dépassait guère, à en croire du moins le jardinier.

Le jeune voyageur, voulant éviter d'attirer l'attention sur sa personne, quitta la grande avenue et s'engagea dans une allée latérale qui le conduisit à l'une des extrémités de la pelouse circulaire que nous connaissons. Là, le hasard le servit à souhait, car, non loin de lui, sous une tonnelle, à travers les feuillages éclaircis par l'automne, il aperçut une femme assise.

— Ce doit être la comtesse, pensa-t-il en faisant un crochet pour se rapprocher de la tonnelle, et en marchant avec les plus grandes précautions afin d'étouffer le bruit léger de ses pas sur les feuilles sèches.

La personne assise sous le berceau était bien la comtesse en effet. Un banc rustique lui servait de siège. Rien ne pouvait surpasser la grâce exquise de son attitude nonchalante. Elle tenait sur ses genoux un livre ouvert qu'elle ne lisait pas, et ses yeux tournés vers la voûte de verdure qui lui cachait le ciel avaient une expression calme et recueillie.

Léon Randal se trouvait si près d'elle que le murmure de sa respiration aurait pu le trahir, mais la jeune femme s'absorbait dans une rêverie tellement profonde qu'aucun des objets qui l'entouraient ne semblait exister pour elle.

L'étranger la contempla longuement et, tandis que son regard semblait la dévorer, tout un monde de sentiments contradictoires passait dans son esprit et se reflétait sur son visage.

Ce fut d'abord une sorte de colère haineuse et méprisante, puis une involontaire admiration, puis la pitié.

— Elle est bien belle, se dit-il enfin, oui, bien belle, et elle semble bonne. Ce n'est pas sa faute, après tout, si Gontran est lâche et menteur. Elle se croit aimée et elle aime peut-être... Oh! pauvre femme! pauvre femme! si elle a donné son cœur à Gontran, que je la plains !

Et Léon Randal, après avoir jeté sur madame de Kéroual un dernier regard, reprit lentement et avec les mêmes précautions qu'à son arrivée le chemin de la grille, près de laquelle il trouva Jérôme Pichard qui l'attendait, assis sur une des bornes placées à droite et à gauche de chacun des battants.

— Eh bien! mon jeune monsieur, demanda le jardinier, comment trouvez-vous notre propriété?

— Admirable, répondit Léon Randal, mais ce n'est pas de cela qu'il s'agit pour le quart d'heure.

— Ah! bah! fit Jérôme, et de quoi donc?

— Voulez-vous me rendre un service?

— Un service! tout de même; c'est-à-dire, bien entendu, si ça ne doit pas me déranger, ni risquer de me faire arriver du désagrément.

— Ni dérangement ni risque d'aucune sorte, et ceci pardessus le marché je vous payer de la peine que vous n'aurez pas eue.

Tout en parlant, le jeune homme mit une nouvelle pièce de cinq francs dans la main de Jérôme, qui, stupéfait et charmé de cette seconde aubaine, s'écria :

— Ah! si c'est comme ça, je suis votre homme! Du moment qu'il n'y a rien à faire et rien à craindre, vous pouvez disposer de moi. De quoi s'agit-il, mon jeune monsieur?

— Quand je vous ai demandé l'autorisation de visiter le parc, vous avez parlé d'un baron, en ce moment à la chasse?

— C'est la vérité.

— Ce baron se nomme Gontran de Strény, il est le parent de madame la comtesse de Kéroual.

— Tiens! tiens! tiens! vous savez cela ?

— Je sais de plus qu'il doit prochainement épouser la comtesse.

— Ah! çà! mais, mon jeune monsieur, vous êtes donc du pays?

— Non, mais je suis un ami intime du baron de Strény.

— Un ami intime, répéta Jérôme Pichard en se hâtant d'ôter son chapeau de paille et en le mettant respectueusement sous son bras.

— Oui, continua Léon Randal en ouvrant son portefeuille,

et, la preuve, c'est que voici une lettre pour lui. Je vous charge de la lui remettre aussitôt qu'il sera de retour au château.

— Il l'aura, mon jeune monsieur, comptez-y.

— Vous la lui donnerez vous-même.

— Oui, mon jeune monsieur, *parlant à sa personne*, comme disait mon ex-patron, car, tel que vous me voyez, j'ai travaillé jadis dans la magistrature.

— Et, reprit Léon Randal, vous aurez soin de ne vous acquitter de mon message que lorsque M. le baron sera seul et que personne ne pourra vous voir lui glisser cette lettre dans les mains.

— *Motus et suffcit*, on aura soigneusement l'œil aux aguets pour la chose de l'incognito. Mais si M. le baron me demande qui m'a chargé de cette commission pour lui, que faudra-t-il lui répondre?

— Que la lettre vous a été remise par un jeune homme qui venait de Rixviller.

Puis Léon Randal alla détacher la jument *Sabretache*, qui trouvait sa captivité fort douce et tondait l'herbe encore verte, au pied des arbres, dans le fourré. Il l'enfourcha légèrement et reprit au petit trot le chemin du village.

XX

UNE DÉCOUVERTE

Ce même jour, au moment où sonnaient six heures du soir, Léon Randal, en entrant dans la petite salle à manger de l'auberge du *Chevreuil d'argent*, vit un homme encore jeune, et de bonne mine, debout auprès du feu de sarments et de menu bois que Monique Clerget avait eu soin d'allumer dans la cheminée, car la soirée était fraîche.

Ce personnage salua le jeune Parisien, qui lui rendit son salut et lui dit en souriant :

— Ou je me trompe fort, monsieur, ou vous êtes le docteur Louis Perrin.

— Vous ne vous trompez pas, monsieur.

— Hier soir, mon hôtesse, madame Clerget, m'avait fait espérer votre compagnie à l'heure du dîner, continua Léon Randal, mais vos malades, en vous retenant à leur chevet, m'ont privé du plaisir que je me promettais. Aujourd'hui, grâce à ma bonne étoile, me voilà plus heureux.

— Je suis en effet un pensionnaire fort inexact pour l'excellente maîtresse du *Chevreuil d'argent*, répondit le médecin en examinant avec une extrême curiosité son interlocuteur.

— Ces messieurs sont servis! s'écria l'aubergiste triomphante, en posant sur la table une soupière remplie d'un potage fumant dont l'odeur seule aurait ressuscité les morts.

Le dîner était excellent ; Monique Clerget s'était encore surpassée et, pour fêter la première réunion de ses deux pensionnaires, elle monta les meilleurs et les plus vieux vins de sa cave.

Il résulta de tout ceci que le repas dura longtemps et fut d'une gaieté charmante. Le docteur Louis Perrin prenait un plaisir extrême à causer de Paris qu'il regrettait parfois, et Léon Randal s'émerveillait de rencontrer dans un village, perdu au fond d'une province, un esprit vif, alerte et brillant comme celui du médecin.

Après le café, Léon Randal demanda un bol de punch et se mit à rouler des cigarettes, si bien que, grâce au rhum enflammé et au tabac turc, la conversation durait encore au moment où onze heures sonnaient au coucou suspendu contre la muraille.

Alors seulement le jeune Parisien déclara qu'il éprouvait quelque fatigue, et regagna sa chambre, après avoir chaleureusement serré la main du docteur Perrin.

Ce dernier s'apprêtait à quitter la petite salle, lorsque Monique Clerget, rayonnante d'enthousiasme, apparut sur le seuil.

— Eh bien! monsieur le docteur, s'écria t-elle, qu'est-ce que je vous avais dit? Comment le trouvez-vous, mon voyageur? N'est-ce pas que c'est un garçon bien mignon, bien doux, bien poli, bien plaisant, enfin ce qu'on peut appeler un bien joli jeune homme?

— Ma bonne madame Clerget, répliqua le médecin en riant, je commence par déclarer que je suis de votre avis sur tous les points, mais j'ajoute que je vais vous causer une surprise.

— Une surprise? répéta la veuve.

— Oui, et je vous la promets énorme : Votre joli jeune homme est une jolie femme.

Monique Clerget regarda son pensionnaire avec une stupeur comique. On eût dit qu'il venait de lui parler chinois ou hébreu.

— Une femme! s'écria-t-elle au bout d'un instant, allons, allons, monsieur le docteur, vous voulez vous gausser de moi ! Est-ce qu'une pareille chose serait possible?

— Je ne sais pas si c'est possible, ma digne hôtesse, mais je vous affirme que cela est.

— Lui, M. Randal ! un étudiant pour être juge !

— Une étudiante peut-être ! un étudiant, jamais!

— Mais, êtes-vous bien sûr?

— Comme de mon existence.

— Enfin, voyons, monsieur le docteur, vous pouvez vous tromper, n'est-ce pas ? Tout le monde peut se tromper. Il n'y a personne, en ce bas monde, qui ne soit sujet à l'erreur.

— Sans doute, et, dans une multitude de cas, croyez-le bien ; je n'ai nullement la prétention d'être infaillible ; mais il existe certains diagnostics qui, pour un médecin, rendent l'erreur impossible et défendent même l'hésitation.

— Oh! je sais bien que vous êtes un habile homme, monsieur le docteur, mais pourquoi cette dame, si c'est une dame, se déguiserait-elle en jeune homme, et boirait-elle du punch, en fumant?

— Je n'en sais rien. Je puis seulement vous répondre que bon nombre de petites dames, à Paris, fument beaucoup en buvant du punch.

— Que viendrait-elle faire ici ? à Rixviller ? dans mon auberge ? Je vous le demande.

— Je l'ignore complètement.

— Elle doit cependant avoir une raison.

— C'est probable, c'est même certain, mais comme cette raison ne nous regarde ni l'un ni l'autre, que nous importe? Pourquoi nous en préoccuper et chercher à la découvrir ?

— Que faut-il que je je fasse demain ?

— Rien de plus et rien de moins que ce que vous faisiez hier. Il plaît à votre voyageur, ou plutôt à votre voyageuse, de conserver son incognito. Respectez sa volonté ; prenez sur vous, donnez-vous l'air de ne rien soupçonner, et d'accepter, plus que jamais, M. Randal pour un jeune homme.

— Je le ferai, monsieur le docteur. Mais à présent que je sais que le bon Dieu l'a créé et mis au monde pour porter des jupons, j'aurai bien de la peine à l'appeler *monsieur*.

Cette nuit-là, Monique Clerget dormit d'un sommeil agité. Une multitude de jeunes gens, dont les jaquettes de velours se transformaient soudainement en cotillons vinrent visiter et troubler ses rêves.

Le lendemain matin, de bonne heure, la sonnette de Léon Randal retentit, et Marie-Jeanne, montée en toute hâte, revint prévenir l'aubergiste que le jeune homme (nous continuerons à désigner ainsi, l'énigmatique personnage), que le jeune homme, disons-nous, la demandait.

Madame Clerget ne fit qu'un saut de sa cuisine à la chambre bleue.

Léon Randal, vêtu d'une vareuse de flanelle rouge, et étendu dans le vieux fauteuil à la Voltaire, qui était le meuble le plus luxueux et le plus confortable de l'auberge du *Chevreuil d'argent*, fit un signe amical à madame Clerget.

— J'aurais dû me douter de quelque chose, se dit cette dernière en le regardant, il était trop mignon pour un homme.

— Ma chère hôtesse, commença Léon Randal, qui ne soupçonnait guère que son incognito eût été percé à jour, la veille au soir, par M. Perrin, si je vous ai donné la peine de monter, c'est que j'avais à vous entretenir d'un sujet important.

— Il va me faire ses confidences, pensa la veuve en se frottant les mains par avance ; mais ce doux espoir devait être déçu.

— Je ne déjeunerai point ce matin avec le docteur, poursuivit le jeune homme.

— Ah! bah! s'écria la veuve, et pourquoi donc ça? Est-ce que vous ne l'avez pas trouvé qu'il était bien aimable?

Gontran n'était l'objet d'aucune surveillance... (Page 48.)

— Le docteur est un homme charmant, sa société m'enchante, et j'espère en profiter chaque jour, aussi longtemps que je resterai l'hôte du *Chevreuil d'argent*. Mais j'attends quelqu'un vers midi. Mon visiteur déjeunera sans doute avec moi, et je vous prierai de me faire servir dans cette chambre.

— Ça suffit, monsieur, répondit Monique Clerget, quelque peu désappointée. On mettra le couvert ici, et on servira à midi sonnant.

— Voilà l'occasion de vous distinguer, ma chère hôtesse, continua Léon Randal en souriant. Soyez digne de votre renommée, digne de vous-même, et c'est tout dire! Accommodez-nous le petit repas le plus fin, le plus joli, le plus coquet, le plus distingué, qui jamais ait pris naissance sur le feu de vos fourneaux.

— Je ferai de mon mieux pour vous satisfaire, et je vous promets que vous serez content. Voulez-vous faire le menu vous-même?

— A quoi bon? je m'en rapporte à vous complétement, et vous donne carte blanche. Je vous recommande une seule chose, c'est qu'il y ait un plat d'écrevisses, de ces grosses écrevisses des ruisseaux de vos montagnes, comme on n'en voit guère à Paris, et qui ressemblent à de petits homards. Pour tout le reste, suivez inspiration.

— J'ai des idées, fit l'aubergiste en se frappant le front d'un air d'inspiration comique.

— J'en étais sûr d'avance! s'écria Léon Randal.

Puis il ajouta :

— Mais dites-moi, chère hôtesse; vous devez avoir au fond

6e LIVRAISON.

de votre cave, tout au fond, dans le coin d'un mystérieux caveau, une cachette introuvable, et dans cette cachette un trésor. Est-ce que je me trompe?

— Ma foi non, il me reste quelques bouteilles (oh! une douzaine tout au plus ! d'un château-châlons de 1782, qui me vient de défunt mon père. Le roi, tout roi qu'il est, n'en a pas de pareil.

— Nous lui dirons deux mots.

— J'ai aussi du côte-rôtie rouge, si vieux, si vieux, qu'il est aujourd'hui pelure d'oignon, et un peu de chambertin de l'année de la comète, et encore du vin de Bordeaux qui a pour le moins vingt ans de bouteille. Qu'est-ce qu'il faudra monter?

— Montez de tout, chère hôtesse; nous choisirons parmi vos richesses, et soyez certaine que jamais flacons poudreux n'auront été mieux appréciés.

Certes, en ce moment, madame Clerget ne pensait guère à la découverte surprenante faite la veille au soir par le docteur Perrin. Elle avait oublié, nous l'affirmons, le sexe probable de Léon Randal. Elle s'absorbait tout entière dans la préoccupation de son art et dans la volonté de créer un déjeuner merveilleux, combiné et exécuté avec un talent de premier ordre et une réussite absolue.

Elle allait quitter la chambre bleue. Léon Randal la retint.

— Chère madame Clerget, lui dit-il, aussitôt que mon visiteur arrivera, vous voudrez bien le faire monter ici, n'est-ce pas?

— Comment saurai-je que c'est la personne que vous attendez? fit la veuve.

— Il me demandera sous mon nom, soyez tranquille... et, d'ailleurs, vous le connaissez. C'est le baron Gontran de Strény.

Monique Clarget fit un geste de surprise auquel son interlocuteur n'accorda pas la moindre attention et sortit, en se disant tout bas :

— Le baron de Strény, au moment d'épouser madame de Kéroual, vient déjeuner dans mon auberge avec M. Léon Randal ! et M. Léon Randal est une dame ! Qu'est-ce que tout cela signifie ?

XXI

Retournons de quelques heures en arrière et rejoignons Gontran de Strény, la veille de ce jour, au moment où, son fusil en bandoulière et suivi de deux chiens d'arrêt, il arrivait à la grille du parc de Rochetaille, après avoir passé la journée presque entière à la chasse, non sans résultat, car les mailles du filet de sa carnassière laissaient voir la fourrure tachée de sang d'un beau lièvre, et la plume de trois ou quatre perdreaux.

Gontran tira de sa poche un passe-partout avec lequel il ouvrit la grille.

A peine avait-il fait cinquante pas dans l'avenue, qu'il vit surgir en face de lui la figure grotesque de Jérôme Pichard, ployant sa longue échine jusqu'à terre et se confondant en salutations ridicules.

— Qu'est-ce que vous me voulez, Jérôme ? lui demanda-t-il.

— Une lettre pour M. le baron. Que diable en ai-je donc fait ? Je ne la trouve plus. Ah ! je me souviens, je me souviens, elle est dans la coiffe de mon chapeau.

— Pourquoi cette lettre ne m'a-t-elle pas été donnée ce matin avant mon départ ?

— Elle n'est arrivée que tantôt, monsieur le baron, et pas par la poste ; c'est à moi-même qu'elle a été confiée.

— Par qui ?

— Par un petit jeune homme très-mignon.

— Un petit jeune homme ? répéta Gontran.

— Oui, monsieur le baron, habillé de velours et qui certainement n'est pas du pays, car c'est la première fois que je le voyais ; il a bien recommandé que je remette la lettre à monsieur le baron lui-même et quand il n'y aurait là personne absolument ; il venait de Rixviller.

— Eh bien ! cette lettre, donnez-la donc !

— La voici, et j'espère que monsieur le baron me rendra la justice que je me suis acquitté en conscience de ma commission, car voici plus de deux heures que je l'attends ici, afin d'être plus sûr que personne ne s'apercevra de rien.

Gontran jeta les yeux sur l'écriture de l'adresse et frissonna de la tête aux pieds.

— Tenez, fit-il en mettant une pièce de cent sous dans la main de Jérôme, allez-vous-en et taisez-vous.

Le jardinier ne se fit pas répéter deux fois et disparut dans le fourré en se disant tout bas :

— Deux écus du petit jeune homme et un de M. le baron, ça fait trois écus de cent sous. Or, trois écus, ça fait quinze francs. S'il arrivait tous les matins une lettre pareille, j'aurais des rentes avant un an.

Le baron, resté seul, déchira l'enveloppe d'une main fiévreuse et lut ces lignes :

« Mon cher Gontran,

« J'ai besoin de causer avec vous longuement.

« Je vous prie donc de m'accorder une entrevue, quelque dérangement que cela puisse apporter dans l'existence si calme, si régulière que vous menez ici.

« Je pense vous être agréable en n'insistant point pour obtenir cette entrevue au château ou de madame la comtesse de Kéroual.

« Sachez-moi gré de cette discrétion, mon cher Gontran. Combien d'autres, à ma place, n'agiraient point avec cette délicatesse chevaleresque et cette discrétion presque ridicule.

« Que voulez-vous ? je suis une nature exceptionnelle, et, comme je ne sais pas encore si je vous apporte la paix ou la guerre, j'évite avec soin le scandale et je sauvegarde (jusqu'à nouvel ordre) la situation. C'est de la vôtre que je parle, bien entendu.

« Donc, je vous attends à déjeuner, demain, au village de Rixviller, à l'auberge du Chevreuil d'argent.

« La cuisine, je vous le promets, ne vous semblera point inférieure à celle de certains petits soupers fins au Café anglais, dont vous avez dû conserver un agréable souvenir... si vous avez, comme moi, la mémoire du cœur.

« Nous nous mettrons à table à midi précis.

« Soyez exact, je vous en prie ; l'inexactitude me fait mal aux nerfs, et, quand mes nerfs sont crispés, je mets assez volontiers les pieds dans les plats. Ce n'est pas pour ceux du déjeuner que je dis cela.

« A bon entendeur, salut !

« Vous demanderez votre ami Léon Randal, jeune étudiant en droit arrivé de Paris depuis deux jours, et installé dans la chambre bleue. »

Cette lettre n'avait pas de signature.

Lorsque Gontran l'eut déchiffrée jusqu'à la dernière ligne, ce qui ne fut pas une mince besogne, car elle était écrite en pattes de mouches insensées, il la froissa entre ses mains avec un geste de colère en s'écriant :

— Olympe Silas ! Ah ! le vicomte avait raison, il ne devinait que trop juste ! Mais comment cette créature a-t-elle pu découvrir mes traces ? Amour maudit, seras-tu donc pour moi semblable à la chaîne du bagne ! Prends-garde, Olympe ! Si tu te fais obstacle sur mon chemin et s'il faut te briser pour passer, je n'hésiterai pas !

Après quelques secondes de silence et de réflexion, M. de Strény ajouta :

— En attendant, il faut obéir ; toute résistance immédiate est impossible et compromettrait l'avenir. J'irai demain au rendez-vous d'Olympe. Elle est ambitieuse, elle est avide ; ce caprice qu'elle appelle passion doit avoir jeté ses dernières flammes. Elle ne galvanise aujourd'hui son amour prétendu que par dépit, par obstination. S'il en est ainsi, eh bien ! nous pouvons nous entendre, et, quel que soit le prix qu'elle exige, je lui rachèterai ma liberté !

Après avoir formulé cette conclusion, le baron prit une allumette, l'enflamma, et réduisit en cendres la lettre de Léon Randal, ou plutôt d'Olympe Silas.

Ceci fait, il composa son visage sur lequel le coup très-rude qu'il venait de recevoir avait mis un masque de pâleur et d'angoisse, et il reprit rapidement le chemin du château.

La comtesse l'avait vu venir de loin, et, debout sur la plus haute marche du perron, rayonnante d'amour, de confiance et d'espoir, elle l'attendait.

Gontran était un de ces hypocrites consommés chez qui la dissimulation atteint, dans certains cas, les proportions de l'héroïsme, et qui, placés sur des charbons ardents, souriraient si le sourire était nécessaire à la réussite d'un de leurs plans.

Pendant le dîner et pendant toute la soirée il fut charmant comme de coutume, et l'observateur le plus perspicace aurait été incapable de découvrir en lui la moindre trace des préoccupations qui le dévoraient.

Quelques minutes avant de se retirer dans son appartement, le baron prévint madame de Kéroual qu'il ne déjeunerait point avec elle le lendemain, et qu'il partirait de bonne heure pour Épinal où l'appelaient quelques affaires.

— Vous ferez bien de donner vos ordres ce soir même, afin que la voiture soit prête, lui dit la comtesse.

— C'est inutile, j'ai l'intention de faire ce petit voyage à cheval.

— Étienne vous accompagnera-t-il ?

— A quoi bon ? Je descendrai à l'hôtel. Un domestique me serait inutile et ne ferait que m'embarrasser.

— Serez-vous de retour pour l'heure du dîner ?

— C'est plus que probable. Si cependant, par un hasard que je ne prévois pas, je me trouvais un peu retardé, n'en éprouvez, je vous en supplie, ni étonnement ni inquiétude.

Madame de Kéroual le promit. Gontran lui baisa la main avec une tendresse passionnée et respectueuse, et monta chez lui.

Le lendemain, à neuf heures du matin, il se mettait en selle.

Tout au plus lui fallait-il une heure pour arriver à Rix-viller; mais comme il ne voulait point laisser soupçonner qu'il allait moins loin qu'Épinal, il était forcé de partir trop tôt, et il se proposait de faire un long détour à travers les bois, afin de n'arriver qu'au moment indiqué par Olympe Silas sous le pseudonyme de Léon Randal.

Tandis qu'il laissait son cheval marcher au pas, tout en réfléchissant au meilleur parti à tirer d'une situation effroyablement difficile, le temps passait.

Onze heures venaient de sonner au clocher de Rixviller, à l'instant précis où Gaston remettait son cheval aux mains de Jean-Claude, dans la cour du *Chevreuil d'argent*.

Monique Clerget, en maîtresse d'auberge élevée dans les bons principes, accourut lui souhaiter la bienvenue.

— Ah! monsieur le baron, s'écria-t-elle, c'est pour mon auberge un grand honneur de vous recevoir. Comment se porte madame de Kéroual?

Gontran avait compté sur le plus strict incognito, dans ce village qu'il ne faisait que traverser de temps en temps et dans cette maison où de sa vie il n'avait mis les pieds.

Son désappointement et sa contrariété furent des plus vifs en se voyant connu, et en entendant l'aubergiste lui parler de madame de Kéroual.

Il fit cependant contre mauvaise fortune bon cœur, et il répondit:

— Madame la comtesse se porte à merveille, et sera certainement sensible à l'intérêt que vous lui témoignez.

Puis, sans transition, il demanda:

— Vous logez ici, n'est-ce pas, un jeune étudiant parisien, M. Léon Randal?

— Certainement, monsieur le baron, certainement, et je vais avoir l'avantage de vous conduire à sa chambre... la chambre bleue... la plus belle de l'auberge.

Les paroles précédentes s'étaient échangées dans la cour. Monique Clerget tourna sur ses talons et passa la première, afin d'indiquer le chemin à Gontran; mais jugez ce qu'éprouva ce dernier, lorsqu'en traversant la grande pièce qui servait de réfectoire et de cuisine aux voyageurs de minime condition, il se trouva tout à coup en face du docteur Louis Perrin, sortant de la petite salle où il venait de déjeuner.

— Eh! mais, fit le jeune médecin, dont le visage exprima la plus vive surprise, je ne me trompe pas, c'est bien monsieur le baron de Strény que j'ai l'honneur de saluer...

L'embarras et l'anxiété de Gontran n'avaient plus de bornes. La rencontre du médecin de la comtesse, rencontre impossible à prévoir, était de nature à lui causer les plus graves embarras.

— J'espère bien, monsieur le baron, continua Louis Perrin, que ce n'est pas moi que vous venez chercher ici, et que personne n'est malade au château de Rochetaillé?

Il n'avait pas fallu plus d'une ou deux secondes à Gontran pour reprendre son sang-froid habituel, et ce fut avec le sourire aux lèvres qu'il répondit:

— Tout le monde se porte bien, mon cher docteur, et, si vous me voyez dans cette auberge, c'est que j'y viens visiter un ami. Est-ce donc ici que vous demeurez?

— Non, monsieur le baron; mais, en ma qualité de garçon, je suis le pensionnaire du *Chevreuil d'argent*.

Gontran prit le bras du docteur et l'emmena hors de la portée des oreilles de Monique Clerget.

— Cher docteur, lui dit-il à voix basse, un service, je vous prie.

— Je suis aux ordres de monsieur le baron.

— Il s'agit de la chose du monde la plus simple. L'ami que je viens voir ce matin est un très-jeune homme, un étudiant en droit, sinon mon parent, du moins mon allié d'assez près. Je m'intéresse beaucoup à ce jeune homme...

— Je le comprends, car il est charmant, interrompit le docteur Perrin.

— Vous le connaissez? demanda Gontran stupéfait.

— J'ai eu le plaisir, hier, de dîner avec lui, et j'ai été tout à fait enchanté de ses manières et de son esprit.

Gontran regarda le médecin avec inquiétude; mais la physionomie calme et sérieuse de Louis Perrin lui parut complètement rassurante.

— Ce cher docteur est naïf, pensa le roué, il ne s'est aperçu de rien.

Puis, tout haut, il continua:

— Notre étudiant a fait à Paris quelques sottises, que je serai sans doute forcé de réparer... Oh! rien de grave... seulement des dettes d'un chiffre assez rond. Le jeune drôle est un délicieux mauvais sujet. La comtesse de Kéroual, sa cousine au quatrième degré, est furieuse; elle ne veut, sous aucun prétexte, entendre parler de lui dans ce moment (une colère qui passera vite, vous m'entendez bien), et elle ignore sa présence à une lieue et demie de chez elle. J'ai jugé à propos, jusqu'à nouvel ordre, de ne lui rien dire à ce sujet, et je vous prie, quand nous aurons le plaisir de vous voir au château, de garder le silence sur notre rencontre d'aujourd'hui. Voilà, mon cher docteur, le service que j'attends de vous.

— Monsieur le baron peut compter sur mon absolue discrétion, répondit Louis Perrin en s'inclinant.

— Je vous en remercie d'avance.

— Monsieur le baron n'a pas autre chose à me demander?

— Absolument rien. Je me ferais scrupule de vous retenir plus longtemps loin de vos malades, et je m'empresse de vous rendre à vos nombreuses occupations.

Les deux hommes se saluèrent, et le docteur Perrin s'éloigna, en murmurant tout bas:

— M. le baron de Strény épouse, dit-on, dans quelques jours madame la comtesse de Kéroual, et il vient visiter mystérieusement, à l'auberge du *Chevreuil d'argent*, une jolie fille venue de Paris et déguisée en joli garçon. Si ce n'est pas une intrigue dans toutes les règles, il faut convenir, du moins, que cela y ressemble beaucoup. Pauvre madame de Kéroual! si charmante et si bonne, la tromper, avant même d'être son mari!... Ah! je ne veux pas le croire, car, en vérité, ce serait trop mal!

Gontran, de son côté, se disait en regardant le docteur traverser la cour:

— Il ne soupçonne rien, et d'ailleurs il a quelque intérêt à m'être agréable, puisque, une fois marié, il dépendra de moi seul de lui conserver la clientèle du château. Toute réflexion faite, je crois qu'il tiendra sa promesse et que je puis sérieusement compter sur sa discrétion.

— Monsieur le baron veut-il monter? demanda Monique Clerget en intervenant, il ne faudrait pas faire attendre le déjeuner, qui cesserait d'être digne de monsieur le baron.

— Je vous suis, répondit Gontran en s'engageant dans l'escalier, derrière l'aubergiste.

XXII

LE TÊTE-À-TÊTE

L'auberge du *Chevreuil d'argent*, comme d'ailleurs la plupart des hôtelleries de province, était traversée dans toute la longueur du premier étage par un couloir formant galerie sur la cour, et coupé, de dix pas en dix pas, par des portes numérotées.

Madame Clerget fit tourner le bouton de l'une de ces portes, qu'elle ouvrit en s'écriant:

— Monsieur le baron, voilà la chambre bleue; c'est là que votre ami vous attend. Moi, je retourne à mes fourneaux, vous serez servi dans cinq minutes.

Gontran franchit le seuil de la chambre désignée. Une main rapide referma la porte derrière lui, et Olympe Silas, se précipitant dans ses bras, l'étreignit et l'embrassa avec une impétuosité si grande que le baron, quelque peu déconcerté, se dit à lui-même:

— Oh! oh! ces baisers-là m'inquiètent! j'avais espéré moins d'effusion; la lutte sera rude.

Puis, comme il ne voulait pas donner barre sur lui en rendant à sa maîtresse étreinte pour étreinte et baiser pour baiser, il jugea prudent de se tenir en quelque sorte sur la défensive, et, sans repousser Olympe, il lui manifesta cependant par son attitude, de la façon la plus claire, qu'il y avait entre elle et lui toute une cuirasse de froideur.

La pêcheresse était fille à comprendre à demi-mot. Entraînée par la fougue d'une de ces passions violentes que les courtisanes ressentent parfois (amour matériel et profane, mais qui n'est pas moins l'amour), Olympe avait senti bondir son cœur en voyant paraître Gontran, et elle avait obéi sans reflexion au sentiment impérieux qui la poussait dans ses bras. Mais il ne lui fallut qu'une seconde pour deviner que le cœur du baron de Strény ne battait pas à l'unisson du sien.

Ce fut la goutte d'eau glacée qui condense et précipite en un instant une vapeur brûlante.

Olympe se recula brusquement et murmura d'une voix très-basse, mais parfaitement distincte :

— Ah! c'est ainsi! Tu m'apportes la guerre! Eh bien, soit! je l'accepte.

— La guerre, répondit Gontran, qui voulait bien la froideur, mais non l'hostilité. Ceci est une erreur, mon enfant; il ne saurait y avoir de guerre entre nous. Mais j'ai, je crois, le droit d'être surpris...

La jeune femme interrompit le baron.

— Ni surprise, ni explication en ce moment du moins; lui dit-elle, j'entends dans l'escalier les pas lourds de la maîtresse de l'auberge et de sa servante, l'heure serait mal choisie pour entamer l'entretien sérieux que nous devons avoir ensemble. Il, n'y a point ici d'Olympe Silas, et vous êtes présentement chez votre ami Léon Randal, étudiant de première année.

— Soit, répondit Gontran en souriant.

La Parisienne aussitôt entra, ou plutôt rentra dans le rôle que lui imposait son costume, et s'écria d'un ton assez haut pour être entendu depuis le couloir :

— Que vous êtes aimable, mon très-cher, d'avoir accepté ma modeste invitation! Quel plaisir de serrer la main d'un ami tel que vous, à cent vingt-cinq lieues de Paris! Asseyez-vous, cher bon, et dites-moi si vous avez grand appétit.

— Franchement, répondit Gontran, je meurs de faim.

— Tant mieux, cent fois tant mieux! le déjeuner va venir et je vous promets que ce sera tout simplement un chef-d'œuvre. L'hôtesse du *Chevreuil d'argent* est sans contredit le premier cordon bleu de France et de Navarre.

A ce moment Monique Clerget apparut, chargée de plats et suivie de Marie-Jeanne portant un panier amplement garni de bouteilles.

La physionomie radieuse et triomphante du *premier cordon bleu de France et de Navarre* indiquait clairement que cette honorable personne venait d'entendre l'éloge formulé par Léon Randal.

Au bout de moins d'une minute, les plats étaient rangés en bon ordre sur la table, et l'escadron des bouteilles poudreuses placées à portée de la main sur une table plus petite, attirait et réjouissait le regard.

Monique Clerget et Marie-Jeanne se retirèrent.

— Laissez-moi vous servir comme autrefois, dit Olympe Silas en remplissant l'assiette et le verre de Gontran; et, ajouta-t-elle en riant, si nous devons, après le repas, échanger des coups de couteau, n'échangeons du moins tant qu'il durera que des toasts et des sourires.

— J'y consens de grand cœur, répliqua le baron en examinant avec attention, pour la première fois depuis son arrivée, l'importune maîtresse dont la présence était pour lui le plus gênant des obstacles et la plus funeste des calamités.

Olympe portait ce costume de velours noir que nous avons décrit; l'émotion qu'elle venait d'éprouver avait passagèrement coloré de rose vif ses joues habituellement pâles. Le baron ne put s'empêcher de s'avouer à lui-même qu'ainsi déguisée elle était le plus ravissant de tous les jeunes gens ou la plus séduisante de toutes les jolies filles.

Il le pensa, mais nous connaissons assez Gontran pour être convaincu d'avance qu'il se garda bien de le dire.

Le repas ne brilla point par l'entrain et par la gaieté folle des convives, mais, à tout prendre, il y eut moins de roideur, moins de contrainte qu'on n'aurait dû l'attendre de gens absolument dominés par de si graves préoccupations,

Deux ou trois fois Gontran essaya d'amener l'entretien sur le sujet qui lui tenait au cœur; mais, à chacune de ces tentatives, Olympe l'arrêtait en posant un doigt sur ses lèvres.

— Silence, mon ami, le moment de jouer des couteaux

n'est point encore venu; le duel ne commencera qu'au dessert, vous le savez bien. Enfin, soyez tranquille, nous ne perdrons rien pour attendre.

Enfin Monique Clerget apporta sur la table le café brûlant accompagné d'une bouteille au gros ventre, de verre transparent, remplie de cet admirable kirsch de Fougerolles qui n'a pas son pareil au monde et que nous déclarons bien supérieur au kirsch de la Forêt-Noire.

— Vous avez des cigares, je suppose, mon cher, dit Olympe en roulant une cigarette entre ses doigts mignons.

Gontran tira de sa poche son étui rempli de *brévas*, il en choisit un et l'alluma.

— Maintenant, continua la jeune femme, je ne vois aucune raison bonne et valable pour reculer un entretien nécessaire. Engagez le fer, je suis prête.

— C'est en vérité fort heureux, murmura Gontran.

— Et surtout, reprit Olympe, restons calmes, quelles que soient les vérités désagréables que nous puissions avoir à nous dire. Élever la voix dans la discussion m'a toujours semblé la chose du monde la plus déplorable, sans compter que les cloisons de cette auberge sont en papier mâché, et que, depuis le corridor ou depuis la chambre voisine, une oreille curieuse ne perdrait pas un seul mot de notre entretien si nous avons l'imprudence de parler un peu plus haut que de raison. Je tâcherai de vous donner l'exemple de la modération. M'imiterez-vous?

— Je ferai du moins de mon mieux.

— Bravo! je n'attendais pas moins de votre courtoisie.

— N'est-il permis, maintenant, de vous adresser une question?

— Ah! je le crois bien, et non pas une, mais dix, mais vingt, mais cent! Je m'empresserai d'y répondre. Que voulez-vous savoir?

— D'abord et avant tout, comment il se fait que vous soyez ici?

— Ma réponse sera bien simple, j'y suis parce que vous vous y trouvez vous-même.

— Par qui ma présence dans les Vosges a-t-elle été révélée?

— Par le hasard. Je vous croyais très-fermement en Angleterre, ainsi que ne manquait pas de me le répéter tous les huit jours votre ami le vicomte Georges, entre parenthèse, cette naïve crédulité de ma part devait vous divertir infiniment tous les deux. Or, j'avais la sottise de me désoler outre mesure de votre longue absence, et j'allais régulièrement deux ou trois fois par semaine demander à votre concierge s'il recevait des nouvelles et s'il vous attendait bientôt. Je dois ajouter que ce fonctionnaire incorruptible répliquait sans la moindre variante que depuis votre départ il n'avait pas entendu parler de vous, et que le moment de votre retour était pour lui chose inconnue. Lors de ma dernière visite (il y a de cela quatre ou cinq jours), je venais obtenir la réponse habituelle et j'allais me retirer, quand j'aperçus, sur la table de la loge, un petit paquet qui portait votre nom et que sans doute on allait porter au chemin de fer. Je lus l'adresse à la dérobée; elle était ainsi conçue : *Monsieur le baron de Strény, au château de Rochetaille, près Epinal, département des Vosges*. Donc vous étiez en France et non point en Angleterre. Donc il y avait un mystère dans votre conduite et une trahison sous jeu, puisque vous aviez si grand soin de vous cacher de moi.

Olympe s'interrompit pendant une seconde afin de rallumer sa cigarette.

Le baron profita de ce temps d'arrêt pour s'écrier avec un éclat de rire un peu contraint :

— Peste, chère enfant, quelle logique!

— Inattaquable et écrasante, n'est-il pas vrai? répliqua la jeune femme. Or, il est un rôle que je n'accepterai jamais, c'est celui de dupe. J'ai voulu éclaircir mes doutes, je suis partie et me voilà.

— Et voilà! répéta Gontran, ah! pardieu, je le vois bien que vous voilà!

— Ce qui vous remplit de la joie la plus vive, n'est-ce pas? demanda la jeune femme à brûle-pourpoint en regardant Gontran bien en face.

— Votre présence me ravit toujours, vous le savez bien, fit le gentilhomme sans trop d'embarras. Mais j'avoue franchement qu'aujourd'hui la joie qu'elle me cause est mêlée de quelque surprise... Ce costume?... ce déguisement?

— Ce déguisement? Hâtez-vous, très-cher, de m'en témoigner toute votre reconnaissance comme de la plus délicate attention! Si j'ai quitté les vêtements de mon sexe et pris ceux du vôtre, c'est par égard pour vous. Léon Randal, étudiant en droit, est un ami très-acceptable pour le baron Gontran de Strény, tandis que mademoiselle Olympe Silas était compromettante à l'excès. Voilà pourquoi je me suis faite homme.

— Merci de l'attention! répondit le baron non sans quelque ironie. Mais maintenant que votre coup de tête est réalisé, vous devez en être aux regrets.

— Aux regrets! moi? Ah! ah! Croyez-vous?

— Sans doute, puisque vous avez désormais la preuve que vos soupçons étaient absurdes, que votre malheureuse tendance à la jalousie avait dévoyé complètement cette logique dont vous vous vantez, et que, si quelque chose au monde ne ressemble en rien à une trahison, c'est à coup sûr l'existence calme et patriarcale que je mène au fond du vieux château de province.

Olympe réussit à donner à sa physionomie fine et mobile une expression presque ingénue.

— Peut-être, en effet, avez-vous raison, dit-elle avec l'apparence d'une entière bonne foi; peut-être me suis-je laissé égarer par des soupçons dénués de fondement... Mais, cependant, vous ne vivez pas seul au château de Rochetaille...

— J'y reçois l'hospitalité d'une parente, la comtesse de Kéroual.

— Ah! et comment est-elle, cette parente?

— C'est la meilleure personne du monde.

— Je ne vous parle point de ces qualités morales. Je veux savoir si elle est belle.

— Elle ne l'a jamais été, ma pauvre cousine.

— Jeune?

— Tant s'en faut! Elle est veuve et mère de famille.

— Vous êtes bien certain de ne vous illusionner ni sur son âge, ni sur sa figure?

— Ah! par exemple, la question est bizarre! Il me semble que je m'y connais un peu, que diable! Pourquoi me demandez-vous cela?

— Parce que certaines personnes m'avaient affirmé que la comtesse de Kéroual était jeune encore et de la beauté la plus accomplie.

— Eh bien! chère enfant, ces personnes vous trompaient, ou se trompaient elles-mêmes... ou plutôt elles ne connaissaient pas la comtesse.

— Vous m'étonnez!

— D'où vient votre surprise?

— De ce que les gens qui m'ont renseignée sont du pays et connaissent parfaitement madame de Kéroual. Je puis vous citer, entre autres, la maîtresse de cette auberge.

Gontran eut aux lèvres un nouvel éclat de rire, encore plus contraint que le premier.

— Quelles singulières autorités me citez-vous là! s'écria-t-il. On voit bien que vous êtes une Parisienne pur sang, que vous n'êtes jamais sortie du milieu des grandes villes et que les mœurs et les habitudes des campagnes vous sont parfaitement inconnues. Si vous aviez pratiqué quelque peu nos villageois, vous sauriez que pour eux c'est le plumage qui fait l'oiseau, et qu'à leurs yeux une femme est toujours jeune et belle quand elle possède un château, et quand ils la voient passer, habillée de velours et de soie, dans une calèche à huit ressorts...

Le baron s'interrompit.

— Mais pourquoi donc me regardez-vous ainsi? demanda-t-il.

— Parce que je suis curieuse d'étudier l'expression que prend votre visage lorsque vous mentez avec une si rare impudence, répliqua nettement Olympe.

Gontran fit un brusque haut-le-corps.

— Je mens! répéta-t-il. Je mens, moi!

— Comme un laquais, mon cher.

Gontran devint pâle et murmura en serrant les poings:

— Ah! vous êtes bien heureuse de n'être qu'une femme.

— Parce que si j'avais d'un homme autre chose que le costume, vous me provoqueriez, n'est-ce pas? fit la jeune femme en ricanant.

— Certes, je ne laisserais point un homme répéter deux fois que j'ai menti! Je lui demanderais tout son sang pour laver une pareille injure.

— Et vous auriez tort, mon cher; car une balle brisant un crâne, ou la pointe d'une épée trouant une poitrine, ne changeraient pas le mensonge en vérité!

— Encore!

— Oui, mon très-bon, encore et toujours. Et ne roulez pas des yeux furibonds puisque vous n'avez ici personne à exterminer. Abstenez-vous, en outre, je vous en prie, de dénégations nouvelles, elles seraient inutiles. J'ai vu madame de Kéroual.

— Vous!

— Moi... si vous voulez bien le permettre.

— Et, quand l'avez-vous vue?

— Hier.

— C'est impossible!

— Croyez-vous?

— J'en suis sûr. La comtesse n'est point sortie.

— D'accord. Mais, moi, je suis entrée dans le parc, tandis que vous étiez à la chasse. Le jardinier a dû vous dire que la lettre qui vous a fait venir ce matin lui avait été remise par un très-jeune homme. Ce jeune homme, c'était moi. Je me suis approchée sans bruit d'une tonnelle sous laquelle madame de Kéroual lisait ou rêvait, et j'ai pu me convaincre par mes propres yeux qu'elle était jeune et qu'elle était belle. Ignorez-vous d'ailleurs que votre prochain mariage avec la comtesse est le secret de Polichinelle? Tout le monde s'en occupe dans ce village, c'est le bruit public, on ne parle pas d'autre chose, et, si vous voulez que je fasse monter la maîtresse de cette auberge, elle s'empressera, croyez-le bien, de vous en faire ses compliments.

— Eh! ma chère, répliqua Gontran, ne savez-vous pas que le bruit public est toujours menteur?

— Soit! Je veux bien vous croire. Retournez au château... faites vos malles, et repartons demain, ensemble, pour Paris. Est-ce entendu?

— Non.

— Pourquoi?

— J'ai dans ce pays des intérêts qui ne me permettent pas de le quitter en ce moment.

— Des intérêts! Vous n'en avez pas d'autres que votre mariage!

Gontran fit un geste de colère, et, comprenant enfin qu'il essaierait vainement d'abuser la clairvoyance d'Olympe, il résolut de tenir tête à l'orage et il demanda d'un ton sec:

— Eh bien! quand cela serait?

— Cela est.

— Ne suis-je pas libre?

— Vous l'êtes incontestablement, mon cher, de chercher à prendre femme, mais je le suis aussi, moi, d'aller trouver la comtesse de Kéroual et de lui dire: « J'aime le baron de Strény et je lui ai tout sacrifié! Moi qui ne vivais que pour le luxe et pour les joies de la vanité, je suis descendue pour lui sans me plaindre jusqu'à la gêne... presque jusqu'à la misère! Rendez-moi mon amant, madame! » Et la grande dame ne voudra pas voler son bien à la pauvre fille.

— Vous ferez cela, vous? demanda le baron d'une voix sourde et les dents serrées.

— Je le ferai, foi d'Olympe Silas! et vous savez que moi je ne suis pas menteuse, et que ce que j'ai promis, je le tiens!

Gontran fut saisi d'une de ces rages qui rendent un homme capable de tout.

L'expression de ses yeux devint effrayante. Il prit un couteau sur la table et se souleva.

Olympe, impassible, eut aux lèvres un dédaigneux sourire et ne fit pas un mouvement.

— Eh bien! dit-elle du ton le plus calme, allez donc! Qui vous arrête? J'attends! Quand vous aurez tué votre maîtresse, vous n'épouserez pas la comtesse de Kéroual. La cour d'assises y mettra bon ordre.

Ces paroles tombèrent comme une douche glacée sur la folie furieuse de Gontran. Le couteau s'échappa de sa main tremblante, et il balbutia:

— Olympe! Olympe! vous voulez donc me perdre!

— Vous perdre? répliqua la pécheresse. Oh! pas le moins du monde, mon cher. Je veux vous garder, voilà tout. Je l'ai juré, et cela sera.

— Mais c'est de la haine!

— Non, c'est de l'amour! Loin de moi la pensée de vous reprocher les sacrifices que j'ai faits, sinon pour vous, du moins à cause de vous; mais enfin je vous ai bien prouvé que je vous aimais. Vous m'avez pas le droit d'en douter! J'ai brisé sans hésiter une liaison qui non-seulement me faisait riche dans le présent, mais qui, de plus, assurait mon avenir. J'ai laissé partir sans un regret mes chevaux et mes gens. J'ai vu prendre à mes diamants le chemin du mont-de-piété. J'ai entendu mes bonnes amies dire de moi avec toutes sortes d'inflexions compatissantes et moqueuses: « Cette chère Olympe, elle qui faisait tant sa poussière, elle qui nous éclaboussait toutes, la voilà tombée dans la crotte! Elle a congédié le prince Arkoff pour filer le parfait amour! Quelle folie! La pauvre fille ne retrouvera jamais ce qu'elle a perdu, et le baron Gontran de Strény, qui est un roué, se moquera d'elle! » Elles ont dit cela, mon cher, et j'ai laissé dire; que m'importait? Seulement je ne jouerai point *Manon Lescaut* jusqu'au bout, je vous en préviens. Le rôle de Manon est superbe, mais vous ne ressemblez guère à Desgrieux, mon très-bon, et nous changerons le dénoûment, si vous le voulez bien!

XXIII

LE TÊTE-A-TÊTE

(Suite.)

Un silence de quelques minutes suivit les dernières paroles d'Olympe Silas.

L'étrange créature, dont une vive rougeur était venue colorer momentanément les joues pâles, et dont les yeux étincelaient sous le double réseau de ses longs cils de velours, souriait maintenant d'un air de triomphe contenu, et roulait entre ses doigts le papier de sa cigarette avec une maestria d'Andalouse.

Le baron, la tête basse et les sourcils froncés, s'absorbait dans une méditation dont la nature ne devait point être réjouissante, à en juger par l'expression triste et sombre de son visage.

— Olympe, dit-il tout à coup en relevant la tête.

— Gontran, répondit la jeune femme.

— Expliquons-nous franchement, car l'heure est décisive.

— Il me semble, mon cher, que l'explication est en bonne voie, ou, quand à la franchise, si l'un de nous en manque ici, je me permets de croire que ce n'est pas moi.

— Ne récriminez point, ma chère Olympe, et écoutez-moi.

— Je ne demande pas mieux, mon très-bon, et vous pouvez compter que l'attention de votre très-humble servante vous est tout entière acquise.

— Je n'ai pas cessé de vous aimer et je vous aime plus que jamais.

— Ah bah!

— Sur mon honneur de gentilhomme, je vous le jure.

— Et c'est pour cela, sans doute, dit Olympe avec ironie, que vous éprouviez le besoin de me persuader que vous êtes en Angleterre, tandis que vous vous mariez dans les Vosges?

— Connaissez-vous ma situation?

— J'en connais tout juste ce que vous avez jugé à propos de m'en apprendre vous-même, ce qui, certes, n'est pas beaucoup dire, car, sans vous offenser, vous ne brillez point par la confiance.

— Un amour-propre bien naturel, une vanité tout au moins excusable m'ont jamais permis de vous initier à certains détails humiliants pour un gentilhomme qui porte comme moi l'un des plus vieux noms de France. Je ne sais si vous me comprenez...

— Imparfaitement.

— Eh bien! plus de périphrases, ni de réticences. Je suis ruiné.

— Je m'en doutais, et je m'en lave les mains! Rendez-moi cette justice que s'il est quelqu'un dans le monde qui soit innocent de votre ruine, ce quelqu'un, c'est moi! Des bouquets et des soupers, voilà le budget de vos dépenses avec moi! Il est simple et n'est pas ruineux. Ah! vous pouvez vous vanter, mon cher, d'être un homme aimé pour lui-même!

— Aussi, chère enfant, s'écria le baron d'un ton pénétré, croyez bien que je rends pleine justice à votre désintéressement admirable et à la suprême délicatesse de vos sentiments! Je connais vos sacrifices, je les apprécie, et mon vœu le plus cher, ma plus vive ambition sont de les reconnaître un jour et de m'acquitter envers vous.

— Rien n'est plus facile. Retournons tous deux à Paris et vivons-y comme nous pourrons, c'est tout ce que je vous demande. Il me reste beaucoup trop de meubles, j'en vendrai les trois quarts et je m'installerai fort bien, sur les hauteurs de la rue des Martyrs, dans un logement de six cents francs. Hein? qu'en dites-vous?

— Je dis, ma pauvre Olympe, que ce nouveau sacrifice serait complètement inutile.

— Je suis curieuse de savoir pourquoi?.

— Parce que la dette me déborde. Les gardes du commerce ont les mains pleines de lettres de change illustrées de ma signature! Les recors sont sur pied et veillent! Je n'aurais pas fait cent pas sur le pavé de Paris sans être arrêté et mis à Clichy pour cinq ans.

— J'irais vous y voir tous les jours. On peut très-bien s'aimer à Clichy.

— S'aimer en prison! quelle perspective! Les grilles et les barreaux tuent l'amour.

— Pas le mien! mais enfin je n'ai aucune raison pour tenir à Paris. Nous irons ailleurs, où vous voudrez.

— Partout où nous irions, il faudrait vivre, et je vous répète qu'à l'heure qu'il est je possède un peu moins que rien. Si vous voulez voir un homme qui se noie, regardez-moi! Un mariage avec ma cousine était pour moi l'unique planche de salut, et, cette planche, vous la brisez.

— Oui, je la brise, et sans hésiter! J'aime mieux vous voir à Clichy que séparé de moi par un mariage.

— Mais réfléchissez donc, chère enfant aveugle! Réfléchissez que ce mariage me remettrait à flot, qu'il me donnerait une fortune, et que vous redeviendriez riche en même temps que moi, puisque rien ne serait changé dans nos relations et qu'un lien plus étroit encore que par le passé nous unirait l'un à l'autre.

— Je n'en crois pas un mot! Aussitôt que vous cesseriez de me craindre, je tiendrais moins de place dans votre vie qu'une mouche qui vole.

— Je vous jure...

— Des serments! interrompit Olympe en riant. Ah! mon cher, vous me croyez donc bien naïve! Voulez-vous que je vous raconte ce qui se passera donc bien naïve! Voulez-vous mariage? Vous voilà marié, vous voilà riche; vous vous conduisez en gentilhomme; vous m'envoyez un beau rang de perles, un bracelet, quelques billets de banque, et tout est dit. N'ai-je pas raison?

— Non! cent fois non!

— Ah! vous savez bien le contraire.

— Ainsi, rien ne peut vous convaincre?

— Rien. N'essayez donc plus, vous perdriez votre éloquence. Si seulement la comtesse était laide, mais elle est belle, belle comme un ange! Avant six mois vous l'aimeriez! Vous l'aimez déjà, peut-être.

— Puisque je n'aime que vous!

— C'est une redite, mon cher baron! J'ai déjà répondu!

— Olympe, vous m'avez accusé de n'avoir pas de confiance en vous.

— J'ai formulé cette accusation, j'en conviens.

— Eh bien! je vais vous prouver que votre erreur est manifeste. Je vais commettre une mauvaise action, je vais vous révéler un secret que personne au monde ne devrait connaître. Mais d'abord y a-t-il, ici-bas, quelque chose de sacré pour vous, Olympe?

— Il y a la mémoire de ma mère, de ma pauvre mère, morte de chagrin en me voyant entrer dans la route que j'ai suivie.

— Comme dans les mélodrames ! pensa le baron.

Puis, tout haut :

— Eh bien ! sur la mémoire de votre mère, jurez-moi que, quoi qu'il arrive, le secret que vous allez apprendre mourra dans votre sein.

La curiosité de la pécheresse était surexcitée au plus haut point par ces précautions oratoires.

— Oui, fit-elle vivement, oui, je le jure.

— Sachez donc qu'en épousant ma cousine, j'épouserai une mourante. Cette femme qui vous inspire de la jalousie n'a pas trois mois à vivre.

Olympe tressaillit.

— Allons donc ! répliqua-t-elle, vous voulez me tromper encore ! J'ai vu madame de Kéroual, je vous le répète ! elle est un peu pâle peut-être, un peu frêle, mais elle se porte aussi bien que moi.

— En apparence, oui ; je le sais, mais c'est une apparence menteuse. La comtesse est attaquée depuis longtemps déjà par une maladie organique dont les progrès augmentent d'heure en heure et deviendront bientôt visibles pour tous les yeux. Son arrêt a été prononcé, il y a un an, par l'un des plus illustres médecins de Paris, un des princes de la science. Il n'a révélé qu'à moi le terrible secret, et ma pauvre cousine vit tranquille et confiante, sans se douter que ses jours sont comptés, car, je vous le répète, les arrêts du docteur*** sont sans appel. Avant trois mois tout sera fini, et cette union qui vous épouvante n'est autre chose, en réalité, qu'un mariage in extremis.

— Mais, demanda Olympe, vivement impressionnée par ce qu'elle venait d'entendre, comment se fait-il que le docteur Perrin, ce jeune médecin qui paraît fort intelligent et qui se souvent au château de Rochetaille, ne se préoccupe point de l'état de la comtesse, et ne cherche pas à combattre les progrès de cette maladie latente dont, selon vous, le dénoûment est si proche !

— Eh ! chère enfant, que me dites-vous là, répliqua le baron. Pouvez-vous bien comparer un pauvre diable de médecin de campagne à l'une des gloires de la science médicale ? Le docteur Perrin qui, je vous l'accorde, n'est pas tout à fait un âne, peut traiter à merveille la fluxion de poitrine et la fièvre tierce, mais l'expérience consommée et la profondeur de vues des grands maîtres lui font absolument défaut. Il ne s'aperçoit même pas que la comtesse est mortellement atteinte, et, quand éclateront les terribles symptômes, il n'y comprendra rien, parce qu'il n'aura rien prévu ni rien deviné.

— Si je pouvais vous croire, murmura la pécheresse.

— Douter serait folie ! D'ailleurs, la preuve ne se fera guère attendre. Instruit par le docteur*** des diagnostics qui échappent à tous les regards, excepté aux siens, je constate jour par jour, et pour ainsi dire heure par heure, les progrès du mal, et, je vous le répète, la crise suprême est près d'éclater.

— L'expérience a démontré bien souvent, vous le savez aussi bien que moi, que les oracles des princes de la science, comme vous dites, ne sont pas infaillibles, répliqua Olympe.

— Dans certains cas vous avez raison, lorsque les forces vitales viennent tout à coup, et d'une manière imprévue, prendre le dessus et triompher de la maladie. Mais il en est d'autres où l'erreur est impossible, et celui-ci est du nombre. Armez-vous donc de patience, ma belle et chère Olympe. Croyez-en moi... ne précipitez rien... ne vous opposez plus à un mariage qui me rendra riche, et songez que bientôt il me sera possible de vous restituer ce luxe, cadre éclatant et nécessaire de votre radieuse beauté ! Vous brillerez encore à Paris ! Vous serez entre toutes, comme autrefois, la plus charmante et la plus fêtée ! Les diamants, plus nombreux que jadis, étincelleront de mille feux dans vos écrins renouvelés ! les doigts de fées des couturières de génie, ces grandes artistes, uniront, pour vous en couvrir, le velours, la soie, les dentelles, et quand viendra l'heure du bois, des chevaux de sang à cocardes rouges piafferont sous la main d'un gros cocher poudré, près du perron de votre hôtel.

Olympe écoutait cette tirade en souriant doucement au lyrisme de Gontran, et peut-être aussi quelque peu aux radieux horizons qu'il faisait miroiter devant elle.

— Si tout cela ne me tentait point, répondit-elle au bout d'un instant, je ne serais pas fille d'Ève. Mais, je vous l'ai dit et je vous le répète, il est un rôle que je n'accepterai jamais, c'est celui de dupe. Vous m'aimez encore, je le crois. Vous êtes de bonne foi, je l'espère. Je veux bien

attendre avec calme... ne rien briser... ne rien entraver... mais il me faut les preuves promises avant de vous laisser le champ libre et le chemin ouvert ! Le reste ici ; c'est un poste d'observation d'où je pourrai tout voir, tout surveiller, tout empêcher au besoin ! Qu'un mensonge de vous me soit révélé, et le scandale éclatera, je vous le jure, terrible et rapide comme la foudre ! Que les prédictions du docteur*** commencent au contraire à se réaliser, et je vous laisserai devenir le mari de la comtesse de Kéroual, mais seulement dans le cas (et je vous emprunte l'expression dont vous vous serviez tout à l'heure), seulement dans le cas où cette union serait un mariage in extremis.

— Vous voulez absolument qu'il en soit ainsi ? demanda Gontran, dont un tremblement presque imperceptible agita la voix.

— Oh ! absolument, mon très-cher ; et vous savez que quand j'ai dit mon dernier mot, c'est comme si tous les notaires de France et de Navarre y avaient passé.

— Peut-être vous faudra-t-il attendre pendant plus d'un mois.

— Bah ! le temps passe vite, et d'ailleurs le déjeuner dont les débris jonchent cette table a dû vous prouver surabondamment que l'on vit à merveille à l'auberge du Chevreuil d'argent.

— Et comptez-vous pour rien l'ennui ?

— Nous ne sommes pas loin d'Épinal, j'irai chercher des livres à quelque cabinet de lecture. Je compte bien, en outre, recevoir assez souvent vos visites, car vous viendrez me voir, n'est-ce pas ?

— Certes, le plus souvent possible.

— Avec un espoir si charmant, l'ennui ne pourra pas arriver jusqu'à moi.

— Mais n'est-il point à craindre que votre présence indéfiniment prolongée dans ce village ne cause quelque surprise, ne fasse faire des commentaires, des suppositions ?

— Pourquoi donc ? Un étudiant qui fait l'école, cela n'est pas suspect ! Le pays me plaît, la cuisine m'enchante, les robustes attraits de la grosse Marie-Jeanne font battre mon cœur ! triple motif pour rester ici. Qui, donc, je vous en prie, pourrait s'en étonner ? Et, d'ailleurs, on discutons pas ! A défaut d'autres bonnes raisons, cela sera, parce que je le veux.

Gontran baissa la tête avec la résignation de l'homme désarmé qui subit la loi du plus fort.

— Soit, murmura-t-il, restez donc et que votre volonté soit faite.

En disant ce qui précède, le baron se leva.

— Est-ce que vous songez à me quitter ? demanda vivement Olympe.

— Il le faut.

— Déjà ?

— J'ai une longue course à faire avant de retourner à Rochetaille.

— Allez donc, mon ami, mais songez que j'ai hâte de vous revoir. Quand vous reverrai-je ?

— Bientôt.

— C'est trop vague, fixez un jour.

— Fixez-le vous-même.

— C'est aujourd'hui mardi, voulez-vous que je vous attende vendredi ?

— Vendredi, c'est convenu.

— Viendrez-vous partager mon déjeuner ?

— De grand cœur.

— A vendredi donc, et pensez à moi, mon bien cher Gontran, comme de mon côté je vais penser à vous.

Les deux amants, dont l'un détestait l'autre de toutes ses forces, échangèrent un baiser, et le baron descendit à l'écurie où Jean-Louis, sous sa direction, sella et brida son cheval.

Gontran, après avoir répondu gracieusement aux saluts et aux sourires de Monique Clerget, se mit en selle et sortit de la cour du Chevreuil d'argent.

Une fois dans la rue, au lieu de guider sa monture dans la direction du château de Rochetaille, il lui fit prendre au plus rapide galop le chemin d'Épinal.

Une fois en ville, et il y arriva promptement car il dévorait l'espace, il mit son cheval à l'auberge et se dirigea du côté de la bibliothèque publique, laquelle n'était jamais visitée que par un digne vieillard décoré du titre et des fonctions de conservateur.

Gontran parcourut lentement la vaste salle, examinant en connaisseur émérite les livres et les manuscrits curieux, et n'étant en réalité soumis à aucune surveillance, car le conservateur, la tête coiffée d'un ample bonnet de soie noire, dormait profondément sur son pupitre, et faisait même retentir, à des intervalles irréguliers, un ronflement sonore.

Le classement de la bibliothèque d'Épinal était fait d'une façon régulière et irréprochable.

Le baron de Strény arriva donc très-facilement à découvrir les rayons sur lesquels se prélassaient les ouvrages anciens et modernes relatifs aux sciences médicales, et il parut accorder à plusieurs d'entre eux une attention toute particulière.

Un petit volume in-18, relié en veau à tranches marbrées, sembla surtout exciter chez lui l'intérêt le plus vif, car il le feuilleta longuement.

Lorsqu'il quitta la bibliothèque, au bout de plus d'une heure, le conservateur aurait vainement cherché, à sa place habituelle, le petit volume en question.

En revanche, il aurait pu le retrouver dans l'une des poches de M. le baron Gontran de Strény.

Le volume ainsi soustrait, œuvre savante d'un spécialiste portait ce titre : *Traité des poisons.*

XXIV

OÙ L'ŒUVRE DE GONTRAN COMMENCE

Quinze jours environ s'étaient écoulés depuis l'entretien auquel nous avons fait assister nos lecteurs, et qui avait suivi la soustraction commise dans la bibliothèque d'Épinal par le baron Gontran de Strény.

Ce dernier, pendant ces quinze jours, avait fait trois ou quatre longues visites à mademoiselle Olympe Silas, très-mal cachée désormais sous le pseudonyme de Léon Randal.

Ces visites, nous devons le dire, scandalisaient fort Monique Clerget; mais le faux étudiant appréciait si bien ses talents de cordon bleu, et se montrait pour elle si rempli de politesse et de prévenances, qu'elle ne se sentait pas le courage de l'engager à quitter l'auberge du *Chevreuil d'argent.*

La bonne dame craignait en outre de blesser profondément la baron de Strény, en signifiant son congé formel à une personne qui lui inspirait à coup sûr un intérêt des plus vifs, quel que fût d'ailleurs la nature de cet intérêt. La digne hôtesse se creusait la tête et se mettait l'imagination à la torture pour inventer des motifs plausibles d'innocenter les fréquentes relations du baron avec la jolie femme, déguisée en joli garçon, qui semblait avoir élu domicile au village de Rixviller.

Afin d'arriver à ce but, elle créa un nombre infini de romans absurdes, et nous devons à la vérité de déclarer qu'elle n'arriva point à se convaincre elle-même.

Louis Perrin, quoique jeune encore, connaissait mieux que dame Monique le monde et sa corruption profonde. Il avait vécu à Paris, la ville où les vices éhontés coudoient les vertus sublimes, il ne se scandalisait donc pas de la conduite du baron de Strény, mais il s'en étonnait et s'en affligeait, car il éprouvait une sorte de culte pour la comtesse de Kéroual qui réalisait pour lui le type idéal de la beauté physique et morale, c'est-à-dire de la plus complète et de la plus touchante incarnation de la femme.

Tromper, dès avant le mariage, un être si parfait, lui semblait une invraisemblable et inexplicable monstruosité.

Par moments il en arrivait à se dire que le bruit public était peut-être menteur, que sans doute il n'existait aucun projet de mariage entre la comtesse et le baron, et que le liens de famille ne devaient point se métamorphoser en des liens plus étroits.

Ceci étant admis, le baron se trouvait libre, et ses façons d'agir devenaient parfaitement naturelles et justifiables.

— Que m'importe, d'ailleurs ? se disait parfois le médecin

avec impatience, lorsqu'il était fatigué d'évoquer successivement le pour et le contre dans son esprit, madame de Kéroual n'est que ma cliente, je dois veiller sur sa santé et tout le reste ne me regarde pas.

Puis, malgré cette profession de foi d'indifférence, il ajoutait mentalement :

— Pauvre jeune femme, que sa mauvaise étoile sacrifie à un homme indigne d'elle, qui ne l'aime pas et qui ne la rendra point heureuse ! Quel dommage ! Ah ! si j'avais un nom, une fortune ! Mais je ne suis rien, rien qu'un pauvre médecin de campagne... il ne faut pas laisser naître en mon âme des rêves insensés, et, s'ils naissaient malgré moi, il faut les étouffer.

Gontran, lui, n'avait jamais été plus affectueux, plus tendre avec madame de Kéroual; jamais il n'avait plus habilement enveloppé la jeune femme dans les effluves magnétiques de cette séduction dont il était si amplement doué.

Léonie se croyait ardemment aimée, aimée jusqu'à l'adoration; elle se sentait heureuse dans le présent, heureuse dans l'avenir. Elle était reconnaissante envers Dieu de tous les dons qu'il lui prodiguait, et son bonheur doublait sa beauté, en lui mettant au front une sorte de rayonnement.

Périne Rosier s'attachait de plus en plus à sa maîtresse et la pensée qu'elle ne se séparerait jamais d'elle, et que Georgette grandirait auprès de Marthe, lui faisait éprouver une joie immense, une reconnaissance sans bornes.

Telle était la situation de nos principaux personnages au moment où, après quinze jours écoulés, nous reprenons notre récit.

Un matin Périne entra dans la chambre à coucher de madame de Kéroual pour ouvrir les persiennes, comme de coutume, et préparer la toilette du matin de la jeune femme.

La comtesse avait le visage tourné du côté de la ruelle. Au bruit des pas légers de sa femme de chambre sur le tapis moelleux, elle se souleva lentement.

— Mon enfant, quelle heure est-il? demanda-t-elle d'une voix si peu semblable à sa voix habituelle, que Périne tressaillit et se retourna brusquement.

Mais les persiennes, fermées encore, entretenaient dans l'appartement une demi-obscurité. Périne ne vit qu'une forme blanche se confondant avec les draps blancs, au milieu de la pénombre que les rideaux de lourd lampa rendaient moins transparente.

— Huit heures viennent de sonner, madame la comtesse, répondit-elle.

— Déjà, murmura Léonie; il me semblait que les ténèbres étaient profondes : mais cela tient sans doute à ce que j'ai les yeux mal ouverts.

La voix de la jeune femme continuait à être tremblante, étouffée, méconnaissable.

— Madame la comtesse veut-elle dormir encore? fit Périne.

— Non, je vais me lever. Donnez bien vite de l'air à ma chambre, car ces ténèbres persistantes me causent une sensation pénible.

Périne se hâta d'obéir; elle ouvrit les fenêtres, écarta rapidement les persiennes, et le soleil, qui montait à l'horizon derrière les arbres dépouillés de l'avenue, envoya ses flèches d'or jusque sur le lit de madame de Kéroual.

Cette dernière ferma les yeux à demi et balbutia :

— Mon enfant, laissez retomber les rideaux sur la croisées, je vous prie; cette lumière trop vive m'éblouit.

Périne exécuta ce nouvel ordre; puis elle s'approcha de madame de Kéroual et ne put réprimer un mouvement de douloureuse surprise et de vive inquiétude.

Le visage de Léonie n'était pas moins changé que sa voix; une de ces pâleurs étranges, qui donnent à la chair les tons livides et la quasi-transparence de la cire vierge, l'envahissait tout entier. Un large cercle d'un bleu violacé se dessinait autour des paupières et descendait jusque sur les joues; les lèvres étaient blanches; les prunelles, fixes et comme agrandies, semblaient regarder sans voir.

Périne ne voulait pas inquiéter sa maîtresse, et cependant elle ne put s'empêcher de lui adresser cette question :

— Est-ce que madame la comtesse est souffrante?

— Pourquoi me demandez-vous cela, mon enfant?

— Parce que madame la comtesse me semble un peu pâle.

— Je ne souffre pas, mais j'ai passé une mauvaise nuit.

— Madame la comtesse a mal dormi?

Paris. — Typ. Gautheim et Borda, rue du Faubourg-

BIBLIOTHÈQUE NATIONALE IMPRIMÉS

— Ce n'est pas un mariage, c'est un enterrement, murmura le fantôme. (Page 50.)

— Oui, très-mal... à la suite d'un rêve affreux, ou plutôt d'une sorte de cauchemar.

— Un cauchemar?

— D'autant plus effrayant qu'il avait un terrible cachet de réalité. Je voudrais vous le raconter, mais en ce moment mes souvenirs flottent dans mon esprit vagues et épars; ils vont me revenir sans doute; je vois l'ensemble, mais les détails m'échappent.

Madame de Kéroual baissa la tête et ferma les yeux; évidemment elle faisait un violent effort pour fixer ses idées confuses. Tout à coup, elle s'écria :

— Ah! voilà que ma mémoire se ravive. Je me souviens... Oh! ce rêve... ce rêve... il ne s'effacera plus!

En même temps, elle passait ses mains sur ses tempes que mouillaient des gouttelettes de sueur froide.

Périne la regardait avec effroi.

— Au nom du ciel! madame, je vous en supplie, calmez-vous! balbutia-t-elle.

— Dans mon rêve, reprit Léonie qui ne sembla pas même entendre cette interruption, j'étais assise au milieu d'une riante campagne, et je n'étais pas seule... tous ceux que j'aime m'entouraient : mon cousin Gontran, debout à côté de moi, tenait mes deux mains dans les siennes; et vous étiez aussi là, Périne, avec Marthe et Georgette. Le ciel était pur, le soleil brillait, des papillons de pourpre et d'or voltigeaient dans l'azur, et se posaient sur des fleurs si belles qu'il n'en existe pas de semblables...

Madame de Kéroual s'interrompit.

7ᵉ LIVRAISON.

— Mais il me semble, hasarda Périne, que tout cela n'a rien d'effrayant.

— Attendez, attendez, répliqua la comtesse, l'horreur et l'épouvante vont venir. Soudain, et sans que rien eût annoncé son approche, s'éleva un vent impétueux produisant un bruit pareil à celui de l'Océan, quand il se brise contre des falaises. Le ciel devint noir comme de l'encre; une clarté livide, qui n'était ni la lumière, ni les ténèbres, remplaça le jour, et j'entendis une voix si haute qu'elle dominait les fracas de la tempête crier à trois reprises : « Fuyez tous, fuyez, la voici! Elle vient, elle vient! — Qui vient? » demandai-je, de la pensée plutôt que des lèvres. Et la même voix qui venait de crier : « Fuyez! » répondit : « C'est la mort! »

« Prise d'une terreur indicible, je regardai autour de moi. Je ne vis que la solitude. On eût dit que ce vent terrible venait d'emporter comme des feuilles sèches ceux qui m'entouraient.

« Je voulais fuir, mais une paralysie étrange s'était emparée de mes membres, qui n'avaient plus la force de supporter le poids de mon corps. Mes pieds me semblaient rivés au sol et je faisais en vain d'incroyables efforts pour les en détacher. J'essayais d'appeler à mon aide, mais mes lèvres seules remuaient. Aucun son distinct ne s'échappait de ma gorge haletante.

« Je tombai à la renverse et je recommandai mon âme à Dieu, en me disant : « Voici la mort. »

« Alors apparut un spectre, un fantôme, dont je ne voyais

pas le visage et qui s'accroupit sur ma poitrine. Un linceul de flammes l'enveloppait et ce linceul me brûlait en me touchant... Je sentais dans mes veines courir un feu subtil et j'éprouvais d'étranges douleurs, et je me souvenais que je pensais aux chrétiens martyrs changés autrefois en torches vivantes par les bourreaux des Néron, des Tibère, des Dioclétien... »

Madame de Kéroual s'arrêta, comme suffoquée.

— Quel rêve horrible ! balbutia Périne, et combien madame la comtesse a dû souffrir !

— J'ai beaucoup souffert en effet, répondit Léonia, et vous ne savez pas tout encore... Le cauchemar qui m'écrasait et me torturait changea de nature. Je me crus transportée dans une église pleine de monde et illuminée pour une fête. Cette fête était un mariage. Parmi la foule qui m'entourait, tous les visages m'étaient inconnus. « Où est la mariée? » demandaient les uns. Les autres, en me désignant, répondaient : « La voilà. » Une voix s'éleva et dit :

« — On vous attend ! »

« La foule s'écarta pour me livrer passage, et je sentis qu'une force mystérieuse et irrésistible me poussait vers l'autel ruisselant de lumières.

« J'allais l'atteindre, il disparut comme s'évapore une vapeur, et, à sa place, je vis un cercueil couvert d'un drap noir à croix blanche, que quatre cierges éclairaient à peine.

« En même temps reparut le fantôme au suaire enflammé.

« — Ce n'est pas un mariage, c'est un enterrement, murmura-t-il en me touchant du doigt, et voilà la morte... »

« Cette fois, j'avais vu son visage, et ce visage était celui de mon cousin Gontran de Strény. . . . .

« N'est-ce pas que tout cela est terrible ? ajouta madame de Kéroual en souriant, après un instant de silence, et vous étonnerez-vous encore si, ce matin, je suis un peu pâle ?

Nous avons rendu pleine justice aux qualités admirables et exceptionnelles de la nature de Périne Rosier.

Il ne nous en coûtera donc aucunement d'avouer ici que la jeune femme, ayant reçu une éducation très-bohémienne, était superstitieuse à l'excès et croyait fermement aux songes.

Celui de la comtesse lui parut renfermer les présages les plus alarmants et lui causa une si profonde inquiétude que, sans prononcer une parole, elle s'absorba dans son angoisse.

— A quoi pensez-vous donc, mon enfant? lui demanda madame de Kéroual, étonnée de ce silence.

— Je pense à ce que madame la comtesse vient de me raconter, répondit Périne, et je cherche le sens de son rêve.

— Le sens de mon rêve! répéta vivement Léonia. Grand Dieu, que me dites-vous là ! Vous figuriez-vous, par hasard, que les fugitives visions de la nuit renferment des présages et des avertissements ?

— Oui, madame la comtesse, j'ajoute foi à ces visions qui viennent visiter l'âme tandis que le corps est endormi, et je les regarde comme des avis mystérieux qu'il faut écouter et qu'il faut croire.

— Mais c'est de la folie ! On n'explique ni les rêves ni les cauchemars, ou du moins on les explique par des causes toutes naturelles.

— Madame la comtesse doit avoir raison, elle en sait assurément beaucoup plus long que moi, et, cependant, ce songe terrible... J'ai beau faire, je ne puis me persuader qu'il n'offre aucune signification, qu'il ne renferme aucun présage.

— Et vous avez tort, car c'est ainsi.

— On a vu plus d'une fois, pourtant, des rêves se réaliser et, si madame la comtesse me le permettait, j'en pourrais citer de nombreux exemples.

— Je le sais, mais je sais aussi que ces exemples ne prouvent rien ; il ne s'agit, même dans les cas les plus frappants, les plus bizarres, que d'une simple coïncidence, et le hasard seul la fait naître.

Périne baissa la tête sans répondre. Elle n'était point convaincue, mais elle ne pouvait se permettre de discuter ; donc elle n'avait qu'un seul parti à prendre, se taire, et c'est ce qu'elle fit.

Madame de Kéroual quitta son lit, s'occupa rapidement de sa toilette, et déclara que, sauf un peu de faiblesse, facilement explicable par une nuit d'agitation et d'insomnie, elle se trouvait tout à fait bien.

Nous devons ajouter qu'au moment où elle quitta sa chambre pour aller rejoindre Gontran qu'elle voyait se promener autour de la pelouse, son visage n'offrait plus aucune trace de cette pâleur livide et de cette fatigue écrasante, qui en dénaturaient, deux heures auparavant, l'expression et la beauté.

Périne, le front appuyé contre une vitre, la regardait s'enfoncer, au bras du baron de Strény, sous les grands arbres de l'avenue, et se disait tout bas, avec une mélancolie profonde et une tristesse sans bornes :

— Pauvre chère madame, si belle, si bonne, si parfaite... elle ne veut pas croire aux rêves... Mais j'y crois, moi, car les rêves ne m'ont jamais menti. Un malheur la menace, un grand malheur... Lequel ? Je ne sais pas, mais je sens qu'elle marche au bord d'un abîme, je sens que le danger plane sur elle. D'où viendra ce malheur ? D'où viendra ce danger ?

Tandis qu'elle se posait cette question, ses yeux se fixaient sur Gontran, et sa pensée lui répondait :

— De cet homme, peut-être.

La journée fut calme, comme de coutume, et la comtesse ne ressentit aucun malaise.

A deux ou trois reprises, seulement, elle éprouva des chaleurs soudaines, mais qui n'avaient rien de douloureux. Une sorte de nuage passa devant ses yeux et un vent de flamme souffla sur ses tempes.

Elle n'attacha d'ailleurs aucune importance à ces symptômes insolites.

— J'ai besoin de repos, se dit-elle. Demain, après quelques heures de calme sommeil, tout cela disparaîtra.

Et comme, une fois la nuit venue, elle se sentait brisée, elle regagna son appartement plus tôt que de coutume, et se mit au lit après avoir bu, ainsi qu'elle le faisait chaque soir, un verre d'eau sucrée dans lequel elle laissa tomber quelques gouttes de fleur d'oranger.

A peine venait-elle d'appuyer sa tête sur l'oreiller qu'une lourde torpeur s'empara d'elle et ferma ses yeux.

. . . .

Deux heures du matin sonnaient à la pendule de la cheminée lorsque madame de Kéroual se réveilla en poussant un gémissement sourd ; elle se dressa sur son séant et promena autour d'elle des regards effarés.

Périne avait reçu l'ordre d'allumer une veilleuse de porcelaine opaque qui répandait dans la chambre sa clarté faible, crépusculaire en quelque sorte, mais suffisante pour permettre de distinguer les objets.

Le visage de la comtesse exprimait une terreur profonde, quoique rien d'effrayant ne s'offrît à ses yeux, et que chacun des meubles au milieu desquels elle avait l'habitude de vivre fût à sa place accoutumée.

Cette terreur n'était point sans cause cependant.

Madame de Kéroual avait senti recommencer l'effroyable cauchemar de la nuit précédente. Le fantôme au linceul de feu, paraissant dans une vision sinistre, était revenu s'accroupir sur sa poitrine.

C'est à ce moment que la jeune femme, haletante sous l'étreinte du mal, avait secoué le sommeil et que nous l'avons vue se dresser sur sa couche.

Le rêve s'évanouit aussitôt, emportant le spectre avec lui, mais la douleur ne disparut pas. Madame de Kéroual sentait toujours sa poitrine déchirée par une morsure brûlante et corrosive. Elle étouffait en même temps, et sa respiration devenait difficile au point de lui faire craindre une suffocation imminente.

— Mon Dieu ! murmura-t-elle, mon Dieu ! il me semble que je vais mourir.

D'une main défaillante elle saisit le cordon de sonnette suspendu dans l'intérieur même de l'alcôve, et elle l'agita ; puis elle retomba en arrière, les yeux fixes, respirant à peine et râlant.

La sonnette de la comtesse donnait dans la chambre de Périne qui, très-alarmée par cet appel inaccoutumé, s'empressa de se jeter en bas de son lit et d'accourir auprès de sa maîtresse.

Elle la trouva en proie aux crises effrayantes d'une véritable agonie et, perdant la tête en face de ce spectacle terrible et inattendu, elle bondit jusqu'auprès de la porte qu'elle avait laissée entr'ouverte, et elle se mit à appeler au secours.

On eût dit que cet appel galvanisait madame de Kéroual, car elle retrouva la force de se soulever, et d'une voix à peine distincte, d'une voix rauque qui faisait mal à entendre, elle murmura :

— Silence !

Périne se rapprocha vivement.

— N'appelle pas, continua la comtesse qui, pour la première fois, la tutoyait, n'éveille personne !... Que M. de Strény ne sache rien, il serait inquiet, et je ne le veux pas.

— Chère madame, ma bonne maîtresse, balbutia Périne, souffrez-vous ?

— Horriblement, répondit madame de Kéroual.

— Vous ne voulez pas que j'appelle, que faut-il faire pour vous soulager ?

— De l'eau, donne-moi de l'eau, je brûle ! C'est du feu que j'ai là !

Et la pauvre femme appuya la main sur sa poitrine que soulevait irrégulièrement sa respiration sifflante.

Périne remplit d'eau fraîche un grand verre et le lui présenta. La comtesse en but avidement le contenu.

— Encore, murmura-t-elle ensuite, je veux boire encore !

Après avoir vidé le verre pour la seconde fois, elle reprit d'une voix plus ferme et plus distincte :

— Je me sens mieux, cette eau m'a fait du bien. Le feu intérieur qui me consumait s'est éteint, je souffre à peine et me voici calme...

— Que Dieu en soit béni, chère madame, balbutia Périne en prenant une des mains de la comtesse et en la baisant ; pourvu que tout à l'heure le mal ne revienne pas !...

— Non, non, c'est fini, bien fini, j'en suis sûre ; j'ai sommeil et je vais dormir. Mais c'est égal, ma pauvre Périne, pendant un instant j'ai bien cru que c'en était fait de moi, et que demain matin la maison serait en deuil.

— Ah ! madame, je vous en supplie, s'écria Périne, ne vous laissez jamais aller à des idées pareilles...

— Elles vous viennent malgré vous, ces idées-là, quand on sent que l'air manque et que le cœur s'arrête. Mais c'est fini, je le répète. Bonne nuit, mon enfant ; tu as besoin de repos, va dormir.

— Madame la comtesse ne me permet pas de veiller auprès d'elle jusqu'au matin ?

— A quoi bon ? Maintenant que la douleur est passée, il me semble que je suis en paradis. Mon sommeil, je le sens, sera calme et profond. Je n'aurai besoin de rien, et d'ailleurs, si ta présence me devenait de nouveau nécessaire, je sonnerais.

Périne n'insista pas. Elle feignit d'obéir et sortit de la chambre, mais, au lieu de s'éloigner, elle resta dans la première pièce, auprès de la porte entr'ouverte, le regard attentif et l'oreille aux aguets.

Elle vit la tête de madame de Kéroual se reposer doucement sur l'oreiller, et bientôt le bruit faible et régulier d'une respiration cadencée lui donna la certitude que la comtesse était endormie.

Elle ne se décida point encore, cependant, à se retirer et ce fut seulement lorsque les premières clartés de l'aube blanchirent le ciel à l'horizon qu'elle quitta son poste et qu'elle regagna sa chambre, dans laquelle Marthe et Georgette, ces deux anges, dormaient du sommeil souriant de l'innocence heureuse.

A l'heure accoutumée, le lendemain matin, elle rentra dans l'appartement de sa maîtresse pour y donner du jour et de l'air.

La comtesse venait de s'éveiller ; elle ne se plaignait de rien, sinon d'une faiblesse plus grande encore que celle de la veille.

Périne fut épouvantée des ravages que la crise nocturne avait faits sur le visage de madame de Kéroual. Les traces laissées par une heure d'indicibles tortures ressemblaient à celles qui viennent à la suite d'une longue maladie.

La comtesse vit sans doute l'étonnement et le chagrin qu'exprimaient les regards de Périne et elle en comprit la cause, car elle demanda un miroir, et, après avoir jeté les yeux sur la glace qui lui renvoyait son image, elle balbutia douloureusement :

— J'ai vieilli de dix ans en une nuit !... Mon Dieu, ne m'enlevez pas ce qu'il appelle ma beauté ! Il ne m'aimerait plus !

XXV

OÙ S'ATTENDRIT OLYMPE SILAS.

Malgré les conseils, malgré les supplications de Périne, madame de Kéroual, qui craignait par-dessus tout d'alarmer Gontran, voulut absolument se lever et s'habiller pour déjeuner ; mais, lorsque sa toilette fut achevée, elle se trouva si faible que, sans l'aide de Périne sur le bras de laquelle elle s'appuya, il lui aurait été impossible de descendre à la salle à manger.

Elle y trouva M. de Strény.

— Grand Dieu ! chère cousine, s'écria ce dernier d'un ton de profonde inquiétude, comme vous êtes pâle ! Qu'avez-vous donc ?

— Je n'ai rien, je vous assure, absolument rien, répliqua Léonie en s'efforçant de sourire.

— Mais alors, pourquoi cette pâleur et pourquoi semblez-vous vous soutenir à peine ?

— Je ne sais.

Périne n'avait pas encore quitté la salle à manger. Au risque de déplaire à sa maîtresse, elle saisit l'occasion d'intervenir :

— Monsieur le baron, dit-elle vivement, il ne faut pas croire madame la comtesse, car, dans la crainte de vous affliger, elle vous cache la vérité.

— Comment ! Que voulez-vous dire ? fit Gontran.

— Je veux dire que madame la comtesse est pâle et chancelante parce qu'elle a souffert cette nuit, beaucoup souffert ?

Et Périne, sans tenir compte des regards suppliants et des gestes impérieux de Léonie, raconta le cauchemar de l'avant-dernière nuit, et la crise à laquelle elle avait assisté la nuit précédente.

— Et voilà ce que vous vouliez me laisser ignorer, chère cousine, s'écria Gontran d'un ton de tendre et affectueux reproche. Ah ! c'est mal, c'est bien mal ! Ne savez-vous donc pas que vos souffrances sont à moi comme votre bonheur, et que j'ai le droit de les connaître pour les partager ? Je vais monter à cheval en sortant de table et galoper jusqu'à Rixviller. Je veux vous ramener moi-même le docteur Perrin.

— A quoi bon, mon ami ?

— Comment, à quoi bon ?... Mais à vous soigner et à vous guérir.

— Je ne suis pas malade. Le malaise que j'ai ressenti pendant les deux dernières nuits n'était sans doute que passager et ne se renouvellera plus...

— Certes, nous devons l'espérer, mais nous n'avons à cet égard aucune certitude, et je ne me sentirai tranquille que lorsque le docteur aura formulé son avis.

— Puisque vous le voulez absolument, mon cher Gontran, allez donc, répondit la comtesse, heureuse des preuves d'affection profonde que le baron venait de lui donner.

Et ses yeux lumineux et rayonnants, se tournant vers Périne, semblèrent lui dire :

— Comme il m'aime !

Gontran avait fait donner l'ordre de seller son cheval et de le lui amener aussitôt que le déjeuner serait terminé. On entendit bientôt le vigoureux animal frapper du pied sous les fenêtres de la salle à manger.

Le baron quitta la table, embrassa les deux mains de Léonie avec un redoublement de tendresse, sortit du château, se mit en selle, et embarqua sa monture au galop sous les grands arbres de l'avenue.

Assise dans l'embrasure de l'une des croisées, madame de Kéroual le suivit d'un regard charmé d'abord, mais qui devint peu à peu rêveur et mélancolique. Bientôt même une larme se suspendit à ses longs cils et roula sur sa joue.

— Si cependant Périne avait raison ? murmura-t-elle, si les rêves étaient des avertissements que Dieu nous envoie ? si le mien signifiait que je n'ai plus que peu de jours à passer sur la terre, et qu'au lieu du bonheur dans le mariage et dans l'amour, c'est une tombe qui m'attend ?

Et Léonie se sentit brisée. Mais, après un instant de complète prostration, elle fit sur elle-même un violent effort, elle se roidit contre le découragement qui la dominait et elle ajouta :

— Non, non, il n'en sera pas ainsi ; Dieu ne le voudrait pas ; je suis trop jeune pour mourir, trop jeune et trop aimée!

Le temps était gris depuis le matin et de grands nuages couvraient le ciel.

En ce moment, un rayon de soleil se glissant entre deux nuages vint resplendir sur la pelouse, presque aux pieds de madame de Kéroual.

Elle y voulut voir un heureux présage, tant il est vrai que la souffrance et la faiblesse physique rendent les âmes superstitieuses! Elle se sentit toute ranimée, et les sombres impressions qui l'obsédaient s'évanouirent comme par un miracle.

— Périne, fit-elle en souriant, il me semble que cette nuit et ce matin je *vous* ai dit *tu.*

— C'est vrai, madame la comtesse, et j'en ai été bien heureuse.

— Dans ce cas, mon enfant, je continuerai ; on ne tutoie que les gens qu'on aime. Appelle les enfants. Donne-moi ton bras, car je ne suis pas encore bien forte, et allons faire un tour au jardin pour rendre à ce charmant rayon de soleil la visite qu'il veut bien nous faire.

Laissons Léonie et Périne descendre avec lenteur les degrés du perron, et rejoignons le baron de Strény, courant de toute la vitesse de son cheval sur la route de Rixviller.

Gontran était un de ces hommes qui savent commander à leur physionomie et qui la forcent à obéir. Son visage et ses regards ne disaient absolument que ce qu'il lui convenait de leur laisser dire.

A l'heure où nous le rejoignons, seul et certain de ne pas être observé, il ne veillait pas sur lui-même et l'expression de ses traits crispés était effrayante. Un sourire diabolique soulevait sa lèvre supérieure, un feu sombre brillait dans ses yeux.

Penché sur le cou de son cheval qui dévorait l'espace, et l'excitant sans relâche de la cravache et du talon, il ressemblait à un mauvais ange dont les projets sinistres sont au moment de triompher.

Il entra comme un ouragan dans la cour du *Chevreuil d'argent,* jeta les rênes de sa monture aux mains de Jean-Louis, en lui criant qu'il était inutile de la conduire à l'écurie attendu qu'il ne ferait qu'entrer et sortir, et sans presque répondre au profond et respectueux salut par lequel Monique Clerget l'accueillit au passage, il monta droit à la chambre d'Olympe Silas.

La jeune femme, toujours revêtue du pseudonyme et du costume de Léon Randal, lisait au coin de la cheminée dans laquelle brûlait un feu clair, et, tout en lisant, roulait dans ses doigts son éternelle cigarette.

L'apparition si brusque de Gontran la fit tressaillir, et la pâleur mate de son visage se colora chaudement pendant une ou deux secondes.

— Bon Dieu! dit-elle, cher baron, qui vous amène ainsi comme un ouragan? Je ne vous attendais pas aujourd'hui, mais vous savez qu'ici vous êtes toujours le bienvenu !

Gontran se laissa tomber sur un siège.

— Vous avez le visage étrangement bouleversé, reprit Olympe; apporteriez-vous quelque fâcheuse nouvelle? Vos créanciers parisiens et messieurs leurs recors auraient-ils découvert vos traces?

— J'apporte une nouvelle en effet, répondit Gontran d'une voix sourde, une nouvelle de haute importance.

— Laquelle?

— Le docteur ***, ce médecin illustre, ce prince de la science dont je vous ai parlé, ne se trompait pas! Son oracle est au moment de s'accomplir.

— Ainsi, la comtesse de Kéroual?... demanda vivement Olympe.

— Ses jours sont comptés désormais. La crise prévue et annoncée par le grand homme s'est manifestée hier à deux reprises ; les progrès du mal seront désormais si rapides, qu'éclairé comme je le suis par l'expérience d'un maître infaillible, je pourrais, sans presque me tromper d'une semaine, fixer l'époque où la comtesse cessera d'exister.

Une émotion violente s'empara d'Olympe Silas, elle sentit son cœur se serrer, elle baissa la tête et de grosses larmes remplirent ses yeux.

Gontran la regarda avec stupeur.

— Eh quoi! murmura-t-il au bout d'un instant, vous pleurez!

— Vous le voyez bien.

— Vous plaignez madame de Kéroual?

— Pourquoi non? pauvre jeune femme! oui, je la plains et de tout mon cœur! Je ne suis point son ennemie, puisque vous ne l'aimez pas... Mais vous, Gontran, vous, est-ce que vous aurez le cœur froid et les yeux secs en la voyant mourir?

Sous le choc de cette question, qui touchait en lui une fibre saignante, le baron devint très-pâle, ses traits se contractèrent et pendant un instant il resta silencieux.

— Ni le cœur froid ni les yeux secs, répondit-il enfin, car j'ai pour la comtesse l'affection d'un ami, d'un parent, presque d'un frère. Mais ce n'est pas nous qui la frappons, c'est Dieu lui-même qui l'a condamnée en mettant dans son sein le germe d'un mal que la science est impuissante à combattre.

— Et puis, enfin, ajouta Olympe Silas, la mort de la comtesse vous rendra libre, puisqu'elle vous fera veuf et riche, et la fortune séchera les larmes que l'affection fraternelle fera couler. Est-ce la vérité, cela, Gontran?

— Oui, c'est la vérité. Oh! vous connaissez le cœur humain! Et maintenant que vous savez la nouvelle, ma chère Olympe, je pars.

— Vous arrivez à peine.

— Je ne suis point venu seulement pour vous voir.

— Ah! ah!

— Je vais prendre chez lui le docteur Perrin et l'emmener avec moi au château de Rochetaille.

— Qu'y fera-t-il?

— Absolument rien. Mais comme la comtesse doit ignorer jusqu'à la dernière minute que sa maladie est incurable, il est bon qu'un médecin en qui elle a quelque confiance se prononce sur son état. J'aurai soin de faire en route la leçon au docteur Perrin, afin qu'il la rassure de son mieux.

— Allez donc, et revenez le plus tôt possible, car vous comprenez à quel point m'intéresse ce qui va se passer là-bas.

Gontran remonta à cheval, se fit indiquer la demeure du médecin et s'arrêta devant la modeste grille qui fermait le petit jardin ou plutôt le parterre placé devant la maison.

Il sonna, sans mettre pied à terre. L'un des rideaux du premier étage s'écarta, la fenêtre s'ouvrit et le docteur lui-même apparut.

XXVI

L'ÉNIGME.

— Comment, c'est vous, monsieur le baron? s'écria Louis Perrin; on va vous ouvrir à l'instant. J'espère bien que ce n'est pas un motif fâcheux qui vous amène.

— Malheureusement, docteur, vous vous trompez, répondit Gontran.

— Quelqu'un est malade au château?

— Oui.

— La petite Marthe, peut-être?

— Non, sa mère.

— Ah! monsieur le baron, voilà une mauvaise nouvelle. Mais, du moins, l'indisposition de madame la comtesse est sans gravité, n'est-ce pas?

— Vous en jugerez mieux que moi, docteur. Je dois vous l'avouer, cependant, certains symptômes me paraissent inquiétants.

Tandis que ces répliques s'échangeaient, la servante du jeune médecin avait ouvert la grille, mais le baron déclara qu'il ne descendrait pas de cheval, afin d'éviter toute perte de temps, et il attendrait dans la rue que le docteur eût fait seller son bidet pour le suivre.

Ce fut l'affaire de quelques minutes. Louis Perrin se mit en selle et les deux hommes prirent rapidement le chemin de Rochetaille.

Chemin faisant, le docteur questionna son compagnon, et il en obtint des réponses très-précises, qui d'ailleurs ne

Les médecins les plus célèbres furent appelés en consultation... (Page 56.)

l'éclairèrent que médiocrement, car, après de suffisantes réflexions, il s'écria :

— Voilà d'étranges symptômes, monsieur le baron, et, jusqu'à présent, je dois vous l'avouer en toute humilité, je n'y comprends absolument rien.

— Comment! docteur, fit Gontran d'un air étonné, vous ne devinez pas quelle peut être la maladie qui débute de cette façon?

— Je l'ignore et je ne le devine pas. Mais que cette ignorance ne soit point pour vous un sujet d'inquiétude; il est probable que lorsque j'aurai vu madame la comtesse, certains diagnostics viendront m'éclairer et je pourrai me former une opinion.

— Oh! oui, docteur, je vous en supplie, faites en sorte de voir clair dans cette obscurité! Enrayez le mal dès ses débuts! Ce doit être facile encore, puisqu'à cette heure il n'a pas eu le temps de faire de grands progrès. Songez que ma vie et mon bonheur sont attachés à l'existence que je vais remettre entre vos mains, car, dans quelques semaines, la comtesse de Kéroual échangera son nom contre celui de baronne de Strény.

— Ainsi donc, c'est bien vrai, se dit le docteur à lui-même, il l'épouse!

Puis, tout haut, en regardant fixement Gontran, il ajouta d'un ton contraint :

— J'avais entendu parler de ce projet de mariage par le bruit public, monsieur le baron, et je suis heureux d'apprendre que le bruit public ne se trompait point. Permettiez-moi de vous adresser toutes mes félicitations, car madame de Kéroual est une femme adorable, et l'on doit éprouver pour elle une profonde et sincère affection ; vous l'aimez, je n'en doute pas.

Gontran, nous le savons, était un habile comédien.

Le vif reflet d'une flamme intérieure sembla se répandre sur son visage et l'illumina, à la grande surprise du docteur, et il répondit d'une voix que la passion rendait vibrante :

— Si je l'aime!... Ah! docteur, mon affection pour la comtesse est plus que de l'amour, c'est une adoration, c'est un culte!... Il y a si longtemps que je la connais, songez-y donc! si longtemps que je l'aime! Quand elle était jeune fille encore, je l'aimais déjà, déjà j'avais demandé sa main. Son premier mariage m'avait brisé le cœur, et mon désespoir fut si grand que j'en tombai malade, et que je passai plusieurs semaines entre la vie et la mort! S'il me fallait aujourd'hui assister de nouveau à l'évanouissement de mes rêves, à l'écroulement de mes espérances, je sens bien que je n'aurais plus la force de supporter ce terrible coup. Sauvez la comtesse, docteur, si la comtesse est en péril, et ce n'est pas elle seule qui vous devra l'existence! Sauvez-la, car, si Dieu permettait qu'elle me fût ravie, je ne lui survivrais pas!

En prononçant ces dernières paroles, d'une voix tremblante d'émotion, Gontran essuya ses yeux humides des larmes que faisait couler la seule pensée d'une séparation.

Le docteur Perrin était bon physionomiste, mais sa connaissance du cœur et du visage humain n'allait pas cependant jusqu'à lui permettre de soulever certains masques, si bien imités et si étroitement attachés, qu'il était à peu près impossible de ne point les confondre avec le visage même dont ils offraient la ressemblance.

L'effrayante hypocrisie du baron de Strény était de celles dont on doute encore, même lorsqu'on en a dans les mains la preuve indiscutable.

Louis Perrin fut complétement dupe de la comédie sentimentale que Gontran venait de jouer devant lui; tous ses soupçons se trouvèrent ébranlés et il se sentit près de conclure à l'innocence complète, quoique invraisemblable, des relations du baron et du prétendu Léon Randal.

Gontran aimait madame de Kéroual; il l'aimait d'une passion profonde, ardente, exclusive : ceci, après l'entretien que nous venons de reproduire, ne faisait plus l'ombre d'un doute pour le docteur Perrin. Or, une passion si vive ne devait-elle pas exclure toute pensée de trahison? Le jeune médecin se posait cette question, et la logique de son âme honnête le poussait d'une manière invincible à se répondre affirmativement.

Il se trompait, mais qui donc, à sa place, à moins d'être doué d'une prescience et d'une lucidité surhumaines, n'aurait été abusé comme lui?

Les deux hommes mirent une heure pour aller de Rixviller au château, car le bidet de Louis Perrin ne pouvait lutter de vitesse avec le trotteur anglais du baron.

En descendant de cheval, ils trouvèrent madame de Kéroual au salon, souriante, et à peine plus pâle que de coutume.

— En vérité, docteur, dit-elle en tendant au jeune médecin sa main blanche, vous allez vous moquer de moi et penser que je ne suis rien moins qu'une malade imaginaire. Mais c'est la faute de mon cousin ; il a voulu courir vous chercher, sans même attendre une heure, et, franchement, je commence à croire qu'il vous a dérangé pour rien.

— Ah ! madame la comtesse, s'écria Louis Perrin avec conviction, combien je suis heureux que ma visite soit inutile ! Je m'attendais bien à ne pas n'avoir rien de grave à constater ; mais j'osais à peine espérer vous trouver à ce point remise. D'après ce que m'a raconté M. le baron, vous avez souffert, cependant, beaucoup souffert?

— Oui, docteur, j'ai souffert au delà de toute expression, si cela doit justifier à vos yeux les inquiétudes exagérées de mon cousin. Mais de cette indisposition passagère il ne me reste rien, absolument rien, qu'un peu de faiblesse et de fatigue.

— Nous allons combattre l'une et l'autre avec des fortifiants anodins, et je crois pouvoir vous promettre que nous en viendrons facilement à bout.

— Faites votre ordonnance, docteur, répliqua la comtesse en souriant de nouveau, elle sera docilement suivie.

Madame de Kéroual achevait à peine ces paroles, quand une expression de douleur aiguë se peignit sur ses traits contractés et devenus tout à coup livides; elle poussa un sourd gémissement et se renversa en arrière dans son fauteuil.

— Docteur ! docteur ! s'écria Gontran en saisissant le bras du jeune homme. Regardez ! Que veut dire ceci ?

— Madame la comtesse, qu'avez-vous donc ? qu'éprouvez-vous ? demanda Louis Perrin stupéfait de cette crise soudaine que, moins d'une seconde auparavant, rien ne pouvait faire prévoir.

Léonie voulut répondre, mais il lui fut impossible d'articuler un seul mot; elle porta les mains à sa poitrine ; une sorte de râle s'échappa de ses lèvres ; ses yeux roulèrent dans leurs orbites et elle perdit connaissance.

— Que faire, docteur? que faire? Agissez, au nom du ciel, agissez vite ! balbutia Gontran simulant le désordre d'une immense angoisse. Quelle immobilité, quelle pâleur ! On croirait qu'elle est morte ! Rassurez-moi, je vous en supplie ! Docteur, dites-moi qu'elle est vivante !

Louis Perrin, très-inquiet, très-effrayé, car ce qui se passait sous ses yeux lui semblait absolument inexplicable, souleva l'un des bras de Léonie et appuya ses doigts sur le poignet de la jeune femme.

— C'est un simple évanouissement, dit-il au bout d'une ou deux secondes, après avoir interrogé la veine.

— Cet évanouissement m'épouvante malgré moi, reprit Gontran; je vous en prie, docteur, ne le laissez pas se prolonger.

— C'est ce que je vais faire sans retard; mais, pour cela, j'ai besoin de médicaments que je trouverai dans la phar-

macie du château; à qui dois-je m'adresser pour en avoir la clef?

— A moi, monsieur le docteur, répondit Périne ; cette clef ne me quitte jamais.

— Venez donc, conduisez-moi.

— Oui, oui, allez ! s'écria le baron ; moi, je reste auprès de madame la comtesse et j'attends votre retour avec impatience.

La pharmacie du château de Rochetaille était une petite chambre du rez-de-chaussée, garnie de rayons sur lesquels se voyaient une grande quantité de bocaux et de flacons étiquetés soigneusement, et renfermant des drogues et des médicaments de toutes sortes, que madame de Kéroual avait l'habitude de distribuer elle-même aux pauvres du pays, lorsqu'ils se présentaient avec une ordonnance du médecin.

Une petite table, placée au milieu de cette chambre, supportait des balances, deux ou trois mortiers, et quelques autres objets nécessaires pour des manipulations peu compliquées.

Madame de Kéroual, dont la charité inépuisable aimait à se manifester sous toutes les formes, prenait plaisir à ces manipulations, au courant desquelles elle avait été mise par le vieux médecin prédécesseur du docteur Louis Perrin.

Ce dernier choisit sur un des rayons les sels dont il avait besoin, et dit à Périne, en regagnant avec elle le salon où la comtesse venait de se trouver mal :

— La chambre que nous quittons renferme une foule de substances infiniment dangereuses si elles étaient employées hors de propos, ou sans précautions; je ne saurais donc trop vous recommander de ne jamais laisser la porte ouverte, et de ne pas vous dessaisir de la clef sous quelque prétexte que ce soit. Une imprudence, vous le comprenez, pourrait avoir les suites les plus graves.

— Je le comprends à merveille, monsieur le docteur, répliqua Périne, et, si j'accepte sans crainte la responsabilité qui pèse sur moi, c'est que j'ai la certitude et la conscience de ne me rendre coupable ni d'une négligence, ni d'un oubli.

L'évanouissement de madame de Kéroual persistait. Gontran, agenouillé près d'elle, lui tenait les deux mains dans les siennes et pleurait de vraies larmes.

— Hâtez-vous, docteur ! hâtez-vous ! balbutia-t-il d'une voix à peine distincte. Cet anéantissement, qui ressemble à la mort, glace mon sang dans mes veines ! S'il devait continuer longtemps, je sens que je deviendrais fou !

— Calmez-vous, monsieur le baron, répondit Louis Perrin. Je vous affirme sur l'honneur que je ne vois aucun danger immédiat... et ce ne sont point de vaines paroles. Je ne parle pas pour vous rassurer. J'exprime ma conviction sincère. Madame de Kéroual aura repris connaissance dans quelques minutes, je vous le promets.

— Ah ! docteur, que Dieu vous entende ! Vous me rendez la vie.

La promesse du jeune médecin se réalisa dans le délai qu'il venait de fixer. Les sels énergiques, employés à propos, déterminèrent une réaction immédiate. Un profond soupir souleva la poitrine de madame de Kéroual. Un tressaillement nerveux agita tout son corps et ses yeux se rouvrirent.

Gontran lui baisait les mains. Périne, penchée sur elle, la contemplait, pâle d'émotion.

— Souffrez-vous, madame la comtesse? reprit Louis Perrin.

Madame de Kéroual secoua la tête.

— Vous vous sentez trop faible pour parler? reprit Louis Perrin.

Elle fit signe que oui.

— Alors, gardez le silence et attendez.

Le docteur prit un verre, prépara une potion et l'approcha des lèvres de la comtesse qui but avidement. Au bout d'un instant elle murmura :

— Voici mes forces qui reviennent... mais j'ai bien cru que j'allais mourir.

— Qu'avez-vous éprouvé?

— La même sensation, la même souffrance que pendant les dernières nuits.

— Cette sensation, cette souffrance, vous est-il possible de me les décrire?

— Il m'a semblé que ma poitrine se remplissait de feu, et qu'une douleur aiguë, effroyable, me serrait et me broyait le cœur. Cela n'a duré qu'une seconde. J'ai voulu crier, je n'ai pas pu, et j'ai perdu connaissance.

— Et maintenant, cette douleur?

— Il ne m'en reste que le souvenir, mais il suffit à me faire frissonner de la tête aux pieds! Ah! docteur, empêchez qu'elle ne revienne, je vous en conjure, car il me semble que je n'aurais plus la force de la supporter de nouveau.

— Tout ce qui dépendra de moi, madame la comtesse, je le ferai, et nous triompherons du mal.

— L'espérez-vous réellement?

— Je fais plus que l'espérer, j'en suis sûr. Mais il me faut vous prier de répondre à quelques questions. Pouvons-nous le faire sans fatigue en ce moment?

— Oui, car, grâce à la potion que vous m'avez préparée tout à l'heure, je suis forte.

Le docteur interrogea madame de Kéroual sur les particularités les plus minutieuses de son tempérament et du régime qu'elle avait l'habitude de suivre.

Il en tira, ou du moins il parut en tirer les conclusions les plus favorables, les plus rassurantes; il écrivit une ordonnance extrêmement simple, et il annonça que, sa présence ne lui semblant plus utile, il allait se retirer, mais qu'il reviendrait le lendemain et qu'il avait la ferme confiance que, d'ici là, aucun accident fâcheux ne se manifesterait.

Gontran quitta le salon avec lui, et, dès qu'ils furent seuls il lui demanda:

— Docteur, est-ce bien franchement que vous venez de rassurer madame de Kéroual? Vous ne devez rien me cacher. J'ai le droit de connaître, moi, la vérité tout entière.

— Monsieur le baron, répondit Louis Perrin, la profession que j'ai l'honneur d'exercer, et qui me paraît belle et honorable entre toutes, doit être exempte absolument de charlatanisme. Je vous dirai donc, avec une franchise qui me nuira peut-être à vos yeux, mais qui m'élève aux miens, que jusqu'à présent tout est inexplicable pour moi dans l'état de madame de Kéroual. Sa constitution est excellente. Aucune affection, dans le passé, ne me semble avoir dû la prédisposer à ce mal bizarre auquel il est impossible de donner un nom. Une obscurité profonde enveloppe à mes yeux l'origine et la cause de ces crises terribles dont la dernière vient d'avoir lieu devant nous. Je suis donc forcé d'agir à tâtons, comme un aveugle, mais j'évoquerai la lumière. Ma bibliothèque est assez riche, et renferme les ouvrages des principaux maîtres de la science. Je vais chercher, comparer, réfléchir, demander enfin aux travaux de ces illustres bienfaiteurs de l'humanité la solution du problème qui confond en ce moment mon intelligence. De tels hommes ont tout observé, tout noté, tout décrit. Il est impossible qu'interrogés pieusement par le plus fervent de leurs adeptes ils ne lui donnent pas la réponse attendue. Voilà tout mon espoir.

— Et cet espoir est bien fondé, j'en ai la ferme confiance! dit vivement le baron de Strény, en serrant de la façon la plus affectueuse la main du jeune homme; les paroles si modestes et si sages que je viens d'entendre doublent mon estime pour vous, et cette estime était déjà grande. Allez, docteur! cherchez la lumière, et la lumière se fera! Je vous attends demain.

— Je serai ici dans la matinée. Puissé-je trouver madame de Kéroual complètement rétablie, et cela me paraît sinon probable, du moins possible. Mais s'il survenait une crise nouvelle, un accident quelconque, que je ne saurais prévoir, je vous demande avec instance de m'envoyer chercher, fût-ce au milieu de la nuit!

Gontran le promit, et le docteur Perrin, remontant sur son bidet, s'éloigna.

XXVII

LES NERFS.

Le reste de la journée se passa bien. Les prescriptions du docteur, religieusement suivies, amenèrent chez madame de Kéroual un bien-être de favorable augure. Elle se trouva même, sur le soir, infiniment plus forte qu'elle ne l'avait été depuis deux jours.

Ceci n'empêcha point Périne de déclarer qu'elle passerait la nuit dans la chambre de madame de Kéroual, auprès de son lit, et que rien au monde, pas même la volonté de sa maîtresse, ne pourrait l'empêcher d'accomplir cette résolution.

Léonie essaya vainement de persuader à sa femme de chambre que cette veille fatigante n'était point utile; elle comprit que Périne serait inébranlable, et, de guerre lasse, elle céda.

Aussitôt qu'elle fut couchée, la femme de Jean Rozier s'installa dans un fauteuil, au chevet du lit, et bientôt elle eut la joie de voir la malade s'endormir d'un paisible et profond sommeil. A demi rassurée, elle ne jugea point nécessaire de lutter contre l'extrême lassitude qui l'écrasait; certaine de se réveiller au moindre bruit, au moindre mouvement, elle ferma les yeux et elle s'endormit à son tour.

La nuit fut calme. Nous n'avons, pour toute sa durée, à mentionner qu'un seul incident, et cet incident n'eut point lieu dans la chambre de la comtesse.

Au moment où sonnaient deux heures du matin, la porte de l'appartement du baron de Strény tourna doucement sur ses gonds huilés avec soin, et Gontran lui-même parut sur le seuil.

Il tenait de la main gauche une petite lanterne sourde, voilée aux trois quarts, et ne laissant filtrer qu'un rayon lumineux à peine perceptible.

Avant de s'engager dans la galerie qui, nous le savons, desservait les appartements du premier étage, le baron avança la tête et prêta l'oreille, afin sans doute de se bien assurer qu'aucun bruit ne venait jusqu'à lui.

Le silence était profond. Tout le monde dormait dans le château.

Gontran sortit alors de chez lui. Ses pieds, chaussés de pantoufles épaisses, ne produisaient aucun bruit sur le parquet.

Il longea le couloir, il descendit avec précaution l'escalier conduisant au rez-de-chaussée, et il se dirigea vers la chambre où nous avons suivi Périne et le docteur, et que les soins de la châtelaine avaient métamorphosée en pharmacie.

Arrivé à la porte de cette chambre, il s'arrêta de nouveau et de nouveau il prêta l'oreille. Comme la première fois, il n'entendit que les battements de son cœur.

Alors il prit dans sa poche une clef, il ouvrit la porte et il la tira derrière lui après avoir pénétré dans le laboratoire.

Là, aucune précaution n'était nécessaire. On ne pouvait voir la lumière que depuis le jardin, et, sans doute, à pareille heure, tous les domestiques du château reposaient paisiblement dans leurs lits.

Gontran démasqua l'âme de sa lanterne sourde, de manière à répandre une clarté suffisante, et il se mit à passer en revue les bocaux et les flacons étiquetés.

Plusieurs renfermaient ces substances vénéneuses, soit minérales, soit végétales, qui, employées à très-faible dose dans la composition de certains médicaments, deviennent des agents de guérison et, grâce aux combinaisons de la science, changent leurs propriétés mortelles en vertus bienfaisantes.

Gontran s'était muni de petites boîtes et de flacons microscopiques qui jadis avaient contenu des essences et des parfums. Il fit sa récolte sinistre, empruntant quelques pincées à chaque poudre toxique, quelques gouttes à chaque liquide vénéneux, puis, quand il eut achevé, il murmura:

— Ce qu'il me faudrait pour frapper le dernier coup n'est pas ici, mais je veux l'avoir à tout prix, et je l'aurai.

Il quitta le laboratoire qu'il referma soigneusement, et il regagna son appartement sans avoir donné l'éveil à quelqu'un des habitants du château.

Disons, en passant, que tandis que ceci se faisait au rez-de-chaussée, Périne, endormie près de la comtesse, ne s'était aucunement dessaisie de la seule clef qui, croyait-elle, pût ouvrir la porte de la pharmacie, et que cette clef se trouvait dans sa poche avec toutes les autres dont ses fonctions de femme de charge la constituaient gardienne.

Dès le jour, Gontran vint frapper d'une façon discrète à la porte de l'appartement de Léonie.

Périne lui ouvrit en mettant un doigt sur ses lèvres pour lui faire comprendre qu'il fallait parler bas.

— Eh bien? lui demanda-t-il d'une voix faible comme un souffle.

— Madame la comtesse repose encore, répondit-elle, prenez bien garde de l'éveiller.

— Comment s'est passée la nuit ?

— A merveille ! madame a dormi comme un enfant. Chère madame, elle devait en avoir besoin après avoir si cruellement souffert !

— Ah ! que Dieu soit béni ! murmura le baron dont la figure prit une expression rayonnante.

Puis il ajouta :

— Combien je vous sais gré, ma bonne Périne, d'avoir voulu veiller auprès de la comtesse ! Votre présence me rassurait ; si je ne vous avais sue dans cette chambre, j'aurais passé des heures cruelles.

— Je n'ai fait que mon devoir, monsieur le baron, répliqua Périne en rougissant de modestie, et, ce devoir, ma respectueuse affection pour madame la comtesse le rendait bien facile et bien doux.

— Périne, reprit Gontran d'une voix attendrie, votre dévouement pour madame de Kéroual est de ceux qui ne se peuvent payer ; il faut des âmes comme la mienne pour le comprendre et pour l'apprécier. Périne, je n'ai qu'une promesse à vous faire, c'est que vous ne nous quitterez jamais.

— Ah ! monsieur le baron, balbutia la jeune femme avec une émotion aussi sincère que celle de Gontran l'était peu, c'est mon vœu le plus cher, le plus ardent, et cette récompense si belle, je ferai tout pour la mériter.

M. de Strény prit la main de la femme de charge et la serra très-affectueusement.

— Aussitôt que madame la comtesse sera réveillée et pourra me recevoir, dit-il ensuite, venez me prévenir, je vous en prie.

Le sommeil de Léonie dura deux heures encore, puis la jeune femme ouvrit les yeux, et, se sentant si reposée, si forte, si vaillante, elle se dit en souriant que sa guérison était complète et que le mal ne reviendrait plus.

Ce fut aussi l'avis du docteur Perrin, qui descendit de cheval devant le château à dix heures précises et qui trouva Gontran sur la plus haute marche du perron.

Le rayonnement d'une joie vive éclaira son visage quand il entendit Gontran lui rendre un compte si satisfaisant de l'état de la jeune malade.

— Ah ! monsieur le baron, s'écria-t-il, vous ne vous doutez pas du soulagement immense que m'apporte cette heureuse nouvelle. Vous allez le comprendre en m'écoutant. Sachez-le donc, j'ai passé la nuit tout entière dans le travail le plus acharné, j'ai compulsé cinquante volumes, et j'arrive ce matin pas beaucoup plus instruit que je ne l'étais hier en vous quittant ; je n'ai trouvé nulle part une explication satisfaisante, une même plausible, des phénomènes dont nous avons été témoins. Les crises de madame de Kéroual restent donc, à l'heure qu'il est, absolument incompréhensibles pour moi. Certains cas d'empoisonnement offrent seuls, dans leurs résultats, quelques analogies avec ces crises, mais les circonstances présentes rendent inadmissible la supposition d'un empoisonnement accidentel, puisque je me suis fait renseigner sur la composition du repas dont madame la comtesse avait pris sa part depuis quelques jours. Tous les mets servis sur la table du château avaient été partagés par vous, par les enfants, et achevés par les domestiques. Or madame de Kéroual seule a souffert. Ceci est sans réplique et il serait insensé de s'arrêter, ne fût-ce qu'un instant, à une supposition de ce genre. Je préfère, et de beaucoup, admettre que le mal a disparu sans raisons appréciables, comme il était venu, et qu'il ne faut attribuer d'autre cause qu'un désordre momentané des fonctions du système nerveux.

Le docteur ajouta en souriant.

— Les nerfs, vous le savez, monsieur le baron, voilà la grande, la suprême ressource des pauvres médecins dans l'embarras. Avec les nerfs ils expliquent, tant bien que mal, tout ce qu'il leur est impossible d'expliquer autrement.

Nous avons eu déjà plus d'une preuve du prodigieux empire de Gontran sur lui-même.

En entendant Louis Perrin parler de poison, il ne fut cependant pas le maître de réprimer un léger frisson d'épouvante, et son visage devint blanc comme un linge. Le jeune médecin ne remarqua ni ce tressaillement ni cette pâleur, et la suite de son discours rassura bien vite et d'une façon très-complète M. de Strény.

— Va pour les nerfs, cher docteur, répliqua-t-il d'une voix calme, en souriant à son tour ; autant vaut cela qu'autre chose. Venez voir madame de Kéroual.

Léonie venait de se lever et elle attendait les visiteurs dans un petit salon attenant à sa chambre à coucher.

Elle n'avait pas eu le temps de faire sa toilette ; une cordelière de soie serrait autour de sa taille souple son peignoir de cachemire ; ses admirables cheveux blonds semblaient plus beaux encore dans leur désordre qui les faisait valoir en en trahissant la richesse.

Louis Perrin fut comme ébloui.

Il sentit le sang de ses veines affluer à son cœur, et il se répéta tout bas avec une involontaire amertume :

— Pourquoi n'ai-je pas le droit de l'aimer ?

La comtesse lui tendit la main en souriant.

— Je crois, cher docteur, lui dit-elle, qu'aujourd'hui vous serez content de votre malade ; votre ordonnance a fait merveille et vos rassurantes prédictions se sont réalisées de point en point.

— Tout me semble, en effet, aller le mieux du monde, répliqua Louis Perrin après avoir tâté le pouls de Léonie ; aucune fièvre et la peau est fraîche. Il me semble inutile de vous demander si la nuit s'est bien passée ?

— J'ai dormi douze heures sans interruption.

— Allons, je vois que la malade se porte mieux que le médecin et je m'en félicite.

— Que faut-il faire ?

— Absolument rien. Le mal ayant jugé convenable de battre en retraite, ne l'inquiétons pas dans sa fuite.

— Eh bien ! docteur, puisque tout est fini, donnez-moi donc la satisfaction de m'apprendre pourquoi j'ai tant souffert.

— Deux mots vous expliqueront ce que vous voulez savoir.

— Et ces deux mots ?

— Les voici : Les nerfs.

— Comment, vous croyez ?

— Il faut bien que je le croie, puisque je ne trouve pas autre chose.

La conversation continua quelque temps encore, puis le docteur quitta le château en annonçant que, ses visites étant inutiles jusqu'à nouvel ordre, il ne reviendrait plus avant qu'on le fît appeler.

XXVIII

GONTRAN ET LÉONIE

En croyant tout fini, le docteur Perrin s'abusait.

Deux jours après la dernière entrevue que nous venons de mettre sous les yeux de nos lecteurs, un domestique du château allait le chercher en toute hâte.

La comtesse venait de retomber, mais les caractères de cette rechute n'avaient aucune espèce de rapport avec ceux que nous avons longuement décrits.

A partir de ce moment commença une maladie bizarre, mystérieuse, inexplicable, ayant d'incompréhensibles alternatives de mieux inattendus et de défaillances soudaines, et mettant en défaut, par ses symptômes contradictoires, tout le savoir et toutes les recherches du jeune docteur.

La responsabilité morale qu'il assumait en soignant seul madame de Kéroual lui semblait trop lourde ; les médecins les plus habiles, les plus expérimentés de Vesoul, de Lure et d'Épinal furent appelés par lui en consultation.

Selon la coutume à peu près invariable en pareil cas, chacun de ces messieurs émit un avis différent sur le traitement à suivre ; mais ils déclarèrent unanimement qu'ils ne savaient quel nom donner à ce mal *caméléon*, qui de jour en jour, et presque d'heure en heure, subissait les modifications les plus invraisemblables et les plus inattendues.

En se séparant (sans avoir conclu), ils engagèrent le docteur Perrin (dans l'intérêt de la science) à noter minutieusement ses observations sur ces intéressantes et curieuses anomalies, et à présenter à l'Académie royale de médecine

Paris. — Typ. Collombon et Brûlé, rue de l'Abbaye, 5.

C'est à Paris que les élèves en pharmacie se donnent du bon temps. (Page 61.)

un rapport qui ne pourrait manquer de faire à son auteur le plus grand honneur.

Louis Perrin resta donc seul en présence de la comtesse de Kéroual, dont l'état s'aggravait sans cesse, et en proie à des indécisions, à des irrésolutions qui le torturaient.

Ce que ni le jeune médecin ni ses confrères ne pouvaient comprendre, nos lecteurs, eux, l'ont déjà compris. Ils ont deviné que le baron de Strény, continuant son œuvre infâme, variait chaque jour, non-seulement les doses, mais encore la nature des poisons dont il se servait, détournant ainsi les soupçons avec une infernale adresse, ou, pour mieux dire, les empêchant de naître.

On venait d'atteindre le mois de novembre. Il faisait froid, de grands nuages d'un gris ardoisé cachaient le ciel et semblaient ramper sur les collines qui bornaient l'horizon ; les feuilles tombées des arbres jonchaient les allées du parc, une neige épaisse couvrait les hauts sommets des montagnes des Vosges, et des bandes de corbeaux passaient à tire-d'aile en poussant leur croassement monotone.

Madame de Kéroual était arrivée peu à peu à un état de dépérissement et de faiblesse qui ne pouvait laisser aucun doute sur sa fin prochaine, à moins qu'un miracle ne s'accomplit, et, ce miracle, Périne seule s'obstinait à le demander à Dieu ; le docteur lui-même ne l'espérait guère.

La comtesse n'était plus que l'ombre d'elle-même. En quelques semaines, elle avait vieilli de vingt années. Sa maigreur, devenue prodigieuse, lui donnait l'air d'un spectre vivant.

De toutes ces beautés qui la rendaient si séduisante, elle

8ᵉ LIVRAISON.

n'en avait conservé que trois : ses admirables cheveux blonds, ses grands yeux au regard triste et doux, et ses dents d'un émail inaltérable.

Quand elle se regardait dans un miroir, un sourire venait à ses lèvres pâlies ; mais ce sourire offrait une expression navrante ; il semblait dire :

— Voilà donc ce que je suis devenue !

Léonie cependant, et cela malgré les conseils du docteur et les instances du baron, ne consentait point à garder le lit. Chaque jour elle se faisait habiller, et, soutenue d'un côté par Gontran, de l'autre par Périne, elle descendait au salon et s'installait au coin du feu.

Parfois même, quand un rayon de soleil égaré perçait les nuages, elle faisait porter un fauteuil sur la plate-forme du perron, et là, chaudement enveloppée de fourrures, elle contemplait pendant une heure le paysage attristé par les approches de l'hiver, et qu'elle ne devait plus voir revêtu des riantes couleurs du printemps.

Gontran, dont l'hypocrite tendresse ne se démentait pas, semblait ne vouloir se séparer de Léonie ni une heure, ni une minute ; mais la jeune mourante refusant d'accepter ce sacrifice, et, trois ou quatre fois par semaine, elle exigeait que son cousin allât à la chasse ou sortît à cheval.

Il se faisait longuement prier, puis il cédait et courait à Rixviller, où Olympe Silas l'attendait au *Chevreuil d'argent*.

Un jour madame de Kéroual, plus faible encore que de coutume, ne descendit point dans l'après-midi et s'installa près du foyer de sa chambre à coucher.

— Gontran, dit-elle à son cousin, aujourd'hui je suis égoïste, je vous garde.

— Vous savez bien, chère Léonie, répliqua-t-il, que rester auprès de vous sans cesse est mon unique désir et mon seul bonheur. J'espère que vous n'en doutez pas ?

— Non, mon ami, je ne doute pas d'une affection dont vous me donnez tant de preuves. Si j'en doutais, je serais ingrate, et, grâce au ciel, l'ingratitude est un sentiment qui m'est inconnu. Vous êtes un noble cœur, Gontran, un de ces cœurs d'élite qui ne se reprennent plus lorsqu'ils se sont donnés ; car vous m'aimez encore, je le crois.

— Si je vous aime ! Oh ! plus que jamais ! s'écria le baron.

— Et cependant, reprit la comtesse avec ce sourire mélancolique dont nous avons déjà parlé, il ne reste rien aujourd'hui de ce que vous aimiez jadis en moi : ma jeunesse est flétrie, ma beauté disparue ; je ne suis plus une femme, je suis un fantôme. Ah ! Gontran, quand je me regarde, je me demande s'il est, dans le monde un autre homme capable de rester fidèle, comme vous, à un serment, à un souvenir ! En vérité, Gontran, votre amour est héroïque.

— Que parlez-vous de jeunesse flétrie, de beauté disparue ? répliqua vivement le baron. Chère Léonie, vous blasphémez ! La santé reviendra bientôt et vous verrez refleurir en même temps votre jeunesse et votre beauté.

Madame de Kéroual secoua doucement la tête.

— Soyez sincère, dit-elle ensuite ; est-ce que vous croyez ma guérison possible ?

— Non-seulement possible, mais certaine.

— Et le docteur Perrin partage cet avis ?

— Oui, je vous l'affirme ; il me le répétait ce matin encore.

— Eh bien ! cela prouve ceci : c'est que vous vous trompez tous deux.

— En disant de pareilles choses, Léonie, vous me désespérez.

— Faut-il me taire ? Soit, je me tairai ; mais à quoi bon vous laisser des illusions ? Le coup qui vous frappera bientôt ne sera que plus rude.

— Vous êtes cruelle pour moi, Léonie, cruelle pour tous ceux qui vous aiment, cruelle pour vous-même, car ce découragement insensé peut et doit empirer le mal contre lequel vous n'avez même plus la volonté d'engager la lutte.

— Lutter ! pourquoi ? je suis vaincue.

— Non, cent fois non ! Le docteur est plein d'espérance ; il ne s'exagère point, lui, la gravité de votre état. J'ai voulu savoir, je l'ai pressé de questions, il m'a promis de vous sauver.

L'amour de la vie est le plus tenace de tous les amours ; il ne s'éteint qu'à l'heure où le dernier souffle s'exhale.

Tandis que Léonie écoutait Gontran, une expression vaguement joyeuse passa sur son visage, et elle murmura :

— Il vous a dit cela, bien vrai ?

— Sur mon honneur de gentilhomme, je vous l'affirme !

— Et il le pensait ?

— Le docteur Perrin ne ment jamais.

— Ah ! s'il ne se trompait pas ! s'écria la comtesse ravivée par cette espérance qui s'imposait à elle. S'il me sauvait, s'il me faisait vivre, quel bonheur, et aussi quelle reconnaissance ! Mais, non, je veux pas penser... c'est impossible... c'est un rêve... et le réveil serait trop amer...

— Le rêve se réalisera, chère Léonie, répondit Gontran ; il se transformera en une belle et bonne réalité... et ce sera bientôt. Le docteur compte sur un prochain retour de vos forces ; il attend avec impatience que vous soyez en état de supporter un voyage de quelque durée.

— Un voyage ? répéta la comtesse ; est-il donc question d'un voyage ?

— Oui ; le docteur ne veut pas vous voir passer l'hiver dans ce pays brumeux. Nous partirons avec votre fille ; nous irons en Italie, en Espagne, où vous voudrez, pourvu que ce soit dans un de ces climats où l'air est toujours chaud et le ciel toujours pur, où jamais le soleil ne secache sous un nuage.

— Oh ! oui... s'écria la comtesse avec enthousiasme ; oui... nous ferons cela. Le soleil et l'azur... il me semble que ce sera la vie.

— Ainsi donc, chère bien-aimée, reprit le baron, plus de découragement et de sombres idées. Vous le voyez, l'avenir sera beau.

— Eh bien ! je ne résiste plus ! murmura madame de Ké-

roual. Je veux croire à la possibilité de vivre, je veux espérer en l'avenir.

Elle essaya de quitter le siége sur lequel elle était assise : mais elle avait compté sans sa faiblesse ; elle retomba.

— L'avenir ! répéta-t-elle alors avec amertume, je parle de l'avenir ! pauvre folle ! Aurai-je seulement la force d'aller jusqu'au soleil de demain ?...

— Ah ! Léonie, c'est mal ! fit Gontran d'un ton de reproche. Est-ce donc là ce que vous venez de me promettre ?

Madame de Kéroual passa ses deux mains sur son front.

— Oui, vous avez raison, et j'ai tort de douter ! reprit-elle ensuite. Mieux vaut l'espoir, après tout. Et puis, bientôt ma vie va vous appartenir. Ce sera à vous de la conserver, car voilà ce que j'avais à vous dire aujourd'hui, Gontran : que je doive vivre ou mourir, le moment est venu d'effacer la faute que j'ai commise en étant faible contre votre amour. Cette faute, c'est le seul chagrin, c'est le seul remords de ma vie. Je veux purifier mon cœur et calmer les inquiétudes de mon âme. Si la santé doit me revenir, je ne veux plus avoir à rougir en embrassant ma fille ! Si mes jours sont comptés, je veux descendre dans la tombe en portant votre nom !

— Vous allez au-devant du plus ardent de mes désirs, chère Léonie.

— Et puis, continua la comtesse, aussitôt que je serai votre femme, il me semble que j'éprouverai un grand apaisement. Les inquiétudes, les angoisses, qui malgré moi me tourmentent quand je pense à l'avenir de mon enfant, n'auront plus de raison d'être. Je pourrai mourir en paix, si la volonté de Dieu n'est point de me laisser ici-bas. Vous serez mieux que le parent de Marthe, mieux que son tuteur, vous serez son père.

— Je le suis déjà par le cœur, vous le savez bien, s'écria Gontran, et si j'avais le malheur de vous perdre, jamais enfant n'aurait trouvé chez son père véritable un dévouement plus entier, plus absolu que celui sur lequel Marthe pourrait compter de ma part.

Léonie prit dans les siennes les deux mains du baron, et les serra avec une effusion reconnaissante.

— Oui, je le sais, murmura-t-elle, et vous savez aussi que dans un temps où tout le monde doutait de vous, moi je ne doutais pas... j'avais confiance... j'étais sûre de votre cœur et de votre âme. Mes instincts ne me trompaient point ! vous êtes le meilleur, vous êtes le plus loyal des hommes. Je serai bien heureuse, Gontran, bien heureuse et bien fière d'être votre femme, mais, comme je ne sais pas quelle doit être la durée de l'avenir dont je dispose, il faut nous hâter.

— J'obéirai à tous vos désirs, vos vœux seront des ordres pour moi.

— Dans combien de jours notre mariage pourra-t-il être célébré ?

— Si la première des deux publications est faite dimanche prochain, il pourra l'être onze jours après cette publication, la loi le veut ainsi.

— Eh bien ! plus de retard. Je vais vous remettre à l'instant les papiers et les actes qui me concernent. Faites en sorte que la première des publications légales ait lieu dimanche, c'est-à-dire dans les trois jours.

— Elle aura lieu, soyez-en sûre.

— Il est probable, reprit Léonie, à moins qu'un grand changement ne soit survenu dans mon état, que je n'aurai ni la force d'aller à la mairie, ni celle de me rendre à l'église, mais le maire et le curé ne refuseront certainement pas de venir au château donner à notre union la consécration civile et religieuse.

— N'ayez aucun doute à cet égard ; ils feront tous les deux avec empressement ce qu'on leur demandera de faire.

— Aussitôt notre mariage célébré, continua la comtesse après un silence, vous vous trouverez légalement investi de la tutelle de Marthe, en admettant que la mort nous sépare. Le testament par lequel je vous léguais cette tutelle, en remettant entre vos mains l'administration des biens de l'orpheline, deviendra donc inutile et sans but.

— Absolument, répliqua le baron, et nous le brûlerons ensemble quand vous voudrez.

— Oh ! rien ne presse ! Ce testament renferme l'expression de ma volonté, il faut qu'il subsiste jusqu'au mariage.

XXIX

LA VOLONTÉ D'OLYMPE SILAS.

Après l'entretien que nous venons de rapporter, Gontran, prétextant une violente migraine, témoigna l'impérieux besoin de respirer l'air froid du dehors, et, Périne étant venue le remplacer auprès de la comtesse, il quitta le château, se dirigea vers les écuries, fit seller son cheval et sortit du parc.

Une fois sur la grande route, il prit à franc étrier le chemin de Rixviller, et n'arrêta sa monture baignée de sueur que dans la cour du *Chevreuil d'argent*.

Il avait parcouru en moins d'une demi-heure l'espace qui sépare l'un de l'autre les deux villages.

Gontran fit mettre son cheval à l'écurie et monta rapidement à la chambre d'Olympe Silas.

La jeune Parisienne, à demi étendue au coin du feu dans le grand fauteuil à la Voltaire dont nous avons constaté la présence, étendait nonchalamment ses pieds sur les chenets, et fumait des cigarettes de maryland, tout en dégustant à petites gorgées le contenu d'une poudreuse bouteille de vieux kirsch.

Au bruit des pas du baron, elle leva la tête.

— Ah! fit-elle, aussitôt que le visiteur eut refermé la porte, je vois à votre figure qu'il y a du nouveau.

— Il y en a, répondit Gontran.

— Quoi?

— L'heure décisive approche. L'état de la comtesse est désespéré. Elle s'affaiblit d'heure en heure, et n'a plus que quelques jours à vivre.

— Je le savais.

— Comment?

— Le docteur Louis Perrin en parlait hier au soir devant moi à la maîtresse de l'auberge, et tous les deux s'attendrissaient sur le sort de cette pauvre femme, que je plains aussi de tout mon cœur quoiqu'elle se trouve entre nous. Vous voyez, mon cher Gontran, que vous ne m'apprenez rien.

— Il est une chose que vous ignorez, cependant, et dont je vais vous instruire. Madame de Kéroual, se sentant mourir, a fixé le jour de notre mariage.

— Et, ce jour?

— Deux semaines, à peine, nous en séparent.

— Ce qui fait que vous venez me demander mon consentement?

— Oui, et vous ne me refuserez pas, car je ne vous ai dit que la vérité. Vous en avez maintenant la preuve.

Après un moment de silence et de réflexion, Olympe Silas répondit :

— Je vous ai dit que je ne m'opposerais point au mariage *in extremis* qui mettra dans vos mains une fortune, mais vous n'aurez mon consentement que lorsque j'aurai vu de mes propres yeux.

Gontran fit un geste de stupeur.

— Eh quoi! demanda-t-il, vous voulez voir madame de Kéroual?

— Oui, je le veux.

— N'avez-vous donc pas compris que depuis bien des semaines déjà, elle ne sort plus du château?

— J'ai parfaitement compris.

— Que prétendez-vous donc?

— Je viens de vous le dire : je prétends voir de mes propres yeux. Je ne m'en rapporterai qu'à moi.

— Mais, s'écria Gontran, c'est insensé !

— Insensé, peut-être, répliqua froidement Olympe, mais, à coup sûr, irrévocable.

— Vous demandez une chose impossible!

— En quoi donc?

— Comment voulez-vous que je vous introduise au château?

— Je n'en sais rien, ceci vous regarde. Tout ce que je puis vous affirmer, c'est que si vous faites une tentative pour passer outre sans mon consentement, je saurai bien m'introduire moi-même et me présenter toute seule à madame de Kéroual.

Gontran enfonça sa tête dans ses mains, et, pendant quelques minutes, il réfléchit profondément.

— Écoutez-moi, dit-il enfin.

— Vous avez un moyen?

— Oui, mais il vous faudra, je vous en préviens, beaucoup de hardiesse et de résolution.

Olympe répondit par un sourire qui en disait plus long que beaucoup de paroles.

— Oserez-vous sortir à cheval pendant la nuit, reprit le baron, et vous rendre seule à Rochetaille?

— J'oserai tout, je n'ai peur de rien! D'ailleurs, quel danger pourrait m'atteindre sur la route? Personne ici ne soupçonne que je suis une femme, et j'ai dans ma poche de mignons joujoux dont je me servirai au besoin comme un homme.

En disant ce qui précède, Olympe faisait danser dans sa main deux petits pistolets à crosse d'ivoire, deux amours, deux bijoux, deux chefs-d'œuvre.

— A quand l'aventure ? continua-t-elle.

— Le plus tôt sera le mieux, répondit Gontran.

— C'est mon avis.

— Alors ne remettons pas au lendemain ce qui peut se faire le jour même. Voulez-vous monter à cheval dès ce soir?

— Dès ce soir, oui, c'est convenu.

— Vous inventerez un prétexte quelconque pour expliquer à la maîtresse de l'auberge votre promenade nocturne. Oh! soyez tranquille, la brave femme ne se montrera point exigeante sur le chapitre de la vraisemblance.

— C'est probable; d'ailleurs j'ai l'imagination fertile.

— Vous connaissez le chemin qui mène à Rochetaille, puisque vous l'avez déjà parcouru.

— J'irais au château les yeux fermés. A quelle heure faudra-t-il partir d'ici?

— A dix heures et demie ou onze heures. La route est montueuse, votre cheval n'ira pas grand train, vous arriverez vers minuit.

— Où vous retrouverai-je?

— A la grille du parc... Je vous attendrai là.

L'entretien continua pendant quelques instants encore, puis, toutes choses étant bien convenues, Gontran reprit le chemin du château.

Depuis que l'état de madame de Kéroual était grave, Périne couchait sur un lit de camp qu'on dressait chaque soir dans la chambre même de la comtesse.

Plusieurs fois, chaque nuit, la femme de Jean Rosier se levait pour faire boire à Léonie quelques gouttes des potions ordonnées par le docteur.

Afin de rendre son sommeil plus léger et d'être prête à ouvrir les yeux au moindre bruit insolite se manifestant dans la chambre, au moindre mouvement de la malade s'agitant dans son lit, Périne, au moment de se coucher, prenait une grande tasse de café noir, très-fort.

Ce café, préparé d'avance, était tenu chaud sur une veilleuse placée dans la petite pièce servant d'antichambre à l'appartement de la comtesse.

Ce soir-là, vers les neuf heures, madame de Kéroual après avoir bu sa potion, se plaignit de lui trouver un goût bizarre et une désagréable amertume.

La nouvelle ordonnance du docteur ayant prescrit d'additionner pour la première fois ce breuvage de quelques gouttes de laudanum, Périne ne s'étonna ni ne s'inquiéta de l'observation de sa maîtresse, et vida elle-même sa tasse de café noir d'un seul trait.

— Ah! se dit-elle avec une grimace involontaire, c'est étonnant comme ce café, si bon d'habitude, est mauvais ce soir! Il me semble amer et nauséabond... On aura mis trop de chicorée, ou pas assez de sucre.

Puis la jeune femme, sans se préoccuper davantage d'une chose qui lui semblait de si peu d'importance, se déshabilla, fit une courte prière et se mit au lit.

Une petite lampe à globe dépoli, placée sur la table de nuit, près du chevet de la comtesse, éclairait seule la chambre de sa lueur opaline.

Mme de Kéroual dormait déjà.

A peine Périne venait-elle de se coucher qu'elle se sentit envahir par une lourde torpeur contre laquelle toute résistance aurait été vaine. Il lui sembla que sa tête devenait pesante au point de ne la pouvoir plus détacher de l'oreiller, et que ses paupières s'abaissaient sur ses yeux malgré sa volonté.

Une hallucination étrange lui fit voir, pendant deux ou trois secondes, tous les meubles former autour d'elle une ronde de plus en plus rapide, aux sons d'une musique fantastique telle que les oreilles humaines n'en avaient jamais entendue.

Puis le silence et les ténèbres se firent. La ronde s'arrêta ; la musique se tut. Elle ne vit et elle n'entendit plus rien.

XXX

VISITE NOCTURNE — L'AIDE-PHARMACIEN

Onze heures et demie sonnaient.

La porte de la chambre à coucher de la comtesse fut ouverte depuis le dehors, lentement, sans bruit, avec des précautions infinies.

Dans l'entrebâillement de cette porte apparut le visage pâle de Gontran, dont les yeux se portèrent successivement sur le lit de madame de Kéroual et sur celui de Périne.

Il suffit au baron d'un seul regard pour se convaincre que les deux femmes dormaient d'un de ces lourds sommeils qu'interromprait à peine le fracas d'un coup de tonnerre.

C'était sans doute tout ce qu'il voulait savoir, car il disparut dans la galerie sans refermer la porte derrière lui.

Nous le retrouvons une demi-heure plus tard, dans le parc, debout et immobile auprès de la grille donnant accès sur la grand'route.

Le ciel était chargé de nuages, poussés de l'est à l'ouest par un vent assez fort.

La lune, échancrée aux deux tiers, apparaissait par instants dans une éclaircie entre ces nuages dont elle frangeait d'argent les masses sombres, et elle ressemblait alors à un étrange navire échoué sur des brisants couverts d'écume.

Le vent d'est passait à travers les rameaux dépouillés des marronniers et soulevait les feuilles sèches dans la longue avenue, avec un bruissement monotone.

Le paysage, tantôt plongé dans les ténèbres, tantôt vaguement éclairé, offrait quelque chose de sinistre.

Les douze coups de minuit résonnèrent successivement, d'abord à l'horloge du château, puis à celle de l'église du petit village de Rochetaille, dont les maisons peu nombreuses s'éparpillaient plus loin sur le flanc de la colline.

— Minuit ! murmurait le baron de Strény. Olympe ne doit guère tarder maintenant.

Quelques minutes s'écoulèrent encore, puis le bruit des pas d'un cheval résonna sur le sol durci de la route, se rapprochant de plus en plus, et cessa tout à coup de se faire entendre, au grand étonnement du baron.

Olympe venait de quitter le chemin battu pour aller attacher sa monture dans le bouquet d'arbres que nous connaissons.

Ce fut l'affaire d'un instant, puis une forme noire se dessina dans l'obscurité.

— Est-ce vous, Olympe ? demanda Gontran.

— C'est moi, répondit la jeune femme. Vous voyez que je suis exacte.

— Entrez et marchez derrière moi, reprit le baron en ouvrant la grille.

Tous deux, sans ajouter une parole, longèrent l'avenue des marronniers et gagnèrent le château. Dans le vestibule, Gontran prit la petite lanterne sourde avec laquelle nous l'avons vu explorer la pharmacie, et, faisant signe à Olympe de le suivre, il gravit l'escalier qui conduisait au premier étage.

Ils eurent bientôt parcouru la galerie dans toute sa longueur, et ne s'arrêtèrent que sur le seuil de l'appartement de la comtesse.

— Elle est là, dit le baron à voix basse en étendant la main vers la chambre à coucher.

— Que faut-il que je fasse ?

— Vous allez entrer seule. Le lit se trouve en face de la porte.

— La chambre est éclairée ?

— Suffisamment.

— Mme de Kéroual dort sans doute ?

— Oui, elle dort.

— Si elle se réveillait ?

— Rassurez-vous, elle ne se réveillera pas.

— Comment pouvez-vous en être sûr ?

— Par ordonnance du docteur Perrin, la potion de madame de Kéroual contenait ce soir quelques grains d'opium.

— Je comprends, et j'entre.

— Ne vous étonnez pas si vous voyez un second lit. C'est celui de la femme de chambre. Elle ne s'éveillera pas plus que sa maîtresse... j'y ai pourvu.

La pécheresse franchit le seuil et s'avança. Sa marche était aussi légère que celle d'une panthère qui guette sa proie. Elle ne fit halte qu'à deux pas de la comtesse, et regarda longuement cette figure livide, amaigrie, sur laquelle le doigt de la mort avait déjà mis le signe fatal qui semble dire clairement :

— Cette créature humaine appartient à la tombe !

Son examen achevé, Olympe essuya une larme qui coulait sur sa joue et sortit de la chambre.

— Partons ! fit-elle brusquement en s'élançant la première dans la galerie, où le baron de Strény ne la suivit qu'après avoir refermé la porte de la chambre de Léonie.

— Eh bien ! vous l'avez vue ? demanda-t-il lorsque tous deux se retrouvèrent hors du château.

— Oui... Ah ! pauvre femme ! quel changement !

— Vous avais-je menti ? Me laissez-vous libre maintenant d'épouser la comtesse ?

— Vous n'aviez pas menti, et vous êtes le maître.

— Ainsi, je puis faire commencer dimanche prochain les publications légales ?

— Oui, puisque vous me croyez assez adroit pour passer acheter trop cher la fortune en épousant cette morte.

Olympe et Gontran se séparèrent à la grille du parc. Le faux Léon Randal alla détacher son cheval et reprit le chemin de Rixviller. Le baron de Strény regagna son appartement où il rentra, sans que les allées et venues qui venaient de s'accomplir eussent éveillé personne au château.

Le lendemain, sous prétexte qu'il avait besoin de faire légaliser une signature indispensable pour les publications, Gontran se rendit à franc étrier à Épinal, et descendit dans une auberge borgne, fréquentée exclusivement par des rouliers et des voyageurs de bas étage. Il avait eu soin de se vêtir très-simplement. Il demanda une chambre, déjeuna, et, grâce à une petite boîte de pastels dont il s'était muni, il se fit une tête, comme on dit en langage de coulisses, c'est-à-dire qu'il se colora fortement les pommettes, se cerna les yeux, se creusa les joues, se bleuit les tempes, se rougit le nez, et simula quelques mèches blanches dans sa chevelure épaisse.

Ainsi grimé (et l'opération fut faite assez adroitement pour passer complètement inaperçue), le baron, vieilli de vingt ans, était devenu méconnaissable.

Il quitta l'auberge, entra dans la ville, et après avoir dépassé, sans presque s'arrêter, deux officines pharmaceutiques dont les titulaires étaient à leur poste, il s'arrêta enfin, dans une rue quasi déserte, devant une troisième boutique qui semblait pauvrement fournie et mal achalandée.

Un pâle et maigre jeune homme, au front déprimé, aux yeux faux, porteur enfin d'une de ces suspectes physionomies qui, de prime abord, inspirent la défiance, lisait un vieux roman derrière le comptoir, et de temps en temps frottait l'une contre l'autre, pour les réchauffer, ses deux longues mains rouges et osseuses, que laissaient à découvert jusqu'à l'avant-bras les manches trop courtes d'une petite redingote râpée et luisante.

Visage, tournure et costume, tout respirait, en cet adolescent, la misère et le vice.

— Voilà l'homme qu'il me faut! s'était dit Gontran. S'il existe quelqu'un au monde avec qui je puisse conclure le marché qui m'amène, ce doit être avec lui!

Le baron entra, et le jeune homme leva les yeux de dessus son livre graisseux de l'air d'un homme à qui il déplaît fort d'être dérangé, et qui d'ailleurs n'en a pas l'habitude.

Gontran se fit servir diverses substances inoffensives, qu'il paya sans marchander un prix bien au-dessus de leur valeur, et, après avoir enfoui ses emplettes au plus profond de ses poches, il entama la conversation à laquelle se prêta volontiers le jeune homme, mis de bonne humeur par son bénéfice illégitime.

Le baron s'était donné la tournure et les allures d'un bourgeois de campagne; il en prit aussi le langage.

— Est-ce que c'est vous qui êtes le maître de la boutique? demanda-t-il.

— Moi? répondit l'adolescent en haussant les épaules; en voilà une question! Vous me voyez donc pas que je suis trop jeune pour pouvoir être le patron de la case? Pour obtenir son diplôme de pharmacien, faut avoir l'âge.

— Dame! je ne savais pas, moi! répliqua Gontran. Et votre patron, où donc est-il?

— Bien fin celui qui pourrait le dire! On ne le voit pas souvent ici, le patron.

— Ah bah! et pourquoi donc ça?

— Parce que depuis que sa femme est morte (il y aura bientôt un an de cela), il a pris le chagrin à cœur... il ne s'occupe plus de rien chez lui. Il va au café pour s'étourdir, et boit des petits verres en jouant aux cartes ou au billard. Je ne le blâme pas de ça. Oh! mon Dieu non! Chacun est libre, et j'en ferais bien autant si je pouvais, mais les affaires n'en vont pas mieux. La clientèle s'en va. Je ne vois pas un chat. Un de ces quatre matins le patron mettra la clef sous la porte... et peut-être même avant huit jours.

— Alors vous vous trouverez sans place?

— Naturellement.

— Voilà une chose qui doit vous contrarier beaucoup?

— Qu'est-ce que vous voulez que cela me fasse? Regretter la place que j'ai ici! pas si bête! Avec ça qu'elle est bonne! Si vous saviez comme je m'ennuie! Je bâille du matin au soir à m'en décrocher la mâchoire. Ah! je sais bien ce que je voudrais.

— Quoi donc?

— Filer à Paris. C'est là que les élèves en pharmacie s'amusent et qu'ils se donnent du bon temps?

— Eh bien! qui vous empêche de partir?

— Ce qui m'empêche de partir! Vous êtes bon, là, vous! Et de l'argent? Vous figurez-vous que j'en ai? Et il m'en faudrait pour payer le voyage, pour me faire habiller à neuf, et aussi pour vivre pendant au moins un grand mois, là-bas, en m'amusant, avant de trouver une place.

— Ah! ah! mon gaillard! fit Gontran en riant, ne peut dire que vous pensez autrement à la couler douce!

— Tiens, donc! la jeunesse n'a qu'un temps! Ah! si j'étais le maître, comme ça roulerait, les bons dîners, les spectacles, les femmes et tout le tremblement!

— Oui, mais tout ça, c'est cher... c'est très-cher.

— Par malheur!

Et le jeune homme de mauvaise mine poussa un long soupir.

— Enfin, reprit le baron, avez-vous fait votre calcul? Savez-vous ce qu'il vous faudrait pour pouvoir filer à Paris, comme un joli garçon?

— Oh! une somme énorme.

— Le chiffre?

— A quoi bon vous le dire?

— Bah! on ne sait pas... dites toujours.

— Au moins cinq cents francs.

— Le fait est que c'est roide. Mais enfin, ça se trouve.

Après un silence, Gontran ajouta, avec intention et en soulignant pour ainsi dire ses paroles:

— Ou plutôt ça se gagne.

Le jeune homme leva vivement la tête en regardant son interlocuteur.

— Ça se gagne? répéta-t-il.

— Parfaitement bien! en deux minutes, et sans la moindre peine.

— Comment?

— Eh! mon Dieu, il ne s'agit que de trouver une occasion.

— Vous moquez-vous de moi? s'écria l'élève pharmacien d'un ton maussade.

— Pas le moins du monde, parole d'honneur!

— Vous avez parlé d'une occasion... où la chercher?

— Inutile de vous déranger... vous n'avez qu'à l'attendre.

— Et elle viendra?

— Elle est venue.

Le jeune homme fixa sur Gontran ses gros yeux à fleur de tête et demanda:

— Me l'apportez-vous?

— Peut-être.

— Alors, expliquez-vous carrément! Il s'agit d'un marché entre nous, n'est-ce pas?

— Vous devinez juste.

— Que faut-il faire?

— Me rendre un service... ou plutôt me le vendre.

— Lequel?

— Un service qui ne vous coûtera rien, continua Gontran, et qui vous rapportera vingt-cinq louis.

— Parlez! j'attends.

Au lieu de répondre, le baron questionna:

— Vous êtes seul à la maison? murmura-t-il.

— Absolument seul. La vieille servante passe toutes ses journées chez les voisines.

— Alors personne ne peut nous entendre?

— Personne.

Gontran tira de sa poche un rouleau d'or; il déchira le papier qui lui servait d'enveloppe; il fit scintiller un instant dans le creux de sa main les pièces brillantes, puis il posa la pile sur le comptoir, et, se penchant vers l'aide-pharmacien, il lui dit quelques mots tout bas.

Le jeune homme tressaillit, et sa pâleur prit des teintes verdâtres.

— Ah! balbutia-t-il ensuite. Je n'ose...

— Pourquoi?

— Le danger...

— Il n'existe pas, et je vais vous le démontrer d'une façon plus lumineuse que le soleil. Je suis étranger au pays. Arrivé depuis une heure à peine, je repartirai dans dix minutes. Je ne vous connais pas... Je ne sais ni le nom de votre patron ni le vôtre... J'ai franchi le seuil de cette boutique parce que vous étiez seul et que je vous trouvais la physionomie intelligente. Je serai demain soir à cent lieues d'Épinal. Vous voyez bien que s'il est en ce moment une chose impossible, c'est qu'un soupçon de complicité puisse jamais vous atteindre.

— Oui, c'est vrai, articula le jeune homme lentement et avec une hésitation manifeste. Mais, ma conscience...

Gontran se mit à rire, et, reprenant les pièces d'or, il les fit danser dans sa main.

— Votre conscience! répéta-t-il ensuite, à moins qu'elle ne soit bien bavarde, voici une musique qui la fera taire. Entendez-vous comme elles chantent gentiment la chanson du plaisir, ces médailles à l'effigie du bon roi Louis-Philippe! Connaissez-vous un autre moyen d'en gagner honnêtement vingt-cinq en moins de dix minutes? Si vous refusez de saisir par les cheveux l'occasion quand elle se présente à vous, si vous renoncez à toutes vos ambitions, à tous vos espoirs, vous êtes le maître. Je m'en irai chercher ailleurs une conscience de plus facile composition que la vôtre.

Gontran remit dans sa poche les vingt-cinq louis et fit mine de tourner sur ses talons.

L'aide-pharmacien l'arrêta.

— Restez! dit-il d'une voix sourde. Je vais vous donner ce qu'il vous faut.

— Ah! pardieu, pensa le baron, j'en étais sûr, et le combat n'a pas été long.

Un instant après, les deux misérables faisaient l'échange convenu. Gontran remettait à l'apprenti pharmacien les vingt-cinq pièces d'or, en échange d'une petite boîte ronde, large comme une pièce de vingt sous, puis il regagnait son auberge, se lavait le visage, remontait à cheval et reprenait au grand trot le chemin du château de Rochetaille.

XXXI

PARTIE

Le dimanche suivant, les publications légales et religieuses eurent lieu simultanément à la mairie et à l'église, et le bruit de la très-prochaine célébration du mariage de Gontran de Strény et de la comtesse de Kéroual se répandit dans tout le pays avec une rapidité quasi électrique.

Monique Clerget, la digne hôtesse du *Chevreuil d'argent*, en fut instruite une des premières.

— Ainsi donc le baron épouse la chère dame, se dit-elle avec une indignation sincère, et il vient faire visite trois fois par semaine, comme si de rien n'était, à une donzelle habillée en garçon, qui fume du tabac jaune tant que la journée dure, et boit des petits verres comme un homme! Et c'est chez moi, dans mon auberge, que se pratique cette indignité! Ah! mais non! ah! mais non! Pas de ça, Lisette, je serais complice! Ça va finir, et vite et tôt, et aujourd'hui plutôt que demain.

Et Monique Clerget, s'étant monté la tête de façon suffisante, grimpa chez son énigmatique locataire avec l'intention bien arrêtée de lui signifier un congé immédiat, et l'arrière-pensée de n'y pas mettre beaucoup de formes.

Qu'on juge de sa surprise, lorsqu'elle trouva le prétendu Léon Randal en train de boucler sa valise, et que les premières paroles qu'elle entendit furent celles-ci:

— Vous arrivez à merveille, ma chère hôtesse, j'allais vous faire appeler pour vous prier de me donner ma petite note afin que je le solde. Je vous quitte aujourd'hui; je partirai par la voiture de ce soir, s'il y a de la place.

Léon Randal s'en allait de son plein gré, donc l'expulsion devenait inutile. — La colère de Monique Clerget tomba comme par enchantement, et la maîtresse d'auberge, à laquelle un client demande sa note, remplaça sans transition la matrone timorée qui s'apprêtait à rompre quelques lances en l'honneur de la morale compromise.

En conséquence, Monique Clerget chassa les nuages orageux entassés sur son front, elle redevint souriante comme de coutume et elle répondit:

— Votre note, mon jeune monsieur, je vais vous la préparer tout de suite; Marie-Jeanne vous la montera. Et, quant à ce qui est de trouver de la place dans *la Vosgienne*, soyez paisible, pendant la saison où nous voici, elle est toujours vide aux trois quarts. Ça n'est point comme en été, au moment des eaux, où on ne suffit pas aux voyageurs.

Et Monique Clerget descendit préparer sa note, dont l'addition modeste et consciencieuse ferait sourire les exploiteurs du Paris moderne.

Vers les trois heures de l'après-midi, passa *la Vosgienne*, allant d'Épinal à Vesoul.

Ainsi que l'avait fort bien pensé l'aubergiste, la lourde machine était vide aux trois quarts. Léon Randal prit à lui seul possession du coupé, le postillon cria : *Hue !* et la diligence s'ébranla.

Au moment où le véhicule passait au petit trot de ses trois chevaux devant la grande avenue du château de Rochetaille, le baron de Strény se trouvait auprès de la grille et paraissait attendre.

Léon Randal se pencha hors de la portière, et lui fit de la main un signe d'adieu, auquel Gontran répondit en agitant son mouchoir, ce qui nous semble prouver jusqu'à l'évidence que le départ était chose convenue entre la pécheresse et le gentilhomme.

Nous retrouverons Olympe Silas.

Lorsque la diligence eut disparu, cachée par les premières maisons du village, au tournant de la route, le baron de Strény, lentement et la tête baissée, remonta la longue avenue.

L'attitude abandonnée de son corps, ses sourcils contractés, l'expression soucieuse et presque farouche empreinte sur son visage indiquaient que d'immenses préoccupations l'assiégeaient, et que de violents combats se livraient en lui.

— Olympe est partie, se disait-il tout bas, elle est partie sans se douter que sa présence et ses exigences me poussaient fatalement au crime. La pression irrésistible qu'elle exerçait sur moi cesse à l'heure où elle s'éloigne, et me voilà redevenu le maître unique, le seul arbitre de ma destinée.

Un flot de pensées tumultueuses s'empara pendant un instant du cerveau de Gontran, apportant avec elles les ténèbres et le chaos ; puis, peu à peu, la lumière revint et le baron continua :

— Si j'interrompais l'œuvre commencée? Peut-être en est-il temps encore, peut-être Léonie, à qui ma main cesserait de verser la mort, reviendrait-elle à la vie, et quand la jalouse Olympe apprendrait que ses calculs et ses espérances ont été déçus par le hasard, je n'aurais plus rien à craindre puisque le mariage serait célébré. Ses menaces de scandale viendraient se briser contre les faits accomplis, et sans avoir commis le crime, j'aurais la fortune.

Le pâle visage du baron s'éclaira pendant une seconde, et l'on aurait pu voir une sorte de soulagement détendre ses traits contractés.

Mais cette sorte d'embellie, comme disent les matelots, n'eut guère que la durée d'un éclair ; les lignes de la figure reprirent leur expression farouche, et la ride indiquée entre les deux sourcils se creusa de plus en plus.

— Eh! qui m'affirme, se disait Gontran, que ma tranquillité doive être complète et qu'Olympe soit vraiment partie? Sans doute elle a quitté Rixviller, mais rien ne me prouve que la défiante créature ne va point descendre de voiture au prochain village, s'y installer pour me surveiller, et devenir d'autant plus dangereuse que je ne soupçonnerai pas sa présence !

Alors, si le bruit se répand dans le pays que l'état de la comtesse s'améliore et que le salut devient possible, Olympe, convaincue que j'ai voulu l'abuser, la prendre pour dupe, apparaîtra au moment suprême, comme la fatalité des poètes antiques, et l'édifice si laborieusement construit par moi s'écroulera pour toujours.

Et d'ailleurs, en supposant que ceci soit une terreur vaine et qu'aucune de ces prévisions funestes ne se réalise, serai-je véritablement le maître, aussi longtemps que la comtesse de Kéroual restera vivante, de cette fortune dont elle se regarde comme étant seulement la dépositaire, puisque sa fille doit la posséder tout entière après elle ?

Ne trouverai-je point à chaque pas des entraves ? Léonie ajoutera-t-elle foi bien longtemps à ma prétendue conversion, et, aussitôt désabusée, n'accumulera-t-elle pas les obstacles entre chacun de mes désirs et son exécution ?

Si au contraire je vais hardiment jusqu'au bout, le but splendide que depuis tant d'années je convoite ne peut plus m'échapper. Dans quelques jours, la comtesse sera ma femme, alors je me serai veuf et investi de la tutelle de Marthe.

Une pupille, ce n'est pas gênant, et d'ailleurs chez une enfant de cet âge la vie a de faibles racines... peut-être dans six mois Marthe aura-t-elle rejoint sa mère.

Je serais seul, alors, seul et riche, car la fortune des Kéroual me reviendrait tout entière, à moi l'unique, le dernier parent.

La fortune sans contrôle, quel beau rêve! Un rêve, pourquoi donc? Il faut qu'il devienne une réalité, il le faut ! Je le veux !

Quant au danger, je n'y crois pas ! La mort de la comtesse n'étonnera personne et pourra d'ailleurs s'expliquer sans crime : erreur de médicaments, ordonnance mal comprise. Ces choses-là arrivent tous les jours...

Gontran avait parcouru l'avenue des marronniers dans toute sa longueur, il arrivait devant le château en achevant le monologue que nous venons de reproduire, et au moment où il mettait le pied sur la première marche du perron, sa résolution était prise.

La diligence dans laquelle Olympe Silas avait trouvé place venait à peine de quitter Rixviller, que déjà Monique Clerget se considérait comme déliée de la promesse faite par elle au docteur Louis Perrin, de garder le silence au sujet du véritable sexe de Léon Randal et de ses relations avec le baron de Strény.

Bien plus, comme elle était montée chez sa locataire avec l'intention parfaitement arrêtée d'opérer une épuration, elle n'eut aucune peine à se persuader qu'elle avait fait preuve, en cette circonstance, de l'énergie la plus louable et la mieux soutenue, et elle raconta, à qui voulut l'entendre, qu'elle venait d'expulser de son immeuble l'immorale créature descendue au *Chevreuil d'argent* pour apporter le désordre dans le futur ménage du baron de Strény et de la comtesse de Kéroual.

Or, parmi les auditeurs réunis dans la grande salle et écoutant bouche béante le récit de Monique, se trouvait une de nos anciennes connaissances, Jérôme Pichard, le jardinier du château de Rochetaille.

Venu à Rixviller pour y faire emplette de quelques outils de jardinage, il était entré à l'auberge, afin d'y fumer une pipe en se rafraîchissant d'un verre de vin blanc.

Bavard de sa nature et cancanier au suprême degré, Jérôme Pichard prêta l'oreille avec un plaisir infini à ces primeurs de chronique scandaleuse; il fit force questions, il mit dame Clerget en demeure de lui rendre compte, par le menu, des plus petits détails, et il repartit tout joyeux pour Rochetaille, en se frottant les mains à la pensée du grand succès qu'il ne pouvait manquer d'obtenir avec son récit.

Hâtons-nous d'ajouter que ce succès ne lui fit pas défaut.

Une heure après son retour, tout le personnel du château, réuni dans la cuisine, était en révolution et se livrait à des commentaires à perte de vue.

Chacun disait son mot, chacun apportait sa note au concert tumultueux, à l'exception de Jean Rosier qui, tranquillement assis dans un coin, fourbissait les canons de son fusil et ne se mêlait de rien.

Ceci, d'ailleurs, était sa tenue habituelle et c'est tout au plus si les autres valets s'apercevaient de sa présence.

Périne, descendue pour donner quelques ordres, se montra tout à coup, et, à sa vue, le silence se rétablit comme par enchantement. Elle s'en aperçut à merveille; mais elle ne questionna personne, et, après avoir dit ce qu'elle avait à dire, elle sortit en faisant signe à son mari de la suivre.

— Que se passe-t-il donc? lui demanda-t-elle. A quel propos ces bavardages, si bruyants que je les entendais du haut de l'escalier, et pourquoi cesse-t-on de parler quand j'arrive?

— C'est bien simple, répondit le garde-chasse, on parlait des maîtres.

— Et qu'en disait-on?

Jean Rosier répéta, comme un écho fidèle, les propos que nos lecteurs devinent.

Périne les écouta, en haussant les épaules, avec une incrédulité complète. Quand il eut achevé, elle s'écria :

— Et quel est celui des gens de la maison qui fait courir ces jolis bruits sur M. le baron?

— C'est Jérôme Pichard le jardinier, répliqua Jean.

— Retourne à la cuisine et dis à Jérôme Pichard qu'il faut que je lui parle et que je l'attends dans le vestibule.

Le garde-chasse avait l'habitude d'obéir passivement à Périne, dont il reconnaissait l'immense supériorité sur lui. Il tourna sur ses talons et disparut.

Un instant après, le jardinier venait retrouver la femme de charge à l'endroit indiqué. Elle l'accueillit par ces mots :

— Savez-vous, Jérôme, que ce que vous faites est bien mal?

— Et qu'est-ce que je fais donc, sans vous commander, dame Périne? demanda d'un air narquois l'ancien petit clerc d'huissier.

— Vous dites du mal de M. le baron à qui nous devons tous le respect, puisqu'il est le parent de la comtesse et que dans quelques jours il sera notre maître.

— Dire la vérité, dame Périne, ce n'est point dire du mal.

— Eh quoi ! prétendez-vous donc soutenir...

— Je prétends soutenir, interrompit Jérôme, que M. le baron avait une *bonne amie* venue de Paris, habillée en homme, et logée à Rixviller, chez Monique Clerget, à l'auberge du *Chevreuil d'argent* ; qu'il allait la voir trois et quatre fois par semaine, et que, pas plus tard qu'aujourd'hui, Monique, qui est une brave femme et très-respectable, ayant eu vent de la manigance et ne voulant point y prêter la main, a mis la donzelle à la porte.

— Mais ce que vous me racontez là me semble impossible ! s'écria Périne. Une chose pareille, dans les circonstances où nous nous trouvons, serait une infamie, et M. le baron en est incapable.

Jérôme se mit à rire fort irrespectueusement.

— Possible ou impossible, ça n'en est pas moins certain, répliqua-t-il ; et je vous conseille, dame Périne, de ne point trop vous fier aux hommes. Toutefois et quantes qu'il y a des femmes dans le jeu, voyez-vous, ces *gredins*-là sont capables de tricher n'importe quand et n'importe qu'est-ce.

Périne, quelque peu ébranlée par l'assurance du jardinier, ne se sentait pas cependant tout à fait convaincue.

— Mais enfin, reprit-elle, de qui tenez-vous ces détails?

— De qui? Oh! de première main, allez! de Monique Clerget, ni plus ni moins ; et vous savez si Monique est une brave dame.

— Sans doute, mais elle a pu se tromper.

— Comment?

— Ne dites-vous pas que cette personne, la personne de qui vous parlez, était habillée en homme?

— Oui.

— Eh bien ! sous ce costume, une erreur est facile.

— Ah bah! laissez donc; je la connais, moi, la personne.

— Vous, Jérôme? murmura Périne au comble de la surprise.

— Certainement.

— Mais où l'avez-vous vue? quand?

— Ici même, à la grille du parc, il y a de cela déjà du temps. Elle m'a donné une lettre pour M. le baron en me recommandant bien de ne la remettre qu'à lui seul, et je me souviens que si, à ce moment-là, il ne m'est pas venu des idées, c'est parce que je ne me doutais de rien, mais que j'ai trouvé le personnage trop joli pour un particulier de mon sexe.

— Vous conviendrez sans peine, je pense, que cette opinion ne prouve pas grand'chose, fit Périne en souriant.

— D'accord. Oh ! moi, je ne suis pas vaniteux ; mais peut-être bien que vous vous en rapporterez à l'opinion de M. le docteur Perrin, et que vous trouverez qu'elle prouve quelque chose, celle-là.

— Le docteur Perrin connaît cette histoire! s'écria la jeune femme.

— S'il la connaît? Ah! je le crois bien. C'est lui, qui, tout le premier, a montré sa note aux roses à Monique Clerget.

Il n'y avait rien à répondre, et, si le docteur affirmait, Périne ne pouvait plus douter. Elle résolut donc de l'interroger quand il viendrait, et, selon sa réponse, de se former une conviction. En attendant, elle congédia Jérôme de qui elle n'avait plus rien à apprendre.

Le lendemain, dans la matinée, le docteur vint au château, selon son invariable habitude. Périne, qui le guettait, s'arrangea de façon à avoir avec lui un entretien de quelques instants, avant de l'introduire dans la chambre à coucher de madame de Kéroual.

— Vous avez à me parler, mon enfant? lui demanda-t-il.

— Monsieur le docteur, répondit-elle, j'irai droit au but. Je suis bien tourmentée, bien inquiète. Voici le bruit qui court, voici ce qu'on m'a dit.

Elle résuma rapidement les récits relatifs à Olympe Silas, et elle balbutia en terminant :

— Tout le bonheur à venir de ma bien-aimée maîtresse me semble compromis. Je vous en conjure, monsieur le docteur, apprenez-moi la vérité.

— Hélas ! ma chère enfant, répliqua Louis Perrin, la vérité, vous la connaissez...

— Ainsi, cette déplorable histoire ?...

— Il me paraît fort regrettable qu'elle se soit ébruitée ; mais elle est exacte de point en point. C'est en effet moi qui le premier ai prévenu Monique Clerget du sexe de sa locataire. Jérôme Pichard, pour la seule et unique fois de sa vie peut-être, n'a rien exagéré.

— Mais alors, s'écria Périne avec indignation, la conduite de M. le baron est monstrueuse !

— Je conviendrai volontiers avec vous qu'elle est suspecte ; mais j'ai pour principe qu'il ne faut jamais condamner quelqu'un à qui l'on n' a pas fait connaître l'accusation, et qui n'a point été admis à se défendre.

— Se défendre! Eh! comment M. le baron pourrait-il le faire?

— Nous l'ignorons , et c'est précisément à cause de cela que nous devons nous abstenir. La justice elle-même n'est sujette à l'erreur ; n'a-t-on pas vu tomber sur l'échafaud des têtes innocentes? Mystère et culpabilité ne sont point synonymes. On incrimine parfois trop volontiers toute chose qu'on ne saurait comprendre. Je ne prétends point innocenter M. le baron ; mais peut-être, s'il était là pour plaider sa cause, lui serait-il possible de se justifier, ou, tout au moins, nous démontrerait-il que nous devons lui accorder le bénéfice des circonstances atténuantes.

Et Louis Perrin, se constituant avocat d'office, entreprit de démontrer à Périne que, dans un certain nombre de cas, tous admissibles, la présence d'une femme déguisée à l'auberge du *Chevreuil d'Argent*, et ses relations mystérieuses avec M. de Strény pouvaient s'expliquer tant bien que mal, et à la rigueur s'accepter.

En agissant ainsi, le docteur ne démontra qu'une chose, mais il la démontra clairement: c'est que, s'il n'avait été un habile médecin, il aurait pu devenir un excellent avocat.

Il en fut cependant pour ses frais d'éloquence.

Périne, après l'avoir écouté avec attention, secoua la tête d'un air incrédule : son instinct de femme lui révélait que, malgré tout ce qu'on pourrait dire, la conduite de Gontran cachait une trahison, et l'honnêteté de ses instincts ajoutait que, dans un tel moment, une trahison était impardonnable.

Monsieur le docteur, dit-elle tout d'un coup, après quelques moments de réflexion, voulez-vous me permettre de vous demander un conseil?

— Et me le donnerez-vous?

— Certes.

— Je vous le promets, ou tout au moins je vous répondrai franchement et parlerai selon ma conscience. De quoi s'agit-il?

— De ceci: madame la comtesse, ma chère maîtresse, a la bonté de me témoigner une grande affection, en toutes choses, elle me donne les preuves d'une confiance sans bornes....

— Que vous méritez, j'en suis sûr, interrompit Louis Perrin.

— S'il suffit de ma tendresse et de mon dévouement pour être digne de cette confiance, répliqua Périne, oui, je la mérite ; mais ne cesserai-je point de la mériter si je garde le silence aujourd'hui? Ne dois-je pas révéler à madame la comtesse tout ce que le hasard vient de m'apprendre?

— Gardez-vous en bien ! s'écria vivement le docteur.

— Pourquoi? demanda Périne.

— Parce que, d'abord, et avant tout, il faut qu'elle vive, s'il est possible encore de la sauver. Or, lui porter un pareil coup dans l'état où elle se trouve, ce serait la tuer infailliblement. Ce mariage, vivement désiré par madame de Kéroual, est aujourd'hui son unique et suprême espérance. Son accomplissement, en apportant dans le moral de la comtesse un grand calme, réagira peut-être sur le physique et déterminera une crise favorable que j'attends depuis jour, que je n'ose qu'à peine espérer, et sans laquelle tout est perdu. Vous m'aviez demandé un bon conseil, ma chère enfant, vous voyez que je ne vous le marchande pas. Je fais même plus que vous conseiller le silence. En ma qualité de médecin, sur qui pèse en ce moment une responsabilité bien lourde, je vous ordonne de vous taire.

Périne baissa la tête et son visage prit une expression douloureuse.

— J'obéirai, monsieur le docteur, murmura-t-elle ensuite ; je cacherai tout à madame ; mais plaise à Dieu, si nous devons la sauver, qu'un jour ne vienne pas où elle se dise en pleurant que- nous aurions mieux fait de la laisser mourir !

XXXII

UN BANQUIER

Quelques-uns de nos lecteurs se souviennent peut-être encore qu'en 1847 les vastes appartements de l'entre-sol du n° 19, rue de la Chaussée-d'Antin, étaient occupés par les bureaux de l'une des maisons de banque les plus honorables de Paris.

Le banquier Philippe de La Brière et son fils Georges habitaient le premier étage.

Philippe de La Brière, âgé de soixante ans environ, devait sa fortune à son intelligence et à son travail.

Originaire de Picardie, unique rejeton d'une famille très-ancienne, mais complétement ruinée, qui avait consacré ses dernières ressources à lui faire donner une bonne éducation, il vint à Paris à l'âge de seize ans et fut placé chez un banquier dont il attira l'attention par son assiduité non démentie, par ses qualités brillantes et par sa conduite irréprochable.

Il fit dans les bureaux un chemin rapide : il devint chef de la comptabilité, puis associé, enfin il achevait à peine sa vingt-cinquième année lorsque le banquier, qui avait déjà tant fait pour lui, se retira des affaires en le laissant seul à la tête de la maison.

Grâce à beaucoup de bonheur joint à beaucoup d'habileté, le nouveau banquier entra dans une ère de prospérité constante. Sa réputation de loyauté commerciale inattaquable lui procurait un crédit immense. Chaque jour, d'innombrables affaires venaient s'offrir à lui. Il choisissait avec prudence et perspicacité les plus sûres, qui réussissaient entre ses mains d'une façon brillante. Son nom, placé parmi ceux de ses confrères qui patronnaient une opération, était un gage de succès à peu près certain. Le public le savait, et les gens les plus considérables venaient le supplier d'accepter leurs capitaux et de les faire valoir.

Bientôt il lui fut possible de rembourser son ancien patron. Alors se trouvant dans une situation florissante, parfaitement assise et que rien ne semblait pouvoir ébranler Philippe de La Brière se dit qu'il était temps de songer à son bonheur, et il se maria.

Celle qu'il aimait depuis cinq années, et qu'il épousa, était une fille dont la nature, admirablement élevée, mais n'ayant d'autre dot que ses vertus et que sa beauté.

On s'étonna qu'un homme auquel plus d'un de ses confrères en finance aurait donné volontiers sa fille avec quelques millions en dot fît un mariage aussi disproportionné sous le rapport de la fortune.

Quelques familiers se firent même les interprètes de l'étonnement général.

Philippe de La Brière sourit et laissa dire. Que lui importaient les millions? Il en avait assez, il en avait presque trop, peut-être, et certes il n'aurait point échangé contre un milliard le bonheur qu'il tenait dans sa main, car l'union enfin réalisée n'amena aucune déception. La jeune femme resta douce et bonne comme l'avait été la jeune fille. Le seul chagrin du ménage fut, pendant bien des années, de n'avoir pas d'enfant. Enfin, un jour, au moment où toute espérance de maternité semblait avoir disparu, madame de La Brière ressentit tout à coup les premiers symptômes d'une grossesse.

Ce fut alors une joie immense, ou plutôt un véritable délire, et pourtant cette grossesse si ardemment convoitée devait coûter la vie à la jeune femme.

Elle mourut en mettant au monde un fils qui reçut au baptême le nom de Georges, et sur lequel M. de La Brière, alors âgé de quarante-cinq ans, reporta toute la tendresse que lui avait inspirée la mère.

Georges devint un enfant gâté, comme le deviennent presque toujours les enfants adorés ; mais il avait une si excellente nature que les inconvénients qui, pour tout autre, auraient été la suite inévitable de la faiblesse excessive de son père en cet endroit, n'existèrent pas pour lui.

Lorsque l'enfant fut devenu jeune homme, on vit se développer spontanément en lui les qualités les plus brillantes et les plus heureuses.

Ainsi, Philippe de La Brière ne lui imposait aucun travail, et, de lui-même, il voulut prendre part aux travaux de la maison de banque et s'initier à tous les détails de l'immense comptabilité.

Georges avait un caractère expansif et gai ; il aimait les plaisirs de son âge, mais il ne subissait leur entraînement que dans une certaine mesure, et s'arrêtait toujours avant d'atteindre la limite que ses compagnons plus impétueux franchissaient.

Son père ne lui refusait jamais d'argent et Georges dépensait largement, généreusement; mais sa prodigalité ne

Paris. — Typ. CosIombon et Brulé, rue de l'Abbaye, 23

On accourut au bruit, mais trop tard ! (Page 69.)

se métamorphosait pas en désordre, et l'idée seule d'une dette, de quelque nature qu'elle pût être, lui faisait horreur.

Tel était ce jeune homme, qui venait d'atteindre sa vingtième année au moment où se passaient au château de Rochetaille les événements racontés par nous.

Dix heures du matin sonnaient à la pendule du cabinet particulier que s'était réservé M. de La Brière à l'extrémité de ses bureaux, et qu'un escalier dérobé mettait en communication avec les appartements du premier étage.

Ce cabinet, décoré avec une simplicité riche et élégante, quoique un peu rigide, était tendu d'un drap vert sombre que relevaient des garnitures de clous d'argent dessinant des panneaux.

Dans chacun de ces panneaux se voyaient des portraits anciens d'Holbein, de Van Eyk, de Porbus, dans des cadres d'ébène rehaussés d'un mince filet d'or mat.

Sièges et rideaux étaient en drap vert pareil à celui de la tenture, et de la même nuance que le tapis de haute laine.

Un immense bureau-ministre, en ébène incrusté d'ivoire et d'argent, surchargé de papiers et placé au milieu du cabinet, complétait le mobilier avec une caisse d'acier poli à combinaisons et à secret.

Philippe de la Brière, beau vieillard de soixante-cinq ans, auquel on n'en aurait pas donné plus de cinquante sans la chevelure blanche, naturellement bouclée, qui couronnait sa tête énergique, était assis devant le bureau et dépouillait d'une main fiévreuse une immense correspondance arrivée de tous les points du monde.

Ses sourcils, encore noirs, se contractaient comme sous la

9ᵉ LIVRAISON.

tension d'une pensée pénible, d'une poignante préoccupation, et son visage très-pâle exprimait une angoisse douloureuse.

Tout en parcourant du regard les nombreuses lettres dont il froissait convulsivement quelques-unes, il prenait des notes et traçait des chiffres sur une grande feuille de papier placée devant lui.

Un pas rapide, à la fois ferme et léger, se fit entendre dans le couloir qui précédait le cabinet du banquier.

Trois petits coups furent frappés contre la porte, et une voix joyeuse et bien timbrée demanda :

— Es-tu là, père, et puis-je entrer?

Philippe de la Brière se hâta de faire disparaître dans un tiroir la grande feuille sur laquelle nous venons de le voir écrire et poser des chiffres, et il répondit :

— Entre, cher enfant.

La porte s'ouvrit; Georges franchit le seuil, s'approcha vivement de son père qui lui tendait la main, et il appuya ses lèvres sur son front.

Le jeune homme aurait offert, pour un peintre ou pour un sculpteur, une image exquise de l'adolescence dans tout son charme et dans toute sa fleur.

D'une taille un peu au-dessus de la moyenne et doué de ces formes correctes, de ces proportions admirables qui sont l'indice de la santé, de la force et de la souplesse, Georges de la Brière avait hérité des traits si purs et si fins qui faisaient de sa mère une des plus jolies femmes de Paris. Il avait ses grands yeux bleus, d'une coupe orientale, son teint d'une fraîcheur et d'une transparence merveilleuses, et son beau front intelligent couronné d'une chevelure abondante.

Il avait ses lèvres de corail humide, qu'un sourire spirituel et bon écartait souvent pour laisser voir des dents éblouissantes.

Philippe de La Brière attacha les yeux sur son fils, et l'expression d'un immense amour rayonna dans son regard, en même temps que celle d'un légitime orgueil.

Ce regard muet disait avec une inimitable éloquence :

— Oh! mon enfant, mon cher enfant, que tu es beau, et combien je t'aime!

— Père, s'écria Georges tout à coup, après avoir contemplé le vieillard pendant une ou deux secondes, est-ce que tu es souffrant, ce matin?

— Mais non, pas que je sache. Pourquoi me demandes-tu cela?

— Parce que tu es plus pâle que de coutume, et que tu as les yeux rougis. On croirait que tu n'as pas dormi cette nuit. .

— On ne se tromperait qu'à moitié, répondit Philippe en souriant. Depuis une quinzaine de jours, j'ai des insomnies très-fatigantes.

— Et tu ne m'en avais pas parlé! murmura Georges d'un ton de chagrin et de reproche.

— A quoi bon t'inquiéter pour si peu de chose? Il faut en prendre tous deux notre parti, cher enfant. J'approche de l'âge où le sommeil s'en va.

— Toi, père! Ah! par exemple, mais tu es très-jeune encore.

— J'ai soixante-cinq ans sonnés!

— Eh bien! qu'est-ce que cela, avec ta santé et avec ta force? tu vivras cent ans, je te le prédis!

— J'en accepte l'augure! mais, dis-moi, Georges, pourquoi ne t'ai-je pas vu hier soir? Pourquoi n'es-tu pas venu m'embrasser comme de coutume?

— Je n'ai pas osé, il était si tard!

— A quelle heure es-tu donc rentré?

— Tu ne me gronderas pas?

— Non.

— Eh bien (remarque, père, que je rougis en en faisant l'aveu)! il était trois heures du matin.

— Quelle folie! à ton âge c'est déplorable pour la santé! Tu m'avais cependant promis de ne jamais t'attarder ainsi.

— Tu as raison, père, et j'ai eu grand tort, mais je me suis laissé entraîner.

— Chez qui donc étais-tu?

— Chez mon ami Maxime Gérard.

— Un charmant garçon, j'en conviens. Et, que faisait-on chez Maxime?

— De fort sottes choses, je l'assure, on taillait un petit bac.

— As-tu gagné?

— Pas précisément.

— En d'autres termes, tu as perdu?

— Oui.

— Beaucoup?

— Oh! non, une bagatelle.

— Mais encore?

— Une somme relativement insignifiante.

— Le chiffre?

— Vingt-cinq ou trente louis que j'avais dans ma poche.

— C'est tout?

— Et cinquante louis sur parole.

Philippe de La Brière alla prendre dans la caisse d'acier, dont la porte était entr'ouverte, quatre rouleaux d'or, et il les tendit à son fils en lui disant :

— Fais payer le plus tôt possible. Je joins au montant de ta dette un quartier de ta pension mensuelle, car je suppose que tu dois être complétement à sec.

— Tu ne te trompes pas, mon père, et je te remercie.

— Maintenant, mon cher enfant, écoute-moi. Tu sais que je ne suis point outre mesure prodigue de sermons, et que je n'abuse point du droit de conseil, mais je veux aujourd'hui te prier, te supplier, au nom de ton affection pour moi, de renoncer à ces amusements funestes qu'on appelle le lansquenet, le baccarat, le trente et quarante. Je n'ai ni la pensée, ni le droit, de te priver des plaisirs de ton âge, mais ceux-là sont des plaisirs maudits. Quiconque devient joueur est compromis, sinon perdu! Le jeu prend la fortune d'abord, il engloutit l'honneur ensuite! Georges, mon cher Georges, ne me refuse pas le sacrifice que je te demande, promets-moi de ne plus jouer!

— Mais sans aucun doute, mon bon père, je te ferai ce sacrifice, répondit le jeune homme, et je n'aurai qu'un fort mince mérite à cela, car je ne suis aucunement joueur, et, quand je m'assieds devant un tapis vert, c'est sans plaisir, sans passion, et pour faire comme tout le monde. Je te promets donc bien volontiers, je fais mieux, je te donne ma parole d'honneur, de ne plus toucher une carte; es-tu content?

M. de La Brière attira Georges contre sa poitrine, et l'embrassa à deux reprises avec une effusion de tendresse, en murmurant :

— Tiens, tu es le meilleur des fils!

— Eh bien! et toi, répliqua le jeune homme, n'es-tu pas le meilleur des pères?

Puis, après un court silence, il reprit :

— Et il faut que je compte bien sur ta bonté sans limites, car je vais te demander quelque chose d'énorme.

— Qu'est-ce donc?

— Figure-toi, père, que j'ai vu chez Drake, hier, aux Champs-Elysées, une paire de poneys bai brun, trois quarts de sang, qui sont tout uniment des merveilles! Une élégance inimaginable, un brio, un bouquet insensé! Vifs trotteurs, et des actions! des actions comme le fameux stepper de M. de P...! C'est un prince valaque qui les a fait venir d'Angleterre pour la petite Nina Taupin, de l'Opéra. Ils ont coûté dix-huit mille francs il y a six mois. Nina, brouillée avec le prince et poursuivie par ses créanciers, vend ses meubles et réforme ses équipages. Elle a chargé Drake de vendre les poneys. Elle en demande dix mille francs. Ce n'est pas vendu, c'est donné. Seulement il faut payer comptant. J'ai dit à Drake, hier, de ne terminer avec personne avant de m'avoir revu. Cet attelage me tourne la tête. Laisse-moi faire une folie. Ouvre-moi ta caisse paternelle, et tu me rendras bien heureux! Veux-tu, dis, père?

Tandis que Georges parlait, l'expression du visage de M. de La Brière était devenue sérieuse et même triste.

— Cher enfant, répondit-il en prenant les mains de son fils, j'éprouve en ce moment un très-vif chagrin; il me faut, pour la première fois de ma vie, accueillir une de tes demandes par un refus.

— Ah! murmura le jeune homme, non sans une nuance d'étonnement, tu me refuses les poneys?

— Il le faut.

— Me permets-tu de te demander pourquoi?

— Parce que je suis obligé de rassembler toutes mes ressources pour faire face à des éventualités presque menaçantes.

— Sais-tu bien que tu m'effrayes! s'écria Georges. De quelles éventualités parles-tu? Est-ce que la situation de notre maison serait compromise?

— Rassure-toi, cher enfant, les choses ne vont pas jusque-là. Grâce au ciel notre maison est solide, et pour l'ébranler il faudrait des événements impossibles à prévoir; mais l'horizon politique est extrêmement sombre, les esprits sont inquiets, la marche des affaires est entravée d'une manière à peu près complète, les faillites se succèdent en province. Déjà plusieurs de nos correspondants viennent d'être atteints, nous faisant perdre de fortes sommes. Encore une fois, ceci n'est rien, mais la panique augmentera peut-être encore. C'est une crise qui se prépare. Où s'arrêtera-t-elle? Dieu le sait. D'un jour à l'autre les demandes de remboursement peuvent affluer. C'est dans trois jours la fin du mois. Elle est lourde. Nous sommes en mesure, mais, je te le répète, il faut tout prévoir et se tenir prêt à parer à tout.

— Tu as raison, père, cent fois raison! répliqua Georges, ma demande était une folie! Je ne pense plus aux poneys de Nina Taupin, et je t'affirme en mon âme et conscience que je ne les regrette même pas.

— Bien vrai?

— Foi d'honnête garçon, et si, ce qu'à Dieu ne plaise, nous nous trouvions frappés à l'improviste par quelqu'un de ces revers de fortune qui font crouler les trônes et les maisons de banque, je sens que j'oublierais sans peine ce luxe dans lequel tu m'as fait vivre, ces mille caprices auxquels ta tendresse ingénieuse laissait à peine le temps de naître, tant elle les réalisait vite, et je me mettrais à travailler, courageusement, joyeusement avec toi et pour toi!

Philippe de La Brière leva ses yeux et ses mains vers le ciel, et murmura des lèvres et du cœur :

— Mon Dieu, quel que soit l'avenir que votre volonté me réserve, soyez béni! vous m'avez accordé la plus grande, la plus précieuse de vos faveurs! Vous avez fait de moi un heureux père!

En ce moment le secrétaire du banquier vint le prévenir que son agent de change demandait audience, et la conversation du vieillard et du jeune homme fut interrompue.

XXXIII

UN BANQUIER

(Suite.)

Philippe de La Brière avait dit la vérité.

On arrivait à la dernière période de l'année 1847, l'horizon politique prenait des teintes sombres, et, quoiqu'il fût bien difficile de prévoir la catastrophe prochaine, l'inquiétude était au fond de tous les esprits, jetant dans le commerce et dans les affaires une perturbation inouïe, et le courrier de chaque matin apportait au banquier la nouvelle de désastres financiers éclatant dans les principales villes des départements.

Le vieillard n'éprouvait point encore cependant de sérieuses appréhensions. Il sentait derrière lui de puissantes ressources; il comptait sur son crédit, sur son inattaquable réputation de prudence et d'honorabilité, et il se flattait de traverser la crise sans voir sombrer sous voiles, dans cette mer orageuse, le vaisseau de sa fortune.

Hélas! il comptait sans les événements. Trois jours, nous le lui avons entendu dire à lui-même, le séparaient de la fin du mois.

Ces trois jours suffirent pour amener la ruine complète et inattendue de sa maison, réputée, à bon droit, l'une des plus solides de Paris.

Deux des banquiers avec lesquels Philippe de La Brière faisait des opérations considérables suspendirent à la fois leurs paiements. D'énormes remboursements, devenus immédiatement exigibles, se présentèrent à l'improviste. La panique augmenta et bientôt ne connut plus de bornes. Tous les clients accoururent et redemandèrent leurs capitaux. La caisse se vida. Les actions, dépréciées par les circonstances, que le banquier jeta sur le marché de la Bourse afin de faire flèche de tout bois, se vendirent avec une perte immense, et enfin la Banque, alarmée à juste titre et arrêtant le crédit juste au moment où il devenait le plus indispensable, refusa le bordereau envoyé à la dernière heure par le banquier.

Ce coup suprême, Philippe de La Brière le reçut en plein cœur.

Un de ces désespoirs auxquels ne survit pas un homme de sa trempe s'empara de lui.

Une semaine avait suffi pour anéantir une fortune gagnée par vingt années d'un labeur incessant.

Le lendemain était jour d'échéance, et la caisse resterait fermée! et le vieillard entraînerait dans son désastre, dans sa ruine, cent familles qui avaient eu confiance en lui! et l'épithète infamante de banqueroutier se joindrait à son nom déshonoré! — Car on l'accuserait! — Les victimes accusent toujours, c'est leur droit rigoureux, et font un crime de leur misère à l'honnête homme foudroyé qui n'a pas su deviner la tempête et se mettre à l'abri!

Et son fils, son Georges bien-aimé, qui resterait seul en ce monde, à vingt ans, sans ressource, avec un nom flétri! Qu'allait-il devenir?

A cette pensée, Philippe de La Brière en arrivait presque à douter de la justice de Dieu, et sentait la folie s'emparer de son cerveau.

Il fallait prendre un parti cependant, et, après quelques heures d'une indicible angoisse, le vieillard redevint calme et maître de lui; il baigna son visage à plusieurs reprises avec de l'eau glacée, pour effacer la trace de ses larmes, puis, frappant sur un timbre pour appeler un domestique, il s'informa si son fils était au logis.

La réponse fut affirmative.

— Alors, reprit Philippe, allez prévenir M. Georges que je l'attends dans mon cabinet.

Le valet sortit.

Cinq heures du soir allaient sonner, par conséquent il faisait nuit.

M. de La Brière abaissa le capuchon de la lampe placée sur son bureau, afin de ne se point trouver en pleine lumière et de dissimuler plus facilement à son fils l'altération de ses traits.

— Tu as besoin de moi, père? demanda Georges en entrant dans le cabinet d'un pas rapide et d'un air enjoué, car il ne savait absolument rien de la situation que M. de La Brière se proposait de lui cacher jusqu'au dernier moment.

— Oui, cher enfant, j'ai besoin de toi, répliqua le banquier.

— Eh bien! fit le jeune homme en riant, me voici tout à tes ordres. Commande! j'obéirai...

— Si tu savais quelle est la corvée que je te destine, tu serais peut-être moins gai.

— Une corvée, à moi, père! et venant de toi! Voilà qui m'étonne. Cela n'est guère dans tes habitudes. Tu m'as toujours laissé les plaisirs, en gardant les ennuis pour toi.

— Autant que je l'ai pu, c'est vrai. Mais il n'en est pas de même aujourd'hui.

— Enfin, parle! Que faut-il faire?

— Monte dans ton appartement d'abord, et prépare ta valise.

— Ma valise! répéta Georges stupéfait. Ah çà! mais je quitte donc Paris?

— Oui.

— Pour longtemps?

— Pour deux ou trois jours.

— Dans cette saison, ce n'est pas gai!... Enfin, puisqu'il le faut...

— Oui, mon enfant, il le faut absolument.

— Je pars, quand?

— Ce soir, à onze heures, par l'express.

— Pour où?

— Pour le Havre.

— Où descendrai-je au Havre?

— Chez Jules Dulong, mon correspondant, à qui tu remettras une lettre que je vais écrire.

— A merveille. Mais je ne suppose pas que tu me fasses passer une nuit en chemin de fer uniquement pour me charger d'une lettre que l'administration des postes transporterait avec un vrai plaisir.

— Ta supposition est fort juste, et voici l'objet de ton voyage : nous sommes compromis pour une somme assez forte dans la faillite de Nicolas Lemonnier, l'armateur. Il y aurait moyen cependant, paraît-il, de s'en tirer sans grand dommage ou désintéressant deux ou trois des principaux créanciers, en prenant leur place, et en remplaçant Lemonnier, qui est un honnête homme, à la tête de son industrie... Le temps me manque pour te mettre au courant des détails de cette affaire, mais Jules Dulong la connaît depuis A jusqu'à Z, et il s'en occupera avec toi.

— Qu'aurai-je à faire?

— Te renseigner d'une façon très-exacte sur la situation réelle de Nicolas Lemonnier, sur ses ressources, sur ses opérations et sur les causes de sa débâcle. Je m'en rapporterai entièrement à toi, et j'agirai selon le rapport que tu me feras, et selon tes impressions personnelles.

— Merci de cette confiance, père. Je tâcherai de la mériter.

— Maintenant, mon enfant, va bien vite faire ta valise habille-toi chaudement pour le voyage, et descends dîner. Je veux que nous ne nous séparions plus jusqu'à l'heure où je te mettrai moi-même en wagon.

— J'y vais, père, et je serai dans la salle à manger à six heures précises.

Au moment où Georges, après avoir quitté le cabinet, venait de refermer la porte derrière lui, le masque calme et presque souriant que s'était composé Philippe de La Brière s'évanouit comme se fondrait un masque de cire placé sur des charbons ardents, et le visage du malheureux père reprit une expression navrante et désespérée.

— Oh! mon Dieu, Seigneur mon Dieu, balbutia-t-il d'une voix qu'étouffaient les sanglots, vous êtes pour moi sans pitié! Je supplie son père dont vous m'imposez est au-dessus des forces d'un homme! Je vous bénis cependant, Seigneur, et je vous demande du courage.

Le vieillard, pendant quelques minutes, cacha sa tête

dans ses deux mains qui bientôt furent inondées de grosses larmes, ruisselant de ses yeux cómme une pluie d'orage.

Il se mit ensuite à écrire une courte lettre à son correspondant du Havre.

« Cher monsieur Dulong, lui disait-il, j'attends de vous un sérieux service. J'ai besoin que mon fils Georges soit absent de Paris pendant deux fois vingt-quatre heures, et je vous l'envoie. Recevez-le avec votre bienveillance accoutumée, et gardez-le sous le prétexte de lui donner les détails et les renseignements qu'il vous demandera sur la faillite do Nicolas Lemonnier. Après-demain matin il recevra de moi une lettre qu'il vous communiquera certainement, et qui mettra un terme à l'hospitalité que je sollicite pour lui. Je vous remercie d'avance de votre condescendance à mes désirs, et je vous prie de croire à toute ma reconnaissance sincère et profonde. »

Une fois ces quelques lignes mises sous enveloppe et cachetées, Philippe s'absorba de nouveau dans ses méditations douloureuses, jusqu'à l'heure où son valet de chambre vint le prévenir que le dîner était servi et que son fils l'attendait dans la salle à manger.

Le repas fut triste.

M. de La Brière, malgré tous ses efforts, ne parvenait point à dissimuler complètement les sombres préoccupations qui le dominaient, et son attitude contrainte faisait naître chez Georges des inquiétudes faciles à comprendre. Il interrogeait alors son père, et celui-ci, par le vague de ses réponses, par l'embarras manifeste de ses dénégations, redoublait les anxiétés du jeune homme.

Georges devinait instinctivement qu'il y avait dans l'air quelque chose de grave, de mystérieux, de terrible. Il aurait voulu rester, mais il n'osait point ne pas partir.

La soirée s'écoula lentement. L'heure de la séparation arriva, et Philippe de La Brière, sur le seuil du wagon, embrassa son fils à trois reprises, comme on embrasse un être bien-aimé qu'on ne doit plus revoir.

Sous l'étreinte presque convulsive de son père, Georges frissonna et il sentit son cœur se serrer.

— Gardez-moi près de vous! balbutia-t-il, gardez-moi, je vous en supplie! J'irai demain... dans deux jours... quand vous voudrez enfin! Mais permettez-moi de rester ce soir. Je ne sais pourquoi... ce départ me fait peur.

Pour toute réponse, M. de La Brière le poussa doucement dans le compartiment de première classe et referma sur lui la portière.

Le signal se fit entendre, la vapeur siffla, le train partit, et Georges, se penchant à la portière, envoya son dernier baiser et son adieu suprême à son père resté sur le quai.

A Mantes, première station pour les *express* qui vont au Havre, Georges eut un instant l'idée de descendre et, au lieu de continuer sa route, de revenir à Paris par le train de minuit.

Mais il avait trop l'habitude de la soumission pour transgresser ainsi la volonté formelle de son père. Sa main, déjà posée sur la poignée de la portière du wagon, ne fit point jouer cette poignée, et il se rejeta dans son angle capitonné en murmurant :

— A la grâce de Dieu!

Rentré chez lui, après avoir assisté au départ de son fils, Philippe de La Brière ferma sa porte intérieurement et s'assit devant un petit bureau qu'éclairait une lampe carcel.

Il était minuit. Le vieillard se mit à écrire d'une main lente, mais ferme.

Quand sonnèrent six heures du matin, la lampe brûlait toujours et le banquier traçait les adresses des deux lettres qu'il venait d'achever.

L'une était pour son fils, au Havre, chez M. Jules Dulong.

L'autre pour le commissaire de police du quartier.

Voici quelques extraits de la première, qui n'avait pas moins de huit pages :

« Arme-toi de courage, cher enfant, car cette lettre t'apporte la nouvelle d'un double malheur! Au moment où l'épouvante envahit ton cœur, voile tes yeux et fait trembler ta main en lisant ces premières lignes, ton père est mort, et tu es ruiné...

« Oui, je meurs... Je meurs volontairement, pour ne pas survivre à mon honneur commercial, pour ne pas te léguer un nom flétri, car en face de mon cadavre aucune voix n'osera proférer une accusation outrageante... Il n'y aura pas de honte sur ma mémoire... Mon sang l'aura lavée d'avance...

« J'ai la conscience de n'avoir mérité ni par une faute, ni par une erreur, ni par une imprudence, le coup qui me frappe. Je succombe sous une fatalité inouïe qu'aucune intelligence humaine ne pouvait prévoir. Sois-en juge... »

Ici, M. de La Brière entrait, sur les causes de sa ruine foudroyante, dans de longs détails qu'il nous paraît inutile de reproduire.

Il continuait ainsi :

« S'il est pour moi un plus cuisant chagrin, une douleur plus poignante encore que de te laisser dans la misère après l'avoir élevé dans la richesse, c'est la pensée de toutes les ruines qui vont naître de ma ruine! Comme un vaste et puissant édifice miné dans ses fondations et s'abattant à l'improviste, j'écrase en m'écroulant tout ce qui m'entourait... Ces familles si nombreuses qui, pleines de confiance et de sécurité, avaient remis leurs fortunes dans mes mains, que vont-elles devenir? Que de larmes, que de désespoirs! Hélas! que de malédictions peut-être! Ces vieillards dont l'unique ressource s'anéantit à l'heure où le travail ne leur est plus permis... comment me survivront-ils? Ces jeunes filles dont la dot s'engloutit dans mon désastre, resteront-elles honnêtes et pures? La pauvreté, mauvaise conseillère, ne les livrera-t-elle point aux pièges de la débauche, aux mains pleines d'or? Voilà ce qui me tue, mon enfant! Voilà ce qui change mes heures suprêmes en une intolérable agonie!

« Un espoir cependant me reste, et cet espoir repose tout entier sur ta tête... Tu es jeune et tu es fort. Tu as le cœur bien placé, l'âme noble, l'esprit vaillant. J'ai foi en toi et je t'impose un devoir sacré!

« Ce devoir, tu l'accompliras, j'en ai la certitude, ou tu périras à la tâche.

« A cette lettre sont joints les noms de tous mes créanciers et les chiffres de leurs créances.

« Garde ces listes, garde-les bien! C'est l'honneur de ton père mort que je te confie.

« Tu trouveras sous cette enveloppe dix billets de banque de mille francs. Ces dix mille francs sont bien à toi et tu peux t'en servir sans scrupule, car ils proviennent de la vente des quelques bijoux que possédait la sainte mère avant de devenir ma femme.

« Ces dix mille francs sont pour toi l'enjeu de la partie que tu vas tenter, et qu'il faut gagner ou mourir.

« Là-bas, de l'autre côté des mers, en Australie, en Californie, au Mexique, on peut, avec beaucoup d'audace et une volonté de fer, réaliser de rapides et fabuleuses fortunes... Cela s'est vu déjà, et cela doit se voir encore.

« Beaucoup tentent la chasse aux millions, je le sais, et peu réussissent. Sur mille qui s'en vont, il en revient qu'un seul.

« Il faut que tu sois celui-là!

« Essuie tes larmes, mon enfant! Haut ton cœur! *Sursum corda!* Pars à l'instant... Travaille et lutte! Gagne des millions non pour toi, mais pour ceux que j'entraîne avec moi dans l'abîme. Reviens vainqueur, et dis à tous : « Mon père « vous a donné son sang! Moi je vous donne mon or! »

« Et, quand sera payé par toi le dernier sou de la dernière dette, je tressaillerai d'allégresse dans ma tombe réhabilitée. »

La lettre de Philippe de La Brière continuait encore pendant plusieurs pages, mais ce que nous venons de mettre sous les yeux de nos lecteurs doit suffire pour leur en faire comprendre le sens et la portée.

Le second billet ne contenait que ces quelques lignes :

« Monsieur le commissaire de police,

« Après une longue existence de travail et de probité, des circonstances fatales m'obligent à suspendre mes payements.

« Un seul moyen me reste de prouver à tous que si je suis malheureux au moins je ne suis pas coupable. Ce moyen, je l'emploie.

« Je ne tue pas pour survivre à mon honneur.

« Les hommes m'absoudront sans doute, et j'espère que le Dieu de justice et de bonté ne me condamnera pas.

« PHILIPPE DE LA BRIÈRE.

« Paris, le 30 novembre 1847. »

Le cheval se jeta au milieu de jeunes arbres. (Page 72.)

A huit heures du matin, le vieillard sonna son valet de chambre et l'envoya porter à la poste la lettre destinée à Georges de La Brière.

Il ouvrit ensuite un des tiroirs de son bureau, y prit une boîte de pistolets, s'assura qu'ils étaient chargés, et en renouvela les capsules.

Ceci fait, après avoir placé bien en évidence sur la cheminée le billet écrit pour le commissaire de police, Philippe s'agenouilla devant un christ d'ivoire suspendu dans l'un des panneaux de sa chambre à coucher et pria longuement.

Quand le vieillard se releva, il était neuf heures moins quelques minutes, et c'était à neuf heures précises que s'ouvraient d'habitude les bureaux et la caisse de la maison de banque, qui, ce jour-là, devaient rester clos.

Philippe s'approcha de sa fenêtre et regarda dans la rue. Sur le trottoir, devant la porte cochère, il y avait des groupes nombreux.

Personne ne savait rien encore de la catastrophe imminente, et cependant l'inquiétude se peignait sur tous les visages. On parlait, on discutait vivement, et les montres, tirées des goussets par des mains impatientes, étaient interrogées dix fois par seconde.

Neuf heures commencèrent à sonner.

C'était l'instant où les appréhensions des porteurs de titres allaient se confirmer ou se dissiper.

Les groupes quittèrent le trottoir et se précipitèrent dans la cour pour monter à l'entre-sol par l'escalier spécial des bureaux.

Philippe de la Brière prit un des pistolets, l'approcha de sa tempe, recommanda son âme à Dieu, et, au moment où retentissait le dernier coup de neuf heures, il pressa la détente et se fit sauter la cervelle.

On accourut au bruit, mais trop tard, comme toujours.

L'homme de cœur, l'honnête homme, n'était plus qu'un cadavre baigné dans une mare de sang!

Trois jours après ce jour fatal, Georges de La Brière, écrasé par le désespoir, prenait passage au Havre sur un navire en partance pour l'Amérique.

Il s'était juré d'accomplir le vœu suprême de son père ou de mourir à la tâche.

XXXIV

PÉRINE ET LE DOCTEUR

Retournons au château de Rochetaille et reportons-nous à la veille du jour où devait s'accomplir le suicide héroïque de Philippe de la Brière.

C'était le 29 novembre, jour fixé pour le mariage civil du baron Gontran de Strény et de la comtesse de Kéroual.

M. Sosthène Lehardy, maire de la petite commune de Rochetaille, s'était mis à la disposition du baron pour venir au château, avec les registres de l'état civil et les quatre témoins, à l'heure qui conviendrait le mieux à madame la comtesse.

L'officier municipal était un très-digne homme, ex-professeur du collège de Vesoul, retraité, et propriétaire d'un petit bien qu'il habitait à un kilomètre et demi du village.

Vers dix heures du matin, Gontran monta à cheval, afin d'aller le prévenir qu'il viendrait, à trois heures précises, le chercher en voiture. Il y avait tout près d'un pied de neige dans la campagne, et de gros flocons blancs continuaient à tomber sans interruption.

Pendant l'absence de M. de Strény, le docteur Louis Perrin arriva.

On mit son cheval à l'écurie et il monta droit à la chambre de la comtesse qui, malgré sa faiblesse croissante et ses défaillances continuelles, avait voulu se lever, et reposait, plutôt étendue qu'assise, sur une chaise longue placée au coin de la cheminée dans laquelle brûlait un grand feu.

— Eh bien, chère malade, demanda-t-il en prenant la main fiévreuse de la jeune femme, vous trouvez-vous mieux aujourd'hui?

Léonie secoua mélancoliquement la tête et répondit :

— Hélas! non, docteur. Ce tremblement nerveux qui m'agite depuis quelques jours devient plus fatigant que je ne saurais le dire.

— Est-il continuel?

— A peu près. Mais c'est surtout quand approche le soir qu'il redouble et se change en une véritable torture.

— Avez-vous dormi la nuit dernière?

— A peine. Vous savez bien que je ne dors plus, et si par hasard la lassitude triomphe un instant de l'insomnie, mon sommeil est pénible, peuplé de mauvais rêves. Je me vois entourée de fantômes et je me réveille baignée d'une sueur froide.

— Qu'éprouvez-vous alors?

— Un anéantissement douloureux ; ma tête me semble si lourde que j'ai peine à la soulever.

— Vous n'avez rien changé au régime que j'ai prescrit?

— Rien.

— Vous buvez plusieurs fois par jour la tisane dont j'ai donné la formule?

— J'en bois un grand verre toutes les heures.

— En éprouvez-vous quelque soulagement?

— Non... ou du moins c'est bien rare. Presque toujours, après avoir bu, ma poitrine devient oppressée et je crois sentir du feu couler dans mes veines.

— Étrange! murmura le docteur en réfléchissant.

Puis, au bout d'une seconde, il ajouta :

— Permettez-moi d'appeler votre femme de chambre.

— Faites, docteur.

Le jeune médecin frappa sur un timbre placé à portée de la main de la comtesse.

Périne attendait dans la pièce voisine. Elle entra.

— Madame la comtesse a besoin de moi? demanda-t-elle.

— M. le docteur veut te parler, mon enfant, dit Léonie.

— Apportez-moi la tisane que j'ai prescrite, dit le docteur.

— Je viens justement d'en préparer une carafe, répliqua Périne ; je vais la chercher.

Et elle sortit.

— Vous êtes toujours contente des services de cette femme? reprit le docteur lorsque la porte se fut refermée.

— Toujours et plus que jamais.

— Son zèle ne se dément pas?

— Il redouble, au contraire. Périne est une nature affectueuse et reconnaissante ; le peu que j'ai fait pour elle m'a conquis son dévouement tout entier. Rien ne lui semble pénible. Elle brave la fatigue, elle se multiplie, elle passe les nuits. Je la trouve auprès de moi sans cesse. Une fille ne soignerait pas mieux sa mère.

— Ainsi, votre confiance en elle est sans bornes?

— Oui, sans bornes, et elle la mérite.

— Et son mari?

— Son mari, je crois, est le plus brave homme du monde. Mais son service l'appelle hors du château, je ne le vois jamais... Pourquoi ces questions, mon cher docteur?

— Parce que je suis heureux, madame la comtesse, de vous savoir bien entourée.

— Sous ce rapport, je n'ai rien à envier. Je ne pourrai l'être mieux que je ne le suis. Tous ceux qui m'approchent souffrent de me voir souffrir...

En ce moment, Périne rentra. Elle portait sur un plateau une carafe de tisane, un verre et une petite cuiller.

— Monsieur le docteur, dit-elle, voici ce que vous avez demandé.

— Merci. Déposez, je vous prie, ce plateau sur cette table et donnez-moi un second verre.

Périne prit un verre sur un meuble et le présenta à Louis Perrin, qui le remplit à demi de tisane, l'approcha de ses lèvres et but lentement quelques gouttes, les dégustant en quelque sorte comme un gourmet désireux de se rendre compte du bouquet d'un grand vin.

— Eh bien? demanda Léonie, qui le regardait avec curiosité.

— Eh bien ! madame la comtesse, cette tisane me semble préparée d'une façon irréprochable.

Il remplit jusqu'au bord le verre resté sur le plateau, puis, le présentant à la malade, il ajouta :

— Veuillez boire.

Léonie obéit.

— Qu'éprouvez-vous maintenant ? fit le docteur, quand elle eut achevé.

— Une fraîcheur délicieuse, un grand bien-être. Il me semble que cette boisson me ranime, me revivifie.

— J'y comptais, et je crois pouvoir vous promettre que les sensations pénibles dont vous me parliez tout à l'heure ne se renouvelleront plus.

Ensuite, se tournant vers Périne, le médecin lui dit :

— Je vais préparer un cordial à la pharmacie ; j'aurai besoin de votre aide. Accompagnez-moi, je vous prie.

— Je suis à vos ordres, monsieur le docteur.

— Mais, demanda Léonie, vous reviendrez ici, n'est-ce pas, avant de quitter le château ?

— J'aurai cet honneur, madame la comtesse.

Le jeune médecin et Périne n'échangèrent pas un seul mot en parcourant la galerie et en descendant l'escalier qui conduisait à la pharmacie.

Lorsqu'ils furent arrivés dans cette dernière pièce, le docteur profita d'un moment où la femme de Jean Rosier, placée en face de l'unique fenêtre, se trouvait en pleine lumière, et il lui dit, en attachant sur elle un de ces francs et fermes regards qui descendent jusqu'au fond des âmes :

— Écoutez-moi et répondez-moi, Périne.

Il y avait dans l'accent de son interlocuteur quelque chose de si grave, nous dirons presque de si solennel, que Périne tressaillit involontairement.

— Vous écouter ? vous répondre ? fit-elle étonnée. Je suis prête...

— C'est vous qui préparez chaque jour les breuvages destinés à madame la comtesse ? commença Louis Perrin.

— C'est moi.

— Vous seule?

— Moi seule.

— C'est ici, dans cette pharmacie, que vous prenez les médicaments qui leur servent de base?

— Toujours et jamais ailleurs.

— Quand une tisane est préparée d'avance, où la déposez-vous ?

— Là, sur ce rayon, et je viens la chercher sitôt que madame la comtesse en a besoin.

— La porte de la pharmacie reste-t-elle quelquefois ouverte en votre absence?

— Jamais. Après les recommandations que vous m'avez faites, ce serait de ma part une négligence impardonnable. Je ferme la porte avec soin et je ne me sépare pas de la clef.

— Quelqu'un partage-t-il avec vous les soins que vous donnez à madame de Kéroual avec un dévouement dont elle fait le plus grand éloge?

— Personne.

— Votre mari, cependant, pourrait vous aider dans la manipulation des médicaments, dans la préparation des breuvages...

— Mon mari ! le pauvre cher homme ! Depuis que vous l'avez si bien guéri de sa fracture à la jambe, il n'a pas mis les pieds ici, ni dans les appartements. Il n'entre au château que pour prendre ses repas et se coucher.

— Ainsi, vous seule approchez madame la comtesse.

— Moi, sa fille et la mienne, et M. le baron.

— Je parle des gens attachés à son service.

— Aucun.

— Madame la comtesse n'a pas d'ennemis?

— Des ennemis ! s'écria Périne avec un geste énergique de dénégation. Est-ce que c'est possible ? Et qui donc pourrait la haïr, cette sainte et digne femme ? Un ange de douceur et de bonté !... Non, non, monsieur le docteur, elle n'a pas d'ennemis ! Tout le monde ici l'aime, tout le monde l'adore, et c'est justice !

— Ainsi, vous, Périne, vous l'aimez tendrement ?

— Eh ! comment ne l'aimerais-je pas ? Je serais donc un monstre ! Songez, monsieur le docteur, que je lui dois tout : la vie de mon mari, celle de ma fille peut-être, notre tranquillité ! Ah ! qu'on me demande mon sang pour elle ! On verra si je l'aime !

— Eh bien ! continua le médecin en regardant avec un redoublement de fixité la femme de Jean Rosier, ne conservez aucune illusion. Madame de Kéroual est mourante.

Périne devint très-pâle et ses yeux semblèrent s'agrandir.

— Mourante ! répéta-t-elle avec stupeur. Vous avez dit : mourante !

— Oui, et ce n'est point une maladie naturelle qui la tue.

— Qu'est-ce donc alors ?

— C'est un crime.

Périne recula de trois pas. Son visage offrait une expression de stupeur allant jusqu'à l'hébétement.

— Un crime ! s'écria-t-elle enfin d'une voix rauque. Allons donc ! est-ce que c'est possible ? Non ! je ne vous croispas ! Non ! non !

— Et c'est la véritécependant ! madame de Kéroual meurt empoisonnée !

Périne passa ses deux mains sur son front avec un geste de folie.

— Et vous êtes sûr de ce que vous dites ? reprit-elle ensuite, en saisissant le bras du docteur.

— Parfaitement sûr ! Le crime est aussi clairement démontré pour moi que l'existence du soleil.

Périne fondit en larmes et balbutia :

— Le poison ! Ah ! c'est infernal ! Mais quel est le misérable ?...

— C'est pour tâcher de le découvrir que je vous interroge, continua le médecin.

A son tour, la jeune femme attacha sur son interlocuteur un regard à la fois fixe et effaré.

— Ah ! s'écria-t-elle avec épouvante, avec horreur, vous ne m'avez point soupçonnée ? vous ne m'accusez pas ?

Au lieu de répondre d'une façon absolument négative, Louis Perrin se retrancha derrière cette généralité :

— Je ne soupçonne personne... je n'accuse personne... je cherche.

— Pourquoi ne pas vous adresser à la justice et dénoncer le crime ? demanda Périne.

— Parce que, jusqu'au dernier moment, je veux, contre toute vraisemblance, garder l'espoir de sauver madame de Kéroual. Or, il suffirait de la justice apparaissant tout à coup devant elle et lui révélant la présence d'un meurtrier dans sa maison pour porter le dernier coup à cette existence qui ne tient plus qu'à un fil.

— Mais alors, du fond des ténèbres où il se cache, le monstre, le misérable assassin continuera son œuvre...

— Non, car nous serons là tous deux pour déjouer cette œuvre infâme.

— Comment ?

— Il faut, à partir de cette heure, que vous ne quittiez plus un instant madame de Kéroual, ni le jour ni la nuit.

— Oh ! soyez tranquille, monsieur le docteur, je ne la quitterai plus.

— Il faut que la tisane, préparée par vous seule, ne cesse jamais d'être sous vos yeux.

— Je ne la perdrai pas de vue.

— Il faut de votre part un redoublement de surveillance quand une personne du château approchera madame la comtesse. Même lorsque cette personne sera M. le baron de Strény.

— Eh quoi ! monsieur le docteur, balbutia Périne atterrée, soupçonneriez-vous donc...

Le médecin l'interrompit :

— Encore une fois, dit-il, je ne soupçonne personne et je me défie de tout le monde.

— Mais lui, reprit Périne avec insistance, lui, M. le baron, qui dans quelques heures sera le mari de madame ?

— J'ai dit : Tout le monde ! répliqua la jeune médecin d'une voix brève.

Puis, au bout d'une seconde, il continua :

— Il me reste une dernière recommandation à vous faire.

— Laquelle ?

— Chaque fois que vous serez au moment de présenter à madame la comtesse un verre de tisane, assurez-vous que les vertus bienfaisantes de ce breuvage ne sont point devenues des propriétés toxiques.

— Comment pourrai-je le faire ?

— Prenez dans votre bouche une cuillerée de tisane. Si vous éprouvez sur la langue et sur le voile du palais une sensation d'âcre chaleur, c'est que la main du meurtrier, profitant d'une seconde où votre surveillance se ralentissait, aura de nouveau versé le poison.

— Mais ce poison, monsieur le docteur, vous en connaissez donc la nature ?

— Je crois du moins la connaître. Depuis huit jours, tous les symptômes de la maladie de votre maîtresse ont changé et sont devenus ceux d'un empoisonnement par la brucine.

— Oh ! murmura Périne, il me semble que je me sens devenir folle !

— Devenir folle ! répéta le docteur, gardez-vous-en bien si vous aimez madame de Kéroual, car c'est en ce moment qu'elle a besoin de toute votre raison, de tout votre sang-froid !

— J'ai beau faire, et ma tête s'égare malgré moi quand je songe à ces doutes incessants qui vont m'obséder sans relâche. Cette chaleur âcre dont vous m'avez parlé, monsieur le docteur, je croirai la trouver dans tous les breuvages.

— Rassurez-vous, car il existe un moyen infaillible de contrôler le plus ou moins de réalité de vos soupçons.

— Et ce moyen ?

Le docteur Perrin fit le tour du laboratoire en examinant les fioles rangées en bon ordre sur les rayons. Il en prit une et revint à Périne.

— Vous voyez ceci, fit-il.

— C'est de l'acide nitrique, dit la jeune femme en lisant l'étiquette collée sur le petit flacon.

— Oui, et l'acide nitrique est le réactif de la brucine.

— Je ne comprends pas.

— Vous n'avez pas besoin de comprendre la cause, pourvu que vous connaissiez l'effet, et cet effet le voici : chaque fois que la tisane vous paraîtra suspecte, vous verserez dans le verre où elle sera contenue quelques gouttes de ce réactif. Si vos doutes ne sont qu'illusion, aucun changement ne se manifestera dans l'apparence du breuvage. Si, au contraire, le poison s'y trouve, il prendra la couleur du sang.

— La couleur du sang ! murmura Périne qui ne fut pas maîtresse de dissimuler son effroi. Est-ce un effet de la magie ?

— Non, c'est un résultat de la science, répondit le docteur en souriant involontairement de la naïve crédulité de la jeune femme malgré la gravité terrible de la situation.

Périne glissa le flacon dans son corsage.

— C'est bien, dit-elle, il ne me quittera plus, et ce que vous m'avez enjoint de faire, je le ferai.

— Maintenant, reprit le médecin, allons retrouver madame la comtesse. C'est aujourd'hui, m'avez-vous dit, que se célèbre son mariage avec le baron de Strény ?

— Le mariage civil, oui, monsieur le docteur. Le maire de la commune et les témoins doivent venir au château.

— A quelle heure ?

— A cinq heures, je crois.

— Je crains beaucoup que cette cérémonie ne cause à madame de Kéroual une agitation violente, et peut-être funeste. Mais l'empêcher est chose impossible. Elle n'écouterait à cet égard aucun conseil. Je dois visiter un malade à quelques lieues d'ici. Je reviendrai dans la soirée. D'ici là, veillez bien, Périne. La vie de votre maîtresse est entre vos mains.

— Vous pouvez compter sur moi, monsieur le docteur. Je veillerai sur elle comme je veillerais sur mon enfant.

XXXV

LE LIVRE PERDU.

Madame de Kéroual éprouvait un mieux très-sensible qu'elle attribuait à la tisane versée par le docteur.

Il lui fit boire un second verre de cette tisane et prit congé d'elle, en annonçant que son itinéraire devant le ramener à Rochetaille quelques heures plus tard, après ses visites, il viendrait savoir de ses nouvelles dans la soirée.

— Vous serez le bien accueilli, cher docteur, répondit Léonie en souriant. Seulement, n'oubliez pas qu'il ne faudra plus m'appeler madame la comtesse, car la comtesse de Kéroual aura fait place à la baronne Gontran de Strény.

Louis Perrin s'inclina silencieusement et quitta la chambre.

Périne le reconduisit jusqu'au perron, afin de recevoir ses dernières instructions s'il en avait à lui donner.

— Veillez! lui répéta-t-il seulement, veillez bien!

Il se mit en selle, tourna au petit trot la pelouse couverte de neige, et s'engagea dans la longue avenue, où Périne le suivit un instant des yeux.

— Le poison! murmurait-elle tout bas en le regardant s'éloigner; il croit au poison! Moi j'ai beau faire, je n'y peux pas croire. Je le lui disais tout à l'heure, et c'est la vérité, ici tout le monde aime madame, personne n'a d'intérêt à sa mort! Les cœurs brisés, les yeux baignés de larmes la suivraient dans la tombe! Le docteur s'abuse lui-même! des symptômes mensongers doivent causer son erreur! Sans doute il se forge des chimères pour expliquer une maladie qu'il ne comprend pas! S'il ne se trompait point, ce serait trop affreux! Songer qu'une main infâme, une main cachée, dans l'ombre, tuerait lentement cet ange!... et moi qui l'approche jour et nuit, à chaque heure, à chaque minute, moi qui prépare ses breuvages et qui les lui présente, on me soupçonnerait peut-être!... On m'a soupçonnée déjà! Le docteur a douté de moi, j'en suis sûre!... je l'ai bien compris! Dans les questions qu'il m'adressait il y avait de la défiance!... Oh! mon Dieu! mon Dieu! prenez pitié de moi, et si véritablement l'assassin existe, étendez votre main sur lui et qu'un signe visible vienne me dire : Le voilà!

Lentement et la tête basse, Périne quitta la plus haute marche du perron, rentra dans le vestibule, et s'apprêtait à le traverser pour gagner l'escalier quand elle vit en face d'elle Jean Rosier, son mari.

Le garde-chasse avait la figure décomposée, et son allure indécise et flageolante était si bizarre que Périne crut un moment que, pour la première fois depuis son installation au château, il avait sacrifié au culte de la dive bouteille.

— Est-ce donc là ce que tu m'avais promis, Jean? lui dit-elle avec amertume. Tu es ivre!

L'ex-saltimbanque fit un geste d'énergique dénégation.

— Ivre, moi! répéta-t-il. Ah! Périne, tu sais bien que je ne bois plus... plus jamais! Je n'ai pas seulement pris une goutte de vin pur aujourd'hui. Ça n'est pas bien de m'accuser comme ça.

— Pourquoi donc alors as-tu cette mine embarrassée? Tu sembles chanceler sur tes jambes. T'est-il arrivé quelque chose?

— Oui.

— Quoi?

— J'ai manqué faire un malheur, et je ne suis pas tranquille, car c'est une chose qui pourrait être pour nous de grande conséquence, surtout au moment où M. le baron va devenir le maître au château.

— Il s'agit donc de M. le baron?

— Hélas! oui.

— Explique-toi, car il m'est impossible de deviner les causes de ta préoccupation.

— As-tu entendu le bruit d'un coup de fusil dans le parc, il y a de cela un quart d'heure ou vingt minutes? demanda Jean Rosier.

— Il me semble que oui...

— Eh bien! ce coup de fusil, c'est moi qui l'avais tiré. Ne t'impatiente pas. Voilà l'histoire. Je m'en allais, sans penser à rien, le long de la grande avenue, quand je vois sur la neige la passée toute fraîche d'un lapin qui venait d'entrer sous le taillis. Je me dis : « Toi, mon gaillard, si tu reviens par ici, tu auras ton affaire, » et je m'embusque derrière le tronc de l'un des gros marronniers. Je n'étais pas là depuis cinq minutes que j'aperçois une boule grise, avec de grandes oreilles. C'était mon lapin qui venait tout droit sur moi. Je l'ajuste, je tire, il saute et ne bouge plus. Je lui avais donné son compte. Mais juste à cette minute, M. le baron, que je n'entendais point à cause de l'épaisseur de la neige, passait à cheval, à trois pas de moi. Le cheval, qui ne s'attendait à rien, prend peur, se cabre, fait un écart terrible et se jette au milieu des jeunes arbres où le par-dessus de M. le baron s'est accroché et déchiré du haut en bas. J'allais, tout confus, prendre la bête par la bride pour la remettre dans le bon chemin, mais M. le baron m'a

donné sur la main un grand coup de cravache, en m'appelant maladroit et en me lançant un mauvais regard. Ah! quel œil! Voilà un homme qui m'en veut, et qui n'aura rien de plus pressé que de nous renvoyer quand il sera le mari de madame la comtesse, et ça ne tardera guère puisque le mariage est fixé pour aujourd'hui.

— Rassure-toi, répondit Périne, madame est bonne et juste et ne nous laissera pas punir si cruellement pour une imprudence involontaire.

— Tu crois?

— J'en suis sûre.

— Allons, ça me met un peu de baume dans le sang de te voir rassurée. Songe donc, nous sommes si bien ici! Quel chagrin s'il fallait partir et recommencer notre ancien métier!

— Rien de semblable ne nous menace.

— Eh bien, tant mieux!... mais cependant, toi qui sais parler comme personne, parle donc à M. le baron. Tu lui diras que je suis bien désolé, mais que je ne l'avais point entendu venir, et qu'il n'y a pas de ma faute. Le feras-tu, ma bonne Périne?

— Assurément, puisque tu le désires.

— Tu lui donneras en même temps ce livre, ajouta Jean Rosier en tirant de sa gibecière un petit volume à tranche rouge. Il est tombé de sa poche au moment où le pardessus s'est déchiré. Je l'ai ramassé dans la neige, et j'allais le lui rendre. Mais, bast! il enfonçait les éperons dans le ventre de son cheval, et il était déjà bien loin.

Périne prit distraitement le volume.

— Je le lui remettrai, dit-elle.

— Et alors, s'écria Jean Rosier rassuré d'une façon à peu près complète, peut-être que tout ira bien.

— Sois tranquille, et ne me retiens pas plus longtemps. Madame est seule, je vais la rejoindre.

Le garde-chasse disparut dans la direction de la cuisine, et Périne monta l'escalier.

Tout en en gravissant les marches, l'idée lui vint de jeter un coup d'œil sur le livre perdu par Gontran de Strény.

Elle l'ouvrit au premier feuillet, et, devenue soudain livide, les yeux arrondis démesurément par l'épouvante et par la stupeur, elle s'arrêta comme pétrifiée.

Le titre, en frappant ses regards, lui brûlait les yeux comme un fer rouge.

Elle venait de lire ces trois mots sinistres :

TRAITÉ DES POISONS.

— Ah! murmura-t-elle lorsqu'elle fut un peu remise de cette première et foudroyante émotion. Ce livre tombé de la poche du baron de Strény à l'instant où le docteur soupçonne un crime c'est l'indice que je demandais à Dieu, et que Dieu m'envoie! Le docteur ne se trompait pas! Il voyait la vérité, et c'est moi, pauvre folle, c'est moi qui m'abusais en refusant de croire.

Elle feuilleta le volume.

— Une page cornée! dit-elle tout à coup.

Et elle lut :

« De l'empoisonnement par la brucine, de ses symptômes et de ses effets. »

— La brucine, répéta-t-elle. Mon Dieu! mais c'est le nom que le docteur a prononcé dans le laboratoire! Il avait tout deviné! tout! Ah! je préviendrai madame! je lui révélerai ce qui se passe! je ne laisserai pas s'accomplir l'union impossible du meurtrier et de la victime!

Et Périne, emportée par la résolution qu'elle venait de prendre et qu'elle voulait accomplir sans perdre une seconde, gravit en deux élans les dernières marches de l'escalier et parcourut la galerie dans toute sa longueur avec une incroyable vitesse.

Hâte inutile. Au moment où la jeune femme arrivait à la porte de la chambre, elle y rencontra Gontran qui, de son côté, se préparait à en franchir le seuil.

Périne sentit un frisson courir sur sa chair. Parler en présence du baron était impossible. Périne avait peur de ce misérable. Elle se disait qu'en se voyant démasqué, il n'hésiterait pas à commettre un double meurtre pour garder son secret.

Elle s'effaça pour le laisser passer, mais elle le suivit et elle entra en même temps que lui.

— Ah! Gontran, s'écria Léonie en se soulevant à demi. Enfin, vous voici de retour. J'avais hâte de vous voir. J'ai à vous donner une nouvelle qui va vous rendre heureux.

— Laquelle, chère bien-aimée? demanda le baron en

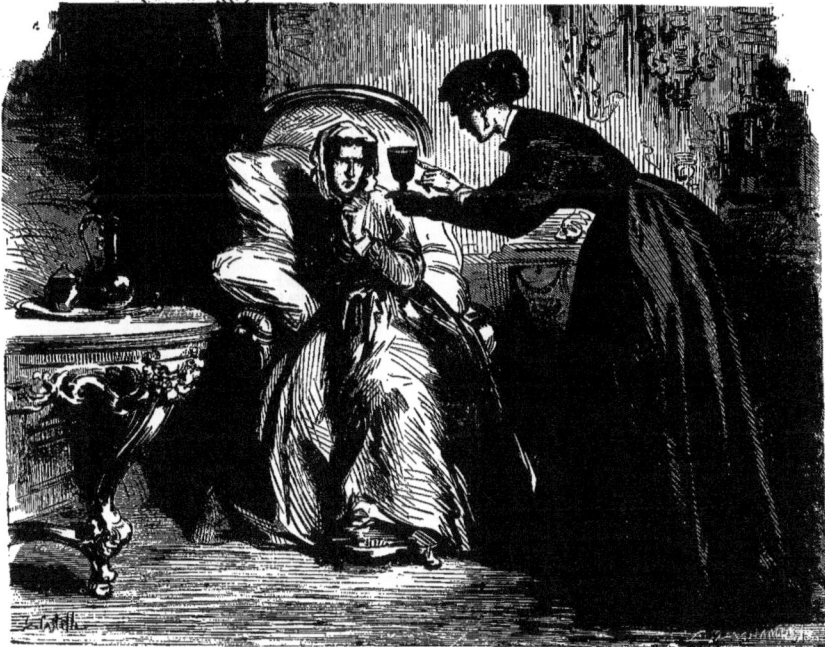

Le liquide contenu dans la carafe venait de devenir écarlate. (Page 76.)

appuyant ses lèvres sur la main presque diaphane de la malade radieuse et transfigurée.

— Celle-ci : je me sens mieux depuis ce matin... beaucoup mieux. Il me semble que ma convalescence commence aujourd'hui.

— Ah ! Léonie ! Léonie ! s'écria Gontran, vous aviez raison de me promettre une heureuse nouvelle ! Que le ciel soit béni !

— Le monstre ! pensa Périne.

Madame de Kéroual continua :

— Ce mieux soudain, qui se manifeste juste le jour où je vais porter votre nom, c'est d'un heureux augure, n'est-ce pas ?

— Oui, répliqua Gontran. C'est le bon Dieu qui semble vous dire qu'à force de soin et d'amour je vous rendrai la vie et la santé !

— Il ose parler de Dieu ! se dit Périne tout bas. Judas n'était pas plus infâme !

Madame de Kéroual leva les yeux et s'aperçut de la présence de sa femme de chambre.

— Tu peux te retirer, mon enfant, lui dit-elle. Si j'ai besoin de toi, je t'appellerai.

Périne hésita ; mais comment, sous quel prétexte refuser d'obéir ? Parler trop tôt, parler devant le baron, encore une fois, c'était tout compromettre, c'était tout perdre.

Elle prit le parti de passer dans l'autre pièce qui précédait la chambre à coucher, mais elle laissa la porte entr'ouverte, et elle se plaça de façon à ne perdre de vue aucun des mouvements de Gontran.

La petite table sur laquelle se trouvait la tisane était hors

10e LIVRAISON

de la portée de ce dernier, qui venait de s'asseoir auprès de la comtesse.

— S'il se lève, pensa Périne, s'il s'approche de la table, si je lui vois faire un geste ou un mouvement suspect, j'entrerai, je crierai à l'aide, j'appellerai tous les domestiques, et madame ne boira pas. Il ne peut rester là bien longtemps, et, quand il sortira, mon tour viendra. Plus de mensonge alors, plus de masque, plus d'infamie !

La conversation commencée entre le baron et la comtesse continua sur un ton très-bas.

— Gontran, murmura Léonie en serrant dans ses mains les deux mains de son meurtrier, vous m'aimez toujours, n'est-ce pas ?

— Si je vous aime toujours ! répondit-il. Ne le savez-vous point ! Est-ce que vous en doutez ?

— Je le sais et je n'en doute pas. Et si je vous le demande c'est que je suis heureuse de vous entendre me le répéter.

— Eh bien ! Léonie, fit Gontran d'une voix passionnée, je vous aime plus que jamais, et c'est en vous voyant souffrir que j'ai compris surtout combien je vous aimais !

— Je vous crois, je vous crois, mon ami, et mon cœur déborde de joie. Cette tendresse que je vous inspire, cette tendresse immense, absolue, sans bornes et sans rivale, il faut la reporter tout entière sur ma chère petite Marthe, sur mon enfant adorée. Je vous l'ai déjà demandé, et vous me l'avez promis, et vous me l'avez juré.

— Ce serment, je le renouvelle. J'aime Marthe comme si véritablement elle était ma fille. D'ailleurs, aujourd'hui même, ne serai-je pas tout à fait son père ?

— Oui, aujourd'hui... dans deux heures. Rien ne peut retarder notre union, n'est-ce pas ?

— Rien.

— En rendant le repos à mon âme, le calme à ma conscience, en assurant l'avenir de ma fille, ce mariage prolongera ma vie, j'en suis sûre.

— N'en doutez pas, Léonie. Dieu vous réserve encore de longues années de paix et de bonheur.

— Et ce bonheur, c'est à vous que je le devrai! Dites-moi, Gontran, c'est bien à cinq heures que le maire, M. Lehardy, doit arriver au château?

— Oui, et comme les routes sont couvertes d'une neige très-épaisse, je lui ai promis d'aller le chercher en voiture. J'ai donné des ordres pour qu'on attelle en temps opportun.

— Ah! Gontran, je ne serai vraiment soulagée, vraiment heureuse, que lorsque je ne sentirai plus à mon front la tache d'une liaison coupable.

— Quoi! toujours cette pensée!

— Toujours!

— Vous étiez veuve... vous étiez libre.

— On n'est jamais libre d'être coupable. Enfin, bientôt le passé n'existera plus! je pourrai, sans rougir, embrasser mon enfant.

Plus d'une heure s'écoula dans cette causerie intime où le démon de l'hypocrisie, sous la forme du baron de Strény, prodiguait à une pauvre femme abusée lâchement, et lentement tuée par lui, des paroles menteuses et de trompeuses espérances.

Le moment approchait où Gontran allait quitter la chambre à coucher pour monter en voiture et se rendre chez le maire de Rochetaille.

Bientôt Périne se trouverait seule avec la comtesse, et alors elle pourrait tout dire, tout révéler, tout arrêter.

Léonie serait sauvée sans doute alors, car le criminel démasqué ne pourrait achever son œuvre.

Soudain, dans la partie basse du château, retentirent des clameurs aiguës, déchirantes, poussées par une voix enfantine.

Le cœur et l'oreille d'une mère ne se trompent jamais! Mme de Kéroual, galvanisée par l'angoisse qui s'emparait d'elle, se souleva sur son siège et cria:

— Périne, entendez-vous! Périne, c'est la voix de Marthe! courez! courez!

La femme de Jean Rosier perdit la tête. Elle oublia tout, excepté que l'enfant semblait en péril. Elle répondit, depuis l'antichambre:

— J'y vais, madame la comtesse.

Et elle s'élança dans la galerie.

Léonie, épuisée, retomba sans force et presque inanimée dans son fauteuil.

Gontran profita de cet instant bien court pour s'approcher de la petite table sur laquelle se trouvait la tisane, et pour laisser tomber quelque chose dans la carafe.

Puis, remplissant le verre, il le présenta à la comtesse d'une main qui ne tremblait pas, en murmurant à son oreille:

— Vous émouvoir ainsi, chère Léonie, c'est insensé! Que dirait le docteur, qui vous recommande surtout du calme?... Il ne s'agit, soyez-en sûre, que d'un accident sans gravité. Les cris de Marthe ont cessé déjà. Cette tisane vous fait du bien; buvez, cela vous remettra.

Madame de Kéroual prit le verre et le vida machinalement.

Quand, au bout d'une minute, Périne reparut, apportant dans ses bras la petite fille, le verre vide avait repris sa place sur le plateau près de la carafe.

Marthe pleurait encore, mais en même temps elle souriait déjà. Elle avait fait une chute en jouant avec Georgette dans le vestibule. En se jouant s'était meurtrie légèrement à l'angle d'un meuble. Une petite trace bleuâtre et une gouttelette de sang presque invisible, c'était tout.

— Le mal n'est pas grand, madame la comtesse, dit Périne en tendant l'enfant aux baisers de sa mère qui la serra contre son cœur et l'embrassa follement.

Puis la femme de Jean Rosier ajouta, parlant pour Gontran, mais sans s'adresser à lui:

— La voiture, attelée, attend au bas du perron.

Madame de Kéroual cessa d'embrasser Marthe qui, avec la naïve insouciance des enfants de cet âge, s'échappa de ses mains et courut rejoindre Georgette afin de recommencer ses jeux avec elle.

— Vous avez entendu, fit Gontran, la voiture est là...

— Eh bien, mon ami, partez, répondit la comtesse; allez chercher M. Lehardy.

— Vous venez d'éprouver une violente crise, j'ose à peine vous quitter en ce moment.

— Ne craignez rien, Gontran, me voici complètement remise. La vue de ma fille a réparé le mal que m'avaient fait ses cris. Hâtez-vous, je vous en prie, hâtez-vous!

— Je vous obéis, je pars.

— Et moi, dit madame de Kéroual, je vais compter les minutes jusqu'à votre retour.

— Armez-vous de patience. La distance est courte, c'est vrai, mais les chevaux glissent et les roues enfoncent dans la neige. On ne peut marcher autrement qu'au pas.

— Eh bien, je serai calme et patiente, répliqua la comtesse en souriant; mais ne perdez plus une minute.

Gontran porta la main de Léonie à ses lèvres et sortit en disant:

— A bientôt, chère femme, à bientôt... et à toujours.

A peine le bruit de ses pas avait-il cessé de se faire entendre dans la galerie que Périne courut à l'une des fenêtres, l'ouvrit, malgré le froid, et se pencha au dehors.

Elle vit le baron sortir du château, elle le vit monter en voiture, le cocher fouetta son attelage qui s'ébranla lentement.

— Enfin, pensa la femme de Jean Rosier, enfin, sommes seules, et nous avons une heure devant nous.

Et elle se retourna vers madame de Kéroual.

XXXVI

LE RÉACTIF

Périne, avons-nous dit, se retourna vers madame de Kéroual pour lui parler, mais la parole expira sur ses lèvres en présence du spectacle terrifiant et inattendu qui s'offrit à elle.

La comtesse, le visage décomposé par une souffrance sans nom et crispant ses deux mains sur sa poitrine qu'elle semblait vouloir déchirer, se tordait dans une crise effroyable et faisait de vains efforts pour articuler des paroles qui s'étouffaient dans sa gorge.

Enfin, d'une voix si rauque et si sourde qu'elle ressemblait à un râle d'agonie, elle prononça ces mots à peine distincts:

— A mon secours, Périne, à mon secours!

Cet appel dissipa l'anéantissement momentané qui paralysait la femme de Jean Rosier.

Elle se précipita vers sa maîtresse en lui demandant:

— Madame, au nom du ciel, qu'avez-vous?

— Je souffre... je brûle... je meurs... balbutia la comtesse. De l'air... il me faut de l'air ou j'étouffe.

Périne se hâta d'ouvrir de nouveau la fenêtre qu'elle venait de refermer, et madame de Kéroual, se tournant du côté de cette fenêtre, aspira longuement et avidement l'air glacial.

— Ah! murmura-t-elle ensuite, ce feu... toujours ce feu... rien ne l'apaise, rien ne l'éteint... Dieu m'a condamnée... je vais mourir.

Périne, affolée, se tordait les mains. Tout à coup son regard tomba sur la carafe et un jet de lumière lui traversa l'esprit.

— Madame, murmura-t-elle, pendant que j'étais descendue, il n'y a qu'un instant, pour Marthe, vous avez bu, n'est-ce pas?

La comtesse fit un signe affirmatif.

— Et, continua la femme de Jean Rosier, c'est M. le baron qui vous a versé?

— Oui, répondit madame de Kéroual.

Périne poussa un gémissement sourd en balbutiant:

— Ah! malheureuse que je suis! Malheureuse, j'aurais dû rester!

Tout en parlant, elle prit dans une cuiller un peu de tisane qu'elle mit dans sa bouche.

La saveur âcre et brûlante signalée par le docteur se manifesta aussitôt d'une façon tellement nette, tellement ca-
ractérisée, qu'il était impossible de s'y méprendre.

— Ah! cria Périne sans presque avoir conscience de ses
paroles, l'infâme! l'infâme! il a profité de mon absence!...
Dieu nous abandonne donc, puisqu'il permet des choses pareilles!... Ah! madame la comtesse, qu'importaient les cris
d'un enfant! J'aurais dû vous désobéir!

— Périne, tu m'épouvantes, fit madame de Kéroual en
attachant sur son interlocutrice ses yeux agrandis par l'angoisse; que dis-tu? que veux-tu dire?

Au lieu de répondre, la femme de Jean Rosier tira de sa
poche le petit volume perdu par Gontran et trouvé par le
garde-chasse.

Elle l'ouvrit à la page cornée.

— Qu'est-ce ce livre? demanda Léonie.

— Vous le saurez, madame; mais d'abord, au nom du
ciel, répondez-moi. Tout à l'heure, en buvant, qu'avez-vous
éprouvé? qu'éprouvez-vous encore? Parlez, madame la comtesse, parlez, je vous en conjure. N'omettez rien. Il faut
que je sache tout, il le faut!

L'attitude de Périne était à tel point suppliante, et sa
voix avait en même temps des accents si impérieux que
madame de Kéroual obéit passivement et lui donna les détails qu'elle voulait connaître.

A mesure que Léonie parlait, Périne suivait sur le livre,
avec une curiosité et une anxiété dévorantes, plus faciles à
comprendre qu'à définir.

Enfin, quand la comtesse eut achevé, elle s'écria :

— Les symptômes! tous les symptômes! Ah! le docteur ne
se trompait pas! vous êtes empoisonnée, mais nous vous
sauverons!

Un frisson secoua les membres de Léonie comme si le
fluide d'une torpille venait de la toucher.

— Empoisonnée! moi! répéta-t-elle; tu rêves! tu es en
délire!

— Hélas! madame, j'ai toute ma raison et, par malheur,
je suis bien éveillée. Le poison qui coule dans vos veines
se nomme la brucine. Le docteur l'avait deviné. C'est dans
cette tisane que vous l'avez bu!

La comtesse secoua la tête avec incrédulité et répondit :

— Cette tisane!... Oublies-tu donc que ce matin, en présence du docteur lui-même, elle m'a procuré un soulagement infini?

— Ce matin, oui, madame, elle était pure encore, mais
maintenant...

— Allons, tu deviens folle! interrompit madame de Kéroual. Maintenant comme ce matin elle ne peut être que
bienfaisante. Le vase qui la renferme n'est point sorti d'ici.

— Ah! vous ne comprenez pas! reprit Périne avec violence; et je sens bien que des paroles ne pourraient vous
convaincre! Il vous faut des preuves, des preuves matérielles, irrécusables! Vous allez en avoir à l'instant!... Lisez,
madame.

Périne plaça le petit volume dans les mains de la comtesse, en désignant avec son doigt une page toutes entières.

— Vous le voyez, continua-t-elle quand les yeux de Léonie furent fixés sur cette ligne, le réactif de ce poison est
l'acide nitrique. Le docteur me l'avait appris. En voilà!

Elle prit dans son corsage le petit flacon et elle poursuivit :

— Si le breuvage est empoisonné par la brucine, comme
le croit le docteur et comme j'en jurerais, quelques gouttes
du contenu de ce flacon lui donneront la couleur du sang.
Regardez, madame, regardez.

La comtesse ne respirait plus. A demi soulevée, le corps
en avant, s'appuyant des deux mains sur les bras de son
fauteuil, sa vie tout entière semblait avoir passé dans
ses yeux.

Ce fut un de ces moments terribles qui ne se représentent
pas deux fois dans toute la durée d'une longue existence
humaine.

Périne venait de déboucher le petit flacon et sa main
étendue le penchait avec lenteur au-dessus de l'orifice de la
carafe.

Quelques gouttes tombèrent une à une. Le quart d'une
seconde s'écoula et la comtesse, poussant une sourde excla-

mation, se rejeta en arrière en cachant son visage dans ses
mains.

Le liquide contenu dans la carafe de cristal venait de devenir écarlate.

— Eh bien, madame, demanda Périne, douterez-vous
encore?

Léonie ne répondit que par son silence, et ce silence
prouvait clairement qu'une effroyable conviction était entrée
dans son esprit.

Soudain elle releva la tête et, regardant avec des yeux
hagards la femme de Jean Rosier, elle prononça ces mots :

— Le nom de l'assassin?

— Rassemblez tout votre courage, madame la comtesse,
répliqua Périne, car ce nom va foudroyer à la fois vos affections, vos croyances et vos espoirs.

— L'assassin? répéta vivement madame de Kéroual. Quel
est-il? parle! hâte-toi!

— C'est l'homme à qui appartient ce livre : *Traité des poisons*, ouvert à cette page : la *brucine!*

— Son nom? encore une fois, son nom?

Périne baissa la tête et répondit tout bas, comme si le
son de sa voix allait lui faire peur à elle-même :

— Le baron Gontran de Strény.

Un éclat de rire convulsif, effrayant à entendre et qui
ressemblait à un râle, vint aux lèvres de madame de Kéroual.

— Allons donc! fit-elle ensuite, est-ce que c'est possible?
et te figures-tu que je te croirai? C'est un mensonge ou
c'est une erreur! Ce livre n'appartient point à Gontran!

— Mon mari l'a ramassé lui-même, dans le parc, il y a
une heure, après l'avoir vu tomber de la poche de M. le baron. Il voulait le lui remettre et n'a pas osé. C'est alors qu'il
me l'a donné en me chargeant de le lui rendre.

La comtesse secoua ses épaules comme si elle eût voulu
repousser loin d'elle le trop lourd fardeau qui l'écrasait.

Périne voyait des gouttes de sueur perler à la racine des
cheveux blonds de la chère créature et rouler sur son front
livide. A coup sûr sa souffrance morale était épouvantable.
Elle luttait contre l'évidence. Elle ne voulait pas croire...
elle s'efforçait du moins de douter.

— Eh bien, demanda-t-elle enfin en détournant les yeux
pour ne point rencontrer le regard de la femme de Jean
Rosier, que prouve ce livre, après tout? Ne peut-on posséder un traité des poisons sans être empoisonneur?

— Madame la comtesse, répondit lentement Périne, si
vous vous obstinez dans votre aveuglement, vous êtes perdue, et je veux vous sauver! Le médecin, quand il emploie
le fer et le feu pour une guérison, ne se laisse pas arrêter
par la torture qu'il inflige au blessé. Je ferai de même, je
vous ouvrirai les yeux malgré vous... Ce n'est pas parce que
M. de Strény possède un traité des poisons que j'en accuse
d'être un empoisonneur, c'est parce que ce breuvage, bien-
faisant jusqu'à l'heure où M. de Strény est resté seul avec
vous, était devenu mortel quand il vous a quittée. Depuis
le départ du docteur, aucun autre que lui et moi n'a franchi le seuil de cette chambre. L'un de nous deux est un
empoisonneur, choisissez!

A ces paroles un silence de quelques minutes succéda;
puis madame de Kéroual murmura d'une voix faible comme
un souffle :

— Il me tue! il me tue! Gontran!... Mais pourquoi donc
veut-il ma mort?

— Vous êtes riche, et il est ruiné.

— Le mariage près de s'accomplir ne lui rendait-il pas
ma fortune?

— Cette fortune, il la lui fallait tout entière, sans contrôle, pour la dévorer à son gré, pour la partager avec sa
maîtresse...

— Que dis-tu? s'écria madame de Kéroual galvanisée et
se redressant comme sous un éclair dans les yeux. Sa maîtresse...,
il a une maîtresse?...

— Personne ici ne l'ignore, excepté madame la comtesse... Cette créature, qui le suit partout, vient de passer
plusieurs mois, déguisée en homme, au village de Rixviller,
à l'auberge du *Chevreuil d'argent*, où M. le baron allait la
visiter trois ou quatre fois par semaine. Elle y serait encore si Monique Clerget, la maîtresse de l'auberge, irritée
d'un si grand scandale, n'avait pris le parti, il y a quelques
jours, de la chasser.

— La preuve! la preuve!

— Si madame la comtesse ne veut pas descendre jusqu'à questionner ses gens, qu'elle interroge M. le docteur. Il prend ses repas au *Chevreuil d'argent*; il sait la vérité tout entière, et la lui dira.

— Ainsi donc, c'est bien vrai... balbutia Léonie, il me trompait, le lâche! il voulait être riche à tout prix, et c'est pour une rivale qu'il m'assassinait avec une infernale cruauté!

Elle s'interrompit brusquement; l'expression de son visage devint plus effrayante encore, et elle poursuivit :

— Mais entre cette fortune et lui, moi morte, il y avait ma fille...

— Eh! madame, répliqua Périne, la main qui tuait la mère devait-elle respecter l'enfant?

— Il aurait tué ma fille! reprit la comtesse avec horreur, et j'allais la lui livrer sans défense!... Ah! Seigneur... Seigneur mon Dieu! laissez-moi vivre pour la protéger... Mais non, Dieu ne m'écoute pas... Je me meurs, Périne, je me meurs...

Et madame de Kéroual, en proie aux tortures d'une crise nouvelle, plus violente encore que toutes celles qui l'avaient précédée, se tordit dans son fauteuil et sembla près d'exhaler son dernier souffle.

Périne, voyant que les secours qu'elle prodiguait à sa maîtresse restaient sans résultat, crut que l'agonie était commencée. Elle prit peur; elle ouvrit la porte de la galerie et elle commença à crier à l'aide.

Madame de Kéroual l'entendit, et, par le prodige inouï d'une force de volonté surhumaine, elle se roidit au milieu de son supplice, comme jadis, au sein des flammes, les martyrs confessant leur Dieu, et elle lui cria:

— Silence!... n'appelle pas!... que personne ne vienne... et, quand je serai morte, que tout le monde ignore le crime...

— Et l'assassin triompherait dans son impunité! répliqua Périne. Non, non, ce serait trop infâme! cela ne sera pas!

— Encore une fois, silence!

— Je dénoncerai le baron de Strény! poursuivit Périne qu'envahissait une fiévreuse surexcitation.

— Jamais! murmura la comtesse.

— Je veux appeler les gendarmes et le livrer aux juges, et l'envoyer finir son existence infâme aux galères ou sur l'échafaud!

— Périne, tu ne feras pas cela, je te le défends!

— Pourquoi?... L'aimez-vous donc encore?

— Je le hais et je le méprise... mais l'accuser, ce serait déshonorer mon nom, celui de ma fille... Comprends-tu?... Je croyais à son amour, j'avais confiance, j'étais veuve, j'étais libre, je voyais le mariage dans un prochain avenir... J'ai été faible, j'ai été folle... il a des lettres de moi qui le prouvent...

— Ah! le misérable! cria Périne avec une indignation débordante, le misérable! il avait tout prévu... Il vous a rendu même la vengeance impossible!

— Oui, car s'il lui fallait se défendre devant un tribunal, mes lettres à la main, il souillerait ma mémoire... et je laisserais à mon enfant un héritage de honte!... Il faut se taire, Périne, il faut sauver ma fille, l'arracher de ses mains, sinon Marthe est perdue... il la tuerait comme il me tue.

— Que faire?... que faire?

— Je ne sais pas encore, mais je cherche... Le sang brûle mes veines, j'ai la tête en feu... Qu'importe! il faut chercher! il faut trouver! Voyons, du calme. Pensons à tout, n'oublions rien. Le baron de Strény possède un testament écrit par moi, signé par moi, et qui le nomme tuteur de Marthe...

— Vous avez fait cela, madame!... balbutia Périne avec un immense effroi.

— Que veux-tu?... Je te l'ai dit, j'étais folle... je croyais en ce misérable... Mais je réparerai le mal.

— Comment? Cet acte qui le rend si fort, il ne le rendra pas!

— Non, mais je vais l'annuler. Place ce buvard sur mes genoux, donne-moi du papier, trempe ma plume dans l'encre; si près de la mort que je sois, j'aurai bien la force d'écrire.

XXXVII

LE BOUCLIER

Périne s'empressa d'obéir.

— Écoute-moi, continua la comtesse, écoute et souviens-toi. Il existe à Paris un banquier, Philippe de La Brière, le plus honnête homme qui soit au monde, et le dépositaire de toute ma fortune. C'est lui que, par ces dispositions suprêmes, je nomme tuteur de ma fille. C'est à lui que tu conduiras Marthe, c'est en ses mains loyales que tu la remettras; et il ne te séparera pas de mon enfant; il se chargera de ton avenir, de celui de Georgette. Ton dévouement aura sa récompense.

Et madame de Kéroual, à qui l'énergie toute-puissante de l'amour maternel rendait pour un instant sa force, écrivit d'une main rapide et ferme, tandis que la femme de Jean Rosier la regardait en étouffant ses sanglots.

Lorsque la comtesse eut achevé, lorsqu'elle eut plié sa lettre et tracé l'adresse du banquier, elle reprit :

— Allons, Périne, essuie tes larmes!... Ce n'est pas le moment de pleurer... c'est le moment d'agir. Voici la clef de mon secrétaire, ouvre-le, et hâte-toi, le temps nous presse.

Périne fit ce que lui ordonnait Léonie.

— Dans ce meuble, continua cette dernière, il y a deux ou trois rouleaux d'or et les titres de ma fortune. Les titres sont contenus dans le portefeuille armorié, que tu vois sur la première tablette. Prends le portefeuille, prends l'or, et pars en emmenant ma fille.

— Partir! répéta Périne avec stupeur. Vous voulez que je m'éloigne!

— Ne comprends-tu donc pas qu'il le faut? Ne comprends-tu pas que je suis impuissante, et que la fuite est l'unique moyen de soustraire Marthe à ce misérable?

— Mais vous, madame la comtesse? Vous? est-ce que je puis vous abandonner?

— Ne songe pas à moi, Périne! Est-ce qu'il existe encore? Je ne compte plus! je suis condamnée!...

— Pourquoi désespérer de la bonté de Dieu? le salut n'est point impossible.

— Si tu savais ce que je souffre, tu ne me parlerais pas ainsi! La mort est dans mon sein, elle coule dans mes veines; je ne lutterai pas contre elle; c'est tout au plus s'il me reste deux heures à vivre!... Cette qu'il faut protéger, qu'il faut défendre, qu'il faut sauver, c'est Marthe! Tout pour elle, et rien que pour elle! Cesse de penser à moi, consacre-lui ta vie, et, si tu crois me devoir quelque chose, tu m'auras payé ta dette!... Périne, Périne, au nom du ciel, n'hésite pas! Chaque minute de retard augmente le danger! Veux-tu laisser au baron de Strény le temps de revenir?... Arrache-lui sa proie!... je mourrai consolée en te voyant vaincu!

— Mais, répliqua Périne, cet homme n'avouera pas sa défaite... l'impunité doublera son audace... Sûr de votre silence, il poursuivra Marthe et voudra la reprendre.

— M. de La Brière, investi des droits que lui donne la lettre que voici, saura bien protéger mon enfant contre lui.

— Alors c'est contre moi que la tueur du baron se tournera; il voudra se venger, il m'accusera peut-être.

— Il est capable de tout, c'est vrai. Dans ce cas, malheur à lui!

La comtesse de Kéroual reprit la plume et écrivit :

« Qu'aucun soupçon n'atteigne Périne Rosier, un ange de fidélité, d'abnégation, de dévouement. C'est à elle que je confie ma fille et ma fortune, à l'heure où je meurs empoisonnée par le baron Gontran de Strény.

      « Comtesse Léonie de Kéroual.

« Château de Rochetaille, le 29 novembre 1847. »

— Tiens, fit-elle ensuite en tendant à Périne le papier sur lequel elle venait de tracer ces lignes, voici la sauvegarde. Si jamais le misérable osait t'accuser, si jamais il menaçait ma fille, porte au procureur du roi l'écrit que voici, et tout sera dit! Maintenant, tu n'as plus rien à craindre, il faut partir.

Périne, suffoquée par ses sanglots, se laissa tomber à genoux devant madame de Kéroual.

— Oh! ma maîtresse... ma chère maîtresse! balbutia-t-elle en embrassant ses mains, à la pensée de vous quitter ainsi mon cœur se brise et la force me manque...

— Songes-y, Périne... répliqua la comtesse, l'heure se passe, il va revenir... S'il vous retrouvait ici, tout serait compromis; la fuite deviendrait peut-être impossible. Ce château, désormais, c'est une tombe! Gagne la route par la petite porte ouverte dans la muraille, au bout du parc, près du chalet; éloigne-toi en cachant ton nom pour dérober tes traces; loue une voiture, prends des chevaux; dépense, s'il le faut, tout l'or que je t'ai donné; cours à Paris et ne t'arrête qu'au seuil de la demeure du banquier Philippe de La Brière, car c'est là seulement que Marthe sera vraiment sauvée.

— Si cependant Dieu faisait un miracle! s'écria Périne, si vous viviez.

— Rêve impossible! rêve insensé! Je serai morte avant ce soir. Mais enfin je veux tout prévoir. Si ce miracle dont tu parles s'accomplissait, tu le saurais.

— Comment?

— Vivante, je t'écrirai demain à Paris, poste restante. Mais chasse une vaine espérance.... Demain j'aurai cessé de souffrir.

— Ah! les larmes m'étouffent!

— Du courage, Périne, et va chercher ma fille. En elle ma dernière joie ici-bas.... A elle mon dernier baiser!...

La femme de Jean Rosier, cachant son visage dans ses mains, s'élança hors de cette chambre funèbre.

La comtesse, étendue sans mouvement dans son grand fauteuil, la tête renversée en arrière, les yeux fixes et larges ment ouverts, semblait morte déjà.

Au bout d'une minute, Périne reparut. Elle tenait dans ses bras la petite Marthe, qui, ne se souvenant plus de sa chute, poussait des cris joyeux et riait d'un rire sans cause. Étrange et saisissant spectacle! les rires de l'enfant auprès de l'agonie de la mère!...

— La voici! murmura Périne.

Madame de Kéroual se souleva. Une de ces lueurs que Dieu met dans les yeux des mères et qui sont comme un reflet du foyer d'ardente tendresse brûlant au fond de leurs âmes illumina ses pupilles dilatées.

Elle saisit Marthe et la pressa contre son cœur avec une force inouïe, et, pendant quelques secondes, ses lèvres défaillantes, la couvrant de baisers avides, semblèrent ne se pouvoir détacher des joues de son enfant.

— Que Dieu te bénisse et te protège! lui dit-elle, et qu'il daigne te faire une destinée moins cruelle que la mienne.

Puis, la rendant à Périne, elle ajouta :

— Quand elle aura grandi, répète-lui l'adieu de sa mère. En ce monde, elle n'a plus que toi. Aime-la bien... défends-la bien!

— Ah! j'ai deux enfants, maintenant, s'écria la femme de Jean Rosier avec une exaltation passionnée.

— N'oublie pas... n'oublie rien... reprit la comtesse. Philippe de la Brière... à Paris... Marthe sera riche et vous serez tous avec elle... Prends ton mari... prends Georgette... partez... et que Dieu vous conduise.

— Sur la vie de ma fille, madame, je vous jure de sauver la vôtre.

Ce furent les dernières paroles que prononça Périne en embrassant encore les mains de la comtesse; puis, suffoquée par son émotion, elle sortit en emportant Marthe, qui maintenant pleurait en voyant pleurer les deux femmes.

— Allons! se dit madame de Kéroual en se retrouvant seule, et avec une sorte de calme, le sacrifice est consommé! Tout est fini pour moi! Mon enfant est partie et je vais partir à mon tour... partir pour ce monde inconnu d'où l'on ne revient pas... Marthe, fille adorée, auprès de qui j'espérais vivre heureuse, là-haut, en m'agenouillant aux pieds de Dieu, je t'implorerai pour toi et il exaucera ma prière...

La comtesse pencha sa tête sur sa poitrine, et pendant un instant parut inanimée; mais elle chassa la torpeur croissante qui s'emparait d'elle, et elle reprit presque à voix haute :

— Mourir... mourir si jeune... et c'est lui que j'aimais qui m'a versé la mort! C'est bien lâche et c'est bien infâme! Mais qu'avais-je donc fait à cet homme? J'étais riche, voilà mon crime! Il voulait ma fortune... il la voulait tout entière à lui seul... et, pour en rester l'unique maître, il aurait tué Marthe après moi! Marthe, chère enfant, toi au moins, toi, tu vivras... le monstre n'aura qu'une victime... Et je

croyais à sa tendresse... et tout à l'heure, doucement émue, j'écoutais ses paroles menteuses... J'étais prête à porter son nom, et tandis qu'il me faisait tout bas des serments d'éternel amour, il épiait sur mon visage les progrès du poison... il calculait les heures qui me restaient à vivre! Ah! c'est horrible!... Il va revenir... il me faudra le voir... lui parler... Aurai-je le courage... aurai-je la force?...

La nuit était venue. Les lueurs tremblantes du foyer éclairaient seules la vaste chambre.

L'approche de la mort, dans certains cas, loin de paralyser les organes, en centuple la délicatesse.

Un bruit léger, presque imperceptible, produit par les pas de plusieurs personnes marchant au dehors sur la neige durcie, vint frapper soudainement l'oreille de la comtesse.

Elle tressaillit, et, tout effarée, elle se souleva dans son fauteuil.

— Si c'était lui... murmura-t-elle; lui... déjà!... Périne aura-t-elle eu le temps de quitter le château... de s'éloigner avec mon trésor?... Oh! cette incertitude, c'est une torture auprès de laquelle les souffrances qui consument mon corps ne sont rien... Je veux savoir... dussé-je tomber pour ne plus me relever, je le veux...

Et madame de Kéroual, s'accrochant aux meubles, se faisant des points d'appui de tout ce qui se trouvait sur son passage, parvint à se traîner jusque auprès de la fenêtre.

La voiture ramenant le baron de Strény, le maire et les témoins, n'était point là; elle n'apparaissait même pas sous les clartés pâles de la lune dans les profondeurs de l'avenue; mais Léonie aperçut Jean Rosier, Périne et les deux enfants sur l'extrême limite de la pelouse et au moment d'atteindre la partie boisée du parc.

Le garde-chasse portait la petite Georgette, sa femme pressait Marthe sur son sein.

Quelques pas encore, et ils disparaîtraient derrière un massif touffu de sapins.

Madame de Kéroual se cramponna à l'espagnolette, et, dans un suprême effort, elle ouvrit la fenêtre.

En ce moment, Périne eut l'idée de se retourner pour jeter un dernier regard à ce château où, pendant quelques mois, elle avait vécu si heureuse, et qui venait d'être le théâtre d'un de ces effroyables drames inconnus dans lesquels, hélas! la justice humaine n'intervient pas toujours au dénoûment.

Elle vit ou plutôt elle devina la comtesse, et, élevant Marthe dans ses bras, elle la lui présenta de loin.

Léonie mit sa main sur sa bouche, puis sur son cœur, et fit signe à Périne de continuer sa route.

L'enfant avait reconnu sa mère et lui envoyait des baisers.

Tout disparut sous l'ombre des sapins.

— Adieu... adieu !... je t'aime !... voulut crier madame de Kéroual; mais sa voix, faible comme un souffle, n'articula que des sons indistincts.

Elle essaya de refermer la fenêtre et ne put en venir à bout. Elle voulut regagner son fauteuil, mais la surexcitation passagère qui la soutenait ne la soutenait plus; ses forces épuisées la trahirent, elle tomba sur le tapis.

Elle n'était pas évanouie, cependant, car ses yeux restaient ouverts, et l'une de ces crises effrayantes que nous avons décrites s'empara d'elle presque aussitôt, tordit ses membres et lui arracha de sourds gémissements.

— Est-ce la fin?... se demandait-elle. Mais Dieu! faites que ce soit la fin!... C'est trop souffrir... envoyez-moi la mort!

L'heure de la délivrance n'était pas encore sonnée. A ces souffrances indicibles succéda un calme relatif. La comtesse parvint alors à se relever et à se rasseoir, et elle attendit. Elle ne pensait plus, elle n'avait que la conscience d'un anéantissement complet; une sensation de froid glacial, montant lentement vers le cœur, avait remplacé les flammes dévorantes que tout à l'heure encore le sang brûlé par le poison charriait dans ses veines.

Tout à coup un bruit, parfaitement net et distinct, arriva jusqu'à madame de Kéroual par la fenêtre ouverte.

Cette fois, il n'y avait pas à s'y tromper : les sabots ferrés de deux chevaux et les roues d'une voiture faisaient craquer la neige. Un murmure de voix montait en même temps.

La voiture s'arrêta. Léonie entendit la portière s'ouvrir et le marchepied se déplier; puis, sur les marches du perron, se succédèrent des pas lourds.

Une émotion nouvelle et toute-puissante s'emparait de madame de Kéroual et revenait la galvaniser.

Elle prêtait l'oreille avec une attention si grande qu'elle ne sentait plus les progrès de ce froid dont nous avons parlé et qui montait cependant, montait toujours et gagnait le cœur.

Quelques minutes s'écoulèrent, puis une marche rapide et bien connue ébranla le parquet de la galerie.

— Voici mon meurtrier... murmura Léonie avec un accent presque farouche; qu'il soit le bienvenu!... Ah!... baron Gontran de Strény, nous allons donc nous voir face à face !...

XXXVIII

FACE A FACE

La porte s'ouvrit.

Gontran franchit le seuil, un flambeau à la main, en s'écriant :

— Léonie! chère Léonie! me voilà de retour ! J'ai bien tardé, n'est-ce pas? Mais ce n'est point à moi qu'il faut vous en prendre, c'est à la neige. Pierre fouettait vainement ses chevaux; ils se cabraient sans avancer. Les minutes m'ont semblaient longues comme des heures. Enfin, maintenant, plus de retards. J'ai ramené le maire et les témoins; ils attendent au salon votre bon plaisir. Dans un instant, nous serons unis.

Madame de Kéroual ne répondit pas. Ses yeux s'attachaient avec une expression étrange sur le visage du baron.

— Seriez-vous plus souffrante? reprit vivement ce dernier, surpris d'un tel silence. Cette fenêtre ouverte par un temps glacial, ajouta-t-il, ce désordre... Que s'est-il donc passé, Léonie, et pourquoi me regardez-vous ainsi?

La comtesse, comme si elle avait été mue par un ressort d'acier, se dressa en face de Gontran.

— Mon cousin, demanda-t-elle d'une voix si rauque, si décomposée, qu'elle semblait sortir de la tombe, vous faut-il beaucoup de temps encore pour achever votre œuvre?

— Que voulez-vous dire? balbutia Gontran stupéfait, et de quelle œuvre parlez-vous?

— De celle que, depuis deux mois, vous poursuivez avec tant de courage et de persévérance!... Ah ! vous touchez au but, vous pouvez ne plus vous contraindre !... Rappelez votre maîtresse, Gontran ! Ouvrez-lui les portes du château de Rochetaille, la comtesse de Kéroual va mourir !...

— Léonie... Léonie...

— Ne m'interrompez pas !...

— Madame de Kéroual prit sur la table, à côté de laquelle elle se trouvait, le volume tout ouvert qui y avait été placé par Périne, et elle le tendit au baron en lui disant :

— Consultez cette page : elle doit vous apprendre combien d'heures, combien de minutes, combien de secondes me restent à vivre...

Malgré son audace, Gontran frissonna de la tête aux pieds, et son visage devint aussi blanc qu'un linceul. Ses yeux se portèrent vers la carafe à demi pleine d'un liquide couleur de sang; il comprit que tout était découvert.

Il ne s'avoua pas vaincu cependant, et, faisant appel à son énergie, pour paraître calme et pour rester maître de lui-même, il répondit :

— Ce livre, Léonie, je ne le connais pas.

Madame de Kéroual haussa les épaules, et, touchant du doigt la carafe, elle reprit :

— Et ceci, mon cousin, le connaissez-vous ?...

— Pas davantage... J'ignore quel peut être ce breuvage... sa couleur est étrange...

Il allait continuer. La comtesse le foudroya du regard en s'écriant :

— Assez de mensonge! assez de ruse! Ayez donc au moins le courage de votre infamie, puisque nous sommes seuls et que personne ne peut nous entendre !... Que vous ai-je donc fait et pourquoi m'avez-vous empoisonnée ?...

— Empoisonnée ! répéta M. de Strény avec l'expression indignée de l'innocent qu'on accuse. Que dites-vous, Léonie ? Est-ce bien vous que j'entends ? la fièvre et le délire, sans doute, vous font parler ainsi !...

— Ne pouviez-vous au moins me tuer d'un seul coup? poursuivit la comtesse qui ne sembla même pas avoir entendu les paroles de Gontran. Ne pouviez-vous avoir un reste de pitié pour la pauvre femme abusée qui vous aimait! La lenteur, choisie par vous, est un poison cruel et qui fait trop souffrir !

Gontran voulut interrompre de nouveau, mais pour la seconde fois, madame de Kéroual lui imposa silence par un geste impérieux, et elle continua :

— Quand on a, comme moi, un pied dans la tombe... quand le corps ne vit plus que par la volonté, l'âme devient lucide, et le bandeau qui couvrait les yeux se déchire... Je lis dans vos pensées, Gontran ! Vos instincts, vos convoitises, vos espérances, n'ont plus de secret pour moi... Hypocrite, débauché, vous vouliez la fortune sans les entraves gênantes d'un mariage et d'une tutelle. Pour atteindre ce but, il vous fallait deux crimes... C'était moi que vous avez frappée la première... Être votre femme une heure et mourir, c'était ma destinée... Le tour de mon enfant devait venir ensuite, et le cercueil de Marthe aurait bientôt rejoint le mien !... Eh bien ! Dieu ne l'a pas permis ! Vous aurez commis un meurtre inutile ! Vous m'aurez tuée trop vite, monsieur le baron de Strény, et vous ne tuerez pas ma fille ! vous ne la tuerez pas ! elle est sauvée !...

— Sauvée ! se dit tout bas Gontran, dont le regard devint farouche. Ah ! pas encore, peut-être !...

— Oui, Marthe vous échappe, poursuivit Léonie, et moi je vous bravo !... Ma mort est une expiation... elle efface la honte de votre amour !...

Madame de Kéroual, soutenue jusqu'à ce moment par l'exaltation morale qui lui donnait une vie factice, sentit soudainement que toute force s'anéantissait en elle, que son cœur cessait de battre, que sa respiration s'arrêtait.

Sa bouche s'ouvrit pour aspirer violemment l'air qui n'arrivait plus à ses poumons; ses yeux s'agrandirent, un soupir pareil à un sanglot s'échappa de sa gorge déchirée par une souffrance aiguë. Ses deux mains défaillantes saisirent le collet du vêtement de M. de Strény et s'y cramponnèrent, ses lèvres balbutièrent dans un râle :

— Assez longtemps vous avez vu comment on agonise !... Regardez, maintenant, comment on meurt !... Assassin, vous m'avez tuée !...

Ses mains lâchèrent prise. Elle pivota lentement sur elle-même, s'abattit de toute sa hauteur, et resta sans mouvement, étendue sur le dos, son visage contracté et menaçant tourné vers le plafond.

Elle était morte.

Gontran se pencha vers elle, lui mit la main sur le cœur et plaça devant elle un petit miroir.

Le cœur ne battait plus; nul souffle ne vint ternir la glace.

— Allons ! murmura le misérable en se redressant, c'est fini ! Le diable est contre moi ! Ce livre à tout perdu ! La richesse m'échappe, et l'accusation va m'atteindre. Au lieu de l'avenir splendide que j'avais rêvé, c'est la misère et l'échafaud qui m'attendent.

. . . .

Une ride profonde se creusa entre les deux sourcils de Gontran; il se frappa du poing la poitrine et se laissa tomber sur un siège en proie à cet âcre découragement du criminel qui voit crouler l'échafaudage étayé sur son infamie, et trouve, au lieu d'un chemin facile et sûr un abîme ouvert sous ses pas.

Mais le baron était un de ces hommes qui ne tombent que pour rebondir.

Au bout de deux secondes, il releva la tête, et sur ses lèvres vint éclore un sourire sinistre.

— J'ai parlé d'échafaud ! se dit-il. Je suis fou ! Qui donc oserait accuser le baron de Strény ?... Et, d'ailleurs, une telle accusation, si elle se produisait, semblerait insensée ! Au moment de relever sa fortune par un mariage, on ne tue pas la femme qui va porter son nom ! La mort de la comtesse de Kéroual ne peut être mon ouvrage, puisque cette mort est ma ruine.

Un nouveau courant se fit dans les idées de Gontran.

— Ma ruine!... répéta-t-il. Pourquoi ? On a bien pu m'enlever Marthe, mais la justice elle-même me viendra en aide, s'il le faut pour la retrouver. J'ai le testament de la comtesse; je suis toujours tuteur ; donc c'est mes mains que doivent être placés les titres de la fortune. Ces titres, je sais où ils sont: c'est ce meuble qui les renferme, et je vais les prendre à l'instant.

Gontran se dirigea vers le secrétaire et voulut l'ouvrir. La clef manquait.

Il eut l'effroyable courage de se pencher de nouveau sur le cadavre encore chaud de sa victime et de fouiller ses vêtements pour y chercher cette clef; il ne l'y trouva pas.

Périne, dans le trouble du dernier moment, l'avait emportée par mégarde.

Gontran fit un geste de colère; mais le temps pressait, il fallait agir au plus vite.

Il jeta les yeux sur les objets épars autour de lui, et saisit un petit poignard oriental qui servait de couteau à papier, et dont la lame damasquinée réunissait l'élégance et la force.

Avec cette arme mignonne, il fit une pesée et il abattit le battant du secrétaire, non sans endommager notablement la serrure et le bois de rose aux incrustations délicates.

Le meuble ouvert, il bouleversa les tiroirs, en cherchant le portefeuille qui renfermait les titres.

Titres et portefeuille avaient disparu, nous le savons.

Le baron poussa un cri de rage.

— Vides!... balbutia-t-il avec une sorte de frénésie. Rien! rien! tout est enlevé! Qui donc a fait cela? Ces titres, qui les a pris?...

La réponse à cette question ne se fit pas attendre.

— C'est Périne! continua Gontran, éclairé par une illumination soudaine, Périne à qui la comtesse accordait une confiance aveugle!... Périne, partie avec l'enfant!... Où les poursuivre? où les rejoindre?... Marthe m'échappe! la partie est perdue!

Et, de nouveau, M. de Strény parut anéanti.

Mais, cette fois encore, la réaction ne se fit pas attendre, et le baron, d'une voix presque haute et d'un ton menaçant, articula ces mots:

— Perdue!... Non, pas encore!... Le testament me reste! je lutterai!

Gontran détruisit de le jetant au feu le Traité des poisons, resté sur la table, il saisit ensuite les cordons des sonnettes qui pendaient à la droite et à la gauche de la cheminée et il les agita violemment, à plusieurs reprises; puis il se précipita dans la galerie, en criant d'une voix vibrante, qui retentit jusqu'aux plus lointaines extrémités du château:

— Au secours! au secours! la comtesse se meurt!...

L'effet produit par ces sonneries et par ces clameurs ne pouvait manquer d'être immédiat.

Avant que le quart d'une minute se fût écoulé, les domestiques, effarés, envahissaient la chambre de madame de Kéroual. Le maire de Rochetaille et les quatre témoins le suivirent de près.

Gontran, agenouillé près du cadavre de Léonie, et le soulevant dans ses bras, donnait les signes les moins équivoques du plus violent désespoir.

XXXIX

LE DOCTEUR

— Un crime infâme vient d'être commis, cria le baron de Strény aussitôt qu'il se vit entouré, madame la comtesse vient d'expirer dans mes bras. J'ai reçu ses dernières paroles et son dernier soupir! Elle est morte empoisonnée!

— Empoisonnée! répétèrent toutes les voix, tandis que les visages exprimaient la surprise et l'horreur.

— Allez chercher Périne et son mari, ajouta Gontran d'un ton impérieux en s'adressant aux domestiques; qu'ils ne puissent sortir du château, et de gré ou de force, amenez-les dans cette chambre.

Plusieurs valets sortirent à l'instant.

— Monsieur le maire, poursuivit Gontran, vous me voyez frappé du coup le plus affreux! Vous aviez bien voulu m'accompagner ici pour y dresser un acte de mariage, et c'est un acte de décès qui va le remplacer... l'acte mortuaire de celle à qui j'allais donner mon nom, et que j'aimais plus que ma vie!

— Croyez-vous donc, monsieur le baron, demanda le magistrat municipal de Rochetaille, croyez-vous que tout

espoir de rappeler à l'existence madame la comtesse soit perdu?

— Hélas! monsieur le maire, l'illusion me paraît impossible; l'œuvre du poison est achevée, il ne me reste qu'à pleurer sur madame de Kéroual, et les fonctions dont vous êtes revêtu vous imposent le devoir de jeter les premières bases d'une instruction judiciaire.

— Qui donc accusez-vous?

— Qui j'accuse? répéta Gontran. J'accuse ceux que madame de Kéroual, dans les dernières minutes de son agonie, m'a désignés elle-même...

Le baron allait continuer. Il fut interrompu par le retour des domestiques envoyés à la recherche du garde-chasse et de sa femme.

— Eh bien? demanda-t-il vivement, où sont-ils? Pourquoi ne les ramenez-vous pas avec vous?

Ce fut Jérôme Pichard, le beau parleur, qui prit la parole au nom de ses collègues.

— Nous avons obtempéré de notre mieux aux sommations de monsieur le baron, répliqua-t-il, nous avons fouillé le château et ses dépendances avec soin, zèle et exactitude. Nous ne les avons rencontrés nulle part, non plus que la moindre trace de leurs personnes, ce qui nous met en mesure d'affirmer pertinemment qu'ils sont ailleurs, n'étant point ici. La petite Georgette et mademoiselle Marthe sont également introuvables.

— Ah! s'écria Gontran, les misérables! ils auront enlevé ma pupille!

— Si j'ai bien compris, monsieur le baron, balbutia timidement le maire, fort embarrassé du rôle si important et si grave qu'il allait avoir à jouer, il s'agit du garde-chasse et de la femme de charge?

Gontran fit un signe affirmatif.

— Est-ce donc eux que vous accusez? continua le maire.

— Oui, répondit le baron d'une voix ferme, car madame de Kéroual, agonisante, m'a révélé qu'elle avait surpris Périne lui versant du poison.

— Ah! murmura Jérôme Pichard en levant les mains et les yeux vers le ciel, je n'avais jamais rien préjugé de bon de cette intrigante! Les gens qui viennent comme ça s'introduire dans les maisons sans qu'on sache seulement d'où ils sortent, et s'emparent de la confiance des maîtres pour se faire élever au-dessus des autres, c'est presque toujours des malfaiteurs.

Les paroles si pleines de sagesse du jardinier, quoique prononcées à voix basse, furent entendues de tout le monde et obtinrent l'assentiment général.

Plusieurs des domestiques s'avouèrent incontinent à eux-mêmes que Périne avait une mauvaise figure, et qu'il était impossible de regarder son mari sans reconnaître à l'instant que sa mine était celle d'un profond scélérat.

Après quelques secondes de réflexion, le maire de Rochetaille reprit avec un redoublement d'embarras, car sa timidité naturelle lui faisait craindre de se mettre en évidence:

— Je crois avoir entendu dire, monsieur le baron, que cette femme de charge, du nom de Périne, jouissait de l'affection de madame la comtesse. Me suis-je trompé?

— Non, certes! répliqua Gontran. Elle avait su conquérir, par ses hypocrisies, toutes les sympathies et toute la confiance de mon infortunée cousine.

— Quel motif a donc pu pousser la misérable créature à commettre un crime aussi abominable?

— Vous me le demandez? s'écria le baron en étendant la main vers le secrétaire de bois de rose. Ce meuble brisé et ces tiroirs vides vous répondent! Périne et son mari ont tué la comtesse pour voler une fortune, et, cette fortune, ils l'ont emportée dans leur fuite!

Cette explication était si naturelle, si vraisemblable, qu'elle convainquit tout le monde, même le magistrat municipal.

En conséquence, il rédigea rapidement un procès-verbal succinct; il pria le baron de Strény d'expédier au plus vite deux valets, en leur donnant mission d'avertir le juge de paix du canton et le procureur du roi, et il quitta le château en annonçant qu'il reviendrait aussitôt que sa présence serait nécessaire.

Les heures passèrent. On avait placé le corps de la comtesse de Kéroual sur son lit, autour duquel brûlaient des cierges dont la lumière vacillante et funèbre éclairait le visage non défiguré, mais bleui par les effets du poison.

Gontran s'était. senti le courage de veiller seul dans la chambre mortuaire, ou plutôt il n'avait pas osé se soustraire à l'accomplissement de ce devoir que lui imposait impérieusement sa situation de parent unique de madame de Kéroual, sans compter le mariage si prochain dont la mort avait empêché l'accomplissement.

Sombre, pâle, dévoré par cette fièvre ardente qui, chez les criminels, suit presque toujours de bien près la perpétration du crime, il était là, au coin de la cheminée, assis dans le grand fauteuil que Léonie n'avait presque pas quitté pendant les derniers jours de sa vie.

Il subissait ce supplice sans nom, devant l'horreur duquel reculerait peut-être la justice humaine, la longue veillée de l'assassin auprès du cadavre de sa victime.

D'instant en instant ses regards se tournaient malgré lui vers cette alcôve où, sous les draps blancs, se dessinait une forme rigide.

Chaque fois que les braises ardentes du foyer répandaient une clarté plus vive, ou que la flamme des cierges se courbait sous un courant d'air, la lumière et l'ombre, en se combattant dans l'alcôve, donnaient une apparence passagère de mouvement et de vie à ce corps immobile pour l'éternité.

Gontran se prenait alors à trembler de tous ses membres; ses dents claquaient; une sueur froide coulait sur son front brûlé par la fièvre, et il se disait avec une terreur folle :

— Mon Dieu, si cependant elle n'était pas bien morte! Si elle allait revivre pour m'accuser tout haut!

Un coup léger, frappé contre la porte, rappela soudainement à lui-même le baron de Strény.

Il se leva, courut ouvrir, et se trouva en présence du docteur Louis Perrin.

Le jeune médecin ne savait rien encore.

Tous les domestiques, enfermés dans la cuisine, se livraient à des commentaires sans fin sur les événements qui venaient de s'accomplir d'une façon si foudroyante.

Personne ne s'étant présenté pour prendre le cheval du docteur, ce dernier l'avait conduit lui-même à l'écurie; il avait ensuite gravi les marches du perron, traversé le vestibule, monté l'escalier et parcouru la galerie dans toute sa longueur, sans rencontrer âme qui vive.

Au moment où la porte de la chambre mortuaire s'ouvrit devant lui, il fit un geste de stupeur.

La vue du visage bleu de la comtesse et des cierges formant une sorte de chapelle ardente suffisait pour lui tout apprendre.

Sans prononcer une parole, il se dirigea vers le lit, s'agenouilla auprès du chevet, et, la tête inclinée, il pria pendant quelques secondes.

Le docteur n'était point un bien fervent chrétien, mais il est dans circonstances solennelles où le sceptique le plus endurci redevient croyant.

Louis Perrin se releva, en essuyant une larme, et il examina longuement et silencieusement, sous la lueur des cierges, le visage du cadavre.

Tandis qu'il se livrait à cet examen minutieux, Gontran le regardait avec une vague inquiétude, se demandant tout bas :

— Y aurait-il un danger?

Le docteur vint à lui et lui dit d'une voix sourde :

— Ainsi donc, elle est morte !

— Hélas! murmura Goutran.

— J'avais vu madame de Kéroual ce matin, poursuivit le docteur, et rien n'annonçait que sa fin dût être aussi prochaine. Il lui restait assez de forces pour vivre bien des jours encore, et cette catastrophe inattendue bouleverse mes idées et confond ma raison. Ou la science n'est plus la science, ou bien il est survenu, immédiatement après mon départ quelque chose que j'ignore. Vous serait-il possible de m'éclairer à ce sujet, monsieur le baron ?

— Docteur, demanda Gontran en s'efforçant de ne point baisser les yeux sous le poids du regard fixe de Louis Perrin, n'avez-vous donc jamais soupçonné que la maladie de madame la comtesse de Kéroual n'était pas naturelle ?

— Je vous demande pardon, monsieur le baron, et j'avais à cet égard plus que des soupçons.

— Eh quoi! fit vivement M. de Strény dont l'inquiétude grandissait, vous aviez deviné...

— Que le poison tuait la comtesse ! Oui.

— Et vous ne m'avez pas prévenu!

— A quoi bon! je m'efforçais de lutter contre l'empoisonneur, et j'ai eu l'espérance, un moment, que le succès couronnerait ma tentative. Par malheur, je m'étais trompé.

— Ah! docteur, vous avez assumé sur vous, par votre silence, une responsabilité bien lourde! vous avez de bien graves reproches à vous faire !

— Croyez-vous?

Ces deux mots, lancés comme une balle, atteignirent Gontran à l'endroit le plus sensible et firent passer un frisson sur son épiderme.

Il fit bonne contenance cependant, et il reprit :

— Nous aurions été deux pour combattre le mal, et peut-être, à cette heure, ma cousine bien-aimée serait vivante encore! Hélas! il est trop tard maintenant ! madame de Kéroual est morte... mais elle sera vengée !

— Je l'espère comme vous, monsieur le baron.

— Le châtiment des assassins ne se fera point attendre.

— Les assassins, dites-vous ?... Vous les connaissez donc.

— Je les connais. Ma cousine, en rendant son dernier soupir dans mes bras, m'a nommé ces misérables.

— Elle les a nommés! s'écria Louis Perrin.

— Oui.

— Quels sont-ils ?

— Périne et son mari.

Le docteur, en entendant ces noms, demeura impassible.

— Ainsi, murmura-t-il, madame de Kéroual se savait empoisonnée ?

— Elle venait d'en avoir la preuve. Elle avait vu verser le poison.

— Et elle vous a dénoncé Périne?

— Je vous l'ai déjà dit.

— C'est juste.

— On croirait que vous en doutez.

— Je ne me permettrais pas de douter de la parole de monsieur le baron.

Un silence assez long suivit ces paroles. Il fut rompu par le docteur, qui reprit :

— Et madame de Kéroual, connaissant la main qui lui versait la mort, connaissait-elle aussi le poison ?

— Non.

— Et vous, monsieur le baron ?

— Pas davantage. Mais quelle étrange question m'adressez-vous là ? Vous savez bien que je ne suis ni médecin, ni chimiste.

— Quelqu'un est entré ici cependant, continua le docteur; quelqu'un qui, devinant la nature du toxique employé, en connaissait le réactif.

Louis Perrin appuya son doigt sur la carafe et poursuivit :

— Le voilà, le voilà! Ce breuvage renfermait une dose énorme de brucine; on l'a traité par l'acide nitrique, et vous voyez comme il est devenu rouge.

Gontran ne se sentait plus assez maître de lui pour dissimuler son embarras grandissant, et il balbutia :

— Vous avez raison, docteur; il y a un mystère que je ne puis comprendre.

— Et que la justice éclaircira, répliqua Louis Perrin.

— Oui, sans doute, reprit le baron, elle l'éclaircira quand elle aura mis la main sur Périne et sur son mari, qui ont disparu en emportant de l'or et des papiers volés dans ce secrétaire, et en enlevant Marthe, ma pupille.

Ce fut au tour du docteur d'être stupéfait.

— Périne et son mari ont disparu ! répéta-t-il, et ils ont emmené l'enfant.

— Oui, docteur, mais ma déclaration est faite, et la justice, comme vous le disiez tout à l'heure, saura bien les retrouver.

Le médecin ne répondit pas et parut rêveur, puis il prit son chapeau, s'inclina devant la morte, salua Gontran et se dirigea vers la porte.

— Vous partez, docteur? murmura M. de Strény.

— Je n'ai plus rien à faire ici. Quand la justice m'appellera, je reviendrai. Recevez mes salutations.

Gontran tendit machinalement la main au docteur, ainsi qu'il avait l'habitude de le faire chaque fois qu'ils se séparaient.

Louis Perrin ne sembla point s'apercevoir de ce geste; sa main ne toucha point celle de M. de Strény. Il salua de nouveau et sortit.

Les bandits avaient rendu leur vilaine âme au diable. (Page 83.)

—Voilà un homme qui sait tout et qui me dénoncera! pensa le baron resté seul. Il faut qu'il se taise, il le faut, car, s'il parle, je suis perdu!

Gontran s'élança hors de la chambre, courut à son appartement, prit un fusil chargé à balles, sortit du château et, bondissant dans la neige avec une vigueur que l'imminence du péril rendait prodigieuse, il traversa le parc en diagonale, ce qui lui faisait gagner beaucoup de terrain sur le docteur, obligé d'aller reprendre son cheval à l'écurie et de suivre la grande avenue.

Le baron tira les verrous d'une petite porte ouvrant sur la campagne et il alla s'embusquer derrière le tronc d'un chêne, à l'angle d'un bois qui bordait la route, à un peu plus d'un kilomètre de Rochetaille.

La lune se cachait sous des nuages, mais le phénomène bien connu du rayonnement de la neige rendait les ténèbres presque transparentes.

Gontran était embusqué depuis dix minutes environ, lorsque le bruit des pas d'un cheval se fit entendre et la silhouette d'un cavalier se dessina vaguement dans l'obscurité.

Gontran reconnut le docteur. Il attendit qu'une distance de vingt pas à peine le séparât de lui, puis, épaulant son arme, il fit feu.

La détonation retentit; un éclair raya la nuit, et Louis Perrin, atteint à la tête, tomba de cheval sans même pousser un cri.

Le baron bondit jusqu'à lui, s'empara de sa montre et de sa bourse, afin de faire croire que le vol avait été le mobile de l'assassinat.

Ensuite il rentra dans le parc et regagna le château par le même chemin, sans avoir été vu.

De gros flocons recommençaient à tomber.

— Le diable ne m'abandonne pas, murmura Gontran; cette neige va cacher mes traces.

Une heure après l'accomplissement de ce nouveau crime, des rouliers qui passaient sur la route trouvèrent le corps inanimé du docteur, à moitié caché sous la neige.

Ils le placèrent sur un de leurs chariots et le portèrent à Rixviller, où Monique Clerget poussa des cris de désespoir en le reconnaissant.

Il restait à Louis Perrin un souffle de vie. La veuve s'installa à son chevet et déclara que, dût-elle le soigner jour et nuit pendant six mois, elle sauverait son cher docteur.

Le lendemain matin, le procureur du roi et le juge d'instruction arrivaient au château de Rochetaille et commençaient à instruire l'affaire de la mort de la comtesse, de la disparition de sa fille, et de l'assassinat du docteur Perrin.

Rien ne semblait plus clair, plus limpide en quelque sorte, que la première de ces deux affaires.

En outre de la déclaration si précise du baron de Strény, Périne et son mari, par le fait seul de leur fuite, se déclaraient coupables. Il était d'ailleurs impossible d'attribuer à d'autres qu'à eux l'effraction du secrétaire, le vol des rouleaux d'or, des titres, et l'enlèvement de l'enfant.

Leur signalement et l'ordre de les appréhender au corps furent envoyés à toutes les brigades de gendarmerie de France, et la police de Paris reçut des instructions précises.

Mais la Révolution de Février 1848 était proche. On sentait

11ᵉ LIVRAISON.

de toutes parts bouillonner le volcan prêt à faire irruption.
Les gendarmes de province et les agents de la police de Paris
avaient à faire tout autre chose que de s'occuper de recherches relatives à la mise à exécution de mandats d'a-
mener.

Ce fut un beau temps pour les gredins de toutes les caté-
gories.

On ne trouva ni l'ex-saltimbanque, ni sa femme, par l'excellente raison qu'on ne les chercha guère.

Leur procès s'instruisit donc en leur absence, et la cour
d'assises du département des Vosges les condamna, par contumace, à la peine de mort.

Les choses ne se fussent point passées de cette façon si le

docteur Louis Perrin avait pu apporter son témoignage,
mais, hélas! le jeune médecin, après être resté plus d'un
mois dans un état désespéré, se trouvait hors de péril, mais
dans une situation pire que la mort.

La balle de Gontran, en le frappant à la tête, avait ébranlé
le cerveau; il était fou, et les médecins appelés à son chevet déclarèrent qu'il ne recouvrerait jamais la raison.

Sa famille vint le chercher à Rixviller. Son unique destinée, désormais, n'était-elle pas de vivre ou plutôt de végéter au milieu des siens, inutile à lui-même et à charge
aux autres?

Toutes les tentatives faites pour découvrir son assassin
furent inutiles.

DEUXIÈME PARTIE

PÉRINE ROSIER

I

LA FÊTE DE SAINT-CLOUD. — GEORGES ET LIONEL

Quatre-vingt-quinze sur cent de nos lecteurs parisiens
sont allés, ne fût-ce qu'une fois dans leur vie, à la fête de
Saint-Cloud. Les cinq autres et les lecteurs de province la
connaissent également, sinon de visu, du moins par les des-
criptions du plus populaire des romanciers, Paul de Kock,
qui ne manquait jamais d'y conduire ses héros et ses gri-
settes à l'époque heureuse où n'avait pas encore disparu la
grisette, type charmant qu'on oublie déjà; joyeuse fille
métamorphosée en cocotte, ayant remplacé la mousseline et
l'organdi par la soie et le velours, la gaîté par la pose, le
cidre et les marrons du bon vieux temps par les truffes et
le champagne, et le cœur inutile par un porte-monnaie.

Lisette n'existe plus et Frétillon s'appelle aujourd'hui
Danaé.

C'est un signe du temps. Passons.

Ceci posé, toute description, nous semble inutile. Disons
seulement qu'un soleil radieux éclairait la plus brillante des
fêtes des environs de Paris, et que la foule se pressait sur la
magnifique terrasse du bord de l'eau, où l'attiraient les parades des bateleurs, les petites boutiques amplement four-
nies de mirlitons et de pains d'épice, les jeux de hasard, les
bals champêtres, les guinguettes et les restaurants improvisés.

De toutes parts on entendait retentir ces cris d'appel et
ces boniments, véhémentes excitations au plaisir et à la dépense:

— Voyons, qu'abat la qui... qu'abat la qui... la quille à
Mayeux!

— Demandez, la joie des enfants, la tranquillité des parents!... C'est trente-cinq centimes... sept sous!

— Des anneaux brisés, des chaînes d'acier... la sûreté des
montres... le désespoir des voleurs... quinze centimes...
trois sous!

— Demandez, la galette, demandez! c'est tout chaud, ça
brûle, ça brûle!

— Tirez, les macarons! tirez, à tout coup l'on gagne!

— Entrez! entrez! on va commencer!

— Messieurs, mesdames, faites-vous peser... essayez vos
forces!

Et bien d'autres clameurs, qui se confondaient dans le
plus bizarre et parfois le plus étourdissant des charivaris.

Les orchestres des bals champêtres et la musique enragée
des cirques nomades et des tréteaux de charlatans et de saltimbanques mêlaient leurs cuivres et leurs crin-crins aux
agaçantes mélodies des mirlitons, aux chansons populaires
et au tapage continu des crécelles d'un sou, pour former un
concert étrange, digne de faire hurler les chiens et fuir les
gens à nerfs délicats.

Ceci se passait douze années environ après les évènements

racontés par nous dans la première partie de ce livre.

Il était deux heures de l'après-midi. La fête arrivait à son
apogée, et les innombrables industriels dont la spécialité
est d'amuser le bon public, ou tout au moins de lui persuader qu'ils l'amusent, réalisaient de belles recettes.

Seule, entre toutes les autres, une grande baraque de
saltimbanques faisait relâche depuis une heure.

Les musiciens, vêtus de rouge et surchargés de faux ga-
lons, avaient abandonné leur poste et sablaient le petit
bleu dans les guinguettes du voisinage; le pitre ne paradait
point sur l'estrade, et le classique tableau de toile peinte
représentant la femme-phénomène, le phoque à deux têtes,
le veau à six pattes, étalait mélancoliquement les splendeurs de ses tons violents et de son dessin fantaisiste.

Dans l'espace qui s'étendait devant cette baraque la foule
était nécessairement moins compacte que partout ailleurs,
et deux hommes de bonne mine, vêtus avec une élégance
irréprochable, s'y promenaient, bras-dessus bras-dessous, en
fumant leur cigare.

L'un de ces hommes pouvait avoir trente ans. Il était de
taille moyenne et de tournure toute parisienne; mais l'é-
paisse couche de hâle qui bronzait ses traits corrects, et
lui donnait presque l'aspect d'un mulâtre, démontrait jusqu'à l'évidence qu'il venait de faire un long séjour dans
des contrées lointaines où le soleil a des ardeurs inconnues
à nos climats. Il portait sa barbe entière, une belle barbe
noire à reflets bleuâtres.

Son compagnon, plus jeune que lui de deux ou trois ans,
et le dépassant de toute la tête, offrait un type absolument
différent. Une chevelure d'un blond très-clair, naturellement ondulée, et de longs favoris de la même nuance, en-
cadraient son visage régulier, empreint tout à la fois de
douceur et d'énergie, et dont le coloris délicat aurait fait
envie à une femme.

Le regard ferme et franc de ses grands yeux bleus exprimait à la fois la loyauté et la décision.

Un observateur doué de quelque intelligence devait dire,
en le voyant paraître: « Voilà un Américain; » et, après un
instant d'étude attentive, ajouter avec certitude: « Et cet
Américain est un honnête homme. »

Or, ni l'une ni l'autre de ces affirmations n'aurait été
erronée.

Lionel Morton était tout à la fois citoyen des États-Unis
et le plus brave garçon que la terre ait jamais porté.

Nous connaissons désormais l'un de nos deux personnages, et nous ne tarderons guère à renouveler connaissance
avec l'autre. Écoutons-les causer.

— Mon cher Lionel, disait au jeune Américain son compagnon au visage bronzé et à la barbe noire, savez-vous
bien que je ne suis pas content de vous?

Lionel Morton regarda son interlocuteur avec une expression de surprise profonde, et voyant qu'il parlait sérieusement il s'écria:

— Vous, Georges!

— Moi-même.

— Et pourquoi donc ce mécontentement, s'il vous plaît?

— Je vais vous le dire, cher ami. Écoutez bien mon raisonnement.

— Je suis tout oreilles.

— Nous sommes unis par le lien le plus étroit qui puisse exister entre deux créatures humaines : je vous dois la vie.

— Ah! de grâce, ne parlons plus de cela, murmura Lionel Morton.

— J'en veux parler, moi, très-cher; et vous trouverez bon qu'en ceci j'agisse à ma fantaisie et non à la vôtre.

— Qu'ai-je donc fait, après tout, qui vaille la peine qu'on en garde si longtemps le souvenir ?

— Comment? ce que vous avez fait? Il le demande!

— Eh! la moindre des choses !

— Peste! que vous faut-il donc? Récapitulons un peu, s'il vous plaît. Je venais d'Australie, j'arrivai à New-York, nous étions parfaitement inconnus l'un à l'autre. Cinq bandits armés jusqu'aux dents ayant appris, je ne sais comment, que je rentrerais tard et que je serais porteur d'une grosse somme, m'attendirent à l'angle d'une rue, et, malgré ma résistance acharnée, ils allaient me tuer parfaitement, quand vous apparûtes à l'improviste comme un dieu sauveur...

— Est-ce que vous n'en auriez pas fait autant à ma place?

— Peut-être... c'est possible. Cependant je ne l'affirme rien. Songez-y donc, ils étaient cinq !

— Oubliez-vous mon revolver Colt, mon joli revolver à six coups? Voilà qui rétablissait l'équilibre.

— Eh! mort-diable! ils en avaient aussi, eux, des revolvers, et la preuve, c'est qu'ils ont tiré sur vous.

— Sans m'atteindre, les maladroits! C'est leur mauvaise conscience qui faisait trembler leur main. Moi, j'étais certain de la justice de ma cause, et, par conséquent, de la justesse de mon coup d'œil! Cinq gredins contre un gentleman! Il n'y avait pas à se tromper; je tirais à coup sûr.

— Ah! vous le leur avez bien prouvé. Pan! pan! pan! pan! pan! quel feu de file! Pas une balle perdue! Mes cinq agresseurs avaient rendu leur vilaine âme au diable, et il vous restait encore une cartouche. Quel trait magnifique!

— Pourquoi le vanter tant ? Je ne suis pas trop maladroit, voilà tout.

— Vous m'accompagnâtes jusqu'à l'hôtel. J'allais, huit jours après, m'embarquer pour revenir en France, mon pays natal. Il se trouva que vous méditiez depuis quelque temps le projet de faire un voyage sur le continent. Je vous décidai, sans trop de peine, à prendre passage en ma compagnie à bord du navire prêt à m'emporter.

— Et depuis ce moment, depuis six mois que nous sommes à Paris, n'ai-je pas agi sans cesse d'après vos conseils ?

— Est-ce que vous vous en êtes mal trouvé ?

— Non, certes ! Si je rappelle ce détail, c'est pour en arriver à conclure que je ne comprends rien à votre reproche de tout à l'heure.

— Je vais le formuler clairement. Mon cher Lionel, vous manquez de confiance en votre ami.

— Moi !

— Vous-même, et c'est mal. Oh ! ne niez pas. Depuis quelques jours je devrais dire depuis quelques semaines), vous n'êtes plus le même. Je vous vois continuellement absorbé par une préoccupation manifeste. Vous vous cachez de moi; il y a un mystère dans votre vie, et je ne connais plus ni toutes vos actions, ni toutes vos pensées! Ai-je donc mérité cette défiance ?

— Georges, s'écria Lionel Morton, vous êtes le meilleur des amis !

— Si telle est, en effet, votre opinion, prouvez-le donc en me rendant votre confiance entière.

— Vous ne l'avez jamais perdue, et, si je vous ai amené ici aujourd'hui, c'est justement pour vous apprendre ce que vous ne savez pas encore.

— Ah! ah! notre promenade à la fête de Saint-Cloud avait donc un but ?

— Oui.

— Et lequel? Sans doute il n'est pas indiscret de vous le demander ?

— J'espère rencontrer ici quelqu'un... quelqu'un que je veux vous faire connaître.

Le personnage brun, à barbe noire, eut aux lèvres un fin sourire.

— Vous êtes Américain, dit-il, donc vous devez être parieur...

— Eh bien ?...

— Eh bien ! cinq cents louis, contre cinquante, que ce quelqu'un est une quelqu'une?

Lionel Morton sourit à son tour.

— Ne pariez pas, répondit-il.

— Pourquoi ?

— Parce que vous gagneriez.

— Ainsi, vous attendez une femme?

— Oui.

— Un rendez-vous?

— Pas tout à fait; mais cela y ressemble presque.

— Est-ce que, par hasard, vous seriez amoureux ?

— Oui.

— Sérieusement ?

— Tout ce qu'il y a au monde de plus sérieux.

— Eh bien ! mon cher, je ne vois aucun mal à cela. L'amour est une distraction qui en vaut une autre. Mais comment diable se fait-il que vous, dont le cœur me semblait blindé et cuirassé à l'instar des Merrimac et des Monitor de votre patrie, vous vous soyez laissé percer d'outre en outre par l'étincelle de deux beaux yeux?

— Cela s'est fait bien naturellement, je vous assure. Quand je me suis aperçu que mon cœur se prenait, il était déjà trop tard. D'ailleurs, à quoi bon essayer la lutte ! On ne résiste pas à ce qui est irrésistible.

— Ah çà ! mais, fit Georges en riant, elle est donc bien séduisante?

— Plus que vous ne pouvez vous le figurer.

— Vraiment?

— Une créature délicieuse!

— Oh! je n'en doute! Séduisantes, délicieuses, irrésistibles, elles le sont toutes quand on les aime! mais prenez garde, mon cher Lionel...

— A quoi donc?

— Les panthères noires de vos solitudes ont leurs griffes; les blondes Parisiennes ont leurs sourires. Entre sourires et griffes, s'il fallait choisir, j'hésiterais, parole d'honneur !

— Vous plaisantez toujours!

— Non, pas que cela est vrai. Le danger, je vous l'affirme, est non moins grand ici que là-bas. Ah! mon pauvre ami, un cœur naïf et bon comme le vôtre, dans les mains blanches aux ongles roses d'une coquette, cela fait frissonner! Savez-vous bien, Lionel Morton, savez-vous bien ce que c'est qu'une coquette?

— Je le sais à peu près.

— Et vous ne trembliez pas?

— De quoi aurais-je peur ? Celle de qui je parle ignore toute coquetterie, j'en suis sûr.

— Ignorer la coquetterie ! s'écria l'interlocuteur de Lionel Morton, une fille d'Éve! Allons donc, elle vous l'a fait croire!

— C'est une enfant.

— Ne vous y fiez pas. Dans ce siècle et dans cette ville, il n'y a plus d'enfants. Bref, quel âge a-t-elle, votre idole?

— Dix-huit ans à peine.

— Sa famille ?

— Je ne la connais pas.

— Elle doit en avoir une, cependant.

— Je n'en sais rien.

— Ses moyens d'existence ?

— Le travail; elle est ouvrière.

— Donc, elle est pauvre?

— Cela n'est pas douteux, mais qu'importe, puisque moi, je suis millionnaire?

— Ce raisonnement me rassure, et je vois qu'entre cette jeune fille et vous il ne s'agit, au fond, que d'une transaction... commerciale.

— Ne parlez pas ainsi, mon cher Georges, vous offensez une jeune fille qui vous est inconnue et qui mérite tous vos respects.

— Ah çà, voyons, mon cher Lionel, serait-elle sage, par hasard?

— Elle est sage, et sur mon honneur je répondrais du sien.

— Alors, tant pis.

— Pourquoi?

— Parce que vous êtes sur la route d'une mauvaise action.

— Moi ? comment ?

— Cette enfant, dites-vous, est honnête et pauvre...

— L'un et l'autre.

— Pauvreté, c'est tentation. Vous êtes millionnaire, vous, et le million est irrésistible. Auprès de lui, don Juan n'était qu'un écolier. Si solide que soit la vertu dont il s'agit de triompher, votre million sera vainqueur. Cela n'est, hélas ! guère douteux. Demain ou dans huit jours il y aura dans Paris, grâce à lui, un ange de moins et une drôlesse de plus. Vous aurez métamorphosé l'honnête fille en dame du lac. Vous aurez lancé dans la circulation dévorante une de ces femmes qui, du haut de leurs huit-ressorts, éclaboussent la foule ébahie, et qui, pendant un jour, pendant un mois, pendant un an, tiennent le haut du pavé, pour finir, un peu plus tôt ou un peu plus tard, misérablement, sur le trottoir.

Lionel Morton ébaucha un geste de dénégation et voulut répondre, mais son interlocuteur ne lui en laissa pas le temps et continua avec toute la chaleur d'une conviction profonde :

— Ne faites pas cela, mon ami, ce serait mal. Les femmes de bonne volonté ne manquent point sur votre route, et vous pouvez choisir le dessus du panier dans l'étalage des pêches à quinze sous ; mais séduire une honnête fille, ce n'est pas un jeu, selon moi, c'est un crime, et je vous estime trop pour vous en croire capable.

— Vous me conserverez votre estime, répliqua Lionel Morton.

— J'en étais sûr. Vous ferez acte de courage, vous ne reverrez pas cette enfant.

— Je la reverrai, au contraire.

— Alors, que me disiez-vous donc ?

— Oui, je la reverrai, mais pour en faire ma femme.

Le Français regarda l'Américain d'un air stupéfait.

— Votre femme ! répéta-t-il. Allons, c'est impossible ! vous ne consommerez pas une semblable folie... vous réfléchirez.

— J'ai réfléchi déjà. Ma résolution est prise, et je me demande pourquoi vous traitez de folie une action si simple, si logique. Je n'ai pas de famille, mon indépendance est absolue sous tous les rapports et je ne dois compte de moi qu'à moi-même.

— Eh ! mon ami, c'est au point de vue de vos intérêts personnels que je vous supplie de ne rien précipiter. N'allez pas compromettre votre avenir d'une façon irréparable !

— Assurer mon bonheur, est-ce donc là ce que vous appelez compromettre mon avenir ?

— Songez à la différence des castes !...

— Souvenez-vous que je suis citoyen de la libre Amérique, et qu'avant de faire sa fortune à force de courage et d'intelligence, mon père travaillait de ses mains.

— Votre père, soit ; mais vous êtes, vous, dans une situation à ne point épouser une ouvrière.

— Je l'épouserai, cependant, et j'aurai raison, parce qu'elle est honnête et bonne.

— C'est là qui vous jettera la pierre.

— Qu'est-ce que vous voulez que cela me fasse ?... Eh ! mon Dieu, oui, je le sais à merveille, aux yeux de bien des gens, aux yeux de tout le monde si vous voulez, je passerai pour un naïf, pour un excentrique, pour un fou ; cela m'inquiète peu. L'égoïsme a du bon. Je travaille pour moi-même et non pas pour les autres. J'ai d'ailleurs des idées très-arrêtées au sujet du mariage. L'égalité des fortunes, que tout le monde recherche aujourd'hui, me paraît une plaie sociale. Riches, épousez des enfants pauvres, vous aurez moins de filles perdues ! Qu'avez-vous à répondre ?

— Pas un mot, répliqua le Français au bout de quelques secondes.

— Ainsi, vous vous avouez vaincu ?

— Nullement. J'admire votre utopie (car c'est une utopie), et je la trouve généreuse. Vous avez une loyale et vaillante nature, Lionel. Prenez garde seulement d'être la dupe de votre cœur. Ne jugez point les autres d'après vous-même. Ne marchez pas en aveugle dans un chemin semé de ruses et de pièges. Regardez, étudiez, souvenez-vous enfin que la statue d'or pur avait un pied d'argile.

— Me défier ! répéta Lionel, et de qui ? de cette enfant que j'aime et à qui je veux donner mon nom ?

— Eh bien, oui... d'elle aussi !

— Mais c'est un ange !

— C'est convenu, mais les anges, à Paris, ont trop souvent perdu leurs ailes.

— Ne croyez-vous pas à la vertu ?

II

OU PÉRINE REPARAIT.

Le Français que nous avons entendu nommer Georges fut un instant silencieux, et Lionel répéta sa question.

— Oh ! pardon, mon ami, lui répondit enfin son interlocuteur, je crois à la vertu comme à tout ce qui est grand, à tout ce qui est beau, à tout ce qui est rare. J'y crois en principe, mais je veux contrôler l'or, afin de me bien assurer qu'il est sans alliage. Si vous connaissiez Paris comme moi, vous sauriez que dans cette ville immense, la première du monde, enfer et paradis, panthéon et pandémonium, le strass et le diamant brillent parfois d'un éclat pareil, le vice et la vertu ont souvent le même visage, le même regard, le même sourire. Prenez garde, Lionel Morton ! Veillez bien, le piège est partout !

— Vous êtes sévère.

— Non, je suis juste. Je vous dis les choses comme elles sont.

— Vous avez vécu depuis longtemps loin de Paris, cependant.

— Depuis douze ans. J'en avais vingt quand je l'ai quitté. Je l'ai retrouvé, il y a six mois, avec orgueil peut-être, mais surtout avec épouvante. Oui, je vous le dis, Paris me fait peur.

— A vous ?

— A moi. Il me semble que je ne suis plus de force à lutter contre lui et que j'ai laissé ma cuirasse dans ces lointains pays d'où j'arrive. Croyez-moi, Lionel, les civilisations trop complètes sont bien autrement périlleuses à affronter que les Peaux-Rouges et les bêtes fauves des solitudes américaines. J'avais le pied marin autrefois. Aujourd'hui le tangage et le roulis parisiens me donnent presque le vertige comme à un matelot novice. Ce gigantesque tourbillon me fascine et m'effraye.

— Avec de telles idées, qui vous forçait à y revenir ?

— Un devoir, un serment.

— Ah ! murmura Lionel.

Par discrétion, il ne voulait pas interroger, mais son exclamation et les lignes de sa physionomie exprimaient la curiosité la plus vive.

— C'est juste, reprit le Parisien en souriant, vous ne savez rien de ma vie. Il est des choses dont on ne parle pas. On semblerait quêter des louanges, et le devoir accompli n'en mérite aucune, selon moi. Je vais vous apprendre cependant quel serment j'avais fait et comment j'ai pu le tenir. C'est bien simple et ce sera court. J'avais vingt ans, je vous l'ai dit. J'étais un Parisien pur sang, et Dieu sait si je l'adorais, ce cher berceau de mon enfance ! Eh bien, dans cette ville de la gloire, de l'intelligence et du plaisir, j'ai vu tout crouler à l'improviste, tout s'anéantir autour de moi. La veille, j'avais un père bien-aimé qui prévenait mes moindres désirs, je possédais une grande fortune ; le lendemain, j'étais pauvre et j'étais orphelin. Mon père, le banquier cinq ou six fois millionnaire, ruiné par un coup de foudre, venait de se tuer pour ne pas survivre à son honneur ; et moi je restais seul au monde.

— Vous ! s'écria Lionel en saisissant la main de son interlocuteur et en la serrant dans la sienne avec une affectueuse vivacité. Ah ! pauvre ami, pauvre ami, seul, tout seul... à vingt ans !

— Grâce à Dieu, j'étais fort et j'étais courageux, reprit le Français. J'avais d'ailleurs pour me soutenir une lettre sublime écrite par mon père à son heure suprême. Il me demandait, il m'enjoignait, du fond de la tombe où il allait se coucher volontairement, de réhabiliter son nom. Je jurai de le faire, d'acquitter un jour jusqu'au dernier sou de la dernière dette, et de laver avec mon or la tache que mon père lavait avec son sang. Je partis. Dieu veillait sur moi ; l'âme de mon père me protégeait. Je travaillai. Je réussis. Au bout de douze ans, la première moitié de ma tâche était accomplie. C'est alors que je vous rencontrai et que je fus sauvé par vous ; je revenais pour accomplir l'autre.

— Et, demanda vivement Lionel, aujourd'hui cette tâche sainte est-elle terminée ?

— Pas encore, répondit celui que nous appellerons désormais Georges de La Brière.

— Comment ? pourquoi ?

— Il me reste une dette à acquitter, une seule, la plus sacrée de toutes.

— Eh bien ?

— Eh bien, chose étrange, des obstacles presque insurmontables se dressent à cette heure entre le but et moi.

— Lesquels ?

— Ce créancier de mon père était une femme, morte il y a douze années, laissant une fille, une enfant de quatre à cinq ans, qui disparut au moment où s'éteignait sa mère. Qu'est devenue cette fille ? Existe-t-elle encore ? Je n'ai pu

— Sauf vot' respect, patronne, vot' mari pompait... (Page 87.)

le découvrir; il ne m'est pas possible de retrouver sa trace. Toutes les recherches faites par moi jusqu'à ce jour ont échoué... et Dieu sait si elles furent nombreuses !

— Mais, à défaut de cette enfant, n'existe-t-il pas d'autres héritiers ?

— Un seul collatéral, la mort de sa fille étant prouvée, aurait droit à l'héritage de la comtesse de Kéroual. C'était, à l'époque de mon départ, un personnage un peu plus que douteux, dont mon père se défiait beaucoup, un homme assurément bien né, et de formes charmantes, mais devenu fatalement un aventurier de bonne compagnie après avoir gaspillé deux ou trois fortunes ; en somme, un franc gredin, capable de fort vilaines choses.

— Qu'est-il devenu?

— Je ne sais. Lui aussi est insaisissable. Peut-être se cache-t-il, criblé de dettes, traqué, poursuivi ; peut-être vit-il à l'étranger de quelque métier inavouable; peut-être enfin végète-t-il incognito derrière les grilles d'un pénitencier, et, si cela est, c'est justice. Bref, je l'ai fait chercher vainement et je commence à désespérer de le retrouver jamais, ce qui me cause un très-vif chagrin.

— Qu'allez-vous faire ?

— Chercher encore, chercher sans cesse.

— Quand vous arrêterez-vous?

— Jamais avant d'avoir payé ma dette, ou acquis la certitude que les héritiers de la comtesse de Kéroual n'existent plus. Oui, j'irai jusqu'au bout, et Dieu, qui m'a soutenu si longtemps, m'accordera la suprême faveur de me laisser atteindre le but.

— Mais dans le cas où vous obtiendriez enfin la preuve que ces héritiers tant cherchés sont morts?

— Oh! dans ce cas, je n'aurais qu'un parti à prendre, et il est bien simple. Les sommes dont je ne suis que le dépositaire dépassent, avec les intérêts capitalisés depuis douze ans, le chiffre de deux millions. J'emploierai ces deux millions à fonder un lieu de refuge où seront reçues chaque année cinquante de ces orphelines que la misère va livrer au vice. Cette maison sainte portera le nom d'ASILE KÉROUAL, et les jeunes filles sauvées de la honte par cet appui venu d'une tombe prieront chaque jour pour leur bienfaitrice et pour son enfant.

— Ah! s'écria Lionel Morton en serrant de nouveau les mains de Georges, et vous aviez presque l'air, tout à l'heure, de douter de la vertu ! Savez-vous bien que vous êtes un homme admirable et que ce que vous venez de me dire est tout simplement magnifique?

— Allons donc, cher ami, répliqua le fils de Philippe de La Brière, n'exagérez rien, je vous en prie. La sympathie que je vous inspire vous fait voir avec des verres grossissants des mérites qui n'existent pas. J'essaye de me conduire en honnête homme, voilà tout. C'est mon devoir et rien que mon devoir.

Tout en échangeant les paroles que nous venons de reproduire, le Français et l'Américain, nous l'avons dit, se promenaient de long en large dans l'espace relativement libre qui s'étendait devant cette baraque de saltimbanques dont l'estrade restait depuis plus d'une heure morne et silencieuse.

Laissons les deux amis continuer leur promenade.

Soulevons le rideau de la baraque et pénétrons dans ce compartiment, interdit au public, qui forme le domicile particulier des saltimbanques dans chacune de ces installations nomades, et qui leur sert de cuisine, de réfectoire et de chambre à coucher.

Deux personnes s'y trouvaient en ce moment; nous les connaissons déjà l'une et l'autre. La femme était Périne Rosier, la jeune fille était Georgette.

Douze années écoulées, et sans doute de grands soucis, de grandes fatigues, de grands chagrins, avaient singulièrement modifié l'apparence de l'ex-femme de confiance de la comtesse de Kéroual.

Les traits de la Périne conservaient leur régularité d'autrefois, mais des mèches blanches se mêlaient à ses cheveux d'ébène; des rides sillonnaient son front; un large cercle d'azur estompait le contour de ses paupières; ses joues brunes, autrefois si fermes et si rondes, s'affaissaient, et sa bouche se crispait presque sans cesse en une sorte de sourire amer et dédaigneux. Le visage exprimait habituellement la tristesse et la lassitude.

Périne Rosier n'avait pas conservé non plus cette apparence svelte et nerveuse qui lui donnait l'air d'une jeune fille quand elle passait sous les futaies du parc de Rochetaille. Sa taille souple s'était épaissie, et ses épaules, jadis si rondes, maintenant presque carrées, alourdissaient singulièrement sa démarche.

Nous devons ajouter, pour être juste, que l'étrange costume dont elle était revêtue ne contribuait pas peu à la rendre complétement dissemblable de la Périne d'autrefois. Qu'on en juge par ce croquis rapide.

Pour coiffure, un bonnet de police d'une forme pleine de hardiesse et de fantaisie, en drap rouge, galonné d'argent, crânement incliné vers l'oreille droite et maintenu en place par une sorte de petite dragonne passant sous le menton.

Un corsage de velours cramoisi, légèrement décolleté et couvert de paillettes laissait à découvert le haut des épaules massives et les bras robustes.

Ce corsage rejoignait une jupe courte d'une étoffe bizarre imitant la peau de tigre et ne dépassant pas le genou. Périne portait en outre un maillot de couleur abricot et des bottines de velours cramoisi pareil à celui du corsage.

Mais le détail le plus bizarre, sans contredit, de ce singulier accoutrement, c'était un large plastron de peau chamoisée, retenu sur la poitrine par une double bretelle et illustré, du côté gauche, d'un cœur de drap rouge.

Georgette, que nous avons vue, toute enfant, jouant avec Marthe de Kéroual sur la pelouse, devant le château, était devenue une ravissante fille de seize ans, petite plutôt que grande, mais blanche, rose, gracieuse, pleine de vie et de pétulance. Une abondante chevelure d'un châtain foncé couronnait son charmant visage, résolu sans effronterie. Ses grands yeux disaient l'innocence, malgré la vivacité de leurs regards, et rien n'était plus frais, plus naïf et plus chaste que son sourire.

Georgette, elle aussi, portait un de ces costumes aux couleurs vives qu'on a l'habitude de voir figurer dans les parades, sur les tréteaux des baraques de saltimbanques, mais ce costume, bien loin de faire tort à sa piquante et printanière beauté, mettait en relief les formes arrondies et parfaitement élégantes de sa mignonne petite personne.

Un cercle de cuivre doré, au centre duquel tremblait un bout d'un élastique, un papillon de diamants faux, entourait sa tête et lui donnait l'air d'une jeune fée.

Un châle tartan, à larges carreaux rouges et noirs, jeté sur ses épaules, cachait à demi les paillettes lumineuses de son corsage.

Périne, assise sur un pliant dans l'un des angles de l'étroite chambre aux murailles de planches, avait les sourcils foncés et sa bouche se crispait. L'un de ses pieds frappait le sol, tandis que sa main droite, martelant la toile cirée d'une petite table placée près d'elle, y dessinait, comme sur la peau d'âne d'un tambour, les modulations énergiques d'une marche orageuse.

Évidemment elle était furieuse.

Georgette avait les yeux fixés sur elle avec une tendre inquiétude.

— Et ce Guignolet qui ne revient pas? s'écria tout à coup Périne dont la sourde colère débordait.

— Mère, répondit la jeune fille d'une voix très-douce et avec une câlinerie adorable, un peu de patience, donc!

— De la patience! Il me semble que j'en ai.

— Oh! pas beaucoup. Voilà que tu t'impatientes déjà contre ce pauvre Guignolet qui se jetterait dans l'eau ou dans le feu pour te plaire.

— Dans l'eau ou dans le feu, c'est possible, répliqua Périne, parce qu'il sait bien qu'on ne le lui demandera jamais; mais son dévouement n'irait pas jusqu'à lui faire faire cinquante pas plus vite que de coutume.

— Mère, tu es injuste pour lui, tu l'attaques sans cesse.

— Et toi tu le défends toujours.

— Parce que c'est un innocent qui ne sait pas se défendre lui-même.

— Prétendras-tu qu'il ne devrait pas être de retour depuis une demi-heure au moins?

— Eh! comment le serait-il, le pauvre garçon? il n'y a pas dix minutes qu'il est parti!

— Dix minutes, soit; c'est plus qu'il ne fallait.

— Pour retrouver mon père dans une foule pareille? y songes-tu?

— On sait bien où l'aller chercher, ton père, répliqua Périne amèrement; il est au cabaret, comme d'habitude.

— Rien ne le prouve.

— Ah! tu verras! Je ne suis que trop sûre de ce que je dis.

— Eh bien, si malheureusement tu ne te trompes pas, la besogne de Guignolet n'en est guère plus facile; songe donc!... Aujourd'hui, jour de grande fête, on boit partout. Il y a des cabarets improvisés par centaines. Guignolet sera peut-être obligé de les visiter tous avant de réussir à mettre la main sur mon père.

— Au fait, c'est possible, j'ai peut-être tort.

— Tu sais bien recommandé, d'ailleurs, à ce pauvre Guignolet, de ne pas revenir seul. Il veut t'obéir, j'en suis certaine, et peut-être a-t-il beaucoup de peine à décider mon père à le suivre.

Périne frappa la petite table de son poing fermé, et le sillon tracé entre ses deux sourcils se creusa de plus en plus.

— Ah! jour de Dieu, s'écria-t-elle, et si le malheureux va le chercher alors! Je ne suis qu'une femme et ton père se croit un homme, et l'on verra bien, cependant, lequel, de l'homme ou de la femme, fera la volonté de l'autre!

— Mère, je t'en supplie, ne te mets pas en colère, murmura Georgette d'une voix très-émue; la colère te rend malade et ne mène à rien. Calme-toi; Guignolet va revenir, j'en réponds, et il ramènera mon père.

À cet instant précis, comme pour donner raison à la jeune fille, une voix légèrement fêlée, une voix nasillarde et comique, cria près de la baraque:

— Nous voilà, patronne, nous voilà! Ne vous faites point de mauvais sang, nous arrivons, c'est nous-mêmes!

En même temps le morceau de toile à matelas qui servait de portière s'écarta vivement, et Guignolet, exécutant cet exercice cher aux gamins et qui consiste à tourner sur ses pieds et sur ses mains jointe comme une roue, entra d'une manière bizarre dans l'étroite chambre où l'attendaient Périne et Georgette.

Guignolet, jeune pitre de la plus belle espérance, pouvait avoir vingt et un ou vingt-deux ans. Il portait le costume traditionnel de Jocrisse, culotte juste et jaquette jaune; une petite perruque rousse, ornée d'une longue queue retroussée, nouée d'un ruban rouge, lui couvrait la tête, surmontée d'un petit tricorne.

Malgré cet accoutrement grotesque, Guignolet n'était pas vilain garçon. Une certaine dose d'intelligence se lisait sur les traits de son visage honnête et placide. Sa taille bien prise et ses membres bien découplés annonçaient la vigueur et la santé.

À peine replacé dans une situation normale, c'est-à-dire sur ses pieds, il lança dans la direction de Georgette un regard tout chargé d'électricité amoureuse, et la jeune fille, nous devons en faire l'aveu, ne témoigna ni surprise ni mécontentement, et se garda bien de baisser les yeux sous le poids de ce regard.

Nous croyons même pouvoir ajouter qu'elle y répondit par un sourire furtif.

Pourquoi donc t'égosillais-tu à crier : Nous voilà! puisque tu reviens seul? demanda Périne au jeune pitre.

— Guignolet; il me suit, patronne, il me suit.

Il ajouta tout bas :

— Et dans quel état, grand Dieu!

— Où était-il? reprit Périne.

— Au *Cabaret du cœur volant*, patronne, près du bord de l'eau.

— Avec de mauvais drôles, j'en suis sûre?

— Ah! dame! patronne, la vérité vraie, c'est qu'il y en avait dans le tas pas mal de sujets à caution. Deux surtout, des coureurs de foire, des rôdeurs, *Passe tu-Jambe* et *Tromb-Alcazar*. Suffit! je me défie de ces particuliers-là.

— Et que faisait-il en si bonne compagnie?

— Sauf vot'respect, patronne, il *pompait*. Ah! pour ce qui est de lever le coude avec grâce, à lui le pompon! Personne n'est dans le cas de le dégoûter. C'est un joli talent qu'il possède là!

Ce dialogue fut interrompu par l'arrivée de Jean Rosier.

Le ci-devant garde-chasse, redevenu saltimbanque, gravit d'un pas lourd et chancelant les quatre ou cinq marches qui conduisaient à l'intérieur de la baraque, en même temps il chantait à tue-tête, sur un air très-connu, le refrain qui ne l'est pas moins :

C'est le roi hu qui s'avance...
Hu qui s'avance...
Hu qui s'avance...
Hu qui s'avance...

Il souleva la portière ; mais, au moment de franchir le seuil, il fit un faux pas, il perdit l'équilibre, et il serait tombé tout de son long sur le plancher, si Georgette et Guignolet ne s'étaient précipités pour le soutenir.

— Ah! balbutia Périne avec une expression de profond dégoût, ah! le malheureux, il est ivre encore! ivre déjà!

— Le fait est que le patron peut se vanter d'avoir écrasé un rude grain, se dit le pitre à lui-même. Saperlotte! quel nez culotté! Voilà un nez qui lui coûte cher à enluminer!...

Cependant Jean Rosier, remis en équilibre, répondait à l'exclamation de sa femme :

— Ivre, moi l'par exemple! Ah! plus souvent! Qu'il se montre donc un peu, celui-là qui ose dire que je suis ivre! Nous verrons bien! Je le mets au défi de me *tomber*!

— Je le crois sans peine, pensa Guignolet, il tombe tout seul.

Jean Rosier, clignant les yeux et agitant les bras comme deux nageoires, ajouta :

— Salut à mon aimable bourgeoise, salut à mon épouse légitime et chérie!

— Oui, murmura Périne d'une voix sourde, mais assez haut cependant pour être entendue, oui, ta femme, pour mon malheur et pour ma honte...

— Ma mère... ma mère... balbutia Georgette en s'agenouillant presque devant Périne et lui prenant les mains.

— De quoi! de quoi! des douceurs! gronda Jean Rosier dont la physionomie devint sombre. On m'invective dans mon immeuble! Suffit. Bonsoir la compagnie, je retourne avec les amis.

Il tourna lourdement sur lui-même et fit un mouvement pour sortir.

Mais déjà Périne s'était jetée entre lui et la porte.

— Tu ne retourneras pas au cabaret! lui dit-elle avec fermeté.

— Ah bah! et qui m'empêchera? demanda l'ivrogne en ricanant.

— Moi!

— Et comment feras-tu?

— Essaye de passer, tu verras!

Jean Rosier fit un pas en avant.

Périne le saisit par le bras, et, avec une force irrésistible, elle le contraignit à s'arrêter et le fit tomber sur une chaise.

Il se sentit vaincu, sans doute; car, au lieu d'entrer en fureur, ainsi que cela semblait probable, il se mit à rire, du rire de la brute, et il demanda :

— Pourquoi m'empêches-tu de sortir?

— Parce que je veux que tu restes!

— Le roi dit : *Nous voulons!*

— Et moi je dis : *Je veux* ; tu m'entends!

Jean Rosier courba la tête dans l'attitude morne et farouche de l'ours à qui l'on vient de mettre une muselière.

Périne se tourna vers Georgette et Guignolet.

— C'est aujourd'hui le dernier jour de la fête de Saint-Cloud, leur dit-elle ; nous retournons ce soir à Paris.

— Oui, patronne, répliqua le pitre.

— Tu vas aller aider Georgette à faire nos malles, continua Périne.

— Oui, patronne.

— Vous ne laisserez dehors que les effets nécessaires pour les deux dernières représentations d'aujourd'hui.

— Oui, ma mère, fit à son tour la jeune fille. Elle ajouta : Allons, allons, Guignolet, remuez-vous donc!

Et elle accompagna ces paroles d'un grand coup de poing amicalement donné dans le dos du pitre.

— Ah! mam'zelle Georgette, mam'zelle Georgette! s'écria ce dernier enivré de joie par ce coup de poing qu'il considérait comme une immense et inappréciable faveur, tapez-moi de rechef et en réitérant! Vous ne pouvez pas savoir le plaisir que ça me fait! J'en reste là comme une bête! Ça me chatouille dans le creux de l'estomac quand vous me tapez dans le dos! Vos coups de poing, c'est le paradis!

Georgette se mit à rire, et disparut avec Guignolet dans le compartiment servant de vestiaire aux saltimbanques.

III

PÉRINE ET JEAN

Périne et son mari restèrent seuls.

Nous avons constaté les changements survenus pendant un laps de douze années dans l'apparence de la femme de Jean Rosier. Ces changements étaient grands, nous l'avons dit.

Ils étaient bien peu de chose, cependant, à côté de ceux qui rendaient le saltimbanque à tel point méconnaissable, que tous les anciens serviteurs du château de Rochetaille auraient certainement passé près de lui, en croyant le voir pour la première fois de leur vie.

Jean Rosier, âgé de cinquante ans à peine, offrait l'apparence d'un vieillard.

Sa chevelure taillée en brosse, et sa barbe, qu'il portait longue, étaient complètement blanches. Ses yeux paraissaient mornes et ses prunelles éteintes sous ses paupières plissées et flétries.

Le nez tranchait vigoureusement, par ses tons vineux et violacés, sur la pâleur malsaine du visage.

Le corps, taillé jadis sur le modèle de celui d'Hercule, avait subi un amaigrissement général. A voir les membres flottants sous les plis du maillot couleur de chair devenu trop large, on était en droit de supposer que toute vigueur avait disparu, et que les muscles et les nerfs ne conservaient rien de leur ressort et de leur élasticité.

Le visage, l'attitude, le regard de l'ex-garde chasse, tout, enfin, exprimait un abrutissement presque sans bornes.

Jean Rosier, par-dessus son maillot, portait un vieux paletot gris de fer. Un chapeau de feutre gris avachi, rongé, bossué, râpé, déformé, brisé, couvrait sa tête et s'inclinait mélancoliquement d'arrière en avant.

Périne fit quelques pas dans la chambre étroite, puis elle s'arrêta en face de son mari qui, depuis le moment où elle l'avait jeté sur la chaise, était resté muet et immobile.

— Jean... lui dit-elle.

Il leva lentement la tête, et, regardant sa femme avec une expression toute bestiale, il demanda :

— Qu'est-ce que tu me veux?

— Je veux te parler.

— Vas-y, j'écoute.

— Jean, commença Périne, ça ne peut pas durer plus longtemps comme ça.

— Quoi? qu'est-ce qui ne peut pas durer?

— La vie que nous menons. La patience s'use, à la longue! la mienne est à bout, je t'en préviens. Il faut que ça finisse!

— Hein? tu dis?...

— Je dis que je me tue le corps et l'âme à gagner de l'argent...

— Est-ce que j'n'en gagne pas ma part? interrompit Jean Rosier.

— Non, tu ne gagnes rien! Tu ne sais que dépenser, toi! Je suis seule pour suffire à tout, et les fruits de mon dur travail et de mes cruelles fatigues s'engloutissent au cabaret.

L'ex-garde-chasse fit entendre un grondement de bête acculée.

— Encore le cabaret! s'écria-t-il d'un ton farouche et presque menaçant. Vas-tu donc me le reprocher encore!

— Oui, encore, encore et toujours, car c'est de là que

vient la misère! C'est la plaie de notre maison! Ce sera notre perte! Tu étais né pour être bon, Jean Rosier! L'absinthe et l'eau-de-vie te rendent méchant, car elles te rendent
fou! Elles te font oublier que nous avons deux enfants à
nourrir!

Le saltimbanque haussa les épaules. Une sorte de rictus
sardonique souleva sa lèvre, et il répliqua avec un ricane-
ment de mauvais augure:

— Deux enfants! Ah! oui, parlons-en!

— Il faut bien que j'en parle, puisque, quand tu es ivre,
tu ne t'en souviens pas. Mais j'en ai assez, vois-tu; j'en ai
trop!

Pour la seconde fois, Jean Rosier fit entendre un grondement sourd, et il entra en pleine révolte, sans cependant
oser croiser son regard avec le regard de sa femme.

— Eh bien! moi aussi, j'en ai assez! moi aussi, j'en ai
trop! répliqua-t-il. Je ne vois pas pourquoi nous nous tuons
le corps et l'âme, comme tu dis, pour nourrir l'enfant des
autres.

— Oh! tais-toi! tais-toi! s'écria Périne avec terreur et
avec colère.

Mais les influences alcooliques de nombreuses libations
donnaient à Jean Rosier une énergie dont il n'avait pas l'habitude.

— Me taire! continua-t-il, tu veux que je me taise; et
pourquoi donc que je me tairais? Est-ce que ce n'est point
la vérité que je dis là? Est-ce que nous avons deux enfants?
Est-ce que si tu ne l'étais pas mis dans la tête de prendre à
notre charge la fille de la comtesse, de lui faire enseigner
un tas de choses qui ne sont bonnes que quand on est riche,
de lui acheter des robes comme à une demoiselle, et de
payer son apprentissage chez une grande couturière, tandis
que notre enfant à nous fait le saut de carpe et le grand
écart; est-ce que, si tu n'avais pas voulu tout cela, nous
aurions eu besoin de reprendre le métier de saltimbanque,
ce métier ignoble qui me dégoûte? de changer d'étiquette,
comme des voleurs, pour cacher la piste de Marthe au baron de Strény, et de nous faire appeler Raymond? C'est
même ça qui me vexe le plus! Renier son nom, ça ne me
va pas, et rien ne nous y forçait! rien!...

— Ah! s'écria Périne indignée, ah! malheureux! comme
il faut que tu sois ivre pour parler ainsi!

— Que je sois ivre ou non, je dis ce que je pense.

— Quand tu te seras plus affolé par l'eau-de-vie, tu re-
gretteras ces mauvaises paroles-là.

— Non, je ne regretterai rien!

— Je te dis que si, car la mémoire te reviendra en même
temps que la raison!

— Je n'ai rien oublié.

— Tu n'as rien oublié! répliqua Périne. Tu te souviens
alors de ce que la comtesse de Kéroual a fait pour toi, pour
moi, pour notre fille, il y a douze ans? N'étais-tu pas perdu,
sans elle? La cuisse brisée, tu allais mourir! Que serions-
nous devenus, Georgette et moi, obligées de mendier pour
vivre?

— La comtesse de Kéroual nous a fait du bien, je ne le
nie pas, dit Jean Rosier d'une voix sombre, mais...

— Mais quoi? demanda vivement Périne.

— Mais, depuis douze ans, cette dette-là, m'est avis que
nous l'avons grandement payée et qu'à cette heure nous ne
devons plus rien.

— Mais c'est honteux, sais-tu bien, ce que tu dis là! murmura Périne. Est-ce que les dettes de cœur se payent jamais
assez? Est-ce qu'il arrive un jour où il y a prescription pour
la reconnaissance? L'ingratitude est plus qu'un vice, Jean,
c'est un crime! Eh bien! oui, nous avons repris notre ancien métier pour élever Marthe, pour l'habiller convenable-
ment, pour la mettre en apprentissage; mais, en faisant
cela, nous n'avons fait que notre devoir.

— Notre devoir! ricana Jean Rosier.

— Oui.

— Ah! par exemple, si tu viens à bout de me prouver ça,
tu seras bien habile!

— J'avais dit à Mme de Kéroual expirante: « Marthe sera
ma fille aussi! Désormais, j'ai deux enfants! » Ya-t-il quelque chose au monde qui soit plus sacré qu'un serment pareil? Y a-t-il quelqu'un d'assez infâme pour ne pas tenir la
parole ainsi donnée? Pauvre chère madame, elle est morte
en croyant qu'elle avait assuré l'avenir de sa fille et le nôtre
en même temps! Quelle confiance elle nous témoignait! Ne
venait-elle pas de remettre entre nos mains la fortune tout
entière de Marthe!...

— La fortune de Marthe! interrompit l'ex-garde-chasse
avec amertume; parlons-en! Jolie fortune! Des titres, des
paperasses! Avec une fortune comme celle-là, on a tout ce
qu'il faut pour mourir de faim!

— Eh! s'écria Périne, Mme de Kéroual, ma chère mat-
tresse, pouvait-elle supposer que son banquier, M. de La
Brière, ruiné soudainement, venait de faire faillite au moment où elle expirait?

— Et de se brûler la cervelle pour ne pas répondre aux gens
qu'il mettait dans la misère, répliqua Jean, tandis que mossieu son fils décampait de Paris et filait on ne sait où, en
emportant peut-être un bon lopin du magot dans ses poches! En voilà du joli monde! Veux-tu que je te dise, eh
bien! tout ça, c'est canaille et compagnie! Voilà mon opinion.

— Jean, fit Périne avec fermeté, ne répète pas des choses
pareilles, ne les répète jamais! Si tu n'avais, comme en ce
moment, la triste excuse de l'ivresse, je désespérerais de
toi, car alors tu serais un mauvais homme, un homme sans
cœur, et il faudrait nous séparer.

Tandis que Périne prononçait ces paroles, la physionomie de Jean Rosier changeait comme par enchantement. Les
couleurs ardentes de son nez semblaient s'éteindre; son
visage exprimait une émotion profonde, et ses lèvres tremblantes répétaient ces deux mots:

— Nous séparer!...

— Oui, répondit Périne, et, quoique je ne sois qu'une
femme, j'aurais assez de courage et de force pour nourrir
à moi toute seule ma fille et celle de la comtesse.

— Allons... allons... murmura le saltimbanque avec un
sourire abruti, tout ça c'est des bêtises. Tu ne penses pas à
me quitter; tu dis ça pour m'effrayer!

— Je parle sérieusement, au contraire; la vie à deux, la
vie telle que tu me la fais, n'est plus possible.

— Tu sais bien, Périne, que ton vieux Jean ne pourrait
pas vivre sans toi.

— Il le faudra, cependant, si tu continues à t'abrutir dans
la boisson. Je suis lasse de te disputer à l'ivresse! J'en ai
assez de ces scènes honteuses qui se renouvellent chaque
jour. Il faut prendre un parti décisif: entre ta femme et le
cabaret, choisis!

— Ah! pas de danger que j'hésite!

— Que choisis-tu?

— Ma femme, pardieu! et au diable le cabaret!

— Tu dis ça parce que tu es seul avec moi, mais s'ils
étaient là, les autres, tes compagnons de fainéantise et d'ivrognerie, et s'ils t'appelaient, que leur répondrais-tu?

— Je leur répondrais: « Passez votre chemin et ne comptez plus sur moi! »

— Bien vrai, Jean, tu dirais cela?

— Oui, je te le jure!

— N'est-ce pas encore un serment d'ivrogne?

— Non, foi de brave homme!

— Ah! s'écria Périne avec un transport de joie dont le
rayonnement illumina son visage qui reprit, pour une seconde, sa beauté et presque sa jeunesse d'autrefois; ah! que
Dieu t'entende!

— Tu verras! Voici bientôt l'heure de la parade; je con-
duirai les musiciens, je chaufferai le boniment, je soulèverai
une futaille avec mes dents en portant un canon sur mes
reins; enfin, je serai le Paillasse modèle, comme tu es la
femme phénomène, et je te ferai faire une recette dont tu
me diras des nouvelles!

— A la bonne heure, donc, je te retrouve? Hé? Guignolet!

La portière de toile à matelas se souleva et le jeune pitre
montra, dans l'entre-bâillement de l'étoffe, son visage enfa-
riné couronné de la petite perruque à queue rouge, et
demanda:

— Qu'est-ce qu'il y a pour votre service, patronne?

— Va prévenir les musiciens. La parade commencera
dans dix minutes.

— Suffit, patronne, on y court!

Et Guignolet disparut.

— Mon Dieu! murmura Périne Rosier restée seule, donnez
à mon mari le courage de tenir ce qu'il a promis! Vous qui
mesurez le vent à la brebis tondue, ne m'imposez pas plus
longtemps une tâche au-dessus de mes forces?

Paris. — Typ. Collombon et Brûlé, rue de l'Abbaye, 22.

12

— Mon ambassadeur ! Mon prince ! Une chaîne de sûreté !... (Page 94.)

IV

LE CABOULOT DU CŒUR-VOLANT

A cinquante ou soixante pas de la baraque de Jean Rosier et de Pèrine, un industriel avait édifié, sur la lisière de la contre-allée, près de la Seine, une construction en planches, percée d'une porte et d'une fenêtre, meublée intérieurement d'une longue table en bois blanc, de quelques escabelles, de deux tonneaux, l'un de vin, l'autre d'eau-de-vie, et de trois ou quatre douzaines de ces verres communs si épais qu'ils peuvent tomber sans se casser.

Au-dessus de la porte, sur une banderole de toile blanche, se lisaient ces mots en lettres rouges :

CABOULOT DU CŒUR-VOLANT,

énigmatique enseigne que nous ne nous chargerons point d'expliquer.

C'était là que Guignolet était venu chercher Jean Rosier, une demi-heure avant ce moment.

Le caboulot se trouvait occupé par une demi-douzaine d'individus de mauvaise mine qui fumaient et buvaient en jouant une poule au loto.

Deux de ces individus méritent les honneurs d'une description particulière, par l'excellente raison qu'ils doivent jouer un rôle important dans notre récit.

12e LIVRAISON.

Le premier, celui qui tient le sac, tire les boules du loto et proclame successivement les numéros, est vêtu d'un pantalon garance (dépouille militaire provenant du Temple et qui servit peut-être d'enveloppe aux tibias héroïques d'un futur maréchal de France), d'un paletot jadis bleu dont l'état de conservation et surtout de propreté laisse à désirer beaucoup ; d'une cravate de laine multicolore, serrée autour du cou et étalée sur la poitrine de façon à déguiser absolument le linge peut-être absent, et enfin d'une casquette en velours gris miroité, sur la visière de laquelle une chaîne-gourmette, en cuivre doré, attire le regard le plus distrait.

La tête de cet homme si misérablement vêtu est d'une beauté tout à la fois pittoresque et majestueuse.

Son front, son nez, sa bouche, ses yeux, enfin tous les traits de son visage offrent au premier coup d'œil le type grec dans sa plus irréprochable pureté.

De magnifiques cheveux, de ce noir bleuâtre qui plaît tant aux artistes, mais parsemés de nombreux fils d'argent, et une barbe épaisse et longue naturellement ondulée, tombant jusque sur la poitrine, complètent l'illusion.

On croirait voir quelque marbre de Phidias ou de Praxitèle animé soudain par le souffle d'un moderne Pygmalion.

Mais, en examinant plus attentivement, en étudiant l'expression de cette tête si belle, on sent un éloignement involontaire se manifester, un dégoût instinctif, une répulsion irrésistible succéder à l'admiration.

C'est qu'en effet ce front olympien est couvert de ces rides profondes que creuse la débauche et non pas la vieillesse.

Les yeux sont entourés d'un cercle bleuâtre et bistré qui

rend plus frappante encore la rougeur des paupières. Les cils sont clair-semés et rongés à demi. Les plis de la bouche dénotent une sensualité grossière; enfin la physionomie tout entière en flagrant désaccord avec les lignes du visage, indique clairement la bassesse, le vice, tous les mauvais instincts, tous les honteux penchants.

Cet homme peut avoir cinquante ans. Une courroie passée sur son épaule maintient à son côté une sorte de cassette en cuir, assez semblable pour la forme aux boîtes des facteurs parisiens.

Il s'appelle *Tromb-Alcazar*, ou du moins il a reçu ce surnom, nous ne savons pourquoi, et peut-être l'ignore-t-il lui-même.

Il a jadis exercé la profession de *modèle* dans les ateliers d'artistes.

Maintenant il a d'autres aspirations, de plus hautes ambitions, que nous ne tarderons pas à connaître.

Le second de nos deux personnages est placé en face de *Tromb-Alcazar* et répond au sobriquet de *Passe-la-Jambe*.

C'est un jeune homme de vingt-trois ou vingt-quatre ans, de taille moyenne, mais qui paraît grand tant sa maigreur atteint des proportions exagérées et invraisemblables.

Sa blouse blanchâtre couvre un torse étriqué et quasi diaphane. Ses jambes de héron se trouvent à l'aise dans un vieux pantalon aussi étroit qu'un fourreau de parapluie.

Ses pieds seuls semblent énormes, chaussés qu'ils sont de lourds souliers à larges semelles constellées de clous comme la porte d'une prison.

Un calotte grecque, de drap jadis rouge, se perche sur le haut de sa tête petite et pointue, ornée de cheveux d'un blond douteux, coupés très-court à l'exception de deux longues mèches huilées qui se tordent en accroche-cœurs sur les tempes.

Le visage, d'une teinte blafarde et terreuse, éclairé par de petits yeux vifs et cyniques, offre le type particulier au *voyou* de Paris, au *pâle voyou* chanté par Barbier dans ses *Iambes*, au bâtard né des hideuses amours de la borne et du ruisseau, et devenu *rôdeur de barrières*.

Certains industriels de nos boulevards, les ramasseurs de bouts de cigare, les marchands de contre-marques, les vendeurs de chaînes de sûreté et d'*habitants de la lune*, offrent des exemplaires plus ou moins réussis de ce type infiniment curieux qu'on est à peu près sûr de retrouver dans toute sa pureté sur les bancs de la police correctionnelle, lorsque messieurs de la sixième chambre jugent des associations de jeunes malfaiteurs.

Passe-la-Jambe, nous le répétons, était la vivante incarnation de cette physionomie originale et essentiellement parisienne.

Il représentait le *pur-sang* de cette race immonde.

Rien n'y manquait, ni le front bombé, ou plutôt bossué, dénotant une intelligence très-réelle, mais applicable seulement au mal.

Ni le nez capricieusement retroussé, aux narines larges et mobiles, semblant flairer sans cesse le garde-manger d'autrui.

Ni les yeux d'une nuance indécise, et si pâles que leur prunelle paraissait à peu près incolore.

Ni la bouche largement fendue, aux lèvres blanches; bouche gouailleuse, gourmande, luxurieuse.

Ni le menton pointu et moqueur; ni les quelques poils d'un blond blanc, formant sous les narines un simulacre de moustache; ni, enfin, l'expression indiciblement pillarde, goguenarde et astucieuse, donnant à tout le visage un cachet tranché et indélébile.

Tel était *Passe-la-Jambe*, et nous prenons sur nous d'affirmer que jamais photographie ne fut plus ressemblante que le rapide croquis tracé dans les lignes précédentes.

Au moment où nous venons de franchir le seuil du cabaulot, en bravant une atmosphère empestée par la fumée des pipes chargées d'exécrable tabac, les joueurs, tout en posant de petits ronds de liège sur les cartons graisseux, dialoguaient, et le sujet de ce dialogue était Jean le saltimbanque.

— Vingt-deux ! mes enfants, les deux cocottes ! annonça Tromb-Alcazar.

Puis, tout en remuant les boules dans le sac, il continua :

— A-t-on vu comme sa légitime l'a envoyé relancer jusqu'ici par ce petit criquet de Guignolet !

— Et comme il s'est dépêché de filer son nœud ! appuya l'un des joueurs.

— C'est pas un homme, ça, c'est une guenille ! dit Passe-

la-Jambe. Faut-il être assez *gniole*, je vous l'demande, pour se laisser mener par les femmes ! J'en hausse les épaules ! Oh ! la ! la !... Ma parole d'honneur, ça m'fait suer !

— Ah ! ah ! fit observer quelqu'un, la saltimbanque est une gaillarde !

— Et le mari n'est pas un gaillard ! répliqua Passe-la-Jambe.

— Voulez-vous que je vous dise ? conclut magistralement Tromb-Alcazar.

— Oui, oui.

— Eh bien ! cet homme-là, il a sa soupe à lui, quand elle est dans son ventre ! [1]

La galerie accueillit cette boutade par des éclats de rire, et Tromb-Alcazar, tirant du sac un dernier numéro, s'écria :

— Quatre-vingt-treize ! Ça me fait un quine. J'ai gagné !

En même temps il saisit les enjeux, déposés sous forme de monnaie de billon, dans une petite corbeille placée au milieu de la table.

La poule étant de cinquante centimes par personne, il y avait trois francs en gros sous.

— Tu vas trop vite, murmurèrent quelques voix, vérifions d'abord.

Tromb-Alcazar se posa dans une attitude de capitan et demanda :

— Se défierait-on de moi, par hasard ?

— Non, répondit Passe-la-Jambe, mais les amis prétendent que tout un chacun est susceptible de se tromper.

— Vérifiez donc, j'y consens ; je suis bon prince.

La vérification démontra que l'ex-modèle avait bien réellement gagné.

— Vous voyez ! dit-il en se drapant dans sa loyauté.

— Qu'est-ce que tu payes ? fit Passe-la-Jambe.

— J'offre une absinthe panachée à tout le monde. Oh ! eh ! garçon, six perroquets, plumets d'anis !

— Voilà ! voilà !

— Six absinthes à deux sous, ça ne fait que douze sous, murmura l'un des joueurs ; qu'est-ce que tu commandes après l'absinthe ?

— Rien du tout, mon fiston, et je file.

— Ça n'est pas du jeu. Nous sommes convenus que l'argent de la poule se mangerait en consommation. J'ai donné mon argent, je demande à consommer les quarante-huit sous restants.

— Portes-en ton deuil, jeune cocodès, répliqua Tromb-Alcazar en faisant un pied de nez à son interlocuteur. Ces quarante-huit sous-là, mes enfants, je les mets dans mes affaires. Je les ferai valoir, ils augmenteront le petit capital qui doit me permettre, au premier jour, d'exécuter certain joli projet que je mitonne depuis bientôt quarante ans.

— Un projet ? répétèrent toutes les voix avec un très-vif sentiment de curiosité.

— *Yes*, milords, poursuivit Tromb-Alcazar en donnant à sa figure régulière une expression majestueusement comique ; tout un chacun, pas vrai, dans ce monde sublunaire, possède un moucheron sous les frises, une araignée dans son plafond, une écrevisse dans sa tourte, une sauterelle dans sa boîte à musique. Savez-vous quel est mon moucheron, mon araignée, mon écrevisse et ma sauterelle ?

— Non, non, non, firent les joueurs.

— Taisez donc vos grelots, vous autres, et prêtez-moi vos oreilles !... Mon rêve, je vais vous le dire, c'est un débit de parfumerie ! C'est quelque chose de si distingué ! J'en perds le boire et le manger. Je n'en dors plus !... Oh ! ça se fera, voyez-vous ! Vous aurez tous mis quéq'chose dans l'opération. Vous m'aurez commandité chacun de huit sous. Vous toucherez vos dividendes ; je vous donnerai un savon au miel. Remboursement en marchandises, reconstitution du capital au profit de l'acheteur, du vendeur, du prêteur et du commanditaire. Nouveau système commercial, breveté s. g. d. g. Qu'est-ce que vous dites de ça ?

— Nous aurons un savon au miel, bien sûr ? demanda un sceptique.

— Au miel dulcifié, autrement dit *crème de Narbonne*, j'en prends l'engagement solennel. Ouvrez donc tous votre âme à la confiance et souvenez-vous qu'aucun huissier ne peut se vanter d'avoir protesté ma signature !

Les hôtes du cabaulot se consultèrent et la conclusion fut que, pour cette fois et exceptionnellement, on consentait à

1. Historique. — Entendu par l'auteur.

aventurer dans une entreprise commerciale des capitaux qui devaient, primitivement, recevoir une destination toute différente.

Tromb-Alcazar mit sa main sur son cœur, salua d'un air attendri, remercia en des termes fort émus et leva la séance en s'écriant :

— Maintenant, mes petits enfants, assez de *flâne*; il faut gagner honorablement sa vie. Au travail !

— Oui, oui, au travail ! appuyèrent toutes les voix.

Et les commanditaires de Tromb-Alcazar quittèrent le caboulot.

Nous ne tarderons guère à être édifiés sur ce que pouvait être, au juste, le travail de ces bohémiens.

V

MADAME GERFAUT

Rejoignons Georges de La Brière et Lionel Morton, qui continuaient leur conversation et leur promenade devant la baraque des saltimbanques.

Au moment où les échappés du caboulot les aperçurent, Tromb-Alcazar donna un coup de coude, à droite, à Passe-la-Jambe, à gauche, à un jeune bandit du nom de Fanfirstu, et leur dit à demi-voix :

— Attention, mes petits agneaux! Des cols-cassés, des gants-rouges, voilà notre affaire…

Tous les trois, s'élançant à la fois, exhibèrent les objets de leur commerce, à savoir : Fanfirstu, un pistolet d'enfant qu'il fit partir à plusieurs reprises; Passe-la-Jambe, un assortiment complet de ferrailles, et Tromb-Alcazar le contenu de sa boîte de cuir, c'est-à-dire quelques pains de savon enveloppés de papier de plomb, et une demi-douzaine de flacons renfermant des parfums suspects.

En même temps ils criaient à qui mieux mieux.

— La joie des enfants!... la tranquillité des parents!... C'est trente-cinq centimes... sept sous !...

— Les anneaux brisés, les chaînes d'acier... la sûreté des montres!... le désespoir des voleurs!... Quinze centimes... trois sous !...

— Un savon au miel dulcifié, extra-fin, sortant des ateliers de M. Piver!... De la glycérine au suc de laitue!... De l'eau de lavande ambrée, au bouquet du Jocrisse-Club!... Demandez, mes gentlemen... demandez!... C'est quarante centimes... huit sous !...

— Merci, répondit Lionel Morton en faisant un geste pour éloigner Tromb-Alcazar qui lui marchait presque sur les pieds.

Le ci-devant modèle ne se découragea pas, et, s'adressant plus spécialement à Georges de La Brière, il reprit :

— De l'extrait d'essence de bergamote au patchouli, pour le mouchoir... Essayez-en, monsieur le comte... C'est cinquante centimes, dix sous !...

— Nous n'avons besoin de rien, répliqua Georges.

Tromb-Alcazar haussa les épaules.

— Ça se gante pas d'Azor, murmura-t-il dédaigneusement, et ça fait fi de la bonne marchandise!... Hue donc, panés!

Et, tournant autour de M. de La Brière, il lui déroba prestement son mouchoir de poche, dans lequel il se moucha d'un air goguenard, ce qui fit éclater de rire toute la bande des bohémiens.

Tandis que ceci se passait, Georges, tendant à l'Américain son porte-cigares tout ouvert, lui dit :

— Voulez-vous un londrès, Lionel ?

— Volontiers.

— Du feu, mon prince ! s'écria Passe-la-Jambe en faisant craquer une allumette sur le fond de son pantalon et en la présentant tout enflammée à M. de La Brière.

— Merci, fit ce dernier après avoir allumé son cigare.

— C'est dix sous, mon ambassadeur.

— Une allumette, dix sous! dit Lionel en riant.

— Le soufre est augmenté, et il fait du vent! répliqua Passe-la-Jambe qui, voyant venir un inspecteur de police, se faufila dans les groupes avec ses compagnons.

— Singulières industries! murmura l'Américain en les regardant s'éloigner.

— Singulières existences surtout! répondit Georges. Ces gens que vous venez de voir représentent ce que l'on appelle les petits métiers de Paris. Ils tiennent le milieu entre les *faiseurs* de bas étage et les mendiants de profession. Ce sont des fainéants, des bohémiens crottés, sorte de lazzaroni du ruisseau, qui spéculent sur la générosité naïve des badauds de la grande ville. Ils vivent de la bêtise humaine; ils vivent même fort bien, car l'oisiveté leur rapporte plus qu'à d'autres le travail honnête! Intelligents du reste; ils le sont, vous en avez la preuve. (Le gaillard qui trouve moyen de vendre une allumette dix sous, doit vous sembler très-fort.) Individualités bizarres, campées en marge de la société, ils n'ont pas de besoins, ils n'ont que des vices! Leur argent mal gagné glisse dans leurs doigts sur le comptoir où ils achètent l'alcool pimenté qui les abrutit, l'absinthe qui les tue... Le vêtement pour eux est un luxe; à peine sont-ils vêtus. Ils marchent fièrement sur leurs tiges. Ils dorment sous les ponts, dans les bateaux, dans les carrières; partout, excepté dans un lit... Sans parents, presque toujours; élevés à l'aventure dans la rue; chassés tout jeunes des ateliers où leurs mauvais instincts se trouvaient à la gêne, ils sont bandits dès l'avenir commencent par les petits métiers. L'âge arrive, la paresse grandit, ce semblant d'industrie, qui du moins les faisait vivre sans voler, finit par leur sembler trop lourd... Ils sont alors tout à fait perdus; ils deviennent gibier de police, et, pour les retrouver plus tard, il nous faudrait les suivre à la piste sur le chemin qui mène au bagne!

— Ah! murmura Lionel Morton, c'est triste!

— Comme la vérité.

A ce moment une voix, tout à la fois criarde et prétentieuse, se fit entendre à quelques pas de nos deux personnages.

— Mesdemoiselles, venez par ici... disait cette voix. Suivez-moi bien... n'allez point me perdre!... Des jeunes filles égarées dans la cohue, rien ne serait moins distingué.

Lionel se retourna vivement, et avec une visible émotion :

— Qu'avez-vous donc? lui demanda Georges.

— La voici ! répondit tout bas l'Américain.

Un petit groupe de personnes se dégageait de la foule et entrait dans l'espace à peu près libre où le Français et l'Américain se promenaient depuis une demi-heure.

Ce groupe se composait de quatre jeunes filles et d'une femme qui, certainement, n'avait point abdiqué toute prétention à la jeunesse.

Cette personne, qui mérite sans contredit les honneurs d'un croquis spécial, avait dû être extrêmement jolie dix ans auparavant, et pouvait même encore, à distance et sous l'abri protecteur d'une voilette de dentelle, produire une certaine illusion; mais son apparence de beauté n'était plus qu'un fantôme et ne séduisait point l'examen. La distance franchie, ou la voilette levée, on avait devant soi, non pas un visage, mais un pastel, et les nuances les mieux fondues ne parvenaient point à dissimuler la fatigue des contours et la mollesse des chairs flétries.

Les yeux, d'ailleurs, étaient beaux, quoique fatigués aussi; la chevelure semblait abondante (mais l'art des coiffeurs est si grand!); les mains, admirablement gantées, attiraient le regard par leur petitesse, et la taille n'avait rien perdu, sinon de sa souplesse, au moins de sa finesse d'autrefois.

Cette femme était élégante, plus qu'élégante. On ne pouvait pas dire qu'elle suivît la mode; elle la devançait, elle l'inventait. Sa toilette, malgré son excentricité qui surprenait à première vue, n'offrait cependant, dans son ensemble, rien qui fût d'un goût douteux. C'était bizarre, mais ce n'était pas laid... au contraire.

Un binocle, audacieusement posé sur le nez, et une ombrelle de moire blanche à manche de corail rose, complétaient l'ajustement.

Nous ne parlerons pas des bijoux: Il nous suffira d'affirmer que chaîne d'or, montre émaillée et ornée de perles, bagues et bracelets, représentaient un fort joli capital.

Les quatre jeunes filles, vêtues avec une richesse et une originalité qui ne le cédaient guère à celles de la dame aux pastels, étaient charmantes toutes les quatre, mais trois d'entre elles paraissaient le savoir trop bien; il y avait dans leurs attitudes, dans leurs manières, dans leurs regards, et jusque dans leurs sourires, une hardiesse de fâcheux augure.

La quatrième au contraire, grande, mince et blonde avec des yeux immenses, du bleu le plus doux et le plus pur, offrait la gracieuse incarnation de la candeur et de la modestie.

Elle aperçut Lionel Morton ; ses longs cils de velours s'abaissèrent sur ses joues, qui de roses qu'elles étaient devinrent écarlates.

L'Américain se pencha vivement vers M. de La Brière.

— C'est elle, lui dit-il à mi-voix.

— Laquelle?

— La dernière, la blonde avec des rubans bleus... Comment la trouvez-vous?

— Charmante, répondit Georges.

Et il ajouta tout as :

— Oui, charmante, en vérité! Ce diable de Lionel est homme de bon goût! Ce quatuor de jolies filles me semble des mieux réussi! Mais quelle peut être la femme peinte qui les accompagne?... Un type étourdissant, parole d'honneur!

Georges, d'ailleurs, n'eut pas le temps de chercher la solution du problème qu'il se posait, car la femme peinte, braquant son binocle sur l'Américain, fit entendre une sorte de petit roucoulement joyeux, puis s'écria :

— Monsieur Lionel Morton?... Ah! quel charmant hasard! quelle délicieuse surprise! quelle aimable rencontre!... Non, je n'en reviens pas! C'est prodigieux! c'est inouï!... Je suis ravie, parole!...

Elle tendit sa main à Lionel, et la lui serra à l'anglaise ; puis, faisant à Georges de La Brière un demi-salut, elle ajouta d'un air de princesse :

— Monsieur...

— Ce n'est pas la première fois que je vois cette femme, se dit Georges tout en s'inclinant. Je l'ai rencontrée jadis, j'en suis sûr. Son nom me mettra sur la voie.

Tandis que s'échangeaient ces saluts, l'une des jeunes filles, au nom de Céleste, murmurait à l'oreille de l'une de ses compagnes, en lui désignant Lionel :

— C'est l'amoureux de Marthe. Comment le trouves-tu, Fanny ?

Et Fanny répondit avec conviction :

— Il a l'air agent de change... Il est très-bien.

— Madame, reprit l'Américain en s'adressant à la femme peinte, qui se trémoussait et se tortillait sur place d'une façon tout à fait galante, permettez-moi de vous présenter mon ami le plus intime, Georges de La Brière, Parisien... arrivant d'Amérique et deux ou trois fois millionnaire.

Les lèvres vermillonnées de la femme peinte s'épanouirent en un gracieux sourire. Elle fit à Georges, coup sur coup, trois petits saluts d'une familiarité charmante, et, lui serrant la main, s'écria :

— Deux ou trois fois millionnaire! Ah! rien n'est mieux porté! Mes compliments sincères! Introduit chez moi par M. Lionel Morton, vous serez toujours le très-bien accueilli dans ma maison, cher monsieur.

Puis, à Lionel :

— Présentez-moi donc!

— Madame Gerfaut... dit l'Américain.

— Oui, reprit vivement la singulière créature, madame Gerfaut... Vous savez bien, madame Gerfaut de l'avenue Marbeuf!... Oh! je suis connue, Dieu merci! Les premiers ateliers de Paris tout simplement! Deux millions d'affaires tous les ans ! En fait de mode, mes arrêts font loi! J'ai pour clientes toutes ces dames un peu posées de l'aristocratie, de la finance et du théâtre... J'habille la princesse de Rudesheim, la marquise de Gadilet, madame Herbager, la comtesse Diane Platenay, Cora Rubis, Léonide Lenoir, etc., etc., etc.

Puis, se penchant vers Lionel, elle ajouta à demi-voix :

— Il me plaît beaucoup, votre ami ; il est d'un chicimmense. Ne manquez pas de me l'amener.

— Soyez tranquille.

— C'est la première fois que j'entends le nom, pensait Georges, mais certainement je connais la femme.

— Vous avez fait comme nous... reprit madame Gerfaut. Bonne idée! Vous êtes venu voir le dernier jour de la fête de Saint-Cloud. C'est bien mêlé, bien commun, bien canaille, mais c'est drôle... n'est-ce pas que c'est drôle?

Lionel approuva d'un signe de tête, et madame Gerfaut continua, avec un redoublement de volubilité :

— Il faut voir ça, une fois par hasard... comme on dîne dans un cabaret, ou comme on va passer une soirée dans les petits théâ'tres, pour tout connaître... D'ailleurs, il y a des gens comme il faut, des gens très-chics... pas beaucoup c'est vrai, mais enfin il y en a... et la preuve, c'est que nous y sommes.

— Je savais que vous deviez venir, murmura Lionel, et j'espérais bien vous rencontrer.

— Avec Marthe, n'est-ce pas? répliqua madame Gerfaut en riant aux éclats. Mon Dieu, oui, j'avais promis à ces chères enfants une journée de congé. La fête de Saint-Cloud, les mirlitons, les pains d'épice, les macarons, les chevaux de bois... c'est populaire, c'est même populacier, mais on rit... c'est si bon de rire ! Je les menai ensuite dîner à la *Tête-Noire*. Vous savez bien, à la *Tête-Noire* où Castaing s'est défait de son intime ami... on a fait un mélodrame là-dessus. C'est là que nous irons, et je crois que nous rirons bien ! Je suis une mère pour ces belles petites... vous savez, une jeune mère... et nous voilà.

Lionel s'approcha de Marthe et lui dit tout bas :

— J'en profite.

— J'espérais un peu vous voir... murmura la jeune fille.

— Cher monsieur Morton, reprit madame Gerfaut, je réunis, après-demain, à sept heures très-précises, quelques amis. C'est un petit dîner tout sans façon, vous savez... la moindre des choses : des foies gras, des truffes, un peu de gibier, avec quinze ou vingt douzaines d'écrevisses bordelaises, une bombe et du champagne frappé de la veuve... rien du tout !... C'est pour bavarder autour d'une table en grignotant. Je compte sur vous.

— J'accepte avec empressement.

— Et j'espère que M. de La Brière voudra bien vous accompagner.

— Vous êtes mille fois trop bonne, madame, répondit Georges.

— Ainsi, c'est convenu?

— Certainement.

Madame Gerfaut fit signe à Lionel de se pencher vers elle et lui glissa ces mots dans l'oreille :

— J'ai une belle âme, je vous mettrai à côté de Marthe. Sans transition, elle se tourna vers Georges et lui dit :

— Cher monsieur de La Brière, avez-vous lu, dans le *Journal des étrangers*, le dernier article de Lazzarra sur mon établissement ?

— Hélas! madame, au risque de mourir de confusion, je me vois bien forcé de vous avouer que je ne l'ai pas lu.

— Ah! vraiment. Alors tant pis, car c'était bien compris, cet article, et Lazzarra est un homme qui n'a pas son pareil pour trousser ces petites choses avec un chic vraiment particulier.

— Sous ce rapport sa réputation est faite, répliqua du ton le plus sérieux Georges qui, de sa vie, n'avait ouï parler, ni de Lazzarra, ni du *Journal des étrangers*.

— Je vous ferai visiter mon hôtel de la cave au grenier, reprit madame Gerfaut en saisissant le bras de son unique auditeur, car Lionel s'était mis à causer tout bas avec Marthe ; vous verrez mes ateliers, mes salons d'essai, mes salons d'exposition, mes salons de réception. Vous verrez mon jardin avec charmille, grotte sauvage, labyrinthe, kiosque et jet d'eau. Vous n'aurez qu'à vous bien tenir, je vous en préviens, cher monsieur; vous serez ébloui. Entre nous, vous savez, c'est renversant. Un style, un brio, enfin, vous verrez ! La duchesse de Cadigan me disait l'autre jour : *Ma petite m'ame Gerfaut, je ne vous l'envoie pas dire, vous êtes tout simplement épatante*!

— Eh bien, chère madame, répliqua Georges en riant, je me prépare à être épaté.

— Et vous le serez... Mais ne restons pas toujours en place, promenons-nous un peu dans la fête, hein?

— A vos ordres, belle dame.

Georges et madame Gerfaut se mirent à fendre de leur mieux les flots compactes de la multitude.

Mesdemoiselles Céleste, Fanny et Laure suivaient.

Lionel Morton, donnant le bras à Marthe, fermait la marche.

— Est-elle assez poseuse, madame! dit tout bas Laure à Fanny.

— Qu'est-ce que tu veux ? répliqua Fanny, c'est plus fort qu'elle! Si elle ne *faisait pas sa poussière*, il lui manquerait quelque chose.

— Comment trouves-tu M. de La Brière ?

— Pas mal ; et toi?

— Moi, je le trouve charmant ; et toi, Céleste ?

— Ah! je le crois bien. D'ailleurs, passé quarante mille livres de rentes, un monsieur est toujours charmant!

Tandis que s'échangeaient ces propos entre les jeunes élèves de madame Gerfaut, Lionel Morton, serrant contre sa poitrine avec une tendresse respectueuse le bras de Marthe rougissante et charmée, murmurait à son oreille, d'une voix douce comme un baiser et faible comme un soupir :

— Oui, chère Marthe, je suis ici pour vous, pour vous seule; j'avais tant de choses à vous dire, tant de choses, mais une surtout.

— Laquelle? demanda la jeune fille.

— Ne le devinez-vous pas?

— Mais non... je ne sais... j'ignore.:.

— Eh bien ! je voulais vous dire, vous répéter, que je vous aime, que je vous adore!

— Ah! balbutia Marthe au comble de l'émotion, monsieur Lionel... je vous en prie...

— Marthe, chère Marthe, reprit l'Américain, pourquoi donc trembler ainsi? Vous ne doutez pas de moi?... Vous savez que mon amour est respectueux autant qu'il est infini. Vous lisez dans mon cœur; laissez-moi lire dans le vôtre, et que vos yeux, à défaut de vos lèvres, me disent que vous m'aimez aussi. Vous vous taisez!... Pourquoi ce silence?... Marthe, je vous en supplie, répondez-moi !...

— Je ne le peux pas, balbutia la jeune fille d'une voix à peine distincte, tandis que la plus ardente rougeur envahissait son charmant visage; je ne le dois pas...

— Vous le devez, au contraire, Marthe, répliqua vivement Lionel, puisque votre avenir tout entier dépend des paroles que je vous conjure de prononcer... puisque, si vous m'aimez, vous deviendrez ma femme.

— Que me demandez-vous?

— Un aveu.

— Plus tard.

— Non, Marthe, pas plus tard! Mon amour ne veut plus attendre... parlez à l'instant... dites-moi que je ne suis point pour vous un étranger, un indifférent, et dès demain j'irai trouver votre mère.

— Ma mère... répéta la jeune fille avec un trouble qu'il lui fut impossible de dissimuler, vous voulez voir ma mère?...

— Sans doute. Quand je saurai que votre cœur m'appartient, n'est-ce pas à elle que je dois loyalement m'adresser pour demander et pour obtenir votre main? N'autoriserez-vous point cette démarche?

— Ma mère, en ce moment, est absente de Paris, balbutia Marthe, si visiblement inquiète, agitée, que Lionel en ressentit une vague angoisse.

— Marthe, s'écria-t-il, me serais-je fait illusion? Dois-je perdre tout espoir? Mon rêve de bonheur à peine commencé va-t-il déjà finir? Est-il bien vrai que vous ne m'aimez pas?

— Monsieur Lionel, murmura Marthe écrasée par son émotion grandissante, je vous en supplie, taisez-vous!

Un brusque mouvement de la foule venait de ramener Georges de La Brière et madame Gerfaut auprès des amoureux.

L'illustre couturière de l'avenue Marbeuf entendit les dernières paroles prononcées par la jeune fille.

— Eh! monsieur Morton, dit-elle, cette chère mignonne a raison. Si vous avez à causer deux ou trois choses fort intéressantes (comme je n'en doute pas), attendez un moment plus favorable, que diable ! Nous sommes ici dans la cohue. Un dialogue bien senti perd tout son charme quand il a des auditeurs indiscrets, et, pour peu que la note tendre domine, il fait retourner les passants, ce qui est shoking ! Les convenances, voyez-vous, les convenances!... ne connais que ça, moi ! A après-demain les affaires sérieuses. Quittons-nous ici, messieurs, je vais conduire ces petites aux chevaux de bois.

— A bientôt donc, madame, répondit Lionel Morton; à bientôt, mademoiselle, ajouta-t-il en appuyant contre ses lèvres la main de Marthe.

— On se met à table à sept heures précises, reprit madame Gerfaut; mais arrivez de bonne heure, arrivez pour l'absinthe. Nous la prendrons dans mon jardin, vous savez, à l'ombre de ma charmille, ou dans ma grotte obscure, ou sous mon kiosque, en face de mon jet d'eau. Ah! je crois que nous rirons bien. Vous verrez, ce sera renversant !... Je compte sur vous, à six heures au plus tard.

— Nous serons exacts, madame, répondit Georges de La Brière, tandis que Lionel murmurait, assez bas pour n'être entendu que de Marthe :

— Pensez à moi, souvenez-vous que je vous adore.

La jeune fille garda le silence, mais à quel point sa rougeur était éloquente!

— Eh bien! dit Lionel Morton lorsque la femme peinte et les jeunes filles eurent disparu dans les flots grossissants de la marée humaine, vous avez eu le temps de la voir. Parlez-moi franchement, que pensez-vous de ma bien-aimée?

— Je la déclare ravissante.

— Bien vrai?

— Oui, bien vrai. Cette enfant est un bijou; jolie, gracieuse, distinguée, et avec cela un air modeste, une physionomie honnête, bien différente de l'allure évaporée de ses compagnes.

Lionel prit les deux mains de Georges et les serra avec effusion.

— Ah! cher ami, s'écria-t-il, vous ne savez pas le plaisir que vous me faites! Je vous jure que vous me rendez bien heureux.

— A votre tour de me répondre, reprit M. de La Brière.

— Que voulez-vous savoir?

— Qu'est-ce que c'est que madame Gerfaut?

— Elle vous l'a dit elle-même, c'est la grande couturière de l'avenue Marbeuf.

— Comment la connaissez-vous?

— Je lui ai été présenté.

— Par qui?

— Par un de mes compatriotes, Patrick Adrige, un gentleman énormément riche.

— Et énormément viveur, n'est-ce pas?

— Je n'en disconviens point.

— Lionel, je me défie de cette femme.

— Pourquoi donc? Son industrie est des plus honorables.

— Son industrie, oui : mais sa personne?

— Est-ce la légère originalité de son langage et de ses manière qui vous inquiète? Savez-vous quelque chose sur son compte?

— Rien absolument, puisque je ne me doutais pas de son existence il y a une heure. Ma défiance est instinctive. Sous ce nom de madame Gerfaut doit se cacher une individualité fâcheuse. Le visage de cette étrange personne me rappelle de lointains souvenirs, aujourd'hui noyés dans la brume, mais qui reviendront distincts. Je vais chercher, et je trouverai !... Oui, foi de Georges de La Brière, il faudra que je trouve ou j'y perdrai mon nom !

VI.

L'AMI DE TATA MOULINET.

Les chevaux de bois étaient occupés ; il fallait attendre. Madame Gerfaut, qui se résignait difficilement au silence (nos lecteurs ont dû s'en apercevoir), profita de cet entr'acte dans les plaisirs de la journée pour dialoguer un peu avec ses jeunes compagnes.

— Ah çà ! mais, Marthe, ma mignonne, dit-elle, savez-vous bien que vous avez une veine insensée !

— Moi, madame? demanda Marthe un peu surprise. En quoi, s'il vous plaît?

— Faites donc l'innocente ! Vous avez découvert un placer, une mine d'or, une Californie ! Vous avez pris le billet gagnant à la loterie du hasard et de l'amour ! L'Américain n'a d'yeux que pour vous ! Ce n'est ni une fantaisie ni un caprice, c'est une passion ! Cet homme-là vous idolâtre !

— Oh! madame ! balbutia timidement la jeune fille, je n'en crois rien.

— Vous n'en croyez rien ! Comment ? comment ? Est-ce que M. Lionel ne vous dit pas qu'il vous aime?

— Il me le dit, je ne puis le nier, mais ce sont des plaisanteries.

— Des plaisanteries qui, si tu veux, seront contrôlées à la Banque de France et auront cours chez tous les changeurs ! s'écria Céleste. J'aimerais beaucoup ces plaisanteries-là, moi !

— Un aussi parfait capitaliste doit être un amoureux très-complet ! fit observer Laure à son tour.

— Moi, reprit Fanny, s'il me disait qu'il m'aime, et si je voulais savoir à quoi m'en tenir sur sa sincérité, je lui demanderais des preuves... de bonnes preuves sur papier Garat.

— Des preuves ! répéta Marthe ; le véritable amour n'en souhaite rien et n'en accepte qu'une...

— Laquelle ? demandèrent à la fois les trois jeunes filles.

— Je devine! dit vivement madame Gerfaut : une dona-
tion bien en règle, n'est-il pas vrai, ma mignonne? un joli
contrat de rentes?
— Non, madame.
— Et quoi donc, alors?
— Un contrat de mariage.
Un éclat de rire général accueillit ces paroles.
— Bravo! Marthe, s'écria Fanny d'un air ironique et d'un
ton moqueur; bravo! Nous danserons le cotillon à ton bal
de noces! Nos compliments à madame Lionel Morton et à
ses deux cent mille livres de revenu!
Madame Gerfaut seule était restée sérieuse.
— Ah! ah! dit-elle, vous êtes ambitieuse, ma mignonne!
C'est très-bien, cela, et je vous marque un bon point! Mieux
vaut le pâté tout entier qu'une simple tranche, fût-elle bour-
rée de truffes! Mais ouvrez l'œil, petite fille : « Qui trop
embrasse, mal étreint! » M. Lionel peut s'effrayer d'une
exigence un peu bien roide. Enfin, ma colombe, ça vous regarde; poussez votre pointe et jouez serré! Risquez le
banquo, si vous croyez avoir un refait dans la main. L'Américain est jeune et suffisamment naïf. Vous êtes intelligente
et jolie... Vous le savez, ce qui n'est pas un mal : vous
comptez sur votre intelligence et sur votre beauté et vous
avez peut-être raison.
— Vous vous trompez, madame, répliqua la jeune fille
avec douceur mais avec fermeté, je ne compte sur rien.
— Ah! bah!
— Je suis ouvrière, continua Marthe, je suis pauvre, je n'ai
d'autre avenir que le travail, et je n'ignore pas que si les
gens riches sont prodigues de belles paroles avec les jeunes
filles de ma condition, ils veulent bien partager avec elles
leur bourse, mais non pas leur nom. Or, moi, je n'accepterai jamais la fortune sans le mari.
— C'est à merveille, mon enfant, murmura madame Gerfaut d'un air attendri; excellents principes, irréprochable
moralité...
Et tout bas elle ajouta « : Je la croyais moins sotte! décidément, c'est une grue! »
Marthe, très-pensive, se disait :
— Pourquoi ne pas le croire, cependant? Je jurerais qu'il
est sincère. Cette preuve décisive, il me l'a de lui-même offerte. Mon mari, lui! Ah! s'il m'aimait comme il le dit, je
serais bien heureuse; mais c'est un rêve, hélas! et, quand
il apprendra que je suis l'enfant de pauvres saltimbanques,
son amour s'enfuira et ne reviendra plus.
Ces réflexions furent interrompues par l'annonce que
les chevaux de bois étaient libres.
Un instant après, les jeunes filles poussaient de jolis petits
cris de frayeur en tournant avec une vélocité surprenante,
et madame Gerfaut ne dédaignait point de partager avec elles cet innocent plaisir.
Tandis que ceci se passait, deux nouveaux personnages
faisaient leur apparition sur cette partie de la terrasse du
bord de l'eau où la fête de Saint-Cloud attire le plus de
monde.
L'un de ces personnages était un homme d'une beauté
réelle et d'un âge indéfinissable; il pouvait n'avoir que quarante ans; il pouvait en avoir cinquante.
Ses cheveux, ses favoris et ses moustaches offraient une
teinte brune tellement irréprochable que quelque merveilleuse découverte de la chimie moderne devait avoir passé
par là. Ses prunelles rappelaient l'éclat et la froideur d'une
lame d'acier. C'est tout au plus si un certain nombre de rides imperceptibles formaient l'éventail à l'angle extrême de
ses paupières; et d'ailleurs ces sillons menus disparaissaient
presque absolument sous une couche légère de poudre de
riz.
La mise de ce nouveau venu était d'une élégance recher-
chée : un étroit ruban de soie lui servait de cravate, son gilet en cœur s'évasait largement sur la poitrine pour laisser
voir une chemise brodée et bouillonnée, avec des entre-deux,
comme un corsage de femme; son pantalon blanc, de piqué
anglais, tombait avec une perfection rare sur des bottines
éclatantes; des gants gris-perle, d'une exquise fraîcheur, mo-
delaient ses mains patriciennes; et enfin une rosette, dia-
prée des couleurs d'une demi-douzaine de ces ordres étrangers qu'on pourrait appeler des ordres de fantaisie, illustrait
la boutonnière de sa redingote.
En somme, il était impossible d'avoir une apparence
plus parfaitement aristocratique que celle de ce personnage.
Il donnait le bras à une petite femme, jeune, mignonne,
assez jolie, piquante surtout, blanche de peau, rousse de

cheveux, presque aussi maquillée que madame Gerfaut, et
mise avec une excentricité beaucoup trop voyante.
Cette petite femme, bien connue dans le quart de monde,
s'appelait Tata Moulinet.
La bande des bohémiens aperçut en ce moment les deux
nouveaux venus.
Passe-la-Jambe et Tromb-Alcazar se précipitèrent.
— Mon ambassadeur! s'écria Tromb-Alcazar, un joli pain
de savon à la glycérine rectifiée, au miel de Narbonne, dite
crème de Paphos. C'est souverain pour l'épiderme. Madame
aura la peau douce comme du velours! essayez-en, c'est
cinquante centimes. Faudrait ne pas avoir dix sous dans sa
poche pour s'en priver!
L'inconnu fit un geste de dédain, et mademoiselle Tata
Moulinet dit avec colère et d'un voix notablement enrouée :
— Eh! l'homme aux savons, faites donc attention, vous pié-
tinez sur ma jupe! vous allez décrocher mes dentelles!
— Oh! la! la! répliqua Tromb-Alcazar avec ce geste et
cet accent inimitables dont les habitués de la sixième cham-
bre ont le monopole, plus que ça de traîne-macadam! Excu-
sez! une cloche aux luttes Montmartre!
Passe-la-Jambe à son tour se campa devant les prome-
neurs en faisant sonner sa ferraille, et commença son bo-
niment :
— Une chaîne de sûreté, mon prince...
Mais Tromb-Alcazar l'interrompit :
— Eh! laisse donc monsieur tranquille; sa chaîne, il la
porte au bras : c'est madame!
Un bruyant éclat de rire des bohémiens accueillit ce lazzi.
Tata Moulinet, furieuse, secoua le bras de son cavalier.
— Entendez-vous comment on me traite, mon cher? lui dit-
elle. Voilà ce que c'est que de patauger à pied dans la populace!
— Il me semble que vous auriez tort de vous plaindre,
répliqua le cavalier avec la plus parfaite indifférence, c'est
vous qui avez voulu venir ici.
— Eh bien! allons-nous-en; rejoignons la voiture. J'en ai
assez, j'en ai trop de coudoyer cette canaille.
Les bohémiens accueillirent ces derniers mots par une
huée étourdissante.
— Canaille! elle a dit canaille! s'écria Passe-la-Jambe. Fait-
elle sa tête! Dites donc, les autres, vous ne savez pas, c'est
ma cousine; elle vendait des arlequins, le mois passé, au
Café des pieds humides! Bonjour, cousine! ma tante va-
bien?
Tata Moulinet était pâle de fureur sous son maquillage.
— Je suis à votre bras, dit-elle au cavalier, faites les lèvres
faites-moi donc respecter!
— Ah! ma foi, chère amie, répliqua son cavalier d'un ton
moqueur, ce serait trop difficile. Je ne suis pas assez
chevalier de la Table ronde pour entreprendre un pareil
travail.
— Baron, vous êtes un manant!
— Merci, chère enfant.
Le baron, tout en riant, joua si bien des coudes qu'il
parvint à sortir avec sa compagne du cercle que la foule
et les bohémiens formaient autour d'eux, et ils se dispo-
saient à prendre une allée latérale pour rejoindre leur voiture, quand ils se trouvèrent en face de madame Gerfaut
suivie de sa fraîche escorte de jeunes filles.
Madame Gerfaut et le cavalier de mademoiselle Tata
Moulinet jetèrent l'un sur l'autre un regard indifférent
d'abord, puis attentif, puis stupéfait...
Ils tressaillirent comme si l'étincelle d'une puissante
machine électrique venait de les toucher à la fois, et ils
s'écrièrent tous deux en même temps :
— Olympe!
— Gontran!
Tata Moulinet fit la grimace, et, pinçant le bras du baron,
elle lui dit tout bas et vivement :
— Comment! comment! une scène de reconnaissance!
Qu'est-ce que c'est que cette personne?
— Une amie perdue de vue depuis bien des années,
répondit le baron de même.
Et, dégageant son bras du bras de sa compagne, il s'avança
vers madame Gerfaut en lui tendant les deux mains et en
murmurant :
— C'est donc vous, Olympe? C'est bien vous?
— Mon Dieu! oui, cher, c'est parfaitement moi; mais
s'il y a quelqu'un au monde que je ne m'attendais guère à
rencontrer aujourd'hui, à la fête de Saint-Cloud, c'est le
baron Gontran de Sirény!

— Il y a si longtemps que nous ne nous sommes vus !

— Ah ! oui, fit madame Gerfaut avec un soupir, si longtemps !...

— Douze ans, ma chère.

— Déjà douze ans !... Comme le temps passe !...

— Pour vous il a glissé sans laisser son empreinte, répliqua le baron avec plus de galanterie que de franchise ; vous n'êtes pas changée !

— Vrai ? demanda l'ex-Olympe Silas en minaudant agréablement.

— Parole d'honneur ! D'ailleurs, vous avez bien vu que je vous ai reconnue du premier coup d'œil.

— C'est comme vous, baron, toujours le même ! mais qu'avez-vous fait, depuis douze ans ? Parole d'honneur, je vous croyais mort !

— Je voyageais, ma chère. J'ai beaucoup voyagé.

— Vous aviez donc complétement abandonné Paris ?

— Complétement, et voilà trois mois tout au plus que j'y suis de retour ; et vous, Olympe, qu'êtes-vous devenue ?

— Oh ! moi, je suis dans les affaires.

— Bah ! dans les affaires, vous ?

— Cela vous étonne ?

— Un peu.

— Et, cependant, rien n'est plus vrai. A la suite d'une grande déception, dont vous connaissez l'auteur et la cause, je me suis dit qu'il fallait envisager la vie sous son côté sérieux et j'ai pris un établissement.

— En vérité, ma chère Olympe, je n'en reviens pas !

— Mes petites opérations ont prospéré d'une façon tout à fait miraculeuse, et je m'appelle aujourd'hui madame Gerfaut et Cⁱᵉ.

Tata Moulinet fit un mouvement brusque.

— Madame Gerfaut, la célèbre couturière de l'avenue Marbœuf ! s'écria-t-elle.

— Oui, madame, pour vous servir.

— Ah ! madame, continua la petite femme rousse avec l'accent d'une sincère admiration, je vous connais par vos œuvres, et personne ne vous apprécie mieux que moi ; il n'y a que vous au monde pour les corsages Gladiateurs et pour les jupes à la Picuvre.

— Mon Dieu ! fit madame Gerfaut du ton le plus convaincu, ce n'était pas mal, j'en conviens. Oui, je sais bien que c'était réussi ; mais je médite certaines créations qui seront bien autrement renversantes. Ça fera émeute, vous verrez, je ne vous dis que ça.

— Madame, vous êtes un grand homme ! Baron, présentez-moi...

— Mademoiselle Tata Moulinet, fit Gontran d'un air ennuyé.

Les deux femmes se saluèrent.

— Madame...

— Madame...

Puis Tata reprit :

— Je me remets dans vos mains, madame. Vous aurez en moi la cliente la plus dévouée.

— Je ferai des miracles pour l'amie du baron Gontran de Strény, répliqua madame Gerfaut. Comptez-y... au comptant.

Ces derniers mots amenèrent une moue légère sur les lèvres roses de mademoiselle Tata ; mais elle ne répondit rien.

Madame Gerfaut reprit en s'adressant au baron :

— Puisque nous nous sommes retrouvés, cher ami, après une si longue séparation, j'espère bien que désormais nous allons nous voir souvent.

— Soyez-en sûre, ma chère Olympe.

— Je réunis après-demain quelques amis... à sept heures... des intimes... un petit lunch tout simple... moins que rien... un prétexte à causerie, les coudes sur la table. Vous seriez bien aimable de venir...

— J'accepte.

— Et d'amener mademoiselle Tata Moulinet.

— Nous acceptons, madame.

— Nous avons bien des choses à nous dire, baron, reprit madame Gerfaut. Venez de bonne heure... nous serons seuls... nous pourrons causer.

— Après-demain, à cinq heures précises, je sonnerai à votre porte.

— Vous direz votre nom à mon valet de chambre, il vous mènera droit à mon boudoir. A après-demain les souvenirs. Maintenant, si cela plaît à mademoiselle Tata Moulinet, nous allons faire un tour dans la fête.

— Comment donc, chère madame, mais je ne demande pas mieux ; allons !

Et nos personnages recommencèrent la difficile opération de se frayer un passage à travers la foule.

Céleste se pencha vers Laure et vers Fanny, en leur disant tout bas :

— Quel effet vous fait-il, ce baron, cet ancien ami de madame ?

— C'est un très-bel homme, répondit Laure ; ce qui n'empêche pas qu'il ne me revient guère.

— A moi non plus, ajouta Fanny.

— Pourquoi donc ?

— Il a le regard faux et l'air terriblement sournois.

— C'est possible, reprit Céleste, mais il est pourri de chic !

VII

LA PARADE

Retournons à la baraque de saltimbanques occupée par Jean Rosier, Périne, Georgette et Guignolet.

Un certain mouvement commençait à se manifester dans cette baraque.

Les musiciens, vêtus de vieux habits rouges qui rappelaient d'un peu loin l'uniforme jadis si célèbre des lanciers polonais, arrivaient l'un après l'autre, prenaient place sur la plate-forme au-dessous de l'estrade réservée à la parade, et, pour se mettre en haleine, tiraient de leurs instruments de cuivre des sons rauques.

Jean Rosier, un tampon dans chaque main, s'installait à côté de la grosse caisse ; enfin Georgette, dont une ample pelisse cachait momentanément le costume, s'asseyait au contrôle.

Bref, tout annonçait que la représentation allait bientôt commencer.

A dix pas de la baraque, et s'adossant au tronc d'un arbre gigantesque, Passe-la-Jambe et Tromb-Alcazar faisaient leurs comptes avec une expression de joie manifeste.

Les deux bohémiens n'avaient pas échoué partout, dans leurs tentatives commerciales, aussi complétement qu'avec Georges de La Brière et le baron de Strény, et ils contemplaient d'un œil attendri d'assez notables piles de sous, gros et petits.

Tromb-Alcazar surtout semblait radieux.

— Ça boulotte ! ça boulotte ! s'écria-t-il en faisant sauter dans sa casquette cette mitraille vert-de-grisée ; trois francs soixante et quinze centimes de bénef ; comme ça marche ! Oh ! mon débit de parfumerie, il me semble que je te tiens ! Il me semble que je navigue sur un lac d'eau de Portugal, dans un bateau de coldcream, sous des nuages de poudre de riz. Oh ! Passe-la-Jambe, galopin de mon cœur, ton vieux Tromb-Alcazar est un homme heureux ; le dieu du commerce le favorise !

— Tu ne sais pas, ma vieille, répliqua Passe-la-Jambe, la chaîne de sûreté ne marche point trop mal non plus. Je te propose une association, je te confie des fonds, je me mets de moitié dans tes pommades et dans tes savons ; ça va-t-il ?

— Ça va, touche là ! Affaire conclue. L'union, c'est la force.

— Bravo ! ma vieille, je te fais un premier versement de trente-deux sous ! Oh ! nous arriverons !

— J'y compte bien !

En ce moment, Guignolet parut sur l'estrade. Périne donna le signal. Jean Rosier frappa de toutes ses forces la peau d'âne de la grosse caisse, et les musiciens costumés en lanciers polonais préludèrent sur leurs instruments.

— Bon ! dit Tromb-Alcazar, voilà la représentation qui commence. Trop de tapage à la clef, donnons-nous de l'air.

— Moi, je reste, répliqua Passe-la-Jambe. Guignolet va faire la parade et je le trouve rigolo.

En effet Guignolet, enlevant à Jean Rosier un de ses tampons, heurta tour à tour la grosse caisse et les cymbales, et cria d'une voix glapissante :

— En avant la musique ! Allez-y de la grande air de Roland à Roncevaux. Une, deux, trois !... en mi bémol !

L'orchestre entama aussitôt avec enthousiasme la mélodie populaire des Petits Agneaux. Ce fut un vacarme infernal.

Guignolet se boucha les oreilles avec ses deux mains en hurlant, car le mot *crier* n'est plus suffisamment expressif :

— Assez! en voilà assez! Votre zèle me plait, mais il me fatigue; votre harmonie est *zouave*, mais assourdissante; si je vous entendais davantage, je ne vous entendrais plus!

L'orchestre s'empressa de faire silence et le jeune pitre, changeant de ton, continua :

— Ah! ah! ah! ah! nous allons donc la voir, celle qui dégotte tous les premiers saltimbanques du monde entier et les enfonce à cent pieds sous terre! Nous allons donc la voir, la femme phénomène et sans pareille, honorée du suffrage de plusieurs têtes couronnées! Oui, messieurs, oui, la grrrrrrrande représentation d'adieu va commencer! Approchez! approchez tous, j'ai une confidence à vous faire! La patronne n'est pas là, nous avons du temps devant nous! Je vais vous glisser ça en douceur dans le tuyau de l'oreille.

Les badauds arrivaient en grand nombre, et, la tête levée, la bouche béante, formaient déjà un quadruple demi-cercle devant l'estrade sur laquelle paradait Guignolet.

Un de ces loustics, comme il y en a toujours dans les foules, lui cria :

— Cause, mais tais-toi!

Le populaire trouva la chose plaisante et se mit à rire aux éclats.

Le pitre saisit la balle au bond et répondit :

— C'est ce que je vas faire, je vas parler en silence.

Cette présence d'esprit valut à Guignolet des applaudissements nombreux. Il salua la multitude avec déférence en saisissant de sa main droite le toupet de sa perruque rousse, en lançant en arrière son pied gauche, comme un cheval qui rue, et il poursuivit :

— Tel que vous me voyez, je suis le fils unique d'un homme qui n'a jamais connu sa mère, de laquelle il eut quatorze enfants. Donnons une larme à sa mémoire, car il est mort en perdant la vie, et ne m'a laissé pour tout héritage qu'une poêle à frire, une tige de botte, un gant de la main gauche, des lunettes sans verres et les yeux pour pleurer. Hi! hi! hi! hi!

Guignolet fit semblant de sangloter pendant une ou deux secondes; puis il continua, avec un salut et un sourire :

— Vous me croirez si vous voulez, je n'allai pas loin avec ça, je n'en fus réduit, en sortant de chez le notaire, à faire le métier que je fais pour soutenir ma frêle existence. J'aurais mieux aimé être *banquetier*, parole d'honneur! ou *argent de change*, mais on n'a pas le choix des états. Voilà pourquoi je deviens pitre, et je n'en suis pas plus fier pour ça! Tous les jours on me force à vous crier que vous allez voir ce que vous n'avez jamais vu, ni moi non plus, et je le crie, et vous le croyez...

Ici, Guignolet s'interrompit pour regarder à droite et à gauche, en avant et en arrière, à la façon de quelqu'un qui veut s'assurer qu'il n'est point surveillé, et il reprit d'un ton beaucoup plus bas et d'un air mystérieux et confidentiel :

— Nous sommes seuls, vous m'écoutez et personne ne m'entend, je vais en profiter pour vous dire la vérité vraie. Ne le répétez pas, surtout. Si on le savait, je serais battu, malheureux actionnaire que vous êtes, tout ça, c'est de la blague : la patronne n'est pas sorcière, et, quand notre baraque, on ne fait que de la camelote.

Ces derniers mots étaient, comme on dit au théâtre, la réplique d'entrée de Périne à laquelle ils ménageaient un *effet* certain.

A peine Guignolet venait-il de les prononcer, que la toile s'entr'ouvrit derrière l'estrade, et la femme de Jean Rosier, paraissant dans le costume que nous avons décrit, donna au pitre, par derrière, un de ces mémorables coups de pied dont la tradition, venue en ligne directe de Tabarin, de Mondor, de Gros-Guillaume et de Gautier Garguille, s'était conservée pure et digne de tout alliage sur la scène des Funambules, et se perpétue aujourd'hui encore dans les parades des saltimbanques.

— Crois-tu? demanda Périne en même temps.

— Ah! dans la figure! cria Guignolet en faisant un bond.

C'était, nous le répétons, un de ces *effets* certains, prévus d'avance, qui ne manquent jamais d'enthousiasmer les spectateurs de ces sortes de saynètes populaires.

Un immense éclat de rire, accompagné d'applaudissements frénétiques, s'éleva de toute parts.

— Ah! je t'y prends donc, enfin, brigand, continua Périne en mettant ses poings sur ses hanches; je t'y prends donc à vouloir me déconsidérer aux yeux de la foule idolâtre qui m'a toujours honorée de ses suffrages! Tu me démolis! tu me débines! ah! petit serpent!

— Hi! hi! hi! répliqua Guignolet en faisant semblant de sangloter, hi! hi! hi! moi? Par exemple! si on peut dire... Vous débiner, patronne! J'en suis ni plus ni moins incapable que l'enfant qui vient de naître! Je faisais de la réclame à la baraque.

— Assez, tais-toi, ou je recommence!

Guignolet porta vivement ses deux mains à la partie lésée, en s'écriant avec un accent pathétique:

— Oh! non, patronne; oh! non, ne recommencez pas! J'en ai le nez sans connaissance.

Nouveaux éclats de rire dés auditeurs.

— Approche! commanda Périne.

— Voilà... fit le pitre en reculant.

— Je te pardonnerai si tu te montres capable de captiver la faveur de l'honorable société, en répondant à la question que je vais t'adresser...

Guignolet se rengorgea.

— Allez-y, patronne, dit-il ensuite; allez-y de confiance et vous allez voir. Ah! c'est que je ne suis pas la moitié d'une bête!

— Non, tu es morbleu bien une bête tout entière! Pour lors, dis-moi, Guignolet, quelle différence y a-t-il entre une tulipe et un artilleur?

— Ah! patronne, c'est trop facile.

— Réponds comme si c'était difficile.

— Eh bien! c'est que l'artilleur peut cueillir la tulipe et que la tulipe ne peut pas cueillir l'artilleur...

— Guignolet, tu n'es qu'un imbécile!

— Comment! patronne, je n'ai pas deviné?

— Non. La différence, c'est que la tulipe pousse et que l'artilleur tire.

Éclat de rire universel.

— Patronne, demandez-moi autre chose, et, cette fois-ci je parie que je mets le doigt dessus.

— Je le veux bien, Guignolet. Dis-moi donc, si tu le sais, ce qu'il y a de plus hardi dans le monde entier.

— Patronne, un enfant de quatre jours saurait vous répondre aussi bien que moi : c'est un soldat français.

— Guignolet, mon garçon, tu te mets le doigt dans l'œil jusqu'au coude.

— Comment! patronne, il y a quelque chose de plus hardi qu'un soldat français?

— Oui.

Murmures désapprobateurs dans la foule.

— Qu'est-ce que c'est donc, patronne?

— C'est la chemise d'un tailleur.

— Ah bah! et pourquoi ça?

— Parce qu'elle prend tous les matins un larron au collet.

Applaudissements et trépignements. Les tailleurs qui se trouvaient dans l'auditoire n'éprouvèrent peut-être qu'une satisfaction incomplète, mais n'osèrent la manifester.

— Ceci, messieurs et mesdames, reprit Périne avec volubilité, était à cette seule et unique fin de vous faire remarquer que la nature marâtre a déshérité ce crétin de la plus légère dose d'intelligence, et qu'il ne faut croire, par conséquent, que la moitié de ce qu'il vous a dit tout à l'heure. Il suffit d'entrer pour vous convaincre que nous offrirons à vos regards les plus incomparables merveilles qui, de temps immémorial, aient captivé l'attention et l'admiration des connaisseurs! Entrez et vous verrez! Nous passerons ensuite aux exercices de force et d'adresse : gymnastique, voltige et autres souplesses, par mademoiselle Georgette, dit l'*Incomparable acrobate*, et par votre servante! Je soulèverai des poids de cent kilos par la seule force de ma mâchoire, et mademoiselle Georgette se fera un véritable plaisir d'avaler les sabres de messieurs les militaires qui voudront bien l'honorer de leur confiance.

Périne s'interrompit; elle sembla prêter l'oreille, et, après divers jeux de physionomie, elle continua, en changeant de ton :

— J'entends rire, par là... Il y a partout des incrédules et des blagueurs! Cela ne me surprend pas. Vous vous dites : « Voilà de belles paroles, mais qu'est-ce que cela prouve?

Paris. — Typ. Colombes et Brulé, rue de l'Abbaye, 11

— C'est-il à cause de mon costume que vous ricanez? (Page 99.)

Promettre ne coûte rien, sauf à ne pas tenir!... Cette femme abuse de notre crédulité!... cette femme est une saltimbanque!... »

La femme de Jean Rosier promena sur la foule de plus en plus compacte qui l'entourait un regard dominateur.

Puis, après un *temps*, elle reprit avec une prodigieuse volubilité :

— Saltimbanque!... Eh bien! oui, messieurs, oui, mesdames, je suis une saltimbanque! On m'appelle ainsi parce que je m'adresse à la multitude du haut de ces tréteaux, faute de journaux, petits et grands, pour y rédiger mes *pallas*!... Mais vous figurez-vous par hasard que tous les saltimbanques sont sur la place publique?... Allons donc! le monde en est plein! L'auteur qui vante ses succès : saltimbanque! le boursier qui prône son désintéressement : saltimbanque!... la cocotte qui parle de son amour, la danseuse qui parle de sa vertu, le cocodès qui parle de son bon sens, l'avocat qui prône sa discrétion : saltimbanques!... saltimbanques!... Saltimbanque aussi le marchand qui jure sur sa conscience, et le médecin qui veut qu'on croie à ses cures!... Saltimbanque à gauche, saltimbanque à droite, saltimbanque en carrosse et saltimbanque crotté, tout le monde est saltimbanque ici-bas, et ceux qui s'en défendent le plus ne sont pas ceux qui le sont le moins! Je ne vous demande point, d'ailleurs, de me croire sur ma simple parole!... Voulez-vous des preuves? voulez-vous des actes? On va vous en servir *illico*!... Moi, qui vous parle, moi, simple femme, je suis prévôt d'armes, brevetée et médaillée de plusieurs cours étrangères!... J'ai donné des leçons d'es-

13e LIVRAISON.

crime aux mameluks du sultan de Constantinople, aux cuirassiers de l'empereur d'Autriche et aux fusiliers du roi de Suède, et je défie, les armes à la main, quiconque se vante de connaître le maniement de l'épée, du fleuret, de la latte de cavalerie ou du coupe-choux du simple piou-piou!... Demandez! faites-vous servir!...

Périne en était là de son boniment.

Un soldat moustachu, portant sur la manche gauche un triple galon indiquant trois réengagements successifs, fendit la foule, de manière à se trouver au premier rang, près de l'estrade, et, après avoir fait le salut militaire, il interpella Périne en ces termes :

— Mais alors donc, et subséquemment, la petite mère, que vous *sereriez*, sans vous commander, le seul et unique phénomène de votre sesque?

— Un peu, que je le suis, militaire non gradé, répliqua Périne. Et vous, êtes-vous le phénomène du vôtre?

— Oh! que moi je possède l'avantage d'être subsidiairement second prévôt dans mon régiment, qu'est le centunième de la ligne, sauf vot'respect,

— Et vous vous dites : « Voilà une saltimbanque qui veut nous monter le coup en douceur! »

— Que je le présuppose avec sincérité... nonobstant la galanterie à laquelle je me fais un devoir de suivre les lois.

— Militaire non gradé, accepteriez-vous, séance tenante, un petit assaut public et gratuit?

Toutes les voix crièrent avec un unisson parfait :

— Oui... oui... un assaut!

Le soldat tordit sa moustache, cligna de l'œil, et, répondit :

— Que je ne sais pas trop si la consigne de l'honneur et de la pudeur autorise le militaire français à s'aligner, toutes fois et quantes, à l'égard d'une personne du sexe, que dont auquel vous êtes susceptible d'appartenir, et moi pas.

Périne se mit à rire.

— Allons, allons, monsieur le second prévôt, dit-elle avec ironie, si vous avez tant de scrupules, savez-vous bien qu'on va dire et qu'on va croire que vous êtes plus saltimbanque que moi.

Le soldat devint rouge comme un homard.

— Ah ! mille millions de nom d'un nom ! s'écria-t-il. Moi, un saltimbanque ! Ça ne peut pas se passer comme ça ! Alignons-nous !

— C'est ça même, répliqua Périne, alignons-nous, mon brave ! et nous allons rire ! Guignolet, apporte-nous des fleurets, et donne un masque à M. le second prévôt. Je ferai faire le cercle pendant ce temps-là.

Et la femme de Jean Rosier, légère encore malgré sa taille quelque peu épaisse, dédaigna de se servir de l'escalier, et sauta depuis la plate-forme sur la poussière de la terrasse.

Le populaire applaudit de toutes ses forces.

Périne fit reculer les curieux, et elle se trouvait avec son futur adversaire, au milieu d'un cercle très-régulièrement tracé, lorsque Guignolet revint apportant trois fleurets, et l'un de ces masques en treillis métallique, dont on a l'habitude de se servir dans les salles d'armes pour les leçons d'escrime.

Le second prévôt ôta sa tunique et ajusta ce masque sur sa figure.

Périne se mit en garde, tenant un fleuret de chaque main, et cria d'une voix railleuse :

— Allons, mon brave, y sommes-nous ?

— Qu'est-ce que c'est que ça, sans vous commander ? demanda le soldat en désignant le second fleuret de Périne.

— Ça, répondit-elle, c'est pour me reprendre de la main gauche quand je serai fatiguée de la main droite.

— Ah ! bigre !... murmura le second prévôt avec une grimace involontaire.

Périne, placée selon les règles, se mit à dessiner des appels du pied, en engageant le fer et en disant :

— A nous, là !... Une !... deux !... une !... deux !...

— Ah ! mâtin ! s'écria Tromb-Alcazar, qui se trouvait avec Passe-la-Jambe au premier rang des spectateurs. Sais-tu que voilà une rude commère tout de même !... Cré coquin ! se patine-t-elle !

— J'aime autant être dans ma peau que dans celle du piou piou ! répliqua Passe-la-Jambe. Elle va en faire une écumoire !

VIII

UNE RECONNAISSANCE

Georges de La Brière et Lionel Morton n'avaient point quitté la fête de Saint-Cloud.

Le jeune Américain, en sa qualité d'homme sérieusement épris, nourrissait l'impérieux désir de revoir encore son idole, ne fût-ce qu'en passant et à la dérobée.

En conséquence il s'obstinait à promener Georges de La Brière à travers la cohue, prétendant trouver un grand charme au spectacle des divertissements populaires, et Georges, qui n'était point sa dupe et qui devinait à merveille le véritable motif de son entêtement à ne pas quitter Saint-Cloud, se laissait faire avec une infatigable complaisance.

Le hasard les ramena près de la baraque de Jean Rosier, au moment où commençait l'assaut entre Périne et le second prévôt, et ils firent halte un instant pour assister à cette lutte excentrique.

Les fleurets se croisaient et se heurtaient avec la rapidité de l'éclair, mais le jeu de la saltimbanque était évidemment supérieur à celui du soldat.

— Parez-moi ce contre de quarte, mon fils ! dit tout à

coup Périne. Une ! deux ! une ! deux ! à fond !... Trop tard à la parade !... touché !

— Bravo ! bravo ! cria la foule.

— Ah ! mille tonnerres ! gronda le soldat entre ses dents.

— Une ! deux ! reprit Périne. Garde à vous, mon fils !... Parez ce dégagement ! Allez donc, mordieu ! on croirait que vous avez l'avant-bras en gomme élastique ! Un peu plus de poignet, donc !... Une ! deux ! touché ! Une ! deux ! touché !...

Le public, en délire, acclama de nouveau Périne.

Guignolet trépignait d'enthousiasme.

Le soldat suait à grosses gouttes, tout en ferraillant, et commençait à perdre la tête.

— Mêle-toi, mon fiston ! dit Tromb-Alcazar, tu vas te faire casser le verre de ta montre !

Le mot était médiocre ; il obtint néanmoins un succès fou.

— Voulez-vous souffler ? demanda Périne en faisant un mouvement de retraite et en appuyant sur son pied droit le bouton de son fleuret. Nous avons de temps devant nous.

Puis, elle ajouta :

— Décidément, mon fils, vous n'êtes pas de force !

— De la main droite, peut-être bien... répliqua le second prévôt, vexé et humilié plus qu'on ne saurait dire. Mais de la main gauche, sans vous commander, je voudrais voir ça...

— Vous allez donc le voir tout de suite, répondit Périne en se mettant en garde de la main gauche. Demandez ! faites-vous servir !

— Que ça change tout de même ! murmura le soldat en ferraillant, et avec l'espoir bien incertain de prendre sa revanche.

— Oh ! si peu !... Un dégagement !... Attendez !... un peu de poignet !... en quarte !... Une ! deux !... Une ! deux !... Ça y est !

Tout en disant ce qui précède, Périne faisait sauter en l'air le fleuret du second prévôt.

Les spectateurs trépignaient et ne parlaient de rien moins que de porter la saltimbanque en triomphe.

— Voilà comme ça se joue, mon fils ! ajouta-t-elle. Quand vous aurez besoin de leçons, n'oubliez pas mon adresse.

Le soldat, honteux et vexé, ne répondit pas un mot. Il se débarrassa de son masque ; il reprit sa tunique et son képi et il se hâta de disparaître.

Les curieux, qui pendant l'assaut avaient formé le cercle, se dispersèrent.

Madame Gerfaut et les jeunes filles qui l'accompagnaient venaient d'être ramenées, par les hasards de leur promenade, tout près de la baraque, et se trouvaient à quelques pas à peine de Périne.

— Mesdames et messieurs, demanda cette dernière, y a-t-il parmi vous un autre amateur qui désire se faire boutonner ?

— Cette voix !... murmura Marthe avec émotion, cette voix !...

Périne se retourna. Elle aperçut Marthe, et, courant à elle, la prit dans ses bras en s'écriant :

— Ma fille ! ma fille !

— Ma mère ! ma bonne mère !... balbutia l'enfant, en rendant ses baisers à la saltimbanque.

— Tableau de famille ! s'écria Passe-la-Jambe.

Ce qui frappe la foule, avant tout et par-dessus tout, c'est le côté comique des choses.

Cette jeune fille, d'apparence si distinguée, vêtue avec une élégance hors ligne, se jetant dans les bras de cette femme au costume bizarre, portant un maillot couleur abricot, un corsage à paillettes, et sur ce corsage un plastron de maître d'armes, parut un spectacle grotesque aux nombreux spectateurs de la scène d'escrime que nous venons de raconter. Des éclats de rire goguenards et des applaudissements ironiques se firent entendre.

Georges de La Brière se tourna vers Lionel Morton, qui ne riait pas, lui, et qui semblait changé en statue par l'étonnement.

Madame Gerfaut, les sourcils froncés et la lèvre contractée, murmurait à demi-voix :

— Une saltimbanque ! fi ! quelle horreur !... Ah ! voilà certes ce qui peut s'appeler une rencontre tout à fait désobligeante !

Les ricanements continuaient

Périne se tourna vers la foule avec un regard chargé d'éclairs et un geste presque menaçant :

— Eh bien! qu'est-ce qu'ils ont à rire, ces gens-là? s'écrie-t-elle.

Naturellement, aucune voix ne répondit.

— Ah ça! reprit la femme de Paillasse, c'est donc bien drôle, vraiment, une mère et sa fille qui s'embrassent! C'est-il à cause de mon costume que vous ricanez, et parce que, tout à l'heure, je faisais la parade? Dites donc, vous autres, on n'a peut-être pas le droit d'être mère quand on est saltimbanque?... Je vois ma fille, entendez-vous? ma fille!... Je l'embrasse, et ils rient! Si ça ne fait pas pitié!... Ah! les imbéciles!...

Personne ne riait plus. La plupart de ceux que la femme de Jean Rosier venait de tancer si vertement s'éloignaient sans souffler mot.

Périne regarda autour d'elle, et continua :

— Tiens! ils sont partis, ils ont eu honte de leur conduite!... D'ailleurs, qu'est-ce que ça nous fait à nous, ces gens-là?... Est-ce que nous les connaissons? est-ce que nous nous inquiétons d'eux?... Embrasse-moi, mon cher bijou... ma petite Marthe!... encore... encore!... Georgette, viens donc embrasser ta sœur!

Georgette accourut, et, tandis que les deux jeunes filles échangeaient les plus tendres caresses, Périne reprenait :

— Mais dis-moi donc, ma belle mignonne, comment il se fait que tu sois ici?... Moi qui m'attendais si peu à te voir!... Est-ce que tu savais m'y trouver?

— Non, ma mère, je ne m'en doutais pas.

— Mais, alors?...

— C'est madame Gerfaut qui nous a amenées à la fête de Saint-Cloud, mes compagnes et moi, pour nous distraire.

Périne tressaillit, et pour la première fois aperçut madame Gerfaut qui pinçait ses lèvres et se donnait des airs de majesté blessée. Elle alla timidement à elle, en balbutiant :

— Oh! pardon, madame... Je ne pensais qu'à Marthe, et je ne vous avais pas vue.

— C'est bien, c'est bien, bonne femme, répondit dédaigneusement la grande couturière de l'avenue Marbeuf.

— Ah! je comprends, madame... continua Périne avec la plus profonde humilité. Je vous avais caché quel était mon état, non que j'en rougisse... ah! grand Dieu! mais il y a un préjugé, je le sais bien... et vous m'en voulez d'avoir découvert la vérité, comme ça, tout d'un coup, à l'improviste...

— Eh! bonne femme, interrompit madame Gerfaut, que m'importe votre état, je vous prie?

— C'est vrai, madame, c'est bien vrai... cela ne vous importe guère. Mais enfin, vous avez vu... Il n'y a pas de déshonneur; il faut vivre, et tous les métiers sont avouables quand ils sont honnêtes, et quand on les exerce honnêtement.

— Je ne dis pas le contraire, répliqua madame Gerfaut, mais vous comprenez que je ne pouvais m'attendre à une rencontre aussi parfaitement inopportune. Cette reconnaissance ridicule nous donne en spectacle à la populace, on nous montre du doigt, et je vous prie de croire que je n'ai point l'habitude de m'afficher ainsi.

De grosses larmes coulaient sur les joues de Périne, et les sanglots étouffaient sa voix.

— Ah! madame, balbutia-t-elle d'une façon presque indistincte, si j'avais su... si j'avais pu prévoir... j'aurais fait semblant de ne point reconnaître Marthe, je ne l'aurais pas embrassée!... Mais mon cœur a parlé trop vite, je n'ai pas réfléchi, ça a été plus fort que moi... j'ai couru et j'ai pris dans mes bras ma chère fille... Peut-être qu'à ma place, madame, vous auriez agi comme moi. Il ne faut plus m'en vouloir... Il faut me pardonner...

— Oh! ma mère! ma mère!... s'écria la jeune fille en couvrant Périne de baisers.

Madame Gerfaut ne daigna pas répondre à la saltimbanque.

— Nous partons, Marthe, dit-elle; nous quittons la fête. Venez, je vous attends.

Et elle s'éloigna d'un pas majestueux.

Périne, les mains jointes, la suivit en disant d'une voix brisée :

— Cet état que j'exerce, je ne l'aime guère, croyez-le bien, madame, mais je n'en ai point d'autre... C'était pour elle, pour ma chère Marthe; il fallait bien l'élever... Je

vous en supplie, madame, ne lui apprenez point à rougir de moi!

— Rougir de toi, ma mère! répondit Marthe vivement. Oh! jamais! jamais!

— Je te crois, je te crois, mon enfant! Va, je connais ton cœur... Allons, embrasse-moi encore une fois, et va-t'en... va-t'en vite!

— Mais vous viendrez me voir?

— Oui, le plus tôt que je pourrai.

— Et ce sera bientôt, n'est-ce pas?

— Je te le promets.

— Eh bien! alors, au revoir, bonne mère... à bientôt, petite sœur...

— Aime-nous toujours, pense à nous, dit Georgette en embrassant Marthe.

— Mon cœur est sans cesse avec vous... »

Madame Gerfaut avait déjà franchi une certaine distance. Elle se retourna :

— Allons donc, Marthe! cria-t-elle d'un ton impérieux. Est-ce terminé?... Viendrez-vous, enfin?

— J'y vais, madame, j'y vais.

Et la jeune fille s'éloigna, en envoyant des baisers à Périne et à Georgette, qui toutes deux essuyaient leurs larmes.

Jean Rosier n'était pas content.

— Ça a coupé la parade en deux! murmurait-il. Cette madame Gerfaut, voyez donc! cette faiseuse d'embarras! elle avait bien besoin de venir par ici, pour empêcher la recette!

— Eh bien! eh bien! qu'est-ce que c'est?... répliqua Périne. La parade, on va la finir!... C'est la vie, çal On pleure et on rit.

— Et la recette?

— Sois paisible... elle sera bonne, j'en réponds.

La saltimbanque remonta sur l'estrade et reprit, comme si de rien n'était, son boniment interrompu :

— Allons, messieurs, allons, mesdames, c'est le dernier jour et la dernière représentation!... Vous allez voir ce que vous allez voir, et ce que vous n'avez jamais vu! Entrez! entrez! suivez le monde!... C'est deux sous par personne!... cinq centimes seulement pour messieurs les militaires non gradés!... Il faudrait, pour s'en priver, n'avoir pas dans sa poche la bagatelle de deux sous!

Périne se mit à chanter, sur un air trop connu :

Entrez, bons à d'enfants et soldats;
Les homm's grêlés ne pairont pas!...

« En avant la musique!... le grand air des *Huguenots*!... »

L'orchestre reprit avec un ensemble parfait, comme au début de la parade, la mélodie des *Petits Agneaux*, qui paraissait composer tout son répertoire.

Périne quitta l'estrade pour aller se placer en haut de l'escalier conduisant à la baraque, entre les rideaux de calicot à carreaux rouges et bleus, afin d'y recevoir l'argent des curieux.

Guignolet la remplaça, et se mit à crier du haut de sa tête :

— A deux sous la place!... On va commencer!... entrez! suivez le monde!...

Georges de La Brière et Lionel Morton n'avaient pas bougé de la place qu'ils occupaient depuis la reconnaissance inattendue de Périne et de Marthe.

— Eh bien, cher ami, dit le Français à l'Américain, vous ignoriez, il y a une heure, si votre bien-aimée avait une famille. Vous êtes fixé maintenant.

— Parfaitement fixé, répliqua Lionel.

— Vous savez que cette charmante jeune fille est l'enfant d'un couple de saltimbanques, et que madame sa mère fait la parade et boutonne, le fleuret à la main, les prévôts de régiment.

— Je le sais.

— Et vous êtes toujours amoureux?

— Pourquoi donc, je vous prie, aurais-je cessé de l'être?

— La découverte que vous venez de faire ne change rien à vos projets?

— Absolument rien.

— Vous êtes encore décidé à épouser mademoiselle Marthe?

— Encore et plus que jamais.

— Savez-vous, cher ami, que vous pouvez vous vanter d'être un personnage excentrique!

— Je suis Américain, et, dans mon pays, c'est la mode.

— Vous avez raison, je n'y pensais plus... Eh bien, alors, il ne me reste qu'à me taire... Allons voir votre future belle-mère enlever des poids de cinq cents!
— Allons!

Et les deux hommes entrèrent dans la baraque.

IX

OÙ TROMB-ALCAZAR ET PASSE-LA-JAMBE COMMENCENT A FAIRE DE BONNES AFFAIRES

Les rideaux de calicot, en avant desquels Périne trônait au contrôle, venaient à peine de retomber sur Georges de La Brière et Lionel Morton, quand reparut le baron Gontran de Strény, traînant toujours à son bras mademoiselle Tata Moulinet qui, de son côté, avait fort à faire de traîner la queue de sa robe, sur laquelle piétinait sans le moindre respect une multitude mal élevée.

Un peu préoccupé de la rencontre qui remettait si vivement en lumière dans son esprit tous les souvenirs du passé, Gontran n'avait qu'une idée fixe, c'était de rejoindre sa voiture et de regagner Paris, afin de se débarrasser de mademoiselle Tata, et de se retrouver seul.

Mais, l'homme propose et la femme dispose.

Le baron avait compté sans les fantaisies de la petite cocotte aux cheveux rutilants.

Au moment où la naïve enfant arrivait en face de la baraque des saltimbanques, elle tourna par hasard ses yeux maquillés vers la toile peinte qui servait d'*affiche illustrée* au spectacle de l'intérieur, et elle s'arrêta.

— Eh bien! Tata, demanda Gontran qui ne comprenait rien à ce temps d'arrêt vous ne venez pas?

— Un moment donc! Pour l'amour de Dieu, laissez-moi souffler!... Vous allez! vous allez! Je connais des chevaux de steeple-chase qui n'ont pas tant d'allure!

— Il me semblait que vous aviez hâte de vous voir hors de la foule.

— Pourquoi donc ça? C'est gentil, la foule.

— Ce n'était guère votre avis tout à l'heure. Vous vous plaigniez avec amertume de vous trouver prise au milieu de la cohue.

— Ah ça! dites donc, baron, depuis quand n'a-t-on plus le droit de changer d'idée?

— Ce droit existe, répondit Gontran en riant, et je ne songe point à le contester.

— À la bonne heure.

— Mais, maintenant que vous avez repris haleine, chère Tata, partons.

— Où allons-nous?

— Singulière question! Nous allons à Paris.

— Déjà?

— Depuis votre arrivée à Saint-Cloud vous me demandez de partir.

— Parce que vous êtes l'homme le moins aimable que je connaisse.

— Ah bah! que vous ai-je donc fait?

— Vous ne m'avez conduite ici que pour me faire rencontrer vos anciennes maîtresses, ce qui n'est pas drôle pour moi... Et, quand je commence à m'amuser, vous voulez m'emmener.

— Vous commencez donc à vous amuser?

— Certainement.

— Voilà une chose que j'ignorais, et que je ne pouvais deviner.

— Mais, continua mademoiselle Tata, vous avez beau être un tyran et un vilain homme, je vous déclare que je ne m'en irai pas avant d'avoir vu le phoque savant, le veau à trois têtes et la femme phénomène qui soulève un artilleur avec sa mâchoire! Mais c'est surtout les bêtes que je tiens à voir... j'adore les bêtes curieuses!

— Par égoïsme! murmura Gontran; puis, tout haut, il ajouta : Et où ça se voit-il, ces belles choses?

Tata Moulinet étendit sa petite main bien gantée vers la baraque, et répondit :

— Là-dedans.

— Allons donc! ce n'est pas sérieux! Vous ne voudriez certainement pas entrer dans ce bouge.

— Mais si, très-bien.

— Songez que c'est plein de populace.

— Qu'est-ce que vous voulez que cela me fasse? Croyez-vous donc que je sois née sur les marches du trône?

— Il y fait chaud.

— J'ai mon éventail.

— Il y sent mauvais.

— J'ai mon flacon. D'ailleurs, c'est une toquade, une turlutaine, tout ce que vous voudrez; appelez la chose comme il vous plaira... mais je vous déclare que j'entrerai.

— Voilà qui n'a pas le sens commun!

— Raison de plus! je ne connais rien d'aussi mortellement ennuyeux que le sens commun.

— J'espère au moins que vous n'avez point la prétention folle de me faire franchir avec vous le seuil de cet infect boui-boui?

— Vous savez bien, baron, que je tiens rarement à votre compagnie... Attendez-moi là devant en fumant votre cigare. Je reviens.

— Ne soyez pas longtemps.

— Cinq minutes.

Et Tata Moulinet, mettant sous son bras la queue de sa robe, s'élança vers l'escalier de la baraque avec la joyeuse légèreté d'une fille d'Ève qui va se passer un caprice.

Périne était encore au contrôle. Elle comptait et mettait en pile les pièces de cuivre qu'elle venait de recevoir.

— Entrez, madame, entrez! dit-elle; le spectacle va commencer! Vous ne vous ruinerez pas, c'est deux sous!

En entendant parler la saltimbanque, Gontran fit un mouvement brusque; il leva la tête et la dévora du regard.

— Allez, la musique! ajouta Périne.

Et elle disparut à son tour dans l'intérieur de la baraque. Gontran était resté immobile et pétrifié par l'étonnement.

— Cette voix! murmura-t-il au bout de quelques secondes, cette voix et ce visage!... C'est elle!... c'est Périne!...

Il se mit à marcher rapidement devant l'estrade vide, allant et revenant sans en avoir conscience, ainsi qu'il arrive lorsque l'esprit se trouve violemment agité, et, tout en marchant, il prononçait à demi-voix des mots saccadés, des phrases interrompues.

— Périne à Paris! se disait-il, Périne près de moi... et au moment où le fils du banquier, redevenu millionnaire, réhabilite la mémoire de son père en liquidant le passé!... Ah! si je ne me trompe pas, si c'est bien elle, voilà donc enfin mon étoile si longtemps voilée qui se lève de nouveau et qui brille!... Par Périne je retrouverai Marthe... et, avec Marthe, la fortune!... Allons, me voici riche encore!

Et l'expression d'une joie surhumaine illuminait son visage contracté; puis, presque aussitôt, il redevenait sombre et il reprenait :

— Mais si je me trompais!... Les années écoulées ont dû produire un grand changement dans les traits de Périne... Si j'étais la dupe d'une de ces ressemblances fortuites dont les exemples ne sont pas rares... Comment savoir?... comment me renseigner?... Je ne puis aller à cette femme et lui dire : « Êtes-vous Périne? » Que faire?

Tandis que Gontran de Strény monologuait ainsi, deux des bohémiens de Paris que nous avons déjà mis en scène le regardaient avec une curiosité comique.

C'étaient Passe-la-Jambe et Tromb-Alcazar.

— Dis donc, ma vieille, fit le premier, le reconnais-tu?

— Pardine! c'est le particulier à la particulière de souleur carotte.

— Qui fait fi des chaînes de sûreté.

— Et de la parfumerie fine.

— On peut dire qu'il a une locomotive dans ses escarpins, celui-là.

— Ou au *télégramme* électrique.

— N'empêche que c'est un homme bien couvert.

— Et qui doit avoir le gousset garni.

— Faut pas se décourager d'un premier échec, sans ça on n'arriverait à rien... Allons lui faire derechef nos offres de service.

Tromb-Alcazar et Passe-la-Jambe se dirigèrent du côté de Gontran, qui les voyant venir à lui s'arrêta et se dit :

Les deux amis descendaient ensemble l'escalier de la baraque. (Page 102.)

— Ces hommes peut-être... qui sait...? Essayons toujours.

Les deux industriels, l'échine courbée notablement, le sourire aux lèvres, l'air insidieux et tout à fait coquin, continuaient à avancer.

— Il me semble que milord nous a fait signe, dit Tromb-Alcazar.

— Oui, oui, ajouta Passe-la-Jambe, j'ai bien vu ça... milord nous guignait.

— Non, répliqua Gontran; mais j'ai affaire à vous.

— Voyez-vous comme ça se rencontre! répliqua Tromb-Alcazar, nous qui justement avons affaire à milord! Vous avez besoin de parfumerie fine, mon prince, qualité extra, tout ce qu'il y a de plus distingué, dans des prix doux?

— Nous en tenons, dit Passe-la-Jambe, et nous y joignons un petit commerce d'anneaux brisés et de chaînes d'acier... la sûreté des montres, le désespoir des voleurs.

Gontran fit un geste dédaigneux.

— Je n'ai besoin de rien, dit-il.

Tromb-Alcazar ramena jusque sur ses yeux la visière de sa casquette et d'un ton de suprême impertinence demanda :

— Mais alors, si mossieu n'a besoin de rien, qu'est-ce donc qu'il y a pour le service de mossieu, car enfin mossieu nous a dérangés dans notre commerce ?... Nous allions conclure une forte affaire avec ce petit bossu qui s'en va là-bas, et nous avons tout quitté pour venir à mossieu.

Gontran haussa les épaules et dit :

— Ce qu'il me faut, c'est un renseignement.

Tromb-Alcazar reprit à l'instant même sa physionomie la plus obséquieuse et la plus servile, et s'écria :

— Un renseignement! Voyez quelle veine!... justement j'en suis un bureau.

Et, donnant un coup de pied dans les tibias de Passe-la-Jambe, il ajouta :

— Salue monsieur le comte.

Le jeune voyou ne se le fit pas répéter deux fois, et s'inclina de façon très-galante en mettant la main sur son cœur.

— Monsieur le comte, reprit Tromb-Alcazar, nous sommes tout ouïes... Allez-y de confiance, nous ne négligerons rien pour vous satisfaire.

— Vous devez fréquenter les fêtes des environs de Paris? demanda M. de Strény.

— Nous en sommes l'ornement ; on ne peut pas plus se passer de nous que des chevaux de bois. Si nous y manquions, il y manquerait quelque chose. Une fête champêtre sans nous, dans un rayon de dix kilomètres, ce serait un parterre sans roses.

— Alors vous connaissez sans doute tout le personnel de ces fêtes?

— Si vous mettez la main, n'importe où, sur un quidam qui le possède plus à fond que nous, je lui paye des guignes.

— Vous savez, dans ce cas, quelle est la femme qui tout à l'heure recevait l'argent au contrôle de cette baraque.

— C'était la saltimbanque en personne, la femme à Pail-
lasse. C'est à elle la baraque, avec tous les accessoires.
— Comment nommez-vous cette femme?
— Périne.
Un éclair brilla dans les prunelles de Gontran.
— Je ne m'étais pas trompé, se dit-il, c'était bien elle...
Puis tout haut :
— Et le nom du mari?
— Ah! pour ce qui est de ça, j'en ignore. On l'appelle
généralement dans les caboulots le Père l'Absinthe, attendu
son habitude de se piquer le nez avec le liquide susdésigné.
— Quand j'ai passé devant la baraque, il y a une heure,
j'ai vu sur l'estrade une jeune fille.
— Ah! oui, murmura Passe-la-Jambe avec sentiment,
un beau brin de fillette, une jeunesse bien avenante, et
qu'est moulée!... c'est-à-dire que c'est un miel.
Ici, nouveau coup de pied dans les tibias de Passe-la-
Jambe, avec accompagnement de cette recommandation
morale :
— Trop de pétrole à la clef! éteins ta flamme, jeune vo-
luptueux, on je vais chercher les pompiers.
— Est-ce l'enfant de la saltimbanque? continua Gontran.
— Oui, répondit Tromb-Alcazar, l'une de ses filles.
— Elle en a donc une autre?
— Je me le suis laissé dire.
— Qui vit avec elle comme sa sœur, je suppose?
— Erreur, milord! L'une des jeunes personnes a un autre
état que papa et maman.
— Quel état?
— Je ne tenais point à le savoir, et ne m'en suis jamais
informé.
— Laquelle des deux est ma pupille? se demanda Gon-
tran. Je trouverai bien moyen de l'apprendre.
Puis il reprit :
— Ces gens-là, où demeurent-ils?
— A Paris, dans un quartier chic.
— Lequel?
— Les environs de la place Maubert.
— Le nom de la rue? le numéro de la maison?
— Comme vous y allez, monsieur le comte! s'écria Tromb-
Alcazar en riant. C'est plus fort que le train express! Nous
n'en savons pas si long.
— Je comprends... Mais ce que vous ignorez, vous pou-
vez le savoir.
— Cela dépend...
— De quoi?
— Du prix que vous y mettrez.
— Nous avons de la famille, fit Passe-la-Jambe d'un ton
piteux.
— Et quand on est dans le commerce comme nous, reprit
Tromb-Alcazar, et qu'on a tout le temps pris par les affai-
res, les dérangements, faut que ça se paye.
Gontran tira son porte-monnaie.
— Voici vingt francs, dit le baron en mettant un louis dans
cette main.
— Comme à-compte? demanda le bohémien avec effron-
terie.
— Oui, car vous en toucherez deux fois autant quand
vous me donnerez l'adresse des saltimbanques.
Tromb-Alcazar eut un éblouissement.
— Oh! mon débit de parfumerie! balbutia-t-il en desser-
rant un peu le nœud de sa cravate pour ne pas s'étouffer.
— Part à deux! lui glissa Passe-la-Jambe à l'oreille.
— Bien entendu! Sois paisible, on est honnête ou on ne
l'est pas, répondit Tromb-Alcazar... Où faudra-t-il porter
le renseignement à monsieur le comte? demanda-t-il tout
haut.
Gontran fut au moment de tirer une carte de son portefeuille, mais il se ravisa.
— Il est inutile de venir chez moi, dit-il.
— Alors, que milord prenne la peine de nous donner
un rendez-vous.
— C'est ce que je vais faire. Je vous rejoindrai demain,
à cinq heures, dans le quartier de la place Maubert, à l'endroit que vous allez me désigner.
— Parfait! Nous attendrons milord, à l'heure convenue,
au café restaurant de la Girafe, un petit bahut très-bien,
rue Mouffetard, n° 14. C'est un établissement assez
chouette.
— Nous le fréquentons, dit vaniteusement Passe-la-
Jambe. On y rencontre des gens établis; on y fait du vrai

bouillon, avec du vrai bœuf, et il y a des portions de pru-
neaux à cinq centimes.
— Demain, à cinq heures, j'y serai.
— Et vous en aurez pour votre argent, monsieur le
comte.
Ici le dialogue fut interrompu. Mademoiselle Tata Moulinet, rassasiée sans doute des exercices du phoque savant,
de la vue séduisante du veau à trois têtes, des tours de
force et d'adresse de la femme phénomène, etc., sortait de
la baraque et venait rejoindre le baron.
Celui-ci, qui n'avait plus rien d'essentiel à dire aux
bohémiens, donna son bras à la cocotte rousse, et la dirigea du côté où la voiture les attendait. Tout en s'éloi-
gnant, il murmurait :
— Maintenant, Périne, à nous deux!...

I

OU TROMB-ALCAZAR ET PASSE-LA-JAMBE CONTINUENT
A FAIRE DE BONNES AFFAIRES

Aussitôt que le baron Gontran eut disparu, en compagnie de mademoiselle Tata Moulinet, Tromb-Alcazar, saisi
d'une sorte de délire, se mit à battre des entrechats, tandis
que Passe-la-Jambe esquissait les figures les plus fantaisis-
tes d'une tulipe orageuse insensée, tout en se chantant à
lui-même le quadrille d'Orphée aux enfers.
— Assez de chahut comme ça! fit tout à coup Tromb-
Alcazar. Parlons sérieusement des affaires sérieuses.
Qu'est-ce que tu dis de la situation, mon fiston?
— Je dis que ça se corse.
— Hein! crois-tu que le magot prenne du ventre?
— C'est-à-dire qu'il en devient hydropique, le magot!
Faudra lui opérer une ponction!... Nous sommes en train,
pour le quart d'heure, de nous amasser des rentes.
— Je ferai une commande d'essence de myrte, reprit
Tromb-Alcazar. C'est ça qui est un bon placement.
— Et moi, j'ai envie de joindre les porte-monnaie à
quarante-cinq centimes et les ronds de serviette en moiré
métallique à ma spécialité d'anneaux brisés et de chaînes
d'acier... Qu'est-ce que tu en penses?
— Mauvaise idée! La parfumerie, vois-tu, mon fils, ne
sortons pas de la, et parlons de notre commanditaire.
— Il a l'air d'un daim huppé, le bourgeois.
— Oui, oui, c'est un particulier cossu. Il ne regarde pas
plus à vous coller un jaunet que d'aucuns à vous lâcher
cinquante centimes.
— Ah çà! mais, qu'est-ce qu'il peut bien vouloir faire de
l'adresse des saltimbanques?
— Comment! imbécile, s'écria Tromb-Alcazar avec un
gros rire, tu n'as pas compris?
— Quoi donc?
— Es-tu assez rosière pour ton âge!
— Possible, mais je demande le mot de la charade.
— Eh bien! le particulier en tient pour Georgette.
— Tu crois?
— Ça saute aux yeux! En faisait-il assez, des questions!
Moi, je l'ai vu venir tout de suite. Ça va être une mine d'or,
une petite Californie. Nous l'exploiterons naturellement;
nous lui ferons ses commissions. Mais faudra se défier de
la mère. J'ai dans l'idée qu'elle ne prendrait pas bien la
chose, et que, si elle se doutait de n'importe quoi, elle se
gênerait guère pour nous arracher les yeux.
— Suffit! on aura l'œil.
— Attention! voici du monde... En avant le boniment...
Du savon au miel, extra-fin, dulcifié, rectifié, sortant des
ateliers de M. Piver. C'est trente-cinq centimes... sept
sous!
— Des anneaux brisés, des chaînes d'acier... la sûreté
des montres, le désespoir des voleurs... Quinze centimes,
trois sous!
Georges de La Brière et Lionel Morton descendaient
ensemble l'escalier de la baraque, après avoir assisté à la
représentation presque entière.
Le Français avait l'air soucieux.
— Qu'avez-vous donc, mon cher Georges? lui demanda
Lionel.
— Je suis triste.

— Pourquoi?

— Parce que je ressens pour vous une vive affection, et que je vous vois, avec douleur, vous engager dans une voie funeste.

— Je vous comprends mal, ou plutôt je ne vous comprends pas. Expliquez-vous.

— Ne m'avez-vous pas dit, il n'y a qu'un instant, que vous persistiez, malgré tout, dans votre résolution?

— Sans doute.

— Et, après le spectacle auquel vous venez d'assister, vos désirs et vos volontés sont toujours les mêmes?

— Assurément.

— Eh quoi! l'idée de vous donner une belle-mère qui croque des poulets crus, avale des étoupes enflammées, jongle avec des poids de cinq cents et soulève un tonneau à la force de la mâchoire, ne vous épouvante pas?

— Ma foi! non. Ce n'est point ma belle-mère que j'épouserai. Je ne sais d'ailleurs si vous avez fait attention à sa figure : elle a l'air de la plus brave personne du monde.

— Mordieu! je suis loin de dire le contraire. La jeune sœur aussi est charmante; elle danse le fandango comme un ange et elle exécute les sauts périlleux avec une grâce parfaite. Mais sera-t-il fort agréable pour vous, si vous épousez mademoiselle Marthe, de songer que, tandis que votre femme fera les honneurs de votre salon, sa mère et sa sœur battront la grosse caisse sur la place publique, en maillots couleur abricot, pour attirer les badauds et gagner quelques gros sous?

— Supposition purement gratuite, et qui ne se réalisera certainement pas.

— Pourquoi donc?

— Parce qu'en épousant Marthe j'assurerai la fortune de toute sa famille, et ces braves gens, n'ayant plus besoin de travailler pour vivre, deviendront de purs et simples bourgeois.

— Qui vous dit qu'ils accepteront vos bienfaits?

— Sous quel prétexte les refuseraient-ils?

— On a vu de pauvres diables de cette espèce faire profession de fierté.

— Tant mieux! alors; ce sont de grands cœurs!

— Sans compter que peut-être ils sont saltimbanques par vocation, et ne voudront point quitter leur état.

— De mieux en mieux, car, dans ce cas, je les regarderai comme de vrais artistes; et j'aurai pour eux le plus grand respect.

— Ah! vous avez réponse à tout!

— Ce qui prouve bien, cher ami, que la raison est de mon côté.

— Lionel, je vous en supplie, réfléchissez encore. Ne commencez point une irréparable folie. Songez que vous avez une fortune, une situation, un nom honorable, dont vous êtes responsable devant le monde.

— Que m'importe le monde? Je ne me soucie pas plus de lui qu'il n'a souci de moi. Je ne cherche que mon bonheur.

— Il est bien rare de trouver le bonheur dans une union disproportionnée. Oubliez cette enfant!

— Je l'oublierai si peu que je veux, dès demain, la demander en mariage à sa mère.

— Dans cette baraque?

— Non, chez elle.

— Vous ne savez pas où elle demeure.

— C'est vrai, mais je vais le savoir.

— Allons, décidément, mon ami, vous êtes plus qu'excentrique, vous êtes fou!

Lionel Morton se contenta de sourire et regarda autour de lui. Il aperçut Tromb-Alcazar qui venait d'opérer le placement d'un savon au miel, et qui rayonnait. Il lui fit un signe.

L'industriel accourut, suivi de près par son jeune associé Passe-la-Jambe.

— Si c'est pour de l'essence de myrte, dit-il, j'en aurai demain une forte partie dans des prix doux. Milord n'a qu'à parler.

— Milord désire peut-être des porte-monnaie ou des ronds de serviette en moiré métallique, ajouta Passe-la-Jambe. J'aurai demain tout ce qui sa confectionne de mieux en ce genre. Milord peut me faire sa commande.

— Il ne s'agit pas de cela, répondit Lionel. Je voudrais avoir l'adresse des saltimbanques dont voilà la baraque.

— Lui, aussi! murmura Passe-la-Jambe stupéfait. Ah! par exemple, elle est bien bonne!

— L'adresse, milord? répliqua Tromb-Alcazar sans témoigner la moindre surprise. Ça peut se faire, je me permettrai même d'ajouter que ça se fera certainement. Seulement, milord comprend... faudra se déplacer, et nous sommes si occupés... ah! il n'y a pas à dire, le commerce marche!... Aussi notre temps est précieux...

— Il vaut de l'or, dit avec aplomb Passe-la-Jambe.

— Voici vingt francs, reprit Lionel en mettant un louis dans la main tendue de Tromb-Alcazar. Je triplerai la somme en recevant l'adresse. Quand pouvez-vous me la donner?

— Demain, milord.

— A quelle heure.

— A cinq heures du soir.

— Où vous retrouverai-je?

— Dans la rue Mouffetard, quartier de la place Maubert, n° 14, au café-restaurant de la Girafe. C'est là que nous attendrons Votre Honneur.

— C'est bien, j'y serai exact; demain je serai exact. Venez-vous, Georges?

— Je vous suis, mon ami, répondit M. de La Brière.

Il ajouta tout bas :

— Demain, je saurai si cette jeune fille est vraiment honnête, et quelle est cette madame Gerfaut. Et si Marthe est indigne de lui, dussé-je provoquer un scandale, je l'empêcherai bien de l'épouser.

Puis les deux hommes s'éloignèrent ensemble.

— Dis donc, ma vieille, murmura Passe-la-Jambe, encore un amoureux de Georgette!... C'est drôle!

— La petite est vraiment gentille, et ça ne fait jamais que deux. Je ne désespère pas qu'il en vienne un troisième.

— En voilà des tranches du Pérou qui nous tombent du ciel!

— Qu'est-ce que tu veux, nous sommes chançards! C'est comme au biribi, une fois qu'on tient la veine on gagne à tout coup.

— Deux jaunets aujourd'hui, et quatre demain! quelles rentrées! Nous allons ressembler à une succursale du Comptoir d'escompte. Faudra bientôt songer à acheter une maison de campagne, pour nous retirer des affaires après fortune faite.

— Ah! tais-toi, mon fiston, tais-toi! Mes flacons, mes savons, mes essences et mes cosmétiques, tout cela danse autour de moi une faridondaine que le diable en prendrait les armes!... Est-ce un rêve? comme on dit dans les mélos. Passe-la-Jambe, si c'est un rêve, oh! ne m'éveille pas! Dormir ainsi toujours, et rêver qu'on se noie dans un océan de pommade, ce serait le bonheur!

XI

COUP D'ŒIL EN ARRIÈRE.

Maintenant que le hasard vient de remettre en présence les uns des autres la plupart des personnages qui remplissaient la première partie de notre œuvre, et qui semblaient si bien séparés depuis si longtemps, le moment nous semble venu d'expliquer brièvement les changements survenus dans la position de ces personnages pendant un laps de douze années.

Nous avons vu Périne, le désespoir dans l'âme, obéissant à la volonté suprême de la comtesse de Kéroual, quitter le château de Rochetaille, avec ses deux enfants, au moment où l'agonie de sa bien-aimée maîtresse commençait.

Cette fuite, des événements terribles, et que nos lecteurs ne peuvent avoir oubliés, l'avaient rendue nécessaire.

Léonie de Kéroual, dans la situation où l'avait placée un instant de faiblesse et d'entraînement vis-à-vis le baron de Strény, ne voulait ni dénoncer ce dernier comme son assassin, ni réclamer contre lui, devant une cour, la protection de la justice.

Or n'était-il pas bien vraisemblable qu'après avoir si lâchement tué la mère le misérable songerait à se débarrasser de la fille, seul obstacle, désormais, entre lui et cette fortune dont il voulait devenir le maître à tout prix?

L'unique moyen de sauver l'enfant était donc de la faire disparaître jusqu'au moment où, remise entre les mains de M. de La Brière, banquier riche et considéré, investi de sa tutelle, elle trouverait chez lui une sauvegarde puissante qui déjierait les tentatives du baron.

Voilà ce que s'était dit la comtesse, et rien au monde ne semblait plus logique et plus inattaquable que ce raisonnement.

La fuite de Périne et de ceux qu'elle entraînait avec elle, fuite commencée dans de si étranges et si dramatiques conditions, n'eut rien de romanesque dans son accomplissement.

A deux lieues à peine du château de Rochetaille, les fugitifs furent rejoints par la diligence d'Épinal à Vesoul, dans laquelle ils trouvèrent de la place.

Une heure après leur arrivée à Vesoul, l'une des voitures des messageries Laffite et Caillard, faisant le service entre Mulhouse et Paris, passait presque vide, les recevait dans sa rotonde et les déposait, le surlendemain, sains et saufs, sur le pavé de la cour de l'administration, rue de Grenelle-Saint-Honoré.

Périne avait hâte de remettre en mains sûres son précieux dépôt.

A peine débarquée, elle prit un fiacre et se fit conduire rue de la Chaussée-d'Antin, à l'hôtel qu'habitaient Philippe de La Brière et son fils.

On sait quelle effroyable nouvelle l'attendait.

Philippe, ruiné complètement, venait de se brûler la cervelle, et son fils avait quitté Paris.

Ce fut pour Périne un coup terrible. Elle adorait Marthe, et la pauvre orpheline allait se trouver sans fortune et sans protecteur, plus misérable cent fois que Georgette, l'enfant des saltimbanques, car à celle-là, du moins, il restait une famille, et Marthe n'en avait plus.

Nous prenons sur nous d'affirmer que Périne ne songea pas un seul instant à déplorer la catastrophe au point de vue de son intérêt personnel; cependant elle aussi se trouvait frappée, et l'avenir de calme et d'aisance sur lequel elle avait le droit de compter s'évanouissait comme un rêve.

Mais la femme de Jean Rosier était une nature d'élite; elle ne pensa qu'à Marthe, nous le répétons, et, la première heure de découragement passée, se dit avec une énergie qui ne devait plus se démentir :

— Non, l'enfant de ma chère maîtresse n'est point seule au monde, car nous serons sa famille! Non, elle n'est pas orpheline, car je serai sa mère! Ce que la comtesse de Kéroual voulait faire pour Georgette, Périne Rosier le fera pour Marthe!

Cette résolution prise, les ex-saltimbanques s'installèrent provisoirement dans un obscur hôtel garni de l'un des plus misérables quartiers de la ville.

Au moment de la séparation, Léonie avait dit :

— Si je suis vivante demain, j'écrirai... Tu trouveras ma lettre à ton nom... au nom de Périne... à Paris... poste restante.

La malle-poste gagnait plus de douze heures sur la diligence : une lettre de la comtesse attendait peut-être.

Il était trop tard, le jour de l'arrivée, pour se rendre aux bureaux de la rue Jean-Jacques-Rousseau; mais Périne y courut le lendemain, et Dieu sait avec quelle violence son cœur bondissait dans sa poitrine au moment où elle se présentait au guichet de la poste restante, et où elle demandait:

— Avez-vous une lettre arrivant du département des Vosges et portant le nom de Périne?

— Non, répondit laconiquement l'employé après une recherche rapide.

La femme de Jean Rosier s'éloigna la tête basse et les yeux pleins de larmes.

Huit jours de suite elle revint et fut accueillie par la même réponse.

Alors s'éteignit le faible et dernier espoir qu'elle conservait malgré tout. Il devenait impossible désormais de se faire la moindre illusion : la comtesse était morte.

Périne acheta de l'étoffe noire, elle fit, de ses mains, des vêtements de deuil pour Marthe et Georgette, et ensuite elle tint conseil avec Jean Rosier.

Or nous savons déjà que, dans un conseil de ce genre, la jeune femme, si supérieure par le caractère, par la volonté, par l'énergie, et aussi par l'intelligence, avait seule voix délibérante, et que, si elle consultait son mari, ce n'était guère que pour la forme.

L'argent donné par madame de Kéroual au moment du départ était presque intact; mais les trois mille francs représentés par ces rouleaux d'or ne dureraient pas longtemps : il fallait songer à l'avenir, il fallait vivre et gagner la vie de deux enfants.

Quel parti prendre? à quel travail demander des moyens d'existence?

Périne et Jean Rosier ne savaient qu'un métier, celui de saltimbanque, et l'âge où l'on peut se remettre en apprentissage était passé pour eux.

La situation dans laquelle ils se trouvaient n'avait donc qu'une issue, ce qui simplifia la délibération, et il fut résolu d'un commun accord qu'ils allaient reprendre leur ancien état, malgré le dégoût profond qu'il leur inspirait.

Ils n'avaient jamais exercé à Paris, personne ne les y connaissait donc. — Ils éviteraient les poursuites du baron de Strény en achetant la permission bien en règle de quelque confrère quittant les affaires après fortune faite. L'argent de la comtesse serait employé à l'acquisition d'un matériel et des curiosités indispensables; avec beaucoup de travail et d'économie, tout irait bien.

Périne décida, en outre, qu'on éviterait d'entretenir dans l'esprit de Marthe les souvenirs du passé, et qu'on laisserait croire à l'enfant qu'elle était la sœur de Georgette.

A quoi bon, en effet, inspirer à la pauvre orpheline de profonds et inutiles regrets, en lui parlant de la situation brillante qui aurait dû être la sienne, et que la fatalité lui avait fait perdre? Ne valait-il pas mieux cent fois la laisser être heureuse dans son obscurité?

Jean Rosier en convint; mais il ajouta, avec un gros rire qui donnait à sa physionomie une expression de complète inintelligence :

— Ça sera drôle tout de même, sais-tu, de voir la fille d'une comtesse faire la parade et le saut périlleux.

Périne haussa les épaules.

— Non, répondit-elle ensuite, non, ce ne sera pas drôle, car cela n'arrivera jamais.

— Ah çà! est-ce que par hasard, demanda le Paillasse, tu comptes élever la petite demoiselle comme une princesse?

— Eh! mon pauvre Jean, tu vas toujours d'un excès à un autre, et tu ne sais, en vérité, ce que tu dis. Ni comme une princesse, ni comme une saltimbanque.

— Enfin, qu'est-ce que tu feras d'elle?

— Je lui ferai apprendre un état. C'est nécessaire, puisqu'elle est sans fortune; mais un état dont elle ne serait pas forcée de rougir, si jamais des circonstances, impossibles à prévoir, lui permettaient de reprendre son nom et sa situation dans le monde.

— A la bonne heure! mais Georgette, qu'est-ce que nous en ferons?

— Georgette est notre fille : elle vivra du même métier que nous.

— Est-ce que tu trouves ça juste, toi, de favoriser notre enfant moins que notre étrangère?

— Parfaitement juste. Celle que tu appelles une étrangère et que je regarde, moi, comme ma propre fille, était née pour la richesse, tu le sais bien. Sa mère a fait beaucoup pour nous et voulait faire plus encore, et c'est grâce à son argent que nous pouvons nous établir de nouveau. Tu vois donc bien qu'en travaillant pour Marthe, et en essayant de la rendre heureuse, nous ne ferons que payer, selon notre pouvoir, les intérêts de ce que nous lui devons. Qu'as-tu à répondre à cela?

— Rien, car tu as toujours raison.

Périne sourit involontairement.

— Voilà la première parole de bon sens que tu dis aujourd'hui, murmura-t-elle.

Ce qui venait d'être décidé s'accomplit sans retard. La femme de Jean Rosier loua un logement modeste; elle acheta quelques meubles d'occasion pour le garnir; elle enferma dans le tiroir le mieux caché du plus solide de ces meubles le portefeuille qui renfermait les titres de la fortune éventuelle, la lettre de la comtesse à Philippe de La Brière, et la déclaration par laquelle elle affirmait l'innocence de sa femme de chambre et l'infamie du baron de Strény.

Ce portefeuille renfermait un compartiment secret dont le hasard avait révélé l'existence à Périne.

Obéissant à je ne sais quel instinct mystérieux, la jeune femme s'était servie de ce compartiment pour y cacher sa déclaration, seule arme qui fût dans ses mains pour se défendre ou pour attaquer.

Ceci fait, Périne et son mari se procurèrent le cheval, la voiture et tout l'attirail à l'usage de MM. les saltimbanques en foire; ils firent les engagements indispensables et ils commencèrent à exercer, sous le nom de Raymond, leur industrie à Paris et dans les environs.

Le Mans. — Typ. Leguieu en et ordin., rue de l'Abbaye. 22

— Ne l'aguiche point ! Il nous surveillerait et ce serait gênant ! (Page 102.)

La Révolution de 1848 venait d'avoir lieu. Jean Rosier et sa femme ignoraient complètement qu'une condamnation par contumace à la peine de mort pesait sur leurs têtes. Leurs affaires n'allaient pas mal ; les recettes se soutenaient et leur permettaient de vivre sans rien demander à personne ; l'avenir ne semblait point sombre.

Par malheur, le saltimbanque, entraîné par des fréquentations funestes, se remit à boire ; mais il le fit d'abord avec une certaine modération, et Périne accepta, comme un mal nécessaire, ce triste retour vers une habitude un moment disparue.

Plusieurs années s'écoulèrent. Georgette était devenue l'une des plus brillantes étoiles des fêtes des environs de Paris. Ses beaux yeux, sa figure joyeuse et mutine, sa souplesse et sa grâce exerçaient sur les recettes une influence véritable. Elle faisait tourner bien des têtes, à commencer par celle de Guignolet, le jeune pitre que nous avons déjà présenté à nos lecteurs.

Guignolet était amoureux fou de Georgette ; il en perdait le sommeil et l'appétit ; mais il se voyait séparé de son idole par des abîmes ; car comment, sans folie, faire ce beau rêve de demander un jour la main de la fille du patron ?

Pendant ce temps, Marthe recevait une éducation modeste à l'école des sœurs. Puis, Périne, voulant lui mettre dans les mains un bon état, un de ces états qui permettent à une jeune fille de ne pas mourir de faim en restant honnête, la mit en apprentissage chez une couturière parfaitement inconnue, mais fort recommandable, de la rue de Seine.

Marthe fit des progrès rapides ; elle devint une excellente ouvrière et se distingua par un goût exquis et par une vive imagination. Sous ses doigts de fée, les étoffes les plus simples semblaient se transformer comme par miracle et devenaient des robes d'une rare élégance.

La maîtresse couturière eut la bonne foi d'avouer à Périne que Marthe n'avait que bien rarement, chez elle, l'occasion de déployer les talents hors ligne dont elle était amplement douée, et elle ajouta que la place de la jeune fille se trouvait marquée chez quelqu'une de nos faiseuses en vogue, où ses appointements seraient doublés et qui peut-être même, dans la crainte de la perdre, finirait par l'attacher à sa maison en lui donnant un intérêt dans les bénéfices.

Ceci fut pour Périne, on le comprend, le sujet d'une immense perplexité.

Elle ne pouvait songer à entraver l'avenir de Marthe en la laissant végéter dans les demi-ténèbres de la rue de Seine ; mais cette faiseuse en vogue où la chercher ? où la trouver ?

Périne s'informa, et le nom de madame Gerfaut, la grande couturière à la mode étalant ses splendeurs dans l'avenue Marbeuf, fut prononcé devant elle.

Sans hésiter, elle y conduisit Marthe et la présenta comme sa fille, en se gardant bien d'avouer sa profession de saltimbanque, car elle ne se dissimulait point que d'un tel aveu résulterait pour Marthe une défaveur absurde à la vérité, mais inévitable.

Madame Gerfaut se montra bonne princesse ; elle parut

charmée de la beauté de la jeune fille et de sa gracieuse tournure; elle la questionna et lui trouva de l'esprit; elle lui fit improviser sous ses yeux la garniture d'un corsage de bal et lui trouva du goût.

— Elle est gentille, cette petite, très-gentille, parole d'honneur! dit-elle à Périne. Elle me va, je la prends, je l'engage, et c'est une faveur, une grande faveur, car je suis assaillie de sollicitations; je ne sais auquel entendre. C'est à qui voudra entrer dans une maison comme la mienne. Vous comprenez ça, ma chère dame?

Madame Gerfaut s'arrêta pour respirer, et Périne répondit qu'elle comprenait à merveille.

— Seulement, reprit la ci-devant maîtresse du baron de Strény en désignant d'un geste dédaigneux la modeste robe de Marthe (une robe d'orléans noir très-bien faite), seulement, ces costumes un peu trop populaires ne sont point de mise ici; il faut de la toilette. Mes ateliers sont des salons, ma chère dame... des salons du meilleur monde, j'ose le dire. La vue d'une robe de laine sous mes plafonds dorés choquerait l'œil de ma clientèle aristocratique (je pourrais même dire princière), comme une fausse note, dans un morceau de musique, écorche l'oreille d'un dilettante. Je loge mes ouvrières, je les nourris; nous menons une véritable vie de famille; je suis pour elles une mère, une jeune mère. Je n'exige pas de luxe de toilette, ce serait absurde, mais les convenances avant tout. Il faut à cette enfant trois robes de soie : l'une noire, la seconde vert émeraude, et la troisième d'un gris très-clair. Voulez-vous les lui acheter?

— Je ferai ce qu'il faudra, madame, murmura Périne.

— Très-bien; alors c'est une affaire convenue; nous sommes d'accord; emmenez cette chère petite et qu'elle revienne demain matin avec son petit trousseau et ses trois robes en coupon : on les fera dans la maison; ce sera l'affaire de vingt-quatre heures.

En ce moment un valet de pied, en habit à la française de couleur groseille galonné d'or, à culotte courte et en bas blancs bien tirés sur ses mollets rebondis, entra dans la pièce où madame Gerfaut donnait audience à Périne et à Marthe.

— Qu'est-ce, Germain? lui demanda-t-elle.

— Madame la princesse Stowzky et madame la duchesse de Candia attendent au salon depuis un quart d'heure; elles font demander à madame si madame pourra bientôt les recevoir.

— Allez dire à ces dames, répliqua la grande couturière, que dans trois minutes je suis à elles.

Le laquais sortit.

Madame Gerfaut prit l'air du monde le plus ennuyé.

— Vous voyez, dit-elle en se tournant vers Périne éblouie, on n'a pas un instant à soi; c'est insupportable! Princesses, duchesses, marquises, comtesses, sans parler des baronnes et de ces dames de la finance, se succèdent ici du matin au soir. Quand l'une s'en va, l'autre arrive... et ce sont des supplications, des sollicitations à n'en plus finir. A les entendre, il faudrait leur inventer chaque jour des robes inédites. L'imagination la plus féconde qu'il y ait au monde(et je crois que c'est la mienne) n'y suffirait certainement pas. Ah! ces grandes dames, elles me feront blanchir les cheveux avant l'âge. Vous comprenez bien, n'est-ce pas?

Périne, pour la seconde fois, affirma qu'elle comprenait à merveille.

— Allez-vous-en, maintenant, continua madame Gerfaut, et revenez demain sans manquer. Bonjour, petite, bonjour. Vous m'allez beaucoup, parole d'honneur!

Le lendemain, Marthe fut exacte et fit son entrée, sous les auspices de l'illustre couturière, parmi les ouvrières de l'avenue Marbeuf.

C'est là que nous la retrouverons.

<h2 style="text-align:center">XII</h2>

COUP D'ŒIL EN ARRIÈRE

(Suite)

Dans la situation particulière où se trouvait placé le baron Bertran de Strény, il lui était impossible de quitter le châ-

teau de Rochetaillé avant l'enterrement de la comtesse de Kéroual sans attirer sur lui, de la manière la plus fâcheuse, l'attention générale.

Il le comprit et ne chercha point à se soustraire à l'accomplissement de ce devoir qui, pour lui, n'était qu'une sorte de sacrilège venant couronner le crime commis; il fit même les choses à merveille, et, pendant tout le cours de la cérémonie funèbre, la compassion et la sympathie des assistants furent acquises à l'assassin venant verser des larmes auprès du cercueil de sa victime.

Mais deux heures après le moment où la terre froide du cimetière se fut refermée sur le cadavre de Léonie, Gontran partit pour Paris, arriva pendant la nuit, descendit chez Olympe Silas, à laquelle il raconta son effroyable déception, sans lui révéler, bien entendu, les motifs de la mort quasi foudroyante de la comtesse. Le jour venu, il déguisa son visage de manière à n'avoir rien à craindre d'une rencontre avec les recors, et, sachant que Philippe de La Brière était le dépositaire de toute la fortune de madame de Kéroual, il courut chez lui, ne doutant pas que Périne ne s'y fût présentée déjà, mais supposant le banquier trop prudent pour s'être dessaisi de la moindre partie des capitaux confiés à sa garde, sans avoir pris soin de se mettre en règle par toutes sortes d'actes en bonne et due forme. Or, les actes de ce genre ne s'improvisent pas, et Gontran se disait:

— Par M. de La Brière, je retrouverai Périne et Marthe. Je laisserai la première se débattre contre l'accusation qui va l'écraser, et je ferai valoir mes droits incontestables sur la seconde, ma parente et ma pupille.

Gontran tomba du haut de ses rêves en apprenant la banqueroute et le suicide du banquier.

Cette ruine et cette mort portaient un coup terrible à ses espérances. Il avait accompli froidement un meurtre inutile; il devenait sans intérêt pour lui, désormais, de chercher et de trouver Marthe de Kéroual.

Que faire donc, que devenir?

Des raisons que nous connaissons rendaient le séjour de Paris impossible pour Gontran, à moins qu'il ne lui convînt d'accepter, aux frais de ses créanciers, un logement gratuit dans la maison d'arrêt pour dettes de la rue de Clichy.

Hâtons-nous d'ajouter que cette perspective ne lui souriait en aucune façon.

En conséquence, il résolut de s'expatrier pendant un temps indéfini.

Il se garda bien de faire part de cette détermination à Olympe Silas, qui, dans son exaltation romanesque, n'aurait pas manqué de vouloir le suivre et de s'attacher à lui, malgré lui.

Il partit donc, et ce fut par une lettre mise à la poste, au moment de son départ, qu'Olympe apprit avec désespoir et avec fureur qu'il l'avait à tout jamais perdu pour elle, et qu'elle ne devait plus le revoir.

Gontran avait repris le chemin des Vosges. Il passa quelques jours au château de Rochetaillé, où il fit main basse sur les bijoux de la comtesse et sur l'argenterie. Ensuite, muni d'un passe-port bien en règle, qu'il s'était fait délivrer pendant les quarante-huit heures de son séjour à Paris, il quitta la France.

Comment vécut-il à l'étranger? Nos lecteurs le devinent facilement.

Il recommença cette existence d'aventurier de bonne compagnie qu'il avait déjà menée. Il se fit tour à tour l'hôte des grandes villes et des stations thermales où la roulette et le trente-et-quarante ont des autels.

Son nom le fit généralement bien accueillir. Ses manières et son esprit séduisaient la plupart de ceux avec lesquels le mirent en rapport les hasards de sa vie errante. Il fut d'ailleurs heureux au jeu d'une manière à peu près constante, et, grâce à ce bonheur, il évita d'attirer sur lui les regards investigateurs des diverses polices des pays que successivement il honora de sa présence.

Quelques mois avant l'époque où se passèrent les faits que nous allons raconter dans la seconde partie de ce livre, Gontran, se trouvant à Hombourg, tomba sur une veine merveilleuse et fit, un soir, sauter la banque, ce qui lui mit dans les mains une centaine de mille francs.

A peine possesseur de cette somme, relativement importante, il se sentit pris du désir le plus ardent de revoir la France et Paris.

Mais la question des créanciers subsistait toujours, quoique singulièrement amoindrie par le temps écoulé.

Plusieurs de ces braves gens étaient morts, et leurs héritiers avaient classé les billets jaunis du baron, escortés de liasses de papier timbré, parmi les non-valeurs de la succession.

Ceux qui vivaient encore, et qui savaient que M. de Strény avait disparu depuis près de douze ans, regardaient leurs créances non comme aventurées, mais comme bien et dûment perdues.

Gontran avait conservé des relations épistolaires avec son ami très-intime, le vicomte G. de G... Il lui écrivit en lui envoyant vingt-cinq mille francs, et la liste des créanciers qui pouvaient exercer contre lui la contrainte par corps, en supposant toutefois qu'ils n'eussent point laissé périmer leurs titres, chose dont il lui recommandait spécialement de s'assurer.

Le vicomte de G... mit les intérêts de Gontran entre les mains d'un homme d'affaires très-retors, qui trouva moyen de retirer les titres dangereux, et d'économiser même ses honoraires sur les vingt-cinq mille francs.

« Le danger n'existe plus, télégraphia alors le vicomte au baron : vous pouvez revenir. »

La semaine suivante Gontran était à Paris, où il louait, rue de Boulogne, un petit hôtel qu'il meublait de la façon la plus confortable. Il prenait une voiture au mois, faisait peindre ses armoiries sur les panneaux, habillait le cocher à sa livrée, avait un valet de chambre et un groom, et se donnait enfin le luxe de mademoiselle Tata Moulinet, la petite cocotte aux cheveux rouges.

Un beau jour le baron apprit à l'improviste une nouvelle qui faillit lui causer un transport au cerveau, tant fut violente la fièvre déterminée par la stupeur et le saisissement.

C'était l'annonce du retour à Paris de Georges de La Brière, plus millionnaire que son père ne l'avait été, et payant aux créanciers de la faillite tout ce qui leur était dû depuis douze années, en capital et en intérêts.

Ainsi, pour la seconde fois, la fortune de la comtesse de Kéroual se trouvait à la portée de Gontran, et il ne pouvait la saisir, ni comme héritier, ni comme tuteur.

Pour être mis en possession de cette fortune comme héritier, il fallait prouver que Marthe était morte.

Pour en obtenir l'administration comme tuteur, il fallait représenter Marthe vivante.

Or, la jeune fille était-elle vivante encore? Gontran l'ignorait, et, pour arriver à la solution de ce problème, si intéressant pour lui, il se mit à fouiller Paris, en cherchant Périne, mais sans résultat, jusqu'à l'heure où le hasard, sous l'incarnation gracieuse et tyrannique de mademoiselle Tata Moulinet, le conduisit à la fête de Saint-Cloud, où lui faire retrouver successivement Olympe Silas et Périne Rosier, ces deux vivants souvenirs du crime commis, douze ans auparavant, au château de Rochetaillé.

Voilà, ce nous semble, tout ce qu'il importe à nos lecteurs de connaître relativement à Gontran de Strény, et nous serons en règle avec le passé quand nous aurons dit quelques mots de la transformation d'Olympe Silas, devenue madame Gerfaut.

En recevant la lettre qui pour elle contenait l'arrêt d'une éternelle séparation, la maîtresse de Gontran, nous le savons, avait eu le plus violent accès de douleur et de colère, et elle avait juré de remuer ciel et terre pour retrouver les traces du fugitif qui méconnaissait un amour aussi profond et aussi désintéressé que le sien.

Mais ces traces, qu'elle chercha véritablement avec ardeur, avec obstination, avec rage, elle ne les trouva pas ; sa fureur se métamorphosa peu à peu en dépit, et son dépit devint insensiblement de l'indifférence.

Olympe était guérie, non-seulement de son amour, mais de l'amour, et il ne lui restait plus qu'une idée fixe, c'était de se moquer de tous les hommes, en général, pour se venger de la conduite indigne de l'un d'eux.

A partir de ce moment la jeune femme reprit la vie brillante et bruyante un instant interrompue par sa passion pour Gontran de Strény, et elle reconquit une place importante parmi les plus radieuses constellations des étoiles de la bohème galante.

A cette époque, un grand changement se fit en elle.

Elle avait aimé l'argent jusqu'alors parce qu'il procure le luxe et une foule de jouissances, parmi lesquelles il faut citer, au premier rang, le plaisir infini d'écraser ses rivales.

Elle se prit à aimer l'argent pour lui-même ; elle se jura qu'elle serait riche un jour ; elle ne négligea rien pour arriver à ce résultat, et elle mit de côté, dans la prévision de l'avenir, d'assez notables sommes.

Pendant dix ans, Olympe mena cette vie brûlante, cette existence à outrance, où les années comptent, non pas double, comme les années de campagne pour les soldats, mais triple et quadruple, et qui d'une fille de trente ans font parfois une vieille femme.

Nous savons bien que les exceptions existent, et qu'elles sont nombreuses, mais nous savons aussi que les exceptions fortifient les règles générales.

Un jour vint où il fut impossible à Olympe de ne pas s'apercevoir que le cercle de courtisans et d'aspirants surnuméraires qui l'avait toujours entourée s'éclaircissait d'une façon notable.

On n'escortait plus sa voiture au Bois ; sa loge au théâtre restait vide de soupirants ; le nombre des boîtes et des sacs de bonbons déposés dans son antichambre le 1er janvier diminuait dans les proportions de quatre-vingt-dix pour cent.

A qui la faute, et quelles pouvaient être les raisons de ce cataclysme?

Olympe se posa ces questions en faisant sa toilette devant une glace inflexiblement sincère, que pour la première fois elle interrogea d'une façon sérieuse.

Elle fut bien obligée de s'avouer à elle-même que des fils d'argent commençaient à se mêler çà et là aux flots de sa chevelure, que la patte d'oie se dessinait à l'angle de ses yeux, que sa paupière inférieure se gonflait d'une façon déplorable, et que, sans le secours du blanc de perle intelligemment employé, ses tempes flétries la feraient paraître plus âgée, de dix ans, qu'elle ne l'était en réalité.

Olympe ne manquait ni de fermeté, ni de décision ; elle le prouva bien en prenant son parti sur-le-champ.

— Allons, se dit-elle, le temps de la galanterie est fini ; il s'agit de devenir une femme sérieuse. J'ai quelques capitaux et beaucoup d'intelligence ; dans peu d'années je veux être millionnaire.

Et, sans perdre une heure, elle se demanda quelle profession pourrait, par le chemin le plus court, la conduire au million.

Une spécialité des pécheresses sur le retour est de devenir directrices d'hôtels garnis, soit dans le quartier de la Madeleine ou des Italiens, soit dans le faubourg Saint-Germain et le quartier latin. Le choix des quartiers dépend de l'importance des fonds dont elles peuvent disposer.

Olympe songea un instant à imiter ses collègues ; mais, réflexion faite, elle repoussa cette idée avec une moue dédaigneuse. Il lui fallait mieux que cela.

Acheter un beau café, bien achalandé, sur la ligne des boulevards, et trôner tous les soirs au comptoir, en toilette éblouissante, offrait des chances de succès ; mais il y avait dans l'exhibition commerciale qu'il fallait faire de sa personne un je ne sais quoi qui choquait les instincts quelque peu aristocratiques de l'ancienne maîtresse du baron de Strény.

Tandis qu'Olympe Silas, fort indécise, passait son temps à courir chez tous les gens d'affaires qui s'occupent de la vente des fonds industriels, elle entendit parler d'un grand établissement de modes et de couture, situé aux Champs-Élysées, pourvu d'une clientèle distinguée, et dont la propriétaire actuelle, se trouvant assez riche, voulait se retirer.

— Voilà ce qu'il me faut ! se dit Olympe en se frappant le front. Où pourrai-je trouver quelque chose de préférable à une profession élégante, me mettant en rapport d'une façon tout à fait exclusive avec des personnes élégantes appartenant au monde patricien, ou tout au moins au monde opulent? Comment n'y ai-je pas pensé plus tôt?

Trois jours après, non sans s'être assurée toutefois que les bénéfices annoncés n'étaient point surfaits, Olympe signait.

La semaine suivante, d'adroites réclames, insérées aux faits Paris dans tous les journaux, petits et grands, apprenaient à l'univers entier que Paris allait posséder enfin un établissement de premier ordre, sans rival possible, madame Gerfaut, la CÉLÈBRE madame GERFAUT, prenant aux Champs-Élysées la suite des affaires de madame***

Olympe Silas avait jugé convenable, en se débarrassant de son vrai nom, trop connu d'une certaine façon pour amener une bonne étiquette commerciale, de prendre le pseudonyme de madame Gerfaut.

Beaucoup de gens, en lisant les réclames dont nous faisions mention plus haut, ne manquèrent point de se dire, ainsi que cela arrive toujours;

— Je ne connais pas cette dame; mais il paraît qu'elle est célèbre et que son établissement est sans rival.

Et la clientèle augmenta dès le début. Six mois après, Olympe louait en totalité l'hôtel de l'avenue Marbeuf, le meublait avec une splendeur inouïe, et y installait ses ateliers.

A partir de ce moment, l'illustrissime MAISON GERFAUT fut définitivement fondée.

En se transformant en *femme sérieuse*, Olympe Silas se dit qu'il fallait changer de nature, au moins en apparence, et modifier profondément ses manières et son langage.

Elle avait été simple jusqu'alors, elle devint *poseuse*, et se composa une sorte de jargon prétentieux auquel, dans l'origine, elle eut quelque peine à s'habituer, mais qui ne tarda point à devenir son langage naturel, à tel point qu'il lui aurait été bien difficile, au bout d'un an ou deux, de parler autrement, même en y mettant la plus grande volonté, et nous ajouterons, quoique ceci puisse sembler fort, de penser autrement.

En se fiant à son étoile, Olympe Silas avait eu raison ; il lui fut prouvé bien vite que sa spéculation était tout uniment merveilleuse, et que, bien longtemps avant le terme fixé par elle, elle serait plus que millionnaire.

Une telle certitude l'amena naturellement à se dire que, gagnant beaucoup, elle pouvait beaucoup dépenser.

En devenant *femme sérieuse*, elle n'en avait pas moins conservé un goût très-vif pour les plaisirs mondains. Sa situation nouvelle lui permettait de satisfaire amplement ce goût.

Sa clientèle se recrutait dans le monde aristocratique, dans le monde financier et dans celui des théâtres et de la galanterie.

Actrices et pécheresses traînaient naturellement à leur suite toute une population de vieux et riches protecteurs, et de fils de famille mangeant à la fois le sec et le vert.

Madame Gerfaut donna des dîners auxquels furent invitées ses principales clientes du monde interlope et leurs amis.

Les salons de l'hôtel de l'avenue Marbeuf devinrent le théâtre de soirées dansantes, où les actrices de fantaisie qui jouent des rôles à maillot sur les scènes de genre et les duchesses du quartier Bréda se rencontrèrent avec les jolies ouvrières de la maison, luxueusement vêtues afin de mettre dans tout leur jour les modes nouvelles fraîchement écloses dans le cerveau fécond de madame Gerfaut.

Riches vieillards, aimables cocodès et jolis petits crevés, déployaient pour les unes comme pour les autres les trésors de cette galanterie panachée, style d'écurie mélangé de style de boudoir, qui est un des caractères distinctifs de notre époque.

Honni soit qui mal y pense!

Il ne faudrait point se représenter la ci-devant Olympe Silas pire qu'elle ne l'était réellement. Nous constaterons volontiers chez elle un manque absolu de sens moral, mais nous devons déclarer en même temps que ce que nous venons de raconter lui semblait la chose du monde la plus naturelle, et qu'il ne lui arrivait jamais de songer à l'étrangeté du rôle qu'elle paraissait jouer en tout cela.

A plusieurs reprises, les plus jolies de ses ouvrières avaient quitté sa maison pour aller briller au Bois dans des victorias bien attelées, et aux premières représentations dans des avant-scènes du premier étage.

Mais était-ce la faute de madame Gerfaut? Non, assurément, se disait-elle, puisqu'en somme elle ne leur avait jamais conseillé positivement rien de pareil.

De ce que nous venons de raconter il résultait que la réputation de madame Gerfaut, comme grande couturière, était incontestable et très-méritée; mais que la réputation de l'hôtel de l'avenue Marbeuf, sous un autre rapport, était déplorable et non moins incontestablement méritée.

Et voilà ce que Périne Rosier ne soupçonnait point.

XIII

A LA GIRAFE.

Le café-restaurant de *la Girafe*, lieu de rendez-vous fixé par Tromb-Alcazar et Passe-la-Jambe à Gontran de Strény d'une part, et, de l'autre, à Georges de La

Brière et à Lionel Morton, jouissait, dans le quartier de la place Maubert, d'une estime qui n'était point usurpée.

Il occupait tout le rez-de-chaussée d'une vieille maison décrépite, et se composait d'une vaste salle très-basse d'étage, dont le plafond noirci et gercé aurait certainement menacé ruine s'il n'avait été soutenu, de distance en distance, par des piliers de bois vermoulu.

A droite et à gauche de cette salle, on avait ménagé trois ou quatre cabinets particuliers pour les consommateurs en partie fine.

Ces cabinets étaient clos par des vitrages à petits carreaux que recouvraient, à l'intérieur, des rideaux de calicot rouge trop étroits.

Au fond de la salle une porte, également vitrée, donnait accès dans un jardin muni de *tonnelles*, c'est-à-dire de berceaux en treillage recouverts d'une maigre verdure.

L'ameublement de chaque tonnelle se composait d'une table de bois grossier, fichée en terre par ses quatre pieds, et de deux bancs sans dossiers.

De chaque côté du jardin, le long des murs, les amateurs de plaisirs innocents trouvaient, d'un côté un jeu de tonneau, de l'autre un jeu de boules.

Au-dessus de la grande salle, au premier étage, le maître de l'établissement avait installé un vieux billard d'occasion, dont le tapis était reprisé en cent endroits.

Les murailles du rez-de-chaussée (dans toute la partie que n'occupaient point les vitrages des cabinets) disparaissaient sous un papier peint dont il aurait été difficile de déterminer la nature primitive sous la couche uniformément brune qui le recouvrait.

Ainsi qu'on peut le voir par ce croquis rapide, le café-restaurant de *la Girafe* ne sacrifiait point au luxe moderne.

Une grosse dame trônait derrière un comptoir de bois de sapin revêtu d'une couleur rougeâtre qui jouait l'acajou, et le jouait fort mal.

Trois ou quatre garçons, en tablier bleu, suffisaient à peine au service dans les moments de presse.

On mangeait à prix fixe et à la carte. Les déjeuners coûtaient quatorze sous, les dîners vingt-deux, vin compris, et l'on avait le droit de fumer sa pipe en prenant son repas, droit dont les habitués usaient et abusaient volontiers.

L'établissement ne faisait crédit à personne, ce qui ne l'empêchait pas d'être à peu près plein du matin au soir.

Tel que nous venons de le décrire, il faudrait bien se garder de le confondre avec ces repaires suspects, sortes de *tapis francs*, rendez-vous des voleurs et des rôdeurs de barrières, bouges infâmes où la police fait de fréquentes descentes, et dont le cabaret du *Lapin blanc*, aujourd'hui disparu, était un des types les plus curieux.

La clientèle du café-restaurant de *la Girafe* ne se recrutait point parmi ces *thugs* de Paris, de qui l'existence entière est en lutte contre la société.

Elle se composait en grande partie d'habitants du quartier, d'ouvriers occupés dans les ateliers des alentours. Les bohémiens tels que Tromb-Alcazar, Passe-la-Jambe et *tutti quanti* n'en formaient que la très-infime minorité.

Cette clientèle, à coup sûr, manquait de distinction ; elle se montrait parfois un peu plus que bruyante ; mais, en somme, elle était honnête, et rarement le propriétaire de *la Girafe* était obligé d'envoyer chercher la garde pour mettre le holà entre consommateurs d'humeur trop querelleuse.

Nous sommes au lendemain des rencontres racontées par nous dans les précédents chapitres, et auxquelles la fête de Saint-Cloud avait servi de théâtre.

Le coucou accroché contre le mur, au-dessus du comptoir, indiquait cinq heures moins un quart, et déjà les garçons avaient allumé les quinquets attachés aux piliers, car la rue était si étroite, la salle si basse et si vaste, et les vitres si bien encrassées, qu'une demi-obscurité rendait, dès quatre heures du soir, l'éclairage indispensable.

Notez que le mois de septembre commençait à peine et que le soleil brillait radieux.

En hiver, et par un temps sombre, on n'éteignait jamais les quinquets.

Un assez grand nombre de consommateurs occupaient

les petites tables placées les unes à côté des autres dans la salle basse, quoiqu'il ne fût pas encore l'heure des dîners.

À l'une de ces tables, nous retrouverons un des jeunes bohémiens que nous avons vus la veille brocanter à Saint-Cloud, sur la terrasse du bord de l'eau, des pistolets d'enfants.

Il répondait au nom de Fanfistu et semblait profondément triste, quoiqu'il eût absorbé deux litres placés à côté de lui.

Il frappa sur la table en criant :

— Garçon, un litre !

Passe-la-Jambe, qui venait d'entrer, s'approcha de lui d'un air stupéfait.

— Encore un ! murmura-t-il ; ça fera donc trois !

— Oui, répondit mélancoliquement Fanfistu.

— Mais, moucheron, tu vas être gris comme la bourrique à Robespierre.

— Ah ! je voudrais bien... mais je ne peux pas.

— T'as donc à noyer quéq'chose, toi ?

— Mes chagrins.

— T'as des chagrins, Fanfistu ?

— Si j'en ai ! et que ça m'étouffe.

— Et à cause donc, mon pauv' bonhomme ?

— Je croyais à l'amour, figure-toi.

— Ah bah ! Innocent !

— Oui, à l'amour... et à la fidélité de Bastringuette.

— Une idée comme une autre ; seulement, elle était plus mauvaise ; mais je ne t'en veux pas. Et qué qu'elle t'a fait, Bastringuette ?

— Je lui avais donné de quoi payer son terme... la petite malheureuse !

— En voilà une bêtise ! Comme si nous n'avions pas des physiques à être idolés pour nous-mêmes ! Et elle a fait un trou à la lune ?

— Elle a déménagé sans laisser son adresse ! Oh ! les femmes !

— Ça, c'est un vilain trait ; mais il faut de la philosophie. Une de perdue, soixante-quinze de retrouvées ; qu'est-ce que tu payes ?

— Ce que tu voudras.

Passe-la-Jambe frappa sur la table à son tour, en criant :

— Eh ! garçon, un verre d'eau sucrée.

— Tiens ! tiens ! tiens ! fit avec étonnement Fanfistu, de l'eau sucrée ! tu bois de l'eau sucrée, à présent ?

— C'est pour ma gastrique.

Le garçon apporta un verre d'eau et du sucre dans une soucoupe.

Passe-la-Jambe vida le verre et mit le sucre dans sa poche.

— Eh bien ! qu'est-ce que tu fais donc ? demanda Fanfistu.

— Je vas te dire, c'est un truc à moi. Quand on me fait une politesse, je demande un verre d'eau sucrée ; j'avale le liquide et j'empoche le sucre ; j'connais un épicemar qui me le reprend à six sous la livre.

Fanfistu, malgré la violence de son chagrin d'amour, ne put s'empêcher de sourire.

Passe-la-Jambe regarda le coucou qui marquait cinq heures moins dix, et murmura entre ses dents :

— Les bourgeois de Saint-Cloud vont arriver. Pourvu que Tromb-Alcazar ne s'attarde pas.

La porte s'ouvrit, et Guignolet, en costume de ville, apparut.

— Bonjour la compagnie, fit-il en entrant et en soulevant sa casquette avec une politesse irréprochable. Ça va bien tout le monde ? Allons ! tant mieux. Moi aussi. Merci. Garçon, un dîner de vingt-deux sous, et tâchez qu'il y ait de la gibelote.

— Bonjour, jeune pitre, dit Passe-la-Jambe. Qu'est-ce que c'est que ça, paresseux, on ne fait donc pas la parade, aujourd'hui ?

— Ma foi non, c'est congé. Point de fête aux environs de Paris, on laisse rouiller son flageolet.

— C'est dommage !

— Eh bien ! et toi, demanda Guignolet, comment se fait-il que tu ne sois pas avec Tromb-Alcazar ?

— Moi, pourquoi faire ?

— Dame ! les deux doigts de la main, vous ne vous quittez guère.

— Il est à la campagne. Je l'attends par le chemin de fer.

— Menteur, je viens de le rencontrer dans la maison où nous perchons, au-dessous de l'étage de ma patronne.

— Tu te seras trompé.

— Plus souvent ! puisque je me suis cogné contre lui dans l'escalier. Même que je m'en suis fait mal à la renoncule du genou.

Sans doute Guignolet voulait dire rotule, mais nous ne prenons pas sur nous de l'affirmer.

— Je te répète qu'il est à la campagne, reprit Passe-la-Jambe.

— Es-tu assez blagueur ? et la preuve, c'est que le voilà.

Tromb-Alcazar, en effet, venait d'entrer.

— On parle de moi, ici ? demanda-t-il d'un ton jovial. C'est-y pour de l'essence de myrte ? J'en ai reçu un arrivage qui dégote un peu les produits de M. Piver.

Passe-la-Jambe répliqua :

— C'est le jeune pitre qui prétend t'avoir rencontré dans l'escalier de sa patronne.

Tromb-Alcazar prit un air de naïveté et d'innocence pour répondre :

— Il a la berlue, le petit. Je viens de chez mon coiffeur. Je me suis fait passer à l'eau athénienne. Flairez-moi, j'embaume.

— Comment ! comment ! s'écria Guignolet, tu soutiens que tu n'es pas allé dans la maison de la patronne ?

Tromb-Alcazar fronça le sourcil et répondit :

— Je suis allé où j'ai voulu, à la fin. Dis donc, petit, est-ce que c'est comme le muséum de Cluny, la maison de ta patronne, est-ce qu'on n'y entre qu'avec des billets ?

Guignolet s'efforça de donner un air menaçant à sa candide physionomie.

— Ah ! Tromb-Alcazar, dit-il ensuite, prends garde !

— À quoi donc, petiot ?

— Des fois, tu regardes sous le nez mam'zelle Georgette.

— Tiens, elle est gentille, cette sauteuse ! fit l'ex-modèle en ricanant. Pourquoi donc que je ne la regarderais pas sous le nez ?

— Parce que ça ne me va pas.

— Vraiment !

— Et je préviens quiconque, que le premier qui tournera trop près autour de ses crinolines, je lui casserai une patte on deux, ah mais !

Tromb-Alcazar haussa dédaigneusement les épaules.

— Toi, moucheron ?

— Oui, moi !

— Un mot de plus et je te mets dans ma poche, avec mon mouchoir par-dessus.

— Eh bien ! essaye donc un peu de m'y mettre, dans ta poche ! Faudrait voir à ne pas oublier que je soulève des poids de vingt-quatre.

Passe-la-Jambe prit Tromb-Alcazar par le bras et lui dit tout bas :

— Ne l'aguiche point, il nous surveillerait, et ça pourrait devenir gênant si nous avons encore à rôder par là, comme ça me paraît probable.

— C'est bon, on le laissera tranquille.

En même temps, Guignolet pensait, tout en attaquant son dîner :

— Suffit, je me méfie, j'aurai l'œil.

Tromb-Alcazar reprit à mi-voix :

— Les cocodès sont-ils arrivés ?

— Pas encore ; mais voici bientôt cinq heures ; ils vont venir nous apporter nos jaunets.

— Ah ! les jaunets, quel joli métal !

— T'as les renseignements ?

— Parbleu !

— Alors, tout va bien ?

— Sur des roulettes. Ah ! Passe-la-Jambe, mon petit Passe-la-Jambe, notre débit de parfumerie prend des proportions ! Il me semble que je le respire déjà. Nous enfoncerons Piver, Pinaud, Demarson, Deletrez, Gellé, Lubin, et tous les savonniers de Paris et de la banlieue. Nous leur couperons la verveine, le jasmin et la fleur d'oranger sous le pied.

— Qu'est-ce qu'ils se disent, ces deux chenapans ? se demandait Guignolet en les observant à la dérobée. C'est étonnant comme je me méfie.

— Faut chercher une enseigne, continua Tromb-Alcazar.

— J'y ai déjà pensé.
— Et as-tu trouvé ?
— Qu'est-ce que tu dirais de celle-ci :

AU RENDEZ-VOUS DE LA BONNE ODEUR

— Ça n'est pas mal, mais il y a mieux. Cherchons encore. Prends-tu quèq'chose ?
— Tu régales ?
— Naturellement.
— Puisque c'est comme ça, vive la joie ! Garçon, un verre d'eau sucrée !

XIV

UN RENSEIGNEMENT

Cinq heures sonnèrent au coucou. Le timbre fêlé résonnait encore lorsque la porte s'ouvrit, et le baron Gontran de Strény parut.

Il était mis avec son élégance habituelle ; il avait le lorgnon dans l'œil, et l'air plus hautain que jamais.

Un des garçons, fasciné par ce luxe et cette impertinence, peu habituels dans l'établissement, se précipita à la rencontre de Gontran.

Ce dernier le regarda du haut en bas, et, sans lui laisser le temps de parler, lui demanda :
— C'est bien ici le café de *la Girafe*, je suppose ?
— Oui, monsieur, oh ! parfaitement. Qu'est-ce qu'il faut servir à monsieur ?
— Rien. Je cherche quelqu'un.
— Que monsieur prenne la peine de voir, dit alors le garçon, qui jadis, dans un café du boulevard des Italiens, avait connu des jours plus heureux, et il lui désigna du geste la salle et le jardin.
— Oh ! un gant rouge ! murmura Guignolet.

En même temps Fanfistu s'arrachait à son troisième litre et aux douleurs de son amour trahi pour dire à demi-voix, avec l'inimitable accent du voyou de Paris :
— Plus que ça de carreau dans l'œil, de col' cassé et de bottes vernies ! Oh ! là ! là ! malheur !...

Tromb-Alcazar aperçut Gontran, dont le regard explorait tous les coins et les recoins de la salle, et s'arrêtait dédaigneusement sur les visages, parfois bizarres, dont il était entouré.
— Le bourgeois ! fit-il en donnant un coup de coude à Passe-la-Jambe qui mettait religieusement dans sa poche le sucre de son second verre d'eau.

En même temps il se leva, et, prenant une attitude respectueuse, il alla au-devant du nouveau venu.
— Vous êtes exact, lui dit Gontran.
— L'exactitude, le zèle et la discrétion sont mes principales qualités. »

Puis il ajouta, avec la plus aimable désinvolture :
— Peut-on vous offrir la moindre des choses ? Une absinthe ?... un cassis ?... un bitter ?...

Sans se donner la peine de répondre à cette proposition ridicule, le baron demanda :
— Comment causer ici ? Nous sommes entourés de monde ; impossible d'échanger deux paroles sans être entendus.
— Rien de plus facile, répliqua Tromb-Alcazar. Oh ! l'établissement est confortable, rien n'y manque : il y a des salons de société ; on peut y venir avec sa chacune. »

Il alla ouvrir la porte de l'un des cabinets garnis de vitrages, dont nous avons parlé.
— Entrez là, reprit-il. Garçon, une bouteille de madère sec, ce que vous avez de meilleur, et deux verres. C'est monsieur qui paye.

Puis, se penchant vers Passe-la-Jambe :
— Si notre autre client arrive, fais-le attendre.
— Suffit ! mais tâche de me garder un peu de madère, je n'en ai jamais goûté, et je l'adore.
— C'est convenu.

Et Tromb-Alcazar alla rejoindre majestueusement Gontran de Strény.
— Eh bien ! par exemple, en voilà une bonne ! s'écria Guignolet ; Tromb-Alcazar en compagnie d'un col cassé, dans le cabinet des ambassadeurs !

— Qu'est-ce que c'est, moucheron ? qu'est-ce que c'est ? répliqua Passe-la-Jambe avec l'expression d'un légitime orgueil. Est-ce que tout un chacun, surtout quand il est dans la parfumerie, qui est une partie distinguée, comme nous y sommes, Tromb-Alcazar et moi, n'est pas libre et susceptible d'avoir de belles connaissances ?
— Tu es dans la parfumerie, toi ?
— J'y serai sous peu, en qualité d'associé de mon chef de file.

Guignolet secoua la tête et garda le silence, mais il pensait :
— Tout ça, c'est louche !... je me méfie... Si c'était ce pince-nez-là qui reluque mam'zelle Georgette ?... Faudra voir... faudra voir...

Pendant ce temps, Tromb-Alcazar avait débouché la bouteille, dans le cabinet, et rempli les deux verres.
— A votre santé ! dit-il en vidant le sien et en faisant claquer sa langue d'un air de satisfaction.

Gontran demeura insensible à ce toast.
— Vous ne buvez pas ? lui demanda l'ex-modèle.
— Non.
— Et vous avez tort, car il est chenu, ce petit madère, c'est un vrai velours !
— Parlez vite ; avez-vous l'adresse des saltimbanques ?
— Oui, mais pas sans peine. Ces gens-là ont véritablement l'air de ne pas vouloir qu'on sache où ils perchent... demandez-moi pourquoi ?

Gontran avait tiré de sa poche son portefeuille et se préparait à écrire.
— Voyons, dit-il.
— C'est à deux pas d'ici, rue des Postes, n° 7 ; ils occupent un petit logement mansardé avec leur fille ; Guignolet, le pître, couche dans un grenier, au-dessus.

Le ci-devant modèle remplit de nouveau son verre et le vida pour la seconde fois, en répétant :
— A votre santé !
— Mais, l'autre enfant ? reprit le baron après avoir pris note du nom de la rue et du numéro de la maison, avez-vous des renseignements sur l'autre enfant ?
— Tout ce que j'ai pu savoir (et il m'a fallu payer ça bien cher !), c'est qu'elle travaille chez une couturière qui la loge et qui la nourrit.
— Où demeure cette couturière ?
— Aux Champs-Élysées.
— Son nom ?
— Je le sais ; je l'ai retenu, parce qu'elle se fait afficher sur les murs de Paris.
— Eh bien ?
— Eh bien, elle s'appelle madame Gerfaut. A votre santé !.. Buvez donc je vous assure qu'il est bon.

Une expression de joie si vive se peignit sur la figure du baron que Tromb-Alcazar, quelque absorbé qu'il fût par la dégustation du madère, ne put faire autrement que de la remarquer.
— Vous connaissez cette madame Gerfaut ? demanda-t-il curieusement.

La question était indiscrète, elle resta sans réponse et Gontran reprit :
— Quel est le nom de la jeune fille qui travaille chez la couturière ?
— J'ai oublié de le demander, et peut-être ceux qui m'ont renseigné ne le savaient-ils pas.
— Comment ?
— La petite vient très-rarement chez sa mère, c'est à peine si on la connaît dans le quartier, où les saltimbanques, d'ailleurs, ne demeurent que depuis quelques mois.
— Savez-vous, au moins, si ces deux enfants sont véritablement les filles de Périne ?
— Il n'y a qu'elle qui pourrait le dire, mais il paraît qu'elle a l'air de les aimer autant l'une que l'autre.

Gontran fronça le sourcil, et Tromb-Alcazar, qui ne perdait aucune occasion d'interroger, quoique sans le moindre succès, dit vivement :
— Est-ce que ça vous chiffonne ?
— Il y a une chose que je tiendrais à savoir par-dessus tout, reprit le baron.
— Laquelle ?
— C'est si l'une de ces jeunes filles n'est pas une enfant d'adoption.

Tromb-Alcazar hocha la tête.
— Difficile ! très-difficile !... murmura-t-il ensuite. Cependant, si vous y tenez beaucoup, je tâcherai de m'y prendre

très adroitement, je questionnerai, je ferai des pieds et des mains.

— Non, j'aviserai moi-même, répondit Gontran, après réflexion. Je vous ai promis deux louis, les voici.

— Merci, mon prince.

L'ex-modèle palpa les pièces d'or avec une satisfaction visible.

— Comme ça, vous n'avez plus besoin de moi? demanda-t-il ensuite.

— Plus que jamais, au contraire.

— Ah bah!

— Voulez-vous me seconder?

— Dame! je voudrai tout ce que vous voudrez, moi. Pourvu, naturellement, que vous y mettiez le prix. Vous comprenez, le temps vaut de l'or, le mien surtout. Je suis très-occupé; ma clientèle me réclame, et, quand je me mêle de vos affaires, il est clair comme le jour que je néglige les miennes. Ça mérite une indemnité suffisante.

— Oh! soyez tranquille, je ne vous marchanderai pas.

— Monsieur le duc est si généreux! Comptez sur moi, je suis votre homme... Qu'est-ce qu'il y a à faire?

— A partir de ce moment, il ne faut perdre de vue ni les saltimbanques, ni celle de leurs filles qui demeure avec eux. Au moindre indice qui vous ferait supposer un départ, un déplacement, prévenez-moi.

— Vous prévenir, mon prince; c'est facile à dire, mais je ne sais ni votre nom, ni votre adresse.

— Voici l'un et l'autre, répliqua Gontran en tendant sa carte à Tromb-Alcazar.

Ce dernier y jeta les yeux.

— Le baron de Strény, murmura-t-il, rue de Boulogne. Mazette! c'est du monde huppé!

— Est-ce entendu? reprit Gontran.

— Je ne demanderais pas mieux; mais comment faire? Je ne peux pourtant pas m'installer dans la rue, à la porte de ces gens-là, et monter la garde jour et nuit; d'abord et d'une, ça serait assez pour qu'ils se méfient.

— Il s'agit de gagner votre argent; trouvez un moyen.

L'ex-modèle se frappa le front, et, pendant quelques secondes, il parut réfléchir profondément.

— En voici bien un, s'écria-t-il tout à coup.

— Voyons.

— Vous comprenez que depuis hier, pour avoir mes renseignements, je n'ai fait qu'aller et venir dans la maison des saltimbanques. Au cinquième étage, sur le même carré, il y a deux petites chambres à louer, deux amours de petites chambres.

— Ah! ah!

— Ce logement faisait partie de celui de nos gens; il n'en est séparé que par une simple cloison de planches, pas plus épaisse que rien du tout, dans laquelle se trouve même une porte condamnée conduisant chez les voisins. Qu'est-ce que vous dites de ça, monsieur le baron?

— Je dis qu'il faut louer ces deux chambres sans perdre une minute.

— Il y a une difficulté.

— Laquelle?

— Tous mes capitaux sont employés, et je n'aime pas à déplacer mes valeurs, d'autant plus que, dans ce moment, il y a de la baisse sur le Crédit mobilier et le Grand central, sur le Crédit mobilier surtout. C'est une valeur qui m'inquiète.

Gontran ouvrit son portefeuille et demanda:

— Combien vous faut-il?

Une étrange et comique perplexité se peignit sur le visage de Tromb-Alcazar au moment où le baron lui adressa cette question, en même temps qu'un combat violent se livrait dans son âme.

D'une part il tremblait de ne pas demander assez, et de l'autre il avait peur de faire manquer l'affaire en demandant trop.

Enfin il murmura, non sans hésiter.

— Dame! monsieur le baron... je crois... il me semble.... que deux cents francs suffiront pour les premiers frais.

— Les voici, répondit Gontran en lui tendant deux billets bleus.

— Maladroit que je suis! pensa l'ex-modèle, j'aurais dû

demander le double !... Mais je me rattraperai plus tard, ajouta-t-il en manière de réflexion consolante.

— Maintenant, reprit M. de Strény, ne perdez pas une minute. Vous m'avez dit que la maison était près d'ici?

— A deux pas; le propriétaire demeure dans l'immeuble.

— Si vous le trouvez chez lui, rien ne vous empêche de terminer à l'instant même.

— Rien absolument, en payant un terme d'avance. Nous passons un petit acte *sous seing privé*, et j'emménage ce soir avec mon associé. Le temps d'acheter des meubles neufs.

— Combien vous faut-il de minutes pour aller et revenir, et vous entendre avec le propriétaire?

— Cinq pour aller, autant pour revenir, un quart d'heure pour causer et rédiger le *sous seing*... mettons une demi-heure.

— Allez donc; je veux avoir une solution immédiate.

— Où retrouverai-je monsieur le baron?

— Ici; j'attendrai dans ce cabinet jusqu'à votre retour?

— Suffit; je me sylphide, je me change en cerf. Partez muscade! Ne vous impatientez pas!

Et Tromb-Alcazar se précipita hors du cabinet pour courir à la rue des Postes.

XV

OÙ JEAN ROSIER A SOIF

Passe-la-Jambe arrêta Tromb-Alcazar au passage.

— Eh bien! eh bien! lui demanda-t-il, où cours-tu comme ça? Est-ce que tu as le télégraphe électrique dans les mollets?

— Juste!

— Cause un moment.

— Pas possible.

— C'est donc bien pressé?

— Tout ce qu'il y a de plus pressé.

— Rien qu'un mot. Y a-t-il du nouveau?

— Ah! je crois bien.

— Qu'est-ce que c'est que le banquier?

— C'est un baron, voilà sa carte. Laisse-moi filer.

— Où vas-tu?

— Louer le palais de l'Industrie.

— Qu'est-ce que tu me chantes?

— Je te conterai la chose en détail; mais, pour le moment, lâche-moi le coude. Je devrais déjà être au bout de la rue.

Et l'ex-modèle, poussant de côté sans la moindre façon Passe-la-Jambe qui tomba sur une chaise, reprit sa course et sortit du cabaret.

— Bien sûr il se manigance quelque chose, pensa Guignolet, mais je saurai quoi. Je vais le suivre.

Et le jeune pitre, laissant son repas interrompu, se glissa comme une anguille sur les traces de Tromb-Alcazar.

— Allons, allons, tout va bien, se disait en ce moment le baron de Strény resté seul dans le cabinet. Cet homme, pour de l'argent, fera ce que je voudrai. La musique de quelques pièces d'or le conduirait à tout, même à donner, au besoin, un coup de couteau. Il aura Périne sous la main et m'instruira de ses moindres actions. Par Olympe Silas, devenue madame Gerfaut, j'apprendrai le reste. Je saurai lequel des enfants élevés par la saltimbanque est la fille de ma cousine. C'est un coup de fortune! Ma pupille est encore mineure; j'ai conservé le testament; il ne me manque plus que les titres; mais Périne doit les avoir et je les aurai; il faudra que je les aie!

Et Gontran, appuyant son coude sur la table et sa tête sur sa main, resta silencieux et plongé dans ses réflexions.

Vingt ou vingt-cinq minutes s'écoulèrent, puis Tromb-Alcazar reparut: il était en nage et tout essoufflé, mais sa figure rayonnait de joie et-il portait la tête si haute qu'on se préoccupait de savoir s'il n'allait pas heurter le plafond.

— Voyons, lui demanda vivement Passe-la-Jambe en

l'arrêtant au passage, à la fin des fins, t'explique-ras-tu?

— Eh bien! c'est fait. Je nous'ai loué un logement *esplendide* dans la maison des saltimbanques.

— Pourquoi faire?

— Pour surveiller Périne.

— Est-ce que nous entrons dans la police?

— Dans la police du baron, certainement. J'ai payé un terme d'avance et tout à l'heure nous allons nous meubler au marché aux veaux, un lit de fer d'occasion.

— Des prodigalités, quoi!

— Ah! dame, on ne se refuse rien.

— Qu'est-ce qui paye?

— Es-tu bête! Parbleu! c'est le baron. J'vas le retrouver.

Et Tromb-Alcazar se dirigeait vers la porte du cabinet vitré quand Guignolet, qui venait de rentrer, lui barra le passage en murmurant :

— Il a loué dans la maison! J'ai mes nerfs, j'vas faire un malheur!

— Ote-toi de là, petit, lui dit l'ancien modèle.

— Non! répliqua le pitre, en prenant la pose la plus agressive, non, je ne m'ôterai pas. Et je ne charge personne de vous le dire pour moi, m'sieu Tromb-Alcazar, eh bien! ça m'embête!

— Qu'est-ce qui t'embête, moucheron, les poids de vingt-cinq?

— C'est pas tout ça, j'veux pas que vous louiez dans la maison de la patronne!

— Tu ne veux pas?

— Non.

— A-t-on jamais vu?

— Ah! s'écria Passe-la-Jambe, elle est bien bonne!

— Bonne ou mauvaise, reprit Guignolet, ça me déplaît.

— Est-il rageur, ce petit-là! fit Tromb-Alcazar en riant. Faudrait peut-être, pour te plaire, que je me logeasse au Jardin des Plantes dans le palais des singes. Si on n'est plus maître de percher où que ça vous convient, faut le dire.

— Perchez où vous voudrez, Paris est grand, mais pas là.

— Ah ça! petit, fiche-moi la paix.

— Ne m'aguichez pas ou je vais cogner.

— Ah! à Chaillot!

Guignolet était rouge de colère et nul doute qu'il ne fût prêt à fondre sur Tromb-Alcazar, comme un vaillant roquet.

Il devint pâle tout d'un coup. Son idole, la gentille Georgette, une bouteille vide à la main, venait de franchir le seuil de l'établissement et faisait une gracieuse révérence en disant :

— Bonjour tout le monde.

— Allons, bon, grommela le jeune pitre entre ses dents, il ne manquait plus que cela.

Et, marchant au-devant de la jeune fille, il lui dit d'un ton presque bourru :

— Qu'est-ce que vous venez chercher ici, mamz'elle?

— Eh bien! donc, répondit Georgette, un litre pour notre souper. Êtes-vous drôle!

— On n'en tient pas; allez ailleurs!

La jeune fille regarda son interlocuteur avec un étonnement comique.

— Ah ça! m'sieu Guignolet, lui demanda-t-elle, qu'est-ce que vous avez aujourd'hui?

— Ce qu'il a, pardine! répliqua Passe-la-Jambe, ça n'est pas difficile à deviner : il est jaloux.

Guignolet était devenu plus rouge que la plus rouge des pivoines en fleur.

Fanfistu, toujours assis à la table voisine et s'occupant consciencieusement à noyer ses chagrins dans un quatrième litre, s'écria d'un ton dramatique :

— Oh! la jalousie! la jalousie!

— Jaloux! répéta Georgette. Et pourquoi ça, donc? et de qui ça, donc?

— Parce qu'il se figure que je vous glisse un œil américain, dit Tromb-Alcazar qui prit une pose conquérante.

Georgette se mit à rire aux éclats.

— Vous, dit-elle, vous?

— Eh bien! oui, c'est vrai, s'écria Guignolet avec résolution, il vous regarde.

— On regarde bien l'obélisque, fit observer Passe-la-Jambe.

— Guignolet est toqué, reprit la jeune fille. M. Tromb-Alcazar ne pense pas plus à moi qu'au grand Turc! Faites la paix et que ça finisse.

— Mais... hasarda Guignolet.

— Il n'y a pas de *mais*... Je le veux.

— Et moi, je m'y prête, ajouta Tromb-Alcazar, avec condescendance.

— Allons, Guignolet.

Le pitre prit un air boudeur.

— C'est bon, c'est bon, répliqua-t-il, on fait la paix. Puis, tout bas : Mais je surveillerai tout de même. Je me méfie plus que jamais. S'il ne la reluque pas pour son compte, c'est pour celui d'un autre.

— Allons! c'est bien, dit la jeune fille. Maintenant je vais me faire servir; on m'attend à la maison.

— Et moi, je retourne au baron, pensa Tromb-Alcazar, il n'est que temps; il doit s'impatienter, cet homme.

Mais il était écrit que Goutran de Strény devait encore attendre, car une main toucha l'épaule de l'ex-modèle et une voix lui demanda :

— Avez-vous ce que vous m'avez promis?

Tromb-Alcazar se retourna vivement et il vit en face de lui Lionel Morton.

— Yes, milord, répondit-il en saluant jusqu'à terre. Venez un peu dans le coin là-bas, nous serons mieux pour causer.

L'Américain le suivit et se prépara à écrire sur son agenda, comme avait fait le baron.

— Oui, oui, continua Tromb-Alcazar, j'ai pris des renseignements. La chose n'était point commode, mais je me suis mis en quatre. Oh! milord sera content.

— Le nom de la saltimbanque?

— Périne.

— Son adresse?

— Rue des Postes, n° 7, au cinquième étage.

— Où est la rue des Postes?

— A deux pas d'ici, la première à gauche, après la deuxième à droite.

— Bien.

— Milord n'a pas autre chose à me demander?

— Non. Voici votre argent.

— Merci, milord. Si jamais vous avez besoin de mes services, je suis tout à vos ordres. Je prendrai la liberté de me recommander à milord pour la parfumerie. Milord veut-il me dire son nom, je lui enverrai un prospectus aussitôt que j'aurai ouvert mon établissement.

Lionel Morton ne répondit pas. Il regardait Georgette qui s'éloignait du comptoir avec sa bouteille pleine.

— Je connais cette jeune fille, murmura-t-il.

— Oh! certainement, répliqua Tromb-Alcazar. Milord l'a vue hier à Saint-Cloud. C'est la fille des saltimbanques; un beau brin de fille, n'est-ce pas, milord?

— Au revoir la compagnie, dit Georgette, avec une nouvelle révérence.

— Je m'en vas avec vous, mam'zelle, fit Guignolet, en payant sa dépense.

— Alors, en route, et dépêchons-nous.

Georgette n'était plus qu'à quelques pas de la porte. Elle recula tout à coup avec une expression chagrine et presque craintive en murmurant :

— Mon père!

C'était, en effet, Jean Rosier qui venait d'entrer, débraillé, titubant, aux trois quarts ivre.

— Eh bien! oui, répliqua-t-il brutalement, c'est moi; après? Qu'est-ce que tu viens chercher ici, toi?

Tromb-Alcazar approcha sa bouche de l'oreille de Lionel Morton et lui dit tout bas :

— Vous voyez bien ce pochard-là? C'est le mari de la saltimbanque et le père de la petite. C'est Paillasse.

Lionel Morton poussa un soupir.

— Répondras-tu? reprit Jean en secouant le bras de Georgette.

— Je viens chercher à boire pour notre souper, mon père.

— Quoi?

— Du vin.

— Un vrai litre à douze, appuya Guignolet.

— Du vin! répéta Jean Rosier de l'air du monde le plus méprisant, toujours du vin... pour vous noyer le cœur. Donne-moi la bouteille!

— Mais...

— Quand tu serais le diable en personne, tu ne m'empêcheras pas de boire. (Page 113.)

— Je te dis de me donner la bouteille.

Guignolet intervint.

— Voyons, patron... murmura-t-il timidement.

— Une mie de pain dans ton flageolet, moucheron, commanda le Paillasse. Quand je parle, qu'on m'obéisse, et plus vite que ça ! Je suis le maître, j'espère. Donne la bouteille !

Georgette recula.

— Eh ! donne donc !

Il la lui arracha des mains.

— Mon père !...

— Je veux de l'absinthe. Allons ! garçon, change-moi ça contre de l'absinthe, tonnerre du diable, et dépêche-toi ! c'est un litre à douze, douze sous d'absinthe !

— C'est bon, répondit un garçon. Inutile de crier si fort, on va vous en donner.

Mais, tandis que les excentricités de Jean Rosier attiraient l'attention ironique de tous les clients de la Girafe, un nouveau personnage venait d'entrer en scène, c'était Périne.

A son tour, elle arracha prestement la bouteille des mains du garçon en s'écriant :

— Vous ne lui donnerez rien du tout, entendez-vous, je vous le défends !

Au son de cette voix, Jean tressaillit comme l'éléphant devant son cornac et il perdit beaucoup de sa bruyante assurance. Cependant il balbutia :

— Qu'est-ce que c'est que ces manières-là ? Je te dis que je veux boire, et, quand je serais le diable en personne, tu ne m'en empêcheras pas !

15ᵉ LIVRAISON

Périne croisa ses bras sur sa poitrine.

— Malheureux ! répliqua-t-elle, regarde-toi ; n'es-tu pas assez ivre ? Voilà donc ce que tu me promettais hier ! De l'absinthe ! toujours de l'absinthe !

Puis, se tournant vers le garçon :

— Et c'est vous qui vendez ce poison.

— Le commerce avant tout, répliqua l'employé en tablier bleu. Nous donnons ce qu'on nous demande.

— Où est le mal ? fit Jean Rosier avec un hoquet.

— Le mal, il est dans ta maison que tu abandonnes pour venir te griser en compagnie d'ivrognes comme toi, qui ne respectent que la bouteille, qui n'aiment que l'ivresse et la fainéantise.

— Ah ! mais, dites donc... interrompit Passe-la-Jambe.

— Vous n'êtes pas poli avec les amis, mam'e Périne, ajouta Tromb-Alcazar.

— Des amis, vous ! allons donc! répliqua la femme de Paillasse avec le plus écrasant mépris. Pas polie ; vous trouvez? Quel dommage ! Je dis la vérité, et si vous n'êtes pas contents de l'entendre, bouchez-vous les oreilles!

Passe-la-Jambe se mit à rire.

— Comme ça, ricana-t-il ensuite, pour faire plaisir à mé-dame, faudrait s'abreuver de ratafia de grenouilles et ne plus venir au cabaret. Oh! la! la !

— Le cabaret, c'est un endroit maudit, reprit Périne avec l'énergie de l'indignation.

— Eh! eh! pas tant que ça.

— Vous avez des femmes, des enfants, le cabaret vous les fait oublier, et tandis que vous jetez vos derniers sous sur son comptoir taché, le pain manque dans vos maisons. Vos femmes pleurent près du buffet vide. Vos fils, perdus par votre exemple, abandonnent le travail et se font rôdeurs de barrières ! Vos filles, découragées, un soir ne rentrent pas ! Oh ! le cabaret ! le cabaret ! Vous croyez qu'on y vend l'ivresse de la joie, ce n'est pas vrai : on y vend l'ivresse du crime ! Le cabaret, c'est la porte du bagne, c'est le couloir de l'échafaud !

— Tais-toi ! murmura Jean Rosier d'une voix qu'il s'efforçait de rendre menaçante ; tais-toi !

— Non ! tu m'entendras jusqu'au bout. Il y a des hommes, il y en a beaucoup, qui sont d'honnêtes gens et de bons travailleurs, quand ils passent pour la première fois par la porte du cabaret ; — ils y retournent, ils y prennent goût, ils y restent des heures d'abord, des jours ensuite, attablés ou plutôt vautrés dans la fumée des pipes et dans l'odeur de l'absinthe et du vin ! Le cabaret s'empare d'eux tout entier ; plus de travail, plus d'honnêteté ! l'âme s'obscurcit, l'intelligence s'éteint ! De ces gens-là le cabaret fait des brutes, quand il n'en fait pas des bandits !

Jean prit pour lui ce dernier reproche, et il entra dans une de ces fureurs bestiales que l'ivrognerie traîne à sa suite.

— Te tairas-tu ! s'écria-t-il l'œil injecté, les lèvres écumantes ; te tairas-tu !

Et, saisissant une bouteille vide qui se trouvait à la portée de la main, il la leva sur la tête de Périne.

Rendons à Tromb-Alcazar et à Passe-la Jambe la justice de déclarer qu'ils mirent presque autant d'empressement que Guignolet lui-même à se précipiter entre le saltimbanque et sa femme, pour prévenir un malheur imminent, tandis que Georgette s'écriait avec épouvante et avec horreur :

— Mon père ! mon père !

Périne les écarta froidement.

— Et laissez-le faire, laissez-le frapper ! Vous voyez bien que j'avais raison, car demain on dira : « Vous savez, Jean le Paillasse, il était ivre, il a tué sa femme ! »

La crise était passée. Jean Rosier lâcha la bouteille qui se brisa en tombant sur le parquet.

— Périne... balbutia-t-il, Périne...

— L'ivresse, c'est le crime, je te l'ai dit, reprit le saltimbanque. Tu es ivre, eh bien ! frappe donc. Tu n'oses plus, tu as peur de toi-même ; alors, ne reste pas ici ; va-t'en !

Jean fit une dernière tentative de résistance et d'indépendance. On l'entendit murmurer tout bas :

— Je veux rester.

— Va-t'en ! répéta Périne.

— Non, je veux rester.

Et il se laissa tomber lourdement sur un siège, dans un état d'anéantissement et d'abrutissement presque complet.

Périne alors cacha son visage dans ses deux mains, elle se mit à sangloter, et c'est à peine si on put l'entendre prononcer ces mots :

— Oh ! le malheureux ! le malheureux ! voilà donc ce que l'ivresse en a fait !

Pendant quelques secondes, un grand silence régna dans la salle basse. Tous les habitués de la Girafe semblaient comprendre et ressentir cette immense douleur.

Périne écarta ses mains, elle releva la tête et essuya ses larmes.

— Jean, dit-elle, écoute-moi bien. Tu es le maître, reste si tu veux. Mais alors n'essaye plus, plus jamais, de revenir chez nous ! Mauvais homme, mauvais père, je ne t'ouvrirais pas. Adieu !

Et elle se dirigea lentement vers la porte. A peine avait-elle fait quelques pas, que Jean se leva en chancelant et tout effaré, en balbutiant :

— Attends-moi, Périne ; attends-moi, je m'en vais.

— Alors, passe devant.

La scène violente qui venait d'avoir lieu avait complétement anéanti le peu de forces laissées par l'ivresse à Jean Rosier.

Il ne se soutenait qu'à peine et semblait près de s'écrouler à chaque mouvement.

Périne fit un signe, Georgette et Guignolet prirent chacun un des bras du saltimbanque, qui marcha soutenu par eux.

La mère de Georgette les suivit.

Déjà ils étaient dans la rue, et Périne allait atteindre le seuil lorsque Lionel Morton, spectateur silencieux de l'épisode que nous venons de raconter, s'approcha d'elle, le chapeau à la main, dans l'attitude la plus respectueuse.

— Madame... lui dit-il avec émotion.

Elle se retourna, surprise, et le regarda.

— Me permettrez-vous, madame, reprit le jeune Américain, d'avoir l'honneur de vous accompagner jusqu'à votre logis ?

— M'accompagner, monsieur ! répéta Périne avec un étonnement facile à comprendre ; pourquoi ?

— Je sollicite, madame, la permission de causer un instant avec vous.

— Causer avec moi ; mais ne vous trompez-vous pas ?

— En aucune façon, madame.

— Suis-je bien la personne à qui vous croyez parler ? Je m'appelle Périne et je suis saltimbanque.

— Je le savais, madame. C'est bien à vous que j'ai affaire, et je vous prie de nouveau de vouloir bien me permettre de vous accompagner.

— Chez moi, avec mon mari, dans l'état où vous venez de le voir ! Ah ! monsieur, ne comprenez-vous pas que c'est impossible ?

— Et cependant, madame, il faut que j'aie avec vous un entretien sérieux, il le faut absolument.

— Ce soir même ?

— C'est indispensable.

— Mais de quoi s'agit-il donc ?

— De votre fille.

— De ma fille ! répéta Périne qui tressaillit. Savez-vous bien, monsieur, que vous me faites peur !

— Chassez toute inquiétude, madame, et consentez à m'entendre. Seulement, entourés de monde comme nous le sommes, il me paraît bien difficile que ce soit ici. J'insiste donc pour être reçu chez vous.

Périne désigna du geste les cabinets vitrés.

— Il y a là, dit-elle, des pièces séparées. Puisque vous tenez tant à ce que rien ne retarde notre entretien, je puis vous y suivre.

— Je vous en prie, madame.

En ce moment, Georgette, étonnée de ne pas voir revenir sa mère, reparut à la porte du fond. Elle avait laissé Jean Rosier sous la garde de Guignolet.

— Retourne à la maison avec ton père, lui dit Périne, et attends-moi pour souper. Je vous rejoindrai dans un instant.

Georgette disparut.

— Maintenant, monsieur, reprit la femme de Paillasse en s'adressant à Lionel Morton, venez ; mais vous voyez par vous-même que j'ai peu de temps à vous donner ;

— Je n'abuserai pas de vos moments.

Périne ouvrit la porte du cabinet qui touchait à celui où attendait le baron de Strény, et, suivie du jeune Américain, elle entra.

XVI

UNE DEMANDE EN MARIAGE

Au même instant, Tromb-Alcazar se précipita comme une bombe dans le cabinet de Gontran.

— Qu'y a-t-il ? demanda ce dernier. Est-ce que vous n'avez pas réussi ?

L'ex-modèle mit un doigt sur ses lèvres.

— Une sourdine, S. V. P., monsieur le baron, répondit-il d'une voix très-basse. Tout marche comme sur des roulettes ; le logement est à nous, mais ce n'est pas tout... Elle est là ! Voilà pourquoi je suis entré comme un événement.

— De qui parlez-vous ?

— De Périne. parbleu ! de la saltimbanque.

— Et vous dites qu'elle est ici ? fit Gontran au comble de la surprise.

— Oui, dans le cabinet qui touche au vôtre.

— Oh ! que nenni. Avec un jeune monsieur bien couvert, que je soupçonne d'être un goddam, attendu qu'il a tout à fait l'accent de la chose. Il était hier à la fête de Saint-Cloud, et il m'a demandé l'adresse, ni plus ni moins que monsieur le baron. Oh ! c'est un milord qui est cousu d'or, et, sous le rapport de la générosité, pas possible de le dégoter ! Ça pourrait bien être un amoureux de la petite Georgette.

— Que peut-il vouloir à cette femme ? murmura Gontran avec une expression manifeste d'inquiétude.

— Tenez-vous à le savoir ?

— Immensément.

— Eh bien ! rien n'est plus facile. Vous allez voir, ou plutôt vous allez entendre.

Tromb-Alcazar s'approcha de la cloison qui séparait les deux cabinets, et qui ne consistait qu'en voliges recouvertes de papier peint.

Il tira de sa poche une vrille, et il s'en servit avec une dextérité sans pareille pour percer un petit trou dans les des planches.

— Appliquez-moi votre oreille là-dessus, dit-il ensuite, et je veux bien que le diable m'emporte si vous perdez un traître mot de l'entretien.

Le baron suivit le conseil de l'ex-modèle.

— Eh bien? demanda ce dernier, entendez-vous.

— Comme si j'étais avec eux, répondit Gontran.

Et il fit signe à Tromb-Alcazar de garder le silence et de ne pas détourner son attention.

Avant d'introduire nos lecteurs dans le cabinet, et de les faire assister à la conversation de Périne et de Lionel, disons qu'au moment où l'ex-modèle était en train de pratiquer un trou dans la cloison, un petit coupé de maître s'arrêtait devant la Girafe, et que de ce coupé descendait Georges de La Brière.

Il entra.

— Dis donc, encore un cocodès! fit un bohémien en poussant le coude de Fanfastu.

— Eh bien, quèq' tu veux que ça me fasse? murmura ce dernier, qui ne sortait point victorieux de sa lutte avec le quatrième litre.

— Ça ne te fait rien, ni à moi non plus; mais c'est flatteur tout de même de penser que la Girafe devient une succursale de la Maison d'or.

Georges regarda autour de lui, et, reconnaissant Passe-la-Jambe, il se dirigea de son côté.

— La personne qui était hier avec moi à la fête de Saint-Cloud est-elle arrivée? demanda-t-il.

— Oui, mon prince.

— Je ne la vois pas.

— Ce milord est là, dans le cabinet n° 2, avec une dame; justement celle dont il nous avait demandé l'adresse, à Tromb-Alcazar et à moi.

— La saltimbanque?

— Yes, mon prince.

Georges fit un geste de dépit.

— J'arrive trop tard! se dit-il à lui-même.

— Faut-il aller prévenir le milord que vous êtes ici? reprit Passe-la-Jambe.

— Non, c'est inutile, j'attendrai.

— Peut-on vous faire une politesse, mon prince? Une absinthe panachée ou une prune à l'eau-de-vie?

— Merci.

— Alors, offrez-moi quèq'chose.

— Oh! tout ce que vous voudrez.

— Garçon! cria Passe-la-Jambe, un verre d'eau sucrée; c'est pour le compte de monsieur.

Georges alluma un cigare et s'assit, mais son visage exprimait la contrariété la plus vive.

Retournons de quelques minutes en arrière.

Périne, debout dans le cabinet dont Lionel Morton venait de refermer la porte, regardait le jeune homme avec un étonnement où se mêlait une forte dose de curiosité, et ne pouvait s'empêcher d'être frappée de sa bonne mine.

— J'attends, monsieur, fit-elle au bout d'un instant, ce que vous pouvez avoir à me dire au sujet de ma fille.

— Je ne vous ferai pas attendre, madame. Veuillez, je vous en supplie, m'accorder votre attention tout entière; pesez bien mes paroles, et répondez-moi avec une franchise absolue et sans arrière-pensée.

— Ce début... murmura Périne.

— Il vous surprend, je n'en doute pas, et cependant il est indispensable, car j'ai à vous parler de choses graves qui nécessitent de votre part une grande confiance en moi...

— Mais, monsieur, interrompit Périne, il doit être question, m'avez-vous dit, de ma fille.

— De l'une de vos filles.

Une vague expression de défiance passa sur la figure de la femme de Jean Rosier.

— De Georgette, sans doute? demanda-t-elle.

— Non, de l'autre, de mademoiselle Marthe.

Dans le cabinet voisin, le baron de Stény, en entendant prononcer ce nom, fit un geste de triomphe.

Périne regarda fixement Lionel Morton.

— Et qu'avez-vous à me dire de ma fille Marthe? reprit-elle.

— Tout à l'heure, madame, continua l'Américain, j'ai été le témoin involontaire de la triste scène qui s'est passée dans cette taverne.

— Oh! oui, bien triste! murmura Périne avec un soupir.

— Vous ne devez pas être heureuse?

— Ma situation, monsieur, ne regarde que moi, répliqua vivement et avec une grande dignité la femme de Jean Rosier.

— Sans doute; mais vous ne pouvez m'empêcher de vous plaindre de toute mon âme.

— Je n'ai pas besoin qu'on me plaigne, monsieur; j'ai du courage...

— Je vous ai demandé une entière confiance, madame.

— Comment m'est-il possible de vous l'accorder?... Je ne vous connais pas.

— C'est vrai, mais vous allez me connaître. Je me nomme Lionel Morton; je suis Américain. Ma conscience m'affirme que je suis un honnête homme, je puis donc le dire, avec orgueil, et personne au monde n'a le droit de me démentir. Je possède une grande fortune, commencée par le travail de mon père et augmentée par le mien, car j'ai beaucoup travaillé, quoique jeune encore. J'ai un caractère facile, un peu entêté peut-être, mais cet entêtement, je m'efforce de l'appliquer au bien. Je suis, de plus, ce qu'on appelle un excentrique, c'est-à-dire que je ne me soucie guère des préjugés qui gouvernent le monde et que je vais toujours droit à mon but, pourvu que ce but me paraisse honorable. Tout ce que je vous dis là, madame, est la vérité la plus littérale, et je vous en donnerai des preuves.

— Je n'ai nulle raison de douter de votre parole, monsieur, interrompit Périne. Je dois même avouer que je me sens disposée à vous croire, mais je ne devine pas encore...

— Où j'en veux venir... le voici : en allant chez madame Gerfaut, j'ai vu mademoiselle Marthe, votre fille, je l'ai aimée...

— Vous! s'écria Périne.

— Et je voudrais en faire ma femme.

— Votre femme!... répéta la saltimbanque stupéfaite.

— Qu'y a-t-il d'étonnant à cela?

— Vous êtes très-riche, monsieur, vous venez de le dire, et...

— Et vous êtes pauvre, allez-vous ajouter. Ce n'est point un obstacle, au contraire. Je vous ai dit que je devais ma fortune entière à mon travail et à celui de mon père, et je crois fermement ne pouvoir en faire un meilleur usage qu'en la partageant avec un enfant honnête, pauvre et laborieuse. Le vice est si souvent triomphant en ce monde, qu'il me semble bien juste qu'une fois, par hasard, la vertu soit récompensée.

— Vos paroles et votre conduite sont d'un brave cœur, monsieur, je le reconnais et je vous estime. Mais il m'est impossible de vous répondre.

Les fraîches couleurs des joues de Lionel Morton s'effacèrent.

— Impossible! répéta-t-il d'une voix troublée.

— Oui.

— Pourquoi?

— C'est à peine si vous connaissez ma fille.

— Je la connais assez pour l'estimer comme elle mérite de l'être; je la connais assez pour l'aimer. J'ai su la juger promptement, et je sens bien que désormais, sans elle, il ne peut plus y avoir de bonheur pour moi. Répondez-moi, je vous en supplie!

Un grand trouble se peignit sur les traits expressifs de Périne.

— Pourquoi ne me répondriez-vous pas? continua Lionel Morton avec insistance.

— Je ne suis pas seule maîtresse, balbutia Périne en hésitant.

— Votre mari, peut-être.

— Oh! non, non!

— Mais qui donc, alors? Est-ce votre fille? Je crois être certain que lorsque vous m'aurez fait l'honneur de m'accorder votre consentement, elle ne me refusera pas le sien.

Périne baissa la tête et garda le silence.

— Vous me faites souffrir, madame, reprit Lionel Morton, et je crois que la loyauté de ma demande mériterait une autre réponse.

— Oh! oui, balbutia la femme de Jean Rosier, c'est vrai... c'est vrai...

— Eh bien! puisque vous le pensez comme moi, pourquoi donc ne me répondez-vous pas?

Périne, pendant quelques instants, sembla lutter contre elle-même; à la fin, elle dit :

— A votre tour, écoutez-moi, monsieur... Advienne que pourra! Votre franchise commande la mienne!

Lionel comprit que son sort allait se décider, et la pâleur momentanée qui couvrait son visage augmenta.

Gontran de Strény, l'oreille toujours collée contre la cloison percée par Tromb-Alcazar, écoutait avec un redoublement d'attention.

La saltimbanque poursuivit :

— Vous êtes un honnête homme, je n'en peux pas douter, et vous m'en avez donné la preuve, car, à votre place, bien des gens de votre monde, au lieu de venir me trouver comme vous l'avez fait, auraient tâché de séduire une pauvre innocente enfant sans défiance, avec la pensée de l'abandonner quand ils l'auraient perdue!... Vous n'avez pas voulu cela, monsieur; je vous en remercie du fond du cœur, et je vais à mon tour me confier à vous, à votre honneur; je vais vous livrer un secret qui n'est pas le mien...

— Un secret? répéta Lionel Morton.

— Eh! parle donc! murmura Gontran de Strény dans l'autre cabinet, parle donc!

XVII

UNE DEMANDE EN MARIAGE

(Suite)

Deux auditeurs étaient en ce moment suspendus aux lèvres de Périne, Lionel et le baron, et tous deux écoutaient avec une égale avidité, avec une anxiété pareille.

— Ce secret, reprit Périne, le voici. Marthe n'est pas ma fille.

— Allons donc! se dit Gontran de Strény, j'en étais sûr.

— Mademoiselle Marthe n'est pas votre fille! répéta l'Américain avec stupeur.

— Non! Vous voyez donc bien, monsieur, qu'en ce moment il m'est impossible de disposer d'elle.

— Au nom du ciel, madame! s'écria Lionel, ne me laissez pas dans cet état d'incertitude et d'angoisse. Ne mettez pas de bornes à votre confiance. Dites-moi tout.

— Que voulez-vous savoir encore?

— Comment il se fait que vous ayez accepté, devant le monde, ce titre de mère qui, dites-vous, ne vous appartient pas? Par qui mademoiselle Marthe vous a-t-elle été confiée?

— Voilà des questions auxquelles, en ce moment, je ne puis ni ne dois répondre. Je vous demande quelques jours pour réfléchir. Je verrai Marthe, je vous le promets. Je la questionnerai.

— Vous la verrez? mais quand?

— Bientôt; demain peut-être.

— Oh! oui, demain, n'est-ce pas? Songez que vous tenez ma vie entre vos mains, songez qu'il suffit d'un mot pour me rendre heureux à tout jamais, ou malheureux pour toujours.

— Ne désespérez point.

— Cette parole me donnera la force et le courage. Je vais espérer, je vais attendre. Vous me permettrez, n'est-ce pas, de me présenter chez vous pour y connaître ma destinée?

— Sans doute. De quel droit vous en empêcherais-je?

— Oh! merci, merci cent fois!

— Maintenant, monsieur, je vous quitte. Vous le savez, je suis attendue.

— Je ne vous retiens plus, répondit Lionel en allant ouvrir la porte du cabinet. A bientôt, madame, à bientôt!

— A bientôt! répéta Périne qui sortit du cabinet et gagna rapidement la rue.

Quand Lionel Morton, à son tour, rentra dans la salle basse, il vit en face de lui Georges de La Brière.

— Ah! vous voilà, mon ami, lui dit-il.

— Oui, je suis arrivé bien tard, plus tard que je ne l'aurais voulu. C'est que je m'occupais de vous.

— De moi? Je ne vous comprends pas.

— Oh! je m'expliquerai, soyez tranquille ; je ne m'expliquerai que trop vite.

— Vous m'inquiétez! Parlez, je vous en prie.

— Je vais le faire, mais pas ici ; venez.

Les deux amis sortirent du cabaret et montèrent dans le coupé de M. de La Brière, qui dit à son cocher :

— Au café Riche.

— J'attends, murmura Lionel quand la voiture se fut mise en marche.

— Cette femme, demanda Georges, cette femme qui vient de vous quitter, c'est la saltimbanque, n'est-ce pas?

— Oui.

— Et vous avez donné suite à l'excentrique projet que je combattais hier? Vous avez demandé la main de sa fille?

— Oui.

— Eh bien! mon cher, vous vous êtes trop pressé.

— Pourquoi.

— Parce que l'impatience vous a fait faire une sottise.

— Une sottise? répéta Lionel.

— Vous allez en juger. Je vous ai dit hier que le visage de cette madame Gerfaut ne m'était pas inconnu, et qu'il me semblait vaguement, en regardant dans le passé, l'entrevoir comme à travers un brouillard. Vous en souvenez-vous?

— Parfaitement ; mais quel rapport?

— Un très-grand. Un peu de patience, je m'explique. Mes souvenirs ne me trompaient pas. Jadis, avant de quitter Paris, j'avais vu plus d'une fois celle que nous avons rencontrée hier. Je suis allé aux renseignements, et j'ai acquis la certitude que le nom de Gerfaut est un nom d'emprunt, et qu'il cache celui d'Olympe Silas autrefois célèbre.

— Célèbre comment? demanda Lionel.

— Oh! de la façon la plus fâcheuse. Olympe était une pécheresse en vogue, ce qu'on appelait jadis une lorette et qu'on nomme une cocotte aujourd'hui. Ce fut une étoile filante qui brilla du plus vif éclat dans le ciel trouble de la haute bohème. Pendant quelques années Olympe Silas éblouit Paris par le luxe de ses toilettes, de ses diamants et de ses attelages. Ce qu'elle fondit de fortunes au creuset de ses fantaisies, ce qu'elle ruina de jeunes fous, ce qu'elle réduisit de pères de famille à la misère, à la honte, au désespoir, je n'essayerai pas de vous le dire. Le temps passa. Un beau jour, une ride indiscrète se montra sous le maquillage. Un fil d'argent, que qu'elle oublia de teindre, déshonora sa chevelure. La vogue s'en alla comme elle était venue, et les coffres-forts millionnaires ne s'ouvrirent plus comme autrefois devant la pécheresse aux griffes roses. Olympe se prit à songer à l'avenir. Elle était riche déjà, elle voulut le devenir plus encore. En un mot, renonçant à éclairer la bohème galante de ses rayons désormais ternis, elle se jeta dans l'industrie, elle se décora d'un pseudonyme, et elle ouvrit ces splendides ateliers de l'avenue Marbeuf, où femmes du monde, actrices et cocottes viennent à l'envi se faire habiller.

— Eh bien! répliqua Lionel Morton, qu'importe, après tout, le passé de cette femme? Son existence actuelle est la réhabilitation par le travail, c'est-à-dire la chose du monde la plus méritoire, et je ne comprends pas votre blâme.

— Vous allez le comprendre. Madame Gerfaut, l'illustre couturière, en échangeant son sceptre et sa couronne contre le mètre et les ciseaux, n'a rien perdu des instincts d'Olympe la pécheresse. Elle est dangereuse comme autrefois, mais dangereuse d'une autre manière ; il lui faut vivre à tout prix dans une atmosphère de galanterie, et son immoralité fait école.

— Que me dites-vous là! s'écria Lionel Morton.

— La vérité, la vérité stricte et littérale. Vous ne pouvez avoir oublié que je m'étonnais hier de ces réunions où vous étiez admis, vous et bien d'autres jeunes gens riches. Cela me paraissait suspect; mais j'hésitais dans mon jugement, car, après tout, je pouvais me tromper et forcer un peu trop les couleurs du tableau. Aujourd'hui le doute n'est plus possible et je sais à quoi m'en tenir, et Paris tout entier le sait comme moi (je parle du Paris viveur). Le travail réel et sérieux occupe, il est vrai, les journées de la maison Gerfaut, car il faut satisfaire les clientes et gagner beaucoup d'argent; mais, le soir venu, la couturière en vogue redevient, autant que cela dépend d'elle, l'Olympe Silas du temps passé. On dîne chez elle, on y danse, on y soupe, on y joue. Les princesses de la rampe et les héroïnes des boudoirs se mêlent aux jolies ouvrières de madame Gerfaut et, comme elles, passent leurs bras en souriant sous le cou des cocodès et des petits crevés qui cherchent des maîtresses.

— Ah! vous exagérez !

— En aucune façon. Maintenant que vous voilà prévenu, observez, soyez attentif, écoutez ce qu'on dit tout bas. Vous verrez dans des yeux de vingt ans de vrais regards de cour

Olympe était ce qu'on nomme aujourd'hui une cocotte..... (Page 116.)

tisanes ; vous entendrez murmurer le chiffre des marchés conclus et l'heure des rendez-vous donnés.

— Mais alors, ces jeunes ouvrières ?...

— Eh ! que voulez-vous qu'elles deviennent avec de tels exemples et de tels enseignements ? Elles abandonnent l'une après l'autre le travail pour le plaisir. Elles font un rêve qui se réalise, et Paris les voit, un peu plus tôt ou un peu plus tard, dessiner à minuit leurs silhouettes élégantes sur les vitres du café *Anglais*, et conduire sur la rive gauche du lac des poneys noirs à pompons rouges.

La tête penchée et le regard fixe, Lionel écoutait sans répondre.

— Vous savez tout désormais, continua Georges, et qui vous dit que Marthe elle-même...

L'Américain sembla sortir d'un songe.

— Marthe ! s'écria-t-il, oh ! non ! non !... c'est impossible !

— Lionel, je ne veux pas vous rendre malheureux, je ne veux pas soupçonner celle que vous aimez ; mais est-ce dans une maison pareille que vous devez aller chercher votre femme ?

— Pourquoi non ? Ne voit-on pas chaque jour les fleurs les plus pures naître dans des terrains fangeux ? Marthe est un ange de candeur et de chasteté, j'en jurerais !

— Soit ! je le veux bien. Mais pourquoi sa mère l'a-t-elle placée dans un tel lieu ?

— Périne ignore tout, soyez-en sûr.

Georges de La Brière secoua la tête.

— Ignore-t-elle tout en effet ? murmura-t-il à voix basse ; j'ai un moyen de le savoir, et je le saurai.

Puis tout haut : « Vous êtes prévenu, mon cher Lionel. J'ai fait tomber de mon mieux le bandeau qui couvrait vos yeux. Faites votre profit, demain soir, de tout ce qui frappera vos regards et vos oreilles, et dites-vous bien, dans tous les cas, que j'ai rempli le devoir d'un véritable ami. »

L'Américain donna la preuve qu'il le comprenait en serrant les deux mains de Georges.

— Mais enfin, demanda ce dernier après un silence, est-ce que vous avez engagé positivement votre parole ?

— Oui, puisque j'ai fait la demande la plus formelle.

— Et la main de Marthe vous a été accordée, bien entendu ?

— C'est ce qui vous trompe.

— Comment ! s'écria M. de La Brière avec un mouvement de surprise ; que me dites-vous là ?

— Périne ne m'a donné aucune solution. Elle a remis sa réponse à plus tard.

— Sous quel prétexte ?

— Sous le prétexte qu'il lui faut réfléchir avant de prendre un parti, par la raison qu'elle n'est pas la mère de celle que j'aime.

— Elle n'est pas sa mère ! répéta Georges qui marchait de surprise en surprise ; mais alors, c'est tout un roman.

— Peut-être.

— Mais ce roman, vous le connaissez ? La saltimbanque a dû vous dire à quelle famille appartenait la jeune fille, et par qui elle lui avait été confiée ?

— Voilà justement ce qu'elle a refusé de m'apprendre, aujourd'hui du moins ; elle me révélera sans doute ces choses un peu plus tard, car elle m'a donné l'autorisation d'aller chez elle.

Georges réfléchit pendant un instant.

— Voulez-vous que je vous parle sincèrement? dit-il ensuite.

— Je vous en prie.

— Eh bien! je crois que vous avez affaire à forte partie et que vous serez vraiment heureux si vous vous en tirez les bras nets.

— Que soupçonnez-vous donc?

— Je soupçonne Périne d'être une commère diantrement rusée. Cette affaire d'enfant qui la croit sa mère, qu'elle appelle sa fille, et qui n'est pas sa fille, me semble au plus haut point suspecte. La saltimbanque a demandé du temps pour bâtir l'histoire qu'on vous racontera un de ces jours. Rien ne me prouve qu'elle n'est pas d'accord avec la Gerfaut pour vous exploiter.

— Ah! mon ami, balbutia Lionel, une telle pensée serait horrible!

— Hélas! la réalité l'est souvent. Mais demain soir, je vous le promets, nous saurons à quoi nous en tenir.

Le coupé s'arrêta devant le café *Riche*.

— Nous sommes arrivés, ajouta Georges; allons dîner.

XVIII

AVENUE MARBEUF

Immédiatement après le départ de Périne, Gontran de Strény était sorti du cabinet qui venait de lui servir de poste d'observation. Il avait vu Lionel Morton rejoindre Georges de La Brière et monter en voiture avec lui. Il s'était empressé de questionner Tromb-Alcazar et Passe-la-Jambe sur le compte de l'ami du jeune Américain, mais ni l'un ni l'autre des deux bohèmiens ne le connaissait et n'avait pu lui fournir le moindre renseignement à son égard.

L'ex-modèle et son associé se mouraient d'impatience de procéder à l'achat d'un mobilier, et de s'installer dans leur nouveau logement de la rue des Postes.

Le baron leur fit à tous deux quelques dernières recommandations, et, tandis qu'ils se dirigeaient vers les établissements des brocanteurs du Marché-aux-Veaux, rue de Pontoise, il monta dans un coupé de régie qui l'attendait à vingt pas du cabaret de *la Girafe*, et il donna l'ordre de le conduire au café *Anglais*.

Tout en dînant, il réfléchit longuement à sa situation, et il la conclut que cette situation devenait, sous tous les rapports, aussi satisfaisante qu'il était possible de le souhaiter.

Ne venait-il pas, au moment où il s'y attendait le moins et où il avait perdu presque tout espoir de se rencontrer jamais avec elle? Ne venait-il pas de découvrir laquelle des deux enfants élevées par la saltimbanque était la fille de la comtesse de Kéroual?

Enfin, et pour comble de bonheur, Marthe ne se trouvait-elle point placée entre les mains et sous la garde d'une femme sur laquelle, lui, Gontran de Strény, pouvait compter absolument?

Il faut convenir que le malin diable qui, sous le nom menteur de hasard, préside aux destinées humaines, avait pris soin de tout arranger pour rendre facile et presque certaine la réalisation des projets du baron.

Déjà, dans son esprit, se dessinaient les lignes principales du plan qu'il se proposait de suivre afin d'arriver à son but.

Olympe Silas, devenue madame Gerfaut, l'attendait le lendemain; il ne manquerait pas au rendez-vous, il en devancerait même l'heure, et son ancienne maîtresse apprendrait de sa bouche ce qu'il était indispensable qu'elle sût afin de pouvoir le servir.

L'amour de Lionel Morton pour Marthe l'ouvrière et la probabilité très-grande de voir Marthe partager cet amour ne causaient à Gontran qu'une médiocre inquiétude.

— J'ai des droits incontestables, se disait-il, je saurai bien les faire reconnaître, et, une fois investi, comme tuteur de Marthe, d'une autorité sans contrôle, je prendrai les mesures nécessaires pour effacer du cœur de cette enfant, ou plutôt de son esprit, l'image de ce gentleman d'outre-mer. Je serai le maître d'imposer l'absence, et l'absence amène l'oubli.

Un nuage passa sur le front de Gontran, ses sourcils se contractèrent.

— Cependant, murmura-t-il, il faut tout prévoir. Si elle s'obstinait, si elle ne voulait pas oublier? Eh bien! si cela était, aux grands maux les grands remèdes! N'ai-je pas sous la main deux bandits adroits et sans scrupules? La vie de Paris est pleine de dangers. Un ivrogne vous heurte en passant et vous fait tomber sous la roue d'un omnibus qui vous écrase. Un voleur se trouve par hasard à la porte de votre demeure, une nuit que vous rentrez tard, et vous donne un coup de couteau pour s'emparer plus à son aise de votre montre et de votre bourse. Il arrivera quelque chose de ce genre à l'Américain... si je ne puis faire autrement.

Ayant ainsi tout prévu, et très-réjoui par la perspective de la fortune prochaine, le baron de Strény passa le reste de la soirée aux Variétés, rentra chez lui, se coucha, s'endormit et fit des songes d'or.

Le lendemain à cinq heures, après s'être habillé avec une suprême élégance et avoir assujetti à la boutonnière de son habit noir la brochette de ses ordres étrangers, Gontran monta en voiture et donna l'adresse de madame Gerfaut.

Les convives de la grande couturière n'étant invités que pour sept heures, le baron se ménageait le temps d'un long entretien.

L'hôtel de l'avenue Marbeuf était installé sur un pied de luxe digne d'un grand seigneur millionnaire.

Au-dessus de la porte cochère, une large plaque de marbre noir offrait ces mots gravés en lettres d'or :

MAISON GERFAUT

Cette porte ouverte, on se trouvait dans un cour vitrée pleine de fleurs, où l'on voyait aller et venir, en guise de cerbère, un suisse énorme en culotte courte, en habit à la française de couleur groseille galonné d'argent sur toutes les tailles, chaussé de souliers à boucles d'argent, et coiffé du tricorne traditionnel sur une perruque poudrée à frimas.

Un escalier de marbre blanc, garni de fleurs comme la cour, conduisait aux appartements du premier étage, que nous croirons avoir suffisamment décrits, quand nous aurons affirmé que toutes les élégances et les superfluités modernes s'y trouvaient entassées à profusion.

De l'autre côté de l'hôtel existait un jardin assez vaste, planté de très-grands arbres et renfermant, ainsi que nous l'avons entendu dire avec orgueil à madame Gerfaut, un kiosque, une grotte, etc., etc.

L'appartement particulier de la maîtresse du logis, appartement composé d'une chambre à coucher capitonnée de damas jaune (Olympe était brune), d'un boudoir capitonné de damas rose, et d'un immense cabinet de toilette, se trouvait à la suite des salons de réception.

Nous allons pénétrer dans le cabinet de toilette tendu de toile perse gris-perle semée de bouquets de roses. Sauf ses dimensions, ce cabinet, saturé à outrance des parfums les plus capiteux, ressemblait beaucoup à l'une de ces loges d'actrices dont les titulaires ont soigné l'ornementation.

Un tapis moelleux gris et rose, quelques chauffeuses, quelques poufs, un large divan, deux hautes glaces allant de la corniche à la plinthe, et quatre tables de toilette, voilà pour l'ameublement.

Les quatre tables étaient couvertes d'une innombrable multitude d'objets, dont nous nous déclarons incapables de nommer les trois quarts.

C'était tout l'attirail de la coquetterie surannée qui s'obstine

À réparer des ans l'irréparable outrage!

pinces à épiler, teintures de vingt espèces, pots de fard, rouge minéral, blanc végétal, boîtes de crayons noirs pour agrandir les yeux, pattes de lièvres, houppes, pinceaux, godets, etc., etc., et cinquante lignes d'*et cætera*.

Olympe déjà coiffée, en jupon et en corset, assise devant une de ces tables, achevait de *faire sa figure*.

Elle regardait tour à tour, et attentivement, un délicieux pastel de Giraud suspendu contre la tenture, et un miroir de Venise placé immédiatement au-dessous de ce pastel et dans lequel se reflétait sa propre image.

Puis, après une étude approfondie, sa main légère, armée de houppes et d'estompes, reproduisait sur ses joues, avec une étonnante exactitude, les tons charmants de l'œuvre du maître.

N'était-ce pas là véritablement un travail artistique? Qui donc aurait la mauvaise foi de le nier?

Après avoir fondu les nuances avec une incomparable patience et une dextérité digne des plus grands éloges, madame Gerfaut jugea que la copie était digne enfin de l'original et elle daigna sourire au reflet chatoyant que le miroir de Venise lui envoyait.

— En vérité, murmura-t-elle d'un air satisfait, je commence à croire que ce cher Gontran ne me trouvera pas trop changée; il est impossible de s'apercevoir que je suis un peu maquillée (de la meilleure foi du monde, elle le croyait), et je n'ai jamais été plus jolie! Qui pourrait dire, en me regardant, que je suis une *femme sérieuse?* Je vaux cent fois toutes ces petites filles qui n'ont pour elle que la beauté du diable.

Bref, enchantée de sa personne et sincèrement convaincue que vingt ans écoulés n'avaient fait que l'embellir, Olympe sonna et sa femme de chambre accourut.

Cette camériste, nous devons le constater en passant, n'était point admise dans le cabinet de toilette pendant que madame Gerfaut copiait chaque jour sur son visage le pastel de Giraud.

— Habillez-moi, ma fille, commanda Olympe.

— Quelle robe mettra madame?

— Quel temps fait-il?

— Il fait sombre et il commence à pleuvoir.

— Dans ce cas, il faut une toilette sérieuse. Je mettrai ma robe rose.

Cinq minutes après, un corsage rose, étroitement lacé par derrière, dessinait la taille toujours ronde et fine de l'ex-pêcheresse.

Le timbre de l'hôtel résonna, annonçant l'arrivée d'un visiteur. Madame Gerfaut interrogea des yeux le cadran de la pendule.

— Cinq heures dix à peine, dit-elle ensuite. Allez voir qui nous arrive de si bonne heure.

La femme de chambre sortit et revint presque aussitôt, apportant cette réponse :

— Madame, c'est un monsieur dont voici la carte et qui attend dans le grand salon.

Olympe jeta les yeux sur la carte.

— Le baron Gontran de Strény, lut-elle tout haut. J'en étais sûre; quelle hâte de me revoir! Il est seul? ajouta-t-elle.

— Absolument seul.

— Comment! il n'a pas avec lui une petite dame assez drôlette ? à cheveux rouges ? une espèce d'écureuil?

— Non, madame.

— Je comprends, murmura Olympe. Par délicatesse, il n'aura point voulu l'amener chez moi. C'est d'une belle âme. Oh! Gontran, je te reconnais!

— Madame n'a pas d'ordres à me donner?

— Allez prévenir ces demoiselles que je vais passer à l'atelier. Dites ensuite à M. le baron que j'achève ma toilette, que dans dix minutes j'irai le rejoindre, et présentez-lui mes excuses pour ce retard.

— Bien, madame.

Olympe minauda devant la glace, cligna les yeux pour faire briller ses prunelles, sourit pour se montrer ses dents, passa une dernière fois sur ses joues la houppe à poudre de riz parfumée, et, suivie d'une *traîne* incomparablement majestueuse, elle quitta son cabinet, traversa sa chambre à coucher et se dirigea vers l'atelier où travaillaient les dix ou douze jeunes filles qu'elle élevait à l'honneur de son intimité.

Nous parlerons spécialement de cet atelier. Il y en avait d'autres au rez-de-chaussée où s'ébauchaient les travaux importants qui s'achevaient au premier étage; mais ces ateliers en sous-ordre étaient peuplés d'ouvrières qui ne mangeaient et ne couchaient point à l'hôtel de l'avenue Marbeuf, et qui n'assistaient jamais aux réceptions de madame Gerfaut.

L'atelier du premier étage consistait un véritable et luxueux salon en forme de rotonde, dans lequel on introduisait souvent les plus considérables clientes lorsqu'elles désiraient s'assurer, par leurs propres yeux, qu'on ne sacrifiait point leurs commandes à celles de rivales plus favorisées.

Dans l'antichambre qui précédait cet atelier se trouvait un valet de pied en grande livrée, répondant au nom quelque peu prétentieux d'Anacharsis.

Madame Gerfaut, frappée d'une idée subite, s'arrêta en face de lui.

— Anacharsis, lui dit-elle, allez enjoindre de ma part, au sommelier, de frapper, pour le dîner, une bouteille de porto.

— Oui, madame.

Olympe ajouta tout bas :

— Ce cher Gontran adorait le porto frappé; il verra que je m'en suis souvenue... et ça lui fera plaisir.

Anacharsis allait quitter l'antichambre pour s'acquitter de son message.

Madame Gerfaut, qui venait de l'examiner de la tête aux pieds, le rappela.

— Anacharsis, s'écria-t-elle avec une réelle solennité, je vois avec regret que vous vous négligez dans votre tenue.

— Moi, madame ?

— Regardez vos jambes! Votre bas de fil d'Écosse fait des plis sur le mollet gauche. C'est en ne surveillant pas ces détails minuscules avec conscience et amour-propre, que l'on cause un tort irréparable à la renommée d'une bonne maison; le comprenez-vous, Anacharsis?

— Oui, madame.

— Alors, tirez ça, mon garçon; tirez ça bien vite!

— Oui, madame.

Et le valet de pied se mit en devoir incontinent de tirer sur son mollet gauche son bas de fil d'Écosse.

Madame Gerfaut prit à l'instant même un air de haute pruderie, et se voila le visage de son éventail déployé.

— Fi donc, Anacharsis, murmura-t-elle, ah! fi donc! Pas devant moi, mon garçon! Quand vous serez dehors. Allez.

— Oui, madame.

Le valet de pied sortit, tout confus de son involontaire inconvenance, et madame Gerfaut ouvrit la porte de l'atelier.

Dix à douze jeunes filles, artistement coiffées et vêtues de soie, travaillaient avec une activité qui prit des proportions inouïes au moment où parut la maîtresse de la maison.

Ces jeunes filles, dont la plus âgée atteignait à peine vingt-deux ans, étaient toutes fraîches et jolies; toutes elles avaient mieux que la *beauté du diable* si dédaigneusement traitée par Olympe quelques minutes auparavant. Elles se recommandaient en outre par le piquant de leur tournure et la grâce vraiment remarquable avec laquelle elles savaient porter la toilette.

Hâtons-nous d'ajouter que, parmi ses charmantes compagnes, Marthe brillait comme une jeune reine, non-seulement par son exquise beauté, mais par sa distinction accomplie.

Constatons aussi que sa physionomie chaste et ses façons modestes ne ressemblaient en rien à la désinvolture un peu trop cavalière de presque toutes les autres jeunes filles.

— Bonjour, mes colombes, dit Olympe en entrant; vous travaillez comme des petits anges. Bravo!

— Oui, madame, répondirent toutes les voix avec un ensemble parfait, tandis que les mains mignonnes redoublaient d'activité; nous faisons de notre mieux.

— C'est gentil, cela, reprit madame Gerfaut; mais il y a temps pour tout : après le travail, le plaisir. Laissez là votre ouvrage.

Les ouvrières ne se le firent pas répéter deux fois. Quelques enthousiastes crièrent : *Vive madame!* et le mouvement des aiguilles s'arrêta comme par enchantement.

Olympe continua :

— Vous savez que j'ai du monde à dîner... quelques amis... des gens du monde... des gens très-chics.

— C'est tout simple, fit observer l'une des ouvrières, madame n'en reçoit jamais d'autres.

— Naturellement. Qui se ressemble s'assemble. Je n'aime que les personnes de la plus haute distinction. Que voulez-vous, je suis faite comme ça... Je crois que le dîner sera bon, il y aura beaucoup de truffes.

— Ah! fit avec sentiment une boulotte très-appétissante qui répondait au nom de Léonide, j'adore ça, moi, les truffes!

— Moi aussi, ajouta une blonde délicate qui s'appelait Amanda, surtout quand il y a des dindes tout autour.

— Madame, murmura d'un air rêveur une autre jolie blonde, y aura-t-il du champagne frappé?

— Oui, mes petits agneaux, tout le temps. Du cliquot de la veuve! Mais prenez bien garde aux plumets. Les convenances, vous savez, les convenances! Je ne connais que ça, moi! Il faudra bien se tenir... d'autant plus que nous aurons aussi des dames.

— Ah! qui donc? demandèrent deux ou trois curieuses.

— Deux de mes meilleures clientes, charmantes et bien comme il faut, mademoiselle Bébé Patapouf, du théâtre du Palais-Royal, et mademoiselle Crevette-Rose, des Variétés.

— Oh! tant mieux! tant mieux! fit Léonide; elles sont si drôles! Quand elles racontent leurs histoires de coulisses, ça m'amuse presque autant de les écouter que de manger des truffes.

— Maintenant, mes petits agneaux, poursuivit madame Gerfaut, vous allez monter dans vos chambres et faire énormément de toilette. Étalez mes dernières créations. Il faut que Bébé Patapouf et Crevette Rose puissent juger de l'effet.

Malvina se pencha vers Léonide et lui dit tout bas :

— C'est, ça, nous sommes des mannequins.

— Bah! répondit Léonide de même, en attendant mieux... qu'est-ce que ça nous fait?

— Mais qu'a donc Marthe aujourd'hui? demanda madame Olympe; elle baisse les yeux et ne desserre pas les dents. Oh! mes enfants, voyez-vous, la mélancolie, il n'en faut pas. C'est malsain.

— Depuis avant-hier, Marthe pousse des soupirs à faire tourner des moulins à vents, répliqua l'une des jeunes filles, et nous avons beau la questionner, elle ne veut pas dire ce qu'elle a.

— Depuis avant-hier?... C'est donc en revenant de la fête de Saint-Cloud que ça a commencé?

— Oui, madame.

— Est-ce vrai, cela, Marthe?

La fille adoptive de Périne rougit extrêmement et balbutia :

— Mais, madame, je n'ai rien...

— Un chagrin, peut-être, mignonne?

— Non, madame.

— Ah! s'écria Léonide, je devine, moi... Des peines de cœur!

— Léonide, Léonide, dit Marthe vivement, je ne vous ai rien confié.

— Oh! je n'ai besoin ni de lorgnette ni de confidence pour y voir clair, répliqua en riant la boulotte appétissante qui chérissait les truffes. Les favoris blonds de l'Américain et ses belles cravates vert émeraude sont au bout de chaque soupir. Allez, allez, je m'y connais.

— Ah! Léonide! fit Marthe avec un ton de reproche, et l'on eût dit que des larmes allaient couler de ses yeux.

— Comment, ma belle petite, reprit madame Gerfaut en embrassant la jeune fille, c'est à ce point! Vous êtes pincée! Il faut prendre garde à cela, mon enfant, c'est maladroit; on perd tous ses moyens. Du reste, vous n'avez pas mauvais goût... Vous savez déjà mon opinion sur Lionel Morton. Je le trouve charmant, et je le déclare gentleman jusqu'au bout des ongles! Vous serez à table à côté de lui. Égayez-vous donc, ma colombe... Voyons, est-ce fait? Allez-vous sourire?

— Je ne puis que vous le répéter, madame, je n'ai aucun sujet de tristesse.

— Alors, qu'est-ce que vous avez? car enfin vous avez quelque chose... ça se voit.

— Je me sens un peu souffrante.

— Oh! des vapeurs! murmura Léonide; mademoiselle a ses nerfs! As-tu fini, poseuse!

— Allons, allons, poursuivit Olympe, rien d'inquiétant. Malaise passager qui vient du cœur. C'est fort peu de chose. La seule présence de Lionel Morton suffira pour vous guérir, je le parierais.

Marthe fit un geste d'impatience.

— Pourquoi donc me parler toujours de M. Lionel? demanda-t-elle.

— Parce que vous êtes épris l'un de l'autre.

— Il a l'air de s'occuper de moi, c'est vrai; mais je vous ai dit hier ce que je pensais, et, dans tous les cas, c'est moi seule que cela regarde.

— Oh! parfaitement, ma chère petite. Ne vous impatientez pas. Inutile d'avoir vos nerfs! La liberté, c'est ma devise. En matière de sentiment, je déteste l'intervention. Vous êtes libre comme l'hirondelle. Chacun pour soi et l'amour pour tous. Si votre cœur vous pousse, allez où il voudra. N'essayez pas de lui résister; d'abord c'est fatigant, ensuite c'est inutile. Je le dis carrément, voilà ma philosophie.

— Votre philosophie? répéta Marthe en souriant, quand madame Gerfaut eut achevé ce cours de morale un peu plus que paradoxal; est-ce la bonne?

— Comment, si c'est la bonne?

— Je vous le demande, madame.

— Vous ne la croyez donc pas?

— Non, pas beaucoup, je l'avoue.

Toutes les ouvrières firent des gestes d'étonnement et se regardèrent les unes les autres avec des expressions moqueuses. La naïveté de Marthe leur paraissait phénoménale.

— Oh! ma mignonne, répliqua madame Gerfaut, là-dessus, ne discutons pas! Je suis, grâce à Dieu, bien connue, et tout Paris sait qu'il n'y a rien à dire sur mon compte...

Les ouvrières, qui venaient de se moquer de Marthe, n'épargnèrent pas davantage la ci-devant Olympe Silas et firent des gestes d'adhésion comique.

— Et pourtant j'aime les gens riches, continua l'illustre couturière. C'est plus fort que moi, j'ai ça dans le sang; ça me vient de naissance. Si quelque millionnaire me faisait la cour, j'ai beau être très-chatouilleuse sur le chapitre des inconséquences, je sens bien que ma vertu recevrait un terrible assaut, et je ne sais pas, non, parole d'honneur, si j'oserais répondre de moi. Désespérer un millionnaire! Ah! mais! mais! c'est grave, songez-y donc! Il me semble qu'on doit avoir des remords! Et puis, c'est si tentant, la fortune, le luxe, un hôtel tout capitonné, des chevaux anglais avec des cocardes... des cachemires à n'en savoir que faire, des diamants, des rangs de perles... Oh! mes enfants, ne discutons pas, le million me monte à la tête, et je crois que je finirais par dire de bêtises.

— Moi, madame, répliqua Marthe, je n'ai qu'une chose à répondre.

— Laquelle?

— Celle-ci : le luxe ne me tente pas.

— Ah! mignonne, vous êtes romanesque. Eh! mon Dieu! je le suis aussi! Nous nous en corrigerons toutes les deux... avec l'âge. On commence de cette façon quand on rêve un beau mariage. Mais, après la déception, changement à vue, comme au théâtre... et l'on devient une femme sérieuse.

— Je ne fais aucun rêve, madame.

— Tant mieux pour vous, mademoiselle! Allons, mes colombes, à vos toilettes, et n'oubliez pas ce que je vous ai dit : faites-vous bien belles.

— Nous tâcherons, madame.

Les jeunes filles disparurent comme une volée de gracieux oiseaux, et madame Gerfaut prit le chemin du boudoir où l'attendait Gontran.

XII

OLYMPE ET GONTRAN

Il était capitonné de rose, ce boudoir, avec des rideaux roses et des meubles dorés recouverts en soie blanche et rose. Il y avait au plafond des fleurs et des amours, et les dessins du tapis figuraient des amours jouant parmi des fleurs.

Impossible de rien imaginer de plus jeune, de plus frais, de plus Pompadour.

Madame Gerfaut devait être là tout à fait dans son milieu, avec sa robe rose et des roses sur les joues; roses factices, il est vrai, mais qui n'en étaient pas moins des roses.

Gontran de Strény, à demi étendu sur un sofa capitonné, regardait en souriant tantôt les amours du plafond, tantôt les amours du tapis.

En entendant ouvrir la porte, il se leva.

Celle qui avait été Olympe Silas jouissait du calme le plus parfait; elle jugea néanmoins utile, en entrant, de jouer l'émotion, et, sans songer que le baron était arrivé depuis un grand quart d'heure, elle s'écria :

— Ah! Gontran, Gontran, je vous attendais avec la fièvre.

— Et moi, répliqua galamment M. de Strény en lui baisant la main, je sentais mon cœur battre d'une façon tout à fait surprenante.

— Est-ce bien vrai, cela? demanda Olympe en minaudant.

— J'en atteste vos yeux.

— Vous n'avez donc pas complètement oublié le passé?

— Il est des bonheurs que rien ne saurait effacer de la mémoire.

— Oh! mon ami, combien de souvenirs !...

— Et qu'ils sont doux.

— Oui, bien doux, murmura l'ex-pêcheresse; mais qu'ils datent de loin, hélas!

— Il me semble, qu'ils datent d'hier quand je vous regarde, répondit Gontran d'un air convaincu.

— Savez-vous que je vous ai terriblement aimé!

— Et moi donc, je vous adorais !

— J'étais jalouse comme une tigresse.

Paris. — Typ. Gaillandre et Brébié, rue du Potager, 27.

16

— Olympe, êtes-vous toujours ma véritable amie? (Page 121.)

— Vous aviez tort, je ne pensais qu'à vous; mais cette jalousie même m'était précieuse, car elle me prouvait votre amour.

— Et cependant nous nous sommes séparés, Gontran.

— Il le fallait; on ne lutte pas contre sa destinée; mais cette séparation cruelle m'a coûté bien des larmes...

— Pas plus qu'à moi; soyez-en persuadé. Ah! mon ami, quelle désillusion! Pauvre enfant que j'étais, quelles angoisses! Combien j'ai souffert!

Et madame Gerfaut porta son mouchoir à ses yeux pour les essuyer, quoiqu'ils fussent parfaitement secs.

Gontran allait répondre sur le même ton; mais son ancienne maîtresse trouva sans doute que la part faite au marivaudage était suffisante, car elle continua :

— Eh bien! à tout prendre, vous m'avez rendu là un fameux service, savez-vous?

— Comment cela, chère amie?

— En m'ouvrant les yeux sur le néant des affections qui semblent devoir être éternelles, et sur la fragilité des chaînes qu'on croit indissolubles. J'ai compris, grâce à vous, que l'amour est une duperie; je suis devenue femme sérieuse et je m'en trouve à merveille.

— Et moi, je vous en félicite.

— Que vous semble de mon installation?

— Elle est véritablement princière.

— Oh! princière est beaucoup dire, mais elle est suffisante. C'est gentil, c'est confortable; point de clinquant, mais du solide. Vous verrez mon argenterie.

— J'applaudis des deux mains, et de tout cœur, à votre fortune.

16e LIVRAISON.

— Fortune honorablement gagnée, j'ose le dire. Quand j'aurai soixante mille livres de rente, je me retirerai des affaires.

— Sera-ce bientôt?

— Dans deux ou trois ans, je suppose.

— Mes compliments.

— Dois-je vous faire les miens? êtes-vous dans une situation digne de vous?

— Je ne me plains pas.

— C'est un peu vague. Expliquons-nous mieux. Tout ce qui vous touche m'intéresse.

— Olympe, êtes-vous toujours ma véritable amie?

— Ah! vous n'en doutez pas, j'espère?

— Eh bien! prouvez-le-moi. Il est six heures à peine, vos invités n'arriveront pas de sitôt. Défendez votre porte pour un quart d'heure, car j'ai à vous parler de choses graves.

— Vous m'intriguez singulièrement.

— Faites ce que je vous demande et vous aurez le mot de l'énigme.

Madame Gerfaut sonna. Anacharsis accourut. Ses bas de fil d'Écosse, très-bien tirés, dessinaient son mollet gauche non moins irréprochablement que le droit. Olympe, d'un seul regard, constata ce détail avec satisfaction.

— Anacharsis, dit-elle, que personne n'entre dans ce boudoir avant que j'aie donné contre-ordre; vous entendez, personne?

— Oui, madame.

— Nous avons peu de temps à nous, reprit Gontran quand le valet se fut retiré; allons droit au but. Êtes-vous femme à me rendre un important service?

Madame Gerfaut frissonna; il lui sembla voir poindre à l'horizon la perspective d'un emprunt : aussi ce fut avec une hésitation manifeste qu'elle répondit :

— Cela dépend.

Le baron de Strény était trop fin pour ne point remarquer l'hésitation d'Olympe, et pour n'en pas deviner la cause.

— Rassurez-vous bien vite, dit-il en répondant à sa pensée secrète ; ce n'est nullement ce que vous croyez.

Olympe respira.

— Enfin, de quelle nature est-il, ce service ? demanda-t-elle.

— Il s'agirait de quitter votre établissement et de vous éloigner de Paris pendant deux ou trois mois, tout au plus.

Madame Gerfaut fit un bond.

— Quitter mon établissement ! Ah çà, baron, vous perdez la tête ! Vous voulez donc me ruiner ?

— Je vous ménage, au contraire, une affaire excellente.

— Ah bah ! quelle affaire ?

— Vous le saurez. Dites-moi d'abord si ce que je vous demande est possible ?

— Je pourrais, à la rigueur, laisser les ateliers sous la surveillance de ma première demoiselle ; mais il ne faut point se dissimuler que ma clientèle ne serait pas contente. Où faudrait-il aller ?

— Passer deux ou trois mois, tout simplement, en Suisse ou en Italie, à votre choix.

— Un chalet au bord du lac de Brientz, une villa sur les rives du lac de Côme : mon idéal, mon rêve ! Dites donc, baron, il a du bon, votre projet ; il a beaucoup de bon.

— Vous voyez bien !

— Mais, j'y songe, dans le chalet ou dans la villa, serai-je seule ?

— Non.

Madame Gerfaut se reprit à minauder.

— Est-ce que, par hasard, vous songeriez à m'accompagner ? murmura-t-elle.

— Je vous rejoindrai certainement, répondit Gontran ; mais ce n'est pas avec moi que vous partirez.

— Avec qui donc ?

— Je vous le dirai tout à l'heure.

— Ce sera fort cher, ce voyage.

— Qu'importe ! Il est bien entendu que tous les frais seront à ma charge et que je ferai grandement les choses.

— Ah çà ! vous êtes donc devenu millionnaire ?

— Pas encore, mais j'ai l'espoir de l'être bientôt.

— Un héritage ?

— Oui.

— Lequel ?

— Celui de ma cousine, la comtesse de Kéroual.

— Encore ?

— Toujours et plus que jamais.

— Si j'ai bonne mémoire, la fille de la comtesse, votre pupille, avait disparu il y a douze ans, comme dans un mélodrame de la bonne école, enlevée par certaines gens de service fortement soupçonnés d'avoir empoisonné la mère et volé les titres de la fortune.

— Votre mémoire est excellente.

— Vous avez retrouvé ces gens-là ?

— Oui.

— Et la petite personne est-elle morte ou vivante ?

— Elle est vivante.

— Vous la connaissez ?

— Oui.

— Sait-elle de qui elle est la fille ?

— En aucune façon.

— Où est-elle ?

— À Paris, où elle vit de son travail.

— Elle est donc ouvrière ?

— Oui.

— Chez qui ?

— Chez vous.

Madame Gerfaut resta pendant une ou deux secondes muette de stupeur ; puis elle s'écria :

— Chez moi ! Mais ce n'est pas possible !

— Je vous donne cependant ma parole d'honneur que rien n'est plus vrai.

— Prodigieux ! C'est tout un roman que cette aventure, un roman bien extraordinaire et des plus incroyables ! Mon cher baron, je n'en reviens pas ! Et comment se nomme l'héroïne ?

— Marthe.

Madame Gerfaut leva les yeux et les mains vers le plafond illustré d'amours, comme pour les prendre à témoin de sa surprise grandissante.

— La fille de cette saltimbanque qui nous donnait si sottement en spectacle avant-hier à la fête de Saint-Cloud ? dit-elle ensuite.

— Elle passe pour sa fille, en effet.

— Inouï ! mirifique ! étourdissant ! Je n'ai jamais rien vu de plus particulier sur la scène des théâtres du boulevard. Êtes-vous bien sûr, au moins, de ne pas vous tromper ?

— Oh ! parfaitement sûr ; j'ai des preuves.

— De plus fort en plus fort. Mais, j'y songe, ajouta madame Gerfaut en se frappant le front, ne m'avez-vous pas dit dans le temps que le banquier chez lequel était déposée la fortune de la comtesse de Kéroual venait de faire faillite et de se brûler la cervelle ?

— Je vous l'ai dit.

— Alors vous allez vous trouver à la tête de la tutelle d'une fille sans le sou ? Mauvaise affaire, cher baron, mauvaise affaire ! Je vois les charges, mais je ne vois pas les bénéfices.

— C'est que vous ne savez pas tout. Apprenez donc que la fortune de Marthe, presque doublée depuis douze ans par la capitalisation des intérêts, est redevenue claire et limpide.

— De plus fort en plus fort. Nous ne sommes plus dans le mélodrame, nous sommes dans la féerie. Est-ce que le banquier est ressuscité ?

— Pas précisément ; mais son fils, parti pour l'Australie aussitôt après le désastre, vient de revenir à Paris avec des tonnes d'or, et paye intégralement les créanciers de son père.

— Voilà un brave jeune homme, et vous avez une veine de mari... contrarié. Vous m'en voyez ravie. Seulement, pour réclamer cette fortune au nom de votre pupille, il vous faudra les titres. Existent-ils encore ? Où sont-ils ?

— Entre les mains de la saltimbanque.

— Voudra-t-elle s'en dessaisir en votre faveur ?

— Que cela lui convienne ou non, je les aurai.

— Quel homme ! Baron, je vous admire ; rien ne vous embarrasse ; vous savez tout prévoir et vous avez réponse à tout. Je devine le reste maintenant : c'est auprès de Marthe que vous avez besoin de moi.

— Vous devinez parfaitement juste.

— Que devrai-je faire ?

— Quitter Paris avec ma pupille.

— Quand ?

— Aussitôt que j'aurai fait reconnaître mes droits.

— Sera-ce bientôt ?

— Oui, bientôt, et aller m'attendre, ainsi que nous le disions tout à l'heure, soit dans le chalet suisse, soit dans la villa italienne.

— Je parie que je lis dans votre jeu.

— Je vous en crois parfaitement capable.

— Vous rêvez un mariage.

— C'est exact... Grâce à vous, ce mariage se fera, et, le jour de la signature du contrat, vous me permettrez de vous offrir, comme faible témoignage de ma reconnaissance, cent beaux mille francs en billets de banque.

— Je vous le permettrai, gardez-vous d'en douter ; mais il est une chose dont je dois vous prévenir.

— Laquelle ?

— C'est que Marthe a un amoureux.

— Je le savais.

— Savez-vous aussi que cet amoureux...

— Se nomme Lionel Morton et qu'il est millionnaire ? interrompit le baron. Oui, parfaitement ; et c'est pour les séparer l'un de l'autre qu'il est indispensable que la jeune fille quitte Paris.

— Vous avez raison ; je ferai tout ce que vous voudrez ; disposez de moi.

Gontran baisa de nouveau la main d'Olympe.

— Ah ! vous êtes bien ma véritable amie, lui dit-il ensuite du ton le plus pénétré.

— Je croyais vous l'avoir prouvé déjà.

— Sans doute, mais vous me le prouvez aujourd'hui mieux encore.

— Notre entretien est-il terminé ?

— Oui ; maintenant, il faut que je voie ma pupille et que je la voie sur-le-champ.

— Seule ?

— Bien entendu. Veuillez la faire prévenir et l'envoyer me rejoindre ici.

— Je vais la chercher moi-même et je veillerai à ce qu'on ne vous interrompe pas, car il est clair que votre entretien sera sérieux.

— Vous êtes adorable.

— Je vous préviens que Lionel Morton est au nombre de mes convives. Pas de querelle avec lui, n'est-ce pas? Point de scandale, ici du moins?

— Soyez paisible et envoyez Marthe me rejoindre.

— Elle sera là dans trois minutes.

Et madame Gerfaut sortit du boudoir.

XX

GONTRAN ET MARTHE

— Allons, murmura Gontran resté seul, mon étoile brille et tout marche. J'avais raison de compter sur Olympe. Elle partira avec Marthe, j'irai les retrouver...

Le baron s'interrompit pour jeter un coup d'œil sur une des hautes glaces qui lui renvoyaient son image; il fit glisser entre ses doigts les pointes effilées de ses moustaches, de façon à leur donner une tournure conquérante, puis il continua :

— Plaire à Marthe est un jeu d'enfant. Elle ne saurait être éprise sérieusement de cet Américain fade aux favoris blonds; il est impossible que je n'enlève pas son cœur de haute lutte; et d'ailleurs, si par hasard elle résistait, je saurais bien rendre le mariage nécessaire. Mes prières n'étant pas entendues, j'imposerais mes volontés. Que puis-je craindre, désormais? Rien. Je commande à tout, car j'ai tout prévu. Marthe obéira. Il ne me manque plus qu'une chose, les titres de la fortune, et c'est elle-même qui me les livrera.

A ce moment, la porte s'ouvrit; la portière fut soulevée par une petite main blanche aux ongles roses, et la jeune fille franchit le seuil du boudoir.

Elle était vêtue d'une robe de soie d'un gris très-pâle, relevée par des nœuds roses et des agréments en velours noir.

Le corsage de cette robe, décolleté avec une science qui faisait le plus grand honneur aux talents de madame Gerfaut, laissait deviner, sous une gaze transparente, les gracieuses rondeurs de la poitrine, les contours délicats des épaules, et les bras d'un modelé irréprochable.

Marthe avait une rose mousseuse piquée dans les nattes épaisses de son admirable chevelure, et deux longs rubans de velours noir tombaient jusqu'à la traîne de sa robe.

Ce costume la rendait merveilleusement belle, et son doux visage offrait une si grande ressemblance avec celui de la comtesse de Kéroual, sa mère, que Gontran en fut d'abord stupéfait et presque épouvanté. Mais nous connaissons déjà son empire sur lui-même, et cette involontaire émotion n'eut que la durée d'un éclair.

Marthe ne semblait point émue, mais un étonnement facile à comprendre se lisait sur son visage.

Gontran s'inclina respectueusement devant elle.

— Madame Gerfaut vient de me prévenir, monsieur, lui dit-elle, que vous aviez à me parler.

— Oui, mademoiselle, répondit Gontran.

La jeune fille reprit en souriant :

— Je suis venue avec une curiosité d'autant plus vive, qu'il m'est absolument impossible de deviner comment je suis connue de vous, et de quel sujet vous pouvez avoir à m'entretenir.

Le baron prit un ton presque solennel :

— Il s'agit entre nous, mademoiselle, de choses très-graves et desquelles votre avenir dépend.

— Mon avenir! répéta Marthe stupéfaite.

— Oui, mademoiselle.

— Comment cela est-il possible?

— Je vais vous l'apprendre; mais d'abord armez-vous de fermeté. Rassemblez toutes vos forces, vous en aurez besoin.

— Vous m'effrayez! balbutia Marthe qui devint très-pâle.

— Rien n'est plus loin de ma pensée. Aucun malheur, aucun péril ne vous menacent. Rassurez-vous donc.

— Expliquez-vous alors, monsieur, je vous en prie.

— Avant que je puisse le faire, il faut, mademoiselle, que vous me permettiez de vous adresser quelques questions. Consentez-vous à me répondre?

— Oui, sans doute. Interrogez-moi, je suis prête.

— Remontez dans le passé, mademoiselle, aussi loin que vos souvenirs vous permettront de le faire, et dites-moi ce que vous trouvez tout au fond de votre mémoire.

— Je n'étais nullement préparée à cette question, balbutia Marthe, et...

— Et vos lointaines impressions sont confuses et troublées, acheva Gontran. Personne mieux que moi ne le comprend, mais je puis vous venir en aide.

— Faites-le donc!

— Quand vous abaissez vos paupières et quand, avec les yeux de votre âme, vous regardez en arrière, ne vous semble-t-il pas entrevoir, à côté de la personne que vous appelez aujourd'hui votre mère, une autre figure, une figure de femme, dont les contours sont vagues, indécis, presque effacés, pareils à ceux d'un rêve qui s'envole?

Marthe ferma les yeux, comme pour obéir à la recommandation de Gontran, et resta pendant un instant silencieuse.

— Eh bien? lui demanda le baron.

— Eh bien! répondit-elle, la figure dont vous parlez, une figure blanche, douce et triste, reste dans ma mémoire d'une façon plus distincte que vous ne le supposez. En ce moment même, je la vois.

— Ne vous êtes-vous jamais demandé quelle était cette femme?

— Oh! si, monsieur, bien souvent, et plus d'une fois j'ai questionné ma mère à son sujet.

— Que vous a-t-elle répondu?

— Ces simples paroles, toujours les mêmes : *Priez pour elle, mon enfant, elle est morte!*

— Mais son nom? ne vous a-t-elle jamais dit son nom?

— Jamais. Ce nom, monsieur, est-ce que vous le savez?

— Oui.

— Voulez-vous me l'apprendre?

— Je le veux et je le dois : cette femme s'appelait la comtesse Léonie de Kéroual.

— La comtesse de Kéroual, répéta Marthe : je ne l'oublierai pas. Mais, entre cette grande dame et une humble fille comme moi, quels rapports?

— C'est en ce moment, mademoiselle, que vous allez avoir besoin de dominer votre émotion.

— Je suis forte, monsieur; parlez.

— La comtesse Léonie de Kéroual était votre mère.

Marthe attacha sur le baron un regard presque égaré, et pendant une seconde elle parut véritablement très-émue; mais elle se remit aussitôt, un sourire vint à ses lèvres et elle répondit :

— Vous êtes dans l'erreur, monsieur, et quelque circonstance, que je ne connais pas, vous abuse. Ce que vous venez de me dire est impossible.

— Pourquoi donc?

— Je suis la fille de Périne...

— Vous êtes la fille de la comtesse de Kéroual, j'en donnerai la preuve positive, convaincante, irrécusable.

— Eh! monsieur, si ce que vous affirmez était réel, comment se ferait-il...

Marthe s'interrompit.

— Que Périne la saltimbanque, et son mari, vous aient caché votre situation réelle et fait passer pour leur enfant? acheva Gontran.

— Oui.

— Je vais vous le dire, mademoiselle, et c'est un bien triste, bien douloureux récit que vous allez entendre. Heureusement il sera court. La comtesse de Kéroual, depuis la mort du comte, votre père, menait au fond d'une province une existence solitaire dans un château très-isolé. Hiver comme été, elle vivait là, avec sa fille, une enfant de quatre ans. Quoique la comtesse fût riche, elle n'avait autour d'elle qu'un petit nombre de serviteurs. Deux de ces derniers, le mari et la femme, l'une femme de charge, l'autre garde-chasse, possédaient toute sa confiance. Un soir, la comtesse fut trouvée morte. Les deux valets privilégiés avaient quitté le château, emmenant avec eux l'orpheline. On chercha vainement leurs traces et l'on se confondit d'abord en conjectures sur les motifs de cet étrange départ, qui ressemblait si fort à une fuite. La justice s'en émut. Une perquisition immédiate permit de constater la disparition de tous les titres de la fortune de madame de Kéroual. L'opinion publique accusa les valets fugitifs. Ces valets, soupçonnés du triple crime d'assassinat, de vol et de rapt d'enfant, étaient Périne et son mari.

Marthe frissonna et devint d'une pâleur livide.
— Ah! ce serait horrible! s'écria-t-elle.

Puis elle ajouta, avec une expression d'incrédulité résolue :

— Mais, heureusement, c'est insensé!
— Insensé, dites-vous; pourquoi?
— Pour la meilleure de toutes les raisons : si la rumeur publique n'avait pas été calomnieuse, la fille de la comtesse de Kéroual serait riche et riches aussi les ravisseurs. Eh bien! ceux qu'on accuse d'avoir volé une fortune ont travaillé pour m'élever; ils travaillent encore aujourd'hui, et quel travail! Qu'avez-vous à répondre à cela?

— C'est ici, mademoiselle, que la justice de Dieu éclate visiblement. Le banquier de Paris, chez lequel les capitaux de votre mère étaient déposés, venait de faire banqueroute au moment où les deux misérables se présentèrent chez lui pour toucher votre fortune. Ceci a été constaté judiciairement. A votre tour, mademoiselle, qu'avez-vous à répondre?

Marthe se soutenait à peine et son visage exprimait une immense épouvante.

Elle s'efforçait de lutter contre ce qui lui semblait devenir l'évidence, et, soulevée par le flot grandissant, elle perdait pied.

— Non, je ne vous crois pas! s'écria-t-elle cependant dans le plus grand désordre; je ne veux pas vous croire! On vous a trompé, monsieur. Périne et son mari sont d'honnêtes gens, les plus honnêtes gens qu'il y ait au monde! Je répondrais d'eux sur ma vie; et, d'ailleurs, si véritablement un crime avait été commis, la justice aurait trouvé les coupables et les aurait punis.

— La justice a fait son devoir, répliqua Gontran d'une voix grave.

Tremblante, affolée, Marthe fixait sur lui ses yeux agrandis par la terreur.

— Comment?... balbutia-t-elle enfin.
— La justice a condamné le saltimbanque et sa femme.
— Condamné! répéta la jeune fille éperdue.
— Tous les deux, par contumace, à la peine de mort!

XXI

GONTRAN ET MARTHE

(Suite)

En entendant ces terribles paroles, Marthe poussa un gémissement.

— Mon Dieu! dit-elle d'une voix à peine distincte, ô mon Dieu!...

Elle se sentit anéantie, ses forces la trahirent, elle chancela, et sans doute elle serait tombée si Gontran ne s'était empressé de la soutenir et de la placer sur un siège.

Au bout d'un instant, sans pitié pour cette douleur immense qu'il venait de faire naître, il reprit :

— Oui, condamnés à mort tous les deux, et, s'ils n'ont pas subi leur peine, c'est que la Révolution de 1848 est venue, immédiatement après la criminelle, et que depuis cette époque ils ont été assez habiles pour se soustraire à toutes les recherches et pour éviter l'échafaud.

Ce dernier mot fit frissonner Marthe de la tête aux pieds. Elle balbutia :

— Au nom du ciel, monsieur, taisez-vous!
— Ne faut-il pas que vous sachiez la vérité tout entière? répliqua Gontran.

— Vous voyez bien que vous allez me rendre folle! reprit la jeune fille. Vous me parlez... je vous écoute... je vous entends... mais je ne vous comprends pas!... Ne venez-vous pas de me dire que ma mère, ma vraie mère, avait été assassinée par Périne?... Voilà ce que j'ai entendu... mais il est impossible que ce soit bien ce que vous avez dit. Périne est ma mère aussi... c'est elle qui m'a élevée, c'est elle qui m'a aimée comme sa fille... Est-ce qu'elle aurait fait tout cela, monsieur, si véritablement elle avait tué ma mère?

— Le remords la poussait à expier son crime.
— Ses soins de tous les jours, de toutes les heures; ses caresses, aussi tendres pour moi que pour son autre enfant; les larmes que parfois elle versait sur moi...

— C'est le remords qui les faisait couler.
— Ainsi vous affirmez?

— J'affirme.

La jeune fille se tordit les mains.

— Eh bien! non, décidément, je ne vous crois pas! dit-elle ensuite avec violence, vous mentez! Pourquoi vous croirais-je? Vous accusez, mais où sont vos preuves?

— Les voici! répondit Gontran en présentant à Marthe un papier timbré; soupçonnerez-vous aussi de mensonge un acte authentique, irrécusable, l'extrait du jugement de la cour d'assises?... Lisez!

Marthe parcourut des yeux ce papier, et son visage devint rayonnant.

— Ah! que Dieu soit béni! s'écria-t-elle ensuite, je le savais bien, moi, que c'était impossible! Cet acte même, cet acte qui devait, croyez-vous, m'ouvrir les yeux sur leur ignominie, est la preuve de leur innocence!...

— Comment? demanda Gontran stupéfait.
— Les condamnés se nomment Périne et Jean Rosier! répliqua la jeune fille. Regardez, monsieur! regardez!

— Eh bien?
— Eh bien! ma mère, à moi, se nomme Périne Raymond! Vous voyez bien que ce n'est pas elle!

— Je vois qu'elle a changé de nom pour dérober sa trace, reprit le baron de Strény, et cette prudence était élémentaire... Mais en quittant son nom on garde son visage... Je connaissais Périne Rosier... Je l'ai revue hier, et j'affirme son identité! J'affirme de plus qu'en ma présence elle n'oserait la nier un instant... Voulez-vous en faire l'épreuve?

— Mais c'est horrible! s'écria Marthe. Ah! pourquoi ne suis-je pas morte avant d'avoir jeté les yeux dans cet abîme d'infamie?... Et vous, monsieur, que vous ai-je donc fait pour me désespérer ainsi? Pourquoi m'avez-vous ouvert les yeux? Pourquoi substituez-vous si cruellement à l'erreur qui me rendait heureuse la réalité qui me tue?

— Parce que j'avais un devoir à remplir, mademoiselle... un devoir sacré.

— Lequel?
— Celui de ne pas vous laisser prodiguer plus longtemps à des misérables les plus saintes affections de votre cœur, celui de vous rendre votre nom véritable, celui enfin de vous arracher à la situation obscure dans laquelle vous végétez et de vous restituer votre fortune.

— Ma fortune? répéta Marthe avec étonnement. Ne m'avez-vous donc pas appris tout à l'heure qu'elle était perdue, anéantie par la faillite d'un banquier?...

— Elle l'était en effet à l'époque où Périne et son mari voulaient s'en emparer, mais il n'en est plus de même aujourd'hui. Le fils du banqueroutier poursuit la réhabilitation de son père et paye les dettes du passé, si bien que, non seulement votre fortune existe, mais encore qu'elle a grandi.

— Je suis bien forcée de vous croire... mais que vont devenir Jean et Périne? Périne que j'appelais ma mère?... Allez-vous donc les faire arrêter? les livrer aux juges qui jadis les ont condamnés?

— Cela dépendra de vous, mademoiselle.
— De moi? répéta Marthe étonnée. Comment?
— Si grand, si monstrueux qu'ait été leur double crime, il me paraît juste de tenir compte des soins qu'ils ont pris de vous pendant votre enfance et de la tendresse expiatoire avec laquelle ils vous ont élevée. J'aurai donc pitié d'eux, je ne les dénoncerai pas si vous me venez en aide pour réparer, autant que cela est encore possible, le mal qu'ils ont fait.

— Vous venir en aide, monsieur? demanda Marthe. Eh! le puis-je?

— Oui; et voici de quelle façon. Dans le logement de celle qui se disait votre mère doit exister quelque meuble mieux fermé que les autres...

— Sans doute.
— Et dans ce meuble, quelque tiroir rarement ouvert contenant des papiers?... Vous avez remarqué cela, n'est-ce pas?

— Oui.
— Ces papiers, vous les avez vus? demanda vivement le baron.

— Bien souvent, à l'époque où je ne travaillais pas encore dans la maison de madame Gerfaut. Un portefeuille renferme ces papiers. J'ai vu plus d'une fois Périne les tirer de ce portefeuille, les lire et les relire longuement, et des larmes mouillaient ses paupières.

Un éclair de triomphe brilla dans le visage du baron de Strény.

— Les titres! murmura-t-il. Puis, tout haut, il ajouta :

— Pensez-vous, mademoiselle, qu'il vous soit possible et facile de vous emparer secrètement de ce portefeuille?

Marthe fit un mouvement de surprise et d'effroi.

— M'en emparer! s'écria-t-elle. Mais pour cela, monsieur, il faudrait briser une serrure!

— Craignez-vous donc de ne pas en avoir la force?

— Ce n'est pas la force qui me manquerait, monsieur, c'est la volonté.

— Pourquoi?

— Parce que ce serait une mauvaise action.

— Vous vous trompez, mademoiselle, ce serait une action généreuse, au contraire, puisque c'est seulement en agissant ainsi que vous pourriez sauver Périne et son mari. Mais je vois bien que vous ne voulez pas faire grâce aux assassins. Vous trouvez bon que la justice ait son cours, et c'est un sentiment naturel, après tout. Eh bien! vous serez satisfaite, je dénoncerai les coupables.

Marthe étendit vers le baron ses mains suppliantes.

— Oh! monsieur, monsieur, balbutia-t-elle d'une voix pleine de larmes, je vous en conjure, je vous le demande à genoux, n'en faites rien! S'ils étaient innocents, songez-y donc!

— Innocents, lorsque tant de preuves les écrasent! répliqua M. de Strény. Il faut convenir que c'est peu probable.

— Et cependant, poursuivit Marthe, malgré tout ce qui semble les accuser, malgré ces preuves, malgré cette condamnation, je ne puis croire à tant d'infamie.

— Cela fait l'éloge de votre cœur, mademoiselle, sinon celui de votre raison. Mais nous ne sommes pas devant les juges; il ne s'agit point de démontrer l'innocence ou la culpabilité des accusés; il s'agit de savoir si vous consentez à ce que j'attends de vous.

— Mais pourquoi ne voyez-vous pas Périne vous-même! Pourquoi ne lui demandez-vous pas ces papiers?

— Vous n'y songez pas, mademoiselle! La présence dans ses mains des titres de votre fortune, dont elle n'a pu s'emparer que par un vol, constitue la preuve matérielle et irrécusable du crime, puisque l'assassinat a dû nécessairement précéder le vol. Périne, prévenue par moi, mise sur ses gardes, anéantirait cette preuve, et votre fortune en même temps. Or je ne veux pas que ces titres disparaissent, je n'ai pas le droit de le vouloir.

— Mais qui donc êtes-vous, monsieur?

— Je suis votre unique parent, mademoiselle.

— Vous!...

— Je suis le tuteur qui vous a été donné par la volonté suprême de votre mère. Je me nomme le baron Gontran de Strény, et voici le testament par lequel la comtesse de Kéroual m'investissait de la tutelle de sa fille.

En prononçant ces paroles, Gontran présentait à Marthe le papier sur lequel Léonie, abusée, avait en effet tracé cette disposition funeste.

— Ma mère! c'est ma mère qui a écrit cela! murmura la jeune fille en déployant la feuille jaunie qu'elle appuya d'abord contre ses lèvres, et dont elle lut ensuite religieusement le contenu.

— Maintenant, reprit Gontran lorsque Marthe eut achevé sa lecture, maintenant, mademoiselle, vous connaissez mes droits et vous voyez qu'ils sont incontestables...

Marthe fit un signe affirmatif.

— Dieu m'est témoin, continua le baron, que je n'ai point reculé devant la tâche sainte que votre mère m'imposait. Je vous cherche depuis douze années.

Marthe prit la main de Gontran.

— Je vous remercie au nom de ma mère, monsieur, dit-elle.

— La partie est gagnée! pensa M. de Strény; Marthe est à moi.

— Mais cette femme, reprit la jeune fille, cette femme que j'ai tant aimée, je ne pourrai, maintenant, la revoir sans frémir. Je ne pourrai lui parler sans horreur!

— Vous aurez la force et la volonté, mon enfant. Vous refoulerez au fond de votre âme l'indignation si naturelle, la colère si légitime qui fermentent en vous. Vous vous souviendrez enfin que votre devoir est de vous laisser

guider par moi pour que la comtesse de Kéroual revive dans sa fille. Le temps nous presse. Il faut agir, agir sans retard, et je vous le répète, tout dépend de votre volonté. Que décidez-vous?

Marthe baissa la tête, et pendant quelques instants elle s'absorba dans une méditation profonde.

Gontran ne la perdait pas de vue et suivait sur son visage la trace des combats violents qui se livraient dans son âme.

Enfin la jeune fille releva ses grands yeux où brillaient les flammes d'une résolution généreuse, ou qui du moins se croyait telle. Elle répondit :

— Je ferai ce que vous me demandez, monsieur. Si Périne et son mari ont véritablement été criminels, c'est à Dieu de les juger et de les punir. Je ne veux me souvenir que d'une chose, c'est qu'ils ont travaillé pour moi. Je les sauverai d'une dénonciation, et ma mère, du haut du ciel, préférera, j'en suis bien sûre, le pardon à la vengeance.

— Vous prendrez le portefeuille pour me le remettre?

— Oui.

— Enfin! murmura Gontran avec une nouvelle expression de triomphe.

— Quand faudra-t-il agir? demanda Marthe.

— Je vous répète que le temps nous presse. Ce soir même vous retournerez partager le logement de Périne.

— Elle s'étonnera de mon retour...

— Non, car madame Gerfaut vous fera reconduire chez elle sous un prétexte facile à trouver. Vous saisirez la première occasion favorable qui se présentera. Il est probable qu'elle ne se fera pas longtemps attendre, et vous agirez.

— Quand vous reverrai-je?

— Demain. Je vous attendrai dans une voiture, à cent pas de votre maison, et, si vous avez réussi, je vous emmènerai chez moi.

— Chez vous! répéta Marthe avec une involontaire expression de crainte.

— Sans doute. Aucun autre asile ne saurait être plus convenable pour vous. Je suis votre tuteur, et votre place est dans mon logis. J'ai tant de hâte d'accomplir ma tâche et de vous voir reprendre dans le monde la position brillante à laquelle vous avez droit! Le jour où vous serez, grâce à moi, redevenue riche, comptera parmi les plus beaux jours de ma vie.

En ce moment, la porte du boudoir s'entr'ouvrit, la portière rose se souleva et madame Gerfaut montra sa tête.

— On peut entrer? demanda-t-elle.

XXII

GONTRAN — GEORGES — LIONEL

— On peut entrer? répéta madame Gerfaut.

— Parfaitement, répondit le baron.

— Bon!

L'illustre couturière se glissa dans le boudoir et reprit :

— Eh bien! est-elle terminée, cette causerie? Pas encore tout à fait, peut-être... Mille pardons si je vous dérange, mais ce n'est pas ma faute... il le fallait, il le fallait.

— Que nous voulez-vous, ma chère Olympe? demanda Gontran.

— Je veux vous dire que M. Lionel Morton, un Américain charmant du reste, vient d'arriver. Il insiste beaucoup pour voir Marthe, et, ma foi, je ne sais plus que lui répondre.

Gontran se tourna vers sa pupille.

— Cet Américain, M. Lionel Morton, vous fait la cour, n'est-ce pas, mademoiselle?

La jeune fille rougit jusqu'au blanc des yeux et balbutia :

— Mais... monsieur...

— C'est à moi qu'il appartient de le recevoir, reprit le baron.

L'attitude de Marthe exprima la plus vive inquiétude.

— Oh! soyez tranquille, chère enfant, se hâta d'ajouter M. de Strény, il n'aura qu'à se louer de ma courtoisie; je vais le rejoindre.

— Il n'est pas seul, dit madame Gerfaut.

— Qui donc l'accompagne?

— Son ami (un homme charmant aussi, celui-là), M. Georges de La Brière.

Gontran tressaillit.

— Georges de La Brière! s'écria-t-il.

— Eh bien! oui, certainement; qu'est-ce qui vous étonne

— Ce Georges est précisément le fils du banquier ruiné par les événements de 1848, et vous voulez que sa présence chez vous à point nommé ne me semble pas surprenante! Le connaissez-vous beaucoup?

— A peine; il m'a été présenté avant-hier, à la fête de Saint-Cloud, par l'Américain, et, comme c'est un homme très-chic, je l'ai invité pour aujourd'hui.

— Voilà qui se trouve à merveille! C'est un vrai service que vous m'avez rendu sans le savoir. Je suis enchanté que l'occasion se présente de rompre la glace sur un terrain neutre. Je laisse ici mademoiselle Marthe. La chère enfant vient d'apprendre des choses qui changent complètement son avenir. Elle est bien émue, bien troublée; elle a besoin, je crois, de quelques instants de solitude pour se remettre avant de rentrer au salon. Abandonnez-lui ce boudoir, vous viendrez l'y chercher dans un quart d'heure.

— C'est convenu.

Le boudoir avait deux issues, l'une qui conduisait aux appartements particuliers de madame Gerfaut, l'autre qui le mettait en communication avec les salons de réception.

Gontran sortit par cette dernière et dit à Anacharsis :

—Annoncez-moi.

Georges de La Brière et Lionel Morton étaient seuls. L'Américain se promenait rapidement de long en large et semblait fort préoccupé. Son ami le regardait en souriant. Lionel s'arrêta tout à coup.

— Mais enfin, demanda-t-il, pourquoi cette étrange obstination de madame Gerfaut à ne pas vouloir faire avertir mademoiselle Marthe que je désire lui parler?

— Mystère, mon ami. Ne vous ai-je pas prévenu? Dans cette maison, tout est mystère.

— Georges, j'ai le cœur serré. J'éprouve un doute horrible. Cette nuit, je n'ai pas fermé l'œil ; je me rappelais sans cesse vos paroles d'hier ; j'ai peur.

— Peur que l'ange n'ait perdu ses ailes, n'est-ce pas?

— Tout ce que vous m'avez dit de cette femme, de cette madame Gerfaut, m'épouvante. Je donnerais la moitié de ma fortune pour que vous vous soyez trompé.

— Gardez votre fortune, mon ami, car malheureusement aucune erreur n'est possible, et vous pouvez vous former une conviction à beaucoup meilleur marché! Je vous le répète, il suffira, pour savoir à quoi vous en tenir, d'ouvrir vos yeux et vos oreilles, de regarder autour de vous, d'écouter, d'observer. Si dans deux heures vous doutez encore, je consens à perdre mon nom !

— Oui, j'observerai, je vous le promets. Je parlerai à Marthe, je l'interrogerai, et, sur son visage, je verrai son âme.

— Ou son masque, se dit tout bas Georges de La Brière.

La porte s'ouvrit et Anacharsis annonça :

— M. le baron Gontran de Strény !

Le fils du banquier fit un geste de stupeur.

— Le baron de Strény, pensa-t-il. J'aurais dû me douter que je le rencontrerais ici! Cet homme était fait pour cette maison !

Gontran s'avança vers les deux amis et dit en les saluant:

— Je viens d'apprendre, messieurs, que M. Georges de La Brière se trouvait dans ce salon. M'est-il permis de demander lequel de vous porte ce nom devenu, dans toutes les bouches, synonyme des mots *Honneur* et *loyauté*?

— C'est moi, monsieur, murmura Georges en s'inclinant légèrement.

— Ah! s'écria Gontran, vous faites revivre, monsieur, en ce siècle égoïste, les grandes traditions des vertus d'autrefois.

— Je suis loin de mériter cet éloge, répliqua Georges d'un ton froid. Je ne fais strictement que mon devoir en réhabilitant une mémoire qui m'est chère et sacrée.

— Soit, monsieur ; mais vous m'accorderez que ceux qui comprennent un tel devoir, et qui savent l'accomplir malgré tous les obstacles, sont bien rares au temps où nous vivons.

— Si cela est, tant pis pour le temps où nous vivons!

L'attitude glaciale de Georges déconcertait quelque peu Gontran, malgré tout son aplomb. Cependant, au bout d'un instant de silence, il reprit :

— Si le hasard ne nous avait mis en présence aujourd'hui, ce dont je ne saurais trop me féliciter, j'aurais eu l'honneur, monsieur, de me présenter demain chez vous.

Georges comprenait à merveille; mais il voulait laisser son interlocuteur s'expliquer jusqu'au bout.

— A quel motif, demanda-t-il, aurais-je dû attribuer cette visite inattendue... et inespérée ?

— Ignorez-vous, monsieur, que je suis le plus proche, ou pour mieux dire l'unique parent de feu madame la comtesse Léonie de Kéroual?

— Je me souviens en effet maintenant, monsieur, que cette parenté existait. J'ai entendu mon pauvre père parler de vous plus d'une fois.

— En des termes peu flatteurs, sans doute; car, je ne puis le nier, j'ai eu malheureusement une jeunesse fort orageuse. Mais, avec l'âge, sont venues la raison et la sagesse.

— Tant mieux pour vous, monsieur! Revenons au motif de votre visite, je vous prie.

— Tout le monde sait que vous payez les dettes de M. votre père.

— Et personne ne doit s'en étonner.

— On ne s'étonne pas; mais, je le répète, on admire.

— Ce n'est point, je suppose, pour vous faire l'écho de cette admiration si peu méritée que vous vous proposiez de venir me trouver chez moi?

— C'est pour régler avec vous une affaire d'intérêt d'une haute importance.

— En qualité d'héritier de madame de Kéroual?

— Non, mais en qualité de tuteur de sa fille.

Georges de La Brière fit un mouvement de surprise.

— Tuteur de la fille de la comtesse! s'écria-t-il ; vous, monsieur?

— Moi-même.

— En vertu de quel titre?

— En vertu du testament olographe de madame de Kéroual.

— Ce testament, en quelles mains se trouve-t-il?

— Dans les miennes, et le voici.

Georges lut, avec une profonde attention, l'acte que lui présentait le baron.

— Voilà qui me semble parfaitement régulier, fit-il en le lui rendant.

Puis il ajouta :

— Pauvre madame de Kéroual! elle a péri, dit-on, d'une façon bien malheureuse.

— Dites bien criminelle, monsieur, répliqua Gontran. Elle est morte empoisonnée par deux serviteurs en qui elle mettait toute sa confiance, et qui, pendant son agonie, quittèrent le château en emportant sa fille et les titres de sa fortune, pour venir à Paris, chez votre père, réclamer cette fortune dont ils espéraient pouvoir s'emparer impunément.

— On m'a déjà raconté, je ne dirai pas cette histoire, mais cette *légende*, fit M. de La Brière, et je ne puis vous cacher qu'elle m'a paru singulièrement obscure, ou plutôt inadmissible.

— Comment! s'écria Gontran, vous doutez?

— Je fais mieux que douter, je nie.

— Mais...

— Permettez! Ces domestiques de confiance, le mari et la femme si je crois, si dépourvus qu'on les suppose de bon sens et d'intelligence, ne pouvaient ignorer, cependant, que la présence d'un enfant, dont rien ne certifiait l'identité, et la possession de titres volés, ne présentaient aucune garantie au banquier dépositaire de la fortune qu'ils convoitaient, et que la première action de ce banquier devait être d'envoyer chercher deux agents de police, pour les mettre en lieu sûr jusqu'à plus ample informé.

— D'accord, monsieur; mais, quelque invraisemblable que la chose vous paraisse, il faut cependant bien vous rendre à l'évidence.

— Oh! l'évidence...

— Oui, monsieur, l'évidence brutale, indiscutable! Il faudrait être aveugle pour ne point la voir.

— Je suis aveugle, alors, car je ne la vois pas.

— Il y a jugement.

— Je le sais.

— Accusez-vous donc la justice d'avoir commis une erreur?

— La justice divine seule est infaillible. Vous parlez, d'ailleurs, d'un jugement par contumace qui n'a rien de définitif. Ni l'enfant ni les prétendus coupables n'ont été retrouvés.

— Vous êtes dans l'erreur, monsieur de La Brière.

— Ils l'ont été?

— Oui.

— Par qui?

— Par moi.

Le visage de Georges exprima la stupeur la plus profonde. Évidemment le jeune banquier ne pouvait ajouter foi aux paroles qui venaient de frapper son oreille.

— Vous savez où est l'ancienne femme de charge de la comtesse de Kéroual? s'écria-t-il; vous savez où est l'enfant? Gontran fit un signe affirmatif.

— Et vous allez me l'apprendre? continua Georges.

— Sans la moindre difficulté; l'une et l'autre sont à Paris : la première sous le nom de Périne Raymond, qui cache son nom véritable de Périne Rosier...

— La saltimbanque! s'écrièrent à la fois Lionel et Georges.

— Elle-même.

— Et l'enfant? l'enfant? demanda vivement M. de La Drière.

— L'enfant se croit la fille de Périne ; elle est dans cette maison et elle s'appelle Marthe.

— Mademoiselle de Kéroual ici! balbutia Georges.

— Oui, monsieur, et, tout ce que j'avance, je suis en mesure de le prouver, et de le prouver si bien que je convaincrai les plus incrédules, en tête desquels je vous inscris.

— Oh! monsieur, dit Georges avec moins de roideur qu'il n'en avait montré jusque-là, j'ai pu douter de certains faits, mais je ne me suis jamais permis de suspecter votre p role.

Gontran salua , puis il reprit :

— Dans deux jours, monsieur, mademoiselle Marthe de Kéroual aura repris son véritable nom et la situation à laquelle elle a droit dans le monde. Dans deux jours, chez moi, je donnerai une fête pour présenter ma pupille à mes amis. Faites-moi l'honneur, monsieur, de me permettre de vous compter dès aujourd'hui au nombre de ceux-ci, et consentez à vous joindre à eux. Le même soir, les titres de la fortune de l'orpheline seront entre vos mains.

— Je ferai mon devoir, monsieur, répondit Georges de La Brière; je serai prêt à rendre mes comptes au tuteur légalement reconnu de mademoiselle de Kéroual.

— Je n'attendais pas moins de vous! fit Gontran.

— Et maintenant, reprit Georges, maintenant, monsieur, que vous allez avoir sur cette enfant un pouvoir presque paternel, permettez-moi d'être un trait d'union entre vous et mon meilleur ami, Lionel Morton, Américain trois fois millionnaire, dont je réponds honneur pour honneur.

Lionel et Gontran se saluèrent, et M. de La Brière continua :

— Il a une requête à vous présenter, et j'ai la ferme espoir que cette requête sera bien accueillie.

Lionel saisit la main de Georges et la serra avec effusion.

— Une requête? répéta le baron qui savait à merveille de quoi il allait être question, mais je ne voulais point en paraître instruit. Je ne devine pas ce que M. Morton peut avoir à me demander ; mais l'ami de M. de La Brière doit avoir la certitude que, quelle que soit la chose qu'il désire, si cette chose dépend de moi, elle lui est accordée d'avance. Je vous écoute, monsieur.

L'Américain prit la parole.

— Depuis quelque temps déjà, dit-il, j'ai le bonheur de connaître mademoiselle Marthe. J'étais abusé, comme tout le monde, par la situation apparente. Comme tout le monde, je la croyais fille de Périne la saltimbanque et obligée de travailler pour gagner sa vie. Ceci ne m'a point empêché de ressentir pour elle un profond et respectueux amour. Pas un instant la pensée ne m'est venue de tenter une séduction. Je voulais faire de mademoiselle Marthe ma femme, et vous n'en douterez pas, monsieur, quand vous saurez qu'hier je demandais sa main à Périne. Cette demande, vous seul avez maintenant le droit de l'agréer ou de la repousser, et je vous la renouvelle aujourd'hui.

Tandis que parlait Lionel Morton, le visage de Gontran avait pris une expression glaciale et impénétrable.

Quelques instants de silence suivirent les dernières paroles de l'Américain.

— La demande que vous venez de m'adresser, monsieur, dit enfin le baron, et le respectueux attachement dont elle est la preuve, sont non moins honorables pour vous que pour mademoiselle de Kéroual; mais cette demande, si flatteuse qu'elle soit, je ne pouvais la prévoir, et je ne puis l'accueillir ni la repousser, dans la complète ignorance où je me trouve des sentiments de celle qui vous sollicitez la main. Donnez-moi le temps, monsieur, d'interroger ma pupille. C'est là, vous devez le comprendre, mon premier devoir. Veuillez accompagner chez moi, dans deux jours M. de La Brière. Mademoiselle de Kéroual, interrogée par moi

m'aura fait connaître ses intentions ; il me sera possible alors de vous répondre, et je le ferai.

— Merci, monsieur! s'écria Lionel ; dans deux jours, j'irai chercher chez vous l'arrêt qui me rendra bienheureux ou désespéré.

— D'ici là, Dieu aidant, murmura Georges de La Brière, j'aurai vu clair au fond de ces ténèbres.

— Si tu deviens un obstacle sur mon chemin, pensait Gontran en regardant Lionel Morton, je te briserai!

XXIII

L'ABSINTHE

En ce moment, les invités de madame Gerfaut, les jeunes ouvrières de la maison, et madame Gerfaut elle-même, firent irruption dans le salon où venait d'avoir lieu l'entretien que nous avons mis sous les yeux de nos lecteurs.

— Assez de causeries intimes, messieurs, dit en entrant l'illustre couturière. Voici l'heure de l'absinthe, et vous vous devez à mes invités qui vous réclament.

— Nous avons fini, madame, répliqua Georges.

— Monsieur de La Brière, reprit la maîtresse de la maison, je vous présente le vicomte Adalbert de Grandmont-Patay, l'un de nos sportsmen les plus distingués ; il jouit sur tous les hippodromes d'une réputation méritée.

— M. le vicomte est célèbre sur le turf, dit Georges en sous riant. Je le suis à merveille, quoique ma longue absence ait fait de moi presque un profane en ce qui touche aux choses du sport.

— Je fais courir et je cours moi-même. Je suis arrivé bon troisième, avec ma jument miss Paddock, au dernier steeplechase de la Marche! s'écria le vicomte Adalbert de Grandmont-Patay d'une petite voix fêlée et d'un air de satisfaction profonde. Il est bien rare que je n'arrive pas bon troisième.

— Mes compliments, monsieur le vicomte.

Le sportsman susnommé était un long et maigre jeune homme, qui se recommandait à l'attention par sa figure blême, ses yeux de faïence, sa chevelure d'un blond tilasse partagée en deux masses égales, du haut du front au bas de la nuque, ses favoris en nageoires de requin, ses costumes anglais, ses chapeaux anglais, ses chaussures anglaises, ses sticks anglais et ses voitures anglaises.

Il nous paraît inutile d'ajouter que ses chevaux, ses cochers, ses palefreniers et ses grooms étaient anglais également.

Madame Gerfaut continua ses présentations :

— Sir Réginald Tower, baronnet, grand propriétaire de l'Yorkshire et l'heureux possesseur des plus beaux attelages de Paris.

— Aoh! yes! appuya le baronnet, gros homme à trogne enluminée, à petites jambes, à ventre de Falstaff. Disé aussi à ces gentlemen, if you please, mistress Gerfaut, que je été tout à fait... tout à fait... Aoh!... yes...

Sir Réginald Tower ne trouva pas la fin de sa phrase, et la maîtresse du logis ne lui laissa point le temps de la chercher.

— M. Lazzara, reprit-elle en présentant un jeune homme élégant et prétentieux, mais à physionomie intelligente, un écrivain du plus grand mérite et poète à ses heures; nous lui devons certains romans de high-life qui ont fait beaucoup parler d'eux.

— En effet, répliqua Lazzara d'un ton de suffisance incroyable, j'ai la prétention d'être l'historiographe le mieux renseigné du monde élégant. Ce monde-là seulement, selon moi, vaut la peine qu'on s'occupe de lui. Tout ce qui ne touche pas à la haute vie me semble d'une insoutenable vulgarité. Vous trouverez mes livres dans tous les salons du faubourg, et le Jockey ne lit dans les feuilles spéciales que les articles signés de moi.

Madame Gerfaut se pencha vers Georges de La Brière et lui dit tout bas :

— C'est de la bohème, mais je suis forcée de le recevoir parce qu'il parle de ma maison dans ses livres et me fait des réclames dans le Journal des étrangers. Oh! sans ça, vous comprenez bien...

Georges sourit et fit signe qu'il comprenait. Madame Gerfaut continua :

— Mademoiselle Bébé Patapouf et mademoiselle Crevette Rose, deux étoiles de nos principaux théâtres de genre.

Les étoiles firent la révérence.

Bébé Patapouf et Crevette Rose étaient médiocrement jolies; en revanche, elles n'avaient aucun talent, mais elles offraient au plus haut point cet attrait tout parisien qu'on appelle *le chic*.

Minois effrontés maquillés à outrance, grands yeux bavards, sourires provoquants, toilettes tapageuses portées avec une admirable désinvolture, de la grâce, enfin, dans le débraillé des manières et des attitudes, voilà l'actif de ces demoiselles.

Nous ne parlerons point du passif, dont le détail prendrait trop de place.

— Mesdames, reprit madame Gerfaut, M. le baron de Strény, M. Lionel Morton, jeune Américain millionnaire, M. Georges de La Brière, non moins millionnaire et banquier parisien, retour de la Californie et des Indes.

Bébé Patapouf vint prendre le bras de Georges, et, avec un regard et un sourire qui pouvaient distancer le chassepot comme arme de guerre, elle lui dit :

— J'adore le château-laffite et le madère retour de l'Inde. Le voyage les rend meilleurs et plus généreux. Est-ce la même chose pour les Parisiens, monsieur?

— Grave question, mademoiselle, et que vous seule pourriez résoudre, répondit Georges en riant. Si par hasard vous aviez la curiosité d'expérimenter, je me mets à votre disposition pour l'expérience.

— Nous en recauserons. Je donne du thé demain soir, après le spectacle, à quelques amis, dans mon petit hôtel de là villa Saïd... Vous connaissez la villa Saïd? C'est avenue de l'Impératrice. Je compte sur vous.

Et, sans attendre la réponse de son interlocuteur, Bébé Patapouf ajouta :

— A propos, m'avez-vous vue dans ma dernière création?

— Je n'oserais me prononcer pour l'affirmative à la légère, mademoiselle. Rappelez mes souvenirs, je vous en prie.

— C'est un rôle ajouté tout exprès pour moi dans la grande machine d'Offenbach. Je ne dis que trois mots, mais en revanche je danse un pas fantaisiste avec Christian, le pas du *coléoptère amoureux!* Ah! cher monsieur, quel succès! Des *bis* et des bouquets tous les soirs!... Vous rappelez-vous le pas?

— Oh! maintenant, très-bien.

— Et qu'en dites-vous?

— Je dis que j'ai joint mes applaudissements à ceux de la salle entière, et qu'il est impossible, en effet, de pousser plus loin que vous ne le faites la hardiesse et la fantaisie.

Bébé Patapouf tenait le bras gauche de Georges. Crevette Rose lui prit le bras droit.

— Au fond de ces pays lointains d'où vous venez, monsieur, lui dit-elle, on prétend qu'on trouve des diamants partout, même dans le macadam. Nous en rapportez-vous beaucoup?

— Des diamants avec des yeux comme les vôtres, mademoiselle, répliqua Georges, pourquoi faire? Ce ne sont point les diamants qui sembleraient brillants...

— Ah! très-joli... mais je ne peux pas mettre mes yeux sur mes épaules.

— Heureusement.

— Pourquoi donc?

— On ne verrait plus vos épaules.

— Je vous préviens, cher monsieur, que j'aime beaucoup les compliments, mais que j'aime encore mieux les diamants. Je reçois tous les mercredis soirs, après le spectacle, 11, rue de Vintimille, au premier. Je compte sur vous.

Les deux étoiles quittèrent Georges pour aller dialoguer avec le baronnet sir Réginald Tower.

M. de La Brière se tourna vers Lionel, qui se trouvait à côté de lui, et lui demanda à demi-voix :

— Eh bien! croyez-vous encore que je me sois trompé? que dites-vous du monde où nous sommes?

— Je dis que je voudrais pouvoir, à l'instant même, enlever Marthe de cette maison!

— C'est impossible aujourd'hui, mais patience! Estimez-vous toujours que Périne lui laissait ici l'orpheline?

— Pourquoi non, si elle ignorait?

— Ignorait-elle? voilà la question, qui sera bientôt résolue.

— Comment?

— Vous le verrez.

— Quand?

— Ce soir même, je vous le promets.

Lionel, comprenant que Georges désirait ne point s'expliquer en ce moment, n'insista pas.

Madame Gerfaut s'était approchée de la fenêtre.

— Il pleut toujours! s'écria-t-elle; comme c'est contrariant! impossible d'aller prendre l'absinthe et le bitter sous les ombrages de mon jardin, dans ma grotte sombre ou dans mon kiosque, en face de mon jet d'eau!... Dieu, quel ennui! c'est intolérable!

— Ah bah! répliqua Bébé Patapouf, dedans ou dehors, c'est toujours la même chose, chère madame. Le principal, c'est qu'on s'absinthe! absinthons-nous.

— C'est une idée très-réussie, appuya Crevette Rose avec une réelle distinction; étranglons un ou deux perroquets panachés. Où sont les alcools?

— Je vais donner des ordres à ma livrée, fit madame Gerfaut.

Elle frappa sur un timbre. Plusieurs valets de pied, revêtus de la livrée groseille que nous connaissons, se montrèrent aussitôt, et, sur un signe de la maîtresse du logis, ils disparurent pour reparaître un instant après avec des plateaux chargés de verres, de flacons d'absinthe, de vermouth, de bitter, de curaçao sec, et de carafes frappées.

Ces plateaux furent rangés en bon ordre sur les consoles du salon.

— Monsieur Adalbert, dit Léonide au vicomte de Grandmont-Palsy, soyez gentil... faites-moi mon absinthe.

Le fils des croisés saisit à l'instant même un flacon de la main gauche et une carafe frappée de la main droite, en demandant :

— La prendrez-vous gommée, ma toute belle, ou avec un plumet d'anis?

— Pure et très-forte, répondit la jeune fille.

Et comme le vicomte semblait ne verser qu'avec une certaine hésitation la liqueur couleur d'émeraude, elle ajouta :

— Allez donc, allez toujours! N'ayez pas peur! Allez-y tout le temps!

— Ah çà! mais, ma charmante, vous buvez donc comme un cent-garde! Méfiez-vous, l'absinthe, c'est traître.

— Eh bien! tant mieux, je serai plus gaie. Je ne déteste pas une pointe... c'est rigolo!

Et, prenant le verre des mains du vicomte Adalbert, elle en dégusta le contenu avec une satisfaction manifeste.

Pendant que ceci se passait, mesdemoiselles Suzanne et Amanda se livraient à une foule d'agaceries à l'endroit du baronnet.

— Sir Réginald, disait la première, vous qui êtes si mignon, versez-moi donc un verre de bitter... voulez-vous?

— Aoh! yes, miss, répondit l'Anglais avec empressement, je vôle bienne.

— Sir Réginald, ajoutait la seconde, vous me donnerez du genièvre, à moi, n'est-ce pas?

— Old Tom! reprenait le baronnet. Aoh! yes, miss, tutte suite.

Lazzara, écrivain de *high-life*, rédacteur de feuilles élégantes bien renseignées sur ce qui se passait dans le vrai monde, et poëte à ses heures, buvait de tout sans aucune espèce de modération.

Tout à coup il se frappa le front, prit pendant quelques secondes une attitude inspirée, puis, courant au piano qu'il ouvrit, il plaqua deux ou trois accords et s'écria :

— Faites silence, je m'en vais vous dire ma dernière composition; écoutez.

— Qu'est-ce que c'est? demanda madame Gerfaut.

— La chanson de l'absinthe.

— Ah! bravo! bravo! Lazzara, *for ever!* La chanson de l'absinthe! Écoutez, écoutez.

Lazzara commença, d'une voix agréablement timbrée :

> En Orient, pays bizarre,
> En Chine, où naissent les magots,
> Il est un philtre que prépare
> Maint sorcier, digne des fagots!
>
> A Pékin le fumeur aspire
> Le suc embrasé des pavots,
> Et dans tout le Céleste-Empire
> Le hatchich compte des dévots!
>
> Nous leur faisons la nique en France!
> Nous avons l'absinthe aux yeux verts,
> Au pauvre apportant l'espérance,
> Au rimeur murmurant des vers!

Paris. — Typ. Cosmopolite et Suisse, rue de l'Abbaye, 22

Le quadrille commença digne du casino Cadet. (Page 132.)

L'absinthe aidant, chacun découvre
Ce qu'un beau rêve lui promet,
Et mieux que le haschich elle ouvre
Le paradis de Mahomet!

L'esprit vogue à la découverte,
Sur ses flots, magique boisson!
Son ivresse est la Muse verte
Qui chante une étrange chanson!

On l'attaque, et l'on ose dire
Qu'elle rend fous ses amoureux!
Qu'importe, puisque son délire
Entre tous est le plus joyeux?

On dit que son parfum enivre,
Et qu'il fait mourir en chantant!
Mais qu'importe puis qu'il fait vivre
Un jour entier dans un instant?

Lazzara termina ce dernier couplet par un point d'orgue et se leva. La chanson de l'absinthe était finie.

On allait applaudir, par courtoisie ou par conviction, mais on n'en eut pas le temps.

Le valet de chambre de madame Gerfaut ouvrit une large porte à deux battants et prononça la phrase sacramentelle :

— Madame est servie. »

Au même instant, la salle à manger fut envahie.

— Qu'en dites-vous ? demanda pour la seconde fois Georges à Lionel.

L'Américain ne répondit pas.

17ᵉ LIVRAISON.

XXIV

RUE DES POSTES

Laissons les convives de madame Gerfaut s'installer dans la salle à manger pleine de fleurs et brillamment illuminée, autour d'une table chargée d'argenterie, de cristaux, de mets exquis et de vins choisis, et transportons-nous, juste à la même heure, rue des Postes, dans le logement de Jean Rosier et de sa femme.

Ce logement, situé à l'étage le plus élevé d'une vieille maison vermoulue, immédiatement au-dessous du grenier transformé en mansarde dans lequel perchait le pitre Guignolet, se composait de trois chambres.

L'une de ces chambres était celle de Jean Rosier. La seconde servait à Périne et à Georgette. La troisième, enfin, contiguë au logement loué la veille par Tromb-Alcazar et Passe-la-Jambe, servait tout à la fois de cuisine, de salle à manger et de parloir, comme disent les Anglais.

Cette dernière pièce offrait un luxe relatif, bien modeste toutefois.

Au-dessus de la cheminée de bois peint se voyait un petit miroir. Quelques lithographies enluminées, dans des cadres noirs, ornaient les murailles tendues d'un papier, façon coutil, à dix sous le rouleau.

Une table ronde, recouverte en toile cirée, six chaises de merisier, une commode ventrue et un petit secrétaire du temps de Louis XVI, tous les deux achetés chez le brocanteurs des piliers des halles, composaient le mobilier.

La commode et le secrétaire, en marqueterie et ornés de cuivres dorés, avaient été jadis des meubles d'une certaine valeur.

A la suite de quelles vicissitudes étaient-ils arrivés dans le logis des saltimbanques? Ce serait une odyssée trop longue à raconter. Le temps et la poussière avaient terni les dorures des cuivres ; les marqueteries s'écaillaient en maint endroit; mais, somme toute, ces vieilleries conservaient une apparence presque satisfaisante.

Périne, son mari et Georgette venaient de terminer leur frugal repas du soir.

La nuit était venue. Une petite lampe à abat-jour, posée sur la table, éclairait la chambre.

Jean Rosier, l'air sombre et morose, sa tête appuyée sur ses mains et ses coudes sur ses genoux, fumait lentement une de ces courtes pipes culottées que le peuple appelle des brûle-gueule.

Périne et Georgette, vêtues toutes deux de robes de laine noire très propres, s'occupaient l'une et l'autre à un travail de raccommodage ; mais par instants la jeune fille oubliait son travail pour contempler sa mère avec une vague inquiétude.

C'est qu'en effet Périne semblait en proie à une douloureuse préoccupation : sa main, agile et infatigable d'habitude, s'arrêtait machinalement, et ses yeux fixes regardaient droit devant elle sans rien voir.

Tout à coup une larme, lentement formée, se suspendit pendant une seconde à ses longs cils, et, s'en détachant, roula sur sa joue.

Georgette n'y tint plus.

— Mère... dit-elle tout bas de sa voix la plus douce.

Périne tressaillit comme quelqu'un qu'on éveille en sursaut et demanda :

— Que veux-tu, mon enfant?

— Je veux savoir ce que tu as.

— Mais je n'ai rien. Que pourrais-je avoir?

— Du chagrin, bien sûr.

— Du chagrin, moi? Tu te trompes, chère fille.

— Alors, si tu n'as pas de chagrin, pourquoi pleures-tu?

— Je n'ai pas pleuré.

Georgette toucha du bout du doigt la trace encore humide sur la joue de sa mère, et reprit :

— Tu as si peu pleuré que ta joue n'est pas sèche.

Périne s'efforça de sourire.

— Alors, murmura-t-elle, c'est donc sans le savoir.

— C'est-à-dire que tu me caches quelque chose, continua Georgette, et c'est bien mal. Qu'ai-je donc fait pour mériter que tu n'aies plus confiance en moi?

La femme de Paillasse se pencha et mit un baiser sur le front de la jeune fille.

— Tu n'as rien fait, chère enfant, répondit-elle ensuite. Depuis que tu es au monde, je n'ai jamais eu un reproche à t'adresser. Tu es un cœur d'or, et ma confiance en toi sera toujours la même.

— Prouve-le-moi donc, alors, en me disant d'où vient ton chagrin. Oh! ne cherche pas à nier. Ce serait inutile. Je vois la tristesse, et si je ne comprends pas la cause, j'en devine au moins le sujet.

Périne regarda sa fille avec une sorte d'effroi.

— Tu devines... balbutia-t-elle ; tu devines, toi? Que crois-tu donc?

— Je crois qu'il s'agit de ma sœur.

Périne baissa la tête. Le naïf instinct de Georgette ne l'avait pas trompée. C'était bien véritablement en songeant à Marthe que la saltimbanque se sentait envahir par une profonde et sombre préoccupation.

Depuis douze années, depuis qu'elle avait repris son ancien métier, Périne menait une existence pleine de travaux grossiers et d'écrasantes fatigues, mais, en somme, insouciante.

Pour des motifs que nous avons expliqués précédemment et dont le principal était d'éviter à Marthe de Kéroual les amers regrets que ne pouvait manquer de lui inspirer sa position perdue, elle ne lui avait jamais révélé qu'elle n'était point sa mère, et elle avait fini par la considérer comme étant véritablement sa fille.

Georgette la croyait sa sœur. Et voilà que tout à coup, à l'improviste, la demande en mariage formulée par Lionel Morton bouleversant de fond en comble cette situation, mettait Périne dans la nécessité d'initier Marthe et Georgette au drame terrible du château de Rochetaille, et l'écrasait

sous le poids de cette immense responsabilité d'accepter ou de refuser un mari pour cette enfant, sur laquelle elle n'avait d'autres droits que ceux de sa tendresse et de son dévouement.

Oui, c'est avec une épouvante sans bornes que Périne songeait qu'il lui faudrait dire à Marthe : Je ne suis pas ta mère; à Georgette : Elle n'est point ta sœur.

Elle frissonnait involontairement à cette pensée :

— Si elle allait ne plus m'aimer quand j'aurai brisé, d'un mot, les liens qui semblent nous unir! Si elle me méprisait, si elle ne voyait en moi que la subalterne d'autrefois et la saltimbanque d'aujourd'hui !

C'est au moment où Périne se posait cette fatale hypothèse qu'une larme avait roulé sur sa joue. Et voilà que sa fille s'apercevait de sa douleur et, par une étrange divination, touchait du doigt la blessure saignante au plus profond de son cœur.

La pauvre femme, ainsi sollicitée par Georgette à des épanchements complets, n'eut d'ailleurs qu'un instant court instant d'hésitation et son parti fut pris.

— Eh bien! oui, ma chère enfant, dit-elle en attirant sa fille contre sa poitrine, tu as raison, je suis triste, j'ai du chagrin. Je vais tout te dire; tu me consoleras peut-être, et si tu ne peux me consoler, du moins nous pleurerons ensemble.

— Oh! oui, mère chérie, murmura Georgette en rendant à Périne ses caresses : parle, parle bien vite.

— Écoute-moi donc et prépare ton âme à de grands événements; car, si tout autre que moi, ta mère, te racontait ce que tu vas entendre, tu ne pourrais pas, tu ne voudrais pas le croire.

Georgette ne prononça pas un mot et ne fit pas un geste ; mais elle prit l'attitude d'une curiosité si pleine d'émotion fébrile qu'elle ressemblait presque à de l'angoisse.

Périne allait commencer. Un coup léger, frappé contre la porte, arrêta la parole au bord de ses lèvres.

Cette porte donnait accès sur le carré, tout en haut de l'escalier.

— Il me semble qu'on a frappé, dit la saltimbanque ; n'as-tu pas entendu?

— Oui, ma mère.

— Ce ne peut être qu'ici, puisque le logement d'à côté est vide.

— Vide, ma mère, il ne l'est plus ! on a loué et emménagé hier soir ; nous avons des voisins.

— Alors, c'est peut-être chez eux qu'on vient; attendons.

Un second coup, toujours discret, mais un peu plus nettement accusé que le premier, ne laissa plus l'ombre d'un doute à Périne et Georgette. C'était bien chez elles qu'on voulait entrer.

La jeune fille se leva et courut ouvrir.

Un commissionnaire entra dans la chambre. Il tenait sa casquette d'une main et une lettre de l'autre.

— Pardon, excuse, fit-il ; madame Périne Raymond, c'est-il bien ici, sans vous commander?

— C'est moi qui suis Périne Raymond.

— Alors la chose se trouve comme mars en carême! Voici un mot d'écrit pour ça, au rond-point des Champs-Elysées, on m'a recommandé de l'apporter bien vite rue des Postes. J'ai pris mes jambes à mon cou et me voilà; mais, du rond-point des Champs-Elysées ici, je vous réponds que la course est bonne.

— Y a-t-il quelque argent à vous donner?

— Rien du tout ; le monsieur a payé la commission. Voilà la lettre. Bonsoir, la bourgeoise et la compagnie.

Le commissionnaire sortit et referma la porte derrière lui.

Georgette revint s'asseoir en apportant à sa mère la lettre qui venait d'être remise en ses mains. C'était une enveloppe carrée en papier vélin satiné blanc. L'écriture de la suscription se recommandait par sa hardiesse et son élégance.

Périne, pendant quelques secondes, la tint entre deux de ses doigts sans l'ouvrir.

— Mère, dit Georgette, lis donc. Tu as tant de choses à me raconter ensuite!

— Mon enfant, murmura la saltimbanque en attachant ses yeux tour à tour sur la lettre et sur le visage de Georgette, on m'a plus d'une fois accusée d'être superstitieuse, et, plus j'avance dans la vie, moins je me corrige de ce que beaucoup de gens appellent une faiblesse, car mes pressentiments ne m'ont jamais trompée. Bon ou mauvais, ce qu'ils m'annonçaient s'est toujours réalisé. Tu vois cette petite enveloppe satinée. Elle n'est guère effrayante, n'est-il pas vrai? elle est coquette... elle est jolie...

— Eh bien?...

— Eh bien! elle renferme un malheur!

XXV

LA LETTRE ANONYME.

En entendant ces mots, Georgette attacha sur sa mère un regard étonné; et Jean Rosier, qui fumait sa pipe dans un coin d'un air d'abrutissement profond, releva la tête.

Périne déchira l'enveloppe et déplia le papier. A peine avait-elle parcouru des yeux les premières lignes, qu'une indicible expression d'épouvante et de colère se peignit sur son visage; elle poussa une sourde exclamation, et, tandis qu'elle continuait sa lecture, ses traits se couvrirent d'une pâleur mortelle que remplaça, presque sans transition, la rougeur la plus vive.

Quand elle eut dévoré, jusqu'à la dernière, ces lignes qui produisaient sur elle un si terrible effet, elle semblait folle; il y avait quelque chose d'égaré dans son attitude, dans la manière dont elle passa ses mains sur son front, à deux reprises, après avoir laissé tomber la lettre à ses pieds.

Puis tout à coup, sans prononcer une parole, sans répondre aux questions que lui adressait Georgette, et qu'elle parut même ne pas entendre, elle attacha sur sa chevelure en désordre un petit bonnet, elle jeta sur ses épaules un châle tartan et elle s'élança au dehors.

— Qu'a-t-elle donc? murmura Jean Rosier. Où peut-elle aller comme ça? est-ce qu'elle a perdu la tête?

Georgette tremblait de tous ses membres. Le saltimbanque répéta :

— Qu'a-t-elle donc? qu'est-ce qui vient de lui passer par la tête?

— Je ne sais pas, mon père, balbutia la jeune fille.

— Ramasse ce chiffon de papier et lis-moi ce qu'il contient, reprit le Paillasse, il va peut-être nous expliquer ce que nous ne pouvons comprendre.

Georgette obéit, et voici ce qu'elle lut :

« Il est des choses, madame, qu'une mère, véritablement digne de ce titre sacré, n'a pas le droit d'ignorer! Il est des cas où l'insouciance est un crime!

« Savez-vous en quelles mains vous avez remis votre fille? Connaissez-vous cette femme à qui vous avez confié votre enfant naïve et pure?

« J'aime mieux supposer que vous ne savez rien que de vous accuser d'une effroyable complicité. Vous êtes aveugle, je veux le croire, et je vous apporte la lumière.

« Madame Gerfaut appartenait jadis, sous un autre nom, à la caste de ces créatures qui remplissent Paris du bruit de leurs amours vénales et l'éblouissent par leur luxe scandaleux. En changeant de position, cette femme n'a pas changé d'instincts. Sa maison est tout à la fois une école de travail et d'immoralité. Les labeurs sérieux du jour laissent à la galanterie les loisirs du soir. Les salons de madame Gerfaut sont une succursale de Mabille.

« Vous faut-il la preuve de ce que j'avance?

« A l'heure où cette lettre vous sera remise, Marthe, votre enfant, boit du champagne, mange des truffes et danse au piano en compagnie de riches désœuvrés, jeunes et vieux, qui ne viennent point assurément chez madame Gerfaut dans le but de commander des robes.

« il ne tient qu'à vous, madame, de vous en convaincre par vos propres yeux.

« Je ne signe point cette lettre; à quoi bon? mais je vous dis : Venez et voyez! »

La lettre, en effet, n'avait pas de signature.

Georgette pleurait à la lisant, mais Jean Rosier en avait écouté la lecture avec indifférence.

— Mon père! s'écria la jeune fille, c'est là, c'est chez cette femme que ma mère a couru.

— C'est probable, répondit le saltimbanque du ton le plus insouciant.

— Elle va ramener ma sœur avec elle...

— C'est possible. Elle aurait même tout aussi bien fait d'attendre à demain.

Et, comme Georgette pleurait toujours, le saltimbanque ajouta :

— Allons, allons, console-toi, petite; il n'y a pas grand mal à manger des truffes. Je n'en ai jamais goûté, mais j'ai toujours entendu dire que c'était un plat de premier choix. Le vin de champagne n'est pas mauvais, quoique ça ressemble trop à l'eau de Seltz, et, quant à danser un petit quadrille, c'est un plaisir bien innocent. Périne se monte la tête à propos de rien, et je mettrais ma main à couper que tout à l'heure, chez cette dame, elle va faire des bêtises.

— Mais, cependant, mon père... hasarda Georgette.

— Il n'y a pas de cependant. Je suis sûr de ce que je dis, et si tu voulais être bien gentille, sais-tu ce que tu ferais, fillille?

Georgette secoua négativement la tête.

— Tu profiterais de ce que ta mère est sortie, reprit le Paillasse en donnant à sa voix rude les intonations les plus caressantes; tu t'en irais à la Girafe et tu me rapporterais pour dix sous d'absinthe.

— Tu ne te souviens donc pas que ma mère l'a défendu? répliqua la jeune fille.

— Ta mère, elle défend toujours tout! Une vraie mère Rabat-joie! D'ailleurs, comment le saurait-elle? Ce n'est ni toi ni moi qui le lui dirons, j'imagine. Allons, va, petite Georgette.

— Je n'ai pas d'argent.

Jean Rosier se fouilla.

— Aucun monaco, murmura-t-il; les toiles se touchent. Mais va toujours, ma bonne Georgette. A la Girafe, ils te connaissent, ils te feront bien crédit de dix sous d'absinthe.

— Ils ne font crédit à personne, c'est écrit sur des pancartes dans le café.

— Une fois n'est pas coutume... essaye.

— Je n'oserais jamais.

Le saltimbanque insista, mais Georgette fut inflexible. De guerre lasse, il prit son feutre gris, son fameux chapeau à la Bilboquet, et il sortit furieux en s'écriant :

— J'y vais moi-même et nous verrons bien si ces gens-là osent refuser un malheureux carafon d'absinthe à un homme établi... car je suis un homme établi!

Il referma la porte derrière lui avec un grand tapage, et Georgette, restée seule, se mit à pleurer à chaudes larmes.

Heureusement, au bout de cinq minutes, un léger toc, toc, se fit entendre.

— Qui est là? demanda la jeune fille avec inquiétude.

— C'est moi, mam'zelle, c'est Guignolet; peut-on entrer?

— Certainement.

Et Georgette eut un demi-sourire au milieu de ses larmes. La porte s'ouvrit, le jeune pitre parut. En voyant que ni Périne ni Jean Rosier ne se trouvaient là, il devint pourpre de joie et dit :

— Vous êtes seule, mam'zelle? balbutia-t-il.

— Comme vous voyez.

— Je venais... en passant... prendre les ordres de la patronne pour demain. C'était afin de demander si on fait la parade queq'part?

— Ma mère est sortie.

— Et le bourgeois?

— Il vient de descendre.

— Ça fait comme ça, mam'zelle, que vous êtes toute seule.

— Vous l'avez déjà dit, Guignolet.

— Pardon, excuse, ça n'est pas ma faute. Il y a des choses, voyez-vous, qu'on répète des fois sans le vouloir. C'est donc pour vous dire, mam'zelle : ça serait-il un effet de vot'bonté de permettre que je vous tienne compagnie!

— Je ne demande pas mieux.

— Ah! c'est le ciel! fit Guignolet avec exaltation. Vous n'auriez pas sur vous, par hasard, une vieille chaussette du patron?

— Une vieille chaussette! Qu'en voulez-vous faire?

— Je la raccommoderais tout en causant, mam'zelle. Je renmaille comme un ange les vieilles chaussettes, voyez-vous, et je serais si content de me rendre utile.

— On va vous trouver ça, Guignolet, répondit Georgette en riant; et je crois que vous serez un jour un fameux homme de ménage.

— Oh! v'oui, oh! v'oui, mam'zelle, que j'en serai un fameux! vous verrez... quand nous serons dans le nôtre... de ménage.

Il nous semble inutile d'assister au développement de cette causerie d'amoureux si bizarrement commencée, et nous allons quitter la rue des Postes pour retourner à l'avenue Marbeuf.

Le repas touchait à son terme. Il avait été gai pour tous les convives, même pour Georges de La Brière qui se livrait à une ample récolte d'observations caractéristiques et curieuses.

Seuls, Lionel Morton et Marthe faisaient triste figure, et rien ne semblera plus facile à comprendre, quand on saura que l'Américain ne se trouvait point à côté de la jeune fille, ainsi que pendant deux jours il en avait eu l'espoir.

Madame Gerfaut, fidèle au nouveau rôle qu'elle venait d'accepter, avait placé Marthe entre elle et le baron de Strény.

Ce dernier s'occupait sans cesse de sa pupille qui lui répondait de son mieux, mais qui, sous le poids des préoccupations qui l'assiégeaient, ne jouissait pas d'une liberté d'esprit bien complète.

Le vin de champagne avait abondamment coulé. Les jolies ouvrières de madame Gerfaut ne ménageaient ni les sourires ni les œillades à leurs voisins de table. Sir Réginald Tower, le baronnet au nez rubicond, se montrait du dernier galant ; le vicomte de Grandmont-Patay parlait de son écurie de courses, et se promettait d'arriver *bon troisième* au prochain steeple-chase ; Lazzara récitait à une bouteille vide ses poésies inédites ; mademoiselle Crevette-Rose faisait des jeux de mots par à peu près, et l'inimitable Bébé Patapouf proposait de danser sur la table son grand pas du coléoptère amoureux.

C'était charmant ! charmant ! charmant !

Un domestique ouvrit les portes du salon et madame Gerfaut se leva en annonçant à ses convives que, s'ils voulaient passer au salon, le café et les liqueurs les y attendaient.

— Tout ça, c'est très-bien, chère madame, et votre petite fête est charmante, dit mademoiselle Bébé Patapouf après avoir savouré son café dans une tasse de vieux saxe et vidé, sans sourciller, deux verres de chartreuse verte ; mais j'ai des inquiétudes dans les tibias et je crois que voici le vrai quart d'heure de pincer un léger clodoche.

Hâtons-nous d'ajouter, pour éviter de longues recherches aux commentateurs de l'avenir, que le mot *quadrille*, dans l'argot d'un certain monde, est remplacé par celui de *clodoche*, nom emprunté à l'un des quatre danseurs populaires qui firent florès jadis au théâtre de la Gaîté et sur d'autres scènes parisiennes.

— Oui, répondirent toutes les voix avec un ensemble touchant, un clodoche, une petit clodoche !

— Comme digestif, c'est souverain ! ajouta Crevette-Rose. Vicomte Adalbert, mon bon, voilà le piano. Si vos moyens vous le permettent, payez-nous le finale d'*Orphée aux Enfers*.

— Mais comment donc, belle dame, tout à vos ordres, répondit le fils des croisés.

— Au prochain cavalier seul, je placerai mon pas de coléoptère, cria Bébé Patapouf.

Le vicomte préluda. Chacun se mit en place, excepté Georges de La Brière, Lionel Morton et le baron de Strény.

Lazzara, romancier de *high-life* et poète à ses heures, s'était emparé de la main de madame qui, bien qu'elle n'eût guère le cœur à la danse, n'osa refuser de faire vis-à-vis à madame Gerfaut.

Adalbert de Grandmont-Patay avait deux talents : arriver *bon troisième* dans les courses de haies et jouer du piano.

Il préluda d'une façon brillante, entama la première figure, et le quadrille commença, digne du casino Cadet et des salons de Markowski.

Madame Gerfaut et Marthe s'abstenaient seules de toute danse excentrique. La première craignait, si elle se laissait aller à trop de fantaisie, de désorganiser les pastels de sa figure. La seconde ne trouvait aucun charme aux balancements ultra-pittoresques qui, tout autour d'elle, obtenaient le plus grand succès.

Gontran de Strény, fumant un cigare sur le balcon, mais tourné vers l'intérieur du salon, regardait, le sourire aux lèvres.

Georges de La Brière, le monocle dans l'arcade sourci-

lière, assistait en observateur désintéressé à ce spectacle bizarre.

Lionel Morton paraissait navré et détournait la tête ; mais, malgré lui, son regard revenait d'instants en instants vers Marthe, et, chaque fois, il rencontrait le regard de la jeune fille qui semblait lui dire avec une muette éloquence :

— Est-ce ma faute ?

Tout à coup, au milieu de la plus orageuse figure du quadrille, et tandis que mademoiselle Bébé Patapouf, étoile de première grandeur, exécutait au sein de l'ivresse universelle son pas tumultueux, il se fit dans l'antichambre un tapage inattendu. On parlait haut ; on criait presque. On eût dit le bruit d'une dispute.

Une dispute dans une maison tranquille et bien tenue comme celle de madame Gerfaut ! n'était-ce pas bien invraisemblable ?

Personne n'accorda la moindre attention à ces rumeurs, personne excepté Georges de La Brière qui dressa la tête et prêta l'oreille. Une flamme passa dans son regard sous le verre de son monocle, et Lionel Morton l'entendit murmurer :

— Enfin !

Une porte s'ouvrit, et le bel Anacharsis, le domestique aux bas bien tirés, se précipita dans le salon d'un air effaré et s'approcha vivement de madame Gerfaut que le triomphe chorégraphique de Bébé Patapouf réduisait à une immobilité momentanée.

— Eh bien ! Anacharsis, lui demanda-t-elle, qu'est-ce que c'est que ce genre de venir comme un fou sans qu'on ait sonné ? le feu est-il à la maison ?

— Le feu, non, madame... mais il y a là, dans l'antichambre, une femme qui veut voir madame absolument et qui prétend entrer tout de suite.

— Une femme ? répéta la maîtresse du logis stupéfaite.

— Comme elle est très-mal habillée, poursuivit Anacharsis, et comme c'est une personne du commun, je lui ai dit que madame n'était pas visible.

— Et, malgré cela, elle insiste ?

— Ah ! je crois bien ! Le valet de chambre et les deux valets de pied ont toutes les peines du monde à la retenir. Ah ! la gaillarde, quels poignets ! Il faut voir comme elle les bouscule ! Elle est pis qu'une lionne en colère.

— Mais c'est effrayant ! fit madame Gerfaut très-alarmée ; on n'a pas idée de ça ! Courez chercher la garde.

— Oui, madame.

— Un instant... qu'est-ce que c'est que cette femme ?

— C'est la première fois que je la vois, mais elle dit qu'elle est la mère de l'une des ouvrières de madame.

— Ce n'est pas possible. La mère d'une de mes ouvrières n'oublierait pas à ce point toutes les convenances. Allez au poste, demandez main-forte et qu'on empoigne cette perturbatrice.

Le baron de Strény, qui venait de s'approcher d'Olympe, avait entendu la fin de ce rapide dialogue.

Il se pencha vers son ancienne maîtresse et lui dit à demi-voix :

— Cette femme doit être la prétendue mère de Marthe de Kéroual.

— Vous croyez ?

— Je le parierais... et je parierais également que c'est à l'Américain et à son ami que vous devez cette scène déplaisante.

— Eh bien ! tant pis pour la saltimbanque, elle passera la nuit au poste.

— Non pas.

— Comment ?

— Gardez-vous bien de faire arrêter Périne. Elle donnerait des explications, et, sans doute, il en résulterait des bruits fâcheux pour votre maison. Évitez tout scandale. Qu'elle n'entre pas dans le salon, mais allez la retrouver.

— Elle vient sans doute me redemander Marthe.

— Eh bien ! tant mieux. Oubliez-vous que nous avions l'intention de la lui renvoyer ce soir même ? Cela nous évitera de chercher un prétexte.

— Alors, vis-à-vis d'elle, nous sommes censés ne rien savoir ?

— Absolument rien... Hâtez-vous, car voilà que le bruit redouble. Faites-moi prévenir dans un instant par un de vos domestiques et j'enverrai ma pupille vous rejoindre.

Tromb-Alcazar appliqua son oreille sur le trou de la serrure. (Page 136.)

Madame Gerfaut fit un signe affirmatif et se dirigea vers la porte.

Elle n'eut pas le temps de l'atteindre. Une voix, si haute qu'elle domina les bruits du quadrille, cria dans l'antichambre :

— Ah! laquais que vous êtes, je vous dis que j'entrerai!

La porte s'ouvrit violemment et Périne parut sur le seuil.

XXVI

PÉRINE

La saltimbanque, pâle, haletante, les cheveux épars, les vêtements en désordre, le visage livide et l'œil flamboyant, s'arrêta.

— C'est donc vrai! murmura-t-elle en promenant ses regards autour d'elle.

Puis elle fit deux pas en avant, effrayante d'indignation et de menace.

— Elle... c'est elle!... balbutia Marthe en chancelant.

Le quadrille fut interrompu; le vicomte Adalbert de Grandmont-Patay cessa d'appuyer ses longs doigts maigres sur les touches sonores du piano, et les invités de madame Gerfaut se demandèrent les uns aux autres avec stupéfaction :

— Quelle est cette femme?

Naturellement, à cette question personne ne pouvait répondre.

Le scandale devenait imminent.

La maîtresse du logis, quoique singulièrement déconcertée, fit une suprême tentative pour éviter ce scandale. Elle ne se trouvait qu'à quelques pas de Périne; elle lui dit en prenant une physionomie souriante :

— Comment! c'était vous, chère madame, et l'on vous empêchait d'entrer! c'est un malentendu. Je gronderai mes gens. Il fallait me faire passer votre nom, je ne vous aurais point fait attendre, moi. Venez, je vais vous conduire dans une autre pièce où vous serez beaucoup plus à votre aise pour me parler.

— Ce que j'ai à vous dire, il faut que tout le monde puisse l'entendre, répliqua Périne d'une voix sombre.

Et comme la maîtresse du logis, ne se tenant point pour battue, faisait mine de la pousser doucement vers la porte, elle ajouta avec un geste impérieux :

— Ne me touchez pas, je vous le défends!

Madame Gerfaut perdit patience.

— Ah çà! voyons, demanda-t-elle, qu'est-ce que vous me voulez, à la fin? qu'est-ce que vous réclamez?

— Ce que je veux! s'écria Périne en la foudroyant du regard, je veux vous dire d'abord que vous êtes une misérable!

Un murmure général accueillit ces paroles.

— Madame... madame... balbutia l'ex-Olympe Silas avec une rage qui ne lui permettait de prononcer que des mots

indistincts, songez-vous bien à ce que vous dites? Prenez
garde ! je vais...

— Ce que je réclame, poursuivit Périne en l'interrompant
violemment, je réclame ma fille que vous traînez dans vos
soirées d'orgies !

— Savez-vous bien que vous m'insultez! cria madame
Gerfaut devenue pâle sous sou maquillage.

Périne croisa ses bras sur sa poitrine et répondit avec une
expression de souverain mépris :

— Une insulte à vous! Allons donc, est-ce que c'est possible? Est-ce qu'une insulte pourrait tomber si bas? Où suis-
je ici ? Est-ce une maison honnête que celle-ci ? Est-ce un
café? est-ce un bal public? Ces hommes, que veulent-ils?
qui les amène? que cherchent-ils? Et les toilettes de ces
femmes, est-ce le travail qui les a payées? Répondez, madame; répondez donc.!

— Vous êtes chez moi, fit Olympe, vous n'avez pas le
droit de parler si haut et l'intérieur de ma maison ne vous
regarde pas.

Périne eut un éclat de rire déchirant, de ce rire funèbre
qui ressemble à celui de la démence.

— Comment dites-vous ça? demanda-t-elle ensuite ; ré-
pètez donc un peu ! Ah ! je n'ai pas le droit de savoir à qui
j'ai confié mon enfant ! Tenez, vous êtes folle, et tous ces
gens, vos complices, se taisent; ils n'osent pas vous défendre ; ils n'osent pas me chasser, moi, la mère, qui, dans ce
lieu maudit, viens réclamer mon bien !

La femme de Jean Rosier traversa le salon, elle alla droit
à Marthe et essaya de lui prendre la main en disant :

— Viens, ma fille... suis-moi... sortons de cette maison...
partons vite !...

Mais Marthe, reculant avec une terreur manifeste, balbutia la même phrase que, quelques instants auparavant, sa
mère adoptive avait adressée à madame Gerfaut :

— Ne me touchez pas ! ne me touchez pas !

Périne demeura comme foudroyée.

— Mon Dieu !... mon Dieu !... murmura-t-elle après une
ou deux secondes de silence, est-ce que je rêve? est-ce que
ma fille ne me reconnaît plus? Marthe, écoute-moi ; Marthe,
entends-moi ! Je te parle et tu détournes la tête ; je veux te
serrer dans mes bras et tu t'éloignes de moi ! C'est un jeu,
n'est-ce pas? Oui, c'est un jeu, mais un jeu bien cruel ; il
me brise le cœur. Reviens à toi... suis-moi... partons...

Elle voulut serrer Marthe contre son cœur ; mais la jeune
fille se déroba de nouveau à cette étreinte en s'écriant :

— Non... non... laissez-moi... laissez-moi...

Périne, affolée, joignit les mains et, d'une voix faible
comme celle d'un mourante, elle prononça ces mots :

— Seigneur, Seigneur, mon Dieu ! au milieu de ce monde
infâme, a-t-elle oublié déjà que je suis sa mère?

Tandis que ceci se passait entre Périne et Marthe, madame
Gerfaut avait eu le temps de reprendre son sang-froid et de
recouvrer son aplomb habituel. Elle intervint.

— Vous devez comprendre, dit-elle, que mon salon ne
peut servir plus longtemps de théâtre à ces débats odieux et
ridicules. Personne, ici, ne songe à retenir votre fille malgré vous. Emmenez-la donc, madame, et surtout emmenez-la
vite ! Encore une fois, je suis chez moi et je vous ordonne
de sortir!

— Et moi, répliqua Périne transfigurée par l'indignation,
) vous ordonne de répondre, et je ne sortirai que quand
il me plaira, entendez-vous, et vous ne ferez point chasser
par vos laquais la mère qui vous demande compte de sa
fille ! Qu'est devenue cette enfant, entre vos mains ? Dans
quel abîme l'avez-vous fait tomber? Elle était douce et bonne,
laborieuse et pure ; elle m'aimait; je vous l'ai confiée et je
la retrouve en toilette impudente au milieu du tapage des
danses effrontées, et quand je veux la presser contre mon
cœur elle me dit : « Ne me touchez pas ! » comme si je lui
faisais horreur, comme si elle avait honte de moi! Elle voit
mes pleurs, elle voit mon désespoir, et elle demeure insensible et muette ! Ah ! madame, qu'avez-vous fait de mon enfant,
elle n'a plus de cœur, elle n'a plus d'âme. Ah! madame,
qu'avez-vous fait de mon enfant?

Et Périne, laissant éclater enfin les sanglots convulsifs
qui depuis un moment la suffoquaient, cacha son visage
dans ses deux mains.

Lionel Morton se pencha vers M. de La Brière :

— Nierez-vous que cette douleur soit sincère? lui demanda-t-il à voix basse.

— Non, répondit Georges.

— Cette pauvre femme ne savait rien, poursuivit Lionel.

— Maintenant j'en suis sûr, et cette certitude me soulage.

— Mais comment se fait-il qu'elle soit ainsi arrivée à l'improviste ? Concevez que c'est un hasard étrange.

— Ce n'est point un hasard. Elle avait reçu ce soir une
lettre qui lui révélait tout.

— De qui était cette lettre ?

— De moi.

Tandis que s'échangeaient ces quelques paroles entre les
deux amis, la femme de Jean Rosier avait lentement relevé
la tête. Elle tourna vers Marthe son visage pâle, inondé de
larmes.

— Donne-moi ta main, mon enfant, lui dit-elle d'une voix
brisée, donne-moi ta main... J'oublie tout... Viens...

— Jamais ! répondit la jeune fille.

— Jamais ! répéta Périne en se frappant la poitrine de
ses poings serrés. Ah ! c'est à me rendre folle !... Tu t'éloignes de moi ! tu refuses de me suivre... C'est de la haine !
Que t'ai-je donc fait ?...

La saltimbanque, pendant une ou deux secondes, parut
attendre une réponse ; mais, Marthe restant silencieuse, elle
poursuivit :

— Préfères-tu cette maison à la nôtre ? Au milieu de ce
luxe maudit, rougis-tu de notre pauvreté ?... Mais non, c'est
impossible !... Il y a autre chose... il y a quelque chose que
je ne comprends pas, que je ne devine pas !... Que s'est-il
donc passé ?... Je cherche...

Tout à coup Périne frissonna de la tête aux pieds. Une
idée effrayante venait de lui traverser l'esprit, éclairant d'une
lueur funeste les ténèbres épaisses autour d'elle.

— Marthe ! Marthe ! balbutia-t-elle, tu n'as pas à rougir
devant ta mère, n'est-ce pas ?

— Je ne rougis pas même devant Dieu ! répondit fièrement la jeune fille. Lui qui lit dans les cœurs, il sait bien
que le mien est pur.

— Ma fille, mon enfant chérie ! balbutia Périne, pardonne-
moi d'avoir douté... Oui, oui, je te crois... Je t'aime, mais
ne me repousse plus, reviens à moi, appelle-moi ta mère...

Marthe détourna la tête.

— Ah ! reprit la malheureuse femme en se tordant les
mains, oh silence !... Parle-moi, au moins! réponds-moi !
Rien ! toujours rien !... pas un mot ! pas un regard !... Que
lui ont-ils dit, ces gens qui l'entourent? qu'ont-ils pu lui
dire pour qu'elle reste ainsi muette et glacée, sans un
sanglot dans sa poitrine, sans une larme dans ses yeux ?...
Peut-être m'ont-ils appelée : la femme de Paillasse ! Peut-
être a-t-elle honte de sa mère !... Marthe ! Marthe ! est-ce
ma faute, à moi, si j'ai pris ce métier pour t'élever ? Ne
fallait-il pas vous donner du pain, à toi et à ta sœur ?...
C'est la fatalité qui a tout fait !... Ah ! si tu savais... si tu
savais...

Et Périne étendit vers Marthe ses deux mains suppliantes.

Ce fut en vain. Hautaine et méprisante, l'œil dédaigneux,
la lèvre crispée, la jeune fille restait impassible.

Sous sa robe de bal, avec sa pâleur marmoréenne, elle ressemblait à une statue, belle, mais sans âme. Et cependant
son cœur battait à briser sa poitrine. Elle se disait tout
bas :

— Voilà ma mère qui a tué ma mère !

Périne, dans les angoisses indicibles de sa douleur, subissait une véritable et poignante agonie.

Se sentant impuissante à renverser cette muraille élevée
entre elle et le cœur de Marthe par une main inconnue, elle
tenta de chercher un appui chez ceux-là mêmes qui l'entouraient et qu'elle accusait d'avoir fait le mal.

Les convives de madame Gerfaut formaient autour de la
saltimbanque un cercle presque sympathique.

Mademoiselle Bébé Patapouf et Crevette-Rose (bonnes filles au fond) sentaient leurs paupières devenir humides et
ne songeaient point à blaguer.

Le vicomte Adalbert de Grandmont-Patay éprouvait
vaguement quelque chose qui ressemblait de très-loin à de
l'émotion.

Lazzara murmurait sous sa moustache :

— Le diable m'emporte! il y a là une vraie situation de
drame pour l'Ambigu-Comique. J'y songerai.

Madame Gerfaut, seule, ricanait avec rage, mais son rica-
nement ne trouvait point d'écho.

Périne s'adressa, dans sa détresse, aux hommes qui l'entouraient.

— Vous qui m'entendez, balbutia-t-elle, soyez moins

cruels que cette enfant! Dites-lui que je suis sa mère, que je l'aime, qu'il faut qu'elle me suive!... Peut-être vous écoutera-elle...

Elle parlait ainsi, parmi ses sanglots, et, lentement, les yeux baissés, elle faisait le tour du cercle.

Tout à coup elle releva la tête. Son regard s'arrêta sur l'homme qui se trouvait en face d'elle; la stupeur et l'effroi se peignirent dans ses pupilles dilatées; elle fit un geste d'horreur et recula d'un pas, comme si quelque fantôme venait de lui apparaître, et elle s'écria :

— Le baron de Stény!

Gontran avait les motifs les plus sérieux, nous le savons, pour imposer silence à la femme de Jean Rosier, du moment qu'il était reconnu par elle.

— Madame... commença-t-il.

Mais Périne lui coupa la parole.

— Lui!... lui ici!... continua-t-elle. Ah! je comprends tout, maintenant!

— Et moi aussi, je commence à comprendre, se dit tout bas Georges de La Brière.

— C'est lui, n'est-ce pas, demanda Périne à Marthe, c'est lui, malheureuse enfant, qui t'a dit que tu ne devais plus m'aimer, que tu ne devais pas m'obéir?

La jeune fille se taisait toujours, ce fut Gontran qui répondit :

— Vous vous trompez, Périne Rosier! Non-seulement je ne dissuade point mademoiselle Marthe de vous obéir, mais encore je l'engage à vous suivre à l'instant. Elle le doit et elle va le faire.

— Périne Rosier! se dit Marthe tout bas, c'est bien son nom! Il ne me trompait pas!

Périne continua, d'un voix lente et sourde, et comme se parlant à elle-même :

— Ne faut-il pas que la destinée s'accomplisse? Un peu plus tôt ou un peu plus tard, il devait vous retrouver! Voici le jour venu.

Puis, plus haut, après avoir passé avec une sorte d'égarement ses deux mains sur son front :

— Viens, Marthe, viens, fit-elle; le malheur est sur nous! le malheur est sur toi!... Sois-moi... partons... Viens vite... viens, mon enfant... il faut fuir!

Et, d'un pas machinal, automatique en quelque sorte (le pas d'une somnambule en état de sommeil magnétique), elle se dirigea vers la porte.

Marthe semblait encore hésiter. Gontran lui fit un signe.

— Allez, mademoiselle, lui dit-il. Le jour où j'aurai besoin de vous, j'irai vous chercher chez madame.

Marthe obéit silencieusement.

Périne allait atteindre la porte; elle se retourna, menaçante, pour jeter au baron ces paroles de défi :

— Venez, si vous l'osez! Je vous attends et je vous répondrai!

Et, s'adressant ensuite à madame Gerfaut, elle poursuivit :

— Vous, madame, remerciez le ciel que cette enfant sorte pure de votre maison, sans cela la justice d'une mère aurait précédé celle de Dieu!

— Au revoir, Périne Rosier! lui cria Gontran.

— Au revoir, baron de Stény! répliqua la femme de Paillasse.

Puis, jetant un de ses bras autour de la taille de Marthe, elle l'entraîna et sortit avec elle.

— Bon voyage, murmura l'ex-Olympe Silas, évidemment soulagée d'un certain poids lorsque la porte se fut refermée derrière Périne et la jeune fille; voilà ce qui peut s'appeler un intermède peu réjouissant! Cette créature est du dernier commun! Si j'avais su ce que je sais, jamais sa fille n'aurait mis les pieds chez moi! Enfin, les voilà parties; bon voyage! Rien ne troublera plus nos plaisir!... Cher monsieur le Récomte, ajouta-t-elle en s'adressant à Adalbert, je me fais l'interprète de ces dames en vous rappelant que nous en étions à la troisième figure du quadrille... Est-ce abuser de votre complaisance?...

Le fils des croisés s'empressa de répondre que ce n'était nullement abuser de sa complaisance, et il se remit au piano.

Mais à partir de ce moment le quadrille languit.

L'intermède, ainsi que madame Gerfaut appelait la scène que nous venons de raconter, avait jeté un froid parmi les invités de l'avenue Marbeuf, qui ne tardèrent pas à se retirer.

— Eh bien, mon ami, que dites-vous de tout cela? demanda Lionel Morton à M. de La Brière en sortant.

— Je dis que dès demain nous verrons Périne Rosier, répliqua Georges.

LE PROSPECTUS DE TROMB-ALCAZAR.

Laissons s'écouler la nuit entière, une partie de la matinée du lendemain et retournons à la maison de la rue des Postes, non plus cette fois dans le logement de Périne, mais dans celui de Tromb-Alcazar et de Passe-la-Jambe.

Ce logement, nous le savons, était composé de deux chambres. La plus grande se trouvait contiguë à la pièce qui servait aux saltimbanques de salle à manger, de cuisine et de lieu de réunion.

Une simple cloison, tapissée d'un côté comme de l'autre de papier commun, les séparait, et dans cette cloison existait une porte condamnée par des verrous du côté de Tromb-Alcazar, et par une serrure de celui de Périne.

Les deux bohèmiens n'avaient pas fait de grands frais d'installation, et certes on ne pouvait reprocher à leur ameublement de pécher par l'excès du luxe.

Cet ameublement consistait en un vieux lit de fer à moitié rongé par la rouille et muni d'une paillasse de varech, et d'un matelas mince comme une galette; il y avait en outre un antique fauteuil perdant son étoupe par vingt déchirures, deux chaises communes, un guéridon boiteux, un plumeau, un réchaud, un soufflet, une casserole de fer-blanc, quatre assiettes de faïence, deux couverts d'étain et une demi-douzaine de bouteilles, les unes vides, les autres ornées d'un brillant cachet de cire rouge.

Rien de plus, rien de moins que ce que nous venons de constater avec la sécheresse et l'exactitude d'un procès-verbal d'huissier.

Tromb-Alcazar, un crayon à la main, assis sur le fauteuil unique, devant le guéridon boiteux, dans l'attitude méditative d'un poète qui compose ou d'un algébriste qui cherche la solution d'un problème, tantôt tournait ses regards vers le plafond, tantôt les abaissait pour tracer quelques lignes sur une feuille de papier supportée par le guéridon.

Cette besogne, quelle qu'elle fût, l'absorbait de la façon la plus complète, et sans aucun doute elle avait à ses yeux une importance énorme.

Passe-la-Jambe se livrait, avec non moins de zèle que d'assiduité, à des soins plus matériels. Le plumeau à la main, il époussetait la carcasse du lit de fer, les deux chaises, la casserole et les assiettes, de façon à ne laisser sur aucun de ces objets un atome de poussière.

Les horloges des environs firent entendre leur sonnerie. Il s'interrompit pour écouter.

— Déjà onze heures! dit-il en aparté. Je ne l'aurais pas cru! C'est étonnant comme le temps passe quand on est dans son domicile et qu'on s'occupe à faire le ménage.

Il jeta sur cet étrange ménage le regard le plus tendre; il donna encore quelques coups de plumeau à droite et à gauche, puis, se plantant bien en face de Tromb-Alcazar, il lui dit avec l'expression d'un orgueil légitime :

— Guigne-moi ça, ma vieille! Crois-tu que ça reluit, les meubles! Un vrai vernis, quoi! On s'y mirerait pour faire sa barbe. Mets voir ton binocle un peu, pour voir.

Tromb-Alcazar, dont les yeux en ce moment étaient au plafond, agita la main pour commander le silence, de l'air d'un homme qui ne veut pas être dérangé.

Mais ce n'était point l'affaire de Passe-la-Jambe.

— Est-ce que tu m'entends pas? reprit-il. Je te fais une invite à cœur, simple histoire de dévisager le mobilier.

— Chut!

— Hein?

— Tais-toi, moucheron!

— Ah bah! et pourquoi donc ça que je me tairais?

— N'interromps pas mes méditations.

— Tiens! tu médites!

— Une peu, mon fils.

— Sur quoi?

— Silence!

Tromb-Alcazar ne répondit plus et se mit à écrire avec une rapidité vertigineuse. Bientôt la grande feuille de papier fut remplie jusqu'au bas.

Quand la place lui manqua pour continuer, il s'arrêta, et Passe-la-Jambe, qui l'avait regardé faire avec une curiosité fiévreuse, mais contenue, lui demanda :

— Qu'est-ce que c'est que ça?...

Le visage de l'ex-modèle s'illumina, tandis qu'il répondait :

— Ce que c'est que ça ?... Salue, mon fils ! Ce n'est ni plus ni moins qu'un prospectus de parfumerie que je suis en train de rédiger pour notre maison de commerce.

L'œil de Passe-la-Jambe devint flamboyant, et une exclamation de joyeuse surprise s'échappa de ses lèvres minces.

— Et je me vante d'avoir mis la main sur des titres d'un fier acabit ! reprit Tromb-Alcazar. Nom d'une pipe, c'est un peu ça ! Prête-moi tes ouïes.

La recommandation était superflue. Passe-la-Jambe n'existait plus, momentanément, que par ses oreilles.

Tromb-Alcazar prit un ton solennel.

— D'abord, notre enseigne.

— Ah ! voyons l'enseigne.

— AUX ODEURS DE PARIS ! Qu'en dis-tu ?

— Superbe.

— *Tromb-Alcazar, Passe-la-Jambe et Cie*. Ça produit toujours bon effet, la compagnie. Ça fait supposer des bailleurs de fonds. *Parfumeurs-chimistes, savonniers brevetés du consul de S. M. le roi de Siam, et de plusieurs autres têtes également couronnées.*

— Comment ! balbutia Passe-la-Jambe ébahi, nous sommes brevetés ?

— Nous pourrions l'être, ce qui revient exactement au même. Je laisse une place en blanc pour le nom de la rue. Nous mettrons l'adresse aussitôt que nous aurons loué le bazar ; et j'ajoute : *Usine à vapeur à Pantin.*

— Nous aurons une usine à vapeur à Pantin ? s'écria le ci-devant marchand de chaînes de sûreté avec un nouvel et comique ahurissement.

Tromb-Alcazar haussa les épaules.

— Va donc, Jocrisse ! répliqua-t-il. Es-tu serin ! On n'a pas d'usine du tout, mais on le met tout de même ; c'est un petit chic. Je connais tous les trucs, moi. Sur un prospectus bien compris, une usine à savons, vois-tu, moucheron, ça fait de la mousse. Attention, je reprends.

— Vas-y ; je te gobe.

— *Extrait du catalogue : «* Savons de toilette perfectionnés, dulcifiés, fondants, extra-moelleux. Les fleurs les mieux loties en parfums, les plantes et les légumes les plus cossus en arômes servent de pivot à ces crèmes de la propreté générale et particulière. Nous prenons la licence de recommander plus particulièrement à notre clientèle de la haute les savons au bouquet de melon, au miel de Narbonne, à la cannelle, à la vanille, au laurier-sauce, à l'orange de Ville-d'Avray, aux cerises de Montmorency et au chasselas de Fontainebleau. Nous ajouterons à cette trop courte nomenclature nos essences pour la toilette & la muscade, à la cannelle, à la girofle, au kari indien. »

Tromb-Alcazar fut obligé de s'interrompre ; il avait lu sans point ni virgule, et l'haleine lui faisait défaut.

— Mazette, hasarda Passe-la-Jambe, ça a un rude cachet tout de même ; mais on ferait des ragoûts très-bien avec nos savons et nos essences.

— J'y ai déjà songé ; c'est un horizon neuf : *Savonnerie comestible ; parfumerie à deux fins.*

— Il ne manque plus que du cosmétique à l'ail.

— J'en mettrai peut-être.

— Les délicats trouveront que c'est une drôle d'idée tout de même.

— Tudieu ! j'y compte.

— Pourquoi donc ça ?

— Vois-tu, mon fils, à Paris, il n'y a que les excentricités qui réussissent ; faut *épater* le monde ; et épaté, il va tout seul.

— Alors nous devrons faire fortune, puisque nous épaterons.

— C'est positif ; j'estime nos bénéfices futurs à soixante dix-sept pour cent, au moins.

Passe-la-Jambe se gratta l'oreille.

— C'est trop beau, tout cela, murmura-t-il mélancoliquement ; il y a un cheveu.

— Lequel ?

— Les fonds de roulement ; où sont-ils, les fonds de roulement ?

— Il est bête, ce petit ! s'écria l'ex-modèle avec un rire ironique ; il ne comprend rien. Mais tâche donc de te souvenir, insecte sans cervelle, que nous tenons un filon autrefère de première grandeur : ce filon s'appelle le baron Gontran de Strény ; nous l'exploiterons.

— Se laissera-t-il faire ?

— Avec ça que nous lui demanderons la permission.

— Qu'est-ce qu'il peut y avoir de commun entre ce baron et les saltimbanques ?

— Ah ! voilà. J'ai cru d'abord qu'il était amoureux de la petite ; mais, toute réflexion faite, il n'en a pas la mine, et je crois qu'il y a autre chose.

— Que veut-il, alors ?

— Je n'en sais rien et je m'en moque comme de colin-tampon, pourvu que ça nous rapporte, et ça nous rapportera. Prends note de ce que je te dis, moucheron. Je veux perdre mon nom de Tromb-Alcazar si le baron ne devient pas notre commanditaire.

— Quel homme ! murmura Passe-la-Jambe en regardant avec admiration l'ex-modèle.

— Chut ! fit tout à coup ce dernier en se penchant du côté de la cloison.

— Qu'est-ce qu'il y a ? demanda le jeune bohémien.

— Une sourdine à ta chanterelle ; écoute, n'entends-tu rien ?

Passe-la-Jambe prêta l'oreille.

— Si, répondit-il au bout d'un instant, on est entré chez nos voisins ; on parle dans la chambre à côté.

Tromb-Alcazar s'approcha vivement de la porte pratiquée dans la cloison ; et appliqua son œil d'abord, son oreille ensuite, sur le trou de la serrure de cette porte.

— Qui est-ce ? fit Passe-la-Jambe à demi-voix.

— C'est Georgette et Guignolet. Faut être honnête homme et gagner ses appointements en conscience. J'vas les écouter dialoguer et je ferai mon rapport au baron s'il y a lieu.

Et Tromb-Alcazar resta l'oreille collée contre la serrure. Voici ce qu'il entendit :

— C'est bien drôle tout de même, mam'zelle Georgette.. dit le pitre.

— Quoi ? qu'est-ce qui est drôle ?

— Tout ce qui se passe depuis hier. La patronne qui s'en sauve chercher mam'zelle Marthe et qui la ramène, en grandissime toilette, sur le coup des dix heures du soir, sans avoir prévenu personne. Et mam'zelle Marthe qui fait une figure de l'autre monde et qu'a les yeux rouges ; et la patronne qui, sans en avoir l'air, coule de temps en temps sa main dans le coin de son œil, histoire d'essuyer une larme. Oh ! j'ai bien vu, faut pas dire non ! Qu'est-ce que ça signifie, tout ça ?

— Eh ! mon pauvre Guignolet, repliqua Georgette, je n'en sais guère plus long que vous. Ma mère se tait, et, lorsque je questionne ma sœur, elle ne me répond pas.

— Quand nous sommes sortis, il y a une heure, reprit le pitre, mam'zelle Marthe était sur une chaise, triste comme un jour de pluie, les yeux fixes, regardant droit devant elle, sans rien voir ; ça n'est pas naturel !

— Oh ! certainement, ma sœur a un chagrin, dit Georgette.

— Elle devrait vous le raconter, alors ; ça la soulagerait. Quand on raconte ses peines, ça soulage.

— Il ne faut pas la tourmenter ; elle y arrivera d'elle-même.

— Entends-tu bien ? demanda curieusement Passe-la-Jambe ; il voulait savoir.

— Je ne perds pas un mot, et, parole d'honneur ! ça m'intrigue, répondit Tromb-Alcazar ; puis il ajouta : Ah ! voilà quelqu'un.

En effet, une porte intérieure venait de s'ouvrir dans le logement des saltimbanques, et Marthe franchissait le seuil de la pièce où se trouvaient Georgette et Guignolet.

XXVIII

SCÈNE D'INTÉRIEUR.

Elle était bien changée depuis la veille, la pauvre Marthe, changée au point d'être à peine reconnaissable.

Son charmant visage avait perdu son expression de naïve insouciance. Avec sa pâleur de cire vierge et le large cercle d'azur estompant le contour de ses paupières, elle ressemblait maintenant, plus que jamais, d'une façon étrange à sa mère, à Léonie de Kéroual, mais quelques jour s avant sa mort, lorsque déjà l'œuvre fatale du poison étai t bien avancée.

Une seule nuit avait suffi pour accomplir de si grands ravages.

C'est que les pensées les plus sombres et les angoisses les plus poignantes s'étaient succédé sans relâche pendant

Chacun des coquins tira de sa poche un pistolet et mit en joue Gontran. (Page 144.)

les heures longues de cette nuit d'insomnie! C'est que Marthe s'était répété, à chaque minute, à chaque seconde, avec une horreur plus facile à comprendre qu'à exprimer, que cette femme par qui elle avait été élevée, cette femme dont elle se croyait la fille, cette femme qu'elle avait appris à aimer, cette femme qui reposait là, tout près d'elle, dans les ténèbres, et dont elle entendait le souffle irrégulier, était l'assassin de sa mère!

Cette bouche qui, si souvent, s'était appuyée sur ses joues, avait eu pour sa mère des sourires de Judas!

Ces mains, dans lesquelles, si souvent, ses mains d'enfant s'étaient oubliées, avait lâchement versé le poison à sa mère sans défiance!

De telles pensées torturaient Marthe, et elle se demandait avec une conviction déchirante :

— Pourquoi donc ne suis-je pas morte en même temps que ma mère?... A quoi me sert d'être vivante, puisque vivre, c'est souffrir ainsi?...

En entrant dans la pièce contiguë au logement des deux bohèmes du ruisseau, Marthe avait les yeux baissés et semblait plongée dans une rêverie profonde et douloureuse.

Georgette court à elle, et, lui jetant les bras autour du cou, elle lui dit d'une voix charmante :

— Nous voilà revenue, petite sœur?

— Ah! c'est toi, Georgette, murmura Marthe en relevant la tête.

Guignolet fit un salut comique.

— Et c'est moi aussi, mam'zelle Marthe, ajouta-t-il; c'est nous, tous les deusses.

18ᵉ LIVRAISON.

— Nous venons de reporter mon ouvrage au magasin reprit Georgette.

— Ton ouvrage? répéta Marthe machinalement.

— Eh! oui, tu sais? Quand les foires ne donnent pas, et en hiver, par les mauvais temps, je fais de la confection. Ça me distrait. Je m'ennuierais à ne rien faire. Et ça aide au ménage.

Guignolet ébaucha le geste d'un homme qui va s'arracher une poignée de cheveux.

— Ah! saperlipipote! s'écria-t-il, c'est moi qui regretta joliment de ne pas savoir coudre! Je ne sais que remmailler. Que voulez-vous? mon éducation a été négligée. Je vous aiderais. Mais il y a encore de la ressource. Je n'ai point passé l'âge, et, en m'appliquant bien, j'arriverai peut-être à faire un ourlet très-proprement.

Tromb-Alcazar écoutait toujours. Il eut toutes les peines du monde à comprimer un immense éclat de rire en entendant Guignolet faire l'aveu de son ambition candide.

— Tu ne sais pas, dit-il à Passe-la-Jambe, en voilà une bien bonne! Ce jean-jean de pître veut apprendre à coudre.

— Oh! la! la! quel scrin! répondit le futur parfumeur. Non! ça m'fait mal!

On avait gardé le silence pendant un instant dans l'autre chambre.

— Est-ce que notre mère est sortie? demanda Georgette.

— Périne!... répliqua Marthe, comme pour protester contre ces deux mots : notre mère. Non... elle est là... dans la chambre...

— Toujours avec mon père?

— Non... il est dehors... lui...

Il y avait quelque chose de si glacial dans le ton dont Marthe parlait que les larmes en vinrent aux yeux de Georgette.

— Marthe!... ma sœur!... bulbutia-t-elle, tu ne nous aimes plus!

— Moi, je ne t'aime plus! fit la jeune fille; pourquoi donc me dis-tu cela?

— Tu n'es plus du tout la même avec moi, avec notre mère, continua Georgette ; tu es triste... froide... silencieuse. Ça me serre le cœur!

— Mam'zelle Marthe s'écria Guignolet avec entraînement, quelqu'un vous aurait-il point, par hasard, avec ou sans intention, fait de la peine ou du chagrin? Si c'était comme ça, voyez-vous, faudrait nous le dire. J'irais trouver le particulier : à toi, z'à moi la paille de fer! Je lui casserais, en douceur, une patte ou deux, et ça ne pèserait pas un poids de vingt-quatre. Ah! mais non! Je suis petit, tel que vous me voyez, et pas mal criquet, mais tout nerfs!

— Personne ne m'a fait de chagrin, mon ami, répondit Marthe.

— Alors, ma sœur, reprit Georgette, pourquoi ce changement? Quand je te parle, à peine sembles-tu m'écouter... Tu n'appelles plus notre mère : ta mère... Tu ne m'appelles plus ta sœur...

— Vous ne m'appelez plus votre petit Guignolet... ajouta timidement le pitre.

En présence de ces témoignages d'une affection si vraie, si profonde, Marthe sentit son cœur se fondre malgré tout.

— Vous vous trompez, mes amis, répondit-elle, je vous aime tous deux. Je t'aime, chère Georgette! je t'aimerai toujours!

Elle lui prit la tête dans ses mains et l'embrassa, en se disant tout bas :

— Ce n'est pas sa faute, à elle...

Puis elle ajouta :

— Vous êtes un bon et brave garçon, Guignolet; voici ma main.

— Ah! saperlipipote! cria le pitre en dessinant un entrechat, après avoir serré avec enthousiasme la petite main tendue vers lui, ça fait du bien! Merci, mam'zelle!

— Voilà notre mère, fit Georgette en voyant la porte s'ouvrir.

— Elle!... murmura Marthe, dont, à l'instant même, l'expansion se trouva glacée, et qui, redevenue silencieuse, alla s'asseoir sur une chaise, près de la fenêtre.

Périne entra.

— Te voilà revenue, mon enfant? dit-elle à Georgette.

— Oui, ma mère. Vous savez que le magasin n'est pas bien loin, et Guignolet portait le paquet.

— On t'a payée?

— Oui, et voici l'argent.

— Tu n'as pas repris d'ouvrage?

— Non, puisque vous me l'aviez défendu.

— C'est inutile, en effet; tu n'aurais pas eu le temps de t'en occuper : nous allons quitter Paris.

Marthe tressaillit, et Tromb-Alcazar, qui redoublait d'attention depuis l'entrée de Périne, dit entre ses dents :

— Quitter Paris!... Ah! diable! voilà qui est bon à savoir.

Guignolet avait fait un bond, et la plus profonde épouvante se lisait sur sa figure.

— Vous partez sans moi! s'écria-t-il. Ah! patronne, patronne, vous ne feriez pas une chose comme celle-là!

— Rassure-toi, mon garçon, nous t'emmenons.

— Ah! à la bonne heure! Vrai, ça m'ôte un poids de cinq cents de dessus l'estomac! C'est que, voyez-vous, patronne, je ne sais pas si vous le savez, vous pourriez peut-être vous passer de moi, mais moi je ne pourrais pas me passer de vous; c'est la pure vérité.

— Et pourquoi partons-nous, ma mère? demanda Georgette.

Avant de répondre, Périne hésita; mais son hésitation ne dura qu'une seconde et elle mit en avant cette raison banale :

— Dans les fêtes de la banlieue et des environs de Paris, il y a trop de concurrence. Nous allons faire une tournée en province.

— Peste! grommela Tromb-Alcazar, ces renseignements-là, ça vaut de l'argent pour le baron.

— En province! s'écria Guignolet. Oh! mon rêve! mon rêve!... Y a-t-il assez longtemps que je me demandais

quand on nous verrait faire la parade et soulever des poids de vingt-quatre dans les quatre-vingt-seize parties du monde!

— Et, reprit Georgette, partons-nous bientôt, ma mère?

— Demain, au point du jour.

— Demain! se dit Marthe avec effroi.

— Demain! cria Guignolet. Quelle chance!

— Demain! murmura Tromb-Alcazar. Eh! eh! la gaillarde ne perd pas de temps. Il paraît que le feu est dans ses affaires.

— J'ai envie de danser sur la tête, continua Guignolet dont l'allégresse prenait des proportions impossibles à décrire! J'ai envie d'exécuter les trois souplesses du corps! j'ai des démangeaisons de faire la roue et le saut périlleux!

— Fais tes paquets, mon garçon, répliqua Périne; ça vaudra mieux.

— Oui, patronne... et ça ne sera pas lourd.

Puis, saisi d'un nouvel accès de lyrisme, le pitre ajouta :

— Oh! mam'zelle Georgette, nous allons donc voyager ensemble! Nous allons voir filer derrière nous, à l'ombre des ormes, la queue des routes départementales!... Hue! Jaqnbt! Ça sera-t-il le paradis, oui ou non? Ça le sera-t-il?

Et Guignolet, n'y pouvant plus tenir et voulant se donner sans doute un avant-goût des joies du voyage, se mit à marcher un peu sur ses mains, les jambes l'air.

Georgette s'approcha de Périne et, baissant la voix, lui demanda :

— Est-ce que Marthe vient avec nous, ma mère?

— Oui, Marthe vient avec nous.

Et la saltimbanque ajouta sans transition, en s'adressant à Georgette et à Guignolet :

— Vous, mes enfants, allez à la remise; mon mari y est déjà. Préparez les malles, les costumes, les accessoires. Mettez ensuite tout cela dans la voiture, en bon ordre; avant une heure, j'irai vous rejoindre.

— Oui, ma mère, dit Georgette.

— Oui, patronne, cria Guignolet. En province!... Ah! le monde est grand! Il me semble que je pars pour la Chine et que j'irai même plus loin!

Et le pitre sortit avec Georgette en battant des entrechats insensés.

Périne et Marthe se trouvèrent seules. La jeune fille, toujours assise près de la fenêtre, tournait presque le dos à la femme de Jean Rosier, et elle pensait :

— Demain! partir demain! Je ne les suivrai pas!... Le courage m'a manqué jusqu'à cette heure pour agir, mais il ne faut plus remettre! Le temps de l'hésitation est passé et ma résolution est prise.

Périne regardait Marthe avec une émotion profonde, et elle se disait tout bas :

— Pas un regard, pas une parole! Depuis hier elle est ainsi! Que faire, mon Dieu! que faire pour ramener ce cœur qui m'échappe?

Au bout d'une minute, elle traversa lentement la chambre et elle alla se mettre à genoux auprès de la chaise sur laquelle la jeune fille était assise.

— Marthe, mon enfant, murmura-t-elle, tout à l'heure tu semblais distraite... Peut-être n'as-tu pas écouté, et voilà pourquoi je te répète ce que je disais : Nous allons quitter Paris.

— J'avais entendu.

Ces trois mots tombèrent, nets et glacés, des lèvres de Marthe.

— Tu nous suivras sans regret, n'est-ce pas? poursuivit Périne.

— Je vous suivrai.

— Tu t'étonnes peut-être de ce départ?

— Non.

— Et, cependant, je veux te l'expliquer...

— A quoi bon?

— Écoute-moi, je t'en supplie!... Tu consens à m'écouter, mon enfant?...

— Parlez.

— Si j'agis ainsi, chère fille, si je t'éloigne, c'est pour toi, pour ton bonheur, pour ta vie.

Marthe regarda la femme de Jean Rosier bien en face, et répéta :

— Pour ma vie?

— Oui.

— Comment?

— Cet homme... ce baron de Strény, que tu as vu chez cette femme, hier, et qui t'a crié, au moment où je t'entraînais, qu'il viendrait te chercher ici, cet homme est notre ennemi, le tien!

— Ah bah! pensa Tromb-Alcazar, le baron ne corde pas avec la femme de Paillasse: qui est-ce qui s'en serait douté? Ça se complique comme un vrai *mélo*, et ça devient bigrement intéressant.

— Mon ennemi? répéta Marthe avec une manifeste expression d'incrédulité; vous dites que cet homme est mon ennemi? Comment donc peut-il se faire que quelqu'un me haïsse, moi qui n'ai jamais fait de mal à personne?

— Il m'est impossible de répondre à cette question, mais je te jure que le baron de Strény est ton mauvais génie.

Périne s'interrompit, et, voyant clairement dans les yeux et sur les traits de Marthe cette expression d'incrédulité que nous avons constatée plus haut, elle s'écria avec désespoir:

— Ah! tu doutes de moi! Je le vois bien, tu ne me crois pas!

— Oui, c'est vrai, je ne vous crois pas.

— Oh! mon Dieu! mon Dieu! mais que t'a-t-il dit, cet homme? Quelles paroles a-t-il prononcées, pour qu'en moins d'un jour il ait ainsi changé ton âme?

— Qu'aurait-il pu me dire? Vous devez le savoir!

— Non, je ne le suis pas... Mais ce que je suis, c'est que tout à coup ta tendresse pour moi a fait place au dédain, à l'épouvante, à la haine peut-être!... Il faut bien qu'il ait parlé! Il faut bien qu'à toutes les impostures de sa vie de duplicité il ait ajouté un dernier mensonge!

— Pourquoi donc attaquez-vous ainsi le baron de Strény! demanda Marthe froidement.

— Pourquoi je l'attaque?... Ah! c'est que si tu n'avais pas été la dupe de ses paroles je t'aurais retrouvée hier obéissante et tendre comme tu l'avais toujours été! Tu ne te serais pas éloignée de moi comme on s'éloigne d'un objet d'horreur! Tu n'aurais pas refusé si cruellement de me suivre! Tu n'aurais pas été sans pitié pour une pauvre femme qui se tordait les mains, qui pleurait, le cœur brisé, et qui pleure encore en voyant tes yeux secs et tes lèvres muettes!... Regarde-moi, Marthe... Je souffre, j'étouffe!... Quoi! toujours, toujours ce silence!... Je ne sais que te dire! Je ne sais comment te toucher, comment t'émouvoir, mais il y a dans ton âme un secret que je veux apprendre, une horrible pensée qu'il faut que je connaisse!... Réponds-moi, Marthe, je t'en supplie...

— Il n'y a rien, répliqua la jeune fille.

— C'est impossible!

— La scène d'hier au soir m'a frappée douloureusement, l'impression ne s'en est pas encore effacée, et si je vous semble triste et soucieuse, c'est pour cela et rien que pour cela.

— Non, non, il y a autre chose. Cet homme a parlé. Encore une fois, que t'a-t-il dit?

— Rien.

— Oseras-tu nier qu'il t'ait dit que je n'étais pas ta mère?

— Il me l'a dit.

— Et c'est pour cela que tu ne me tends plus les bras? C'est pour cela que tu me repousses?... Eh bien! oui, c'est vrai, je ne suis pas ta mère.

— Vous voyez bien, répliqua Marthe, vous voyez bien, madame, que le baron de Strény ne mentait pas!

Et Dieu sait avec quelle expression écrasante ces paroles furent prononcées.

Périne, un instant anéantie et pour ainsi dire foudroyée, fit sur elle-même un violent effort et continua:

— Mais si tu n'es pas l'enfant de mes entrailles, n'as-tu pas toujours été l'enfant de mon cœur? Souviens-toi!... Depuis les jours les plus lointains, n'ai-je pas remplacé ta mère auprès de toi? N'ai-je pas veillé sur toi avec l'ardente sollicitude d'une mère pour son enfant? Ne t'ai-je pas donné mon âme tout entière comme ta mère t'aurait donné la sienne? J'avais fait un serment à la comtesse de Kéroual expirante! J'avais juré de vivre, et, s'il le fallait, de mourir pour toi!... Marthe, mon enfant, j'ai tenu ma parole! Pour toi j'ai vécu, pour toi je suis prête à mourir!

— Vous! s'écria la jeune fille, vous!

— J'en prends à témoin Dieu qui m'entend!

— Ne parlez pas de Dieu, n'invoquez pas son nom!

— Je l'atteste, ce Dieu tout-puissant!

Périne semblait à bout de forces. Suffoquée par son émo-

tion, étouffée par les sanglots qui de son cœur montaient à sa gorge, elle se tut pendant quelques secondes; mais, voyant que Marthe restait muette et sombre, elle reprit d'une voix brisée:

— Voyons, mon enfant, qu'as-tu contre moi? que me reproches-tu? Auras-tu moins de pitié pour moi que les juges n'en ont pour l'accusé? Ils lui disent quel est son crime et lui permettent de se défendre. Moi, j'ai beau chercher, je ne trouve rien. Comment donc ai-je pu t'offenser? Est-ce par mon dévouement? est-ce par ma tendresse?

Marthe se sentit remuée malgré elle jusqu'au fond de l'âme par ces plaintes touchantes, par ces déchirantes supplications; mais elle se roidit, et, cachant son visage dans ses deux mains, elle s'écria:

— Ah! taisez-vous! au nom du ciel!

— Mais, malheureuse enfant, poursuivit Périne, ne vois-tu donc pas que tes terreurs me glacent, que tes réticences me brisent? Il est impossible que la haine ait tout à coup, et pour toujours, remplacé dans ton cœur une affection de douze années! Si tu ne m'aimes plus, tu peux encore au moins avoir de la compassion pour moi! Eh bien! c'est ta compassion que j'invoque! Apprends-moi ce que t'a dit le baron de Strény!

Marthe ne répondit pas, et Périne se tordit les mains.

Passe-la-Jambe, qui s'était approché de la cloison pour essayer d'entendre, mais qui ne pouvait rien distinguer dans le vague murmure des voix, vit tout à coup une grosse larme tomber de la paupière coriace de Tromb-Alcazar et rouler sur sa longue barbe.

Il recula d'un pas en balbutiant avec une stupeur comique:

— O ciel! ô ciel! en croirai-je mes yeux? Comment! comment! ma vieille, tu t'humectes? Est-ce que le monde va finir?

— Laisse-moi donc tranquille, répondit l'ex-modèle extrêmement vexé d'être surpris par son jeune associé en flagrant délit d'attendrissement; je sais bien que c'est bête comme tout; mais que veux-tu, ce n'est pas ma faute! A la scène de la mère, dans les *mélos*, j'y vais de ma larme et je crois que c'est arrivé. C'est une faiblesse! On n'est pas parfait! Foi de Tromb-Alcazar, la petite est plus entêtée qu'une mule, et la pauvre saltimbanque me fait de la peine, parole d'honneur!

— Tu me raconteras la chose.

— Sois paisible et laisse-moi écouter; voilà que ça recommence.

— Voyons, Marthe, reprenait Périne, réponds-moi. Que t'a dit cet homme? Pourquoi refuses-tu de me parler? Au moins, quand tu m'auras appris de quoi on m'accuse, je pourrai me défendre, me justifier. J'ai le droit de savoir. Réponds-moi, je t'en conjure; réponds-moi, je le veux.

— Encore un coup, je supplie, répliqua Marthe d'une voix très-basse: laissez-moi seule, ne m'interrogez plus; je ne sais rien, je n'ai rien à vous dire, rien, rien.

— Et moi, je te dis que tu me trompes. Tes réponses mêmes me prouvent jusqu'à l'évidence que tu me caches quelque chose. Tu ne veux pas me rendre folle? Eh bien! je sens que ma raison s'en va. Ne me laisse pas succomber. Au nom de Georgette qui t'aime, au nom de ta mère qui m'a donné pour toi son dernier baiser, parle!

— Quel supplice, mon Dieu! pensa Marthe; puis, tout haut: Je n'ai rien à dire.

— Ah! c'est à se briser la tête contre la muraille, continua Périne avec un éclat de désespoir; nous vivions si unis, si calmes, si heureux! Cet homme est venu, tout disparaît, tout s'écroule. Repos, bonheur, amour, il ne reste plus rien! Oh! qu'il tremble, lui! J'ai des armes terribles, et, s'il m'y contraint, je m'en servirai! Pauvre enfant, malheureuse enfant, tu pleureras un jour comme moi; tu verseras des larmes amères, des larmes de sang! Tu rougiras de honte, tu pâliras d'effroi à la pensée que ton âme s'est ouverte aux mensonges de ce misérable! Il ne veut rien. Soit! tu ne sais rien, tu n'as rien à m'apprendre, tu me détestes maintenant autant que tu m'aimais, et ta haine n'a point de motif... Eh bien! qu'importe, après tout? Va, tu auras beau faire, je t'aimerai toujours, moi; je t'aimerai tant que je te contraindrai, à force de tendresse, à me rendre une part de ton cœur.

Périne sanglotait.

— Marthe, ajouta-t-elle, chère Marthe, laisse-moi t'embrasser... ne me repousse pas... veux-tu?

La jeune fille essayait de résister encore, elle n'en eut pas le courage. Périne la saisit dans ses bras, la pressa contre sa poitrine et la couvrit de baisers en balbutiant :

— Mais appelle-moi donc encore ta mère...

Marthe ne put répondre; elle pleurait.

— A la bonne heure, murmura Tromb-Alcazar avec la satisfaction d'un connaisseur émérite devant une scène bien faite et bien jouée, à la bonne heure, voilà que ça vient! Les grandes eaux de Versailles, et allez donc!

— Ah! reprit Périne avec exaltation, enfin, enfin, tu pleures! Ces larmes, je les attendais! C'est ton cœur qui renaît! Je ne te demande plus rien, je ne te questionnerai plus; il me suffit de savoir que ton cœur n'est pas mort! Je vais te laisser, mon enfant, te laisser avec tes souvenirs. Évoque le passé tout entier, c'est à lui que je me confie; il parlera pour moi. Je vais rejoindre ta sœur; tu veux bien que je l'appelle toujours ainsi, n'est-ce pas? Dans une heure nous reviendrons pour t'embrasser, pour t'aimer ; à bientôt, à bientôt!

Elle la serra de nouveau contre son cœur. Marthe, immobile et baignée de larmes, recevait ses baisers sans les rendre.

Périne sortit, et, comme la jeune fille restait seule au logis, elle ferma la porte à clef en dehors, emporta cette clef, et l'on entendit le bruit de ses pas se perdre dans l'escalier.

XXIX

CONCILIABULE.

Marthe se trouvant seule, il n'y avait plus rien à entendre. En conséquence Tromb-Alcazar quitta son poste d'observation et étira ses membres, fatigués par une pose de près d'une heure dans une situation fort peu commode.

— Eh bien? demanda vivement Passe-la-Jambe.

— Périne vient de sortir, répondit l'ex-modèle.

— Alors, dégoise; mets-moi au courant; apprends-moi de quoi qu'il retourne.

— C'est un méli-mélo joliment compliqué. D'abord et d'une, ils vont tous filer en province.

— Quand?

— Demain, dès le *patron minette*. Le père l'Absinthe, Georgette et le pitre font les paquets, et la mère est allée les rejoindre.

— Fichtre! mais c'est une grosse nouvelle, ça !

— Je crois bien. Aussi, nous allons prendre nos cliques et nos claques et nous payer l'omnibus avec correspondance pour prévenir le baron. Il verra que nous sommes de bonne guette, et ça lui fera plaisir, à cet homme.

— Certainement, nous irons; mais nous avons le temps, puisque les saltimbanques ne démarrent que demain matin. Ce n'est pas leur départ qui t'attendrissait, bien sûr, et tu m'as promis de me raconter ce qui te mettait la larme à l'œil.

Tromb-Alcazar, complaisant pour son associé, commença le récit de la scène dont il venait d'être l'indiscret témoin.

Pendant ce temps, Marthe était en proie au plus violent combat intérieur, aux déchirements les plus douloureux.

— Qui faut-il écouter, mon Dieu? se demandait-elle, qui faut-il croire? Hier, le hasard me met en présence d'un homme qui me découvre un crime monstrueux! un homme, mon parent, à qui ma mère, dans un écrit suprême, donne sur moi les droits d'un tuteur! Cet homme, depuis douze ans, me cherche, il veut me restituer mon nom, me rendre ma fortune! Il accuse Périne devant moi, et cependant il n'a point de haine contre elle, puisqu'il ne désire pas la perdre! Une telle conduite est loyale... tout me prouve que cet homme est mon véritable ami, mon protecteur dévoué... Mais Périne... elle m'a aimée, elle m'aime encore, je n'en puis douter... Tout à l'heure mon silence la désespérait; sa douleur était bien sincère, ses larmes n'étaient point menteuses! Elle a tout sacrifié pour moi, sans hésitation, sans regret! Elle a laissé sa fille, sa véritable fille, traîner sa jeunesse dans un métier qu'on dédaigne et qu'on méprise, et moi j'avais les soins, les sourires, les caresses! Veille-t-on ainsi sur l'enfant dont on a tué la mère? Oh! ce serait trop infâme! Non, Périne n'a point commis ce crime!.., ce n'est pas vrai... ce n'est pas possible... Et cependant cette condamnation... Ah! je deviendrais folle, je crois, si je pensais toujours ainsi.

Marthe cacha son visage dans ses deux mains et se mit à pleurer silencieusement.

Au bout de quelques minutes, elle releva la tête. La pauvre enfant semblait un peu ravivée.

— Périne est innocente, murmura-t-elle, je ne sais quel instinct me le dit!... Non, je ne la trahirai pas... non, je ne prendrai pas ce portefeuille, je n'irai pas rejoindre le baron de Strény... Comment le pourrais-je, d'ailleurs? ajouta-t-elle. La porte est fermée, et Périne en a pris la clef... Si je voulais sortir, je ne le pourrais pas; Ceci me défend contre lui et contre moi-même... tant mieux!

Et Marthe s'absorba de nouveau dans ses réflexions.

Tromb-Alcazar avait achevé pendant ce temps le récit sollicité par Passe-la-Jambe, et que ce dernier venait d'écouter avec le plus vif intérêt.

— Tu comprends, ajouta le ci-devant modèle en manière de péroraison, que ça marche bien pour nos affaires. Je parierais ma tête à couper qu'il doit y avoir au fond de tout cela une anecdote assez vétilleuse, et que cette anecdote nous permettra de louer une boutique en plein boulevard des Italiens.

— Qu'est-ce que nous allons faire?

— Je te l'ai déjà dit : nous allons nous rendre chez le baron, et nous verrons ensuite.

— C'est entendu. En route donc et vivement.

— Laisse-moi mettre sur mon mouchoir de poche un peu de notre essence de myrte, et je suis à toi. En veux-tu quelques gouttes?

— J'ouvrais la bouche pour les demander.

L'essence de myrte ou le liquide, quel qu'il fût, auquel Tromb-Alcazar jugeait convenable de donner ce nom, tomba comme une rosée bienfaisante sur les loques indescriptibles que les deux bohémiens appelaient des mouchoirs.

Ils se coiffèrent ensuite de leurs casquettes de cérémonie, et ils se dirigeaient vers la porte quand un coup frappé depuis le dehors contre cette porte les arrêta net.

— On dirait qu'on a cogné chez nous, murmura Tromb-Alcazar avec une légère expression d'inquiétude.

— J'en ai le trac, répondit Passe-la-Jambe.

— On ne sait pas encore que nous logeons ici, reprit l'ex-modèle, ce doit être quelqu'un qui se trompe. Allons, moucheron, va ouvrir.

Passe-la-Jambe ne bougea pas et devint un peu pâle.

— Si c'était le commissaire de police? balbutia-t-il d'une voix tremblante.

— Eh bien, après?... Nous n'avons rien de bien nouveau sur la conscience.

— Est-ce qu'on sait jamais! Ces messieurs les commissaires sont si vétilleux! J'aimerais autant faire le mort. J'ai dans l'idée que ça serait plus prudent.

— Ah! bah! laisse-moi donc tranquille! Nous payons notre loyer, nous possédons des capitaux, nous sommes des gens établis : qu'est-ce qu'on peut nous faire?

On frappa de nouveau et plus fort que la première fois.

— Allons, ouvre! reprit Tromb-Alcazar d'un ton impérieux.

Passe-la-Jambe obéit en rechignant, et la porte entrebâillée laissa voir non point un commissaire de police, mais Gontran de Strény en personne.

Depuis plus d'une heure, le baron, blotti au fond d'une voiture de place, attendait à l'endroit désigné par lui la veille.

Ne voyant rien venir, et plein d'impatience et d'inquiétude il avait pris le parti de monter, afin de savoir ce qui se passait.

— Monsieur le baron! s'écria Tromb-Alcazar stupéfait à la vue de son futur commandditaire.

— Parlez plus bas, dit Gontran vivement; on pourrait vous entendre du logement voisin.

— Pas de danger; mais enfin on va mettre une sourdine à sa clef de sol. Donnez-vous donc la peine d'entrer, monsieur le baron.

Gontran franchit le seuil et jeta un coup d'œil autour de lui.

— Quel honneur pour notre domicile, reprit l'ex-modèle; jamais, oh ! non, jamais nous n'aurions osé vous bercer du beau rêve qui se réalise aujourd'hui! Eh bien? qu'est-ce que c'est, Passe-la-Jambe? ne vois-tu pas que monsieur le baron est debout! Allons, zeste et peste! avance le fauteuil à monsieur le baron.

— Monsieur le baron, voici le fauteuil, dit le jeune bohémien.

— Notre tapissier ne nous a pas encore envoyé son monde pour le recouvrir en velours d'Utrecht; c'est un simple oubli de sa part, continua Tromb-Alcazar, mais le logement est convenable.

— Nous demandons seulement du papier neuf au propriétaire.

— Avec une petite corniche, une rosace au plafond afin de pendre un lustre pour quand nous recevrons.

— Taisez-vous, dit impérieusement Gontran, et écoutez-moi.

— Avec zèle et déférence, monsieur le baron.

— Vous êtes-vous préoccupés, ainsi que je vous en avais donné l'ordre, de savoir tout ce qui se passait chez vos voisins?

Tromb-Alcazar étendit la main vers le trou de la serrure.

— Je n'ai pas quitté d'une minute mon observatoire, répondit-il.

— Les saltimbanques sont-ils chez eux?

— Non, pas pour le quart d'heure. Comme vous arriviez chez nous, nous allions filer chez vous, à seule fin de vous avertir d'un chose de conséquence. Toute la nichée décampe demain matin; ils vont faire leur tour de France, et ils sont en train, présentement, d'emballer leurs bibelots dans leur voiture.

— Bien. Alors le logement est vide?

— Pas tout à fait.

— Comment?

Tromb-Alcazar cligna de l'œil.

— La petite est là! dit-il.

— Qui?... Georgette?

— Non... l'autre... celle qui n'est pas la fille.

Gontran fit un mouvement de surprise.

— Comment savez-vous? murmura-t-il.

— Ah! c'est bien simple : j'écoutais. Je vous prie de croire que la mère Périne lui en a dit long sur votre compte. Ah! vertudieu! comme elle vous arrangeait! Vous pouviez vous vanter, monsieur le baron, d'être accommodé de main de maître!

— De quoi donc m'accusait cette femme? demanda M. de Strény avec le plus grand trouble.

— De rien en particulier, et de tout en général. C'était vague, mais c'était bien senti.

Gontran respira.

— Et la jeune fille, que répondait-elle? reprit-il ensuite.

— Pas grand'chose. Elle refusait de croire Périne, qui pleurait comme une Madeleine et déclamait des tirades à fendre le cœur. La petite ne s'en émouvait non plus qu'une bûche. Ah! elle est solide au poste, cette mauviette, et ne s'attendrit pas tous les quarts d'heure, je vous en fiche mon billet!

Un rayonnement de joie passa sur le visage de Gontran qui reprit :

— Ainsi, mademoiselle Marthe est seule?

— Yès, milord.

— Les parents, quand rentreront-ils?

— Oh! pas de sitôt. Il faut du temps pour ficeler tout leur baluchon.

— C'est bien. Restez ici.

— Monsieur le baron s'en va déjà?

— Je vais parler à la jeune fille. J'aurai peut-être besoin de vous tout à l'heure.

— Suffint.

Gontran sortit.

— Qu'est-ce qu'il veut donc faire, ce baron? murmura l'asse-la-Jambe.

— J'ai dans ma folle idée, répliqua Tromb-Alcazar, qu'il va se passer quelque chose de drôle.

— Quoi?

— Nous verrons bien! La voix dans la poche, petit ; je retourne à mon observatoire.

— Encore! grommela Passe-la-Jambe. Tu te payes un fauteuil d'orchestre pour voir la comédie bien à ton aise, et moi je reste là tout le temps à compter le jeu: c'est peu drôle!

L'ex-modèle accueillit cette observation par un geste narquois et colla de nouveau son oreille au trou de la serrure.

Gontran avait traversé le carré et s'était arrêté devant la porte du logement des saltimbanques.

Marthe, que nous avons laissée tout en larmes et absorbée dans une rêverie sombre et profonde, tressaillit et releva la tête.

— C'est Périne qui revient sans doute, murmura-t-elle.

Puis, après une seconde de réflexion, elle ajouta : Mais non,

ce ne peut être elle, elle ne frapperait pas puisqu'elle a la clef, elle ouvrirait.

Gontran heurta de nouveau avec le pommeau de sa canne.

— Qui est là? demanda la jeune fille en se levant.

— C'est moi, répondit le baron.

— Qui, vous?

— Votre ami... votre tuteur.

— Monsieur de Strény! s'écria Marthe.

— Oui. Ne vous ayant pas vue venir au rendez-vous, j'ai pensé que quelque circonstance imprévue vous retenait, et me voici. Ouvrez-moi.

— Mon Dieu! pensa la jeune fille, si Périne arrivait en ce moment!

— Ouvrez vite! répéta Gontran.

— Cela m'est impossible.

— Impossible! dites-vous. Pourquoi?

— Parce que Périne, en sortant, a fermé la porte à double tour et emporté la clef.

— Ainsi vous êtes prisonnière?

— Oui. Et Marthe ajouta tout bas : Heureusement!

On entendit le baron de Strény frapper du pied avec colère.

— Mais au moins, reprit-il, avez-vous les papiers?

— Non.

Sans ajouter un mot, Gontran s'éloigna de la porte et rentra dans le logis de ses complices.

XXX

EFFRACTION.

— Il part... il est parti... il s'éloigne... se dit Marthe en se sentant soulagée d'un grand poids. Oh! je vous bénis, mon Dieu, d'avoir inspiré à Périne la pensée de m'enfermer! Obéir à cet homme me fait peur, à présent.

Elle ajouta, en prêtant l'oreille :

— Je n'entends plus rien... il doit avoir quitté la maison.

Elle retourna s'asseoir.

— Poussez vos verrous, commanda Gontran aux deux bohémiens, il ne faut pas qu'on puisse nous surprendre.

Passe-la-Jambe obéit à l'instant même.

— Vous m'avez parlé, reprit le baron, d'une porte de communication condamnée donnant accès, depuis ce logement, dans celui des saltimbanques?

— J'en ai parlé, et j'en reparle, répliqua Passe-la-Jambe.

— Où est cette porte?

— La voici.

— Ouvrez-la!

— Comment faire! Il y a des verrous par ici, mais de l'autre côté il y a une serrure.

— Ouvrez-la! répéta le baron d'un ton impérieux.

— Très-bien!... Mais alors j'aurai l'honneur de soumettre à monsieur le baron une petite observation.

— Laquelle?

— C'est qu'il s'agit d'un travail de serrurerie, et que les journées de serrurier ça se paye à part, et très-cher. Dans cette partie-là, on gagne pas mal... Mon Dieu! oui.

— A quoi bon ces paroles inutiles? Vous savez bien que, quand on me sert, je ne marchande pas!

— Oh! répliqua Tromb-Alcazar en saluant, nous sommes pleins de confiance dans la générosité de monsieur le baron ; mais, dans les affaires consciencieuses, il ne faut jamais de surprise.

— Nous perdons un temps précieux, hâtez-vous !

— Avons-nous un outil, Passe-la-Jambe? demanda l'ex-modèle.

— Nous devons en avoir... on ne sait pas ce qui peut arriver. Voilà l'outil demandé.

Et le jeune gredin passa à Tromb-Alcazar un morceau de fil de fer courbé que son ami introduit à l'instant même dans la serrure par ce dernier.

Tout en manœuvrant à droite et à gauche son étrange passe-partout, l'ex-modèle murmurait :

— Oh! la! la! quelle maison mal tenue!... On n'a seulement pas huilé le pêne et la gâche. Je me plaindrai au propriétaire. Ah! voilà que ça mord!

Au bruit que fit grinçant contre le fer, Marthe s'était dressée, tout effarée, toute blanche d'épouvante.

— Mon Dieu! balbutia-t-elle en reculant, on cherche

forcer cette porte. Elle s'agite !... elle cède !... Oh ! j'ai peur...
j'ai peur... Au secours ! au sec...

La jeune fille n'eut pas le temps d'achever son cri d'appel.

La porte s'ouvrit et Gontran parut, en commandant le silence de la voix et du geste.

Tromb-Alcazar et Passe-la-Jambe attendaient, derrière lui, de nouveaux ordres.

Marthe tremblait de tous ses membres.

— Vous... monsieur le baron ! dit-elle d'une voix à peine distincte. Ah ! une pareille violence...

— Était indispensable, mademoiselle, répliqua Gontran.

— Mais ce que vous venez de faire est un crime !

— Ce n'est même pas une faute, puisque j'obéissais à la nécessité la plus impérieuse. Avais-je d'autres moyens d'arriver jusqu'à vous ? Vous ne pouviez venir, et cependant une plus longue attente était dangereuse puisqu'il me fallait vous parler à tout prix.

— Et pour éviter le danger, répliqua Marthe avec indignation, vous avez eu recours à une infamie !

— Je voulais concilier vos intérêts, mes devoirs, et la reconnaissance involontaire qui vous faisait désirer, hier, que Périne Rosier fût sauvée malgré son crime. J'étais loin, je l'avoue, de m'attendre aux reproches qui m'accueillent.

— Eh ! monsieur, je ne vous crois plus ! Votre conduite vient de m'ouvrir les yeux... Ce crime dont vous accusez ma mère d'adoption, elle ne peut l'avoir commis ! Elle ne l'a pas commis, j'en suis sûre !

Le baron de Sirény s'inclina légèrement, avec un ironique sourire sur les lèvres.

— Oh ! mademoiselle, ne confondons pas, je vous en prie, répondit-il. Je n'accuse de rien Périne Rosier, moi. Je n'ai ni mission ni qualité pour me poser en accusateur. Ce sont les magistrats qui l'ont poursuivie, c'est la justice qui l'a condamnée, et vous mettez en cause, en ce moment, non pas moi, mais le procureur impérial, l'avocat général et le jury.

— Condamnée ! répéta Marthe d'une voix sourde, ils l'ont condamnée ! Puis, après un silence, elle ajouta : Mais cependant que vous m'avez fait voir est-il une preuve, après tout ? Est-ce bien vrai, ce que vous me dites, et ne cherchez-vous point à m'en imposer dans un but que j'ignore ?

— Ainsi donc, s'écria Gontran avec amertume, tel est le changement fait en vous depuis hier, mademoiselle, que vous me soupçonnez de mensonge ?

— C'est vrai.

— Lui avez-vous donc révélé ce que vous saviez tout, et vous a-t-elle répondu par des arguments victorieux ?

— Non, mais j'ai eu les larmes et j'ai douté du crime.

— Quoi ! sans autre motif ?

— Une lumière inattendue s'est faite dans mon esprit, une voix intérieure m'a crié : Ta mère adoptive n'est point coupable !

Gontran s'inclina de nouveau.

— Puisque telles sont vos convictions actuelles, dit-il ensuite, il ne me reste qu'un parti à prendre pour me justifier à vos propres yeux, et pour vous replacer, malgré vous-même s'il le faut, dans la position qui vous est due : Je me retire, mademoiselle, et je vais droit à la préfecture de police dénoncer la retraite des saltimbanques condamnés à mort.

Marthe étendit vers Gontran ses mains suppliantes.

— Oh ! monsieur, dit-elle, je vous en conjure, je vous le demande à genoux !... attendez encore !

— Attendre !... Eh ! le puis-je, mademoiselle, quand cette femme et son mari, pour échapper au juste châtiment suspendu sur leur tête, doivent quitter Paris demain, au point du jour, en vous entraînant avec eux !

— Quoi ! vous savez...

— Eh ! vous voyez bien que je sais tout ; et je me demande comment, pour un esprit juste comme le vôtre, ce départ n'est pas une preuve nouvelle et sans réplique...

— Ah ! balbutia Marthe éperdue, que croire ?

— Moi.

— Que faire ?

— M'obéir.

La jeune fille ne répondit pas. Elle semblait en proie à une émotion extraordinaire, et l'expression d'un véritable égarement se peignait sur son visage.

Tromb-Alcazar pensa faire un coup de maître en intervenant avec son éloquence naturelle.

— Allons, mam'selle, dit-il, suivez un bon conseil. Un peu de déférence pour M. le baron qui est un homme calé, et si recommandable ! Vous vous en trouverez bien. Le temps passe, ne nous amusons pas à la bagatelle.

— Ces papiers que Périne Rosier garde depuis si longtemps, demanda Gontran, n'avez-vous donc pas eu, depuis hier, l'occasion de vous en emparer ?

— Non.

— Peut-être ne voulez-vous point agir vous-même ?

— Vous avez raison, je ne veux pas.

— Eh bien ! nous vous éviterons cette fatigue. Je vais au-devant de vos scrupules, vous le voyez. Tout se passera sans votre assistance. Dites-moi seulement dans quel meuble sont enfermés ces papiers.

— Je ne me souviens plus, balbutia la jeune fille ; et, si je le savais, je refuserais de le dire.

— Oubliez-vous donc, mademoiselle, que je suis votre tuteur et que j'ai le droit de commander ?

Tromb-Alcazar poussa le coude de Passe-la-Jambe et lui glissa dans le tuyau de l'oreille :

— Son tuteur ! Oh là ! là ! Voilà une tutelle en bonnes mains !

— Que m'importe ? répondit Marthe aux dernières paroles de Gontran. Je me défie de vous maintenant. Un honnête homme ne fait pas forcer une porte !

— Par exemple ! murmura Passe-la-Jambe scandalisé.

— Encore une fois, s'écria le baron qui sentait la colère lui monter au cerveau, je vous commande de répondre. Où sont ces papiers ?

— Hors de cette maison.

— Mensonge !

— Vous ne les trouverez pas ; j'ai tout dit à Périne.

Gontran ne fut pas maître de sa fureur.

— Malheureuse ! commença-t-il, vous avez osé !

Mais l'ouragan qui grondait en lui se calma comme par enchantement, et il reprit d'une voix presque calme :

— Vous voulez me tromper ; je ne serai pas votre dupe... Ouvrez ce meuble et fouillez-en les tiroirs, ajouta-t-il en désignant la commode à Tromb-Alcazar.

— Double journée, monsieur le baron, murmura ce dernier tout en se mettant au devoir d'obéir. Ça va bien, ça va bien ! Le petit mémoire de serrurerie prend de l'embonpoint.

Marthe s'était approchée de la fenêtre. Un instant elle eut la pensée de l'ouvrir et de crier à l'aide, mais une réflexion l'arrêta ; celle-ci :

— Si j'appelle au secours, je livre Périne.

Gontran observait la jeune fille dont les regards ne se tournaient point vers la commode saccagée par Tromb-Alcazar.

— Ce n'est pas là, dit-il à ce dernier ; laissez ce meuble et ouvrez le secrétaire.

— On y va, monsieur le baron. Triple journée !... Oh ! ma boutique de parfumerie !

Mais déjà Marthe s'était élancée, et faisant au secrétaire une barrière de son corps, elle s'écriait :

— Mon Dieu !... Non ! non ! Arrêtez !

Un sourire diabolique crispa la lèvre du baron.

— Ah ! dit-il, c'est donc là ! Allons, mademoiselle, faites-nous place ! Ne nous mettez pas dans la nécessité de vous y contraindre.

Et, joignant l'action aux paroles, il prit Marthe par le poignet. La jeune fille résista.

— Vous ne toucherez pas à ce secrétaire ! cria-t-elle en se cramponnant au meuble, de sa main restée libre.

— Retirez-vous, je vous en prie, répéta Gontran ; à quoi bon cette lutte insensée ? Il me serait vraiment pénible d'employer la force.

— On est Français et troubadour, murmura Tromb-Alcazar, mais on a la poigne solide.

Et, comme Marthe ne cédait pas, le baron l'attira doucement quoique avec une force irrésistible.

— Ah, c'est infâme ! c'est bien infâme ! balbutia la pauvre enfant en tombant sur ses deux genoux. Mon Dieu ! n'enverrez-vous donc personne à mon secours !

— Faites vite, dit Gontran à Tromb-Alcazar.

Ce dernier était un drôle fort habile, car on vit la tablette du secrétaire s'abaisser presque aussitôt.

— C'est fait.

— Bien ! s'écria le baron triomphant ; et, lâchant le poignet de la jeune fille, il s'avança vers le secrétaire dont il ouvrit successivement les tiroirs.

Tous cédèrent facilement ; un seul, le dernier, résista.

— Il est à secret ! fit Gontran ; je ne peux pas l'ouvrir.

— Ça me connaît, répliqua Tromb-Alcazar. Soyez paisible, on va lui parler en douceur. Quadruple journée !

— Je ne peux cependant pas les laisser voler ainsi ! pensa Marthe. Qu'ils me tuent, soit ; mais je ne serai pas leur complice.

Elle voulut s'élancer. Passe-la-Jambe était auprès d'elle ; il vit son mouvement et lui saisit les bras.

— Nous allons rester tranquille et bien sage, n'est-ce pas, mam'zelle ? lui dit-il avec un agréable sourire. Sans cela, Bibi ne serait pas content ! Bibi, c'est moi.

La jeune fille, épouvantée, recula. A peine eut-elle la force de prononcer, d'une voix étranglée, ces mots : Ah ! misérables ! misérables ! Et elle tomba sans connaissance, à la renverse, sur le plancher.

— C'est malheureux, murmura Passe-la-Jambe, parce que c'est un beau brin de fille ; mais au moins, comme ça, elle va nous laisser tranquilles un petit bout de temps.

— Monsieur le baron, dit Tromb-Alcazar qui n'avait pas cessé d'apporter à son opération délicate la plus grande attention, voilà le tiroir ouvert, et j'ose me flatter, sans vanité, que c'est de l'ouvrage bien *faite*.

Gontran plongea ses mains dans le tiroir avec un tremblement nerveux. La sueur froide de l'angoisse mouillait la racine de ses cheveux.

Tout à coup une exclamation sourde s'échappa de ses lèvres :

— Je le tiens donc ! murmura-t-il ensuite.

Et sa main reparut, brandissant un portefeuille de chagrin rouge à fermoirs d'argent.

— Joli objet pour un amateur, dit à demi-voix Passe-la-Jambe.

Gontran ouvrit le portefeuille ; son œil lança des flammes et son front rayonna, tandis qu'il s'écriait avec une ivresse aussi grande que son anxiété avait été profonde :

— Ah ! les titres ! les titres ! les voilà donc ! et, cette fois, ils ne m'échapperont plus !

Tromb-Alcazar poussa, comme il l'avait déjà fait un peu auparavant, le coude à Passe-la-Jambe en lui disant tout bas :

— Il y a des titres ; attention !

— Suffit, ma vieille ; c'est compris.

XXXI

A COQUIN COQUIN ET DEMI.

Cependant le baron, après s'être assuré de l'existence des titres, feuilletait les papiers contenus dans le portefeuille.

— Qu'est-ce que cela ? murmura-t-il en examinant une feuille jaunie pliée en quatre. Allons, un nouveau testament, un codicille. La comtesse me retirait la tutelle de sa fille pour la confier à Philippe de La Brière ! Allons, je l'ai échappé belle ! Sans le suicide du banquier, tout était perdu pour moi !

Au bout d'un instant, Gontran se tourna vers Tromb-Alcazar et lui demanda :

— Pouvez-vous refermer le tiroir et le secrétaire de manière à faire disparaître toute trace d'effraction ?

— Ce n'est point impossible, je n'ai rien détérioré ; je suis si soigneux ! je travaille si proprement !

— Faites-le donc !

L'ex-modèle se mit à la besogne et Gontran se replongea de plus belle dans ses réflexions.

— Ce testament n'existe plus, puisqu'il est dans mes mains, se disait-il avec l'orgueil du triomphe. Celui que je possède garde toute sa force ; je reste le seul maître !

Ses regards s'arrêtèrent sur Marthe toujours étendue sans connaissance, et il continua :

— Toute résistance de cette enfant serait inutile. La voilà ma pupille plus que jamais ; il faudra bien qu'elle m'obéisse. Périne a failli faire tout échouer. Elle essayerait de se retrouver encore sur mon chemin !... Maintenant que je ne la crains plus, malheur à elle !

— Monsieur le baron, dit Tromb-Alcazar, prenez la peine de jeter un simple coup d'œil, vous pourrez constater que tout est radoubé dans un vrai chic. Les saltimbanques n'y verront que du feu.

— C'est bien ; je suis content de vous.

— Je m'en congratule, monsieur le baron. Y a-t-il, présentement, autre chose pour votre service ?

— Oui.

— Quoi ?

Gontran désigna Marthe.

— Il faut prendre cette jeune fille et l'emporter.

— L'emporter ! s'écria l'ex-modèle en reculant d'un pas et en levant les deux mains vers le plafond.

— L'emporter ! répéta Passe-la-Jambe avec la même pantomime.

— Eh ! oui, sans doute ; ce n'est pas bien difficile : il ne s'agit que de descendre l'escalier ; j'ai une voiture qui m'attend au coin de la rue.

Tromb-Alcazar tordit en spirale sa longue barbe, tandis que Passe-la-Jambe lissait du bout des doigts ses soupçons de moustaches.

— Oh ! excusez, monsieur le baron, fit l'ex-modèle ; vous savez, ça change la thèse : ces choses-là, voyez-vous, ça n'est pas compris dans la serrurerie, et c'est beaucoup plus cher.

— Ne vous inquiétez de rien, je serai généreux.

— Irez-vous bien jusqu'à cinq billets de mille ?

— Oui.

— Pour notre usine à vapeur de Pantin ; c'est gentil.

— Mais non, mais non, répliqua Passe-la-Jambe, c'est pas assez.

— Le petit a raison, reprit Tromb-Alcazar, le chiffre est insuffisant.

— Plaisantez-vous ?

— Je suis sérieux comme un âne qu'on étrille. Enlèvement de mineure, articles 354 et 337 du Code pénal, de cinq à dix ans de réclusion, et, quand il y a effraction, les travaux forcés. Ah ! mais, ah ! mais, on connaît les lois de sa patrie.

— Ce danger n'existe pas pour vous, puisque je suis le tuteur.

— C'est vous qui le dites ; mais la preuve ?

— Doutez-vous donc de ma parole ?

— Parbleu ! je doute bien de la mienne !

— Finissons-en ! Combien voulez-vous ?

— Je vais consulter mon associé.

Après une mystérieuse conférence de quelques secondes, Tromb-Alcazar salua Gontran et reprit :

— Nous voulons vingt mille francs, monsieur le baron.

Gontran fit un haut le corps.

— Vingt mille francs ! répéta-t-il ; mais c'est un odieux chantage !

— Nous ne discuterons pas sur les mots : c' t à prendre ou à laisser. Nous ne rabattrons pas un rouge liard de nos prétentions ; acceptez-vous ?

— Eh ! il le faut bien.

— J'aurais dû dire trente mille, pensa Tromb-Alcazar. Quand toucherons-nous ? ajouta-t-il.

— Demain.

— Pourquoi pas aujourd'hui ?

— Vous comprenez, je suppose, qu'on n'a pas vingt mille francs dans son porte-monnaie ; il me faut le temps de réaliser.

— Soit, nous attendrons jusqu'à demain.

— Et, maintenant, hâtez-vous ; je vais faire le guet dans l'escalier.

Gontran se dirigea vers la porte du logement des deux bandits.

Passe-la-Jambe, qui venait d'échanger un signe avec l'ex-modèle, lui barra le passage.

— Mille pardons, monsieur le baron ! dit-il.

— Quoi encore ? demanda Gontran avec impatience.

— Je crois bien que mon excellent ami et associé, Tromb-Alcazar, aurait deux mots à dire à monsieur le baron.

— Parlez vite.

Tromb-Alcazar salua.

— Monsieur le baron vient de nous promettre qu'il nous donnerait demain vingt mille francs.

— Oui ; eh bien ?

— Nous avons accepté, mais il était sous-entendu que monsieur le baron, avant de sortir d'ici, nous offrirait une petite garantie.

— Une garantie ! Ah çà ! vous défiez-vous de moi ?

— Considérablement, monsieur le baron.

— Et puis les affaires sont les affaires, ajouta Passe-la-Jambe.

— Drôles !...

— Oh ! monsieur le baron, pas de gros mots, il faudrait les payer à part. — Voyons, cette garantie ?

— Où voulez-vous que je la prenne? Ma montre et mes bijoux sont loin de valoir vingt mille francs; je ne puis vous offrir aucun gage suffisant.

— Que si, que si, il y en a un.

— Lequel?

— Les papiers du portefeuille. Nous sommes si bons enfants que nous consentirons à nous en contenter; n'est-il pas vrai, Passe-la-Jambe?

— Oui, mon associé.

— Mais moi, s'écria Gontran, je ne consentirai, sous aucun prétexte, à m'en dessaisir.

— C'est votre ultimatum?

— Oui, cent fois oui!

— Alors, mon petit Passe-la-Jambe, reprit Tromb-Alcazar, puisqu'il le faut absolument, faisons connaître à M. le baron nos moyens de conciliation.

Chacun des bandits tira de sa poche un pistolet tout armé; ils mirent simultanément Gontran en joue, et l'ex-modèle continua :

— Voilà qui va simplifier tout à fait nos petites affaires. Notre noble protecteur est venu frapper à la porte de ces deux bons garçons qu'on appelle Passe-la-Jambe et Tromb-Alcazar, et ces deux bons garçons brûleront très-bien la cervelle à leur noble protecteur, si leur noble protecteur n'est pas gentil comme un petit cœur.

— Ah! gredins!

— Encore des gros mots! A quoi diable ça peut-il servir? Si la musique commence, c'est vous qui payerez les violons. Soyez raisonnable; donnez-nous les papiers. Qu'est-ce que ça peut vous faire? Nous ne les mangerons pas, et vous savez bien d'ailleurs qu'il nous serait impossible de nous en servir...

— Dépêchons-nous, appuya Passe-la-Jambe; la petite vient de remuer un doigt. Faut en finir. Décidez-vous; vous les reverrez demain, vos papiers.

— On se fera un vrai plaisir de vous les reporter à domicile.

Gontran était pâle de fureur.

— Ah! vous me tenez! murmura-t-il.

— Entre nous, répliqua Tromb-Alcazar, ça me fait cet effet-là.

— Eh bien! je cède.

— A la bonne heure!

— Ces papiers... les voilà... prenez-les donc!

Et il les tendait à l'ex-modèle.

— Laissez-les dans le portefeuille, répondit ce dernier: comme ça, nous ne risquerons pas de les abîmer.

Gontran obéit machinalement, et Tromb-Alcazar glissa dans sa poche de côté, avec une satisfaction manifeste, le portefeuille de chagrin rouge.

— Et maintenant, reprit le baron, maintenant, à la jeune fille! Vite! vite !

— Oh! cette fois-ci, monsieur le baron, plus rien n'enraye la mécanique. Nous allons y aller bon jeu, bon argent. Eh hop! Passe-la-Jambe, à la besogne!

Les deux bandits s'apprêtaient à soulever Marthe, l'un par les épaules, l'autre par les jambes, quand une voix juvénile résonna dans l'escalier, chantant un refrain populaire.

En même temps, la jeune fille fit un léger mouvement, indice d'un prochain retour à elle-même.

— Enfer et macadam! murmura Passe-la-Jambe, voilà Georgette qui monte l'escalier, nous sommes frits!

— Et la petite revient à elle, ajouta Tromb-Alcazar. Filons, il n'est que temps!

Tous les deux, abandonnant Marthe dont les paupières battaient, prêtes à se soulever, se précipitèrent dans leur logement.

— Maladroits! maladroits! disait le baron avec rage en les suivant.

— Maladroits tant qu'il vous plaira, répliqua Tromb-Alcazar; il est fort heureux que nous ayons dialogué quelque peu longuement, sans cela nous nous serions trouvé nez à nez dans l'escalier avec Georgette, et la rencontre aurait manqué de gaieté.

Tout en parlant, l'ex-modèle refermait la porte de communication.

— Enfin, l'affaire a manqué, reprit le baron. Rendez-moi le portefeuille.

Tromb-Alcazar se mit à rire.

— Les billets une fois pris, on n'en rendra pas la valeur, fit Passe-la-Jambe. C'est un règlement bien connu.

— Prétendriez-vous garder ces papiers?

— Jusqu'à l'échange, parfaitement bien.

— Mais je ne vous dois plus vingt mille francs, puisque vous n'avez pas enlevé Marthe.

— L'enlèvement n'a pas réussi, j'en conviens, mais c'est un détail. Restent les travaux de serrurerie, et j'ai prévenu monsieur le baron que les journées se payaient très-cher. D'ailleurs, au besoin, si monsieur le baron réclame, nous pouvons prendre des arbitres pour trancher tout à fait à l'amiable le différend qui nous divise.

— Des arbitres? Lesquels?

— Nous les avons là, dans notre poche.

Et les deux bandits, pour la seconde fois, exhibèrent les canons de leurs pistolets.

Gontran serrait les poignets et grinçait des dents; mais il se sentait le plus faible. En conséquence, il se résigna, et il trouva même moyen de se consoler, en se disant :

— Je suis volé; mais il ne faut pas me plaindre, après tout, car j'aurais donné de grand cœur plus de vingt mille francs, il y a trois jours, pour me procurer les papiers qui, demain soir, seront dans mes mains.

— Monsieur le baron peut filer par l'escalier présentement, fit Tromb-Alcazar après avoir prêté l'oreille; il ne rencontrera personne et nous irons lui présenter demain nos respectueux hommages.

— Votre argent sera prêt.

Et Gontran sortit. A peine la porte venait-elle de se refermer derrière lui que Tromb-Alcazar et Passe-la-Jambe se regardèrent en riant et se mirent à s'exécuter, en face l'un de l'autre, une gigue des plus échevelées qu'ils interrompirent, lorsque l'haleine leur fit défaut, pour tomber essoufflés, l'un sur le vieux fauteuil et l'autre sur une chaise.

— Eh bien! moucheron, demanda l'ex-modèle, quand je disais que le baron serait notre commanditaire, avais-je raison?

— Tu es un grand homme!

— Vingt mille livres, c'est ça une somme ronde! Crois-tu qu'elle pourra fonctionner, notre usine à Pantin?

— Il me semble que j'entends déjà siffler la vapeur.

— Nous aurons un petit chemin de fer pour nos produits. Oh! Passe-la-Jambe, quel horizon! oh! mon débit de parfumerie, je respire tes bocaux et je me vais dedans! Viens, mon fils, accompagne-moi pas!

— Où ça?

— Boulevard des Italiens.

— Quoi faire?

— Louer une boutique.

Et les gredins, quittant leur taudis, s'éloignèrent bras dessus, bras dessous.

XXXII

UNE VISITE.

Retournons auprès de Marthe, dans le logis des saltimbanques.

Au moment précis où Tromb-Alcazar venait de refermer la porte de communication, l'évanouissement de la jeune fille touchait à son terme.

Elle ouvrit les yeux, elle se souleva, en promenant autour d'elle un regard égaré.

Elle se sentait brisée, meurtrie, mais une grande confusion régnait encore dans ses pensées et elle interrogeait en vain sa mémoire.

Tout à coup la lumière se fit : ses souvenirs lui revinrent en foule et une expression d'horreur se peignit sur son visage.

— Ah! balbutia-t-elle, le baron de Strény est venu... deux misérables l'accompagnaient... ils voulaient voler Périne... ils ont forcé le secrétaire malgré ma résistance et ils se sont éloignés en emportant les papiers auxquels ma mère adoptive tenait comme à sa vie!... Ah! je me sens prise de vertige... c'est moi qu'on accusera!... La voici, sans doute... Mon Dieu! mon Dieu! prenez pitié de moi!

Une clef tournait dans la serrure, la porte s'ouvrit et Périne, accompagnée de Georgette, entra dans la chambre.

Marthe s'était dressée et elle se tenait debout, non sans peine, en s'appuyant à la petite table de bois blanc.

Périne remarqua bien sa pâleur, son air de profond abattement, mais elle attribua l'un et l'autre aux émotions

— Est-ce vous qui vous nommez Jean Rosier? demanda le commissaire. (Page 148.)

violentes qu'elle avait subies, aux larmes qu'elle avait versées.

— Mon enfant, lui dit-elle, nous voilà de retour. Nous nous sommes hâtées, Georgette et moi, afin de ne pas te laisser trop longtemps seule. Les paquets sont finis; ton père et Guignolet les mettent en place dans la voiture. Quand tout sera prêt, ils reviendront.

— Je suis folle de joie! s'écria Georgette; j'aime tant le changement! Songe donc, petite sœur, que nous allons voir des pays nouveaux! C'est si beau, les voyages! Est-ce que ça ne t'amusera pas?

— Moi? Si... Si..., répondit Marthe distraitement.

— Nous te créerons des occupations, reprit Périne. N'aie pas peur, chère enfant, tu ne trouveras pas le temps de t'ennuyer, c'est moi qui te le promets! Tu nous feras des costumes neufs.

— C'est ça! c'est ça! s'empressa de dire Georgette; nous travaillerons ensemble pour nous reposer! Ah! quelle vie charmante, et qu'il me tarde d'être à demain.

— Et nous serons tous heureux; oui, bien heureux, reprit Périne, car nous nous aimerons comme par le passé, n'est-ce pas, ma fille?

— Oui... oui... ma mère... balbutia Marthe.

— Ah! tu m'as appelée ta mère! s'écria la femme de Jean Rosier en essuyant une larme d'attendrissement. Va, tu me mets du baume dans le cœur!

— Mère, dit Georgette à qui le geste de Périne n'avait point échappé, il ne faut plus pleurer, puisque Marthe nous aime toujours.

19e LIVRAISON.

— Eh! c'est justement pour ça que je pleure, répliqua la saltimbanque; c'est de joie. Ce sont de bonnes larmes! Songe donc, j'ai eu si peur! J'ai cru qu'elle ne nous aimait plus. Ah! d'abord, moi, j'en serais morte. Je l'aime tant, notre chère Marthe. Mais il faut oublier ce mauvais rêve. Tiens, regarde, je ris; je n'y pense déjà plus. Va me chercher le sac de nuit, afin que j'y mette les paperasses dont je ne me sépare jamais.

— Oui, ma mère, fit Georgette.

Marthe, tremblante, se sentait défaillir en voyant Périne tirer une clef de sa poche et se diriger vers le secrétaire, tandis que Georgette prenait le chemin de la chambre voisine.

On frappa à la porte: la jeune fille et sa mère s'arrêtèrent en même temps.

Marthe étouffa un faible cri en voyant sur le seuil Lionel Morton, accompagné de Georges de La Brière.

La pauvre enfant, depuis la veille, avait tant souffert que son candide amour s'était pour ainsi dire assoupi dans son cœur. Un seul regard jeté sur Lionel le réveilla.

Georges de La Brière s'avança le premier.

— Entrez, monsieur... Entrez donc... Entrez tous les deux, dit Périne.

— Que veulent-ils? demanda tout bas Georgette à Marthe.

— Je ne sais... répondit cette dernière avec le plus grand trouble.

— Je vous reconnais bien, monsieur, reprit Périne en

s'adressant à l'Américain. C'est vous qui m'avez adressé, avant-hier... une demande...

— A laquelle vous avez promis de répondre aujourd'hui, madame! s'écria Lionel; et, cette réponse, je viens la chercher.

— La promesse que je vous avais faite, monsieur, je ne puis la tenir en ce moment.

— Pourquoi donc?

— Mon Dieu! depuis hier, il s'est passé tant de choses! J'ai eu des bouleversements si grands!... je n'avais plus ma tête à moi. Je n'ai parlé de rien à celle que votre demande intéressait surtout. Je lui en parlerai, je vous le promets, mais plus tard.

— Pourquoi pas à l'instant, madame? murmura Lionel d'un ton suppliant.

— Parce que, quant à présent, la chose est infaisable. Le plus pressé, n'est-ce pas? est de mettre Marthe à l'abri d'un danger qui la menace. Vous pensez comme moi là-dessus, j'en suis sûre. Nous quittons Paris, demain matin, pour un peu de temps.

— Eh quoi! s'écria l'Américain très-inquiet, vous quittez Paris et vous emmenez mademoiselle Marthe?

— Vous devez bien comprendre, monsieur, que pour rien au monde je ne voudrais me séparer d'elle... en ce moment surtout.

— Pauvre Lionel, pensa la jeune fille, comme il a l'air de souffrir!

— Mon Dieu! madame, balbutia l'Américain, je dois apprécier toutes vos intentions, respecter tous vos motifs, même quand je les ignore ou ne puis les comprendre; mais permettez-moi de vous demander si ce voyage est bien nécessaire.

— Il est indispensable, monsieur.

— Ne peut-il, du moins, être retardé, ne fût-ce que de quelques jours!

— Cela est impossible.

— Et aucune circonstance ne peut se présenter qui vous fasse revenir sur la résolution que vous avez prise?

— Aucune.

Georges de La Brière avait gardé jusqu'alors le plus profond silence, et semblait complétement désintéressé dans le débat engagé entre Lionel et la femme de Jean Rosier. En ce moment, il intervint.

— Peut-être, dit-il.

Périne le regarda avec étonnement.

— Je ne crois pas, monsieur, répondit-elle.

— Il serait cependant possible, madame, continua Georges, que mon nom seul, prononcé devant vous, bouleversât toutes vos idées, modifiât tous vos projets.

— Votre nom seul, monsieur? Excusez-moi si je parais douter de vos paroles, mais enfin voilà qui me semble difficile... Comment cela pourrait-il se faire?

— Je m'appelle Georges de La Brière, madame.

Périne fit un mouvement brusque presque aussitôt réprimé, et poussa une sourde exclamation.

— Georges de La Brière! répéta-t-elle, le fils du banquier suici...

Elle s'interrompit brusquement et une vive rougeur couvrit son visage.

— Suicidé, oui, madame, acheva Georges. Pourquoi vous êtes-vous arrêtée? Mon père était martyr de l'honneur et je suis fier de lui!

— Monsieur, monsieur, demanda Périne avidement, est-ce le hasard seul qui nous met en face l'un de l'autre après douze années?

— Non, madame.

— Ainsi, vous me cherchiez?

— Je vous cherchais.

— Vous savez donc mon véritable nom? Vous avez donc quelque chose à me dire, quelque chose à m'apprendre?

— Oui, madame; mais j'ai d'abord à vous interroger.

— Parlez, monsieur, je suis prête à répondre. Qu'attendez-vous de moi?

— Des renseignements que vous seule au monde pouvez me donner.

— Sur quoi?

— Sur l'enfant de la comtesse Léonie de Kéroual.

— Sur moi, pensa Marthe stupéfaite.

Périne désigna la jeune fille.

— Cette enfant, monsieur, répondit-elle, la voici; nous pouvons parler devant elle.

Georgette s'approcha vivement de celle que, jusqu'alors, elle avait crue sa sœur, en balbutiant :

— Toi... la fille d'une comtesse... toi!

Marthe l'interrompit.

— Va... je serai toujours ta sœur; mais écoute... écoute...

Georges de La Brière continua :

— J'ai ensuite à vous entretenir de la fortune de madame de Kéroual, fortune que mon père avait tout entière entre les mains, au moment de sa ruine et de sa mort. Mon tour viendra bientôt, madame, mais c'est à vous de parler d'abord.

— Hélas! monsieur, répondit Périne, en arrivant à Paris avec Marthe, qui m'avait été confiée par sa mère mourante, j'allai droit à la maison de votre père.

— Je le savais. Mais qu'aviez-vous à lui dire? Qu'attendiez-vous de lui?

— Je lui portais les dernières volontés de ma pauvre maîtresse. J'avais à lui remettre une lettre tracée par sa main défaillante. J'appris l'effroyable catastrophe, et je me retirai.

— En maudissant mon père, n'est-ce pas?

— Non, monsieur. En priant pour l'homme qui n'avait pas eu le courage de survivre à sa richesse...

— Dites à son honneur, madame! Pauvre père! Cet honneur, pour lequel il est mort, est sans tache aujourd'hui! Du passif écrasant sous lequel il a succombé, il ne reste aujourd'hui qu'une dette, et, cette dette, je vais l'acquitter, en restituant à mademoiselle de Kéroual l'héritage de sa mère.

— Qu'entends-je? murmura Marthe.

Périne, stupéfaite, semblait ne pouvoir ajouter foi au témoignage de ses sens.

— Vous, monsieur! s'écria-t-elle, vous!

— Oui, madame.

La femme de Jean Rosier se laissa tomber à genoux devant Georges, et, saisissant ses deux mains, elle les couvrit de baisers et de larmes.

— Ah! monsieur, balbutia-t-elle d'une voix entrecoupée de sanglots, ah! ce que vous faites là, c'est grand! c'est beau! Dieu vous récompensera! Dieu vous bénira! Marthe, entends-tu, mon enfant, tu seras riche! La joie m'étouffe! Je n'aurais jamais osé espérer tant de bonheur!

— Relevez-vous, madame, je vous en supplie, reprit Georges, et tâchez d'être calme, car il me reste bien des choses encore à vous demander.

Périne fit sur elle-même un violent effort, et son attitude indiqua clairement qu'elle se trouvait prête à répondre.

— Vous connaissez dans ses moindres détails la déplorable fin de la comtesse de Kéroual? continua M. de La Brière.

— Ah! monsieur, vous rouvrez dans mon cœur une blessure profonde et toujours saignante.

— Madame de Kéroual, m'a-t-on dit, est morte empoisonnée.

— Empoisonnée! répéta Georgette avec effroi.

Marthe baissa la tête en silence.

— Oui, monsieur, répondit Périne.

Puis, s'adressant à Marthe, elle ajouta :

— Oui, mon enfant, ta pauvre mère est morte empoisonnée.

— Ainsi, poursuivit M. de La Brière, vous ne doutez pas du crime?

— Eh! comment me serait-il possible de douter? J'ai vu!

— Et vous connaissez l'assassin?

— Je le connais! murmura la femme de Jean Rosier après un silence.

— Vous allez nous le nommer?

— Non.

— Pourquoi?

— Ne m'interrogez pas, monsieur, je ne pourrais vous révéler cet horrible secret. Il ne m'appartient point. J'ai juré de me taire.

— Pouvez-vous au moins me dire à qui vous avez fait ce serment?

— A la comtesse de Kéroual.

— La comtesse connaissait-elle aussi la main qui la frappait?

— Oui, car à la dernière heure ses yeux se sont ouverts.

— Était-elle morte déjà, au moment où vous avez quitté le château?

— Pas encore, mais son agonie commençait.

— Et vous l'abandonniez, expirante!

— J'obéissais à ses ordres.

— Cette obéissance peut sembler étrange, et, dans tous les cas, elle était cruelle.

— Eh! monsieur, s'écria Périne, ne fallait-il pas sauver Marthe?

— Sauver Marthe, dites-vous? Quel danger avait-elle donc à craindre?

— Le poison qui avait tué sa mère! L'œuvre du meurtrier n'était point achevée.

— Aviez-vous connaissance des volontés suprêmes de madame de Kéroual?

— Oui.

— Dans l'un des actes dont elle vous avait rendue dépositaire, ne nommait-elle pas à sa fille un autre tuteur que le baron Gontran de Strény?

— En effet, monsieur.

— Ce tuteur, quel était-il? Je suppose que rien ne vous empêche de le désigner.

— Rien absolument. Ce tuteur était votre père.

— Mon père! s'écria Georges stupéfait.

— Oui, monsieur, et, quand vous aurez fini de me questionner, je vous donnerai la preuve de tout ce que j'avance, en mettant dans vos mains le testament et la lettre de ma chère et malheureuse maîtresse.

— Vous possédez ces papiers? demanda vivement M. de La Brière.

— Oui, certes! Sans savoir qu'ils pourraient être utiles un jour, je les ai gardés religieusement, avec les titres de la fortune.

Marthe était devenue affreusement pâle et ne respirait plus. On eût dit qu'elle allait s'évanouir, tant sa défaillance intérieure se peignait sur ses traits décomposés.

— Mon Dieu! mon Dieu! se disait-elle tout bas, qu'ai-je fait?

Georges de La Brière continua:

— Vous n'ignorez pas, je suppose, la condamnation qui a frappé les assassins de madame de Kéroual?

Périne recula, et, pendant quelques secondes, elle sembla changée en statue.

L'étonnement la pétrifiait.

— Les assassins? répéta-t-elle ensuite. Une condamnation?

— Sans doute.

— Mais, ce que vous me dites là, monsieur, est impossible!

— Pourquoi donc?

— Ce serait trop horrible! on aurait condamné des innocents!

— Des innocents? En êtes-vous bien sûre?

— Si j'en suis sûre! L'assassin (car il n'y en avait qu'un) est vivant, il est libre, il est triomphant! Oh! ne doutez pas de la justice de Dieu, monsieur, car c'est madame de Kéroual elle-même qui n'a pas voulu que la justice des hommes pût atteindre ce misérable!

— Elle ne l'a pas voulu! Pourquoi?

— Ce secret n'est point le mien, je vous le répète.

— Ainsi, pour la seconde fois, vous refusez de révéler le nom du meurtrier?

— Je refuse.

— Même pour sauver des innocents, frappés par une condamnation terrible?

— Sauver des innocents! Oh! s'il en était ainsi...

— Il en est ainsi! sur la mémoire de mon père mort, je vous le jure!

— Je vous crois, monsieur, je vous crois! Et je parlerai... je n'abandonnerai pas les malheureux qu'on accuse injustement...

— Nommez donc le coupable, alors, Périne Rosier, s'écria Georges, car c'est vous qu'on accuse, car c'est vous qu'on a condamnée!

Périne, en frissonnant, fit un pas en arrière.

— Moi! dit-elle d'une voix qui ressemblait à un râle.

Georgette, poussant des sanglots inarticulés, se jeta dans ses bras.

Marthe, anéantie, chancelante, cacha son visage entre ses deux mains.

— Vous et votre mari, reprit Georges, à mort! par contumace! et sur la dénonciation du baron Gontran de Strény!

Il tira de sa poche un papier timbré, couvert d'une grosse écriture anguleuse et régulière, et il ajouta:

— Voici l'extrait du jugement. Lisez, madame, lisez et ne doutez plus!

XXXIII

COUP DE FOUDRE.

Un instant de stupeur succéda aux dernières paroles de Georges de La Brière, tandis que Périne parcourait d'un regard effaré le papier fatal qu'il venait de lui remettre.

Ce fut elle-même qui rompit ce silence plein de trouble et d'angoisses.

— Condamnés! balbutia-t-elle. C'était vrai! Ah! Marthe, pauvre chère Marthe, je comprends maintenant pourquoi tu t'éloignais de moi avec tant d'épouvante, avec une si profonde horreur!... Pauvre enfant, malheureuse enfant, tu croyais que j'avais tué ta mère!

Un frisson passa dans les veines des spectateurs de cette scène. Périne continua, et Dieu sait avec quelle effrayante et menaçante exaltation:

— Et c'est le baron de Strény qui nous accusait! Lui! lui, l'infâme! lui, l'assassin de la comtesse!

Un cri d'indignation générale accueillit cette révélation.

— Songez-vous bien à ce que vous dites? demanda Georges.

— Je dis la vérité, monsieur, répliqua la femme de Jean Rosier, rien que la vérité!

— Mais la preuve? la preuve?

— Je vais vous la donner, lumineuse, écrasante, écrite par la victime elle-même!... Elle ne voulait pas, ma noble maîtresse, me laisser après elle désarmée contre de monstrueuses attaques!...

— J'en étais sûr, murmura Georges. Ah! monsieur le baron de Strény, vous avez été bien imprudent.

Marthe chancelait et se sentait mourir.

Périne s'était élancée d'un bond jusqu'au secrétaire, elle venait de l'ouvrir et de faire jouer le ressort du tiroir à secret, elle fouillait jusqu'au fond de ce tiroir et prononçait en même temps des mots interrompus:

— Est-ce que je deviens folle? Ces papiers, où sont-ils?... Ai-je perdu la mémoire?... Ce portefeuille, il était là... dans ce tiroir... j'en suis sûre. Hier encore, je l'ai touché... Où est-il donc?... Je cherche mal... Disparu?... Ce n'est pas possible!...

Tout à coup elle poussa un cri terrible:

— Ah! il a été volé!

— Volé! répétèrent à la fois Georges, Lionel Morton et Georgette.

— Mais par qui? par qui donc? continua la malheureuse femme. Ah! celui-là, quel qu'il soit, malheur à lui!

Elle se retourna, effrayante de fureur, et vit à ses pieds Marthe prosternée qui balbutiait:

— Grâce! grâce! ma mère!

Périne, les yeux agrandis, les narines dilatées, recula comme si elle avait vu devant elle un serpent, et l'on entendit, ou plutôt on devina ces mots, étranglés dans sa gorge haletante:

— Toi! toi! c'est toi!

— Non, répondit Marthe dont les cheveux dénoués inondaient le carreau, ce n'est pas moi... c'est lui!

— Le baron de Strény?

— Oui.

— Mais c'est donc le démon, cet homme! Il a donc osé venir! Il a donc pénétré dans cette chambre!

— Oui.

— Quand?

— Il y a une heure à peine...

— Par où?... j'avais la clef...

— Par là...

— La porte dérobée!... le misérable!... Et tu n'as pas appelé? tu n'as pas crié à l'aide?

— Il se disait mon tuteur, sanglota la jeune fille, il m'ordonnait de le suivre... et cependant j'ai voulu lutter, défendre ces papiers... ces hommes, ils étaient trois, ils m'ont saisie par les poignets, ils m'ont fait mal, ils m'ont fait peur, j'ai perdu connaissance et je venais seulement de me ranimer au moment de votre retour...

— Mais comment savait-il, ce baron de Strény, que le portefeuille était là?

— Ma mère, ma mère, pardonnez-moi! J'étais aveugle! J'étais folle! hier, j'avais tout dit!

Périne se laissa tomber sur une chaise, comme foudroyée, et l'on n'entendit, pendant quelques instants, que le bruit de ses sanglots.

Enfin elle releva la tête et, d'une voix lente et basse, elle dit :

— Ah! c'est horrible! J'ai travaillé pour elle! pour elle j'ai souffert! Je l'aimais tant qu'entre elle et ma fille je n'aurais pas su choisir! Et c'est elle, cette enfant ingrate, elle qui nous perd! elle qui nous tue!

Georgette pleurait à chaudes larmes. Marthe était toujours prosternée.

— Madame, je vous en conjure, murmura M. de La Brière, calmez-vous.

— Que je me calme? répliqua Périne avec amertume; mais vous ne comprenez donc pas! Ces papiers qu'on nous a volés, c'était notre justification! Maintenant nous sommes accusés, nous sommes condamnés, et nous ne pouvons rien! Tout est perdu, je n'ai plus d'espoir!

— Ne dites pas cela, madame, reprit Georges. Du sang-froid, du courage, au nom du ciel! Il en faut pour lutter, et nous lutterons.

— A quoi bon? Ne suis-je pas vaincue d'avance?

— Qui sait?

— Hélas! hélas! monsieur, je ne le sais que trop.

— Désespérer ainsi n'est pas digne de vous. Voyons, répondez-moi. Cette déclaration par laquelle la comtesse de Kéroual attestait votre innocence et désignait son meurtrier se trouvait-elle au milieu des autres papiers?

— Non, monsieur; elle était cachée dans un compartiment à secret du portefeuille.

— Vous voyez... commença Georges.

— Eh! qu'importe? interrompit Périne, qu'importe, puisque ce portefeuille est entre les mains du misérable? Il va le fouiller et l'anéantir; il ne gardera que les titres de la fortune. Oh! nous sommes perdus, bien perdus! Mon Dieu, Seigneur mon Dieu, faites-moi donc mourir à l'instant!

— Nous emploierons tous les moyens, reprit Georges; nous avertirons la justice.

— La justice! répéta Périne. Oubliez-vous, monsieur, qu'elle nous a condamnés déjà? L'unique preuve de notre innocence n'existe plus. On ne croira pas à mes paroles, car mes paroles sembleront menteuses, et nous sommes, à cette heure, un gibier d'échafaud!

Marthe se meurtrissait la poitrine et on l'entendait répéter :

— Ma mère, ma mère, ne me maudissez pas!

Périne se pencha vers elle, la releva, la prit dans ses bras et, écartant doucement la longue chevelure qui voilait son visage livide et défait, elle l'embrassa à plusieurs reprises, en lui disant tout bas :

— Ne pleure plus, pauvre enfant. Va, je te pardonne, je te pardonne de tout mon cœur. Ce n'est pas toi qui es coupable. Cet homme te disait que j'avais tué ta mère. Peut-être ne fallait-il pas le croire. Mais il est bien habile; il t'a persuadée, et tu as voulu venger ta mère. Encore une fois, je te pardonne.

En ce moment on entendit dans l'escalier le bruit de pas rapides et une voix cria :

— Périne! Périne!

— C'est mon mari, murmura la pauvre femme; mais comme il monte vite et comme sa voix tremble! Qu'y a-t-il donc?

La réponse à cette question ne se fit pas attendre. La porte s'ouvrit, et Jean Rosier, suivi de Guignolet, se précipita dans la chambre.

Ils étaient pâles et essoufflés tous les deux.

Tandis qu'ils franchissaient le seuil, une rumeur vague, mais parfaitement distincte, arriva des profondeurs de l'escalier. Cette rumeur ressemblait à s'y méprendre à ces murmures que produisent les foules.

— Qu'est-ce que c'est? demanda Périne. On dirait que tu as peur, et Guignolet aussi. Voyons, parle.

— La rue est pleine de monde. On ne voulait pas nous laisser passer.

— Pourquoi?

— Parce qu'il y a des soldats qui gardent la porte. Le commissaire avec son écharpe et des messieurs habillés de noir entraient dans l'allée. On vient faire une arrestation dans la maison. Nous ne savons pas à quel étage, Guignolet et moi, mais, ces choses-là, ça remue tout de même. Il s'est commis quelque crime, bien sûr.

— Si ça pouvait être ce gredin de Tromb-Alcazar et ce filou de Passe-la-Jambe qu'on vienne empoigner! se disait tout bas Guignolet. Quel fameux débarras, mon Dieu!

Périne se tourna vers Georges de La Brière.

— Vous le voyez bien, monsieur, fit-elle, j'avais raison de croire que nous étions perdus. Ah! le baron de Strény n'a pas perdu de temps!

Jean Rosier frissonna de la tête aux pieds et son visage perdit une seconde son expression habituelle d'hébétement.

— Le baron de Strény! répéta-t-il, et tu viens de dire que nous sommes perdus! Qu'est-ce que ça signifie!

— Cela signifie, mon pauvre Jean, que c'est nous qu'on vient arrêter.

— Nous arrêter! nous!... Voyons, Périne, deviens-tu folle? Pourquoi nous arrêterait-on?

— Parce que nous avons été accusés d'un crime effroyable, il y a douze ans, et condamnés à mort comme assassins de la comtesse de Kéroual.

Guignolet poussa un sourd gémissement.

— Mais c'est affreux! cria Jean Rosier. Nous sommes innocents comme l'enfant à naître!... Nous le prouverons!

— Nous ne prouverons rien, les preuves n'existent plus.

— Fuyons, alors!... Sauvons-nous!

Périne eut un sourire navré.

— Fuir!... par où?... est-ce que c'est possible?... et d'ailleurs, à quoi bon?... partout on nous rattraperait!... Résigne-toi donc, mon pauvre Jean, c'est ce que tu as de mieux à faire, car nous allions payer pour un autre, et rien ne peut nous tirer de là.

— Madame, dit Georges, écoutez-moi! Je vous jure que, si désolante que soit votre situation, elle ne me semble cependant pas sans issue. Soyez calme devant le magistrat qui va venir; ne faites entendre ni une plainte ni un murmure. Dieu est juste... Dieu veille. J'ai, grâce au ciel, de hautes relations, des amitiés puissantes, et je travaillerai pour vous.

— Je vous crois, monsieur, répondit Périne, et du fond de mon âme je vous remercie; mais, si Dieu veut nous sauver maintenant, il faudra qu'il fasse un miracle.

Georges allait répliquer, il n'en eut pas le temps. Des crosses de fusil retentirent sur le carré, la porte s'ouvrit, un commissaire de police, préposé aux délégations judiciaires, apparut, ceint de son écharpe, escorté de plusieurs agents en bourgeois, et ayant pour arrière-garde, une douzaine de fantassins empruntés au poste le plus proche, et qui jetaient dans l'intérieur de la chambre des regards que la curiosité enflammait.

Marthe, complètement anéantie, s'était réfugiée sur le sein de Georgette. Périne les serra toutes les deux contre son cœur, en balbutiant :

— Mes enfants!... mes pauvres enfants!...

— Est-ce vous qui vous nommez Jean Rosier? demanda le commissaire de police au saltimbanque.

— Oui, monsieur, répondit en tremblant le malheureux.

Le commissaire désigna Périne :

— Cette femme est votre femme?

— Oui, monsieur.

— Vous avez été tous deux condamnés par contumace, il y a douze ans, et je viens au nom de la loi et en vertu d'un mandat spécial de M. le procureur impérial, procéder à votre arrestation.

Georges s'avança :

— Monsieur le commissaire... dit-il.

Le magistrat s'était trouvé en rapport avec Georges pour les affaires relatives à la réhabilitation du banquier suicidé; il professait la plus haute estime pour le caractère et la personne de l'ami de Lionel Morton; il ne put réprimer un mouvement de surprise en le rencontrant en pareil lieu, et il s'écria :

— Monsieur de La Brière... ici!

— Oui, monsieur... répondit Georges. Je m'intéresse d'une façon toute particulière à ces pauvres gens, qui n'ont appris que ce matin, par moi, il y a une heure à peine, qu'ils se trouvaient sous le coup d'une condamnation par contumace.

Le magistrat fit un nouveau geste de surprise. Georges continua :

— Convaincus, comme je l'étais moi-même, que certain personnage nommé le baron de Strény venait d'aller les dénoncer au parquet (ici le visage du commissaire de police exprima la plus profonde stupeur), ils s'attendaient à votre visite. Ils auraient pu disparaître, se cacher, ils ne l'ont pas voulu. Ils sont prêts à vous suivre, et je prends vis-à-vis de vous l'engagement d'honneur qu'ils ne feront aucune tentative pour s'échapper. Je vous supplie donc de vouloir bien leur éviter, autant que cela dépendra de vous, quelques-unes des humiliations qui les attendraient si votre protec-

— Laquais, j'ai la pépie; apportez-moi des rafraîchissements! (Page 155.)

tion ne s'étendait sur eux. Permettez-moi d'ajouter que, malgré leur culpabilité apparente, ils sont dignes de votre intérêt.

Le magistrat s'inclina avec une courtoisie pleine de déférence.

— Votre parole, monsieur de La Brière, dit-il, est de celles dont il est impossible de douter. Il ajouta, en s'adressant à un des agents : Que les soldats descendent dans la rue ; faites avancer une voiture, et servez-vous de la force armée pour contenir loin de cette voiture la foule des curieux. De cette manière, continua-t-il en revenant à M. de La Brière, Jean Rosier et sa femme arriveront à la Conciergerie sans avoir été vus. Je ne puis faire mieux.

— C'est beaucoup, et je vous en remercie de tout mon cœur. Une requête encore cependant.

— Parlez, monsieur.

— Dans une heure, j'aurai l'honneur de me présenter à votre cabinet, serez-vous assez bon pour me recevoir?

— N'en doutez pas, et ce sera avec le plus vif empressement.

— Dans une heure donc, monsieur, dans une heure.

Puis, prenant les mains de Périne et de Jean Rosier, Georges leur dit :

— Allez, et espérez !

— Partons! fit à son tour le commissaire.

Périne sanglotait. Elle ne pouvait s'arracher aux étreintes convulsives de Marthe et de Georgette, qui répétaient : « Ma mère ! ma mère ! » tandis qu'elle balbutiait elle-même : « Oh ! mes filles, mes pauvres enfants ! »

Jean Rosier, la tête basse et le regard morne, ressemblait à un homme frappé de la foudre.

— Partons ! répéta le commissaire.

Périne serra une dernière fois les jeunes filles contre sa poitrine bondissante, et répondit :

— Je suis prête !

Puis, se tournant vers Georges de La Brière, elle ajouta :

— Au nom de la comtesse de Kéroual, je vous les recommande, monsieur ! Veillez sur elles !

Georges étendit sa main droite vers les deux jeunes filles, et ce geste valait un serment.

— Adieu ! reprit Périne, adieu, adieu !

— Non, pas adieu, madame, répliqua Georges, mais au revoir !

Jean Rosier et sa femme sortirent de la chambre, et le commissaire les suivit.

XXXIV

CHEZ GONTRAN.

Ce fut alors, dans cette chambre, une scène déchirante.

Une sorte de stupeur avait contenu jusqu'à ce moment le désespoir de Georgette et de Marthe.

Il leur semblait à toutes deux que rien de ce qui se passait sous leurs yeux n'était réel, n'était possible ; elles se croyaient sous le poids d'un mauvais rêve, d'un effroyable cauchemar ; elles imploraient et elles espéraient le réveil.

La porte, en se fermant, dissipa l'illusion, anéantit l'espérance. La situation apparut telle qu'elle était, dans sa froide et inexorable réalité, et le désespoir des jeunes filles éclata librement.

Georgette se tordait les mains en appelant sa mère, en poussant des gémissements sourds et des cris inarticulés. Marthe, sourde aux consolations que Georges et Lionel s'efforçaient de lui prodiguer, se meurtrissait la poitrine et répétait sans cesse :

— Je suis une misérable ! Elle était innocente, elle avait tout sacrifié pour moi et je l'ai perdue ! je l'ai perdue ! »

Une inspiration vint à Georges.

— Mademoiselle, s'écria-t-il, à quoi bon ces larmes ? à quoi bon ces plaintes et ces gémissements ? C'est un stérile dévouement que celui qui se borne à de vaines paroles ! Celle qui vous a tant aimée a le droit d'attendre de vous autre chose. Oui, vous avez perdu Périne : c'est pour cela qu'il faut la sauver maintenant, et j'ai besoin de vous pour cela !

Les sanglots de Marthe s'arrêtèrent aussitôt et la jeune fille se redressa haletante, les yeux pleins de flammes.

— Vous parlez de sauver Périne ! répondit-elle. Faut-il donner ma vie ? Je suis prête !

— Il faut avoir en moi la confiance la plus absolue, il faut m'obéir aveuglément.

— Ce que vous me direz de faire, je le ferai, je vous le jure.

— Le baron de Strény, quand il s'est introduit dans ce logement, parlait bien haut de son titre de tuteur, n'est-ce pas ? et vous enjoignait de le suivre ?

— Il m'en avait, hier, fait prendre l'engagement.

— Eh bien ! il ne faut pas que son attente soit déçue.

— Comment ? que voulez-vous dire ? demanda Marthe, ne pouvant croire ce qu'elle entendait.

— Je veux dire qu'aux yeux de la loi, en vertu d'un testament de votre mère qu'il vous a montré sans doute et qu'il a mis sous mes yeux, le baron de Strény est votre tuteur...

— Lui, le misérable !

— Oui, bien misérable ; mais, si réels que soient ses crimes, ils ne sont pas prouvés et nous ne sommes pas censés les connaître. Au moment où il vous parle, le baron est votre tuteur et rien de plus. Je ne puis ni ne veux lui contester cette qualité. Je vais donc vous conduire chez lui et lui demander pour vous l'asile et la protection qu'il vous doit.

Marthe ne put réprimer un mouvement d'horreur.

— Moi chez cet homme ! s'écria-t-elle. Vous me conduirez chez cet homme !

— Il le faut.

— Pourquoi ?

— N'exigez pas une explication qui serait trop longue. Ne vous souvenez-vous déjà plus que vous venez de me promettre obéissance aveugle et confiance absolue ?

— C'est vrai ; et ce que j'ai promis, je le tiendrai.

— Vous n'avez rien à craindre en ce moment du baron de Strény. D'ailleurs, dans sa maison, vous ne serez pas seule.

— Qui donc m'accompagnera ?

— Georgette.

Ce fut au tour de cette dernière à manifester une surprise facile à comprendre, et une répugnance insurmontable.

M. de La Brière triompha de cette répugnance en disant à la jeune fille :

— Mon enfant, ne résistez pas. Ce que je vous demande a son but ; le salut de Périne en dépend. Je vais tenter un coup hardi, et je serai d'autant plus assuré du succès, que M. de Strény, nous croyant sans défiance, songera moins à se tenir sur ses gardes. Demain soir le baron donne une fête. C'est à cette fête, m'a-t-il dit hier, qu'il me présentera officiellement sa pupille, et qu'il me remettra les titres volés dans ce meuble il y a une heure. Il est donc bien sûr de son fait, et j'ai la certitude qu'avant la fin du jour il viendra vous chercher. Mieux vaut le devancer.

— Pour sauver Périne, je marcherais les pieds nus dans le feu ! s'écria Marthe. Allons chez le baron de Strény !

— Je t'accompagne, ma sœur, ajouta Georgette. Nous travaillerons ensemble au salut de ma mère !

— Souvenez-vous que je vous aime, mademoiselle, balbutia Lionel à l'oreille de la jeune fille ; qu'en vous j'ai mis toute ma vie, tout mon bonheur, tout mon espoir.

— Monsieur Morton, répondit Marthe en lui tendant la main, l'enfant de Périne Rosier vous avait donné son cœur, la fille de la comtesse de Kéroual ne vous le reprendra pas. Vous serez chez le baron de Strény demain soir, j'y compte.

— Si j'y serai ! répliqua Lionel en embrassant avec ivresse la petite main qu'il tenait dans les siennes.

— Et j'y serai peut-être aussi, moi ! murmura Guignolet dans son coin. J'ai mon idée, et je le crois assez réussie ; enfin, bref, qui vivra verra.

— Venez, chères enfants, reprit Georges ; partons. Le baron sera bien surpris, tout à l'heure, en vous voyant arriver avec moi.

Le coupé de M. de La Brière attendait dans la rue des Postes, à quelques pas de la maison où venaient de se passer les scènes précédentes. Georges y prit place avec les jeunes filles et donna l'ordre à son cocher de les conduire rue de Boulogne.

Le baron occupait en totalité un petit hôtel élevé d'un seul étage sur rez-de-chaussée, et derrière lequel s'étendait un jardin grand comme un salon, et planté d'un sycomore et de deux marronniers.

Gontran avait consacré une dizaine de rouleaux d'or, conquis sur la banque de Hombourg, à donner un à-compte au tapissier chargé par lui de la décoration et de l'ameublement du petit hôtel.

Au moment où le coupé s'arrêta rue de Boulogne, Gontran venait de rentrer, après s'être assuré de visu (caché dans l'embrasure d'une porte de la rue des Postes) que l'arrestation des saltimbanques avait eu lieu sans encombre.

Il s'apprêtait à sortir de nouveau pour deux motifs : premièrement, porter à un agent de change des valeurs industrielles et les faire vendre, afin de réaliser le lendemain la somme exigée par Tromb-Alcazar et Passe-la-Jambe : deuxièmement, retourner au logement de la rue des Postes et ramener chez lui Marthe de Kéroual, qui, se trouvant sans ressource, serait bien forcée d'accepter son hospitalité.

Grande fut sa surprise et grande aussi son inquiétude, nous devons en convenir, quand un valet de chambre lui remit la carte de Georges de La Brière, en ajoutant :

— Ce monsieur prie monsieur le baron de vouloir bien lui faire l'honneur de le recevoir sans retard.

— Faites entrer M. de La Brière au salon, s'empressa-t-il de répondre, et dites-lui que je vais me mettre à ses ordres à l'instant même.

Gontran attendit pendant quelques secondes, qu'il employa à composer son visage devant une glace, puis il alla rejoindre son visiteur inattendu, en se demandant, non sans anxiété :

— Quel motif peut l'amener aujourd'hui ? Vient-il en ami ou en ennemi ?

A peine venait-il de soulever la portière du salon, que son inquiétude vague fut dissipée par l'expression calme et souriante du visage de Georges.

— Allons, il n'y a rien de fâcheux, pensa Gontran ; et il respira. Ai-je besoin de vous dire, monsieur, combien je suis heureux de vous revoir ? ajouta-t-il.

— Quoique ma visite vous étonne un peu, monsieur le baron, n'est-il pas vrai ? répliqua Georges en s'avançant et en serrant la main que Gontran lui tendait.

— Je ne pouvais prévoir cette visite ni l'espérer aujourd'hui, mais elle me charme, et vous me voyez plus reconnaissant que je ne saurais dire.

— Ce qui ne vous empêche pas, monsieur le baron, convenez-en, de lui supposer un autre motif que des raisons de pure convenance et de sympathie.

— Je ne suppose rien, j'attends ; mais vous me rendrez très-heureux en me permettant de croire que cette sympathie dont vous me parlez n'est pas complètement étrangère à votre démarche.

— En le croyant, monsieur le baron, vous serez dans le vrai ; mais il y a autre chose encore.

Gontran sentit renaître ses inquiétudes.

— Des choses graves ? demanda-t-il.

— Oui.

— Lesquelles ?

— Vous ne vous trompiez pas, hier, dans les suppositions que vous émettiez au sujet du crime accompli, il y a douze ans, au château de Rochetaille.

Le baron pâlit malgré lui.

— Périne la saltimbanque et son mari en étaient bien véritablement les auteurs.

— Je n'en ai jamais douté, moi, répondit Gontran en s'efforçant d'affermir sa voix qu'une violente émotion rendait tremblante ; mais comment se fait-il qu'après avoir, hier, combattu mes convictions, vous les partagiez aujourd'hui ?

— C'est bien simple : j'ai assisté, il y a tout au plus une heure, à une triste scène.

— Où donc ?

— Rue des Postes. Poussé par une curiosité bien naturelle, et qui, dans ma situation particulière, vous semblera sans doute légitime, j'avais voulu voir de mes propres yeux l'intérieur de ces gens chez lesquels a grandi Marthe de Kéroual.

— Ah ! fit le baron, je comprends cela parfaitement.

— J'ai assisté à l'arrestation de ces malheureux, continua Georges.

— Leur arrestation ! s'écria Gontran avec une surprise admirablement jouée. Que me dites-vous là ? Le saltimbanque et sa femme sont arrêtés !

— Oui, monsieur le baron. J'étais là, dans leur logement, je vous le répète, au moment où le commissaire de police s'est présenté avec les agents pour les emmener.

— La justice marche quelquefois d'un pas bien lent, dit Gontran, mais cependant elle marche ! Les coupables ont-ils opposé quelque résistance ? ajouta-t-il.

— Aucune. La femme, qui me paraît douée d'une très-forte tête, a prétendu, dans le premier moment, qu'elle avait entre les mains des preuves de son innocence.

— En vérité !

— Mon Dieu ! oui. Une comédie bien usée et dont personne ne pouvait être dupe, car il s'est trouvé, juste au moment d'exhiber ces preuves, qu'elles avaient disparu comme par enchantement. A vrai dire je m'y attendais, et l'abattement profond du mari et de la femme m'a démontré jusqu'à l'évidence qu'ils étaient coupables.

— Vos yeux se sont ouverts, monsieur, et je me félicite que votre manière de voir soit désormais conforme à la mienne.

— Tout à fait.

— Mademoiselle de Kéroual, ma pupille, était-elle présente à l'arrestation ?

— Oui, monsieur le baron.

— Elle a dû ressentir une émotion bien profonde.

— Le contraire était impossible. Cependant elle s'est montrée forte et courageuse.

— A-t-elle tenté de prendre la défense des saltimbanques ?

— Comment aurait-elle eu la pensée de le faire en face d'une culpabilité si manifeste ?

— Allons, pensa Gontran, la dernière inquiétude s'évanouissait, elle n'a rien dit, tout va bien.

— Monsieur le baron, reprit Georges, j'en arrive au motif principal de ma visite, car vous pensez bien que mon but unique, en venant vous voir aujourd'hui, n'était pas de vous apprendre que Jean Rosier et sa femme se trouvaient prisonniers. Au moment où le commissaire et ses agents se retiraient en emmenant les saltimbanques, j'ai été frappé de l'isolement pénible, et dangereux peut-être, dans lequel allait se trouver mademoiselle de Kéroual.

— Isolement qui sera de courte durée ! s'écria vivement le baron.

— Je me suis dit que la véritable place d'une pupille était auprès de son tuteur, poursuivit M. de La Brière, et, ne voulant pas laisser une minute de plus la pauvre jeune fille dans cette mansarde, j'ai pris le parti de vous l'amener.

— Vous avez fait cela ! s'écria Gontran avec enthousiasme. Ah ! monsieur, quelle reconnaissance ne vous dois-je pas ! Ainsi, mademoiselle de Kéroual est là ?

— Elle est en bas dans ma voiture.

— Allons bien vite la chercher, cette chère enfant !

Et M. de Strény fit un pas vers la porte.

Georges l'arrêta.

— Un instant encore, je vous en prie, lui dit-il. C'est maintenant que vous allez me remercier, car je vous ai ménagé une bonne action.

— Une bonne action ? répéta Gontran très-surpris.

— Oui.

— Laquelle ?

— Auprès de mademoiselle de Kéroual se trouvait une autre jeune fille, une pauvre enfant bien malheureuse, Georgette, que pendant si longtemps Marthe a nommée sa sœur. Elle n'est point coupable du crime de ses parents. J'ai pensé qu'il serait cruel de la laisser dans l'abandon, sans ressources d'aucune sorte, et, si grande est ma confiance dans la générosité de votre cœur, que j'ai amené Georgette en même temps que Marthe. Vous consentirez,

je n'en doute pas, à la garder chez vous pour être la compagne, et en quelque sorte la servante de votre pupille. Me suis-je trompé ?

— Non, certes, monsieur. Vous m'avez bien jugé et vous doublez ma reconnaissance.

— Et maintenant, reprit Georges, rien ne nous empêche plus de descendre et d'aller chercher ces deux enfants.

Un instant après, Marthe et Georgette faisaient leur entrée dans la maison du baron Gontran de Strény.

Il fallut aux jeunes filles une force d'âme presque surhumaine pour ne point laisser éclater leur indignation et leur horreur en présence de Gontran.

Marthe voyait en lui l'assassin de sa mère. Georgette savait ses parents accusés et condamnés pour le crime commis par lui...

Mais l'espoir que le jour de la justice et de la réparation se lèverait bientôt les soutenait. Elles demandèrent à Dieu le courage dont elles avaient un si grand besoin, et Dieu daigna le leur accorder.

XXXV

CHEZ GONTRAN (suite).

En quittant le petit hôtel de la rue de Boulogne, Georges de La Brière se fit conduire au cabinet du commissaire de police qui venait de procéder à l'arrestation de Jean Rosier et de Périne.

Ils eurent ensemble un long entretien, à la suite duquel Georges fut présenté par lui au juge chargé d'instruire l'affaire des saltimbanques.

La conduite héroïque de Georges de La Brière, s'expatriant à vingt ans, après avoir reçu le coup le plus terrible qui puisse frapper un homme, et consacrant douze années de sa vie à conquérir des millions pour revenir en France réhabiliter la mémoire de son père, avait fait grand bruit dans toutes les classes de la société.

M. de Bonéval (c'était le nom du juge d'instruction) connaissait cette conduite, il l'appréciait comme elle méritait de l'être, et il le prouva en accueillant Georges avec les égards presque respectueux, et en prenant en très-haute considération les confidences et les révélations que ce dernier avait à lui faire relativement au crime commis au château de Rochetaille sur la personne de la comtesse Léonie de Kéroual.

Georges obtint la permission de visiter, le jour même, les prisonniers, et il emporta la promesse qu'il assisterait le lendemain au premier interrogatoire de Périne et de Jean Rosier.

Laissons s'écouler la nuit entière et les trois quarts de la journée du lendemain. Retournons au petit hôtel de la rue de Boulogne. gravissons l'escalier garni de fleurs et pénétrons dans les salons du premier étage, éclairés à giorno pour une fête, car le moment approchait où le baron devait présenter à ses amis mademoiselle de Kéroual, sa parente et sa pupille, si longtemps perdue et enfin miraculeusement retrouvée.

Il était huit heures moins quelques minutes. Gontran venait de s'assurer que la couturière avait apporté la robe de soirée de Marthe, une robe de gros de Naples blanc, très-simple, mais d'une rare élégance; et lui-même, en habit noir et en cravate blanche, se promenait de long en large, d'un air soucieux, dans le plus grand des ces salons encore complètement déserts, les premiers invités ne devant guère arriver, selon toute apparence, avant neuf heures ou neuf heures et demie.

Gontran allait, d'une allure saccadée, tantôt lente, tantôt rapide, d'un bout à l'autre de ce salon, et chaque fois qu'en passant il regardait la pendule il fronçait les sourcils.

Huit heures sonnèrent. Le baron s'arrêta.

— Le temps passe! murmura-t-il. Déjà huit heures, et ces deux misérables ne sont pas venus! Ils doivent avoir hâte cependant de toucher la somme énorme qu'ils trouvent moyen de m'extorquer! Qui peut les retarder ainsi?

Il se remit à marcher rapidement, pour tromper son impatience, et il continua à se parler à lui-même, selon l'invariable habitude des gens fortement préoccupés.

— Jusqu'à ce moment tout m'a réussi! tout s'accomplit au gré de mes désirs! se dit-il. L'arrestation de Périne était un coup de maître, puisqu'elle la séparait de Marthe qui, sans cela, se serait infailliblement tournée contre moi! Et, quand je touche au but, ces bandits, dont il m'a bien fallu faire mes complices, vont-ils donc entraver ma marche?

Il s'arrêta en frappant du pied, mais presque aussitôt il se répondit :

— Allons donc! je suis fou! Je rêve! je me forge des chimères! C'est impossible! Dans quel but me trahiraient-ils? Qui pourrait les payer comme je le fais? Leur intérêt me garantit qu'ils me serviront jusqu'au bout, et, une fois les titres de la fortune entre mes mains, je n'ai plus besoin d'eux et ils ne peuvent rien contre moi! La soirée commence à peine; d'un moment à l'autre, ils arriveront.

Gontran frappa sur un timbre. Le valet de chambre qui, la veille, avait introduit M. de La Brière, se présenta.

— Monsieur le baron a des ordres à me donner? demanda-t-il.

— Oui, deux hommes du peuple, de mine médiocre, je puis même dire de mauvaise mine, l'un jeune, et blond comme un albinos, l'autre déjà vieux, avec une grande barbe, se présenteront tout à l'heure à l'hôtel et me demanderont.

— Faudra-t-il répondre que monsieur le baron n'est pas visible?

— Non, vous introduirez ces hommes dans mon cabinet, et vous viendrez aussitôt me prévenir.

La physionomie du domestique exprimait un certain étonnement. Gontran s'en aperçut, et se hâta d'ajouter :

— Ce sont de braves gens, malgré leur apparence un peu suspecte, et j'ai à leur remettre une gratification.

— Bien, monsieur le baron.

— Tout est-il prêt?

— Oui, monsieur le baron.

— Vous avez passé chez Chevet?

— Le souper sera servi à minuit, ainsi que monsieur le baron en a donné l'ordre.

— Les rafraîchissements?

— Le glacier vient de les envoyer.

— Les valets de supplément?

— Ils sont arrivés. Je leur ai fait revêtir la livrée de monsieur le baron, et je leur ai donné leur consigne.

— Allez vous mettre en faction sous le vestibule, et, dès que paraîtront les hommes que j'attends, venez m'avertir sans perdre une minute.

Le valet de chambre sortit, mais presque au même instant il rouvrit la porte, et il annonça :

— Madame Gerfaut.

La ci-devant Olympe Silas fit son entrée comme un tourbillon.

Elle était véritablement incomparable et éblouissante. Les pastels de son visage atteignaient ce degré de fraîcheur dont les délicieuses compositions de Boucher, de Latour et de la Rosalba offrent de si parfaits modèles.

Elle avait des diamants dans les cheveux, des diamants autour du cou, des diamants aux oreilles, des diamants aux poignets. Tous ces diamants étaient-ils bien sincères? Nous ne prendrions point au sérieux de l'affirmer, mais ils lançaient à qui mieux mieux des gerbes de feux multicolores.

La robe, d'un rose tendre, se recommandait aux amateurs de plastique par une absence presque complète de corsage; en revanche, une traîne, digne d'un manteau royal, s'étendait derrière elle et se prolongeait indéfiniment.

Madame Gerfaut tenait de la main droite un énorme bouquet, de la main gauche un éventail et un mouchoir garni de valenciennes, qui n'en finissaient plus, et ne paraissait point en être embarrassée.

— Bonsoir, baron, bonsoir, cher! dit-elle avec volubilité. J'arrive la première, je le sais bien. J'arrive à des heures impossibles. C'est commun... c'est mal porté... C'est petites gens... Ça ne se fait pas, je le sais encore, mais c'est exprès. Je tenais à vous trouver seul. Nous devons avoir à causer. Nous devons avoir une foule de choses à nous dire, n'est-il pas vrai?

— Oui, certes, ma belle Olympe! répondit Gontran en baisant avec galanterie la main parfumée de madame Gerfaut. C'est une heureuse inspiration que vous avez eue, et je suis enchanté, oh! mais, là, vraiment enchanté que vous arriviez avant tout le monde.

— J'en étais sûre?

Olympe fit passer de sa main droite dans sa main gauche son volumineux bouquet, et, prenant à son corsage un lorgnon d'or à deux branches, qu'elle posa sur son nez, elle regarda autour d'elle et s'écria :

— Ah çà! mais, dites donc, baron, vous êtes bien logé, savez-vous?

— Oh! c'est modeste! répondit Gontran.

— Mais, non, mais, non, pas trop! C'est moins grandiose que chez moi, mais c'est plus que suffisant pour un garçon, et l'ameublement est réussi! tout ça, c'est très-coquet, très-chic! Oui, ma parole d'honneur, très-chic! Mes compliments, baron! Vous êtes toujours l'homme de bon goût que j'ai connu jadis, quand je n'étais encore qu'une enfant.

— Ma chère Olympe, vous êtes indulgente!

— Pas du tout! Non, là, vrai, vous savez, je dis ce que je pense! La vérité n'a jamais porté de gaze!

Elle s'approcha, et lorgna un petit tableau.

— Tiens, tiens, reprit-elle, c'est assez drôle, cette baigneuse. Jolie petite femme!... Je crois que je lui ressemble un peu. Si vous étiez bien gentil, oh! mais gentil tout à fait, vous m'en feriez cadeau pour mon boudoir.

— La baigneuse sera chez vous demain matin.

— Baron, je ne vous l'envoie pas dire, vous êtes tout simplement un homme adorable! Mais ce n'est pas pour cela que je suis venue de si bonne heure. Soyons sérieux. Comment vont les affaires?

— Admirablement.

— Alors, tout marche?

— Au delà de mes espérances.

— Bravo! bravo! Allons, tant mieux! Mais ça ne m'étonne pas, et ce n'est que justice. Vous méritiez bien de réussir un jour ou l'autre.

— Oui, je commence à croire que mon étoile brille...

« Comme vos diamants, fit le baron en riant.

— Ils sont jolis, n'est-ce pas?

— Admirables, mais moins que vos épaules!

— Soyons sérieux. La saltimbanque, cette espèce de folle, qu'en avez-vous fait?

— J'ai remis au parquet une petite note. Une heure après elle était arrêtée avec son mari.

— Parfait! parfait! vous m'en voyez ravie! On n'a pas d'idée d'une femme qui se permet dans les maisons les plus honorables et les mieux posées des sorties inconvenantes, accompagnées de cris inhumains. J'en ai eu la migraine, figurez-vous! Ah! l'horrible femme!

— Vous n'entendrez plus parler d'elle que par la _Gazette des tribunaux_.

— Tant mieux! Si je suis à Paris j'irai la voir juger. Ça m'amusera, ça sera drôle. Mais soyons sérieux... Et votre pupille, mon ex-ouvrière, la jolie Marthe, la future baronne de Strény, qu'est-elle devenue dans cette bagarre?

— Vous la verrez dans un instant.

— Elle est donc ici?

— Sans doute.

— Ah bah! déjà! Peste! baron, c'est affaire à vous! Vous allez vite en besogne.

— N'est-ce pas la meilleure méthode?

— A coup sûr. Mais il faut pouvoir... On ne peut pas toujours. Vous avez donc fait valoir vos titres et réclamé la petite, séance tenante?

— Cela n'a pas même été nécessaire.

— Comment?

— Georges de La Brière, l'honorable jeune homme que vous connaissez et qui rembourse à bureau ouvert les créanciers de feu son père, se trouvait chez les saltimbanques au moment de l'arrestation. Il a compris que la place de Marthe était auprès de son tuteur, et il me l'a amenée de son propre mouvement, en me demandant asile et protection pour elle et pour Georgette.

— Georgette? répéta madame Gerfaut. Mais n'est-ce pas la fille du Paillasse?...

— Précisément.

— Comment! baron, vous allez vous charger de cette petite, devenir son père nourricier?...

— Je n'ai pas même eu un instant d'hésitation.

— Mais c'est superbe, cela, savez-vous? C'est un trait rare! un trait magnifique!... Ça mérite un prix Monthyon! On en parlera dans les journaux, et vous servirez d'exemple aux masses!... Dites donc, baron, moraliser les masses par les beaux exemples, c'est ça qui est joli...

— La présence de cette enfant chez moi n'est point embarrassante, et je fais un acte de charité.

— Ah! baron, baron, je vous proclame un homme vraiment fort!

— Toujours trop bonne et trop indulgente!... Mais dites-

Paris. — Typ. Colhabon et Brill, rue de l'Abbaye, 5.

Buvez! mais buvez donc hardiment, monsieur le baron! (Page 159.)

moi, ma chère, vous êtes-vous occupée de vos préparatifs de voyage?

— Il tient donc toujours, ce voyage?

— Plus que jamais.

— Et quand partirons-nous, Marthe et moi?

— Dans deux ou trois jours, au plus tard.

— Eh bien! oui, je m'en suis occupée. J'ai rédigé ce matin certaine petite circulaire bien sentie pour annoncer à mon innombrable et brillante clientèle que je quittais Paris, mais que mon absence serait courte. Il ne me reste qu'à donner toutes mes instructions à ma première demoiselle, à faire préparer mes malles, car vous comprenez bien que j'emporterai un peu de toilette, et je serai à votre disposition pour monter en chemin de fer avec Marthe aussitôt que vous le voudrez.

— Ma chère Olympe, vous êtes une femme impayable.

— Impayable, non, baron, puisque j'ai consenti à recevoir de vous cent mille francs.

— C'est juste, répliqua Gontran en souriant, je n'y pensais plus.

— Eh bien! baron, vous aviez tort! Ce sont des choses à ne point oublier... Et, maintenant que nous avons causé sérieusement, ne me montrerez-vous pas notre chère Marthe? Je suis impatiente de voir comment cette belle petite porte sa nouvelle fortune.

M. de Strény sonna un domestique et lui dit:

— Allez prévenir mademoiselle de Kéroual que je la prie de vouloir bien venir me rejoindre au salon, si toutefois sa toilette est complétement terminée.

20ᵉ LIVRAISON.

XXXVI

OÙ MARTHE REVIENT EN SCÈNE.

Un instant après, Marthe, obéissante, entrait au salon. Sa physionomie était froide, son attitude glaciale, mais rien en elle ne décelait le moindre embarras.

Georgette l'accompagnait, mais cette dernière s'arrêta sur le seuil, et, au lieu d'avancer, elle se glissa dans l'embrasure d'une fenêtre, où elle demeura à peu près inaperçue derrière les draperies flottantes.

Gontran appela sur ses lèvres le plus gracieux, le plus séduisant des sourires, et fit quelques pas au-devant de sa pupille.

— Venez, chère enfant, lui dit-il en lui prenant la main, venez et réjouissez-vous, car vous allez vous trouver en pays de connaissance avec une ancienne et bien excellente amie.

Marthe, belle à ravir dans sa toilette blanche, leva les yeux sur la personne que lui désignait Gontran.

— Madame Gerfaut? dit-elle avec une profonde indifférence.

Mais l'ex-belle Olympe n'était point femme à se décourager pour si peu. Elle ne vit pas ou ne voulut pas voir cette indifférence, et elle s'écria:

— Moi-même, chère mignonne, moi, votre amie, votre bonne amie, qui viens vous féliciter, oh! mais là, vous savez, très-sincèrement, de votre changement de condition... Dieu! que vous êtes jolie, ce soir! Il ne devrait pas être permis d'être si jolie que ça! c'est scandaleux, ma parole d'honneur! Allons, venez m'embrasser bien vite!

Marthe ne fit aucun mouvement pour se rendre à cette invitation, mais madame Gerfaut la prit par la taille et lui appuya à deux ou trois reprises sur le front ses lèvres teintées au carmin.

Puis, après cette chaleureuse embrassade, elle continua :

— Vous voilà riche, ma belle petite, ou tout près de le devenir, et c'est très-chic. Un jour ou l'autre d'ailleurs ça ne pouvait pas vous manquer; vous étiez faite pour la fortune. Vous allez devenir une personne du grand monde, une personne tout à fait comme il faut. Vous l'étiez déjà, certainement, et savez-vous bien que je suis toute fière d'avoir eu une petite comtesse parmi mes ouvrières? Je n'ai pas besoin d'ajouter que, dès à présent, je vous compte au nombre de mes clientes. Si vous aviez seulement la pensée de vous fournir ailleurs que chez moi, je vous en voudrais mortellement, et ça serait assez naturel.

— Madame... commença Marthe.

Mais Olympe, qui n'avait pas fini son speech, l'interrompit sans la moindre façon.

— Vous savez de quelle manière on travaille à la maison, ma belle mignonne, continua-t-elle. Vous connaissez mon style, mon brio, mon cachet. Ce n'est pas à vous qu'il est besoin d'apprendre qu'une personne qui se respecte ne saurait décemment s'habiller ailleurs que chez m'âme Gerfaut, la bonne faiseuse!... Je rêve déjà pour vous une demi-douzaine de toilettes un peu plus qu'inédites, et qui feront sensation au Bois dans vos voitures, car vous allez avoir des voitures!... Vous verrez ça, ma tourterelle... je ne vous en dis pas davantage.

Ce fut M. de Strény qui répondit pour Marthe.

— Soyez sûre, chère madame, dit-il, que, si brillante que doive être sa nouvelle position, ma pupille n'oubliera point ses amis. Je prends cet engagement en votre nom, vous entendez, Marthe?

— J'entends, monsieur.

— Et vous le confirmez, n'est-il pas vrai?

— Je n'oublierai rien, monsieur.

Ces paroles furent murmurées plutôt que prononcées, et d'un ton si ambigu que Gontran regarda Marthe pour tâcher de deviner quel sens positif elle attachait à sa réplique.

Mais le visage de la jeune fille restait impénétrable.

Le malaise de M. de Strény aurait été d'ailleurs de courte durée s'il avait pu entendre Georgette dire tout bas, dans l'embrasure qui la dissimulait presque entièrement aux regards :

— Oui, oui, on se souviendra de tout, comptez-y. On n'oubliera rien ni personne.

Marthe reprit, en s'adressant à son tuteur :

— Vous le voyez, monsieur, j'ai obéi à vos ordres.

— Mes ordres! s'écria Gontran avec la plus souriante galanterie. Ah! chère enfant, que dites-vous là; je ne me permettrais pas d'ordonner. J'ai prié, voilà tout.

— J'étais souffrante, continua Marthe, j'avais besoin de solitude et de repos, et cependant je me suis habillée pour cette fête...

— Elle est donnée pour vous, répliqua le baron, comment auriez-vous pu ne pas y paraître? Vous en serez la reine.

— Ça ne fait pas l'ombre d'un doute, appuya madame Gerfaut; la chère mignonne est à croquer.

— Votre toilette est d'un goût exquis, poursuivit Gontran.

— Ah! permettez! permettez! dit brusquement l'illustre couturière de l'avenue Marbeuf. Exquis tant que vous voudrez, baron, mais la critique peut mordre, et sans se donner beaucoup de mal encore!... Le corsage de la robe fait trois plis dans le dos, vous pouvez les compter vous-même!... J'ajouterai que la jupe est pitoyable !... Voilà des biais qui sont raccordés par une écolière... La traîne est mesquine; il lui faudrait, au moins, soixante-quinze centimètres de longueur en plus !... Il est facile de voir, Dieu merci, que ça ne sort pas de chez moi!

— Chère madame, dit le baron en souriant, le temps nous a manqué pour nous adresser à vous. C'est une faute qui ne se renouvellera plus, mais, pour une fois, qu'importe? et qui donc, en regardant Marthe, pourrait accorder la moindre attention aux erreurs de la couturière? Malgré les plis du corsage et la pauvreté de la jupe, ma pupille n'en

sera pas moins triomphante et radieuse! Le diamant ne perd rien de son éclat pour être simplement monté.

— Enjôleur, va! murmura Georgette dans son coin. Comme je lui arracherais les yeux de bon cœur, à ce gueux-là!

— Cette soirée finie, poursuivit Gontran, je vous laisserai libre de toutes vos actions. Je ne vous demanderai qu'une chose, une chose, chère Marthe, c'est de vous souvenir que le but unique de ma vie, pendant douze ans, a été de vous retrouver pour vous rendre votre nom, votre fortune, et que, dès le premier jour où le hasard nous a placés face à face, j'ai senti naître pour vous, dans mon cœur, une affection qui ne s'éteindra plus.

— Langue de Judas! pensa Georgette.

— Vous êtes mon tuteur et mon parent, monsieur, répondit Marthe avec effort; vous me direz ce que je devrai faire pour payer tant de dévouement, et je vous obéirai.

Le baron prit la main de sa pupille et la porta à ses lèvres en s'écriant :

— Chère enfant, c'est à votre cœur qu'il faudra poser cette question, et j'espère qu'il vous répondra.

Au moment où Marthe sentit les lèvres de Gontran s'appuyer sur sa main, un frisson involontaire courut dans ses veines. Une horrible pensée traversait son esprit; elle voyait écrits devant elle, en lettres de feu, ces mots sinistres :

— Cet homme a tué ta mère.

Le baron ne s'aperçut de rien. Madame Gerfaut le prit à part.

— Dites donc, cher, lui glissa-t-elle dans l'oreille, savez-vous qu'elle a tout à fait bon air, cette petite? la tournure d'une femme du monde, parole d'honneur!

— Pardieu! répliqua Gontran, c'est tout naturel, la race!

— Et puis, ajouta madame Gerfaut, on voit du premier coup d'œil qu'elle a travaillé chez moi. C'est comme ça que je les forme, mon bon!

Le baron sourit, s'inclina et revint à Marthe.

— J'ai pensé que j'irais au-devant de vos désirs, ma chère pupille, reprit-il, en m'occupant, dès aujourd'hui, de Périne Rosier.

Georgette devint tout oreilles, et Marthe, pleine de défiance, fixa sur M. de Strény ses grands yeux limpides, comme pour essayer de lire au milieu des ténèbres de son âme.

— J'ai fait une visite à qui de droit, poursuivit Gontran. Les hautes influences dont je dispose se sont mises en campagne. Périne Rosier est mon mari sont, à présent, puissamment recommandés, et j'ai tout lieu de croire que ces recommandations ne seront point stériles.

— Merci, monsieur, dit Marthe tout haut; et tout bas, elle ajouta : Oh! l'infâme!

— Le brigand, comme il sait mentir! pensait Georgette en même temps.

— Vous m'avez parlé tout à l'heure d'un peu de fatigue, reprit Gontran. Rien ne vous empêche de vous reposer dans le boudoir qui touche à ce salon. Aussitôt que M. Georges de La Brière arrivera, je viendrai vous prendre pour vous présenter à lui.

En disant ce qui précède, le baron de Strény ouvrait la porte qui, du salon, conduisait dans le boudoir, et Marthe, suivie de Georgette, en franchissant le seuil, non sans avoir subi une dernière accolade de madame Gerfaut.

Tandis que ceci se passait au premier étage, un fiacre s'arrêtait devant le petit hôtel, et de ce fiacre descendaient deux hommes. L'un payait le cocher du véhicule, tandis que l'autre sonnait à la porte d'une façon toute magistrale.

Les nouveaux venus n'étaient autres que nos anciennes connaissances, Tromb-Alcazar et Passe-la-Jambe; mais la somptueuse toilette qu'ils avaient jugé convenable de faire se rendait à peu près méconnaissables.

— Nous allons ce soir dans le beau monde, s'était dit Tromb-Alcazar; prouvons à M. le baron que nous sommes des gens comme il faut.

Passe-la-Jambe, mis au fait du projet de son associé, l'avait approuvé sans restriction. Tous les deux s'étaient dirigés vers les boutiques de friperie du Temple, et ils n'en étaient sortis que nippés complètement depuis les chapeaux jusqu'aux souliers.

Tromb-Alcazar, à qui l'élégance sérieuse ne déplaisait point, avait fait l'emplette d'un habit noir à taille courte et à longues basques. Son gilet de velours vert, à peine miroité, s'ouvrait largement sur la poitrine pour laisser voir une chemise à jabot dormant. Le pantalon de couleur saumon, et suffisamment étroit pour dessiner une jambe bien prise, tombait sur des souliers vernis dont les semelles craquaient à chaque pas.

Un chapeau de soie à longs poils, une énorme chaîne de chrysocale et des gants jaunes à vingt-neuf sous complétaient ce costume d'*homme du monde*. Ajoutons que Tromb-Alcazar avait inondé sa longue barbe des essences les plus odorantes. Les parfums de la tubéreuse et du jasmin se mêlaient agréablement aux senteurs de l'ail et du tabac.

Passe-la-Jambe, plus jeune et plus coquet que son associé, avait sacrifié davantage à la fantaisie.

Une garniture de boutons dorés et guillochés étincelait sur son habit d'un bleu clair. Il portait une chemise en calicot illustrée de cors de chasse et de têtes de loup. Son gilet était de cachemire rouge et son pantalon d'un vert pâle.

La chaîne de montre, le chapeau et les gants offraient la même distinction que ceux de Tromb-Alcazar.

Passe-la-Jambe s'était fait friser, et nous ne savons quel cosmétique brun, tenace comme de la poix, forçait les soupçons de moustaches d'un blond albinos à se dresser en crocs victorieux aux deux coins de sa bouche.

Tels que nous venons de les décrire, ces aimables bandits étaient parfaitement satisfaits de leurs personnes et se demandaient, de la meilleure foi du monde, si les membres du Jockey-Club pouvaient lutter de *chic* avec eux.

Ce fut Étienne, le valet de chambre de Gontran, qui vint leur ouvrir.

Sans doute il ne partagea point la bonne opinion qu'avaient d'eux-mêmes les nouveaux venus, car il leur demanda d'un ton brusque :

— Qu'est-ce que vous voulez?

— Nous voulons parler à M. le baron de Strény, lequel nous a donné rendez-vous et compte sur notre visite, répliqua fièrement Tromb-Alcazar.

Le valet de chambre, qui s'était attendu à voir arriver des gens en bourgeron, avec des tournures d'ouvriers en goguette, comprit que sa consigne s'appliquait à ces bizarres visiteurs, et reprit :

— Venez par ici, on va prévenir M. le baron.

En même temps, il disait tout bas à un jeune valet de louage en grande livrée :

— Vous allez entrer dans le cabinet avec ces gens-là jusqu'à ce que M. le baron arrive. Je me défie; ils ont de vraies mines de filous et je ne me soucie pas qu'il manque quelque chose quand ils seront partis.

Le jeune valet fit un signe affirmatif et suivit les deux associés.

— Ah çà! mais, murmura-t-il en les examinant avec attention, je ne me trompe pas, ce sont eux...

Passe-le-Jambe se retourna.

— Qu'est-ce que c'est? Est-ce qu'il est chargé de prendre notre signalement, ou *larbin*, qu'il nous dévisage comme ça?

Puis, sans transition, il s'écria :

— Guignolet!

— Mais z'oui, moi-même, répondit l'ex-Jocrisse de Périne et de Jean Rosier.

En effet, c'était bien lui-même. L'honnête et naïf amoureux de Georgette s'était juré, nous le savons, d'accompagner sa bien-aimée dans la maison du baron de Strény, et, pour mieux réaliser ce projet, il n'avait rien trouvé de mieux que de se faire embaucher en se présentant comme valet de supplément.

Ce petit plan assez ingénieux avait complétement réussi, nous venons d'en avoir la preuve.

— En livrée, toi! poursuivit Passe-la-Jambe.

— Naturellement.

— Et, à cause donc? Est-ce que tu renonces à la parade?

— J'y renonce d'une façon totale. Le poids de vingt-quatre ne me dit plus rien. Je rêvais depuis déjà pas mal de temps de me lancer dans dans le monde huppé, et, ma foi! je me suis fait laquais.

— Faut le vexer! murmura Passe-le-Jambe en donnant un coup de coude à Tromb-Alcazar.

— Ça va! fit ce dernier, qui prit une pose Régence; et, s'éventant avec son mouchoir de poche (un foulard de coton à lithographies), il demanda en grasseyant :

« Eh! Larose, Jasmin, Champagne, Picard, comment t'appelles-tu, mon garçon?

Guignolet haussa les épaules.

— Oh! des manières! répliqua-t-il, ça veut singer ceux de la haute. As-tu fini? faut pas me la faire!

Passe-la-Jambe se mit à passer et à repasser devant Guignolet.

— Laquais, j'ai la pépie! apporte-moi des rafraîchissements, dit-il ton impérieux.

— Les rafraîchissements, y sont pas prêts, s'écria Guignolet; y sont sur le feu, les rafraîchissements! Attends un peu pour voir comme je te vas servir tout de suite! Si ça ne fait pas pitié!

— Allons, Lorrain, avance-moi un ou deux sophas, reprit Tromb-Alcazar, et plus vite que ça, valetaille!

— Vous n'espérez pas que ça va prendre, peut-être bien? riposta le ci-devant pitre. Je vous conseille d'arrêter les frais. Est-ce que vous êtes des invités, vous, dites donc?

— Si nous ne sommes pas des invités, qu'est-ce que nous sommes? demanda Passe-la-Jambe.

— Ce que vous êtes? Voulez-vous le savoir? Faut être poli avec tout le monde... Je vas répondre; mais je gazerai. Vous êtes des *pas grand'chose*, pour ne pas dire des *rien du tout*. V'là mon opinion... et faites bien attention que je gaze...

Tromb-Alcazar rejeta sa tête en arrière, se posa de trois quarts, gonfla ses joues, fit, en un mot, tout ce qui dépendait de lui pour se donner la physionomie d'un personnage d'importance.

— Apprends, laquais, dit-il, que nous allons être, d'une heure à l'autre, les fournisseurs brevetés de plusieurs cours étrangères, et que M. le baron de Strény, ton maître, est notre client.

— Votre client! répéta Guignolet; qu'est-ce que vous pourrez donc bien lui fournir?

— Les essences pour ses mouchoirs, les savons pour sa barbe, rien ne nous raserons au besoin. Bref, valetaille, souviens-toi que tu parles à des gens qui ont loué ce matin sur le boulevard, et qui s'établiront demain à l'enseigne des ODEURS DE PARIS, et si tu te trouvais, par hasard, avoir besoin d'esprit de myrte pour aller en bonne fortune, ou de crème de cacao, à l'estragon, pour les soins du corps, tu n'as qu'à t'adresser à nous... et nous te ferons une remise.

Le jeune pitre haussa les épaules de la façon la plus complétement irrespectueuse, en disant à demi-voix :

— Oh! la! la! quel malheur!

Passe-la-Jambe, notablement froissé de cette irrévérence, et jugeant que des gens aussi bien posés et aussi richement vêtus que Tromb-Alcazar et lui ne devaient pas supporter un manque d'égards, reprit vivement :

— Et si vous vous permettez d'être impertinent à notre endroit, monsieur Guignolet, je vous préviens que nous porterons plainte à votre patron, et faudra voir comme il vous flanquera gentiment à la porte! Ça ne pèsera pas une once.

— Justement, le voici! ajouta Tromb-Alcazar.

En effet, Gontran de Strény, prévenu par Étienne et les gens qu'il attendait venaient d'arriver, s'était empressé de descendre.

XXXVII

L'ÉCHANGE.

— Sortez, et fermez la porte derrière vous, dit Gontran à Guignolet qui n'eut rien de plus pressé que d'obéir, et qui se retira en se promettant bien de coller son oreille au trou de la serrure pour tâcher de surprendre quelques mots, car rien ne lui semblait plus suspect que les étranges et mystérieuses accointances du baron de Strény et des deux bandits.

— Comme vous venez tard! s'écria Gontran; voilà deux heures que je vous attends.

— Nous prions monsieur le baron de nous excuser, répondit Tromb-Alcazar; mais nous connaissons les convenances, et il a fallu nous monter en linge.

— Acheter des bottines vernies, ajouta Passe-le-Jambe, et nous rendre chez notre tailleur, car monsieur le baron n'est pas sans remarquer que nous avons fait de la toilette. Pour venir à l'hôtel de monsieur le baron, nous avons cru devoir nous payer le *sifflet* [1].

—————

[1] *Sifflet*, habit de cérémonie dans le langage du peuple, des cocottes et des artistes.

Gontran interrompit ce verbiage.

— Allons, vite, dit-il, l'échange convenu !

— A vos ordres, monsieur le baron !

— Vous avez sur vous le portefeuille et les titres ?

— Vous avez sur vous les vingt mille francs ?

— Les voici, en billets de banque.

Et Gontran sortit de côté de son habit une liasse de billets à vignettes bleues.

— Sont-ils bons, les papiers Garat? demanda Passe-la-Jambe.

— Insolent! fit Gontran avec colère.

Tromb-Alcazar intervint :

— J'oserai prier monsieur le baron de ne pas se fâcher, dit-il. Mon jeune associé a raison, la prudence est la mère de la sûreté! Ça pourrait très-bien ne pas être de votre faute, mais faut se défier des fausses monnaies... Voyons voir.

— Eh bien! regardez vite, et finissons-en! répliqua Gontran en lui tendant la liasse de billets.

— Oh! il s'y connaît comme pas un, murmura Passe-la-Jambe, il a *travaillé* chez un changeur.

La chose pouvait être vraie, mais restait à savoir de quelle nature avait été le *travail* dont parlait le jeune bandit.

— Nous pourrons nous en arranger, dit Tromb-Alcazar après avoir soigneusement feuilleté les billets.

— Alors, donnez les titres! hâtez-vous!

— Dieu! monsieur le baron, quel homme pressé vous êtes ! répliqua l'ex-modèle en se fouillant et en exhibant enfin, aux yeux impatients de Gontran, le portefeuille de chagrin rouge. Tenez, les voilà vos titres, on en eu bien soin.

— Enfin ! murmura M. de Strény avec une expression de triomphe, tout en examinant le contenu du portefeuille qu'il venait d'arracher pour ainsi dire des mains de Tromb-Alcazar. Maintenant, je ne crains plus rien.

Il se tourna vers les deux hommes et il ajouta sèchement :

— Nos comptes sont réglés, je ne vous dois plus rien, vous pouvez partir.

— Partir! répéta Tromb-Alcazar; comment, partir? Monsieur le baron ne nous a donc pas invités?

— J'avais compris que nous devions passer la soirée dans les salons de monsieur le baron, ajouta Passe-la-Jambe.

— Ah çà! mais vous êtes fous! fit Gontran en haussant les épaules.

— C'était pas la peine, alors, de nous mettre en dépense, reprit Passe-la-Jambe. Nous n'avons reculé devant aucuns frais !

— Sans compter, appuya Tromb-Alcazar, que monsieur le baron en aura certainement à son festival qui ne posséderont pas notre chic! D'ailleurs, nous sommes des gens établis. Je voudrais bien savoir si monsieur le baron recevra ce soir beaucoup de gens qui auront vingt mille francs sur eux!

— Et nous mourons de soif! appuya Passe-la-Jambe. Ah! nous aurions bien accepté une politesse, sans façon, sur le comptoir.

— Eh bien, répliqua Gontran, allez à l'office, on vous y servira ce que vous voudrez.

— Même si nous désirions boire du vin de Champagne? demanda le jeune bandit.

— Parfaitement.

— Bravo! nous allons *tutoyer* une ou deux fioles. Par où passe-t-on, monsieur le baron, pour aller à l'office?

— Par là. D'ailleurs, on va vous conduire. Mais soyez discrets ; pas un mot...

— Ah! monsieur le baron peut être bien tranquille, notre intérêt n'est pas de jaser.

Les deux hommes, guidés par le valet de chambre Étienne, à qui Gontran donna ses instructions, quittèrent le cabinet.

Tromb-Alcazar, en sortant, se pencha vers Passe-la-Jambe et lui dit tout bas :

— J'ai dans ma folle idée que nous verrons la soirée tout de même.

Gontran, resté seul, s'empressa d'allumer à la flamme d'une bougie la lettre de la comtesse de Kéroual au banquier Philippe de La Brière, seule pièce compromettante, croyait-il, que contint le portefeuille, puis il regagna les salons du premier étage où les invités ne devaient pas tarder à arriver.

Rejoignons Marthe et Georgette au moment où elles venaient d'entrer dans le boudoir désigné par le baron à sa pupille pour y prendre un peu de repos.

Marthe se laissa tomber sur un siège.

— Enfin, nous voilà seules, murmura-t-elle; ma force était à bout. L'effroyable comédie que je joue me rendait folle! J'étouffais... j'étouffe encore.

— Chère petite sœur, répliqua Georgette en embrassant Marthe, puisque le misérable n'est plus là, calme-toi, je t'en supplie !

— Me calmer! Eh ! le puis-je?... Songe donc à ce que je viens de souffrir! Car il reviendra me chercher, cet homme... il l'a dit, il reviendra bientôt! Et j'ai été assez faible, assez insensée, pour ajouter foi pendant tout un jour aux mensonges de ce misérable! Ah! ma vie ne sera pas assez longue pour m'en repentir!... Tout à l'heure, quand sa main a touché la mienne, sa main, la même qui versait le poison à ma mère, j'ai cru que j'allais laisser éclater ma haine ! Et maintenant il me prend envie d'aller droit à lui et de lui arracher son masque!

— Marthe! chère Marthe, dit Georgette d'une voix suppliante, garde-toi bien de céder à ton indignation! Songe qu'il faut sauver ma pauvre mère, et que son salut dépend de notre obéissance!

— J'y songe et cette pensée me rend folle de terreur. Les preuves qui pouvaient sauver Périne, les preuves que j'ai livrées lâchement en la trahissant existent-elles encore?

— Oui, oui, elles existent! Je ne le sais pas, mais j'en suis sûre!... Le bon Dieu permettra qu'on les retrouve, il n'abandonnera pas ma mère innocente! Je te jure que j'ai bon espoir.

— Et moi, plus la soirée s'avance, plus mes craintes redoublent. Depuis hier, aucune nouvelle de M. de La Brière. Nous aurait-il abandonnées?

— Nous abandonner, lui, allons donc! répliqua Georgette. J'ai lu dans ses yeux, et les yeux, ça ne trompe pas. C'est un honnête homme, j'en réponds ! Ils sont comme ça deux braves jeunes gens qui ne nous oublieront ni l'un ni l'autre : c'est M. de La Brière et son ami l'Américain.

— M. Lionel Morton... balbutia Marthe en baissant les yeux ; tu crois que c'est un brave jeune homme?

— Si je le crois! Et toi donc! J'ai lu aussi dans ses yeux, à celui-là. Il t'aime, et si tu voulais être très-franche avec la petite Georgette, tu conviendrais que tu le lui rends bien.

— Eh bien ! oui, j'en conviens, répondit Marthe avec fermeté. Je n'ai pas le droit de douter de son cœur, puisqu'il a songé à moi quand je n'étais qu'une pauvre enfant sans fortune, sans avenir, et vivant de son travail. Il a voulu faire de moi sa femme. Je l'aime!...

— A la bonne heure, tu as bien raison! Mais comment, puisque tu l'aimes, aurais-tu peur qu'il nous oublie! Est-ce que ce serait possible? Va, va, je réponds de lui ! Il ne sera pas comme ce gueux de Guignolet qui ne pense plus à nous.

— En êtes-vous bien sûre, mam'zelle Georgette? demanda une voix qui fit tressaillir violemment les jeunes filles, car cette voix partait du boudoir où elles n'avaient vu personne s'introduire.

Georgette courut au fond, souleva une draperie, et aperçut un valet en grande livrée, blotti dans l'embrasure d'une porte qu'il venait d'ouvrir et de refermer sans bruit.

Pendant quelques secondes, elle regarda ce valet avec stupeur, puis tout à coup sa figure s'illumina, et elle s'écria :

— Guignolet!

— Chut! chut! fit vivement ce dernier en appuyant son doigt sur sa bouche; faut pas prononcer mon nom ici.

— En larbin! ajouta Georgette.

— Grande tenue! On n'a pas économisé le galon.

Le jeune pître pirouetta sur ses talons afin de se montrer sous toutes ses faces, et demanda :

— Comment me trouvez-vous?

— Affreusement cocasse! répondit Georgette en riant.

— Mam'zelle Georgette, ça prouve que vous avez mauvais goût, car, je vas vous dire, le dévouement ne peut pas être cocasse, sous n'importe quel costume que ce soit, et quand bien même (une supposition) il n'en aurait pas du tout! Oui, je me suis mis en larbin, mais dans le seul et unique but de m'assurer l'entrée de cette maison, de vous voir et de vous apporter des nouvelles.

— De M. Georges, peut-être? demanda Marthe vivement.

— Juste.

— Parlez! mon ami, parlez! s'écria Marthe.

— Et plus vite que ça! ajouta Georgette.

— Malgré que je suis en larbin? fit Guignolet avec une intention quelque peu caustique.

— Vous êtes bête! répliqua la saltimbanque en faisant de ces trois mots une caresse par la manière dont elle les prononça. Nous attendons.

— Eh bien! commença Guignolet, j'ai vu ce matin M. Georges de La Brière et son ami l'Anglais d'Amérique. Je leur ai communiqué *illico* l'idée que j'avais de m'infiltrer dans la case de ce baron de malheur! Ils ont approuvé beaucoup la chose, et ils m'ont chargé de vous dire de vous mettre l'esprit en repos, et d'être tranquilles toutes les deux comme des petits moutons de cire, attendu qu'ils viendront ici ce soir, et qu'ils ont aussi leur idée.

— Que veulent-ils faire? demanda Marthe; le savez-vous?

— Vous comprenez, mam'zelle, que je n'ai pas eu l'incohérence de le leur demander. Mais il paraît que ça sera magnifique. Tout le monde est sur pied, et M. Georges a ajouté : « Guignolet, mon bon garçon, n'oublie pas de répéter à ces demoiselles que n'importe quel mic-mac qui se manigance et qu'elles verront, de n'avoir ni peur ni frayeur, attendu que ce qui se passera sera pour le bien de la chose.

— Ah! M. de La Brière a dit cela? murmura mademoiselle de Kéroual.

— Ce n'est peut-être pas tout à fait ses propres paroles, mais je réponds que c'est le sens.

— Eh bien! reprit Marthe, quoi qu'il arrive, nous serons calmes. Mais vous, Guignolet, qu'allez-vous faire?

— Je vais avoir l'œil et l'oreille au guet, tout en faisant circuler des rafraîchissements comme un parfait laquais.

— L'œil et l'oreille au guet? répéta Georgette. Vous savez donc quelque chose?

— Je ne sais pas grand'chose, mais je parierais deux francs *cinquante centimes* contre un radis rose que M. le baron mitonne quèq' gredinerie de sa façon.

— Qui vous fait croire cela, mon ami? demanda Marthe.

— Tout à l'heure le baron a reçu, dans son petit particulier, deux vilaines têtes qui ne sont autre que Tromb-Alcazar et Passe-la-Jambe. Ils ont même voulu m'humilier à cause de ma *pelure de larbin*. Quelle petitesse! J'ai collé mon oreille au trou de la serrure pendant qu'ils commençaient leur dialogue...

— Eh bien?

— Eh bien! je n'ai *rien* entendu de positif; mais j'ai bien deviné que ces pas grand'choses-là s'entendaient comme larrons en foire. Bref, il y a du louche; mais suffit, je suis là, et j'enlève des poids de vingt-quatre!

Marthe prit la main du pître et la serra.

— Monsieur Guignolet, lui dit Georgette, je vous permets de m'embrasser.

Et elle lui tendit sa joue ronde et rose.

XXXVIII

OÙ LE RÔLE DE GEORGES SE CORSE.

Ce même jour, Georges de La Brière, après avoir assisté à l'interrogatoire de Jean Rosier et de Périne, avait un long entretien avec le juge d'instruction d'abord, et ensuite avec le procureur impérial lui-même.

Les dernières paroles du magistrat avaient été celles-ci :

— Ce que vous attendez de moi, monsieur de La Brière, est bien étrange, je dirais presque bien insensé. Cependant vous êtes un de ces hommes dont la parole est d'un si grand poids qu'elle triomphe des hésitations les plus légitimes. Au nom de la justice, qui doit s'éclairer par tous les moyens, j'accède à votre demande, mais c'est avec trouble que je vous permets d'agir. Fasse le ciel que vous ne vous trompiez pas! Puisse le succès couronner une tentative sans précédent! Voici l'ordre dont vous avez besoin.

Et le magistrat tendit à Georges un papier qu'il venait de signer.

— Merci, monsieur le procureur impérial, répondit le jeune homme, merci de la haute confiance que vous voulez bien me témoigner. Si j'en crois mes pressentiments, je la justifierai, et nous n'aurons pas espéré en vain !

Puis Georges de La Brière prit le chemin de la Conciergerie, où Périne et son mari étaient provisoirement détenus.

Retournons à la rue de Boulogne.

Les deux salons du petit hôtel se remplissaient de monde, car Gontran de Strény, revenu à Paris depuis quelques mois et présentant toutes les apparences de la fortune, avait facilement renoué avec un grand nombre d'anciennes connaissances, ce qui ne pouvait manquer d'en amener un nombre au moins égal de nouvelles.

Or chacun des invités, après avoir serré la main du maître du logis, disait ceci, ou à peu près (il n'y avait que des variantes, le fond était toujours le même) :

— Savez-vous, cher baron, que vous m'avez intrigué très-fort avec votre petit mot? Il paraît que nous devons assister ce soir, chez vous, à quelque chose de tout à fait extraordinaire.

Ce à quoi Gontran répondait :

— A une chose bien simple, au contraire. Je vais vous présenter à tous ma pupille, mademoiselle de Kéroual.

Ici, mouvement général de surprise. Les invités, qui ne soupçonnaient point l'existence de Marthe, répétaient avec étonnement et curiosité :

— Votre pupille?

— Mon Dieu! oui, messieurs, répliquait invariablement le baron, la fille de ma parente la comtesse de Kéroual, une charmante enfant, retrouvée d'une façon presque miraculeuse après douze années de recherches. Je lui rends ce soir son nom, et le plus honnête homme qu'il y ait au monde lui restitue sa fortune.

— En vérité, c'est à merveille, et voilà le plus joli roman qui se puisse rêver, avec un dénouement qui ne laisse rien à désirer! Et un des hôtes de Gontran. Mais vous parliez, cher baron, du plus honnête homme qu'il y ait au monde. On s'occupe beaucoup, en ce moment, du fils d'un banquier qui réhabilite son père après avoir fait une grande fortune en Amérique ou en Australie. Est-ce de celui-là qu'il s'agit?

— Précisément.

Le valet de chambre annonça.

— M. Georges de La Brière.

Gontran fit à ses invités un signe qui voulait dire :

— C'est lui.

— M. Lionel Morton, continua le valet.

Les deux amis entrèrent ensemble, et Gontran s'empressa d'aller à leur rencontre.

— Vous le voyez, monsieur le baron, dit Georges, nous sommes exacts.

— Soyez le bienvenu, monsieur de La Brière, répliqua Gontran. Ces messieurs, sans avoir encore l'honneur de vous connaître, me parlaient de vous à l'instant avec l'admiration et l'enthousiasme que mérite une conduite comme la vôtre.

— Je serais fier d'obtenir la sympathie, dit Georges avec une parfaite simplicité, mais l'admiration est de trop. Je perdrais ma propre estime si, pouvant remplir un devoir sacré, je ne le faisais pas! Il s'agit d'ailleurs aujourd'hui d'un échange plutôt que d'une restitution. Je vais rendre à mademoiselle de Kéroual sa fortune. Elle me rendra un bien mille fois plus précieux... l'honneur de mon père.

Un murmure d'approbation accueillit les paroles de Georges.

— Quoi que prétende votre modestie, monsieur, s'écria Gontran, c'est une noble et grande action que la vôtre, et c'est pour lui donner des témoins, c'est pour en faire un haut enseignement, que j'ai réuni ce soir mes amis !

M. de Strény se dirigea vers le boudoir, dont il ouvrit la porte.

— Venez, mon enfant, dit-il à Marthe en lui offrant son bras, sur lequel elle ne posa qu'avec horreur et dégoût sa main tremblante, Courage!

— Courage! murmura tout bas Georgette, qui resta dans le boudoir, à côté de la porte, de manière à ne rien perdre de ce qui se passerait dans les salons.

Gontran conduisit la jeune fille jusqu'auprès de Georges.

— Monsieur de La Brière, dit-il, j'ai l'honneur de vous présenter ma pupille, mademoiselle Marthe de Kéroual.

Georges s'inclina.

— Ai-je besoin de vous affirmer, mademoiselle, demanda-t-il, que je serai très-heureux de contribuer au bonheur d'une personne aussi sympathique?

— A la fin de cette soirée, reprit Gontran, je vous remettrai, cher monsieur de La Brière, le testament que vous connaissez déjà, et par lequel madame la comtesse de Kéroual, ma parente, m'investissait de la tutelle de sa fille. J'y joindrai les titres de la créance.

— Vous me trouverez toujours à vos ordres, monsieur.

Lionel Morton s'avança.

— Monsieur le baron, commença-t-il d'un voix émue, mais qui s'affermit peu à peu, vous avez voulu qu'une foule choisie fût témoin de l'acte qui vient de s'accomplir. C'était naturel et c'était juste, car la présentation de mademoiselle de Kéroual à M. de La Brière est une solennité. Moi aussi, monsieur, j'ai eu l'honneur de vous adresser une requête solennelle, il y a trois jours, en sollicitant de vous la main de mademoiselle Marthe, et je viens vous demander votre réponse.

— Que va-t-il dire? murmura le jeune fille, dont le cœur cessa de battre.

— Allons, pensa Gontran, voici le moment de payer d'audace! Je vais brûler mes vaisseaux! Devant cette foule, Marthe se taira! Son silence sera un premier consentement.

Puis, tout haut :

— Il m'est impossible, monsieur, de vous faire, quant à présent, une réponse conforme à vos désirs.

— Pourquoi donc? s'écria Lionel.

— Vous n'êtes pas le seul prétendant à la main de mademoiselle de Kéroual. Vous avez des rivaux, et mademoiselle Marthe, tout à l'heure, a presque permis à l'un d'eux d'espérer qu'elle ne lui refuserait point un jour le prix de de son dévouement sans bornes.

Marthe frissonna d'épouvante, tandis que Georgette murmurait :

— Ah! par exemple, en voilà, de l'aplomb !

Lionel allait parler, mais Georges lui fit signe de garder le silence.

— Si j'ai bien compris, monsieur le baron, dit-il, ce rival de mon ami Lionel Morton ne serait autre que vous-même ?

— Pourquoi non ? demanda Gontran en regardant Georges bien en face.

— Vous! le tuteur de mademoiselle Marthe !

— Qu'importe? La tutelle n'est point un obstacle.

— J'en conviens. Seulement un mariage conclu dans de telles conditions fournirait amplement matière à certains propos...

— Certains propos? répéta Gontran du ton le plus hautain.

— Mon Dieu ! oui. Des propos de la plus fâcheuse nature.

— Lesquels, s'il vous plaît, monsieur ?

— On dirait, par exemple, que vous avez cherché si longtemps votre pupille dans le but unique de vous emparer de sa fortune au moyen d'un mariage. On ajouterait que l'affection qu'elle semblait vous inspirer n'était qu'un masque adroitement attaché sur un honteux mobile d'intérêt personnel.

— Eh! monsieur, réplique Gontran, ces misérables suppositions ne sauraient m'atteindre ! N'ai-je pas pour moi ma conscience ?

— C'est beaucoup, sans doute, reprit Georges, mais ce n'est pas assez ! Il ne faut ni dédaigner ni braver la voix du monde ! En voulez-vous la preuve? Permettez-moi de vous raconter une simple histoire tout à fait authentique. Vous y verrez dans quel déplorable embarras se mit un jour certain tuteur qui voulait, comme vous, épouser sa pupille. Ce petit récit n'est pas long, et, toute vanité de conteur à part, je le crois palpitant.

Une colère sourde dévorait Gontran qui commençait à soupçonner un danger, sans deviner encore sous quelle forme ce danger allait apparaître ; mais il était entouré de monde, tous les regards se fixaient sur lui, il fallait faire bonne contenance et commander à son visage de rester impassible.

— Vous êtes mon hôte, monsieur de La Brière, dit-il avec un rire nerveux, et par conséquent, je n'ai rien à vous refuser. Parlez donc, puisque vous paraissez y tenir si fort.

— Merci, monsieur le baron. Je profite de la permission. Voici les faits : Il y a douze ans un peu plus ou un peu moins, mais ceci ne fait rien à l'affaire, une femme du monde, une jeune veuve dont le nom m'échappe, habitait au fond d'une province un petit château, avec sa fille toute jeune et quelques serviteurs.

Gontran se sentait pâlir malgré lui.

— Cette jeune veuve se croyant dangereusement malade, poursuivit Georges, un testament, et confia la tutelle de sa fille à l'un de ses parents éloignés, qui s'appelait... comment donc s'appelait-il?... Je ne me souviens plus du nom de ce parent, mais je sais à merveille que c'était un

gentilhomme de mauvaise vie, ruiné par la débauche. Il convoitait la fortune de la comtesse (vous ai-je dit que c'était une comtesse?). Il persuada à la pauvre femme que l'avenir de son enfant serait mieux assuré si, au lieu de lui donner un tuteur, elle lui donnait un second père, et il la décida à conclure avec lui un mariage in extremis.

— Allons, pensa Gontran, c'est un piège! J'en étais sûr !

— Mon récit vous intéresse-t-il? demanda Georges avec un sourire.

— Intimement!

— Vous m'en voyez d'autant plus ravi que l'intérêt va grandir encore. Je reprends : Le baron (vous-ai je dit que c'était un baron?), afin d'être bien sûr que rien au monde ne viendrait lui ravir sa proie, et que, le lendemain du mariage, il serait non-seulement riche, mais libre, versa quelques gouttes d'un poison subtil dans la boisson de celle qui allait devenir sa femme.

Un frémissement d'épouvante courut parmi les auditeurs de M. de La Brière.

— Mais, monsieur... s'écria Gontran qui ne se sentait plus maître de lui.

— Laissez-moi donc achever, monsieur le baron, poursuivit Georges, dans deux minutes j'aurai fini. J'en étais au poison qu'un assassin, le plus lâche et le plus infâme des assassins, versait à la comtesse. A côté de la malheureuse femme abusée veillait le dévouement, sous la forme d'une simple servante. Elle ne put sauver sa maîtresse, mais au moins elle l'avertit ; elle démasqua le misérable, elle emporta l'enfant qui, sans doute, le lendemain, aurait suivi sa mère dans la tombe, et lorsque le meurtrier qui, se hâtant trop, avait mal calculé la dose, rentra dans la maison où l'officier de l'état civil le suivit pour célébrer un mariage, il ne trouva qu'un cadavre.

— Mais c'est horrible ! balbutièrent plusieurs voix

— Comment imposer silence à cet homme? se demandait Gontran qui sentait dans sa tête bouillonner un cratère, mais qui s'efforçait de conserver un visage impassible.

— Ce n'est pas tout, continua Georges. L'assassin, pour éloigner de lui les soupçons, ne recula pas devant un nouveau crime : il accusa la servante dévouée contre qui sa disparition créait un semblant de preuve, et la fit condamner à mort par contumace. Douze années s'écoulèrent. Un jour, il retrouva la fille de sa victime et reporta sur elle ses anciens projets. La pauvre enfant devint le but d'une combinaison nouvelle. Un vol audacieux mit dans les mains du héros de mon récit les titres de la fortune, et certain soir il accusa sa pupille au banquier détenteur de cette fortune, comme M. le baron de Stény vient de me présenter tout à l'heure mademoiselle de Kéroual.

Cette fois, l'attaque était directe ; le duelliste démasquait son jeu. Bien loin de se laisser abattre, Gontran reconquit son sang-froid en face du péril imminent.

— Elle est très-curieuse, cette histoire, en vérité! répliqua-t-il ; mais je ne suppose pas que monsieur Georges de La Brière ait la moindre intention d'établir un parallèle entre moi et le baron de fantaisie dont il vient de nous narrer les hauts faits,

— Un parallèle! Ah! que Dieu m'en garde! s'écria Georges. J'achève, et c'est à partir de ce moment que la similitude des situations va se dessiner. Un galant homme, un gentleman, Anglais ou Américain je crois, loyalement épris de la jeune fille, demanda sa main à son tuteur. Le tuteur refusa, comme M. le baron de Stény vient de refuser. Le galant homme insista ; le tuteur s'obstina dans son refus ; il se déclara le seul maître, et peut-être par la menace, par la terreur, par la violence, par tous les moyens infâmes et rampants dont il avait l'habitude, allait-il toucher enfin au but convoité si longtemps, quand tout à coup la femme dont il se croyait délivré, la femme faussement accusée par lui douze ans auparavant, la femme emprisonnée, la veille sur sa dénonciation, parut devant lui comme un fantôme, pâle, les lèvres tremblantes, lui rappelant, par son apparition vengeresse, les moindres détails du crime accompli jadis.

Personne ne respirait plus.

Georges de La Brière étendit la main vers l'une des portes du salon ; tous les regards prirent la direction de cette porte et virent un étrange spectacle.

Périne Rosier, le visage pâle, le regard sombre, et vêtue comme elle l'était au château de Rochetaille, soulevait de la main gauche les tentures écarlates.

De la main droite, elle tenait un plateau sur lequel on

voyait une carafe pleine et un verre, parfaitement semblables à la carafe et au verre dont la comtesse de Kéroual se servait pendant sa dernière maladie.

Derrière Périne, et pour ainsi dire dans son ombre, se tenait debout un homme au visage sévère, entièrement habillé de noir et portant à sa boutonnière la rosette d'officier de la Légion d'honneur.

En même temps apparaissaient, dans l'embrasure d'une autre porte, les silhouettes grotesques de Tromb-Alcazar et de Passe-la-Jambe, et le premier disait au second :

— Je l'avais dans ma folle idée, nous voilà faufilés tout de même.

Ce à quoi Passe-la-Jambe répondait :

— Ça doit-y être *rigolo*, une soirée du grand monde. Je crois que nous allons rire!

<h2 style="text-align:center">XXXIX</h2>

<h3 style="text-align:center">UN MONSIEUR EN HABIT NOIR</h3>

Les regards du baron de Stréxy prirent la même direction que ceux de ses hôtes. Il vit la femme de Jean Rosier, et, malgré sa volonté de fer et son empire sur ses moindres mouvements, il tressaillit comme en présence d'une vision redoutable, et tout bas il se dit :

— Elle est libre, voilà l'abîme!

Marthe et Georgette murmuraient en même temps :

— Ma mère!

Périne dit quelques pas, lentement et au milieu de la stupeur générale, car personne ne comprenait encore comment M. de La Brière avait eu le pouvoir d'évoquer ce point nommé cette femme ou ce fantôme livide et menaçant.

Gontran comprit à l'instant même que, s'il ne rentrait en possession de tout son sang-froid, il était perdu ; mais il n'était pas homme à se rendre sans avoir lutté jusqu'à la dernière minute, jusqu'à la dernière seconde.

Il se donna donc une attitude presque aggressive. Le front haut, l'œil étincelant, il croisa ses bras sur sa poitrine, et, se tournant vers Georges, il lui demanda d'une voix railleuse :

— Me ferez-vous l'honneur de m'apprendre, monsieur de La Brière, de quelle comédie étrange vous êtes le compère en ce moment, et à quoi doit servir cette mise en scène préparée par vous?

Ce fut Périne qui répondit :

— A prouver à tous la réalité du crime monstrueux qu'elle rappelle.

— Allons, dit Gontran en faisant un geste de dédain, cette femme est folle!

— Croyez-vous, monsieur le baron? répliqua Périne en franchissant une partie de la distance qui la séparait de son misérable accusateur. Regardez-moi donc sans pâlir! Ah! l'illusion est effrayante, n'est-ce pas? Plateau, verre et breuvage sont ils exactement pareils à ceux dont se servit madame de Kéroual une heure avant sa mort que vous vous demandez vous-même si le contenu de cette carafe n'est pas empoisonné! Monsieur le baron de Stréxy, l'histoire que vient de raconter M. de La Brière est la nôtre à tous deux! La servante, c'est moi; l'accusée, c'est moi; la condamnée, c'est moi; mais l'assassin, c'est vous!..

En entendant ces paroles terribles, tous les invités de Gontran sentirent un frisson passer sur leur épiderme. Un murmure d'horreur courut dans la foule. Le baron seul haussa les épaules.

— C'est du délire! s'écria-t-il.

Périne posa le plateau sur un meuble et remplit le verre.

— Eh bien! si c'est du délire, prouvez-le donc en vidant ce verre! buvez hardiment, monsieur le baron, et bravez la brucine que vous avez versée!

— C'en est trop! murmura Gontran.

— Buvez! mais buvez donc! Vous n'osez pas, vous avez peur! Ah! je le savais bien que vous reculeriez tremblant! Les assassins sont lâches!

Éperdu, hors de lui-même, le baron de Stréxy se tourna vers ses invités.

— Messieurs, leur dit-il d'un ton suppliant, vous êtes mes amis... vous êtes mes hôtes... je réclame votre assistance... vous ne me la refuserez pas! Vous le voyez...vous l'entendez . on vient m'insulter chez moi et en votre présence! On ose

me jeter au visage une accusation insensée! Cette femme est une misérable! Chassez-la, je vous le demande; chassez-la, je vous en conjure; chassez-la, je le veux!

Un silence glacial accueillit ces paroles. Tous les visages étaient sombres. Personne ne fit un pas vers Périne.

Tromb-Alcazar dit tout bas à l'oreille de Passe-la-Jambe :

— Sais-tu bien qu'il a l'air tout de même d'être dans ses petits souliers, le baron!

Gontran reprit avec énergie :

— Est-ce donc parce que je refuse de vider ce verre qu'un infâme soupçon peut monter jusqu'à moi? Si j'acceptais, ce serait accepter l'accusation, puisque je daignerais la combattre, et je ne puis que la mépriser! Je n'ai point à prouver mon innocence, dont ici personne ne doute! Assez de jonglerie comme cela! Je suis le tuteur de mademoiselle de Kéroual, je fais valoir ses droits; qui donc prétend les contester?

— Moi! répliqua Périne Rosier.

— Ah! vous osez parler encore. Eh bien! avant d'élever la voix, répondez donc à la justice qui vous a condamnée! Ce n'est pas dans une calomnie, morte d'avance et qui tombera sans écho, que vous trouverez votre salut! La comédie est terminée, je pense! Sortez!

— Allons, pensa Périne avec un découragement profond, j'avais trop compté sur son épouvante!... Dieu m'abandonne!

Passe-la-Jambe donna un coup de coude à Tromb-Alcazar en murmurant :

— Ah çà! mais, dis donc, il s'en tire...

— Ça me fait cet effet-là. Est-il assez *roublard*, ce baron?

Gontran ne sembla plus s'occuper de Périne, et s'adressant à Georges de La Brière, d'un ton plein de hauteur, il lui dit :

— Ces droits qu'on me conteste en vain, je n'attendrai pas une minute de plus pour vous les prouver, monsieur. Voici le testament de la comtesse de Kéroual. Il a déjà passé sous vos yeux. Quant aux titres de la fortune, vous les trouverez là-dedans.

Et tirant de la poche de son habit le portefeuille de chagrin rouge, il le tendit à Georges.

Périne bondit comme une panthère et saisit le portefeuille au passage en s'écriant :

— Oui, avec ma réhabilitation! avec ma vengeance!

— Que dit-elle? se demanda Gontran qui devint livide.

Mais la pensée qu'il avait brûlé de sa propre main la lettre de madame de Kéroual à Philippe de La Brière le rassura bien vite.

— Ah! vous n'aviez pas tout prévu, reprit Périne, et vous venez de vous livrer vous-même!

Tout en parlant, la femme de Jean Rosier avait ouvert le portefeuille, et fouillant dans cette case secrète dont nous avons parlé plus d'une fois, elle en tirait un papier plié en quatre.

Le personnage vêtu de noir et décoré de la rosette d'officier sortit de l'ombre où il s'était tenu jusque-là et vint se placer à côté de Périne.

— Lisez, monsieur, lisez! dit-elle en lui tendant la feuille de papier avec un geste de triomphe. Dieu est bon! Dieu est juste!

Gontran regardait avec stupeur ce personnage, si impossant de visage et de tournure, qui se trouvait parmi les invités et qu'il ne connaissait pas.

— Que signifie cela? se demandait-il avec épouvante; et il sentait vaguement le terrain manquer sous ses pieds.

L'inconnu déplia le papier et lut à haute voix, au milieu d'un silence si profond qu'on entendait battre les cœurs :

« *Qu'aucun soupçon n'atteigne Périne Rosier, un ange de fidélité, d'abnégation, de dévouement. C'est à elle que je confie ma fille et ma fortune, à l'heure où je meurs empoisonnée par le baron Gontran de Stréxy.* » Et c'est daté du château de Rochetaille, le 29 novembre 1847, et c'est signé : « *Comtesse Léonie de Kéroual.* »

— Je suis perdu! murmura Gontran, chez qui la prostration la plus complète remplaça sans transition l'audace la plus illimitée.

— Oh! Marthe, mon enfant chérie, s'écria Périne d'une voix que l'émotion brisait, tu vois bien que je n'avais pas assassiné ta mère!

Marthe était déjà dans ses bras et lui rendait ses baisers avec usure en balbutiant :

— Ah! vous êtes ma mère aussi, vous,... toujours ma mère!

Lionel Morton prit respectueusement la main de Périne.

— Et moi, madame, dit-il, je serai votre fils.

— Gontran de Strény, reprit l'inconnu, au nom de la loi, je vous déclare en état d'arrestation.

— De quel droit?... Qui donc êtes-vous?... balbutia le baron en reculant.

— Je suis le procureur impérial, répondit l'inconnu.

— Le procureur impérial! murmura Tromb-Alcazar. Il ne fait pas bon ici pour nous... filons!

— Ça ne s'rait pas à faire, mon bonhomme, répliqua Guignolet qui s'était posté derrière lui, et qui le saisit par sa longue barbe au moment où il pirouettait sur ses talons pour prendre la clef des champs.

— Oh! mon rêve de parfumerie! gémit l'ex-modèle. Mon beau rêve, adieu!... Pas de chance!

Passe-la-Jambe, témoin de l'infortune de son associé, voulut fuir dans une autre direction. Il se heurta contre Georgette, qui lui mit la main sur le collet, comme un brave petit homme, en disant :

— Bougeons pas!

— Au clou! pensa le jeune coquin en baissant l'oreille. Voilà ce que c'est que d'aller dans le grand monde!

— Eh bien! monsieur le procureur impérial, demanda Georges de La Brière au magistrat, que vous avais-je promis? Ai-je tenu ma parole?

— Vous avez éclairé la justice, et la justice vous remercie. Périne Rosier est libre et son mari le sera dans une heure.

— Dieu est bon! murmura Périne pour la seconde fois.

Le petit hôtel de la rue de Boulogne était entouré d'agents qui n'attendaient qu'un ordre. Cet ordre fut donné.

Gontran, prisonnier, demanda et obtint la faveur d'être conduit par ses gardiens dans son cabinet pour y prendre quelques papiers.

Sur le bureau se trouvaient deux pistolets. Il en saisit un et se fit sauter la cervelle, évitant ainsi la cour d'assises et l'échafaud.

Tromb-Alcazar et Passe-la-Jambe sont à Cayenne, à l'heure où nous écrivons ces lignes, et poussent des soupirs à faire tourner des moulins à vent quand ils songent au magasin coquet qu'ils devaient mettre sous le patronage des *Odeurs de Paris*, à la plus grande gloire d'un fameux journaliste.

Georges de La Brière a obtenu la chose qu'il désirait le plus en ce monde, la réhabilitation de son père. Il possède une grand fortune et il la dépense noblement.

Madame Gerfaut — ci-devant Olympe Silas — s'est éprise, il y a deux ans, d'un agréable drôle, pilier d'estaminet et très-fort au billard ; elle l'a parfaitement bien épousé. Il la bat comme plâtre et se sert de son argent pour prodiguer aux jolies ouvrières de l'avenue Marbeuf des mobiliers en palissandre.

Lionel Morton est le mari toujours amoureux de Marthe de Kéroual, qui vient de lui donner un adorable petit garçon, le même jour où Georgette, devenue madame Guignolet, mettait au monde une charmante petite fille.

Jean Rosier — qui ne se grise plus qu'une fois par an — habite avec Périne et le jeune ménage Guignolet une délicieuse maison de campagne, présent de noces de Lionel Morton.

Ils sont riches et ils sont heureux, puisque Marthe est heureuse et riche, et Périne répète souvent :

— Dieu est bon!

FIN DE LA FEMME DE PAILLASSE.

Paris. — Typ. Colombier et Brulé, rue de l'Abbaye, 22

www.ingramcontent.com/pod-product-compliance
Lightning Source LLC
Chambersburg PA
CBHW052346090426
42739CB00011B/2336